开元释教录校注

[唐] 智升 编
罗凌 校注

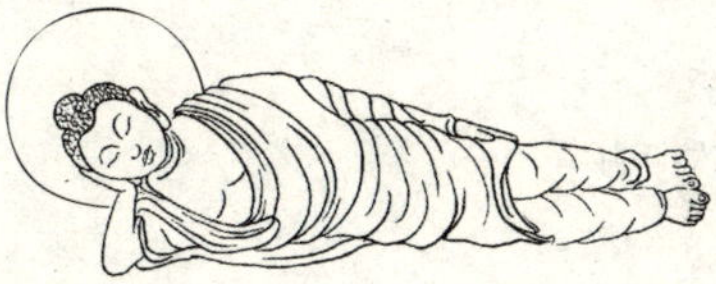

长江出版传媒
崇文书局

图书在版编目（CIP）数据

开元释教录校注 /（唐）智生编 ；罗凌校注 .
—武汉 ：崇文书局，2016.9
ISBN 978-7-5403-4179-4

Ⅰ. ①开…
Ⅱ. ①智… ②罗…
Ⅲ. ①佛经－专题目录－中国－唐代
Ⅳ. ①Z88：B94

中国版本图书馆 CIP 数据核字（2016）第 109120 号

开元释教录校注

责任编辑 张 琦 袁 翔
出版发行 长江出版传媒 | 崇文书局
地 址 武汉市雄楚大街 268 号 C 座 11 层
电 话 (027)87293001 邮政编码 430070
印 刷 湖北恒泰印务有限公司
开 本 787mm×1092mm 1/16
印 张 30.875
字 数 350 千字
版 次 2016 年 9 月第 1 版
印 次 2016 年 9 月第 1 次印刷
定 价 168.00 元

《开元释教录》是唐代高僧智升综合吸取前此多部经录的编纂经验和成果之后苦心孤诣撰成的一部佛教文献目录，虽然是私家经录，但可谓佛教经录之佼佼者，在佛教目录学史上甚至在中国文献学史上享有卓著的学术地位，历来没有异议。

《开元释教录》对旧录讹误进行严密考证，订伪辨微，尤其对于译经的文字介绍，相当于传统目录的提要，由此保存了大量经典传译和佛教发展的史料；其分类标准的确立，按佛教思想体系建构的分类法，形成更加精密细致的类目，成为后世经录相沿的规式；其强调目录学的理性精神与学术源流，体系完整严密，内容博大精深。

《开元释教录》的校注者从目录学、辨伪学、注释学、史料学、佛教文献学、佛教传播学等角度进行了其学术价值的判断和评价，充分说明《开元释教录》的学术价值以及亟待整理的合理性。

——郭康松

（博导，湖北大学古籍所所长）

本书受全国高等院校古籍整理研究工作委员会直接资助项目
“《开元释教录》校注”（1239）资助，特致谢忱。

凡　例

校勘的主要符号及体例：

缺字以口表示；

缺字能够补足，所补之字加〔　〕号括之；

错字和别字有足够材料能够改正的，以（　）号注明正字于原文之后，某些古今字、异体字、通假字，亦援用别字例注明本字；

衍文一般径从原文中删除，校记中予以说明；

底本中古本字、古正字，如“弟”之与“第”、“大”之与“太”、“然”之与“燃”、“花”之与“华”等，一般照原本录写。又版刻之“木”旁与“扌”旁、“衤”旁与“礻”旁以及“曰”与“日”、“已”与“己”“巳”等形近之处，一般径据文意录定，不予出注；

凡底本不误而参校本误者，不烦出校。底本之明显错误，径改录。其中义可两通不能径断是非者，出校予以说明；

《大正藏》等版本断句不稳妥之处，或出注解释，或径以改正，不出校注说明。

整理本书工作的几点说明：

（一）本书以《大正藏》二十卷本为底本，以《中华大藏经》本为主要参校本，充分利用《大正藏》和《中华大藏经》本已有的校勘记材料，予以仔细对勘。

（二）本书主要内容是对《开元释教录》进行文本整理以及文字校勘：首先比对不同传世版本以及其他文献，比较底本和参校本之后，具体问题，疑不能决，则从其他藏经中选择代表性的版本，包括以《出三藏记集》《历代三宝纪》《大唐内典录》等为其他文献，进行细致地本校、对校和他校；其次，根据校勘材料写出校语，考其异同，按断正误。

（三）《开元释教录》是唐代的目录学著述，对于现代阅读者来说，存在一定的阅读障碍，故本书予以笺注。注释力求简明，大凡少见之人物、地名、名物、典籍、史实以及难解之佛教名义等，均加以笺释。其中观点不一者，兼采各家异说，断以己意。一般常见之译者、地名、经名以及佛教概念，不予出注。注释中，强调言简意赅，力避碎义逃难，如书中所载中亚、南亚、东南亚等异域之古国名、地名和人名等，其有未能详考者，则暂付阙如，以俟高明，不烦强作解人。

（四）《大正藏》本《开元释教录》文本体系中有“入藏录”上下二卷，其后附“重出”之卷第十九、卷第二十，经目大体一致，然“重出”者，多兼录译人之名，且卷数、分帙或有不同，实不关大体，本书不予收录。

（五）本书底本正文下多有双行小字夹注，一律保留，凡属夹注文字，以（　）括之，字号小于正文一号，以示与正文之区别。底本与参校本之原校勘记，不俱录，可参看。

（六）多部藏经已经有较为方便的电子检索版，故本校注不予编制索引，以免徒增册页。

（七）为达到传播范围的最大化，且方便僧信读者以及大众学人，本书使用现代中文标点符号，同时以简体字横排出版。

（八）校注过程中，本书参考并吸收了大量前贤时彦的成果，行文中不能一一注明，在此一并深表谢忱。为行文方便，所称引前贤时彦，一律不赘“先生”字样，祈请鉴谅。

前　言

图书目录可以“纲纪群籍，簿属甲乙”，使纷繁的文献分类别居，阅读者按录求书，因得其便。同时，目录还可以反映出一个时代的文化，任继愈说：“佛经目录，不能单纯看作佛教典籍的书单子。它是佛教传播的集中反映，从中可以窥见佛教宗派的兴衰；地区群众的信仰；佛教在三教中的关系；经典的来源；由此扩展开去，还有更广阔的研究天地等待人们去开辟。”[①] 因此，对于佛教经录《开元释教录》的研究和校注，有其学术价值。

一、智升其人其事与著述

（一）智升其人其事

《开元释教录》是私家经录，但在佛教目录学史上甚至在中国文献学史上享有卓著的学术地位，历来没有异议。[②] 其编撰者释智升，为唐代律学、义学大德，也是卓越的佛教目录学家。与此殊不相称的是，关于智升的具体信息，却只鳞片甲，没有系统完备的载录。文献资料的记载，固然有智升编纂佛教目录之荦荦大端的记述，但是细微的委曲小变，包括文献来源、编纂过程、编纂的时间周期，甚至智升的籍贯、生卒享年、生平行履、师承渊源以及宗派倾向等，都没有太多细致确切的信息。

关于智升的生平事迹的具体介绍，文献不足征。叙述最为详尽的是《宋高僧传》，其卷五云：

> 释智升，未详何许人也。义理悉通，二乘俱学。然于毗尼，尤善其宗。

---

① 任继愈：《中国写本大藏经研究 · 社科版序》，上海古籍出版社，2006 年，第 647 页。

② 关于智升和《开元释教录》历代的评价以及研究现状，有艾萍的硕士学位论文《〈开元释教录〉的目录学研究》（湖北大学 2006），介绍较为详尽，故此不拟赘述，其所不涉及处，则简略言之。

> 此外文性愈高，博达今古，每慊聂道真、道安，至于明佺、宣律师各著大藏目录，记其翻传年代人物者，谓之《晋录》《魏》《汉》等录。乃于开元十八年岁次庚午，撰《开元释教录》二十卷，最为精要。何耶？诸师于同本异出、旧目新名，多惑其文，真伪相乱。或一经为两本，或支品作别翻，一一裁量，少无过者。如其旧录江泌女子诵出经，黜而不留，可谓藻鉴。杜塞妖伪之源，有兹独断。后之圆照《贞元录》也，文体意宗，相岠不知几百数里哉！麟德中，道宣出《内典录》十卷，靖迈出《图纪》四卷，升各续一卷。经法之谱，无出升之右矣。①

这一段记载，重在评判智升所撰《开元释教录》的学术价值。

智升的俗家姓氏名字和乡关里籍，二百多年以后赞宁所撰的《宋高僧传》中，仍然记载为“未详何许人也”，没有新的材料发现之前，这些疑窦只能暂付阙如。《宋高僧传》卷七有一段论述，感叹“法藏从性海而游，智升自名流而出，伟欤”，有学者据此判断智升“出自名门望族”。可惜赞宁惜语如金，并不述及智升出自名门的文献支撑。事实上，我们判断，赞宁“自名流而出”的评价，更多的是对于智升作为僧界前贤的一种推尊，并非实录，不能据此判断智升的出身和籍贯渊源。

智升的生卒享年，迄今亦无法寻绎到直接的文献材料。

至于智升的生平行履，也只有零章断简的支离文字。最早且权威的信息，当属《开元释教录》本身的记载。《赵城金藏》本《开元释教录》每卷首下有“庚午岁西崇福寺沙门智升撰”的署名，“庚午岁”，因为《开元释教录》的标题，故当为“开元”之“庚午”，即唐玄宗开元十八年（730），则智升为唐玄宗时期人。

《房山石经题记汇编》载录北京房山云居寺金仙公主塔的背面有《山顶石浮图后记》，其云：“大唐开元十八年，金仙长公主为奏圣上，赐大唐新旧译经四千余卷，充幽府范阳县为石经本。”其后有题记：“粤开元二十八年庚辰岁朱明八日，前莫州吏部常选王守泰记。送经：京崇福寺沙门智升；检校送经：临坛大德沙门秀璋；都检校：禅师沙门元法。”② 题记之末所列送经高僧“崇福寺沙门智升”，结合智升编撰经录的背景，可以确定与《开元释教录》之编

---

① ［宋］赞宁：《宋高僧传》卷五，中华书局，1987 年，第 95 页。

② 北京图书馆金石组、中国佛教图书文物馆石经组编：《房山石经题记汇编》，书目文献出版社，1987 年。

撰者智升当为同一人。可见，智升曾参与开元十八年金仙长公主发起的送经活动，其从长安千里迢迢护送“大唐新旧译经四千余卷”到幽府范阳县。莫州吏部常选王守泰之记撰于开元二十八年，但此题记为事后追记，故能够确知智升行履的最晚时间仍然只是开元十八年。

又，天后时期三藏法师菩提流志编译《大宝积经》，其新译卷一百二十《广博仙人会》，校注者发现尾部夹注有这样一段话：“比因披读，睹斯文缺三藏《泥洹》，询疑无所。遂检旧藏经内，获得《毘耶娑经》，与此梵本是同，先后译异，两文对勘，二理无殊。故以旧文续斯新缺。后寻览者，幸无惑焉。开元戊辰岁，西京崇福寺沙门智升述记。”①《大宝积经》是一个新旧合译的译本，共四十九会一百二十卷，菩提流志从神龙二年（706）开始编译，历时七年，其中二十六会三十九卷半为新译，于先天二年（713）毕功。考察夹注之描述，智升在开元戊辰岁阅读《大宝积经》，发现《广博仙人会》的新译本与旧译之《毘耶娑经》为同经异译。“开元戊辰岁”即开元十六年（728），这能证明智升在撰成《开元释教录》前两年有过对《大宝积经》的阅读和研究，当然也可以说明智升在编撰《开元释教录》过程中对于材料的细心收集以及谨慎甄辨。

除此，略有相关的文献，一则为《开元释教录》卷首的序言记载：“升以庸浅，久事披寻，参练异同，指陈臧否，成兹部帙。”其中“久事披寻”一语，说明《开元释教录》的撰成，不是率尔操觚，其编纂过程应该是多历年所。

另一则材料为《开元释教录》卷九之自述：

> 升早预释流，志弘大教，但才微力寡，无遂本怀。俯仰之间，亟经寒暑，曾未能宣传正法，荷担菩提。而近阅藏经，仍探众录，睹其差谬，或所未安，狂简斐然，考成斯记。

智升自言“早预释流”，说明其出家得戒，应该在其少年或青年时期。而中间所云“俯仰之间，亟经寒暑，曾未能宣传正法”，虽然是自谦之词，也说明其早年于佛教的传播，并无卓著之功。其又云“近阅藏经，仍探众录”，“近阅藏经”与前之“早预释流”相对成文，则《开元释教录》的编纂，至少当在其中年抑或晚年阶段。

僧传中的《宋高僧传》对智升有简略记载，向前追溯，唐代最具盛名的僧传当属《续高僧传》。《续高僧传》撰于唐代初年，其所收僧人传记的时间跨度，

---

① ［唐］菩提流志译：《大宝积经》卷一百二十，《大正藏》卷一一，大正一切经刊行会，第310页。

从梁代初叶开始，到唐贞观十九年（645）止，成书后二十年间，陆续有所增补。然而终道宣（596—667）一生，其增补《续高僧传》，所录仍然不及智升。道宣667年去世，智升730年才撰成《开元释教录》，中间有六十三年的间隔，则道宣与智升有交集的可能性并不大。

根据以上的信息片段，智升的主要活动时期，约略在武则天武周时期（690—705）至唐玄宗开元天宝（713—756）之际。

智升的活动范围，除了前述送经幽府之外，似乎主要集中在长安。其所住寺院，《开元释教录》提到有“西崇福寺”。智升另编集之《续集古今佛道论衡》亦署名为“大唐西崇福寺沙门释智升撰”①，则智升当为西崇福寺之常住僧人。《开元释教录略出》卷二又云：“唐崇福寺沙门智升撰。”②“西崇福寺”、“崇福寺”，实均指长安之崇福寺。据《唐会要》记载：（长安）崇福寺，在“休祥坊，本侍中杨恭仁宅。咸亨二年（671）九月二日，以武后外氏宅立太原寺。垂拱三年（687）十二月，改为魏国寺。载初元年（689）五月六日，改为崇福寺”③。可见，长安崇福寺始建于唐高宗咸亨二年，初名太原寺，后递次改额为魏国寺、崇福寺。崇福寺为什么又称“西崇福寺”？《开元释教录》卷九智升有云：“西太原寺即今西崇福寺是也，东太原寺即今大福先寺是也。”也就是说，所谓崇福寺之初名“太原寺”，当时尚有“西太原寺”和“东太原寺”之分。赞宁《宋高僧传》卷二亦称：“至天后垂拱末，于两京东、西太原寺（西太原寺后改西崇福寺，东太原寺后改大福先寺）及西京广福寺，译《大乘显识经》《大乘五蕴论》等凡一十八部。”④括号内文字系赞宁自注，当依据智升之语。说明武则天辅政和当制时期，因为方位的原因，长安城内之太原寺，亦称西太原寺，故太原寺更名为崇福寺之后，亦习惯称之为西崇福寺。⑤西崇福寺是朝廷主持改建的皇家大寺，兼之又处在京城，其尊崇地位，远非其他地方一般寺庙可比。故吸引了中外大量高僧大德，义学、译经沙门亦多止住于此，如律宗东塔宗初

---

① 智升编集：《续集古今佛道论衡》，《大正藏》卷五二，大正一切经刊行会，第397页。

② 佚名：《开元释教录略出》卷二，《大正藏》卷五五，大正一切经刊行会，第730页。

③ ［宋］王溥撰：《唐会要》卷四十八，上海古籍出版社，1991年，第991页。

④ ［宋］赞宁：《宋高僧传》卷二，中华书局，1987年，第32—33页。

⑤ 所谓“两京东、西太原寺”，华严宗师长水沙门子璇（965—1038）说：“西太原寺者，即长安崇福寺也。以天下有五寺，俱名太原，为拣余四，故言西也。东即扬州，南即荆南府，西即长安，北即太原（亦名崇福），中即东都（今之福先）。”（长水沙门子璇录《起信论疏笔削记》卷一，《大正藏》卷四四，大正一切经刊行会，第298页）黄夏年《唐代山西太原寺与崇福寺刍议》一文以为改名涉及到武则天为清除李唐王朝影响而为武周王朝之成立作准备。

祖怀素奉敕于本寺弘四分律宗、三藏法师菩提流志之译《大宝积经》、天竺国沙门地婆诃罗之译《大乘显识经》、般若三藏之译四十卷《华严经》、法藏法师之撰《大乘起信论义记》等，皆在西崇福寺，堪为当时长安佛教传译中心之一。因此，智升法师在西崇福寺编纂《开元释教录》，诚属渊源有自。

智升的宗派信仰倾向层面，从《宋高僧传》"然于毘尼，尤善其宗"的记载来看，与律宗联系甚为紧密。其是否能够归之于律宗大德？事实上，唐代律宗的宗派性本来不强，兼之智升自身并无律宗之思想阐发，故归之于律宗，尚缺乏支撑的材料。

另外，智升或有净土信仰倾向，因为其编撰有一部《集诸经礼忏仪》。这部文献并非智升独撰，《乐邦文类》称："上卷唐沙门智升集，上半卷通礼诸佛，下半卷别以偈颂礼赞西方及忏悔发愿等文；下卷比丘善导拣示，专修西方要义及集记诸祖六时礼赞净土偈颂等。"① 善导（613—681）为唐代净土宗高僧，后被尊为净土宗第二代祖师。《集诸经礼忏仪》智升所编纂部分，是从《弥陀经》《药王药上经》《十方佛名经》《大集经》《华严经》《决定毗尼经》《佛名经》《佛说三厨经》等佛经中，选录出"礼法身佛文"、"昼夜六时发愿文"、"赞西方礼阿弥陀佛文"、"大集经咒"、"阿弥陀佛咒"等佛教经忏文字，尤其文中除了"通礼诸佛"和"归命礼三宝"，还有大量"此即赞西方礼阿弥陀佛文"、"愿共诸众生，往生安乐国"、"至心归命礼西方阿弥陀佛"以及"南无西方极乐世界阿弥陀佛"等文字表述，其主体以皈依阿弥陀佛为主。再者，《集诸经礼忏仪》将净土祖师善导与智升的著述编排在一起，实不难见出智升与净土信仰之间的关联。

除了宗派信仰的倾向性之外，僧传对智升的归类，也值得注意。《宋高僧传》记载智升"义理悬通，二乘俱学"，无独有偶，清代纪荫所撰《宗统编年》云："义学沙门京兆西崇福寺智升撰《开元释教录》。"② 一则曰"义理悬通"，一则界定为"义学沙门"，说明智升在佛教之义解方面有非同一般的能力。《高僧传》将所载僧人分为"译经"、"义解"、"神异"、"习禅"、"明律"、"忘身"、"诵经"、"兴福"、"经师"和"唱导"等十门。什么是义解？其卷八有阐释：

夫至理无言，玄致幽寂。幽寂故心行处断，无言故言语路绝。言语路绝，

---

① ［宋］宗晓：《乐邦文类》卷一，《大正藏》卷四七，大正一切经刊行会，第151页。

② ［清］纪荫：《宗统编年》卷十一，《新纂卍续藏经》第86册，河北佛教协会影印，2006年，第148页。

> 则有言伤其旨；心行处断，则作意失其真。所以净名杜口于方丈，释迦缄默于双树。将知理致渊寂，故圣为无言。但悠悠梦境，去理殊隔；蠢蠢之徒，非教孰启。是以圣人资灵妙以应物，体冥寂以通神，借微言以津道，托形传真。[①]

《续高僧传》基本继承了《高僧传》的门类分别，其卷一云："大为十例：一曰译经、二曰解义、三曰习禅、四曰明律、五曰护法、六曰感通、七曰遗身、八曰读诵、九曰兴福、十曰杂科，凡此十条，世罕兼美。"[②]故智升作为僧界大德，当与僧传"义解"类高僧如支遁、道安、慧远、僧肇、慧皎等同归一类。

（二）著述

《开元释教录》是智升的代表性著述，《贞元新定释教目录》（以下简称《贞元录》）、《宋高僧传》《佛祖统纪》等，皆确定《开元释教录》纂成于开元十八年，可与前之所云"庚午岁"相互为证，[③]这是《开元释教录》确定无误的成书时间。

智升长于著述，除了《开元释教录》之外（下文有细述），还有多部著述。《开元释教录》卷八有其自记："沙门释智升，五部二十五卷经录忏仪等。"随后圆照编《贞元录》所记亦同。具体细目，《开元释教录》卷九云：

> 《开元释教录》二十卷（上帙"总录"，下帙"别录"，十八年庚午于西崇福寺东塔院撰）、《续大唐内典录》一卷（同前十八年撰）、《续古今译经图纪》一卷（同前十八年撰）、《续集古今佛道论衡》一卷（同前）、《集诸经礼忏仪》二卷（同前）。

按照《开元释教录》的载录，五部文献，皆在同一年纂成。故智升的其他撰述，根据《开元释教录》，可以统计为四部五卷。

我们一一寻检智升所撰之原书，《续大唐内典录》《续古今译经图纪》《续集古今佛道论衡》三种文献，各书记载并无差舛。但是《集诸经礼忏仪》二卷，前文已述，并非"智升独撰"。实际上，其云"下卷比丘善导拣示，专修西方要义及集记诸祖六时礼赞净土偈颂等"，则下卷实为净土宗师善导之"拣示"，智升将之与自己抄录的诸经礼忏仪编纂在一起，合成二卷。统计中，实当除去善导之著述部分。那么，智升的其他撰述，当计为四部四卷。而其所有著述，

① ［梁］慧皎：《高僧传》卷八，中华书局，1992年，第342—343页。

② ［唐］道宣：《续高僧传》卷一，《大正藏》卷五十，大正一切经刊行会，第425页。

③ 唯元代释念常所编《佛祖历代通载》卷十三以为《开元释教录》撰于开元十年壬戌岁（722），当误。

应统计为“五部二十四卷”，则更加符合实际情况。

从编纂性质来看，《续大唐内典录》《续古今译经图纪》《续集古今佛道论衡》三部著述分别是赓续《大唐内典录》《古今译经图纪》《集古今佛道论衡》而作，《集诸经礼忏仪》则为抄集众经而成，并非严格意义的著述。

下面对这四部著述的内容与价值，进行一个简单地介绍和评判。

《续大唐内典录》，从题名看，当为赓续《大唐内典录》而作。《开元释教录》卷十记载：“《续大唐内典录》一卷（开元庚午岁西崇福寺沙门智升撰），历代众经传译所从录（从麟德元年甲子至开元十八年庚午，前录未载，今故续之）。”《开元释教录》卷二十云：“《续大唐内典录》一卷，二十五纸。”后又云：“《续大唐内典录》一卷（二十二纸），唐释智升撰。”包括随后之《贞元录》《大藏圣教法宝标目》等，皆有记载，《大正藏》卷五五亦收有《续大唐内典录》一卷。然苏晋仁以为智升“另撰有《续大唐内典录》一卷，自注即‘历代众经传译所从录’部分，续载从麟德元年到开元十八年所译的经典。但现存之本，已不是智升的原书，而是《内典录》卷一抄本的残卷”。[①]也就是说，虽然历代经录记载《续大唐内典录》，流传“有序”，但是事实上，今本《续大唐内典录》名不副实。

笔者检查《大正藏》卷五五所收之《续大唐内典录》，所录“序言”之校勘记谓“此次行宋本有‘唐释智升撰’五字，元本有‘大唐西明寺沙门释道宣撰’十一字，明本有‘唐沙门释道宣撰’七字。”则序言之撰作，已有智升撰和道宣撰两说。但是此“序”完全不同于道宣《大唐内典录》之序，而且宋本以为是智升撰，相较元本、明本，更具文献价值，则此序言或当为智升撰著。

考察今本《续大唐内典录》之具体内容，其与道宣《大唐内典录》之卷一文本，多有相近。二者结构完全一致，只是表述略有差异。《大唐内典录》的表述文从字顺，条理清晰，然而《续大唐内典录》的载录，很多内容即便是与《大唐内典录》相关，却屡屡出现文字错讹。另外尚有不少地方的表述，语意含混，如“尽随近录”、“或要备列”、“不译入此”等，如果不对照《大唐内典录》的原文，部分内容则完全不知所云。

尤其是智升所云《续大唐内典录》乃赓续“前录未载”之“从麟德元年甲子至开元十八年庚午”的经目，但在《大正藏》本《续大唐内典录》内，却无从寻绎，恰好印证了苏晋仁的判断。卷帙规模方面，《大唐内典录》卷一收录译经，从后汉翻译之《四十二章经》始，到《七佛安宅神咒》终，收录326部

① 苏晋仁：《佛教经籍目录综考（上）》，《法音》，1986年第4期，第23页。

经典。《续大唐内典录》总共收录从《四十二章经》到《首至问佛十四事经》等246部经典，而从《首至问佛十四事经》下到《七佛安宅神咒》，共计80部经典，却不及介绍（中间有零星出入，此不详述）。严格意义上，今本《续大唐内典录》体例上一仍《大唐内典录》之旧，而且篇幅上，今本《续大唐内典录》仅及《大唐内典录》卷一之大半卷。因此，苏晋仁判断今本《续大唐内典录》为《大唐内典录》的残卷，当为定谳。①

《续古今译经图纪》，实为赓续《古今译经图纪》而作。贞观二十二年（648），太宗敕令于大慈恩寺翻经院内壁描绘"古今译经图变"，并将该图变绘成画卷。靖迈当时担任玄奘译场的笔受，于画卷上简介各译师与所译经典，最后撰成《古今译经图纪》四卷。其以朝代为编排顺序，记录自后汉迦叶摩腾到唐三藏玄奘之间共119人包括失译人所译经论之名目，并略及各译者之小传。玄奘之后，续有佛教经典的传译，故大慈恩寺翻经院之译经图变仍在继续描绘上壁，但是图纪上没有相应的文字记载，智升因之增补从唐代智通至金刚智等21人所传译经典的介绍性文字，撰成《续古今译经图纪》一卷。智升自述云："《译经图纪》者，本起于大慈恩寺翻经院之堂也。此堂图画古今传译缁素，首自迦叶摩腾，终于大唐三藏。迈公因撰，题之于壁。自兹厥后，传译相仍，诸有藻绘，无斯纪述。升虽不敏，敢辄赞扬，虽线麻之有殊，冀相续而无绝。幸诸览者，无贻诮焉。"②个中渊源，不难自明。

《续集古今佛道论衡》同样属于续作。道宣撰《集古今佛道论衡》四卷，载录"后汉明帝感梦金人腾兰入洛道士等请求角试事"到"司成宣范义頵宅难庄易义一条"，共计30条佛教与道教相互论争之事，卷四文尾附录"郭行真舍道归佛之文"。道宣自述："今以天竺胥徒，声华久隔，震旦张葛，交论寔系。故商确由来，铨衡叙列，笔削芜滥，披图藻镜，总会聚之，号曰《佛道论衡》，分为甲乙下四卷。如有隐括，览者详焉。"唐代以来，儒释道三家在融合中仍然有论争。故智升又补充出"汉明帝夜梦见金人"、"《汉法本内传第三·道士度脱品》"、"《传法记》一卷"三条，补充的文字中，加有一些按语，如"案《汉法本内传》云"、"案《周书异记》云"、"案《帝王世记》云"、"案《世传记》云"

① 另外今本《续大唐内典录》卷首有一篇"赞序"，辞意表达殊不明晰，全非定稿。其中提到"住院名僧尽宣律师"、"建迹于总持寺之院"，都指向道宣，故当与道宣有相关，后人误置于此。

② ［唐］智升：《续古今译经图纪》，《大正藏》卷五五，大正一切经刊行会，第367页。《续古今译经图纪》卷一有小字注文："前纪所载，依旧录编，中间乖舛，未曾删补。若欲题壁，请依《开元释教录》。除此方撰集外，余为实录矣。"（《大正藏》卷五五，大正一切经刊行会，第372页）说明《续古今译经图纪》之编纂态度，应该较《古今译经图纪》更为严谨，智升与有力焉。

等。《集古今佛道论衡》之内容，多传说之词，或有伪撰。《续集古今佛道论衡》之“续作”，一仍前著宗旨，其中内容，亦不当径视作史实，而应斟酌考辨。

《集诸经礼忏仪》，前面已经有简介，不再赘述。

另外，大藏经系统里，还有一部著述也归诸智升名下，即《开元释教录略出》四卷。其《大正藏》本卷第一之下即署有“唐西崇福寺沙门智升撰”的文字。对于《开元释教录略出》的作者，中国和日本的学者早先一直没有疑议。后来，方广锠从外证、旁证、内证三个角度论证《开元释教录略出》绝非智升所撰，最后判断：“实际上，《略出》既非智升所撰，千字文帙号也非智升所创。这种帙号大约出现在会昌废佛之后。”[①]故《开元释教录略出》当为后人删略重排《开元释教录》之“入藏录”而成。

二、《开元释教录》的介绍

（一）编撰缘起

阅读佛教经典，经录是登堂入室的门径。佛教经录的编撰，时代较早而且比较知名的是晋代道安法师所撰的《综理众经目录》，可惜已经散佚。流传至今且最早的经录，当推南朝梁代僧祐之《出三藏记集》，中华书局出版有整理本。但是《出三藏记集》只能反映南朝梁以前的大致译经情况，只是阶段性的经录成果。

佛教发展到中唐，译经大增。这期间，为便于检索并梳理佛学源流，目录学家们撰著出数十部佛教经录。但是这些经录的编纂，难以尽如人意。道宣就有这样的评判：

> 《祐录》征据，文义可观，然大小雷同，三藏糅杂，抄集参正，传记乱经，考括始终，莫能通决。《房录》后出，该赡前闻，然三宝共部，伪真淆乱，自余诸录，胡可胜言。
>
> 今译从于方言，大约五千余卷，迁贸更袭，浇薄互陈，卷部单重，疑伪凡圣，致使集录奔竞，三十余家，举统各有宪章，征核不无繁杂。[②]

经录数量不少，但是编纂的质量，道宣则给予了严肃地批评。包括后代，多有对此期佛教经录的质疑，清代纪荫云：“先是〔聂〕道真、道宣等各有晋、

---

① 方广锠：《中国写本大藏经研究》，上海古籍出版社，2006年，第294页。

② ［唐］道宣：《大唐内典录》卷十、卷一，《大正藏》卷五五，大正一切经刊行会，第338、219页。

魏、汉等录，而重出误人者多。”[①]梁启超亦评价说：“费长房一味炫博，取安、祐、经三公曾经考证定其伪妄者一切收入，于是大坏。”“明佺之《武周录》，又取道宣所已汰者复入之。”[②]也就是说，智升以前之经录，彼此沿袭，虽有厘革，但仍然讹谬丛生。

道宣编成《大唐内典录》之后，数十年间，在玄奘等翻译大家的主持下，佛教经典的翻译以及著述又出现一个蔚为大观的高峰期。如玄奘组织的译场，《大唐故三藏玄奘法师行状》即云其翻译经典达到75部1331卷。《开元释教录》卷八中即言：“自高祖至玄宗开元十八年，凡经一百一十三载，传译缁素，已有三十七人。所出经律论及传录等，总三百一部二千一百七十卷。”经典本身的构成发生变化，其分门别类的归纳，也应该相应发生变化，故此前的经录，已经不能反映佛教译经的发展实际。尤其此前相当多的经录在目录分类层面，对经典的类别属性并不明晰，难以做到条分缕析，分部别居。包括天册万岁元年（695）撰成的《大周刊定众经目录》（以下简称《大周录》），《宋高僧传》云：“号曰《大周经录》焉。智升云：‘虽云刊定，繁秽尤多。徒见流行，寔难凭准。’盖此录支经别品，杂沓不伦，致为升公之所黜矣。”[③]前代经录的不足，促成智升《开元释教录》的应运而生。其自称：

> 前后翻传，年移代谢，屡经散灭，卷轴参差。复有异人时增伪妄，致令混杂，难究踪由。是以先德儒贤，制斯条录。今其存者，殆六七家，然犹未极根源，尚多疏缺。升以庸浅，久事披寻，参练异同，指陈臧否，成兹部帙，庶免乖违，幸诸哲人，俯共详览。
>
> 而近阅藏经，仍探众录，睹其差谬，或所未安，狂简斐然，考成斯记。

因此，智升的工作，就是吸收此前经录编纂的经验，考校当时已经翻译的经目的异同，指出它们的得失，从而使佛典的编排叙次有条不紊。

（二）资料来源

智升编纂《开元释教录》之前，已有数十部经录，其在卷十“叙列古今诸家目录”中即罗列出四十一部经录。但是“从《古录》已下三十一家，诸录之中，虽皆备述，欲寻其本，难可备焉”，故无从参考。智升在序言里提到前之经录“今

---

① ［清］纪荫：《宗统编年》卷十一，《新纂卍续藏经》第86册，河北佛教协会影印，2006年，第148页。

② 梁启超：《中国佛教史稿》，中国人民大学出版社，2012年，第324页。

③ ［宋］赞宁：《宋高僧传》卷二，中华书局，1987年，第34页。

其存者，殆六七家”，这“六七家”经录，应该是智升编纂中参考的重要文献，也是我们校注《开元释教录》的重要资料。从《开元释教录》的援引来看，僧祐之《出三藏记集》十五卷、法经之《众经目录》七卷、费长房之《开皇三宝录》十五卷、彦琮之《众经目录》五卷、道宣之《大唐内典录》十卷、靖迈之《古今译经图纪》四卷、明佺之《大周录》十五卷等经录出现的频率较高，而且皆流传至今。故本书在校注中，以之为文本校勘的重要参考资料。《开元释教录》之后的重要经录，如《贞元录》、宋大中祥符六年（1013）赵安仁等奉命撰《大中祥符法宝录》二十二卷（今存十六卷）、景祐三年（1036）吕夷简等奉命撰《景祐新修法宝录》二十一卷（今存十四卷）、崇宁四年（1105）王古撰《大藏圣教法宝标目》八卷等，也属于本书的参考文献来源。另外，佛教历代的重要僧传，如《高僧传》《释迦谱》《续高僧传》《宋高僧传》《大慈恩寺三藏法师传》《大唐西域求法高僧传》等，以及宋代以前佛教文献如《弘明集》《法苑珠林》《广弘明集》《大唐西域记》等亦是本书的参考资料来源。

（三）本书名义、内容以及体例

《开元释教录》为通名，除此，还有不少异名，如通常略称为《智升录》《开元录》《开元目录》等，《宋高僧传》称“《释教录》”，《佛祖历代通载》则谓“《释教经律论目录》”，《首楞严经义海》又曰“开元中沙门智升撰《释教目录》”，实为同书异名。

《开元释教录》详载东汉明帝永平十年至唐开元十八年传译的佛教大小乘经律论三藏、贤圣集传以及失译缺本等，“中间传译缁素总一百七十六人，所出大小二乘三藏圣教及圣贤集传并及失译，总二千二百七十八部，都合七千四十六卷”。具体而言，《开元录》主体内容分三大部分：

一为上录之“总括群经录”，即后世所谓“总录”。其特征是以纵的历史的线索编排历代译经，“右从汉至唐，所有翻述，具帝王年代并译人本事、所出教等，以人代先后为伦，不依三藏之次，兼叙目录新旧同异”，共十卷。第一卷到第九卷，其以译人为纲，译著为目，以时代为序，载录历代译人以及译著。而第十卷相对特殊，此卷专载前此之历代佛教经录。

二为下录之“别分乘藏录”，亦谓“别录”。其特征是以横的性质类别的线索编排所有译经，对所有经目进行不同部类的分别载录。即有译有本录（第十一卷至第十三卷）、有译无本录（第十四卷至第十五卷）、支派别行录（第十六卷）、删略繁重录（第十七卷上）、补缺拾遗录（第十七卷下）、疑惑再详录（第十八卷上）、伪妄乱真录（第十八卷下）等七部分，对佛经译本、别行、异名、缺题、疑惑、伪妄等予以分辨，是当时佛经的分类目录。

三为下录之“入藏录”。智升云:“合大小乘经律论及圣贤集传见入藏者，总一千七十六部，合五千四十八卷，成四百八十帙。”“入藏录”采用大乘、小乘两分法，其第十九卷“大乘入藏录”为上，第二十卷“小乘入藏录”为下，各自以经律论再行细分。

三者共同构成《开元释教录》之完整分类体系。

从经录体例方面看，僧祐《出三藏记集》的主体内容分为撰缘记、铨名录、总经序和述列传四部分，佛经目录分类学的特征并不明显。后北魏《李廓录》则分出大乘经律目录、大乘论目录、大乘经子注目录、大乘未译经论目录、小乘经律目录、小乘论目录、有目未得经目录、非真经目录、非真论目录、全非经愚人妄称目录等十类，对佛教文献进行大小乘和经律论的区分。而梁《宝唱录》的特色在于区分大小乘之后，再行区分“有译人”和“无译人”，随后又区分经典的“多卷”和“一卷”规模，已经具备佛教经录分类之大体。比较严谨科学的经录，当属隋代《法经录》，其一级类目分作大乘、小乘、抄集录、传记录、著述录。大小乘一级类目下分经律论二级类目；译经层面又分“一译、异译、失译、别生、疑惑、伪妄”等类别；另三个一级类目下分“西方圣贤”和“此方诸德”二级类目，文献部类，层次分明。唐代能够与《开元释教录》相提并论的经录，道宣的《大唐内典录》可中其选。其分十个部分:“历代众经传译所从录、历代翻本单重人代存亡录、历代众经总撮入藏录、历代众经举要转读录、历代众经有目缺本录、历代道俗述作注解录、历代诸经支派陈化录、历代所出疑伪经论录、历代众经录目终始序、历代众经应感兴敬录。”《开元释教录》的整体结构，实渊源于《大唐内典录》，贯彻其以经典本身的内容特征来决定其归属的分类方法，而且在《大唐内典录》的基础上，有更加精密的分类，诚所谓后出转精。其区分大小乘和经律论之后，在“别分乘藏录”中分出七个类目。另外，在大乘菩萨契经藏又分出“般若、宝积、大集、华严、涅槃”等五部以及“五大部外诸重译经”和“大乘经单译”等七个三级类目；大乘论之下分出“大乘释经论”和“大乘集义论”类目；小乘经下分出“根本四《阿含经》、《长阿含》中别译经、《中阿含》中别译经、《增一阿含》中别译经、《杂阿含》中别译经、四《含》外诸重译经、小乘经单译”七个类目；小乘律、论下也有次级类目的区分，分门别类地把它们组成一个有内在逻辑联系的完整体系。从目录分类学角度观照，《开元释教录》的分类法应该是当时最为合理的佛教文献分类法。因此，梁启超评价《开元释教录》时说:“组织更加绵密，资料更加充实，在斯学中，兹为极轨。”[①] 方广锠评价：“以‘总括群经录’为纲，以备参考，使读者明了佛经发展沿革及诸家派别；以‘大小乘入藏录’为现存佛经的分类目录，以备按类查书；别录中有译有本录等七录，把佛经中的一些译本、别行、异名、缺题、疑惑、伪妄等重大问题，都专做了分析解答，共同构成佛经目录的整体。”[②] 个中不难见出《开元释教录》的佛教目录分类学的价值。

（四）版本流传

《开元释教录》并非由皇家主持修撰，而是民间私造经录，根据方广锠的考证：“至少到天宝七年（748），它并没有成为藏经的规范与标准，只是众多类型藏经中的一种。”[③] 可惜其撰成之后的抄本系统并没有流传下来，完整流传下来的只是大藏经刻版系统。

《二十二种大藏经通检》载录了十七种藏经对于《开元释教录》的记载，其云：“崇宁，毗卢，圆觉，资福，碛砂（456—457 册），普宁，洪武南（缺卷 18，第 12 卷抄补）（笙升）；赵城（存 16 卷，抄补 2 卷），丽藏（笙升阶）”；弘法（楚更）；永乐南（宗—禅）；永乐北，嘉兴（153 函）（车驾肥）；清藏（感武丁）；频伽，弘教（结 4—5）；大正 55—477。”[④] 因为部分藏经散佚不存，不可详考。但说明多数大藏经中，皆收录有《开元释教录》，一千多年的传抄刻板，衍生出不同的版本。

方广锠认为：“我国的第一部木刻藏经《开宝藏》初刊于开宝四年（971）至太平兴国八年（983）。初刻时只有《开元录·入藏录》部分。”[⑤] 也就是说，《开宝藏》中并没有《开元释教录》的全本刻版。《开元释教录》全本刻版始自北宋徽宗崇宁二年（1103）撰成的《崇宁藏》。据李富华考证：“《崇宁藏》刊板依据的底本是北宋初年在福州及其附近地区流传着的一种古写本大藏经。”[⑥] 可惜《崇宁藏》也没有完整流传下来。但是随后刊刻的《毗卢藏》在日本保留有数个全藏版本，而《毗卢藏》乃根据《崇宁藏》覆刻，这是《开元释教录》的一个版本系统，即南方系。除了南方系之外，大藏经还有以《开宝藏》为代表的中原系、以《契丹藏》为代表的北方系，这两个系统差别较小，当为《开

---

① 梁启超：《中国佛教史稿》，中国人民大学出版社，2012 年，第 429 页。

② 方广锠：《八—十一世纪佛教大藏经史》，中国社会科学出版社，1991 年，第 38 页。

③ 方广锠：《中国写本大藏经研究》，上海古籍出版社，2006 年，第 95 页。

④ 童玮：《二十二种大藏经通检》，中华书局，1997 年，第 382 页。

⑤ 方广锠：《敦煌寺院所藏大藏经概貌》，《藏外佛教文献》第八辑，宗教文化出版社，2003 年，第 397 页。

⑥ 李富华、何梅：《汉文佛教大藏经研究》，宗教文化出版社，2003 年，第 173 页。

元释教录》的另外一个版本系统。

后世之精校本有两种：一则为日本《大正藏》所收录之《开元释教录》本。其以“丽本”为底本，“丽本”即《高丽藏》，《高丽藏》的初雕本（1011）和续雕本（1094）在蒙古入侵时失传，现所传即1236年重刻的所谓“再雕大藏经”，时间相对较晚。《再刻高丽藏》实际集中了中原系、北方系的优点，而《大正藏》本又参校了南方系《崇宁藏》《毗卢藏》《思溪藏》的经本，校勘较为细致。二则为大陆出版的《中华大藏经》本。其以《赵城金藏》本为底本，根据历史上有代表性的八种藏经进行校勘，每卷末附详细的校勘记，是当前校勘价值最高的版本。

《开元释教录》的卷数，有三十卷、二十五卷和二十卷之分别说。

首先看“三十卷”之说，宋晁公武撰《郡斋读书志》卷九著录云：“《开元释教录》三十卷。右唐僧智升撰。”[①] 然而，晁公武并未提出卷数的依据。元马端临《文献通考》卷二二七“经籍考五十四”也著录为“三十卷”。《文献通考》内容上多沿袭《郡斋读书志》，不能视作有三十卷本《开元释教录》的信实证据。童玮编纂《二十二种大藏经通检》，载为“三十卷或二十卷”，其“三十卷”之名目，大概即自《郡斋读书志》所从出。故“三十卷”之说，没有确切的文献依据。

“二十五卷”之说，源自明代《阅藏知津》，其云：“《开元释教录》，旧二十卷。南作二十五卷，北作三十卷。南宗至‘禅北轻驾肥’，唐西崇福寺沙门智升撰。”[②] 只能说明明代的南藏和北藏系统有不同的分卷。

《开元释教录》“二十卷”之说，当为主流。本校注本之底本《大正藏》本卷八云：“沙门释智升，五部二十五卷经录忏仪等。”既然说智升的所有著述为“五部二十五卷”，那么《开元释教录》不可能是三十卷。其卷二十又言：“《开元释教录》二十卷，二帙五百四十五纸。”明确为二十卷。其他诸经录，如《贞元录》等，亦言为二十卷。现存的《中华大藏经》等藏经，《开元释教录》按照内容分别部居，皆为二十卷。另外僧传，如《高僧传》亦云：“乃于开元十八年岁次庚午，撰《开元释教录》二十卷。”因此，“二十卷”之说，流传有序。

比较有意思的是，四库馆臣编纂《四库全书》，选录了《开元释教录》，故《开元释教录》传世另有四库本。《四库全书总目》中还注明其版本为“江西按察

① ［宋］晁公武：《郡斋读书志》卷九，上海古籍出版社，1990年，第406页。

② ［明］智旭：《阅藏知津》卷四四，《碛砂大藏经》三十二册，第178页。

使王昶家藏本”。王昶（1725—1807）字德甫，江苏青浦（今上海）人，乾隆十九年（1754）进士，曾任刑部侍郎。好金石学、经学，精于考证，编辑《金石萃编》160卷。乾隆三年（1738），《清藏》刻版完成，而乾隆三十七年（1772）才开始编纂《四库全书》，但是四库馆臣并没有选用《清藏》的大藏经版本，反倒选用了一个家藏本。同时，并没有交代“王昶家藏本”究竟是写本抑或刻本。笔者以大藏经之不同版本的异文与四库本进行比对，发现其与《永乐南藏》的明藏系统本相当接近。因此，四库本当与明藏本有直接关联。

《开元释教录》的“总录”和“别录”，各个版本差异较小，其中问题最大的是“入藏录”版本，不同时代以及不同地域藏经的差异性影响到“入藏录”写本的变异，使得“入藏录”呈现出各种变种。《大正藏》本和《中华大藏经》本《开元释教录》就收录了两个不同的“入藏录”版本，不仅佛经名目有一定差异，其卷数、用纸以及书目的数据统计，可谓大相径庭。

另，敦煌遗书中有伯2722、伯2840、伯3313等三号卷子，定名为《开元录简目》，对《开元释教录》有一定的校勘价值，也反映出《开元释教录·入藏录》不同形式的流传。

（五）校勘问题

《开元释教录》最早的刻本是《开宝藏》刻版的“入藏录”部分，惜乎不存。日本学者编撰《大正藏》，其以《再刻高丽藏》本为底本，参考宋元明等大藏经本进行过细致地整理。中华书局版《中华大藏经》则以《赵城金藏》本为底本，参校《房山云居寺石经》《资福藏》《影宋碛砂藏》《普宁藏》《永乐南藏》《径山藏》《清藏》及《高丽藏》等重要版本，进行了相当精细地校勘。《高丽藏》和《赵城金藏》同属《开宝藏》版本系统，版式完全一致，对《开元释教录》的存真复原，堪为校勘之善本。为了减少校记数量，以免一般读者昏沉耳目，凡《大正藏》本和《中华大藏经》本原校可取者，不烦一一出校，凡《大正藏》本和《中华大藏经》本之间有比较大的差异处，则加以出校并补充简要考辨。

同时，以《出三藏记集》《历代三宝纪》《大唐内典录》《古今译经图纪》《大周录》《贞元录》等历代知名经录为参校本。《高僧传》《续高僧传》《宋高僧传》以及宋代以前重要僧传中有不少相关内容，具有珍贵的其他文献校勘价值，本书对各参校本以及其他文献的校勘成果将尽量予以吸收。

（六）学术价值与影响

《开元释教录》是智升综合吸取前此多部经录的编纂经验和成果之后苦心孤诣撰成的一部佛教文献目录，可谓佛教经录之佼佼者。清代纪荫云：“升乃重经撰次为二十卷，最号精详。……文笔高博，法苑重之。”[①]所谓“最号精详”以及“法苑重之”，说明《开元释教录》本身的价值，并得到了教内专业人士的认同。其学术价值还得到教外的不菲评价，《四库全书总目》卷一四五评价它：“佛氏旧文，兹为大备，亦兹为最古。所列诸传，尤足为考证之资。”[②]陈垣《中国佛教史籍概论》亦以为其“集诸家之成，而补其缺漏，订其讹误。有旧录以为失译而并未失译者，有旧录未详时代而今已知其时代者，有旧录译人误而今特正之者，可称后来居上”[③]。田光烈和方广锠等人著专文，对《开元释教录》的学术价值有过相当深入的分析，可以参读。[④]

结合前贤的研究，《开元释教录》的学术价值，可以归诸于这样几个方面：

其一，从目录学角度而言，《开元释教录》分类标准的确立，区分所载译经的有译与失译之别、单译与重译之别、大经与别生经之别等，体现出唐代佛教目录学的最高水准。其按佛教思想体系建构的分类法，形成更加绵密精致的类目，成为后世经录相沿的规式。尤其《开元释教录》强调目录学的理性精神与学术源流，体系完整严密，内容博大精深。故其分类学有目录学价值，诚属唐代佛教目录分类的集大成之作。

其二，从辨伪学角度而言，《开元释教录》继承了《出三藏记集》《历代三宝纪》以及《大唐内典录》等对旧录修正与整理的成果，同时利用新材料对旧录讹误进行严密考证，订讹辨微，补其缺漏。

其三，从注释学角度而言，《开元释教录》的附注材料详实，慎辨其讹误，补充了大量与译经渊源相关的具体信息，事实上构成对文本的精确阐释。

其四，从史料学角度而言，《开元释教录》除了对有关译经的资料搜罗绵密，还主要体现在两个方面：一则其卷十专门编排四十一家佛教经录，保存了大量佛教经录文献，后人可以循此探讨佛教经录编纂的历史，是佛教目录学史的重要史料；一则对于译人和译经过程的文字介绍，由此保存了大量佛经传译和佛

---

① ［清］纪荫：《宗统编年》卷十一，《新纂卍续藏经》第86册，河北佛教协会影印，2006年，第148页。

② ［清］永瑢：《四库全书总目》，中华书局，1965年，第1237页。

③ 陈垣：《中国佛教史籍概论》，中华书局，1962年，第14页。

④ 田光烈归纳为六点：一则大体依照道宣的《大唐内典录》，而对于译撰各书的分类则更加精密；二则对于旧录的纠正考订与整理；三则历代录与刊定入藏各录、现定入藏录之间，保持密切的联系；四则于北凉之前，特补前凉一代；五则总括群经录之末，列举四十余家目录，并择要地加以分析批评，为中国目录学上的重要史料；六则各书子注详细，间有长达数百字的，俨然成为一种提要形式的述作。方广锠则凝练为三个层面：“一是对经典的搜罗、考订。二是对藏经的结构分类。三是对佛教目录学本身的发展。”

教发展传播的重要史料。

其五，从佛教文献学的角度而言，《开元释教录》撰成于盛唐，吸纳了当时玄奘、义净、不空、金刚智等译家经典翻译和研究的最新成果，而且能够集众家目录之大成，其“总录”、“别录”、“入藏录”的结构体系，实现了经录“辨章学术，考镜源流”的功用。

其六，从佛教传播学的角度而言，虽说隋费长房《历代三宝纪》首创“入藏录”，但是《开元释教录》的“入藏录”为宋《开宝藏》援用，影响随后历代大藏经的编撰，是佛经“入藏录”的杰出代表。①

至于《开元释教录》的学术影响，后世亦有非同一般的评价。《佛祖统纪》云：“十八年，西京崇福寺沙门智升进所撰《开元释教录》二十卷，以五千四十八卷为定数，勅附入大藏。”② 说《开元释教录》自编撰完成即被敕入大藏。方广锠这样辩证地评价：“以往有一种观点，认为自从开元十八年（730）智升撰成《开元释教录》后，其《入藏录》所定的1076部、5048卷、480帙便成为人们修造大藏经的规范。其实，《开元录》撰成后，只是当时流传的诸种私家经录之一，还没有取得一统天下的地位。即使那些参考《开元入藏录》而修造的大藏经，也不完全遵循它的规范，而是按照当时当地的具体情况，予以斟酌损益。直到会昌废佛以后，各地的大藏经才逐步统一到《开元入藏录》的形态上。”③ 但是《佛祖统纪》所云“以五千四十八卷为定数”，倒没有太多夸饰的成分。宋代《翻译名义集》卷一曰：“自晋道安法师至唐智升，作为目录图经，盖十余家。今大藏诸经，犹以升法师《开元释教录》为准。”④《开元释教录》影响后世深远，《四库全书总目》云：“朱彝尊作《经义考》，号为善本。而核其体例，多与此符，或为规仿，或为暗合，均未可定。然足见其为缁流之中娴于著作者矣。”⑤ 其影响力，甚至绵延至海外，《新编教藏总录流衍序》说：

---

① 末木文美士所著《日本佛教目录学的形成——以《东域传灯录》为中心》卷一云：“《开元录》引人注目之处在于卷十九、卷二十所收的‘入藏录’。它决定了大藏经的形态，并长期为以后的藏经所沿袭。在此所收的经典以大乘的经、律、论和小乘的经、律、论分类，合计1076部5048卷。其后被别出，称为‘略出’。入藏录开头的大乘经的排列至关重要，其方针是先依序集中排列般若部、宝积部、大集部、华严部、涅槃部等五大部，然后编排其它经典。这种排列方法经过修正和改良，至今仍为《大正藏》所使用。”可见其影响之深远。

② ［宋］志磐：《佛祖统纪》卷四十，《大正藏》卷四九，大正一切经刊行会，第374页。

③ 方广锠：《中国写本大藏经研究》，上海古籍出版社，2006年，第280页。

④ ［宋］法云：《翻译名义集》卷一，《大正藏》卷五四，大正一切经刊行会，第1055页。

⑤ ［清］永瑢：《四库全书总目》，中华书局，1965年，第1237页。

> 宓惟义天，姓王氏，高丽国文宗仁孝王第四之子也，出家封“佑世僧统”。元祐初，入中华而上表，请传贤首教，乃勅而见许。肇往四明，事智师慈辨，而受天台教观。趋至灵芝，拜大智元照，而学律藏。从晋水净源，而闻贤首宗乘。亦遭圆照宗本禅师，而问宗义大旨，曲如僧传等。厥雷声震于支那，动三韩矣。五千四十八卷，歉一口而不足，亦复搜索章疏教迹，历二十年，而随所获编次，以作三卷目《新编诸宗教藏总录》也。①

《新编诸宗教藏总录》为朝鲜高僧义天所撰，其序云“五千四十八卷，歉一口而不足”，“五千四十八卷”之入藏卷数，即渊源于智升之《开元释教录》。

（七）微瑕之处

《开元释教录》最大的瑕疵，首先，在于文献的收录方面，陈垣之《中国佛教史籍概论》已言之甚详，故不赘述，谨略陈之。因为属于私撰经录，在佛教文献的收集工作中，智升难以充分调动各方面的力量，其收录范围，势必受到限制，故《开元释教录》所载经录的全面性会出现偏差，尤其是相当一部分唐代译经，智升失收，构成其一大不足。其漏收佛教经典，荦荦大端者，如义净一生译著总共 107 部 428 卷，其 713 年去世，十七年之后，智升编成《开元释教录》时，其“总录”只收录 370 卷左右，部分经典尚无经本，故“入藏录”只收义净译著 200 多卷，尚有 46 部、近 200 卷失收。另如不空、金刚智等译家的经典翻译，也存在不少失收的现象。

其次，智升作为佛教目录学家，受传统佛教经录原有程式的影响，尊崇西天佛教经律论的译本，而忽略了中土佛教著述。唐代是佛教中国化进程中的重要阶段，佛教经典的中国化亦同期进行，不少中土僧信对于佛教经典的注疏、解读以及阐释，形成大量的中土佛教文献。而这部分文献，同样具有特别重要的文献价值。《开元释教录》对中土佛教文献的失收，后世多有诟病，如陈垣的《中国佛教史籍概论》即指出《开元释教录》的缺点在于重翻译，而轻本土著述。方广锠批评《开元释教录·贤圣传记录第三》是“目录中问题最多的一部分”，“历代编纂大藏经的僧人都有自己的宗派立场，难免因此影响编藏工作。比如智升对中国人撰写的佛教著作挑剔极严，除了少量因‘毗赞佛教有功’被智升收入大藏经外，绝大多数典籍，包括中国佛教各宗各派阐述自己宗义的重要著作，统统被排斥在藏外，任其自生自灭，不少著作因而湮没无闻。对此智

① ［高丽］义天：《新编诸宗教藏总录》卷一，《大正藏》卷五五，大正一切经刊行会，第 1165 页。

升无从辞其咎。”[①] 由此可见,《开元释教录》实际上也未能全面反映出中国佛教当时的发展水平。

而者,《开元释教录》只是佛教经录阶段性的代表著述,不代表其中并无错讹。钱谦益所撰《楞严经疏解蒙钞》云:

> 智升撰《释教目录》二十卷,其第十七云:“《大佛顶首楞严经》十卷,大唐沙门怀迪于广州译。”迪,循州人,住罗浮山南楼寺。久习经论,备谙五梵,因游广府,遂遇梵僧,未详其名,对文共译,勒成十卷。今按《译经图记(纪)》,此经极量诵出,弥伽译语,房相笔受,怀迪证译,四人一席,翻度此经,油素委知,时日可考。及观《释教目录》,则但云梵僧出经,怀迪对译,二书出于升公一人之手,而自相抵牾如此。赞宁“译经”门,既两载之,而长水亦怀二本之疑。今以升公记录,参互考之,二本翻度,皆在神龙初元。《首楞》一经,未闻译而又译,怀迪一人,安得证而重证?今并列二文于前。而刊正取舍,则委辨于后。[②]

当然,百密难免一疏,《开元释教录》中的些微瑕疵,并不能掩盖其美玉的本质。

---

① 方广锠:《略谈汉文大藏经的编藏理路及其演变》,《世界宗教研究》2012 年第 1 期,第 40 页。

② [清]钱谦益:《楞严经疏解蒙钞》卷一,《新纂卍续藏经》第 13 册,河北佛教协会影印,2006 年,第 520 页。

目　录

《开元释教录》卷第一[①]

夫目录之兴也，盖所以别真伪，明是非，记人代[②]之古今，标卷部之多少，摭拾遗漏，删夷骈赘[③]，欲使正教纶理，金言有绪，提纲举要，历然可观也。但以法门幽邃，化网恢弘，前后翻传，年移代谢，屡经散灭，卷轴参差。复有异人，时增伪妄，致令混杂，难究踪由。是以先德儒贤，制斯条录。今其存者，殆六七家[④]，然犹未极根源，尚多疏缺。升以庸浅，久事披寻，参练异同，指陈臧否，成兹部帙，庶免乖违，幸诸哲人，俯共详览。

稽首善逝牟尼尊，无上丈夫调御士。

亦礼三乘净妙法，并及八辈应真僧[⑤]。

我撰经录护法城，三宝垂慈幸冥佑。

惟愿法灯长夜照，迷徒因此得慧明。

正法遐久住世间，依学速登无上地。

自后汉孝明皇帝永平十年岁次丁卯，至大唐神武皇帝开元十八年庚午之岁，凡六百六十四载。中间传译缁素总一百七十六人，所出大小二乘三藏圣教及圣贤集传并及失译，总二千二百七十八部，都合七千四十六卷，其见行、缺本，并该前数。

---

① 《中华大藏经》本每卷此下有千字文编号以及“庚午岁西崇福寺沙门智升撰”，“卷一”下千字文编号为“笙”。宋、元藏“一”字后有夹注“序”字。

② 人代：即人世，避唐太宗李世民之讳。

③ 摭拾遗漏，删夷骈赘：“摭拾”，收取采集；“骈赘”，骈枝赘疣，“删夷骈赘”指删除多余无用的内容。

④ 殆六七家：智升编撰《开元释教录》之前，佛教有数十部经录，见本书第十卷“叙古旧诸家目录”，史传最早的经录有所谓《古录》者，惜不传。东晋时期释道安撰《综理众经目录》影响后世深远，梁僧祐撰《出三藏记集》是现存最完整的古代经录。此云“六七家”，或有《出三藏记集》《历代三宝纪》、隋代二部《众经目录》《大唐内典录》《古今译经图纪》以及《大周录》等，难以确指。

⑤ 八辈应真僧：“八辈”指四果四向，“应真”谓与法性真如相应。以上四句意指同礼佛、法、僧三宝。

新录合二十卷，开为“总”、“别”。“总录”括聚群经，“别录”分其乘藏，二录各成十卷，就“别”更有七门。今先叙科条，余次编载。

“总括群经录”上

右从汉至唐，所有翻述，具帝王年代并译人本事、所出教等，以人代先后为伦，不依三藏之次，兼叙目录新旧同异。

“别分乘藏录”下

右“别录”之中，曲分为七：一有译有本、二有译无本、三支派别行、四删略繁重、五补缺拾遗、六疑惑再详、七伪妄乱真。就七门中，二乘区别，三藏殊科，具悉委由，兼明部偶①。

“总录”分为十卷，起第一，尽第十（此粗显纲条，若一一具明，在第十卷内）：第一卷（汉、魏二代缁素译人所出经戒羯磨等及新旧失译，并附出译人列传）、第二卷（吴、晋二代缁素译人所出经戒等，并新旧失译诸经，同前附出译人列传）、第三卷（东晋、苻秦二代缁素译人所出经律论等，并新旧失译列传，同前）、第四卷（姚秦、西秦、前凉、北凉四代缁素译人所出经律论，并新旧集失译经等）、第五卷（宋朝一代缁素译人所出经律论等，并新集失译经等）、第六卷（齐、梁、元魏、高齐四代缁素译人所出经律论等，并新集失译经律集等）、第七卷（周、陈、隋三代缁素译人所出经律论及传录等）、第八卷、第九卷（八、九二卷，皇朝缁素译人所出经律论及传录等）、第十卷（叙古旧诸家目录部帙多少及详显同异）。

“别录”分为十卷，起第十一，尽第二十（此粗显纲条，具述在第十卷内）：第十一卷、第十二卷（十一、十二两卷有译有本菩萨藏经律论目录，兼述译人时代）、第十三卷（有译有本声闻藏经律论及贤圣集传目录，亦述译人时代）、第十四卷（有译无本大乘经律论缺本目录）、第十五卷（有译无本小乘经律论及贤圣集传缺本目录）、第十六卷（支派别行大小乘经律论及贤圣集传别生目录）、第十七卷（删略繁重别生同本异名经等删除目录、补缺拾遗旧译大小乘经律论、《大周·入藏录》中遗漏不上目录及新译大小乘经律论集传等新编入藏目录）、第十八卷（疑惑再详目录、伪妄乱真新编伪经及群录中伪经并诸家集钞等目录）、第十九卷（大乘经律论入藏目录）、第二十卷（小乘经律论、贤圣集传入藏目录）。

---

① 部偶：分部类属。“偶”有类属义，《史记·黥布列传》有云“乃率其曹偶”。《大正藏》本校为“部属”，指不同乘藏的分部从属，亦通。

无“藏”字，初出，与《法海经》等同本。见《高僧传》及《长房录》等）、《佛本行经》五卷（永平十一年出。见《高僧传》及《长房录》等）、《佛本生经》一卷（见《高僧传》及《长房录》等）。

右四部一十五卷，其本并缺。

沙门竺法兰，亦中印度人。自言诵经、论数万章，为天竺学者之师。时蔡愔既至彼国，兰与摩腾共契游化，遂相随而来。会彼学徒留碍，兰乃间行而至。既达洛阳，与腾同止，少时便善汉言。初共腾译《四十二章经》，腾卒，兰自译《十地断结经》等四部。昔前汉武帝穿昆明池底得黑灰，问东方朔。朔云：“非臣所知，可问西域胡人。”法兰既至，追以问之。兰云：“此是劫烧时灰。”朔言有征，信者甚众。又秦景使还，于月支国得释迦佛像，是优填王栴檀像师第四作也，来至洛阳。帝即敕令图写，置清凉台及显节陵上供养。自尔丹素，流演迄今。兰后终于洛阳，时年六十余矣。

又长房等录云：“兰译《二百六十戒合异》二卷”者不然，细详名目，非兰所翻。委求同异，如下“别录”缺本中述。

《道行般若波罗蜜经》十卷（题云《摩诃般若波罗蜜道行经》，亦云《般若道行品经》，或八卷，初出，与《明度》《小品》及《大般若》第四会等同本。光和二年七月八日出，见敏、祐二录）、《无量清净平等觉经》二卷（亦直云《无量清净经》，第二出，与《大阿弥陀》及《宝积·无量寿会》等并同本，见《吴录》[①]）、《阿閦佛国经》二卷（建和元年译，或一卷，初出，与《宝积·不动如来会》等同本。见《朱士行汉录》及《僧祐录》，亦云《阿閦佛刹诸菩萨学成品经》，或无“国”字）、《佛遗日摩尼宝经》一卷（安公云出方等部，初出，与《宝积·普明菩萨会》等同本。一名《古品遗日说般若经》，一名《大宝积经》，一名《摩诃衍宝严经》，见僧祐、长房二录）、《般舟三昧经》三卷（一名《十方现在佛悉在前立定经》。《旧录》云《大般舟三昧经》，或二卷。光和二年译，初出，与《大集贤护经》等同本，见《聂道真录》[②]及《吴录》）、《兜沙经》一卷（见《僧祐录》及《吴录》，是《华严经·名号品》异译）、《伅真陀罗所问经》二卷（初云《伅真陀罗所问宝如来三昧经》，《旧录》云《伅真陀罗尼王经》，或三卷，初出，与《大树紧那罗经》同本。《安录》无，见《朱士行汉录》及《僧祐录》）、《阿阇世王经》二卷（初出，与《普超三昧经》等同本，见《僧祐录》，安公云出《长阿含》者，非也）、《内藏百宝经》一卷（亦云《内藏百品》，初出，与世高译者小异。安公云出方等部，

① 《吴录》：东晋道流撰《吴世经录目》，未成而卒，但开后世佛教断代经录之风气。后其同学竺道祖因之改撰《吴录》，汇编为《道祖录》四卷。

② 《聂道真录》：聂道真，西晋译经居士，聂承远之子，撰《众经目录》一卷，简称《道真录》。其记载汉、魏、晋的译经，且注明译出时间、笔受人和经名异称。

见《僧祐录》)、《文殊师利问菩萨署经》一卷(亦直云《问署经》,见《僧祐录》及《吴录》。安公云出方等部)、《杂譬喻经》一卷(凡十一事。祐云失译,房云见《别录》[①],已上见在,已下缺)、《大方等大集经》二十七卷(初出,与昙无谶等出者同本,见《李廓录》[②])、《般舟三昧经》一卷(是后十品重翻,祐有此一卷,无三卷者,见《静泰录》[③]。或加"大"字,第三出,《祐录》云光和二年十月八日出)、《梵般泥洹经》二卷(或一卷,初出,与《大般涅槃经》等同本,见《朱士行汉录》及《僧祐录》。旧云"胡般",新改为"梵")、《象腋经》一卷(初出,见《法上录》[④])、《诸法勇王经》一卷(初出,见《法上录》)、《光明三昧经》一卷(初出,祐云出《别录》,《安录》无,房云亦见《吴录》)、《字本经》二卷(初出,见《僧祐录》)、《首楞严经》二卷(中平三年二月八日出,第一译,又云"三卷",见《朱士行汉录》及《僧祐录》《吴录》)、《大方便报恩经》一卷(见《吴录》)、《阿阇世王问五逆经》一卷(亦云《阿阇世王经》,初出,见《长房录》)、《禅经》一卷(初出,房云见《别录》)、《阿育王太子坏目因缘经》一卷(佛涅槃后一百余年,育王方出,故非佛说。或无"经"字,初出,见《长房录》)。

右二十三部六十七卷(《杂譬喻》上一十一部二十六卷见在,《大集经》下一十二部四十一卷缺本)。

沙门支娄迦谶,亦直云支谶,月支国人。操行纯深,性度开敏,禀持法戒,以精勤著名。讽诵群经,志在宣法。桓、灵之代,游于洛阳。从桓帝建和元年丁亥至灵帝中平三年景寅[⑤],于洛阳译《道行》等经二十三部,审得本旨,曾不加饰,可谓善宣法要弘道之士也。河南清信士孟福、张莲笔受[⑥]。而旧译云《胡般泥洹》者,窃所未委。上代翻经已来,贤德笔受,每至度语,无不称云"译

① 《别录》:晋僧支敏度编撰,一卷,其全名为《众经别录》。

② 《李廓录》:北魏永熙(532—534)中,李廓撰《元魏众经目录》,简称《李廓录》,分大乘经、大乘论、大乘经子注、大乘未译经论、小乘经律、小乘论、有目未得经、非真经、非真论、全非经愚人妄称等十类,是当时已译未译经的目录。

③ 《静泰录》:即《大唐东京大敬爱寺一切经论目》,五卷,今存。唐麟德年间静泰撰,简称《静泰录》。

④ 《法上录》:北齐武平年间(570—576)沙门统法上撰《齐世众经目录》,亦作《高齐众经目录》《达摩郁多罗录》,简称《法上录》。其分杂藏录、修多罗录、毗尼录、阿毗昙录等八类,以杂藏居首,与修多罗分列,经部再分细类。

⑤ 景寅:当为"丙寅"。唐高祖李渊之父名"昞",故唐人兼讳"丙",多改为"景"字,后涉干支纪年处,凡"景"字皆当为"丙"字。

⑥ 孟福、张莲笔受:僧祐《出三藏记集·般舟三昧经记第八》云"河南洛阳孟福字符士","张莲字少安"。下文"竺佛朔"小传以为孟福字"元士",或有一误,待考。"笔受"谓用笔记述别人口授的话,是佛经翻译的一个环节。

胡为汉”。“胡”乃五天[①]边俗，类此之有氐、羌，今乃称“胡”，岂关印度？深为楚越，可不详焉！但佛所说经，皆合称为梵本。梵者，此言清净。昔劫初时，梵世光音天[②]来下彼土，有食地肥者，身重不得复去，因遂为人，即五天之本祖也，仍其天号而立称焉。若彼称“胡”，理将何出？但彼称梵语，如此土所谓汉言，盖有所凭，非为谬耳。如旧日僧悉称俗姓，起符秦[③]世，有沙门道安独拔当时，居然超悟，云：“既剃落，绍继释迦，子而异父，岂曰承袭？今去出家，宜悉称‘释’。”及翻四《含》，其文果云“四姓出家，同一释种”。众咸叹伏（四姓者：一刹帝利、二婆罗门、三吠舍、四戍达罗）。而安正当晋、秦之世，刊定目录，删注群经，自号“弥天”，楷模季叶，犹言译胡为秦，有“五失三不易”[④]，此盖通人一蔽，未尽美欤！上代已来，有“胡”言处，今并改为“梵”字，庶无纰谬，使谈者得其正焉。又长房等录，支谶译中复有《大宝积经》一卷。今以与《佛遗日摩尼宝经》既是同本，不合再出。又寻文句，非谶所翻。《别录》之中，皆为失译，今依《别录》为正，故谶录除之。

《大乘方等要慧经》一卷（初出，与《宝积·弥勒问八法会》同本，见《长房录》）、《太子慕魄经》一卷（初出，出《六度集》中异译，见《长房录》）、《长者子制经》一卷（一名《制经》，初出，与《逝童子经》等同本，见《长房录》）、《宝积三昧文殊问法身经》一卷（一名《遗日宝积三昧文殊师利菩萨问法身经》，初出，与《入法界体性经》同本，见《长房录》）、《自誓三昧经》一卷（题下注云：《独证品第四》，出《比丘净行》中，初出，与法护出者大同小异，见《长房录》）、《温室洗浴众僧经》一卷（亦直云《温室经》，初出，见《长房录》）、《明度五十校计经》二卷（或直云《明度校计》，亦直云《五十校计》，元嘉元年出，见《朱士行汉录》及《僧祐录》）、《佛印三昧经》一卷（见《长房录》）、《八大人觉经》一卷（见《宝唱录》[⑤]）、《舍利弗悔过经》一卷（亦直云《悔过经》，初出，

---

① 五天：即东西南北中五天竺，或称五印度，为古代印度之概称。

② 梵世光音天：“梵世”指色界诸天。《法苑珠林》云：“时千梵王异口同音而说偈言：‘慧日大名称，久住善寂地。闻名除诸恶，自然生梵世。我今头面礼，归依大解脱。’说此偈已，各还梵世。”“光音天”为色界诸天之一，二禅天之第三天，以光为语言，故名。亦泛指二禅天。

③ 符秦：古籍中“苻”、“符”二字多通用，“苻秦”之“苻”为姓氏，一般通用作“苻”字，如后所云“符坚”等，径改，不烦出校。

④ “五失三不易”：即“五失本三不易”，指翻译佛经时有五种违失原本之义以及三种之不容易者，语出晋道安《摩诃钵罗若波罗蜜经抄序》。

⑤ 《宝唱录》：梁天监十七年（518），因《华林佛殿众经目录》之撰不合意旨，武帝敕宝唱重撰经录四卷，名《梁世众经目录》，简称《宝唱录》。其以有译、无译、一译、异译、多卷、一卷等原则进行分类，又区分禅经、注经、数论、义记、随事别名、随事共名、譬喻、佛名、神咒等类名，颇具目录分类学价值。

见《长房录》)、《人本欲生经》一卷(永嘉二年出,《长阿含》第十卷异译,道安注解,见《朱士行汉录》及《僧祐录》)、《尸迦罗越六向拜经》一卷(或云《尸迦罗越六方礼经》,出《长阿含》第十一卷异译,见《长房录》)、《长阿含十报法经》二卷(一名《多增道章经》,或直云《十报经》,出《长阿含》第九卷异译,《旧录》亦云出《长阿含》,见《僧祐录》)、《一切流摄守因经》一卷(出《中阿含》第二卷异译,《旧录》云《一切流摄经》,《吴录》云《流摄守因经》,亦云"受因",亦直云"流摄",亦云"一切流摄守",见朱士行及僧祐二录)、《四谛经》一卷(出《中阿含》第七卷异译,见《僧祐录》。安公云出《长阿含》者,或误也)、《本相倚致经》一卷(出《中阿含》第十卷异译,《吴录》云"《本相倚致》,与《缘本致经》同本",或作"猗"字,见《朱士行汉录》及《僧祐录》)、《是法非法经》一卷(出《中阿含》第二十一卷异译,见士行、僧祐二录)、《漏分布经》一卷(出《中阿含》第二十七卷异译,见《朱士行汉录》及《僧祐录》。安公云出《长阿含》者,或误也)、《婆罗门子命终爱念不离经》一卷(出《中阿含》第六十卷异译,见《长房录》)、《十支居士八城人经》一卷(出《中阿含》第六十卷异译,见《长房录》)、《普法义经》一卷(亦名《普义经》,一名《具法行经》。《普法义》作"舍利曰",《具法行》"舍利弗"①,余并同。云出《中阿含》,元嘉二年出,与《广义法门经》同本,见士行、僧祐二录)、《婆罗门避死经》一卷(出《增一阿含》第二十三卷②异译,见《长房录》)、《阿那邠邸③化七子经》一卷(出《增一阿含》第四十九卷异译,见《长房录》)、《阿难同学经》一卷(题云出《增一阿含》,检无,见《长房录》)、《七处三观经》一卷(出《杂阿含》中,首末总三十经,从初标名故也。或二卷,元嘉元年出,见《朱士行汉录》及《僧祐录》)、《五阴譬喻经》一卷(或无"譬"字,一名《水沫所漂经》,出《杂阿含》第十卷异译,见《朱士行汉录》及《僧祐录》)、《转法轮经》一卷(或云《法轮转经》,出《杂阿含》第十五卷异译,与其本经后同前异,见《僧祐录》)、《八正道经》一卷(出《杂阿含》第二十八卷异译,见士行、僧祐二录)、《摩邓女④经》一卷(或云"摩邹女",一名《阿难为蛊道女惑经》,见《长房录》,初出,与《摩登伽经》等同本)、《鬼问目连经》一卷(初出,与《饿鬼报应经》等同本,见《长房录》)、《阿难问

① 《具法行》舍利弗:《出三藏记集》云:"《普法义经》一卷,一名《具法行》。《具法行》作'舍利弗',《普法义》作'舍利曰',余并同。"故"舍利弗"前当脱一"作"字。

② 二十三卷:《中华大藏经》本为"二十一卷",《大正藏》本卷十三之"别录"亦云"二十三卷"。检《增一阿含经》卷二十三载生露婆罗门事,故当为"二十三卷"。《出三藏记集》以为《婆罗门避死经》"抄《阿含》",则为抄经,非异译。

③ 阿那邠邸:舍卫国给孤独长者之名。阿那邠邸长者有七子,皆不信佛法,长者甚为悲伤,各与千金,使诣佛处,七子皆蒙佛之教化而归于正法。

④ 摩邓女:或译为摩邹女、摩登伽女,当属异译。摩登伽,梵文 mtaga,古印度旃陀罗族之下层民众,多以清道为业。摩邹、摩邓为其音译之省称。

事佛吉凶经》一卷（或名《阿难问事经》，亦云《事佛吉凶经》，见《长房录》，初出，与《阿难分别经》等同本）、《柰女祇域因缘经》一卷（初出，或无“因缘”字，亦直云《奈女[1]经》，见《长房录》）、《罪业应报教化地狱经》一卷（初出，或云《地狱报应经》，见《长房录》）、《坚意经》一卷（初出，一名《坚心正意经》，亦名《坚心经》，见《长房录》）、《大安般守意经》二卷（或一卷，或无“守意”字，或直云“安般”。安公云《小安般》，兼注解，《祐录》别载《大安般》一卷，《房录》更载《安般》一卷，并重也。见士行、僧祐、李廓三录）、《阴持入经》二卷（或一卷，祐云“除持入”，误也，亦云《阴持入》，安公注解，《房录》《阴持入》外，别存《除持入》者，误也。见士行、僧祐二录）、《处处经》一卷（见《长房录》）、《骂意经》一卷（见《长房录》）、《分别善恶所起经》一卷（见《长房录》）、《出家缘经》一卷（一名《出家因缘经》，见《长房录》）、《阿鋡正行经》一卷（一名《正意经》，见《长房录》）、《十八泥犁[2]经》一卷（或云《十八地狱经》，见《长房录》）、《法受尘经》一卷（见《僧祐录》）、《禅行法想经》一卷（见僧祐、宝唱二录）、《长者子懊恼三处经》一卷（一名《长者夭恼三处经》，亦直云《三处恼经》，见《长房录》）、《揵陀国王经》一卷（或无“国”字，见《长房录》）、《父母恩难报经》一卷（亦云“勤报[3]”，见《长房录》，房云出《中阿含》，检无）、《九横经》一卷（房云出《杂阿含》，检无，见《长房录》）、《禅行三十七经》一卷（或加“品”字，见《宝唱录》）、《犯戒报应轻重经》一卷（出《目连问毗尼经》，亦云《犯戒罪报轻重》，或云《目连问经》，见《长房录》）、《大比丘三千威仪经》二卷（或四卷，亦云《大僧威仪经》。房云见《别录》，按僧祐“失译录”中分为二部，部各二卷。《别录》中合，今只有二卷，余二莫存）、《道地经》一卷（初出，或加“大”字，是《修行经》抄，元外国略本，道安注解，见《僧祐录》。群录并云“二卷”，准安公序云“凡有七章”，此之一卷，文亦备矣）、《迦叶结经》一卷（初出，见《长房录》）、《阿毗昙五法行经》一卷（或无“行”字，亦云《阿毗昙苦慧经》，见《祐僧录》[4]）。

已上见存，已下缺本。《无量寿经》二卷（初出，与《宝积·无量寿会》等同本，房云见《别录》）、《如幻三昧经》二卷（或一卷，初出，与《宝积·善住意会》等同本，见《长房录》）、《月灯三昧经》一卷（出《大月灯经第七》异译，见《长房录》）、《十二因缘经》一卷（初出，亦云《闻城十二因缘经》，见《僧祐录》）、《内藏经》一卷（第二出，一名《内藏百品》，或云《百宝》，元嘉二年十二月出，见《朱士行汉录》）、《四不可得经》

---

① 奈女：即前所谓“柰女”，本为比丘尼名，其前世以一柰供佛，故称。“柰”、“奈”古通用。柰，今苹果之一种，古称林檎，梵文为 bimba，音译为频婆菓。

② 泥犁：梵文 naraka 的音译，亦作泥梨、泥黎，意为地狱，其中一切皆无，没有喜乐。《翻译名义集·地狱篇》云：“地狱，此方名，梵称泥犁。在此界中，一切皆无，为十界中最恶劣的境界。

③ 勤报：“勤”之与“难”，意义差别较大。“难”的繁体，与“勤”字形近，或易致讹。

④ 《祐僧录》：当为“《僧祐录》”，即《出三藏记集》。

一卷（初出，或无“可”字，见《长房录》）、《药王药上菩萨观经》一卷（初出，见《长房录》）、《空净天感应三昧经》一卷（《旧录》云《空净三昧经》，初出，见《长房录》）、《卒逢贼结衣带咒经》一卷（见《长房录》）、《咒贼经》一卷（一名《辟除贼害咒》，见《长房录》。僧祐“失译录”中双载二本，同名“咒贼”，此但存一）、《十四意经》一卷（《旧录》云《菩萨十四意经》，见《僧祐录》）、《法律三昧经》一卷（初出，见《法上录》）、《道意发行经》二卷（或一卷，见道安及《僧祐录》，房云出《长阿含》）、《大十二门经》二卷（或一卷，出《长阿含》，安公注解，见宝唱及《僧祐录》）、《小十二门经》一卷（出《长阿含》，安公注解，见《宝唱录》及《僧祐录》）、《七法经》一卷（《旧录》云《阿毗昙七法行经》，或直云《七法行经》，见《僧祐录》，房云出《长阿含》）、《多增道章经》一卷（《旧录》无“道”字，云异出《十报法》，见《长房录》，云出《长阿含》）、《义决律经》一卷（或无“经”字，亦云《义决律法行经》。安公云出《长阿含》，见《僧祐录》）、《杂四十四篇经》二卷（或云《杂经四十四篇》，既不显名，未知何经？安公云出《增一阿含》，见《僧祐录》）、《百六十品经》一卷（《旧录》云〔出〕《增一阿含百六十章经》，见《僧祐录》）、《舍头谏[①]经》一卷（见《旧录》，第二出，亦云《舍头谏太子明二十八宿经》，亦云《太子明星二十八宿经》，亦云《虎耳经》）、《琉璃王经》一卷（或云“流离”，房云出《增一》，检无，见《长房录》）、《五门禅要用法经》一卷（初出，见《长房录》）、《太子梦经》一卷（初出，见《长房录》）、《禅经》二卷（第二出，房云见《别录》）、《恒水经》一卷（初出，亦云《恒水不说戒经》，见《法上录》，《宝唱录》云《恒水诫经》）、《悔过法经》一卷（见《长房录》）、《五法经》一卷（见《僧祐录》）、《五行经》一卷（见《长房录》）、《小般泥洹经》一卷（房云见《别录》。《祐录》云或名《泥洹后诸比丘经》，或云《泥洹后变记经》，或云《泥洹后比丘世变经》，或云《佛般泥洹后比丘世变经》）、《正斋经》一卷（见《长房录》）、《分明罪福经》一卷（见《长房录》）、《难提迦罗越[②]经》一卷（见《僧祐录》）、《禅定方便次第法经》一卷（见《长房录》）、《禅法经》一卷（见《长房录》）、《当来变灭经》一卷（见《长房录》）、《修行道地经》七卷（或六卷，初出，或云《顺

① 舍头谏：据西晋三藏竺法护所译《舍头谏太子二十八宿经》，舍头谏为印度一土之国王摩登王之太子，晋又译为虎耳。

② 难提迦罗越：“迦罗越”为梵语音译，意译长者、家主、家长、居士。在佛陀时代，迦罗越是指吠舍种姓之豪富者，或指在家有德有道之士。“难提”则为居士之名。

道行经》，汉永康元年译，支敏度[1]制序，见《宝唱录》及《别录》）、《五门禅要用法经》[2]一卷（初出，见《长房录》）、《思惟要略经》一卷（或直云《思惟经》，初出，见《僧祐录》）、《法句经》四卷（初出，见《长房录》）、《请宾头卢法》一卷（初出，见《内典录》[3]）、《阿毗昙九十八结经》一卷（见《僧祐录》）。

右九十五部，一百一十五卷（《方等要慧》下五十四部五十九卷见存，《无量寿经》下四十一部五十六卷缺本）。

沙门安清，字世高，安息国王正后之太子也。幼怀淳孝，敬养竭诚，恻隐之仁，爰及蠢类。其动言立行，若践规矩焉。加以志业聪敏，克意好学，外国典籍，莫不该贯，七曜五行之象，风角云物[4]之占，推步盈缩[5]，悉穷其变。兼洞晓医术，妙善针脉，睹色知病，投药必济。乃至鸟兽鸣呼，闻声知心，尝行见群燕，忽谓伴曰："燕云应有送食者。"顷之，果有致焉。众咸奇之。于是，隽异之名，被于西域，远近邻国，咸敬而伟之。高虽在居家，而奉戒精峻，讲集法施，与时相续。后王薨，将嗣国位，乃深惟苦空，厌离名器，行服既毕，遂让国与叔，出家修道。博综经藏，尤精阿毗昙学[6]，讽持《禅经》，略尽其妙。既而游方弘化，遍历诸国，以汉桓之初，始到东夏。高才悟机敏，一闻能达，至止未久，大通华言。慨正法〔幽〕微，广事宣译。高穷理尽性，自识宿缘，多有神迹，世莫

---

① 支敏度：晋代僧支敏度（生卒年不详），根据吕澂先生考证，其撰有《经论都录》一卷，为总录，梁启超云即《历代三宝纪》所云之《旧录》；另撰有《众经别录》一卷，即《别录》，为分类目录，皆佚。

②《五门禅要用法经》：前已录"《五门禅要用法经》一卷"，本书卷十五"圣贤集传缺本"云本经"前后两译，一存一缺"，疑衍。

③《内典录》：即《大唐内典录》，简称《内典录》《宣录》，十卷，今存。唐麟德元年（664）道宣撰。此录参酌《法经录》和《历代三宝纪》撰成，凡分代录、单译重译互勘目录、入藏目录、转读录、佚书目录、注解录、别生经目录、疑伪经论录、历代众经录目、历代众经应感兴敬录等十类，智升以为"类例明审，实有可观"。

④ 风角云物：古代占卜的两种方法。"风角"是以五音占四方之风而定吉凶。《后汉书》李贤注："风角谓候四方四隅之风，以占吉凶也。""云物"是以云的色彩卜吉凶。《周礼·春官·保章氏》："以五云之物，辨吉凶、水旱降丰荒之祲象。"汉郑司农云："以二至二分观云色，青为虫，白为丧，赤为兵荒，黑为水，黄为丰。"

⑤ 推步盈缩："推步"指推算天象历法，古人谓日月转运于天，犹如人之行步，可推算而知。"盈缩"本为伸屈、进退，这里指星占中日月星辰的变化规律。

⑥ 阿毗昙学："阿毗昙"，全称阿毗昙摩，省称毗昙，意译对法、胜法、无比法，指佛教经、律、论三藏中的论藏。佛陀应机说法，论师们将内容近似的经典进行归纳、分析，然后作系统性地表述和解释。"阿毗昙学"即指佛教高僧大德对佛经的理解和阐释。

能量。初，高自称先身已经为安息王子，与其国中长者子俱共出家，分卫[①]之时，值施主不称，每辄忿恨。高屡加诃谏，终不悛改。如此二十余年，乃与同学辞诀云："我当往广州，毕宿世之对[②]。卿明经精勤，不在吾后，而性多恚怒，命过当受恶形。我若得道，必当相度。"既而遂适广州。值寇贼大乱，行路逢一年少，唾手拔刀曰："真得汝矣。"高笑曰："我宿命负卿，故远相偿。卿之忿怒，故是前世时意也。"遂申颈受刃，容无惧色。贼遂杀[③]之。观者填路，莫不骇其奇异。而此神识还为安息王太子，即今时世高身是。

高游化中国，宣经事毕，值灵帝之末，关、洛扰乱，乃振锡江南。云："我当过庐山，度昔同学。"行达郏亭湖庙。此庙旧有灵威，商旅祈祷，乃分风上下，各无留滞。尝有乞神竹者，未许辄取，舫即覆没，竹还本处。自是舟人敬惮，莫不慑影[④]。高同旅三十余船，奉牲请福。神乃降祝曰："船有沙门，可更呼上。"客咸惊愕，请高入庙。神告高曰："吾昔外国与子俱出家学道，好行布施，而性多嗔怒，今为郏亭庙神，周回千里，并吾所治。以布施故，珍玩甚丰；以嗔恚故，堕此神报。今见同学，悲欣可言，寿尽旦夕，而丑形长大，若于此舍命，秽污江湖，当度山西泽中。此身灭后，恐堕地狱。吾有绢千疋[⑤]，并杂宝物，可为立法营塔，使生善处也。"高曰："故来相度，何不出形？"神曰："形甚丑异，众人必惧。"高曰："但出，众不怪也。"神从床后出头，乃是大蟒，不知尾之长短，至高膝边。高向之梵语数番，赞呗数契。蟒悲泪如雨，须臾还隐。高即取绢物，辞别而去。舟侣扬帆，蟒复出身，登山而望，众人举手，然后乃灭。倏忽之顷，便达豫章，即以庙物造东寺。高去后，神即命过。暮有一少年上船，长跪高前，受其咒愿，忽然不见。高谓船人曰："向之少年，即郏亭庙神，得离恶形矣。"于是庙神歇灭，无复灵验。后人于山西泽中，见一死蟒，头尾数里，今浔阳郡蛇村是也。高后复到广州，寻其前世害己少年，尚在，高径投其家，说昔日偿对之事，并叙宿缘，欢喜相向，云："吾犹有余报，今当往会稽毕对。"广州客悟高非凡，豁然意解，追恨前愆，厚相资供，随高东游，遂达会稽。至便入市，正值市中有乱相打者，误着高头，应时殒命。广州客频验二报，遂精勤佛法，具说事缘，远近闻知，莫不悲叹，明三世之有征也。

---

① 分卫：指僧人乞食，佛教修行者至民户门前接受饭食等物的施舍。又译为团堕、托钵。

② 对：本指对手；敌对者，这里指仇家；怨家。

③ 杀：《中华大藏经》本为"煞"，二字于诛杀、杀戮义，古籍可通用，后不出校。

④ 慑影：因畏惧而躲藏，"影"有隐匿、躲藏义。北周庾信《西门豹庙》诗："漳流鸣磴石，铜雀影秋林。"

⑤ 千疋："疋"同"匹"。

高以桓帝建和二年戊子至灵帝建宁三年庚戌，二十余载，译《大乘要慧》等经九十五部，并义理明析，文字允正，辩而不华，质而不野。凡在读者，等亹亹然[①]而不倦焉。世高本既王种，名高外国，所以西方宾旅，犹呼“安侯”，至今为号焉。天竺自称书为天书，语为天语，音训诡蹇，与汉殊异，先后传译，多致谬滥。唯高所出，为群译之首。安公以为若及面禀，不异见圣，列代明德，咸赞而思焉。其释道安《录》、僧祐《出三藏记》、慧皎《高僧传》等，止云高译三十九部，《费长房录》便载一百七十六部。今以《房录》所载，多是别生，从大部出，未可以为翻译正数，今随次删之，如后所述。[②]

《情离有罪经》（房云世注伪疑，今亦在“疑伪录”）、《八光经》《舍利弗问宝女经》《舍利弗叹宝女说不思议经》（亦直云《叹宝女经》）、《申越长者悔过供佛经》（亦云《申起长者悔过经》，申越、申起[③]，未详何正。《八光》等四经，并出《大集》）、《四百三昧名经》（出《大云经》）、《摩诃衍精进度中罪报品经》（出《智度论》）、《大迦叶遇尼乾子经》（出《长阿含》）、《阿难惑经》（出《人本欲生经》）、《第一四门经》《第二四门经》《第三四门经》《甘露正意经》（亦云《佛入甘露调意经》，《第一四门》等四经出僧祐“失译录”，亦出《宝唱录》，并是《大十二门经》一部，后人分品写出，遂成四经）、《尊者薄拘罗经》（或直云《薄拘罗经》，亦云《薄拘罗答异学问经》）、《婆罗门行经》《长者兄弟诣佛经》（亦云《长者梨师达多兄弟二人往佛所经》，《薄拘罗》等三经出《中阿含》）、《五战斗人经》《世间强盗布施经》《梵天诣婆罗门讲堂经》《郁伽居士见佛闻法醒悟经》（亦云《修伽陀居士佛为说法得性悟经》）、《水喻经》（《五战斗》等五经并出《增一阿含》）、《佛为婆罗门说四法经》《佛为事火婆罗门[④]说悟道经》《佛为婆罗门说耕田经》（或无“田”字）、《佛为憍慢[⑤]婆罗门说偈经》《佛为频头[⑥]婆罗门说像类经》《佛为阿支罗迦叶说自他作苦经》《目连见众生身毛如箭经》《阿那律思惟目连神力经》《无畏离车[⑦]白阿难经》《商人脱贼难经》《世间言美色经》《纯陀沙弥经》（或作“沙门”，或为“淳”字）、《商人子作佛事经》《婆罗门通达经论》《外道出家经》《婆

① 等亹亹然：“等”，《出三藏记集》《高僧传》等为“皆”字，可从。“亹亹然”即“亹亹然”，形容孜孜不倦。

② 此处安世高传记文字，基本以《出三藏记集》所载材料为据加以调整删略而成。

③ 申越、申起：人名。《续大唐内典录》记载为“由起”，形近致讹。北凉天竺三藏昙无谶于姑臧译《大方等大集经》载录为“申越”，或可从。

④ 事火婆罗门：即事火外道，为印度古代外道之一。其祭祀供养火天等神祇，妄执以此为将来生天之因。《方便心论》云：“晨朝礼敬、杀生祭祠、然众香木、献诸油灯，如是四种，名事火外道。”

⑤ 憍慢：傲慢。

⑥ 频头：佛经中有《频头城经》，古代中印度拘萨罗国有城名频头，则当为地名，或为婆罗门之名。

⑦ 无畏离车：尼犍之弟子，尼犍即六师外道之一种。

罗门服白经》《精勤四念处经》《婆罗门虚伪经》《佛为调马聚落主[①]说法经》《一切行不恒安住经》《婆罗门问世尊将来有几佛经》《婆罗门问佛布施得福经》《豆遮婆罗门论议出家经》《佛化火与（或作“大与”[②]）婆罗门出家经》《浮水[③]譬喻经》（一名《恒水流树经》，或作“流澍”）、《四吒婆罗门出家得道经》《过去弹琴人经》《婆罗门解知众术经》《独富长者经》（亦云《独付长者[④]财物无付经》，亦云《长者命终无子付嘱经》）、《佛为年少婆罗门说知善不善经》《佛为那拘罗长者说根熟经》（或无“罗、根熟”三字）、《禅思满足经》（《说四法》等三十二经，并出《杂阿含》）、《禅秘要经》（出《治禅病秘要法》）、《前世诤女经》《子命过经》《迦旃延[⑤]无常经》《审裸形子经》（一名《佛覆裸形子经》）、《鳖喻经》（《前世诤》等五经，并出《生经》）、《镜面王经》（出《义足经》）、《三毒经》《数息事经》（上二〔经〕，小乘杂抄）、《七老婆罗门请为弟子经》《孤母丧一子经》《斫毒树复生经》《求离牢狱经》《良时难遇经》《昔有二人相爱敬经》《慈仁不杀经》《摩耶祇女人谤佛生身入地狱经》《最胜长者受咒愿经》（亦直云《受咒愿经》）、《佛神力救长者子经》《佛度旃陀罗儿出家经》《承事胜己经》《调达生身入地狱经》《多倒见众生经》《长者夜输得非常观经》（亦直云《得非常观经》，《七老婆罗门》等一十五经，并出《出曜经》）、《人受身入阴经》《人身四百四病经》《五阴成败经》《地狱罪人众苦经》《人病医不能治经》（《人受身》等五经，并出《修行道地经》）、《阿练若习禅法经》（出《坐禅三昧经》）、《莲华女经》（出《法句譬喻经》）、《迦叶诘阿难经》（亦名《迦叶责阿难双度罗汉喻经》）、《金色女经》（《迦叶诘阿难》等二经，出《杂譬喻》）。

右《八光经》等八十五部八十五卷，长房等录皆云安高所出。今按隋开皇、仁寿二本《众经录》[⑥]及新括出别生抄经等，此等并从诸经别生，或非安高所出，不合足为翻译之数，今为实录，故总删之。

《道行经》一卷（光和二年十月八日出，见“经后记”。《朱士行汉录》《僧祐录》等，安公云“《道行品》者，《般若》抄也”，外国高明者所撰，安为之序并注）、《般舟三昧经》二卷（光和二年十月八日出，见“经后记”、《高僧传》等。二经同时启夹，故出日同也。《旧录》

---

① 调马聚落主：以调教马匹为职业的部族主事。

② 或作“大与”：《出三藏记集》、隋法经《众经目录》以及《大周录》等皆作“火与婆罗门”，《贞元录》作“大与婆罗门”，或即据《开元录》而来。

③ 浮水：《大正藏》本校勘记作“浮木”，后云“恒水流树”，意即浮木，似更妥当。

④ 独付长者：当即前“独富长者”，《大正藏》本校勘记校为“富”，《续大唐内典录》载为“独付长者”。

⑤ 迦旃延：又译为迦多衍那、迦底耶夜那、迦氀延等，释迦牟尼佛十大弟子之一，“论议”第一。

⑥ 开皇、仁寿二本《众经录》：指隋代开皇年间法经等编撰的《众经目录》和仁寿年间大兴善寺之彦琮等编撰的《众经目录》二部经录。

云《大般舟三昧经》或一卷，第二出，与《大集贤护经》等同本）。

右二部三卷，其本并缺。

沙门竺佛朔，“经后记”云：“竺佛朔，印度人也。识性明敏，博综多能。以灵帝光和之初，赍《道行》等经来适洛阳，转梵为汉。译人时滞，虽有失旨，然弃文存质，深得经意。月支沙门支谶传语，河南孟福字元士、张莲字少安笔受。”并见“经后记”。

《法镜经》二卷（安公云出方等部，初出，与《宝积·郁伽长者会》等同本。或一卷，沙门严佛调笔受，康僧会注，见《僧祐录》）、《阿含口解十二因缘经》一卷（亦云《断十二因缘经》，亦直云《阿含口解》。《旧录》云《安侯口解》，凡有四名，同是一本。《内典》中安高、安玄俱出《口解》者，误也）。

右二部三卷，其本并在。

优婆塞安玄，安息国人也。志性贞白，深闲理致，秉持法戒，毫厘弗亏，博诵群经，多所通习。汉灵帝时游贾洛阳，有功号骑都尉。性虚静温恭，常以法事为己务。渐练汉言，志宣经典，常与沙门讲论道义，世所谓“都尉”者也。玄以光和四年辛酉与沙门严佛调共出《法镜》等经，玄口译梵文，佛调笔受，理得音正，尽经微旨，郢匠[①]之美，见述后代。祐云《法镜》佛调出者，据其共译以说。又称《阿含口解》世高译者，此乃姓同相滥也（《旧录》既名《安侯口解》，计亦合是世高出也）。

《成具光明定意经》一卷（或云《成具光明三昧经》，或直云《成具光明经》，第二出，见朱士行、支敏度、僧祐等三录及《高僧传》）、《阿那律[②]八念经》一卷（或直云《八念经》，一名《禅行敛意经》。《旧录》云《禅行检意》，出《中阿含经》第十八卷异译，见《旧录》）、《马有三相经》一卷（亦云《善马有三相经》，出《杂阿含经》第三十三卷异译，房云见《吴录》）、《马有八态譬人经》一卷（亦直云《马有八态经》，一名《马有八弊恶态经》，出《杂阿含经》第三十三卷异译，房云见《吴录》）、《小道地经》一卷（房云见《吴录》）。

已前见存，已后缺。《闻城十二因缘经》一卷（第二出，与世高译《十二因缘经》等同本，房云见《吴录》）、《大摩耶经》一卷（或无“大”字，或二卷，初出，与《摩诃摩耶经》同本，房云见《吴录》）、《赖吒和罗经》一卷（出《中阿含经》第三十一卷异译，房云见《吴录》，安云出方等部者，或恐误也）、《小本起经》二卷（或云《修行本起》，或云《宿行本起》，近加“小”字耳。初出，与《瑞应本起经》等同本，见《旧录》及《高僧传》）、《堕落优婆塞经》一卷（或云“优披塞”，房云见《吴录》）。

---

① 郢匠：成语“郢匠运斤”之缩略，并称郢人和匠石，指人之相知。

② 阿那律：佛陀十大弟子之一，“天眼”第一。

右一十部一十一卷（《小道地》上五部五卷见在，《闻城》下五部六卷缺本）。

沙门支曜，西域人。博达群典，妙解幽微。以灵帝中平二年乙丑于洛阳译《成具光明》等经十部。长房等录又有《首至问佛十四事经》（或无“佛”字），余亲见其本，乃是经抄，已编“别生录”内，此删不载。

《问地狱事经》一卷（见《朱士行汉录》及《高僧传》）。

右一部一卷，本缺。

沙门康臣（或作“臣”[①]字，未详孰是），西城[②]人。心存游化，志在弘宣。以灵帝中平四年丁卯于洛阳译《问地狱经》，言直理诣，不加润饰。

《濡首菩萨[③]无上清净分卫经》二卷（一名《决了诸法如幻化三昧经》，初出，与《大般若·那伽室利分》等同本，或一卷，见《长房录》）、《慧上菩萨问大善权经》二卷（初出，与《宝积·大乘方便会》等同本，或无“菩萨”字，或一卷，见《长房录》）、《古维摩诘经》二卷（初出，见《古录》[④]及《朱士行汉录》，与唐译《无垢称经》等同本）、《思意经》一卷（亦云《益意经》，初出，见《长房录》）、《菩萨内习六波罗蜜经》一卷（安公云出方等部，或云《内六波罗蜜经》，亦云“内外”者，见《长房录》）。

右五部八卷（前四部七卷本缺，后一部一卷见在）。

沙门严佛调（亦云浮调，据《僧祐录》及《高僧传》，合是沙门。长房等录云清信士者，非也），临淮郡人。绮年颖悟，敏而好学，信慧自然，遂出家修道。通译经典，见重于时。调以灵帝中平五年戊辰于洛阳译《濡首菩萨》等经五部，世称“安侯、都尉、佛调三人传译，号为难继”。安公称：“佛调出经，省而不繁，全本巧妙焉。”又长房等录更有《迦叶诘阿难经》，亦云佛调所译。余亲见其本，乃是诸经之抄，有数条事，随《众经录》[⑤]云出《杂譬喻》，安世高、聂承远录内，并有此经，录家误也。既是别生抄经，不合为翻译正数。又有《沙弥十慧经》，云佛调自撰并注序，既非圣言，又缺其本，今并删之。

《舍利弗摩目揵连[⑥]游四衢经》一卷（出《增一阿含》第四十一卷异译，见《别录》）、

---

① 臣：与前“康臣”文字重复。《中华大藏经》本和《大正藏》本校勘为“巨”，当从。

② 西城：无此古地名，《中华大藏经》本作“西域”，符合上下文意，可从。

③ 濡首菩萨：即文殊菩萨，音译有别。

④ 《古录》：又称《古经录》，《出三藏记集》有载，当有依据，后佚。《道宣录》卷十云：“《古经录》一卷，右寻诸旧录，多称为《古录》，则是秦时释利防等所赍经录。”其言伪妄，后代学者多以为晋宋时期的佚名之作或伪撰。

⑤ 随《众经录》：古籍“随”、“隋”二字多通用，通行本多作“隋”，后径改，不烦出校。隋代有法经和彦琮所撰之二部《众经目录》。

⑥ 摩目揵连：后文“入藏录”此经目为《舍利弗摩诃目揵连游四衢经》，“摩诃目揵连”即大目揵连，当脱一“诃”字。

《兴起行经》二卷（亦名《严诫宿缘经》，见《吴录》，见题云[①]出《杂藏》）、《梵网经》二卷（初出，见《吴录》，或三卷）、《四谛经》一卷（兴平元年出，第二译，出《中阿含》第七卷异译，与世高出者小异，见竺道祖、《汉录》[②]中）、《太子本起瑞应经》二卷（亦云《瑞应本起》，第二出，与《过现因果经》等同本。房云见《三藏记》，然祐《三藏记》中，孟详出《中本起》，非《瑞应本起》也）、《报福经》一卷（或云“福报”，见《吴录》）。

右六部九卷（《兴起行经》上二部三卷见在，《梵网经》下四部六卷缺本）。

沙门康孟详，其先康居国人，有慧学之誉。以献帝兴平元年甲戌至建安四年己卯于洛阳译《游四衢》等经六部。安公云：“孟详所翻，弈弈流便，足腾玄趣也。”

《修行本起经》二卷（见《始兴录》[③]，第三出，与《瑞应本起经》等同本，一名《宿行本起》）。

右一部二卷，其本见在。

沙门竺大力，西域人。情好远游，无惮艰险。以献帝建安二年丁丑三月于洛阳译《修行本起经》，其经梵本亦是昙果与康孟详于迦维罗卫国[④]赍来，康孟详度语。

《中本起经》二卷（或云《太子中本起经》，见《始兴录》，经初题云出《长阿含》）。

右一部二卷，其本见在。

沙门昙果，西域人。学该内外，解通真俗。于迦维罗卫国赍经梵本届于洛阳，以献帝建安十二年丁亥译《中本起经》，康孟详度语。《内典录》中以昙果与孟详共出，遂与孟详《太子本起瑞应》合为一本者，非也。二经全异，不可合之。祐云“《中本起》，康孟详出”者，据其共经[⑤]故耳。

《大方便佛报恩经》七卷、《摩诃衍宝严经》一卷（一名《大迦叶品》，第二出，与《宝积·普明菩萨会》等同本，中云晋言，合编“晋录”，今且依旧，祐云《摩诃乘宝严经》）、《后出阿弥陀佛偈经》一卷（或无“经”字，第二出）、《未曾有经》一卷（初出，与唐译《甚

---

① 见题云：《开元释教录》有“题云”、“初题云”、“内题云”、“序题云”、“彼题云”等说法，不见“见题云”之说，“见”字或涉前“见《吴录》”而误，或为“内”字。

② 竺道祖、《汉录》：疑顺序有误。《四谛经》为兴平元年译出，兴平为汉献帝年号。竺道祖为东晋人，《汉录》托名为三国魏朱士行所撰，《四谛经》设若见诸二录，则《汉录》当置前。

③《始兴录》：撰人及具体撰作年代皆不详，始兴即广东韶州，此录多记南方所译佛经，故亦名《南录》。

④ 迦维罗卫国：又译作迦毗罗卫、劫比罗伐窣堵、迦毗罗婆苏都、迦毗罗、迦毗梨等，意译为妙德，位于喜马拉雅山南麓尼泊尔与印度交界处兰毗尼一带，为释迦牟尼佛诞生之国。

⑤ 共经：《中华大藏经》本以“经”为“译”字，“据其共译”指根据经本同经异译。

希有经》等同本)、《作佛形像经》一卷(一名《优填王作佛形像经》，一名《作像因缘经》，与《造立形像福报经》同本)、《安宅神咒经》一卷(亦云《安宅咒法[①]经》，祐云《安宅咒》)、《受十善戒经》一卷、《苦阴经》一卷(出《中阿含经》第二十五卷异译)、《魔娆乱经》一卷(一名《弊魔试目莲经》，一名《魔王入目连兰[②]腹经》，出《中阿含经》第三十卷异译)、《沙弥尼戒经》一卷(或无“经”字)、《优波离问佛经》一卷(或云《优波离律》)、《分别功德论》四卷(或云《分别功德经》，或三卷，或五卷)、《禅要呵欲经》一卷(题云《禅要经·呵欲品》)、《内身观章句经》一卷(或无“句”字)、《杂譬喻经》二卷(一名《菩萨度人经》)、《六菩萨名经》一卷(房“入藏”云《六菩萨名亦当诵持》[③])。

已上存，已下缺。

《般舟三昧念佛章经》一卷(是《行品》别翻，第四出)、《阿弥陀佛偈》一卷(初出)、《梵本经》四卷[④](旧云“胡本”，新改为“梵”，似长安中出)、《泥洹后千岁变经》四卷(一名《千岁变经》，祐云《泥洹后千岁中变记》一卷)、《诸经佛名》二卷(今疑是《不思议功德经》)、《三千佛名经》一卷、《称扬百七十佛名经》一卷(亦直名《百七十佛名》，今疑出《称扬功德经》)、《南方佛名经》一卷(旧云一名《治城寺经》者，非也。此乃题“寺”为“记”，非是经之异名)、《灭罪得福佛名经》一卷、《观世音所说行法经》一卷(是《咒经》)、《萨陀波仑菩萨求深般若图像经》一卷、《受持佛名不堕恶道经》一卷、《五龙咒毒经》一卷、《取血气神咒经》一卷(《旧录》云《血咒》)、《咒贼咒法经》一卷(房云异出本，祐直云“咒贼”)、《七佛安宅神咒经》一卷、《菩萨受戒法经》一卷(《祐录》无“经”字，房云异出本)、《受菩萨戒次第十法》一卷、《菩萨忏悔法》一卷、《初发意菩萨常昼夜六时行五事经》一卷、《顶生王因缘经》一卷(《旧录》云《顶生王经》)、《长者贤首经》一卷、《梵志[⑤]丧女经》一卷、《獴狗啮王经》一卷(《旧录》云《獴狗经》)、《勤苦泥犁经》一卷、《地狱经》一卷、《十一因缘章经》一卷(《旧录》云《十一因缘经》，或作“十二”)、《沙门为十二头陀经》一卷、《僧名数事行经》一卷、《比丘诸禁律经》一卷、《摩诃僧祇律比丘要集》一卷(一名《摩诃僧祇部比丘随用要集法》)、《沙弥十戒经》一卷(《旧录》云《沙弥戒》)、

① 法:《中华大藏经》本以为衍文，后卷十九“入藏录”亦录为“《安宅咒经》”。

② 目连兰：通译作目连，亦作摩诃目犍连、大目犍连、大目乾连、大目连、没特伽罗等，参见前“摩目揵连”条注。

③《六菩萨名亦当诵持》:《长房录》卷十三作“《六菩萨名亦当诵持经》一卷”，则脱一“经”字。

④《梵本经》四卷：此前《中华大藏经》本有“《贤劫千佛名经》一卷”一条，《大正藏》本置于本节之末，文字全同，仅编排顺序有异。

⑤ 梵志：“婆罗门”之异译。姜南考证“犍陀罗语的 brama-yari 和 brama-yirya 与汉译‘梵志’之间有着明显的语音渊源”，则“梵志”亦纯属音译词，非前所谓音意合璧词。

《比丘尼十戒经》一卷、《贤者五戒经》一卷、《优婆塞威仪经》一卷、《庾伽三磨斯经》一卷（译言“修行略”，一名《达磨多罗禅法》，或云《达磨多罗菩萨撰禅经要集》）、《梵音偈本》一卷（旧云“胡音”）、《赞七佛偈》一卷、《怛恕尼[1]百句》一卷、《五言咏颂本起》一卷（一百四十二首）、《道行品诸经梵音解》一卷（旧云“胡音”）、《法句譬喻经》一卷（《祐录》云“凡十七事”，或无“喻”字。上五十九部，并见僧祐“失译录”）。

右五十九部七十六卷（准《房录》本数合有七十七卷，其《分别功德论》，《录》云五卷，今有四卷，故七十六。《菩萨名》上一十六部二十六卷见在，《般舟》下四十三部五十卷缺本）。

长房等录“汉后失译”[2]，总有一百二十五部一百四十八卷。今以余六十六部七十一卷子细仇校，非是失源，具述委由，列之如左。

《佛遗日摩（仟）尼宝经》（汉支谶译）、《菩萨生地经》《惟日杂难经》（已上二经，吴支谦译）、《金刚三昧本性清净不坏不灭经》（或云《金刚清净经》，长房等录云吴代支谦译，“后汉失译录”中复载。今详此经，非是汉代失源，复非支谦所出，似是姚秦以来什公等译，今且为“失源”，编于“秦录”）、《旧杂譬喻经》二卷（吴代康僧会译）、《十方佛名经》《三十二相因缘经》（已上二经，西晋竺法护译）、《菩萨修行经》（一名《长者威施所问菩萨修行经》，或云《长者修行经》，已曾三译，一存二缺，备显录中）、《迦叶赴佛泥洹经》（一名《佛般泥洹时迦叶赴佛经》）、《铁城泥犁经》（一名《中阿含泥犁经》）、《寂志果经》《三十七品经》（抄诸经撰，在“别生录”）、《七佛所结麻油述咒》《幻师陂陀神咒》《咒龋齿咒》（一名《咒虫齿》，一直名《咒齿》）、《咒牙痛咒》《咒眼痛咒》（《迦叶赴》下十经，东晋竺昙无兰译）、《千佛因缘经》《海八德经》（已上二经，《法上录》云姚秦罗什译）、《菩萨所生地经》《摩诃刹头经》（已上二经，乞伏秦[3]圣坚译）、《寂调意》（合作“音”字，“意”者误也）、《所问经》（一名《如来所说清净调伏经》）、《转女身菩萨经》（一名《乐璎珞庄严方便经》，一名《乐璎珞庄严女经》，已上二经，宋代法海译）、《沙弥威仪经》（或无“经”字，宋求那跋摩译）、《四天王经》（宋智严译）、《盐王五使者经》（一名《五天使经》）、《譬喻经》（已上二经，宋慧简译）、《八部佛名经》（元魏瞿昙流支译）、《观无量寿佛经》（此经已曾两译，一存一缺，备显录中）、《般若波罗蜜神咒经》（出《大品经》）、《功德庄严王八万四千岁请佛经》（出《大集经》）、《大方广如来性起微密藏经》二卷（亦直云《如来性起经》，是旧《华严经·如来性起品》）、《合道神足经》四卷（一名《道神足无极变化经》，即《道神足经》之异名，

---

① 怛恕尼：唐代《翻梵语》卷六云：“应云猷婆尼，译曰不动。”

② 汉后失译：当为“后汉失译”，检《历代三宝纪》卷四“后汉录”有“失译经”一百二十五部一百四十八卷，即指此。下文“汉后失译录”，亦当为“后汉失译录”，径改。

③ 乞伏秦：“乞伏”，是古代鲜卑族之姓氏，十六国时期的西秦，即乞伏氏建立的政权，故称。

二本无别)、《持斋经》(《斋经》别名)、《过去香莲华[①]佛世界经》(出《悲华经》)、《善德婆罗门求舍利经》《人弘法经》(已上二经,出《大云经》)、《五十三佛名经》(出《药王药上经》)、《弥勒为女身经》《一切施王所行檀波罗蜜经》(亦直云《行檀波罗蜜经》,亦名《萨和檀王经》)、《摩调王经》《小儿闻法即解经》(已上四经,出《六度集》)、《净除业障经》(抄《净业障经》)、《十住毗婆沙经》(抄《十住论》)、《七宝经》(出《增一阿含经》)、《质多长者请比丘经》《外道诱质多长者经》《佛见牧牛者请比丘示导经》《长者命终无子付嘱经》(《独富长者经》异名。《质多》等四经,出《杂阿含》)、《积骨经》(出《七处三观经》)、《诲子经》(出《生经》)、《梵志观无常得解脱经》(出《筏足经》[②])、《梵志避死经》《贫子得财发狂经》《无害梵志执志经》《善呗比丘经》(《梵志避》等四经,出《出曜经》)、《福子经》《居士物故为妇鼻中虫经》《须河譬经》《教子经》(一名《须达教子经》,亦云《须达训子经》。《福子》等四经,出《杂譬喻》)、《龙种尊国变化经》《观世楼炭经》(云有三品)、《清净法行经》(已上三经,先在"伪录")、《华严璎珞经》《般若得经》(已上二经,僧法尼诵出,亦在"伪录"[③])、《贤劫千佛名经》一卷(祐云"唯有佛名,与昙无兰所出《四谛经》千佛名异",出《贤劫经》中异译)。

右《佛遗日》下六十六部七十二卷,或翻译有凭,或别生疑伪。今既寻知所据,故非汉代失源,同旧重编,恐成繁杂,今并刚[④]也。《长房录》云:"已上一百二十五部一百四十八卷,并是僧祐律师《出三藏记》撰,《古》《旧》二录及《安录》失源并新集所得失译诸经,卷部甚广,仇校群目,芜秽者众,出入相交,实难诠定。未睹经卷,空阅名题,有入有源,无入无译,详其初始,非不有由,既涉远年,故附此末。冀后博识,脱睹本流[⑤],希还正收,以为有据。滢澄法海,使静波涛焉。"今寻长房此言,未可依据,委求同异,如前所述。

已下新附此录:《拔陂菩萨经》一卷(或为"拔波",《安录》云《飏披陀菩萨经》,安公云出方等部,是《般舟经·初四品》异译,第五出)、《栴檀树经》一卷、《阿鸠留经》一卷、《菩萨道地经》一卷(安公云出方等部)、《魔王入目揵兰腹经》一卷(亦名《弊

---

① 华:《中华大藏经》本为"花",二字古多通用,后文不烦出校。

② 《筏足经》:其他藏经无此经名。《中华大藏经》本为"《义足经》",《大正藏》收有《佛说义足经》一卷,吴支谦译。"筏"与"義"形近,或致刻误。

③ "伪录":《开元释教录》以前之经录判断《华严璎珞经》《般若得经》为汉代失译经,智升考辨,当为僧法尼诵出,其翻译无由,故判为伪经,可为定谳。

④ 刚:《中华大藏经》本为"删",当从。

⑤ 脱睹本流:《长房录》卷四作"脱觌本流"。"脱"有倘若义,"睹"、"觌"义近,"本流"本指水之干流,这里指译经之真本,与失源之伪本相对。

魔试目连经》，《旧录》云《魔王入目连腹中经》，出《中阿含》第三十卷，即后十经之一也）、《佛有五百比丘经》一卷、《凡人有三事愚痴不足经》一卷、《佛诫诸比丘言我以天眼视天下人生死好丑尊者卑者经》一卷（安公云上三经出《中阿含》）、《自见自知为能尽结经》一卷、《有四求经》一卷、《佛本行经》一卷、《河中大聚沫经》一卷（或云《水沫所漂经》，或云《聚沫譬经》。众经录云出《杂阿含》，今以《安录》先集，《杂含》后译，是别译本，非从彼出）、《便贤者坑经》一卷（"坑"字或作"旃"[①]）、《所非汝所经》一卷、《两比丘得割经》一卷、《道德舍利日经》一卷、《舍利日在王舍国经》一卷、《独居思惟自念止经》一卷、《问所明种经》一卷、《欲从本相有经》一卷（或云《欲从本经》）、《独坐思惟意中生念经》一卷、《佛说如是有诸比丘经》一卷、《比丘所求色经》一卷、《道有比丘经》一卷、《色为非常念经》一卷（从《自见自知》下，本有二十二经，安公云是《阿含》一卷，于中五经，已备余录，今但有十七，载《杂含》分中）、《色比丘念本起经》一卷、《善恶意经》一卷、《比丘一法相经》一卷、《有二力本经》一卷、《有三力经》一卷、《有四力经》一卷、《人有五力经》一卷、《不闻者类相聚经》一卷（《旧录》云《类相聚经》，与《相应相可经》同本）、《天上释为故世在人中经》一卷（或作"无上"，误也）、《爪头土经》一卷、《身为无有反复经》一卷、《师子畜生王经》一卷、《阿须伦子婆罗门经》一卷、《婆罗门子名不侵经》一卷、《生闻婆罗门经》一卷（《旧录》云《生闻梵志经》）、《有傈竭经》一卷、《署杜乘婆罗门经》一卷、《佛在拘萨国经》一卷、《佛在优堕国经》一卷（经作"优随"）、《是时自梵守经》一卷、《有三方便经》一卷（《旧录》云《三方便经》，《法经录》[②]云出《七处三观》）、《婆罗门不信重经》一卷、《佛告舍日经》一卷、《四意止经》一卷（《旧录》云《四意止本行经》，《法录》[③]云出《中阿含》）、《说人自说人骨不知腐经》一卷（《色比丘念》下二十五经，安公云并出《杂阿含》。今寻藏中单卷《杂阿含》内，并有此经，多是后人合之成卷）、《杂阿含三十章经》一卷（《法经录》云出《杂阿含》异本）、《五十五法诫经》一卷（或云《五十五法行》）、《一切义要》一卷、《说善恶道经》一卷、《爱

① "坑"字或作"旃"：《出三藏记集》卷三、《历代三宝纪》卷十四等皆作《便贤者坑经》，并有此"'坑'字或作'旃'"之夹注，《便贤者坑经》为失源经，早佚，僧祐已无从知其本来，待考。

② 《法经录》：隋文帝开皇十四年（594）释法经等撰，又称《大隋众经目录》《众经目录》。收录东汉至隋所翻译之经论等。凡立九录四十二分，前六录经律论皆分大小乘，每录均有众经一译、众经异译、众经失译、众经别生、众经疑惑、众经伪妄六分等，分类录出译经之目，颇有系统性；后三录为佛灭度后抄集录、佛灭度后传记录、佛灭度后著述录等。共七卷，前六卷为别录，第七卷为总录。

③ 《法录》：检前后文以及法经《众经目录》具体内容，当为《法经录》。若径云《法录》，易与《法上录》相混。

欲声经》一卷（一本云《爱欲一声经》）、《摩诃遮曷旋经》一卷、《天王下作猪经》一卷、《始造浴佛时经》一卷、《十二贤者经》一卷、《佛并父弟调达经》一卷（《五十五法》下，安公云上十经出《阿毗昙》。今但有九，一本入重译中，即《魔王入目连腹经》是）、《忧堕罗迦叶经》一卷、《四部本文经》一卷（安公云上二经出《长阿含》，一本云出《阿毗昙》）、《让德经》一卷、《有贤者法经》一卷、《摩诃厥弥难问经》一卷（或云《大厥弥经》）、《大本藏经》一卷、《说阿难持戒经》一卷、《阿难问何因缘持诫[1]见世间贫亦现道贫经》一卷、《给孤独四姓家问应受施经》一卷、《晓所净不解经者经》一卷（今疑上"经"字错[2]）、《奇异道家难问住处经》一卷、《奇异道家难问法本经》一卷、《贤者手力经》一卷、《八法行经》一卷、《忧多罗经》一卷（或作"夏"字）、《栴檀调佛经》一卷、《恶人经》一卷、《难提和难经》一卷（或云《难提和罗经》）、《四姓长者难经》一卷（《旧录》云《四姓长者经》）、《折佛经》一卷、《道地经中要语章》一卷（或云《小道地经》，今疑支曜出者是）、《数练意章》一卷（《旧录》云《数练经》，安公云上二经出《生经》，祐按：今《生经》无此章名）。

右八十二部八十二卷（初《拔陂》等三经见在，余者并缺），并是《僧祐录》中集安公古典经。既云"古典"，明是远代。今者编于汉末，以为"失源"。安公本录"古典"总有九十二经，今以余之十经检寻群录，或标译主，或是别生，彼中既载，故此除之。

通前旧失译经五十九部七十六卷，总一百四十一部一百五十八卷，并为"汉代失源"云。

魏曹氏都洛阳。自文帝黄初元年庚子至元帝咸熙二年乙酉，凡经五帝四十六年，沙门五人，所出经、戒、羯磨，总一十二部，合一十八卷（于中四部五卷见在，八部一十三卷缺本）。（曹魏）沙门昙柯迦罗（一部一卷戒）、沙门康僧铠（三部四卷经、羯磨）、沙门昙无谛（一部一卷羯磨）、沙门白廷[3]（五部七卷经）、沙门安法贤（二部五卷经）。

---

① 持诫：当为"持戒"，下文卷十五有《阿难问何因缘持戒见世间贫亦现道贫经》一卷，且前条为"《说阿难持戒经》一卷"可证。

② 智升怀疑有误，但《出三藏记集》以及《历代三宝纪》等前代经录皆收载"《晓所净不解经者经》一卷"。

③ 白廷：下文小传作"白延"，亦有作"帛延"者，《中华大藏经》本为"延"，"廷"字当误。白氏姓，冯承钧由龟兹王"苏伐勃驶"及"诃黎布失毕"二名还原所得之 Suvarna-puspa 及 Haripuspa 二者推测，疑是 Puspa 之译音。

《僧祇戒本》一卷（初出，见竺道祖《魏世录》[①]）。

右一部一卷，本缺。

沙门昙柯迦罗，魏云法时，中印度人，家世大富，常修梵福[②]。迦罗幼而才悟，质像过人，读书一览，皆文义通畅。善学《四韦陀论》，风云、星宿、图谶、运变，莫不该综。自言天下文理，毕已心腹。至年二十五，入一僧坊看，遇见《法胜毗昙》，聊取览之，茫然不解，殷勤重省，更增惛漠[③]。乃叹曰："吾积学多年，浪志坟典，游刃经籍，义不再思，文无重览。今睹佛书，顿出情外。当理致钩深，别有精要。"于是赍牒入房，请一比丘略为解释，遂深悟因果，妙达三世，始知佛教宏旷，俗书所不能及。乃弃舍世荣，出家精苦，诵大、小乘经及诸部毗尼。常贵游化，不乐专守，以文帝黄初三年壬寅来至洛阳。于时魏境虽有佛法，而道风讹替[④]，亦有众僧未禀归戒，止以剃落为殊俗耳，设复斋忏，事同祠祀。迦罗既至，大行佛法。诸僧请出毗尼。迦罗以律藏曲制，文言繁广，佛教未昌，必不承用。遂以齐王芳嘉平二年庚午于洛阳白马寺出《僧祇戒心》，且备朝夕。于是更集梵僧，立羯磨受戒，东夏戒律，始自乎此。迦罗后不知所终。

《郁伽长者所问经》一卷（或二卷，第三译，一名《郁伽罗越问菩萨行经》，嘉平四年出，见竺道祖《魏录》，今编入《宝积》，即第十九会是）、《无量寿经》二卷（第四译，见竺道祖《晋世杂录》及《宝唱录》，与世高出者小异，又与《宝积·无量寿[⑤]》等同本）、《四分杂羯磨》一卷（题云《昙无德律部杂羯磨》，以结戒场为首，新附）。

右三部四卷，其本并在。

沙门康僧铠，印度人也。广学群经，义畅幽旨。以嘉平四年壬申于洛阳白马寺译《郁伽长者经》等三部，《高僧传》中云译四部，不具显名，竺道祖"魏、晋录"，僧祐、宝唱"梁代录"等，及长房、道宣、靖迈[⑥]三录，并云二部。

---

① 竺道祖《魏世录》：东晋道流撰《魏世经录目》《吴世经录目》《晋世杂录》《河西伪录》四种，未竟而卒。其同学竺道祖继其事，成《道祖录》四卷，断代经录，即从此始。《魏世录》即源自《魏世经录目》，简称《魏录》。

② 梵福：即大梵天之福德，与三乘圣果之圣德并称"二福"。

③ 殷勤重省，更增惛漠："殷勤"，勤奋义；"惛漠"，迷乱；糊涂义。

④ 道风讹替：指宗教风气衰敝。

⑤ 无量寿："寿"字之后，《中华大藏经》本有"会"字，疑脱。

⑥ 靖迈：又作静迈，唐初僧人，四川梓潼人，玄奘弟子。著有《古今译经图纪》四卷，简称《译经图纪》。大慈恩寺翻经堂壁画有自古以来传译缁素的图像，故靖迈以时代为序，历记译人事迹，附列所译各经名于传末，凡古今经目、译人、单译重翻、疑伪等，均条分缕析以诠释，然梁启超氏以其为"《房录》节本"。

余二既不显名，校阅未见。今更得一部，余欠一经，检亦未获。

《昙无德羯磨》一卷（题云《羯磨》一卷，出《昙无德律》，以结大界为首，见竺道祖《魏录》）。

右一部一卷，其本见在。

沙门昙无谛，亦云昙谛，魏云法实，安息国人。善学律藏，妙达幽微。以高贵乡公正元元年甲戌届于洛汭，于白马寺译《昙无德羯磨》一部。

《无量清净平等觉经》二卷（第五出，与汉世支谶等所出及《宝积·无量寿会》并本同文异，见竺道祖《晋世杂录》及《僧祐录》）、《叉须赖经》一卷（一本无"叉"字，《祐录》作"又"，初出，见竺道祖及《僧祐录》）、《菩萨修行经》一卷（一名《长者威施所问菩萨修行经》，一名《长者修行经》，第二出，见《始兴》、宝唱二录）、《除灾患经》一卷（见《僧祐录》，初出，与《除恐灾患经》同本）、《首楞严经》二卷（第五出，与汉世支谶等所出本同文异，见竺道祖《晋世杂录》及《僧祐录》）。

右五部七卷，其本并缺。

沙门白延，西域人也。才明盖世，深解逾伦。以高贵乡公甘露三年戊寅游化洛阳，止白马寺，出《无量清净》等经五部。长房等录又有《平等觉经》一卷，亦云白延所出。今以此经即是《无量清净平等觉经》，但名有广略，故不复存也。

《罗摩伽经》三卷（见竺道祖、宝唱、法上、灵祐[①]等四录，是《华严经·入法界品》少分，初出）、《大般涅槃经》二卷（第二出，略大本前数品，为此二卷，见竺道祖《魏录》）。

右二部五卷，其本并缺。

沙门安法贤，西域人。艺业克深，慧解尤峻，振锡游邦，自远而至。译《罗摩伽》等经二部，群录并云魏世，不辩[②]何帝之年，今依编于末。又"别录"亦载诸失译经，总于《吴录》后列。[③]

---

① 灵祐：当为"灵裕"，即隋朝长安志相寺灵裕法师（518—605），俗姓赵，定州钜鹿曲阳（今河北曲阳）人，是地论学派南道系的重要人物。《四分律行事钞批》卷四云："其僧善以能卜，值小周灭佛法，仍避乱终南山。于时奉敕，搜扬僧伍，并令还俗，其不肯者，勅令深剃。而裕身披俗服，遂领门徒。"《历代三宝纪》卷十五、《大唐内典录》卷十记载灵裕撰有《译经录》一卷、《众经都录》八卷，皆不存。

② 辩：当为"辨"。"辩"、"辨"词义本有差殊，然古籍中二字常混用，后径改。

③ 《吴录》后列：《大正藏》本此后有"《开元释教录》卷第一，'总录'之一"等十二字，《中华大藏经》本无，为示简略，径删。

《开元释教录》卷第二

“总括群经录”上之二

吴孙氏前都武昌[①]，后都建业。

从孙权（谥大祖[②]文皇帝）黄武元年壬寅至孙皓（无谥）天纪四年庚子，凡经四主五十九年，缁素五人，所出经等并及失译，总一百八十九部四百一十七卷（于中六十一部九十二卷见在，一百二十八部三百二十五卷缺本）。

吴沙门维祇难（二部六卷经集）、沙门竺律炎（四部六卷经集）、优婆塞支谦（八十八部一百一十八卷经律集）、沙门康僧会（七部二十卷经集）、沙门支强梁接（一部六卷经）、魏吴两代诸失译经（八十七部二百六十一卷）。

《阿差末菩萨经》四卷（初出，与西晋法护《阿差末》及《无尽意经》等并同本，见《吴》《别》二录）、《法句经》二卷（初出，亦云《法句集》，尊者法救撰，与律炎、支谦共出，见《僧祐录》。《吴录》云竺，卷未详[③]）。

右二部六卷（《法句经》二卷见在，《阿差末》四卷缺本）。

沙门维祇难，吴云障碍，本印度人。世奉异道，以火祠为上。时有天竺沙门习学小乘，多行道术，经远行逼暮，欲寄难家宿。难家既奉异道，猜忌释子，乃处之门外，露地而宿。沙门夜密加咒术，令难家所事之火欻然变灭。于是举家共出，启请沙门入室供养。沙门还以咒术，变火令生。难既睹沙门神力胜己，即于佛法大生信乐，乃舍本所事，出家为道，依此沙门，以为和上[④]。受学三藏，

---

① 前都武昌：“武昌”，原为鄂县，即今之鄂州市。孙权取“以武治国而昌”之意，曾迁吴都于此。

② 大祖：即“太祖”，古籍中“大”、“太”多通用，后文不烦出校。

③《吴录》云竺，卷未详：前后扞格不通。《大正藏》本校“竺”为“五”，则或为“《吴录》云五卷，未详”，与前所云“二卷”有别，似可从。

④ 和上：即“和尚”，音译取字不同，意译为亲教师。

妙善四《含》，游化诸国，莫不皆奉。与同伴竺律炎发自西域，因到江左，以孙权黄武三年甲辰于武昌郡共竺律炎出《阿差末》等经二部。而祇难及炎既未善方音，翻梵之际，颇有不尽，志存义本，辞近朴质。

《摩登伽经》三卷（见《法上录》，与支谦共出，与《舍头谏经》等同本。或二卷，第四译）、《三摩竭经》一卷（初出，见《始兴录》，与《分惒檀王经》同本异出，一名《须摩提女经》，一名《难国王经》，一名《恕惒檀王经》）、《佛医经》一卷（与支越共出，非是全典，从大经略出，或云《佛医王经》，见《宝唱录》）、《梵志经》一卷（见《始兴录》）。

右四部六卷（前三部五卷见在，后一部一卷缺本）。

沙门竺律炎，印度人也。解行清厉，内外博通。与维祇难同游吴境，维祇卒后，以孙权黄龙二年庚戌于杨都[①]译《摩登伽》等经四部。其名群录不同，或云将炎，或云持炎，或云律炎，未详孰是，故备列之[②]。

《大明度无极经》四卷（第二出，或六卷，亦直云《大明度经》，与《道行》《小品》等同本，见竺道祖《魏吴录》及僧祐等录）、《阿弥陀经》二卷（内题云《佛说诸佛阿弥陀三邪三佛萨栖檀过度人道经》，第三出，亦名《无量寿》，见竺道祖、僧祐二录，与世高等译小异）、《菩萨本业经》一卷（亦直名《本业经》，亦名《净行品经》，是《华严·净行品》异译，见《僧祐录》。《长房录》中《本业》之外，别载《净行品》者，误也）、《维摩诘经》二卷（《维摩诘说不思议法门》之称，一名《佛法普入道门三昧经》，第二出，或三卷，见竺道祖、僧祐二录，与汉佛调等译少异）、《慧印三昧经》一卷（亦直云《慧印经》，一名《宝田慧印三昧经》，初出，与《如来智印经》同本，见道祖、僧祐二录）、《九色鹿经》一卷（出《六度集》异译，见《法上录》）、《老女人经》一卷（安公云出《阿毗昙》，《吴录》直云《老女经》，或云《老母经》，初出，见《僧祐录》）、《犊子经》一卷（见《法上录》，初出，与《乳光佛经》等同本）、《贝多树下思惟十二因缘经》一卷（见《长房录》，第三出，与唐译《缘起圣道经》等同本）、《了本生死经》一卷（安公云出《生经》，祐按，五卷《生经》无此名，见《僧祐录》，与《稻芊经》同本异出。谦自注并制序，安公序云“汉末出”，谦注）、《龙施女经》一卷（初出，与《龙施菩萨本起经》同本，祐云《别录》所载，《安录》无）、《八吉祥神咒经》一卷（初出，或无“神”字，或云《八吉祥经》，与《八阳神咒经》等同本，房云见《古录》）、《无量门微密持经》一卷（亦直云《微密持经》，一名《成道降魔得一切智经》，初出，与《出生无量门

① 杨都：当为“扬都”，南北朝时期古建康之称。“杨”、“扬”二字常通用。

② 故备列之：《法句经》题云“武昌竺将炎共支谦译出”，梁《高僧传》译为“竺律炎”，唐道宣的《大唐内典录》、智升的《开元释教录》等经录，多称“竺律炎”。《大唐内典录》云：“天竺沙门竺律炎……或云将炎，或云持炎，或云律炎，未详孰是，故备举之。”“将”有秉持义，“律”亦有约束义，故“或云将炎，或云持炎，或云律炎”。然将炎、律炎之名，亦可能为音译，待考。

持经》等同本，见僧睿《二秦录》[①]及《僧祐录》)、《华积陀罗尼神咒经》一卷(见《宝唱录》，或无“神”字，与《华聚陀罗尼》等同本)、《持句神咒经》一卷(初出，见《长房录》，与《陀邻尼钵经》等同本，亦云出《陀罗尼句》)、《私诃昧经》一卷(第二出，或云“私诃末”，一名《菩萨道树》，亦名《道树三昧》，见道安、支敏度、僧祐等三录。祐云此经即是《菩萨道树》)、《菩萨生地经》一卷(一名《差摩竭经》，初出，见竺道祖《吴录》及《僧祐录》)、《孛经》一卷(亦云《孛抄经》，祐云“今《孛经》一卷即是”，第二出，见《僧祐录》及《别录》)、《月明菩萨经》一卷(或加“三昧”字，一名《月明童子经》，一名《月明童男经》，见《僧祐录》)、《三品弟子经》一卷(一名《弟子学有三辈经》，见《长房录》)、《法律三昧经》一卷(亦直云《法律经》，第二出，见《长房录》)、《梵志阿飏经》一卷(一名《阿飏摩纳经》，《安录》直云《阿拔经》，亦名《佛开解梵志阿飏经》，出《长阿含》第十三卷异译，见《长房录》)、《梵网六十二见经》一卷(一名《梵网经》，房云见《别录》，出《长阿含》第十四卷异译)、《七知经》一卷(或作“七智”，见《长房录》，出《中阿含》第一卷异译)、《释摩男本经》一卷(《祐录》无“本”字，一名《五阴因事经》。《安录》云出《中阿含》第二十五异译，见竺道祖《吴录》及《僧祐录》)、《诸法本经》一卷(出《中阿含》第二十八异译，见《长房录》)、《弊魔试目连经》一卷(一名《魔娆乱》，房云见《旧录》，出《中阿含》第三十卷异译)、《赖吒和罗经》一卷(或云《罗汉赖吒和罗经》，与后汉支曜出者少异，出《中阿含》第三十一异译。祐云《别录》所载，《安录》中无)、《梵摩喻经》一卷(或作“渝”字，见道祖、僧祐二录，出《中阿含》第四十一异译)、《斋经》一卷(一名《持斋经》，见《别录》及《僧祐录》，出《中阿含》第五十五异译)、《须摩提女经》一卷(出《增一阿含》第二十二异译，见《长房录》)、《不自守意经》一卷(或无“意”字，或云《自守亦不自守经》，出《杂阿含》第十一卷异译，见《长房录》)、《五母子经》一卷(见《长房录》，初出，与《沙弥罗经》同本)、《太子瑞应[②]本起经》二卷(黄武年译，第四出，亦云《太子本起瑞应》，亦直云《瑞应本起》，与孟详出者小异，陈郡谢锵、吴郡张洗等笔受，魏河东王桓[③]详定，见《始兴》、僧祐二录)、《龙王兄弟经》一卷(一名《难龙王经》，或无“王”字，一名《降龙王经》，初出，见《长房录》)、《长者音悦经》一卷(一云《长者音悦不兰迦叶经》，亦直云《音悦经》，初出，见《长房录》)、《七女经》一卷(亦云《七女本经》，安公云出《阿毗昙》，初出，见《僧祐录》)、《八师经》一卷(见竺道祖《吴录》及《僧祐录》，初出)、《蓱沙王

---

① 《二秦录》：姚秦僧睿(道安弟子)撰《二秦众经录》一卷，杂有吴以及北凉的译经。“二秦”指前后二秦之苻秦、姚秦。

② 应：《中华大藏经》本以为衍文，然“别录”录为《太子瑞应本起经》，故不烦改。

③ 魏河东王桓：宋元明等藏经皆作“魏河东王植”，考《三国志》，魏封河东王实为曹丕之子曹霖，曹植并无此封号。曹桓于史无据，待考。

五愿经》一卷（或作“瓶”字，一名《弗沙迦王经》[①]，见《长房录》，初出。安公云出《中阿含》，检无）、《义足经》二卷（见竺道祖《吴录》及僧祐、宝唱二录，初出，有一十六经）、《须摩提长者经》一卷（一名《会诸佛前》，亦名《如来所说示现众生》，见《长房录》）、《阿难四事经》一卷（见《僧祐录》及《别录》）、《未生怨经》一卷（见《长房录》）、《四愿经》一卷（见竺道祖《吴录》及《僧祐录》）、《里氏[②]梵志经》一卷（房云见《别录》）、《猘狗经》一卷（见《长房录》）、《孙多耶致经》一卷（或云《梵志孙多耶致经》，见《长房录》，安公云出《中阿含》，检无）、《戒销灾经》一卷（亦云《戒销伏灾经》，见《旧录》）、《撰集百缘经》十卷（见《内典录》）、《菩萨本缘经》二卷（亦云《菩萨本缘集经》，或二卷，或四卷，天竺沙门僧伽斯那撰，见《长房录》）、《惟日杂难经》一卷（见《长房录》）。

上见存，已下缺。

《摩诃般若波罗蜜咒经》一卷（或无“摩诃”字，见《宝唱录》）、《法镜经》二卷（或一卷，第二出，祐云见《别录》，《安录》中无。又长房等录更有《郁伽长者经》二卷，亦云谦译，即是此经，不合重载）、《阿阇世王女阿术达[③]菩萨经》一卷（初出，见《长房录》）、《阿差末菩萨经》四卷（见《吴录》，第三出[④]，与维祇难所译本同文异）、《小阿差末经》二卷（见《别录》及《僧祐录》，既加“小”字，与次前经，应非同本）、《大般泥洹经》二卷（第三出，此略大本《序分》《哀叹品》为二卷，后三纸小异耳，见竺道祖《吴录》，安公云出《长阿含》，祐云今《长阿含》[⑤]与此异）、《佛以三车唤经》一卷（见《长房录》，云出《法华》，应出第二卷《譬喻品》）、《不庄校女经》一卷（初出，见《宝唱录》）、《须赖经》一卷（或云《须赖菩萨经》，第三出，与白延等出者同本别译[⑥]，见竺道祖《吴录》及《僧祐录》）、《菩萨修行经》一卷（初出，见《宝唱录》）、《演道俗业经》一卷（初出，见《旧录》，或无“业”字）、《方等首楞严经》二卷（黄武年译，第二出，与后汉支谶等出者同本，见竺道祖《吴录》，《安录》中无，祐无“方等”字，云见《别录》）、《惟明二十偈经》一卷（初出，或无“经”字，见《僧祐录》）、《法灭尽经》一卷（初出，或云《法没尽》，或云《空寂菩萨所问经》，见《长房录》）、《七佛神咒经》一卷（一本无“经”字，见《长房录》）、

---

① 《弗沙迦王经》：印度王舍国王名蓱比沙，即本条经名中之“蓱沙王”。当时王舍国北方有德差伊罗国，国王叫弗迦沙，宿命时曾见佛。蓱比沙王与弗迦沙王平生未曾相见，遥相爱敬如兄弟，相问遗不绝，故有此二经名。《弗沙迦王经》仅《开元录》和《贞元录》有载，似当为《弗迦沙王经》。

② 里氏：《大正藏》本校为“黑氏”，检“别录”、“入藏录”，皆载为“黑氏”，当从。

③ 阿术达：亦译为阿述达，意译为无愁忧、无畏德。其为摩揭陀国阿闍世王之女，十二岁即能论大道。

④ 第三出：《中华大藏经》本校“三”为“二”，考西晋竺法护所译《阿差末经》七卷为第三译，则此支谦所译当为第二译。

⑤ 祐云今《长阿含》：《中华大藏经》本以为衍文。

⑥ 别译：《中华大藏经》本以为衍文，实指同经异译，则不为衍文，不烦删除。

《摩诃精进经》一卷（亦云《大精进经》，见《长房录》）、《十二门大方等经》一卷（《安录》无，祐云见《别录》）、《佛从上所行三十偈经》一卷（或无“经”字，见《僧祐录》）、《四十二章经》一卷（第二出，与摩腾译者小异，文义允正，辞句可观，见《别录》）、《禅秘要经》四卷（或无“经”字，初出，见《吴》《别》二录）、《坚意经》一卷（或云《坚心经》，第二出，见《长房录》）、《劝进学道经》一卷（一本无“劝”字，初出，见《长房录》）、《恒水戒经》一卷（或无“戒”字，第二出，见《旧录》）、《七漏经》一卷（房云见《别录》）、《悔过法经》一卷（或无“法”字，一名《序十方礼拜悔过文》，见《僧祐录》）、《贤者德经》一卷（见《僧祐录》）、《梵志结净经》一卷（见《长房录》）、《阿质国王经》一卷（见《长房录》）、《惟娄王师子潼[①]譬喻经》一卷（一本无“譬喻”字，见《长房录》）、《蓝达王经》一卷（一云《目连功德经》，亦云《目连因缘功德经》，见《吴录》）、《百喻经》一卷（见《长房录》）、《五阴事经》一卷（见《长房录》）、《魔化作比丘经》一卷（见《长房录》）、《优多罗母经》一卷（一本无“母”字，见《僧祐录》）、《人民求愿经》一卷（见《长房录》）、《修行方便经》二卷（亦云《修行方便禅经》，见《吴录》）、《法句经》二卷（第二出，亦云《法句集》，见《别录》及《僧祐录》）。

右八十八部一百一十八卷（《惟日杂难经》上五十一部六十九卷见在，《摩诃般若咒》下三十七部四十九卷缺本）。

优婆塞支谦，字恭明，一名越，大月支人也。祖父法度以汉灵帝世率国人数百归化，拜率善中郎将。越年七岁，骑竹马戏于邻家，为狗所啮，胫骨伤碎。邻人欲杀狗取肝傅疮，越曰：“天生此物，为人守吠，若不往君舍，狗终不见啮。此则失在于我，不关于狗。若杀之得差[②]，尚不可为。况于我无益，而空招大罪。且畜生无知，岂可理责？”由是邻人感其言至，遂不复杀。十岁学汉书，十三学婆罗门书，并得精妙，兼通六国语音。初桓、灵世，支谶译出法典，有支亮字纪明，资学于谶。谦又受业于亮，博览经籍，莫不明练，世间艺术，多所综习。其为人细长黑瘦，眼多白而睛黄，时人为之语曰：“支郎眼中黄，形体虽细是智囊。”其本奉大法，精练经旨。献帝之末，汉室大乱，与乡人数十共奔于吴。初发日，唯有一被，有一客随之，大寒无被，越呼客共眠。夜将半，客夺其被而去。明旦，同侣问被所在，越曰：“昨夜为客所夺。”同侣咸曰：“何不相告？”答曰：“我若告发，卿等必以劫罪罪之。岂宜以一被而杀一人乎？”远近闻者，莫不叹服。

---

① 潼：《大唐内典录》同，《开元释教录》“别录”作“湩”，《历代法宝纪》卷五、《法经录》卷三皆作“湩”，《大正藏》本亦校作“湩”，当为人名音译取字之别。

② 得差：能够痊愈。“差”，同“瘥”，有痊愈；病情好转义。

后吴主孙权闻其博学有才慧，即召见之，因问经中深隐之义。越应机释难，无疑不折[①]。权大悦，拜为博士，使辅导东宫，甚加宠袟[②]。越以大教虽行，而经多梵文，莫有解者，既善华戎之语，乃收集众本，译为吴言。从权黄武二年癸卯至亮建兴二年癸酉，三十余载，译《大明度》等经八十八部，曲得圣义，辞旨文雅。又依《无量寿》《中本起经》，制《赞菩萨连句梵呗》三契，注《了本生死经》，皆行于世。

后太子登位，遂隐于穹隘山[③]，不交世务，从竺法兰道人[④]更练五戒。凡所游从，皆沙门而已。后卒于山中，春秋六十。吴主孙亮与众僧书曰："支恭明不救所疾，其业履冲素，始终可高。为之恻怆，不能已已！"其为时所惜如此。谦所出经部卷多少，诸说不定。其僧祐《三藏记》唯载三十六部，《祐录·谦传》云出二十七经，慧皎《高僧传》乃有四十九经，《长房录》中便载一百二十九部。今以《房录》所载，多是别生，或异名重载，今随次删之，如后所述。

《鹿子经》（与西晋竺法护所出《鹿母经》文同）、《申日经》（亦与法护所出《月光童子经》同）、《出家功德经》[⑤]（今有两本：一是秦译，附于"秦录"；一从《贤愚》抄出，今附"别生录"中）、《金刚清净经》（亦云《金刚三昧本姓[⑥]清净不灭不坏经》，"后汉失译录"中复载，详文非是支谦所出，今移附"秦录"）、《大慈无减经》《宝女问三十二相经》《魔女闻佛说法得男身经》（《大慈无减》等三经，并出《大集经》）、《宝海寂志[⑦]成就大悲经》（出《悲华经》）、《普广菩萨经》（即《别行随愿往生经》是，出《灌顶经》）、《摩

① 折：折服。《大正藏》本校勘记以为"柝"，使之分裂义，或皆误。《出三藏记集·支谦传》为"析"，"析疑"为中古通用语，剖析疑难之义。陶渊明诗《移居》有"奇文共欣赏，疑义相与析"句，故《贞元录》亦作"析"，可从。

② 宠袟："袟"，义为祭祀有次序，不成词，当为"宠秩"，宠爱而授以官秩。《左传·昭公八年》："子旗曰：'子胡然，彼孺子也。吾诲之，犹惧其不济，吾又宠秩之，其若先人何？'"《出三藏记集》卷十三、《贞元录》卷三皆作"宠秩"。

③ 穹隘山：《出三藏记集》以为穹窿山，地处姑苏西部，为苏州第一名山，主峰"箬帽峰"，有"吴中之巅"之称。

④ 道人：本指得道之人，有道之人，包括有极高道德的人。这里指佛教之得道者，也可以指佛教徒。

⑤ 《出家功德经》：《中华大藏经》本"《出家功德经》"顺序在前条"《申日经》"前。

⑥ 姓：《中华大藏经》本为"性"。前"后汉失译录"、卷四"秦录"以及"入藏录"中皆作"《金刚三昧本性清净不灭不坏经》"，当从。

⑦ 寂志：本书卷十六"别录"之"支派别行经第三"作"梵志"，《出三藏记集》卷四、《大唐内典录》卷二以及法经、彦琮、静泰之《众经目录》等皆作"梵志"。《瑜伽论记》十九曰："'梵'者西国音，此翻为'寂静'。"既然译"梵"为"寂静"，则"寂志"为梵汉音意合璧词。

调王经》（出《六度经》）、《佛为诃利旷野鬼说法经》（或云诃利[1]，出《中阿含》）、《枯树经》（或上加“大”字）、《鹰鹞猎经》《鵄鸟事经》（《枯树》等三经并出《增一阿含》）、《色无常经》《诸漏尽经》（或无“漏”字）、《雪山无猕猴经》（或作“猿猴”，或无“无”字）、《无母子经》《不净观经》《三种良马经》《四种良马经》《寿命促经》《河中草龟经》《国王成就五法久存于世经》《佛为外道须深说离欲经》（《色无常》等十一经并出《杂阿含》）、《是我所经》《梵志经》（上二经并出《生经》）、《桀贪王经》（出《义足经》）、《外道仙尼说度经》《度梵志经》（上二经，小乘抄）、《瞎鳖经》《梵志问佛世间增减经》《三鱼失水经》《甘露道经》《降千梵志经》《梵志子死稻败经》《护口意经》《梵志问佛师经》《法施胜经》《水上泡经》（《瞎鳖》等十经，并出《出曜经》）、《修行慈经》（出《修行道地经》）、《度脱狗子经》（出《杂譬喻》）。

右《大慈无减经》等三十八部三十八卷，长房等录并云谦译。今按隋代二本《众经录》及新括出别生抄经等，此等并从诸经抄出，不合足为翻译之数。今存实录，故并删之。

《六度集经》八卷（或九卷，或云《六度无极度[2]经》，或云《度无极集》，或云《杂无极经》，见竺道祖《吴录》及《僧祐录》）、《旧杂譬喻经》二卷（《内典》有“旧”字，《房录》中无，亦云《杂譬集经》。或无“集”字，见《高僧传》及《长房录》）、《吴品经》五卷（《祐录》无“经”字，云凡有十品，第三出，房云即是《小品般若》，见《僧祐录》）、《菩萨净行经》二卷（是《大集·宝髻品》异译，或直云《净律经》，云赤乌年出，见竺道祖《吴录》）、《权方便经》一卷（与《顺权方便经》等同本，初出，见《吴录》及“别记”[3]）、《菩萨[4]二百五十法经》一卷（或二卷，以此替大僧二百五十戒示皓者是，见《高僧传》及《长房录》）、《坐禅经》一卷（见《长房录》）。

右七部二十卷（《六度》等二部十卷见在，《吴品》等五部十卷缺本）。

沙门康僧会，其先康居国人，世居印度，其父因商贾移于交阯。会年十余岁，二亲并亡，以至性奉孝，服毕出家。厉行甚峻，为人弘雅，有识量，笃志好学。明解三藏，博览六经，天文图纬，多所综涉，辩于枢机，善属文翰。时

---

① 或云诃利：夹注与本条经名《佛为诃利旷野鬼说法经》之“诃利”全同，明显有误。“支派别行经第三”所录为《佛为呵利旷野鬼说法经》，故经名中之“诃”当为“呵”。

② 无极度：“无极度”中，“度”字并无意义，疑涉前“六度”而衍，《大正藏》本以为衍文，后之“别录”和“入藏录”皆作“《六度无极经》”。

③ 别记：《开元释教录》中无见“别记”之说，《大正藏》本校勘记以“记”为“录”，且前为《吴录》，当从。《别录》指《众经别录》，则当加书名号。

④ 菩萨：《中华大藏经》本以为衍文，然据卷十四之“大乘经单译缺本”，录为“《菩萨二百五十法经》一卷”，故不为衍。

孙权称制江左，而佛教未行。先有优婆塞支谦宣译经典，既初染大法，风化未全，僧会欲使道振江左，兴立图寺，乃杖锡东游，以吴赤乌十年初达建业，营立茅茨，设像行道。时吴国以初见沙门，睹形未及其道，疑为矫异。有司奏曰："有胡人入境，自称沙门，容服非恒，事应检察。"权曰："吾闻汉明梦神，号称为佛，彼之所事，岂其遗风耶？"即召会诘问有何灵验。会曰："如来迁迹，忽逾千载，遗骨舍利，神曜无方。昔阿育王起塔，乃八万四千。夫塔寺之兴，所以表遗化也。"权以为夸诞，乃谓会曰："若能得舍利，当为造塔。如其虚妄，国有常刑。"会请期七日，乃谓其属曰："法之兴废，在此一举，今不至诚，后将何及？"乃共洁斋靖室[①]，以铜瓶加持，烧香礼请。七日期毕，寂然无应。求申二七，亦复如之。权曰："此寔欺诳。"将欲加罪。更请三七，权又特听。会谓法属曰："宣尼有言：'文王既没，文不在兹乎！'法云[②]应降，而吾等无感，何假王宪，当以誓死为期耳。"三七日暮，犹无所见，莫不震惧。既入五更，忽闻瓶中枪然有声，会自往视，果获舍利。明旦呈权，举朝集观，五色光焰，照曜瓶上。权自手执瓶，写于铜盘，舍利所冲，盘即破碎。权肃然惊起，曰："希有之瑞也！"会进而言曰："舍利威神，岂直光相而已，乃劫烧之火不能焚，金刚之杵不能碎。"权命令试之。会更誓曰："法云方被，苍生仰泽，愿更垂神迹，以广示威灵。"乃置舍利于铁钻[③]上，使力者击之，于是砧锤俱陷，舍利无损。权大嗟服，即为建塔。以始有佛寺，故号建初寺，因名其地为佛陀里。由是江左大法遂兴。

至孙皓即政，法令苛虐，废弃淫祀，乃及佛寺，并欲毁坏。皓曰："此由何而兴？若其义教真正，与圣典相应者，当存奉其道。如其无实，皆悉焚之。"诸臣佥曰："佛之威力，不同余神。康会感瑞，大皇创寺，今若轻毁，恐贻后悔。"皓遣张昱诣寺诰[④]会。昱雅有才辩，难问从横，会应机骋词，文理锋出，自旦至夕，昱不能屈。既退，会送于门，时寺侧有淫祀者，昱曰："玄化既孚，此辈何故近而不革？"会曰："震霆破山，聋者不闻，非音之细。苟在理通，则万理[⑤]悬应，如其阻塞，则肝胆楚越。"昱还，叹："会才明，非臣所测，愿天鉴察之。"

---

① 靖室：清静安静的房间，与前"洁斋"并非对文，《高僧传》为"净室"，可从。

② 法云：《高僧传》为"法灵"，正与前所云佛舍利相应，疑涉后文"法云方被"而误。

③ 铁钻：《大正藏》本校勘记以"钻"为"砧"，下文云"砧锤俱陷"，可从。

④ 诰：《中华大藏经》本与《大正藏》本校勘记皆为"诘"，询问；诘辩义，后文有言"难问从横"、"应机骋词"等，与诘辩有关，当从。

⑤ 万理：《高僧传》为"万里"，可从。"万里悬应"与后文"肝胆楚越"相对。"万理"，或涉前"苟在理通"而致讹。

皓大集朝贤，以马车迎会。会就坐，皓问曰："佛教所明，善恶报应，何者是耶？"会对曰："夫明主以孝慈训世，则赤乌翔而老人见；仁德育物，则醴泉涌而嘉禾生。善既有瑞，恶亦如之。故为恶于隐，鬼得而杀之；为恶于显，人得而诛之。《易》称'积善余庆'，《诗》咏'求福不回'，虽儒典之格言，即佛教之明训。"皓曰："若然，则周、孔已明，何用佛教？"会曰："周、孔所言，略示近迹。至于释教，则备极幽微。故行恶则有地狱长苦，修善则有天宫永乐。举兹以明劝助[①]，不亦大哉！"皓当时无以折其言。

皓虽闻正法，而昏暴之性不胜其虐。后使宿卫兵入后宫治园，于地得一金像，高数尺，呈皓，皓使着不净处，至四月八日，以秽汁灌之[②]，共诸群臣笑以为乐。俄尔之间，举身大肿，阴处尤痛，叫呼彻天。太史占言："犯大神所为。"即祈祀诸庙，而苦痛弥剧。彩女先有奉法者，因问讯云："陛下就佛图中求福不？"皓举头问曰："佛神大耶？"彩女云："佛为大圣，天神所尊。"皓为心悟具[③]语意，故彩女即迎像置殿上，香汤洗数十过，烧香忏悔。皓叩头于枕，自陈罪状，有顷痛间[④]。遣使至寺问讯诸道人，请会说法，会即随入。皓具问罪福之由，会为敷析，词甚精要。皓先有才解，欣然大悦，因求看沙门戒。会以戒文秘禁，不可轻宣，乃取《本业》百二十五愿，分为二百五十事，行住坐卧，皆愿众生。皓见慈愿广普，益增善意，即就会受五戒，旬日疾瘳，乃于会所住更加修饰，号为天子寺，宣示宗室，莫不必奉。会在吴朝亟说正法，以皓性凶粗，不及妙义，唯叙报应近事，以开其心。

至吴天纪四年四月，皓降晋。九月，会遘疾而终，是岁晋武太康元年也。至晋成咸和中，苏峻作乱，焚会所建塔，司空何充复更修造。平西将军逍诱[⑤]，世不奉法，傲篾三宝，入此寺，谓诸道人曰："久闻此塔屡放光明，虚诞不经，所未能信，若必自睹，所不论耳。"言竟，塔即出五色光，照曜堂刹。诱肃然毛竖，由此信敬。于寺东更立小塔，远由大圣神感，近亦康会之力，故图写厥像，传之于今。孙绰为之赞曰："会公箫瑟，寔惟令质。心无近累，情

① 劝助：《高僧传》为"劝沮"，语出《庄子·逍遥游》"且举世而誉之而不加劝，举世而非之而不加沮"。"劝助"亦通，但文义不及"劝沮"完备。

② 以秽汁灌之：农历四月八日为传统浴佛节，此"以秽汁灌之"，则为污佛。

③ 心悟具："具"，《大正藏》校勘记校为"其"，当为"其"。《出三藏记集》"康僧会传"作"皓心遂悟其语意"可证。

④ 有顷痛间：一会儿疼痛缓和了。"间"，有缓和；缓解义。

⑤ 逍诱：《中华大藏经》本为"赵诱"，可从。赵诱，字元孙，淮南人，世代以将显。《晋书》有传。

有余逸。厉此幽夜[①]，振彼尤黜。超然远诣，卓矣高出。”会以权太元元年辛未于所创建初寺译《六度》等经七部，并妙得经体，文义允正。又传泥洹呗声，清靡哀亮，一代模式。又长房等录更有《阿难念弥经》《镜面王经》《察微王经》《梵皇王经》，上之四经，虽云会译，然并出《六度集》中，不合为正译之数，今载“别生录”中。复有《法镜经注解》二卷、《道树经注解》一卷、《安般经注解》一卷。已上三经，会兼制序。三经会虽注解，本非僧会所翻，故亦不为会译之数。兼前七部，今并删之。

《法华三昧经》六卷（一本有“正”字，初出，与法护《正法华》等同本，见竺道祖《魏录》，亦见《始兴录》）。

右一部六卷，本缺。

沙门支强梁接，吴云正无畏，西域人。以孙亮五凤二年乙亥于交州译《法华三昧经》，沙门竺道馨笔受。长房、《内典》二录，编于曹魏之代，今依交州及始兴地，割入“吴录”。

《不思议功德诸佛所护念经》二卷（出虫经[②]，或云《不思议功德》，或直云《功德经》）、《七佛父母姓字经》一卷（《旧录》云《七佛姓字经》，出《增一阿含》第四十五异译）、《杂阿含经》一卷（见《旧录》，出《杂阿含》中异译）、《阿毗昙甘露味论》二卷（或无“论”字，亦云《甘露味阿毗昙》，或云《甘露味经》，尊者瞿沙造）。

上见存，已下缺。

《蜀普曜经》八卷（似是蜀土所出，第一译）、《长者子誓经》一卷（见《旧录》，第二出）、《无端底持经》一卷（《旧录》云《无端底总持经》，第二出）、《蜀首楞严经》二卷（见《旧录》，似蜀土所出，第三译）、《后出首楞严经》二卷（见《旧录》，云有十偈，第四译）、《阿惟越致转经》一十八卷（见《旧录》）、《摩诃乘经》十四卷（或云《摩诃衍》）、《摩诃衍优波提舍经》五卷（祐云《摩诃乘》）、《三昧王经》五卷、《梵王请问经》五卷、《佛从兜率降中阴经》四卷（出《王宗录》[③]）、《四天王经》四卷（疑四部四本[④]）、《魔王[⑤]请问经》四卷、《释提桓因所问经》三卷、《大梵天王请转法轮经》三卷、《法华光瑞菩萨现寿经》三卷（今疑抄《正法华》）、《普贤

---

① 厉此幽夜：《高僧传》作“属此幽夜”，“属”，有适逢；正当义。“厉”之繁体与“属”形近。

② 虫经：藏经中无此名目，《中华大藏经》本与《大正藏》本校勘记皆为“众经”，当从。

③《王宗录》：南齐武帝时期释王宗撰《众经目录》二卷，简称《王宗录》，通纪南齐以前各代译经，所录众经分大、小乘。

④ 疑四部四本：卷十四“别录”载“房云疑一部四本”，“四部”当为“一部”，《大正藏》本校勘记作“一部”，可从。

⑤ 魔王：《中华大藏经》本为“摩王”，音同可通，不烦改。

菩萨答难二千经》三卷、《梵天王请佛千首经》二卷(又《大梵天王经》二卷似此)、《菩萨常行经》一卷(见《旧录》)、《荧火六度经》一卷(《旧录》有《明度经》一卷,云一名《荧火明度经》)、《内禅波罗蜜经》一卷(见《旧录》)、《六波罗蜜经》一卷(见《旧录》)、《大总持神咒经》一卷(见《旧录》,亦云《总持咒经》)、《阿惟越致菩萨戒经》一卷(《旧录》无"菩萨"字)、《杂数经》二十卷(见《旧录》)、《那先譬喻经》四卷(见《旧录》)、《太子试艺本起经》二卷、《深断连经》二卷、《摩诃目揵连与佛捔能经》一卷(见《旧录》)、《阿难得道经》一卷(见《旧录》)、《阿难般泥洹经》一卷(见《旧录》)、《阿那律念复生经》一卷(见《旧录》)、《沙门分卫见怪异经》一卷(见《旧录》)、《弟子本行经》一卷(见《旧录》,《高僧传》云白法祖译)、《为寿尽天子说法经》一卷(《旧录》云《命尽天子经》)、《魔试佛经》一卷(见《旧录》)、《阿须伦问八事经》一卷(《旧录》云《阿须伦所问八事经》)、《摩竭王经》一卷(《旧录》云《摩竭国王经》)、《萨波达王经》一卷(见《旧录》,《祐录》云《菩和达王经》①)、《年少王经》一卷(见《旧录》)、《是光太子经》一卷(见《旧录》)、《长者难提经》一卷(见《旧录》)、《女利行经》一卷(见《旧录》)、《四妇因缘经》一卷(见《旧录》)、《须多罗经》一卷(《旧录》云《须多罗入胎经》)、《堕迦经》一卷(见《旧录》,晋言坚强,既曰"晋言",合编"晋录",或作"隋"字②)、《盘达龙王经》一卷(见《旧录》)、《牛米自供养经》一卷(《旧录》无"养"字)、《行牧食牛经》一卷(见《旧录》,或作"放"字)、《堕释迦牧牛经》一卷(见《旧录》,或作"随"字)、《法严经》一卷(见《旧录》,疑即是《等入法严经》)、《壁四经》一卷(见《旧录》)、《止寺中经》一卷(见《旧录》)、《安般行道经》一卷(见《旧录》)、《解慧微妙经》一卷(见《旧录》)、《失道得道经》一卷(见《旧录》)、《心情心识经》一卷(见《旧录》云有注)、《检意向正经》一卷(见《旧录》)、《道德果证经》一卷(见《旧录》)、《父子因缘经》一卷(见《旧录》)、《小观世楼炭经》一卷(见《旧录》)、《大四谛经》一卷(见《旧录》)、《五方便经》一卷(见《旧录》)、《五惟越罗名解说经》一卷(见《旧录》)、《五阴经》一卷(见《旧录》)、《中五浊世经》一卷(见《旧录》)、《大七车经》一卷(见《旧录》)、《八正邪经》一卷(见《旧录》,祐云《八正八邪经》)、《八总持经》一卷(见《旧录》)、《八辇③经》一卷(见《旧录》)、《大十二因缘经》一卷(见《旧录》)、《十八难经》一卷(见《旧录》)、《五十二章经》一卷(见《旧录》,别有《孝明四十

① 《菩和达王经》:《出三藏记集》卷四有"《菩和达王经》一卷",然卷三又载"《萨和达王经》一卷",《历代三宝纪》《众经目录》等皆作"《萨和达王经》"。

② 或作"隋"字:检《大正藏》全藏,并无所谓《隋迦经》,智升所论,或有所本。

③ 八辇:卷十五有"《八辈经》一卷,魏吴失译",《中华大藏经》本为"辈",可从。

二章经》)、《百八爱经》一卷(见《旧录》,似抄《五盖疑结经》)、《小安般舟三昧经》一卷(见《旧录》)、《禅数经》一卷(见《旧录》)、《群生偈经》一卷(见《旧录》)、《大戒经》一卷(见《旧录》)、《衣服制经》一卷(见《旧录》)、《沙弥离威仪经》一卷(见《旧录》)、《道本五戒经》一卷(见《旧录》)、《威仪经》一卷(见《旧录》,《法经录》中无"经"字)、《杂譬喻经》八十卷(见《旧录》)。

已上八十七部,僧祐"失译录"并载。

右八十七部二百六十一卷(《不思议》等四部六卷见在,《蜀普曜》等八十三部二百五十五卷缺本)。

长房等录,"魏吴失译"总有一百一十部一百九十一卷,云并是《古》《旧》二录失译诸经。今经附此,以彰远年,无所依据,今以余二十三部三十卷,或翻译有源,或别名异号,或大部流出,或疑伪非真,今并删除,庶免繁杂,备述如左。

《不退转轮经》四卷("北凉失译"中有,此中复载,故知是重。《僧祐录》云安公凉土异经,今存"凉录",此中除之)、《小本起经》二卷(后汉支曜译)、《四辈经》(或云《四辈弟子经》,亦云《四辈学经》,《法上录》云西晋竺法护译)、《逮慧三昧经》[①](一名《文殊师利问菩萨十事行经》,单卷《月灯经》异名)、《禅行敛意经》(亦云《禅行检意经》,《阿那律八念经》异名)、《濡首菩萨经》二卷(即《濡首菩萨清净分卫经》是,此名但略耳)、《度无极譬经》三卷(或四卷,出《大品经》)、《尸呵遍王经》(或作"尼"字[②])、《太子法慧经》(或作"惠"字,《尸呵》等二经出《六度集经》)、《淫人曳踵行经》(出《义足经》)、《人诈名为道经》《贫女听经蛇啮命终经》(亦云《贫女听经蛇啮命终生天经》)、《国王痴夫人经》《卖智慧经》《初受道经》《学经福经》(《学》《福》共是一经)、《八部僧行名经》《化譬经》(亦云《化喻经》,《人诈名》等八经并出《杂譬喻》)、《五百婆罗门问有无经》(《五百梵志经》异名)、《萨和菩萨[③]经》(亦云《国王萨和菩经》)、《慧定普遍神通菩萨经》(亦云《慧定普遍国土神通菩萨经》)、《贫女人经》(亦云《贫

---

① 《逮慧三昧经》:《出三藏记集》卷四、《法经录》卷一同,然《大唐内典录》卷四、《大周录》卷十五等作"《建慧三昧经》"。《大正藏》中收有《佛说月灯三昧经》一卷,其题注云"一名《文殊师利菩萨十事行经》",相较下文夹注"一名《文殊师利问菩萨十事行经》","文殊师利"之后脱一"问"字。

② 或作"尼"字:《出三藏记集》卷四注云"《旧录》云《尼呵遍王经》",故此经名,僧祐已经存疑。

③ 萨和菩萨:后一"萨"字,《中华大藏经》本与《大正藏》本校勘记皆以为衍文,《出三藏记集》卷五、《历代三宝纪》卷五以及《大唐内典录》卷二皆录为"《萨和菩萨经》一卷"。其又名《国王萨和菩经》,"菩"字之后当补"萨"字为《国王萨和菩萨经》。本书"别录"之"伪妄乱真录第七"有录可证。

女难陀经》）、《阿秋那经》（亦云《阿秋那三昧经》，《五百婆罗门》等五经并在“疑伪录”）。

西晋司马氏都洛阳（亦云北晋）。起武帝太始元年乙酉，至愍帝建兴四年景子，凡经四帝五十二年，缁素一十二人，所出经戒集等及新旧集失译诸经总三百三十部[①]，合五百九十卷（于中一百五十六部三百二十一卷见在，一百七十七部二百六十九卷缺本）。西晋沙门竺法护（一百七十五部三百五十四卷经戒集）、沙门强梁娄至（一部一卷集）、沙门安法钦（五部一十六卷经集）、沙门无罗叉（一部三十卷经）、优婆塞竺叔兰（二部五卷经）、沙门白法祖（一十六部一十八卷经）、沙门释法立（四部一十二卷经集）、沙门释法炬（四十部五十卷经律）、清信士聂承远（二部三卷经）、清信士聂道真（二十四部三十六卷经律）、沙门支法度（四部五卷经）、沙门若罗严（一部一卷经）、新旧诸失译经（五十八部五十九卷，五十五部五十六卷新附，三部三卷旧集）。

《光赞般若波罗蜜经》十五卷（初出，或十卷，与《大般若》第二会及《放光大品》并同本，亦云《光赞摩诃般若经》，凡二十七品，太康七年十一月二十五日出，见《道安录》及《僧祐录》）、《密迹金刚力士经》七卷（或五卷，或四卷，或八卷，太康元年十月八日出，亦直云《密迹经》，见支敏度、竺道祖及僧祐三录，今编入《宝积》，当第三会）、《菩萨说梦经》二卷（见《法上录》，今编入《宝积》，当第四会，改名《净居天子会》。《法上录》云护公所出，详文乃非，且依《上录》[②]为定）、《宝髻菩萨所问经》二卷（一名《菩萨净行经》，《旧录》直云《宝髻经》，是别译《大集·宝髻品》，太熙元年七月十四日出，见道真、僧祐二录，今入《宝积》，当四十七会）、《普门品经》一卷（初出，亦云《普门经》，与《宝积·文殊》《普门会》等同本，太康八年正月十一日出，见《聂道真录》及《僧祐录》）、《胞胎经》一卷（《旧录》云《胞胎受身经》，太安二年八月一日出，与《宝积·处胎会》同本，见《聂道真录》及《僧祐录》）、《文殊师利佛土严净经》二卷（或直云《严净净土经》[③]，亦云《佛土严净经》，太熙元年译，初出，与《宝积·文殊授记会》等同本，见竺道祖《晋世杂录》及《僧祐录》）、《郁迦罗越问菩萨行经》[④]一卷（或云《郁伽长者经》，即《大郁伽经》，或二卷，第四出，与安玄《法镜》及《宝积·郁伽长者会》等同本，见道安、敏度、僧祐三录）、《幻士仁贤经》一卷（或云《仁贤幻士经》，初出，与《宝积·授幻师记会》同本，见《聂道真录》及《僧祐录》）、《须摩提经》

---

① 三百三十部：根据下文“见在”一百五十六部与“缺本”一百七十七部，共计当为三百三十三部，原文脱一“三”字。

② 《上录》：结合前后文，当为《法上录》。

③ 《严净净土经》：其别名“《佛土严净经》”，称“佛土”甚明，不当称“净土”，当涉前“严净”之“净”字而误。《大正藏》本校“净土”为“佛土”，则当名为《严净佛土经》。

④ 《郁迦罗越问菩萨行经》：“郁迦”为人名，“迦罗越”为长者之音译，故经名当为《郁迦迦罗越问菩萨行经》，后之《郁伽长者经》《郁伽长者会》皆可证。

一卷（初出，亦直云[①]《须摩提菩萨经》，与《宝积·妙慧会》等同本，见聂道真、竺道祖、僧祐等三录）、《阿阇贳王女阿术达菩萨经》一卷（第二出，亦云《阿阇贳女经》，亦云《阿述达女经》，建武元年译，见真、敏、祐等三录，祐、房二录别存《无忧施经》，《祐录》更载《阿阇贳王女[②]经》，二俱误也）、《离垢施女经》一卷（初出，太康十年十二月二日出，与《宝积·无垢施会》等同本，见道真、僧祐二录。《内典录》内更载《无垢施应辩经》者，误也。彼道真译，如后所显）、《如幻三昧经》二卷（第二出，或三卷，或四卷，与《宝积·善住意会》等同本，见《僧祐录》）、《太子刷护[③]经》一卷（初出，见《法上录》，与《宝积·阿阇世王子会》等同本）、《慧上菩萨问大善权经》二卷（第二出，或一卷，太康六年六月十七日出，或云《大善权经》，或云《慧上菩萨经》，或云《善权方便经》，或云《善权方便所度无极经》，见真、祐二录）、《弥勒菩萨所问本愿经》一卷（初出，太安二年五月十一日译，或无"所问"二字，亦云《弥勒本愿经》，一名《弥勒难经》，与《宝积·弥勒所问会》等同本，见道真、道祖、僧祐三录）、《阿差末经》七卷（题云"晋曰无尽意"，或四卷，或五卷，出《大集》，第三译，元嘉元年十一月一日出。或加"菩萨"字，见真、祐二录。祐、房二录重载《无尽意经》四卷，误也）、《大哀经》八卷（《旧录》云《如来大哀经》，元康元年七月七日出，八月二十三已[④]讫，有二十八品，是《大集》初品别译，或六卷，或七卷，见竺道祖《晋世杂录》及《僧祐录》）、《宝女所问经》三卷（太康八年四月二十七日出，是《大集·宝女品》异译，或四卷，亦直云[⑤]《宝女问慧经》，亦云《宝女三昧经》，见道祖、僧祐二录）、《无言童子经》二卷（或云《无言菩萨经》，是《大集·无言品》异译，或一卷，见《聂道真录》及《僧祐录》）、《菩萨十住行道品》一卷（是《华严·十住品》异译，见隋沙门《法经录》，祐、房二录直云《菩萨十住》，即此《行道品》是）、《渐备一切智德经》五卷（一名《十住》，又名《大慧光三昧》，或十卷，元康元年十一月二十一日出，是《华严·十地品》异译，见聂道真及僧祐二录）、《等目菩萨所问三昧经》二卷（一名《普贤菩萨定意》，或直云《等目菩萨经》，或三卷，是《新华严·十定品》异译，旧经无此品，见《僧祐录》）、《如来兴显经》四卷（一名《兴显如幻经》，元康元年十二月二十五日出，是《华严经·如来性起品》及《十忍品》异译，见聂道真及僧祐二录）、《度世品经》六卷（或云《度世经》，或五卷，元康元年四月十三日出，是《华严·离世间品》异译，见聂道真、僧祐二录）、《方等般泥洹经》二卷（初出，与隋译《四童子经》

---

① 直云：《大正藏》本校勘记以为下脱"《须摩经》，亦云"五字，当补。

② 王女：《中华大藏经》本以为衍文，《阿阇贳王女阿术达菩萨经》可以截取略作"《阿阇贳王女》"，故"王女"二字不衍。

③ 刷护：为罗阅国阿阇世王之太子，其名"刷护"。

④ 二十三已：当为"二十三日"。"已"，《中华大藏经》本以为衍文，《大正藏》本校勘记以为"日"，与前之"七月七日"相应，当从。

⑤ 直云：《大正藏》本校勘记以为下脱"《宝女经》，或云"五字，可从。

同本，或无“般”字，或三卷，或云《大般泥洹经》，太始五年七月二十三日出，见道真、僧祐二录）、《普曜经》八卷（一名《方等本起》，安公云出方等部，永嘉二年五月于天水寺出，第二译，沙门康殊白、法巨[①]等笔受，见《古》、真、祐三录）、《正法华经》十卷（或云《方等正法华》，或七卷二十七品，太康七年八月十日出，第三译，清信士张士明、张仲正、聂承远等笔受，见真、祐二录）、《大方等顶王经》一卷（初出，安公云出方等部，亦直云《顶王经》，一名《维摩诘子问经》，亦云《善思童子经》，凡四名，见《支敏度录》及《僧祐录》）、《佛升忉利天为母说法经》二卷（初出，或三卷，亦云《佛升忉利天品经》，与《道神足经》等同本，太始年出，见聂道真及《僧祐录》）、《阿惟越致遮经》三卷（初出，或四卷，或云《阿惟越致经》，太康五年十月十四日于炖煌[②]出，与《不退转经》《广博严净经》同本异译，见真、祐二录）、《等集众德三昧经》三卷（初出，《旧录》云《等集众德经》，或直云《等集经》，与《集一切福德经》等同本，或二卷，见《聂道真录》及《僧祐录》）、《持心梵天经》四卷（一名《庄严佛法》，又名《等御诸法》，凡十七品，或六卷，初出，或加“所问”二字，或直云《持心经》，太康七年三月十日出，聂承远笔受，见《旧》、真、祐三录）、《持人菩萨经》四卷（初云《持人菩萨所问阴种诸入以了道慧经》，初出，或三卷，与《持世经》同本异出，见《僧祐录》）、《济诸方等学经》一卷（《天竺萨和鞞日僧迦》[③]，或无“学”字，初出，与《方广总持经》同本，见《竺道祖录》及《僧祐录》）、《文殊师利现宝藏经》三卷（初出，或无“现”字，与《方广宝箧经》等同本，太始六年十月出，或二卷，亦直云《宝藏经》，见《僧祐录》。《长房录》中别载《宝藏经》二卷，误之甚也）、《无极宝三昧经》一卷（初出，或云《无极宝经》，与《宝如来三昧》同本，永嘉元年三月三日出，见《别录》及聂道真、僧祐二录）、《普超三昧经》三卷（第二出，或四卷，一名《阿阇世王品》，太康七年十二月二十七日出，或无“三昧”字，或上加“文殊师利”，《安录》云更出《阿阇世王经》，见祖、祐二录）、《无所希望经》一卷（第二出，或作“悕”字，一名《象步经》，与《象腋经》等同本，见《聂道真录》及《僧祐录》）、《大净法门经》一卷（题云《大净法门品》，《上金光首女所问溥首童真所开化经》，初出，与《大庄严法门经》等同本，建兴元年十二月二十六日出，见聂道真及僧祐二录）、《顺权方便经》二卷（一名《转女身菩萨经》，或作“惟权”。《旧录》云《顺权女经》，亦云《随权女经》，第二出，或一卷，见道真、僧祐二录。祐、房二录别存《随权女经》，误也）、《太子沐魄经》一卷（第三出，《六度集》第四卷异译，或作“暮魄”，见《僧祐录》）、《月

① 法巨：《大正藏》本校勘记以为“法臣”，似非，《高僧传》卷一、卷十四，《出三藏记集》卷七皆载有“法巨”。

② 炖煌：现通行作“敦煌”，《中华大藏经》本皆作“燉煌”，后同，不烦改。

③ 《天竺萨和鞞日僧迦》：当为《济诸方等学经》异名。《出三藏记集》卷七载“又题云《天竺萨和鞞曰僧迦与海虎王》”，《开元释教录》“入藏录”中“鞞日”作“鞞曰”，则“日”字，当为“曰”字。

光童子经》一卷（初出，一名《月明童子经》，或名《申日经》，与《德护长者经》等同本，见《僧祐录》）、《乳光佛经》一卷（第二出，亦云《乳光经》，与《犊子经》等同本异出，见《僧祐录》）、《无垢贤女经》一卷（第二出，或名《胎藏经》，与《转女身经》等同本，见《聂道真录》。祐、房二录载《胎藏经》，即此《无垢贤女经》是）、《决定总经》一卷（初出，或云《决总持经》[①]，与《谤佛经》同本，见《僧祐录》）、《如来独证自誓三昧经》一卷（亦云《搏证[②]自誓三昧经》，或云《如来自誓三昧经》，第二出，与汉安世高《自誓三昧经》同本，见《僧祐录》）、《龙施菩萨本起经》一卷（《旧录》云《龙施本经》，或云《龙施女经》，第二出，与《龙施女经》同本，见《僧祐录》）、《八阳神咒经》一卷（亦直云《八阳经》，第二出，与《八吉祥咒经》等同本，见《长房录》）、《盂兰盆经》一卷（亦云《盂兰经》，与《报恩奉盆经》同本，见《长房录》）、《四不可得经》一卷（第二出，见聂道真、正度[③]、僧祐等三录）、《梵女首意经》一卷（初出，一名《首意女经》，见《僧祐录》）、《宝网经》一卷（初出，亦云《宝网童子经》，见聂道真、僧祐二录）、《菩萨行五十缘身经》一卷（初出，《旧录》云《菩萨缘身五十事经》，亦云《五十缘身行经》，见《竺道祖录》及《僧祐录》）、《须真天子经》三卷（初出，或二卷，或加"所问"二字，亦云《问四事经》，太始三年十一月八日于长安青门外白马寺出，安文惠[④]等传，聂承远等笔受，至十二月十三日讫，见道祖、僧祐二录）、《海龙王经》四卷（初出，或三卷，太康六年七月十日出，见《聂道真录》及《僧祐录》）、《诸佛要集经》二卷（天竺曰《佛陀僧祇提》，亦直云《要集经》，初出，见《僧祐录》）、《贤劫经》十三卷（题云"《飏陀劫三昧》"，晋曰《贤劫定意经》，永康元年七月二十一日出，赵文龙[⑤]笔受，初出，或七卷，或十卷，见道真、僧祐二录。房等别存《飏陀劫三昧经》，误也）、《弘道广显三昧经》四卷（一名《阿耨达龙王所问决诸狐疑清净品》，亦名《入金刚问定意经》，凡十二品，或二卷，永嘉二年三月出，见真、祐二录。《内典》中别载《阿耨达经》，误也）、《心明经》一卷（一名《心明女梵志妇饭汁施经》，见《僧祐录》）、《灭十方冥经》一卷（光熙元年八月十四日出，或云《十方灭冥经》，见《聂道真录》及《僧祐录》）、《鹿母经》一卷（又别有《鹿子经》一卷，与此全同，见《僧祐录》）、《魔逆经》一卷（太康十年十二月二日于洛阳城四[⑥]白马寺出，聂道真笔受，见《僧祐录》及"经后记"）、《德光

---

① 《决总持经》：《大正藏》本校勘记以为此后脱"亦云《决定总持经》"，六字。

② 搏证：不成词，《中华大藏经》本作"独证"。"独"之繁体"獨"与"博"形近，或致刻误。

③ 正度：僧祐之弟子名。亦有学者研判或为记述建初寺的藏经而撰《释正度录》。

④ 安文惠：《出三藏记集》卷二云："晋武帝世，天竺菩萨沙门昙摩罗察口授出，安文惠、白元信笔受。"则安文惠为魏晋时期佛经翻译家。

⑤ 赵文龙：永康为西晋皇帝晋惠帝司马衷的第四个年号，故赵文龙当为魏晋时期人。

⑥ 城四：当为"城西"。东汉时期，白马寺在洛阳城西，唐代因城址变迁，已居于洛阳城东。

太子经》一卷（或云《赖吒和罗所问光德太子经》[①]，太始六年九月三十日出，见《竺道祖录》及《僧祐录》）、《般泥洹后灌腊经》一卷（或云《般泥洹后四辈灌腊经》，亦直云《灌像经》[②]，见《长房录》）、《四辈经》一卷（或云《四辈弟子经》，亦云《四辈学经》，见《法上录》）、《当来变经》一卷（或云《当来变识经》，见道真、僧祐二录）、《过去佛分卫经》一卷（《旧录》云《过世佛分卫经》，见《僧祐录》）、《文殊师利净律经》一卷（初出，又直云《净律经》，太康十年四月八日于白马寺出，先遇西域寂志[③]诵出经本，后尚有数品，其人忘，但宣忆者，道真笔受，见祖、祐二录）、《文殊悔过经》一卷（初出，或加"师利"字，亦云《文殊五体悔过经》，见《僧祐录》）、《离睡经》一卷（出《中阿含》第二十卷异译，见《长房录》）、《受岁经》[④]一卷（出《中阿含》第二十三卷初异译，见《长房录》）、《乐想经》一卷（出《中阿含》第二十六〔卷〕异译，见《长房录》）、《尊上经》一卷（出《中阿含》第四十三异译，见《长房录》）、《意经》一卷（出《中阿含》第四十五异译，见《长房录》）、《应法经》一卷（亦出《中阿含》第四十五异译，见《长房录》）、《鸯崛摩经》一卷（或作"魔"字，或云《指髻经》，或云《指鬘经》，出《增一阿含》第三十一异译，见道真、僧祐二录）、《力士移山经》一卷（亦直云《移山经》，见《僧祐录》，出《增一阿含》第三十六异译）、《四未曾有法经》一卷（或无"法"字，亦云《四未有经》，见《长房录》，亦出《增一阿含》第三十六异译）、《圣法印经》一卷（天竺名《阿遮昙摩文图》[⑤]，出《杂阿含》第三，或无"法"字，亦云《慧印经》，元康四年十二月五日于酒泉郡出，竺法首[⑥]笔受，见道真、宝唱、僧祐三录）、《舍头谏经》一卷（题云《舍头谏》，晋曰《太子二十八宿经》，一名《虎耳经》，与《摩登伽经》等同本，第五出，与汉世高出者少异，见《道安录》，祐云《虎耳意经》）、《所欲致患经》一卷（初出，太安三年正月译，见道真、王宗、僧祐三录）、《琉

---

① 《赖吒和罗所问光德太子经》："赖吒和罗"为拘楼国之良家子，闻世尊说法而出家，后追随世尊成就为阿罗汉。"光德太子"，即德光太子。《出三藏记集》卷二录"《德光太子经》一卷"，亦夹注为"《赖咤和罗所问光德太子经》"。

② 《灌像经》："像"当为"腊"，后文以及"入藏录"皆作《灌腊经》，且所谓"直云"，一般为省称，不当变"腊"为"像"。

③ 寂志：《历代三宝纪》卷六云："太康十年四月八日，护于洛阳白马寺遇西域沙门寂志诵出，经后尚有数品悉忘，但宣忆者，聂道真笔受。见《竺道祖录》，一云《净律经》。"其云"西域沙门寂志"，则或为僧名。

④ 《受岁经》：为西晋竺法护译，后有《受新岁经》，为东晋昙无兰译，二经有别。

⑤ 《阿遮昙摩文图》：即 Acala dharma mudra 之音译，"阿遮"译曰无动，"昙摩"译曰法，"文图"本意是密封或留下烙印，即法印之印，合译为"圣法印"。《出三藏记集》卷二载为《阿遮昙摩叉图》，又有作"叉图"者，当误。

⑥ 竺法首：《圣法印经》云"元康四年十二月二十五日，月支菩萨沙门昙法护于酒泉演出此经，弟子竺法首笔受。"则译经时间脱去"二十"二字，法首实为昙法护之弟子。

璃王经》一卷（第二出，或作“流离”，见《僧祐录》）、《生经》五卷（初出，或四卷，太康六年正月十九日出，有五十五经，见《聂道真录》及《僧祐录》）、《分别经》一卷（旧云与《阿难分别经》等同本者，非也，见《长房录》）、《五百弟子自说本起经》一卷（太安二年五月译，或云《佛五百弟子自说本起》，《旧录》云《五百弟子自说本末经》，亦云《五百弟子本起经》，见道真、僧祐二录）、《大迦叶本经》一卷（或云《迦叶本经》，见《僧祐录》）、《四自侵经》一卷（安康[①]云出《阿毗昙》，见《僧祐录》）、《身观经》一卷（云出《杂阿含》，检无，见《长房录》）、《修行道地经》六经[②]（初卷题云“《榆遮伽复弥经》”，晋曰《修行道地》，太康五年二月二十三日出，或七卷二十七品，第三出，亦直云《修行经》，见祐、唱二录）、《法观经》一卷（见《长房录》）。

上见存，已下缺。

《新道行经》十卷（亦名《小品》，或七卷。祐云更出《小品》，太始八年译，第四出，与《旧道行》等同本。《房录》更载《小品》七卷，误也，见祐、房二录。藏中者非，此本先缺）、《仁王般若经》一卷（或二卷三十一纸，初出，房云见《晋世杂录》）、《无量寿经》二卷（一名《无量清净平等觉经》，永嘉二年正月二十一日出，第六译，与汉世高、支谶等所出本同文异，见《竺道祖录》及《僧祐录》）、《菩萨藏经》三卷（初出，见《长房录》）、《般舟三昧经》二卷（《安公录》云更出《般舟三昧经》，第五出，见《僧祐录》）、《菩萨十地经》一卷（亦云《大方广经》，亦直云《十地经》，初出，见《僧祐录》）、《萨芸芬陀利经》[③]六卷（太始元年译，见竺道祖《晋世杂录》，第二出。《隋录》云萨昙芸者，恐误，《祐录》中无）、《维摩诘所说法门经》一卷（太安二年四月一日译，第四出，见《聂道真录》，《祐录》直云《维摩诘经》，《祐录》又有《删维摩诘经》，祐云：“意谓先出《维摩》繁重，护删出逸偈也。”）、《闲居经》一卷（与《悲华经》等同本异译，初出，见《僧祐录》）、《更出阿阇世王经》二卷（第四出，见《僧祐录》，若准《安录》，但有《更出阿阇世王经》，无《普超三昧》，祐、房二录，双载二经，既梵本同，不合再出）、《弥勒成佛经》一卷（初出，一名《弥勒当来下生经》，太安二年出，一十七纸，见《聂道真录》及《僧祐录》）、《十二因缘经》一卷（第四出，亦云《贝多树下思惟十二因缘》，见《僧祐录》）、《温室洗浴众僧经》一卷（第二出，亦直云《温室经》，见《聂道真录》及《僧祐录》）、《百佛名经》一卷（初出，祐无“经”字[④]，见《僧祐录》）、《光世音大势至受决经》一卷（初出，元康年出，亦直云《观世音

① 安康：《中华大藏经》本以为“安公”，即道安，且后所谓“见《僧祐录》”，安公《综理众经目录》赖《僧祐录》得以存其大体，故实当为“安公”。

② 六经：与上下文语有扞格，当为“六卷”。

③《萨芸芬陀利经》：为《妙法莲华经》异译本。

④ 祐无“经”字：意指僧祐之录无“经”字。《大正藏》本校“祐”为“或”，然《开元释教录》上下文多有“祐无某某字”之说，故不烦改。

受记经》，见聂道真、僧祐二录）、《勇伏定经》二卷（安公云更出《首楞严》也，康元年[①]四月九日出，聂承远笔受，第六译，见道真、僧祐二录。祐、房二录更载《首楞严》二卷者，误也）、《无思议光孩童菩萨经》一卷（亦云《无思议孩童经》，亦名《无思议光经》，《旧录》直云《孩童经》，初出，见《僧祐录》）、《超日明三昧经》二卷（太始七年正月译，初出，或三卷，或直云《超日明经》，见《聂道真录》及《僧祐录》）、《照明三昧经》一卷（初出，见《僧祐录》）、《惟明三十偈经》一卷（或无"经"字，第二出，与吴代支谦出者本同，见《长房录》）、《法没尽经》一卷（或云《空寂菩萨所问经》，第二出，与支谦出者同本，或云《法灭尽经》，见《僧祐录》）、《诸神咒经》三卷（见《僧祐录》）、《文殊师利菩萨经》一卷（见《长房录》）、《小郁伽经》一卷（与《大郁伽经》不同，见《僧祐录》，或作"迦"字）、《诸方佛名功德经》一卷（祐[②]无"功德"字，见僧祐、长房二录）、《十方佛名经》一卷（祐无"经"字，见僧祐、长房二录）、《慈仁问八十种好经》一卷（或直云《八十种好经》，见《道安录》及《长房录》）、《三十二相因缘经》一卷（或云《菩萨三十二相经》，见《道安录》及《长房录》）、《严净定经》一卷（一名《序世经》，见《僧祐录》）、《宝施女经》一卷（一名《须摩提[③]法律三昧》，见《僧祐录》及《道真录》）、《金益长者子经》一卷（见《僧祐录》）、《离垢盖经》一卷（见《僧祐录》）、《慧明经》一卷（见《僧祐录》）、《众祐经》一卷（见《僧祐录》）、《三转日明经》一卷（《祐录》云"月明[④]"，见《僧祐录》）、《十等藏经》一卷（见《僧祐录》）、《决道俗经》一卷（见《僧祐录》）、《殖众德本经》一卷（见《僧祐录》）、《小法没尽经》一卷（见《僧祐录》）、《猛施经》一卷（《旧录》云《猛施道地经》，见《僧祐录》）、《目连上净居天经》一卷（一本无"天"字，房云出《佛本行集经》，见《僧祐录》）、《菩萨斋法经》一卷（或无"经"字，或无"法"字，一名《菩萨正斋经》，一名《持斋经》，一名《贤首菩萨[⑤]斋法经》，初出，见僧祐、长房二录，别载《菩萨斋经》，误也）、《舍利弗悔过经》一卷（第二出，亦直云《悔过经》，见《僧祐录》）、《佛悔过经》一卷（见《僧祐录》）、《大六向拜经》一卷（《旧录》无"大"字，太安元年译，或云《尸迦罗越[⑥]六向拜经》，出《长阿含》第十一异译，见支敏度、僧祐、宝唱三录）、《六十二见经》一卷（亦云《梵网六十二见经》，见道祖、僧祐二录，出《长阿含》第十四异译）、

---

① 康元年：《出三藏记集》记载为"元康元年"，可补一"元"字。

② 祐：当指僧祐，然《大正藏》本校为"初"，同上"祐无'经'字"条注，不烦改。

③ 须摩提：梵文 Sumati 的译音，或译作"须摩题"，意译为"妙意"、"好意"，指西方极乐世界，为阿弥陀佛所居。

④ 月明：《三转日明经》已佚，故"日明"、"月明"两说，无法考辨。

⑤ 贤首菩萨：菩萨名。《华严经·如来名号品》云"上方过十佛刹微尘数世界，有世界名平等色，佛号观察智，彼有菩萨名贤首"。

⑥ 尸迦罗越：人名。当时佛在王舍国鸡山中，尸迦罗越为长者之子，问道于佛。

《楼炭经》六卷（或五卷，或八卷，初出，是《长阿含》第四分《记世经》[①]异译，见《聂道真录》及《僧祐录》。安公云出方等部者，不然也）、《普法义经》一卷（亦云《普义经》，第二出，与汉代世高出者大同小异，见《聂道真录》及《僧祐录》）、《舍利弗目连游诸国经》一卷（或云《舍利弗摩目揵连游诸四衢经》，出《增一阿含》第四十一异译，见《僧祐录》）、《捺女[②]耆域经》一卷（或云《捺女经》，太安年译，第二出，见《聂道真录》及《僧祐录》）、《七女本经》一卷（或云《奈女经》，太安年译，第二出，见《聂道真录》及《僧祐录》）[③]、《五盖疑结失行经》一卷（永宁二年四月十二日出，第一译，安公云"不似护公出"，见《聂道真录》及《僧祐录》）、《佛为菩萨五梦经》一卷（太安二年五月译，第二出，一名《佛五梦经》，一名《太子五梦经》，一名《仙人五梦经》，见《旧录》及道真、僧祐二录）、《摩目揵连本经》一卷（一名有"诃"字，无"揵"字，见《僧祐录》）、《五福施经》一卷（见《僧祐录》）、《观行不移四事经》一卷（见《僧祐录》）、《四妇喻经》一卷（见《僧祐录》）、《庐夷亘经》一卷（见《僧祐录》）、《廅罗王经》一卷（见《僧祐录》）、《檀若经》一卷（见《僧祐录》）、《龙施经》一卷（今疑是《龙施菩萨本起经》，见《僧祐录》）、《给孤独明德经》一卷（《旧录》〔云〕《给孤独氏经》，见《僧祐录》）、《龙王兄弟陀达诫王经》一卷（见《僧祐录》）、《劝化王经》一卷（见《僧祐录》）、《雁王经》一卷（见《僧祐录》）、《雁王五百雁俱经》一卷（见《僧祐录》）、《解无常经》一卷（见《僧祐录》）、《城喻经》一卷（见《僧祐录》）、《降龙经》一卷（见《长房录》）、《邪法经》一卷（见《长房录》）、《犯罪经》一卷（见《长房录》）、《苦应经》一卷（见《长房录》）、《三品修行经》一卷（亦云《三品悔过经》，安公云近代人合《大修行经》，见僧祐、长房二录，别存《三品悔过经》，误也）、《夫那罗经》一卷（见《长房录》）、《贾客经》二卷（见《僧祐录》）、《沙门果证经》一卷（见《僧祐录》，今疑与《寂志果经》同本）、《贫女为国王夫人经》一卷（见《长房录》）、《诫王经》一卷（见《僧祐录》）、《诫具经》一卷（见《僧祐录》）、《诫罗云经》一卷（见《僧祐录》）、《比丘尼戒》一卷（祐云《比丘尼戒经》，出《十诵律》，与昙摩持所出少异，初出，见《僧祐录》）、《迦叶结集传经》一卷（或无"传"字，《旧录》云《迦叶结经》，或云《结集戒经》，祐云《迦叶集结经》，第二出，见道真、僧祐二录）、《耆阇崛山[④]解》一卷（见《僧祐录》）、《杂譬喻三百五十首经》二十五卷（祐云《譬喻

① 《记世经》：无此经名。今《长阿含经》本第四分为《世记经》，后径改，不烦出校。

② 捺女：《出三藏记集》卷二作"奈女"，《开元释教录》后文亦作"奈女"，《历代三宝纪》卷六、《大唐内典录》卷二作"柰女"，根据经文内容，作"柰女"更规范。

③ 括号内夹注文字，《大正藏》本校勘记作"第二出，与吴代支谦译者本同，见《长房录》"。

④ 耆阇崛山：意译为灵鹫山、灵鸟山、灵鸟顶山，或称鹫山、鹫岭、鹫台，在中印度摩揭陀国王舍城东北，为释迦牟尼说法之地。有学者据《大唐西域记》与《法显传》之记载，推定其位置即今之贝哈尔州拉查基尔东南之塞拉吉里，多有佛祖传教圣迹。

三百首经》，见《僧祐录》，房云见《别录》）。

右一百七十五部三百五十四卷（《法观经》上九十一部二百八卷见在，《新道行经》下八十四部一百四十六卷缺本）。

沙门竺昙摩罗察，晋言法护，其先月氏国人，本姓支氏，世居炖煌郡。年八岁出家，事外国沙门竺高座为师，遂称竺姓（秦晋已前沙门多随师称姓，后因弥天道安，遂总称释氏）。诵经日万言，过目则能，而天性纯懿，操行精苦，笃志好学，万里寻师。是以博览六经，游心七籍[①]，虽世务毁誉，未尝介抱[②]。是时晋武之世，寺庙图像，虽崇京邑，而《方等》深经，蕴在葱外[③]。护乃慨然发愤，志弘大道。遂随师至西域，历游诸国。外国异言，三十六种书[④]，护皆遍学，贯综诂训，音义字体，无不备晓。遂大赍梵经，还归东夏。自炖煌至长安，后到洛阳，及往江左，沿路传译，写为晋文。起武帝太始二年景戌，至愍帝建兴元年癸酉，出《光赞般若》等经一百七十五部。清信士聂承远及子道真、竺法首、陈士伦、孙伯虎、虞世雅等，皆共承护旨，执笔详校。而护孜孜所务，唯以弘通为业，终身写译，劳不告倦。经法所以广流东夏者，护之力也。

末隐居深山[⑤]，山有清涧，恒取澡漱。后有采薪者，秽其水侧，俄顷而燥。护乃徘徊叹曰："人之无德，遂使清泉辍流，水若永竭，真无以自给，正当移去耳！"言讫而泉流满涧，其幽诚所感，皆此类也。故支遁为之像赞云："护公澄寂，道德渊美，微吟穹谷[⑥]，枯泉漱水。邈矣护公，天挺弘懿，濯足流沙，领拔玄致。"后立寺于长安青门外，精勤行道。于是德化遐布，声盖四远，僧徒数千，咸共宗事。及晋惠西幸长安，关中萧条，百姓流移，护与门徒避地东下，至渑池，遘疾而卒，春秋七十有八（护于怀、愍之世，仍更出经。传云惠帝西幸长安，护公避乱东出，至渑池卒者，或未然也。护世居炖煌，而化道周洽，时人咸谓之"炖煌菩萨"

---

① 七籍：即七纬，即《尚书纬》《诗纬》《易纬》《礼纬》《春秋纬》《乐纬》和《孝经纬》。梁武帝天监年间禁谶纬，梁僧慧皎撰写《高僧传》时隐讳其词。《开元释教录》此段实因袭《高僧传》。

② 介抱：介怀。《出三藏记集》作"介于试听也"。

③ 葱外：葱岭之外，泛指西域。

④ 外国异言，三十六种书：《大正藏》本校勘记以为后脱"亦如之"三字，《出三藏记集》载为"外国异言，三十有六种，书亦如之"，《高僧传》亦谓"外国异言，三十六种，书亦如之"。后文"竺叔兰"小传云"善梵晋语及书"，"语"为口语，"书"指文字，则"外国异言"与"三十六种书"为二事，故校勘记同《高僧传》，断句标点亦可从，当补"亦如之"三字。

⑤ 末隐居深山：殊不成句。《高僧传》记载："护以晋武之末，隐居深山。"疑智升抄脱"护以晋武之"五字。

⑥ 穹谷：深谷。

也。众录或云"月支菩萨"，亦云"天竺菩萨"者，斯皆重其德，称美其号也。然法护者，此土翻名昙摩罗刹，西方梵称，而梁《僧祐录》及隋《法经录》内立为二人，云各别出经，小非详审也。今详检群录，护所出经，多少不定。《长房录》中，其数弥众。今细寻括，多是别生等经，有非护公所出，不可足为正译之数。今为实录，故总删之，如后所述）。

《师子月佛本生经》（或无"本"字，房等诸录云护公译，详文乃非，今为失译，编于"秦录"）、《法社经》（世注为疑，曾见其本，是人所造，今编"疑录"）、《宝女问慧经》《梵王变身经》（上二经出《大集》）、《四自在神通经》（出《自在王经》）、《金刚藏菩萨行经》（出《渐备经》）、《光世音经》（出《正法华经》）、《宝日光明菩萨经》（亦云《宝日光明菩萨问莲华国相貌经》，出《悲华经》）、《普首童真经》（或作"溥"字，出《普超经》）、《随蓝本经》《马王经》《弥勒为女身经》《摩调王经》（《随蓝》等四经，并出《六度集》）、《菩萨悔过法经》（或无"经"字，出龙树《十住论》）、《人从所来经》（亦云《人所从来》，出《人本欲生经》）、《贫穷经》《何苦经》（《贫穷》等二经，并出《中阿含》）、《七宝经》（出《增一阿含经》）、《医王经》《悉鞞梨天子诣佛说偈经》《四种人经》（《医王》等三经，并出《杂阿含》）、《闲居经》《总持经》（或云《佛心总持》）、《腹使经》《蜜具经》《杂赞经》（《闲居》等五经，并出《生经》）、《女人欲炽荒迷经》《多闻经》《寤意经》（已上三经，并出《出曜经》）。

《宝女》下二十七经，并是别生抄经，从大部出，今并删之。《众经目录》一卷（护公自撰，非梵本翻叙，目录中列此，不复存也）。

《十二游经》一卷（初出）。

右一部一卷，本缺。

沙门强梁娄至，晋言真喜，西域人。志情旷放，弘化在怀。以武帝太康二年辛丑于广州译《十二游经》一部，见《始兴录》及《宝唱录》。

《道神足无极变化经》四卷（第二出，一名《合道神足经》[①]，或三卷，与竺法护所出《佛升忉利天[②]为母说法经》同本异译，见《竺道祖录》）、《阿育王传》七卷（或加"大"字，亦云《大阿育王经》，或五卷，初出，与梁译《育王经》同本，光熙年译，见《竺道祖录》）、《文殊师利现宝藏经》二卷（初出，亦云《示现宝藏经》，或三卷，与《宝箧经》等同本，太安年译，见《竺道祖录》）、《阿阇贳王经》二卷（太康年译，见《竺道祖录》，第三出，与《普超经》等同本）、《阿难目佉经》一卷（第三出，与《微密持经》等同本异译，见《竺道祖录》）。

右五部一十六卷（前二部十一卷见在，后三部五卷缺本）

---

① 《合道神足经》：后脱"或二卷"三字，"入藏录"有。

② 忉利天：佛教宇宙观中之三十三天，忉利天处在须弥山顶，中央为帝释天所居，四面各有八天。

沙门安法钦，安息国人。学赡众经，幽鉴[①]无滞。以武帝太康二年辛丑讫惠帝光熙元年丙寅，于洛阳译《道神足》等经五部。

《放光般若波罗蜜经》三十卷（第二出，与《光赞大品》等同本，或二十卷，亦云《放光摩诃般若经》，亦云《摩诃般若放光经》，元康元年出，日[②]“经后记”）。

右一部三十卷，其本见在。

沙门无罗叉（“经后记”云无叉罗[③]），于阗国[④]人。以惠帝元康元年辛亥五月十五日于陈留仓恒（“经〔后〕记”作“垣”）水南寺译《放光经》一部，至十二月二十四日讫。河南居士竺叔兰口传，祝太玄、周玄明笔受。其经梵本元是颖川[⑤]沙门朱士衡[⑥]尝于洛阳讲《道行经》，至于深义，往往不通，每叹：“此经大乘之要，而译理不尽。”誓志捐身，发心寻取。遂以曹魏甘露五年庚辰发迹雍州，西度流沙。至于阗国，写得正品梵文九十章六十万余言，以晋太康三年壬寅遣弟子弗如檀（晋言法饶[⑦]）等十人送还洛阳。未发之间，于阗小乘学众遂以白王云：“汉地沙门欲以婆罗门书惑乱正典，王为地主，若不禁之，将断大法，聋盲汉地，王之咎也。”王即不听赍经。士衡愤慨，乃求烧经为证。王欲试验，乃积薪殿庭，以火烧之。士衡临阶而誓曰：“若大法应流汉地者，经当不烧；若其无应，命也如何！”言已投经，不损一字，皮牒如故，更觉光鲜。大众骇服，称其神感。遂送达到洛阳住三年，复至许昌二年，后至陈留水南寺。众请无罗叉等译出，而竺道祖、僧祐、王宗、宝唱、李廓、法上、灵裕[⑧]等诸录，并云朱士衡出者，此盖据其元寻之人，推功归之耳。今据“经后记”、《支敏度录》“诸杂目”等，乃是无叉罗、竺叔兰等共译。其朱士衡停在于阗，年八十而卒，依西方阇维法，薪尽火灭，而尸骸犹全。众咸惊异，乃咒曰：“若真得道，法当毁坏。”应声碎散，遂敛骨起塔焉。既在于阗终亡，其经定非其译也。

《异毗摩罗诘经》三卷（祐云《异维摩诘经》，或作“思”字，或二卷，元康六年译，第三出，与佛调、支谦等所出本同文异，见道祖、僧祐二录）、《首楞严经》二卷（元康元年出，

---

① 幽鉴：犹玄鉴，比喻微妙高深的见解。

② 日：根据上下文例，当为“见”。

③ 无叉罗：梵文 Mokchala 之音译，通行本多作“无罗叉”，后文不烦出校。

④ 于阗国：又译作于填、五端、兀丹等，古代西域王国，地处塔里木盆地南沿，回鹘文作 Udun，维吾尔语称作 Hodan，即今新疆和田一带。

⑤ 颍川：当为颍川，郡名，秦王政十七年（公元前 230 年）置，以颍水得名，后径改。

⑥ 朱士衡：即朱士行。

⑦ 法饶：《大正藏》本校勘记作“法镜”，可备一说。

⑧ 灵裕：《大正藏》本校勘记作“祐”，误。灵裕法师有《译经录》一卷，见前“灵祐”条注。

第七译，与支谶、支谦、白延、法护等所出本同文异，见《聂道真录》及《僧祐录》）。

右二部五卷，其本并缺。

优婆塞竺叔兰（今准《僧祐录》中《朱士行传》《竺叔兰传》《放光经后记》、支敏度《合首楞严记》，皆云叔兰是白衣居士，长房、《内典》等录云是沙门首[①]，误也），本天竺人。祖父娄陀，笃志好学，清简有节操。时国王无道，百姓思乱，有贼臣将兵，得罪惧诛，以其国豪，呼与共反。娄陀怒曰："君出于微贱，而任居要职，不能以德报恩，而反为逆谋乎？我宁守忠而死，不反而生也！"反者惧谋泄，即杀之而作乱。娄陀子达摩尸罗（晋言法首），先在他国，其妇兄二人，并为沙门，闻父被害，国内大乱，即与二沙门奔晋，居于河南，生叔兰。叔兰幼而聪辩，从二舅咨受经法，一闻而悟，善梵、晋语及书，亦兼诸文史。然性颇轻躁，游猎无度。尝单骑逐鹿，值虎堕马，折其右臂。久之，乃差。后驰骋不已，母数诃谏，终不改。为之蔬食，乃止。性嗜酒，饮至五六升[②]方畅。尝大醉，卧于路傍，仍入河南郡门唤呼，吏录送河南狱。时河南尹乐广与宾客共酣，已醉，谓兰曰："君侨客，何以学人饮酒？"叔兰曰："杜康酿酒，天下共饮，何有侨旧？"广又曰："饮酒可尔，何以狂乱乎？"答曰："民虽狂而不乱，犹府君虽醉而不狂。"广大呼。时坐客曰："外国人那得面白？"叔兰曰："河南人面黑尚不疑，仆面白，复何怪耶？"于是宾主叹其机辩，遂释之。

顷之，无疾暴亡，三日还苏。自说人 朱门，金银为堂，见 人，自云是其祖父，谓叔兰曰："吾修善累年，今受此报。汝罪人，何得来耶？"时守门人以杖驱之，入竹林中，见其猎伴为鹰犬所啄啮，流血号叫，求救于叔兰。叔兰走避数十步，值牛头人欲扠之，叔兰曰："我累世佛弟子，常供二沙门，何罪见治？"牛头人答："此虽受福，不关猎罪。"俄而见其两舅来，语牛头曰："我等二人恒受其供，恶少善多，可得相免。"遂随道人归，既而还苏。于是改节修慈，专志经法。以晋惠帝元康元年与无罗叉出《放光经》，后于洛阳自出《异毗摩诘》等经二部。既学兼梵、晋，故译义精允。后遭母艰，三月便欲葬。有邻人告曰："今岁月不便，可待来年。"叔兰曰："夫生者必有一死，死者不复再生。人神异途，理之然也。若使亡母栖灵有地，则乌鸟之心毕矣。若待来年，恐逃走无地，何暇奉营乎？"遂即葬毕。明年，石勒果作乱，寇贼踪横[③]，因

① 沙门首："首"，《大正藏》本校勘记作"者"，与前所云"白衣居士"相对，可从。

② 五六升：《出三藏记集》卷十三《竺叔兰传》载为"五六斗"，文义更胜。

③ 踪横：不成词。《出三藏记集》卷十三《竺叔兰传》载为"纵横"《大正藏》本校勘记亦作"纵"。

避地奔荆州。后无疾，忽告知识[①]曰："吾将死矣！"数日便卒。识者以为知命。

《菩萨逝经》一卷（第三出，亦云《誓童子经》，或直名《逝经》，与《长者子制经》等同本，见《长房录》）、《菩萨修行经》一卷（第三出，亦云《威施长者问观身行经》，亦云《长者修行经》，见《长房录》）、《佛般泥洹经》一卷[②]（出《长阿含》，是初分《游行经》异译，亦直云《泥洹经》，见《长房录》）、《大爱道般泥洹经》一卷（出《增一阿含》第五十卷异译[③]）、《贤者五福经》一卷（见《长房录》）。

上见在，已下缺。

《严净佛土经》二卷（第二出，亦云《净土经》，与《文殊佛土严净经》等同本，见《长房录》）、《郁伽罗越问菩萨经》一卷（第五出，与汉安公[④]所出《法镜经》等同本，见《长房录》）、《等集三昧经》一卷（第二出，见《长房录》）、《无量破魔陀罗尼经》一卷（第四出，与《微密持经》等同本异译）、《大方等如来藏经》一卷（第二出，见《长房录》）、《惟逮菩萨经》一卷（见《高僧传》及《僧祐录》）、《檀特陀罗尼经》一卷（见《长房录》）、《如来兴显经》一卷（见《长房录》）、《善权经》一卷（见《长房录》）、《海龙王经》一卷（见《长房录》）、《持心梵志经》一卷（见《长房录》）。

右一十六部一十八卷（《贤者五福》上五部六卷见在，《严净佛土》下十一部十二卷缺本）。

沙门白远，字法祖，本姓万氏，河内人。父威达，以儒雅知名，州府辟命，皆不行。祖少发道心，启父出家，词理切至，父不能夺，遂改服从道。祖才思俊彻，敏朗绝伦，诵经日八九千言，研味方等，妙入幽微，世俗《坟》《索》[⑤]，多所该贯。乃于长安造筑精舍，以讲习为业，白黑宗禀，几亘千人[⑥]。晋惠之末，太宰河间王颙镇关中，虚心敬重，待以师友之敬。每至闲辰静夜，辄谈讲《道德》。于时西府初建，俊乂甚盛，能言之士，咸伏其远达。祖既博涉多闻，善通梵、晋之语。于惠帝代，译《菩萨逝经》等一十六部。后忽谓弟子及诸道人云："我数日对当至。"便辞别，作素书，分布经像及资财讫。时张辅为秦州刺史，祖与俱往。明晨诣辅共语，忽忤辅意，遂为所害。时人以为知宿命矣。

---

① 知识：朋友；故交。

② 一卷：后之"别录"和"入藏录"皆作"二卷"。下文夹注云"《贤者五福》上五部六卷见在"，其他四部皆一卷，故《佛般泥洹经》当为二卷。

③ 异译：《大正藏》本校勘记以为后脱"亦云《涅槃》，见《长房录》"八字。

④ 安公：安世高并无翻译《法镜经》，当为后汉安玄。

⑤ 《坟》《索》：指《三坟》《五典》《八索》《九丘》等上古传说之典籍。

⑥ 几亘千人："亘"有连绵伸展义，但宾语接"千人"，少见。《高僧传》作"且"，"将近"义，意义简明，可从。《大正藏》本校勘记作"具"，费解。

后少时，有人姓李名通，死而更苏，云："见祖法师在阎罗王处为王讲《首楞严经》，云：'讲竟，应往忉利天。'又见祭酒王浮及道士基公，次被杻械，求祖忏悔。"昔祖平素之日，与浮每争邪正，浮屡屈，既嗔不自忍，乃作《老子化胡经》，以诬谤佛法，殃有所归，故死方思悔耳。又长房等录，更有七经，亦云祖出。今以并是别生，故删不立。谓：《佛问四童子经》《调伏王子道心经》（已上二经，并出《大集》）、《五百王子作净土愿经》（或作"幼童"，出《普超经》[①]）、《三幻童经》（或作"幼童"，出《普超经》）、《二童子见佛说偈供养经》（出《杂阿含》）、《五百幼童经》（亦云"童子"）、《首达经》（亦云《惟先首达经》，上二经，并出《生经》）。

《诸德福田经》一卷（初出，或云《诸福田经》，或直云《福田经》，立[②]与法炬共出，见《僧祐录》）、《楼炭经》六卷（第二出，或云《大楼炭经》，出《长阿含》，与第四分《世记经》同本异出，与法护所出五卷者少异，或五卷，或八卷，见《僧祐录》）、《法句譬喻经》四卷（第二出，一名《法句本末经》，亦云《法喻经》，或四卷，或六卷，立与法炬共出，见《僧祐录》）、《大方等如来藏经》一卷（《旧录》云《佛藏方等经》，初出，见《僧祐录》）。

右四部一十二卷（前三部十一卷见在，后一部一卷缺本）。

沙门释法立，不知何许人也，智道弘拔，悟物为先。于惠帝代共法炬等于洛阳译《诸德福田》等经四部。

《优填王经》一卷（与《宝积·优陀延王会》同本，初出，见《长房录》）、《前世三转经》一卷（初出，与《银色女经》同本，见《长房录》）、《阿阇世王受决经》一卷（初出，与《采莲违王经》同本，见《长房录》）、《灌洗佛形像经》一卷（初出，亦云《四月八日[③]灌经》，亦直云《灌经》，与《摩诃刹头经》同本，见《长房录》）、《恒水经》一卷（亦云《恒河喻经》，出《中阿含》第九卷异译，见《长房录》）、《顶生王故事经》一卷（亦直云《顶生王经》，出《中阿含》第十一异译，见《长房录》）、《求欲经》一卷（出《中阿含》第二十二异译，见《长房录》）、《苦阴因事经》一卷（出《中阿含》第二十五异译，见《长房录》）、《瞻婆比丘经》一卷（或作"瞻波"，出《中阿含》第二十九异译，见《长房录》）、《伏淫经》一卷（出《中阿含》第三十卷异译，见《长房录》）、《数经》一卷（出《中阿含》第三十五卷异译，见《长房录》）、《波斯匿王太后崩尘土坌身经》一卷（出《增一阿含》第十八卷异译，见《长房录》，又有《波斯匿王丧母经》，即此《尘土坌身经》是，无烦重载）、《频毗娑罗王诣佛供养经》一卷（亦云"频婆"，出《增一阿含》第二十六异译，见《长房录》）、

① 《普超经》：《大正藏》本校勘记作"《悲华经》"，"别录"之"支派别行经第三"亦云出《悲华经》，《悲华经·诸菩萨本受记品第四》有五百王子受记事。

② 立：《大正藏》校作"云"，误。此之"立"，即下文之法立，其与法炬共同译出多部佛经。

③ 四月八日：即浴佛节，又称佛诞节、灌佛会、龙华会、华严会等。佛教徒纪念释迦牟尼佛诞辰的重要节日，一般用甘草茶等做成浴佛水，也称"香汤"，仿效当年浴佛的情景为释迦像沐浴。

《鸯崛髻经》一卷（与竺法护《指髻经》大同小异，出《增一阿含》第三十一异译，见《长房录》）、《难提释经》一卷（出《杂阿含》第三十卷异译，见《长房录》）、《相应相可经》一卷（出单卷《杂阿含经》异译，见《长房录》）、《慢法经》一卷（第二出，与《阿难分别经》等同本，见《长房录》）、《法海经》一卷（第二出，与《海八德经》同本，见《长房录》）、《阿阇世王问五逆[1]经》一卷（第二出，见《长房录》）、《罗云忍辱经》一卷（或直云《忍辱经》，见《长房录》）、《佛为年少比丘说正事经》一卷（见《长房录》）、《沙曷比丘功德经》一卷（房云见《旧录》）、《群牛譬经》一卷（见《长房录》）、《比丘避女恶名欲自杀经》一卷（见《长房录》）。

上见存，已下缺。

《福田经》一卷（一名《诸德福田经》，第二出，与法立译者少异，见竺道祖《晋录》）、《诸经菩萨名经》二卷（见《长房录》）、《正意经》一卷（见《长房录》，录中注云第二出，未详何者为初译本）、《明帝释施经》一卷（见《长房录》）、《楼炭经》八卷（第三出，是《长阿含》第四分《世记经》异译，与法护、法立所出者大同，先共法立出，立以意未悉，故广之，见敏度、宝唱二录）、《净饭王般泥洹经》一卷（初出，见《长房录》）、《贫穷老公经》一卷（初出，见《法上录》）、《危脆经》一卷（见《长房录》）、《大蛇譬喻经》一卷（亦直云《大蛇经》，房云见《旧录》）、《罗汉迦留陀夷经》一卷（或无“罗汉”字，见《长房录》）、《爪甲擎土譬经》一卷（亦云《爪甲取土经》，房云见《旧录》）、《衰利经》一卷（见《长房录》）、《众生未然三界经》一卷（见《长房录》）、《求欲说法经》一卷（见《长房录》）、《罗旬喻经》一卷（今疑是别生经中《罗弥寿经》异名，见《长房录》）、《遗教法律经》三卷（一名《遗教法律三昧经》，一云《遗教三昧经》，或二卷，见《始兴录》）。

右四十部五十卷（《比丘避女》上二十四部二十四卷见在，《福田经》下一十六部二十六卷缺本）。

沙门释法炬，亦未详氏族，器量高峙，游化在怀。于惠帝代初与法立同共出经，法立没后，炬遂自译《优填王》等经四十部。又长房等录更有诸经并云炬出，今以皆是别生之经，录家误上，今并删之，如后所述。

《时非时经》（亦直云《时经》，准“经后记”，非法炬译，如后所述）、《魔女闻佛说法得男身经》（出《大集经》）、《大悲比丘本愿经》（出《悲华经》）、《往古造行经》《举钵经》（上二经，并出《普超三昧经》）、《以金贡太山赎罪经》《调达教人为恶经》（上二经，并出《六度集》）、《佛降鸯崛魔人民欢喜经》《鸯崛魔归化经》（或云“妇死”，应误。上二经，并出《鸯崛魔罗经》）、《韦提希子月夜问夫人经》（或

---

① 五逆：指世间五种极端恶劣之行为，即杀父、杀母、杀阿罗汉、出佛身血、破和合僧。又名五逆罪、五无间业、五无间罪或五不救罪。

作“天人[①]”，出《长阿含》）、《福行经》《恶道经》（一名《恶意经》，或作“要意[②]”，应误也。录中“恶道”“恶意”，二名双载者，非也）、《息恚经》《柔软经》《受持经》《名称经》《浮弥经》（《福行》下七经，并出《中阿含》）、《飞鸟喻经》《积木烧燃经》（一名《大枯树经》）、《波斯匿王诣佛有五威仪经》《增一阿含经》（《飞鸟喻》等四经，并出《增一阿含》）、《普施经》《差摩比丘喻重病经》《佛为比丘说烧头喻经》《优陀夷坐树下寂静调伏经》《佛为比丘说大力经》《四大色身生厌离经》《异信异欲经》《佛为比丘说三法经》《叶喻多少经》《佛为比丘说极深险难处经》《佛为诸比丘说莫思惟世间经》（或云《莫思惟世间思惟经》）、《众生身秽经》《眼色相系经》《比丘于色厌离经》《舍诸世务经》《婴儿喻经》《转轮圣王七宝现世间经》《向邪违法经》《田夫喻经》《信人者生五种过患经》《少多制戒经》《无始本际经》《罗汉遇瓶沙王经》《尊者瞿低迦独一思惟经》《人民疾疫受三归经》《恒水流澍经》（或作“流树[③]”）、《灰河经》（一名《尘灰河譬喻经》，录中二名别载，误也）、《波斯匿王祖母命终经》《铸金喻经》《木杵喻经》《金师精舍尊者病经》《群羊喻经》《处中行道经》《波斯匿王女命过诣佛经》《比丘问佛名经》《优婆塞命终经》（《普施》下三十五经，并出《杂阿含》）、《比丘分卫经》《和难经》《邪业自活经》《比丘各言志经》《和难释经》《比丘疾病经》《无惧经》《毒草喻经》《毒喻经》《马喻经》（《比丘分卫》下十经，并出《生经》）、《譬喻六人经》（出《骂意经》）、《阿阇世王问嗔恨从何生经》《摩诃比丘经》《调达喻经》（《阿阇世》等三经，小乘抄经）、《栴檀涂塔经》（出《百缘经》）、《无常经》《比丘求证人经》《阿梵和利比丘无常经》《比丘问佛何故舍世学道经》《佛看病比丘不受长者请经》《坐禅比丘命过生天经》《放逸经》《深浅学比丘经》《拘提比丘经》《波利比丘谤梵行经》《北方世利经》《流离王攻释子经》《信能渡河经》《有众生三世作恶经》《聪明比丘经》《说法难值经》《调达问佛颜色经》（《无常》下一十七经，并出《出曜经》）、《晓食经》（出《修行道地经》）、《须河喻经》（出《杂譬喻》）。

《魔女》下八十九经，并从大经抄出，“别生[④]录”载，此中除之。

《超日明三昧经》二卷（第二出，或直云《超日明经》，或三卷，此经护公先出梵文，

---

① 天人：当为“夫人”。查《长阿含经》有韦提希夫人，即中印度摩揭陀国频婆娑罗王之夫人，阿阇世王之生母。又译作鞞陀提夫人、毗提希夫人等，意译为思胜夫人、胜妙身夫人、胜身夫人。

② 要意：当为“恶意”。“要”、“恶”二字形近，易致讹误。

③ 流树：唐代静泰所撰《众经目录》云：“一名《浮木譬喻经》，出第四十三卷。”其出《中阿含》第四十三卷，既谓之“浮木”，故当为“流树”，不当为“流澍”。《恒水流树经》，卷一有录。

④ 别生：《大正藏》本校勘记以为后脱“旧”字，则当断句为“别生，《旧录》载”。考“别录”中“支派别行经第三”收有“《魔女闻佛说法得男身经》”等经，则此“旧”字，或为误补。

而辞义烦重，承远详整文偈，删改胜前，见《高僧传》及《僧祐录》）、《越难经》一卷（一名曰《难长者经》，一名《难经》，初出，见《长房录》）。

右二部三卷，具本并在。

清信士聂承远，明解有才，笃志务法，护公出经，多参正文句，兼执笔承旨。后于惠帝代自译《超日明》等经二部。又长房等录云：承远更译《迦叶诘阿难经》[①]。此乃《杂譬喻》抄，非是别翻。又汉世佛调、世高及此承远，三录俱载，误之甚也。

《无垢施菩萨分别应辩经》一卷（第二出，与法护《离垢施经》等同本，亦云《分别应报》，今编入《宝积》，当第三十三会。余录有云"竺法护出"者，误也，见《长房录》）、《诸菩萨求佛本业经》一卷（或无"诸"字，是《华严·净行品》异译，见《长房录》）、《文殊师利般涅槃经》一卷（见《长房录》）、《异出菩萨本起经》一卷（或无"起"字，见《长房录》）、《三曼陀飏陀罗菩萨经》一卷（见《长房录》）、《菩萨受斋经》一卷（第二出，见《长房录》）。

上见存，已下缺。

《大方广菩萨十地经》一卷（第二出，与法护译者大同小异，见《长房录》）、《菩萨十法住经》一卷（是《华严·十住品》异译，第三出，见《长房录》）、《十住经》十二卷（是《华严·十地品》异译，第二出，见《长房录》）、《菩萨缘身五十事经》一卷（第二出，与《五十缘身经》大同小异，见《长房录》）、《观世音受记经》一卷（第二出，见《长房录》）、《诸佛要集经》二卷（第二出，见《长房录》）、《寂音菩萨愿经》一卷（见《长房录》）、《菩萨求五眼[②]法经》一卷（祐无"经"字[③]，或云"五眼文"，见《长房录》）、《菩萨道行六法经》一卷（见《长房录》）、《菩萨初地经》一卷（见《长房录》）、《菩萨十道地经》一卷（有云是前译《菩萨十地》，见《长房录》）、《文殊师利与离意女论议极似维摩经》[④]一卷（见《长房录》）、《菩萨杂行法》一卷（见《长房录》）、《菩萨所行四法》一卷（见《长房录》）、《菩萨宿命经》一卷（见《长房录》）、《文殊师利净律经》一卷（第二出，与法护译小异，见《长房录》）、《菩萨戒独受坛文》一卷（见《长房录》）、《菩萨忏悔法》一卷（云异出本，见《长房录》）。

---

① 《迦叶诘阿难经》：《长房录》载"亦云《迦叶责阿难双度罗汉喻经》，初出"，智升考订"此乃《杂譬喻》抄"，则长房所谓"初出"，实无依傍。

② 五眼：指肉眼、天眼、慧眼、法眼和佛眼。

③ 祐无"经"字：《大正藏》本校勘记校"祐"作"初"，似无义。检僧祐《出三藏记集》卷四录有"《菩萨求五眼法》一卷"，即此所云"祐无'经'字"。

④ 《文殊师利与离意女论议极似维摩经》：下文有"《文殊师利与离意女论》一卷（议极似《维摩经》）"，则本经名当为《文殊师利与离意女论》，"议极似《维摩经》"当为小字注，下属。

右二十四部三十六卷（《菩萨受斋》上六部六卷见在，《大方广》下一十八部三十卷缺本）。

清信士聂道真，即承远息，父子清悟，皆以度语[①]为业。从武帝太康初至怀帝永嘉末，其间询稟咨承法护，笔受之外，及护殁后[②]，真遂自译《无垢施应辩》等经二十四部，诚师护公，真当其称，颇善文句，辞义分炳。一[③]又长房等录，更有二十九经，亦云道真所出，今以并是别生抄经，故删之不存也。

《菩萨奉施诣塔作愿念经》《师子步雷音菩萨问发心经》《菩萨三法经》（《菩萨奉施》等三经，并出《文殊佛土严净经》）、《菩萨布施忏悔法》（出《决定毗尼经》）、《自在王菩萨问如来警戒经》（或云《菩萨戒身自在经》）、《菩萨导示行经》《菩萨初发心时经》《无言菩萨流通法经》《无言菩萨经》《菩萨出要行无碍法门经》《光味菩萨造七宝梯经》（《自在王菩萨》等七经，并出《大集》）、《菩萨如意神通经》《菩萨戒自在经》（上二经，出《自在王经》）、《寂音菩萨问五浊经》（或云"寂意"）、《转轮圣王发心求净土经》（上二经，出《悲华》）、《大云密藏菩萨问大海三昧经》（出《大云经》）、《溥首童真经》（出《普超经》）、《儒童菩萨经》（或无"菩萨"字，出《六度集经》）、《波斯匿王欲伐鸯崛魔罗经》（出《鸯崛魔罗经》）、《大光明菩萨百四十八愿经》《菩萨六法行经》《菩萨本愿行品经》《菩萨苦行经》《菩萨诃睡眠经》《菩萨诃家过经》（《大光明》等六经，《祐录》云抄，今并为大乘抄经）、《菩萨戒要义经》（出《地持经》）、《菩萨五法行经》《初发意菩萨行易行法经》（上二经，并出《十住论》）、《转轮圣王七宝具足经》（出《杂阿含》）、《众经目录》一卷（道真自撰，非梵本翻传，叙录中列此，不复存也）。

又长房等录云：优婆塞卫士度，于惠帝代出《摩诃般若波罗蜜道行经》二卷，云"从旧《道行》中删改"略出（《僧祐录》云"众录并云《道行经》二卷，卫士度略出"）。既取旧经删略，即非梵本别翻，今载"别生录"中，此不复存也。

《逝童子经》一卷（第四出，亦名《长者制经》，亦直云《制经》，亦名《菩萨逝经》，亦直云《逝经》，五本大同，别译为异名殊耳，见《宝唱录》）、《善生子经》一卷（初出，与祇多蜜、竺难提等所出同本，出《中阿含》第三十三异译，见支敏度、竺道祖、宝唱等三录）、《文殊师利现宝藏经》二卷（第三出，与竺法护所出《现宝藏经》等同本，见《竺道祖录》及《宝唱录》）、《十善十恶经》一卷（初出，见竺道祖《晋录》及《宝唱录》）。

---

① 度语：佛经翻译的术语，根据梵文文字音改记成汉字，又称书字。"度"从又，"又"即"手"，故"度"有传递义，不同的语言之传递以达理解即翻译。

② 本段文字前后似有扞格，《佛祖历代通载》卷六云："询稟咨承法护，笔授外，道真自译经六十余卷。"不及"护殁后"之事。本段"笔受之外"与"及护殁后"之间，疑有脱文。

③ 一：疑为衍文，《贞元录》无此"一"字。

右四部五卷（《逝童子》等二部二卷见在，《文殊现宝藏》等二部三卷缺本）。

沙门支法度，未详何许人。于惠帝代永宁元年辛酉译《逝童子经》等四部。又僧祐、长房等录，于惠帝时沙门支敏度合两支（支谶、支谦）两竺（竺法护、竺叔兰）四本（《房录》更加“一白”为五本，今准《祐录》及“合经记”，但四本合成，无白延也）《首楞严》为八卷（祐云或为五卷），合一支（支谦）两竺（竺法护、竺叔兰）三本《维摩》为五卷。既非梵本别翻，复缺其本，故此录中，删而不载。

《时非时经》一卷（或直云《时经》，见“经后记”）。

右一部一卷，其本见在。

沙门若罗严，外国人[①]也，译《时非时经》一部。“经后记”云：“外国法师若罗严手执胡本，口自宣译。凉州道人于闐[②]（或作‘釬瓓’）城中写记。”房等皆云法炬译者，谬也。既莫知于帝代，且附“西晋录”中。

《方等陀罗尼经》一卷、《宝严经》一卷、《五福德经》一卷。

右三部三卷（其本并缺）。

长房等录“西晋失译”，总八部一十五卷云。《吴》《别》二录并单注元康年中出，不显译人。详览群录，未见指的，所以别件[③]，犹殊失译。今以余之五部一十二卷检寻群录，兼阅经文，皆有所凭。即非失译，具述由委，列之如左。

《度世品经》六卷、《阿耨达龙王经》二卷（是《弘道广显三昧经》异名，已上二经，竺法护译）、《如来秘密藏经》二卷（一名《大方广如来性起微密藏经》，亦直云《如来性起经》，是旧《华严经·如来性起品》，“后汉失译”已有，此复重载，误之甚也，今附“别生录”中）、《明相续解脱地波罗蜜经》一卷（宋求那跋陀罗译）、《弟子学有三辈经》一卷（《三品弟子经》异名，吴支谦译）。

已后新附此录。

《太子和休经》一卷（第二出，与《太子刷护经》等同本）、《萨昙分陀利经》一卷（《旧录》云《萨芸芬陀利经》[④]，亦直云《分陀利经》，是《法华经》《宝塔》《天授》二品，各少分异译）、《放钵经》一卷（是《普超经·举钵品》异译，出第一卷，安公云出方等部）、《菩萨睒经》一卷（或云《孝子睒经》，亦直云《睒经》，第二出，出《六度集》第二卷异

---

① 外国人：《佛说时非时经》题记云：“天竺三藏若罗严译”，故若罗严应是印度高僧。

② 于闐：即“于阗”，后夹注之“釬瓓”，当为抄误。

③ 别件：通作“件别”，分别；一一分开义。“件”本有分开；分解义，与“别”同义连文。

④《萨芸芬陀利经》：《慧琳音义》二十八曰：“萨昙分陀利，梵语讹略也。正梵语云萨达摩奔拏里迦，唐言妙法白莲华，姚秦罗什译为《妙法莲华经》。”故“萨昙”不当译为“萨芸”。《大正藏》本校勘记以为“芸”为衍文，亦误。

译）、《长寿王经》一卷、《法常住经》一卷、《咸水喻经》一卷（《旧录》云《咸水譬喻经》，出《中阿含》第一卷异译）、《兜调经》一卷（出《中阿含》第四十四卷异译）、《舍卫国王梦见十事经》一卷（或直云《十梦经》，《旧录》云《舍卫国王十梦经》，或云《波斯匿王十梦经》，出《增一阿含》第五十一卷异译，安公云出《阿毗昙》）、《玉耶女经》一卷（或云《玉耶经》，初出，与《阿速达经》等同本）、《孝子经》一卷（一名《孝子报恩经》）、《頞多和多耆经》一卷、《普达王经》一卷、《佛灭度后棺敛葬送经》一卷（一名《比丘师经》，亦名《师比丘经》）、《鬼子母经》一卷、《梵摩难国王经》一卷、《迦旃延说法没尽偈经》一卷（题云《佛使比丘迦旃延说法没尽偈》百二十章，直云《迦旃延偈》）、《佛治身经》一卷（或无“佛”字，《旧录》云《佛治身经》，余录并同）、《治意经》一卷（《旧录》云《佛治意经》，余录并同）。

上见存，已下缺。

《弥勒当来生经》一卷（初出，与《弥勒来时经》等同本）、《失利越经》一卷（第二出，与《月光童子经》等同本）、《异了本生死经》一卷（与《稻芉经》等同本）、《内藏大方等经》一卷（今疑是《佛藏大方等经》）、《小阿阇世经》一卷、《小须赖经》一卷、《目佉经》一卷（安公云出方等部，今疑是《阿难目佉经》）、《弥勒经》一卷（安公云出《中阿含》[①]）、《堕蓝经》一卷（安公云出《中阿含》）、《七事经》一卷（安公云出《中阿含》）、《赖吒謣罗经》一卷（安公云出《中阿含》）、《欢豫经》一卷（《法经录》云“劝豫[②]”，云出《中阿含》第十二）、《十二死经》一卷（今疑是《十二品生死经》）、《七妇经》一卷、《阿难邠坻四时施经》一卷（《旧录》云《阿难邠祇[③]四时布施经》）、《七车经》一卷（今疑是《中阿含·七车譬喻经》）、《海有八事经》一卷、《难等各第一经》一卷（《旧录》云《阿难迦叶各说第一经》）、《惟留经》一卷（《旧录》云《惟留王经》）、《理家难经》一卷、《迦留多王经》一卷、《梵志阇孙经》一卷（《古录》云《梵志暗逊经[④]》）、《波达王经》一卷、《悲心悒悒经》一卷、《趣度世道经》一卷、《长者威势经》一卷、《痴注经》一卷、《调达经》一卷、《和达经》一卷、《钵呿沙经》一卷、《分八舍利经》一卷（或作“分身[⑤]”）、《应行律》一卷、《悉昙慕》二卷、

① 《中阿含》：当为《长阿含》，“别录”中“有译无本录”之二有载。

② 劝豫：《欢豫经》之“欢豫”，即欢愉，“豫”、“愉”音近义通。若作“劝”，甚失经义之旨。“劝”与“欢”之繁体形近易致误。

③ 阿难邠祇：是“阿难邠坻”同音异译。“坻”与“祇”上古音同，皆为端组字。《中华大藏经》本作“祁”，音亦近。

④ 梵志暗逊经：《出三藏记集》卷三自注为“《古录》云《梵志阇逊经》”，“阇逊”与“阇孙”为人名，近音异译，不当为“暗逊”。

⑤ 分身：《出三藏记集》卷三所录即为《分身舍利经》。

《吉法验》一卷、《口传劫起尽》[1]一卷、《打揵秖[2]法》一卷。

右五十五部五十六卷（《治意经》上一十九部一十九卷见在，《弥勒当来》下三十六部三十七卷缺本）。

梁《僧祐录》云《安公录》中“失译经”，唯《祐录》载，房等并缺。祐载安公“失译”总一百四十二经，今以余八十七部检寻，诸录多题译主，或是别生抄经及人撰传记，既有所凭，故删不载。安既不标时代，今且附于晋末。

通前旧失译经三部三卷，总五十八部五十九卷，并为“西晋失源”云。

---

① 《口传劫起尽》：其他经录一般著录为《口传劫起尽经》，《开元释教录》或脱一“经”字。

② 揵秖：《大正藏》本校勘记作“揵椎”、“犍槌”等，皆为梵语音译，意为“声鸣”，指寺院中的木鱼、钟、磬之类。

《开元释教录》卷第三

“总括群经录”上之三

东晋司马氏都建康（亦云南晋）。从元帝建武元年丁丑至恭帝元熙二年庚申，凡一十一帝，一百四年，缁素十六人，所译经律论并新旧集失译诸经，总一百六十八部四百六十八卷（八十五部三百三十六卷见在，八十三部一百三十二卷缺本）。

（东晋）沙门帛尸梨蜜多罗（三部一十四卷经）、沙门支道根（二部七卷经）、沙门竺昙无兰（六十一部六十三卷经戒集）、沙门瞿昙僧伽提婆（五部一百一十八卷经论教授法）、沙门迦留陀伽（一部一卷贤圣集）、沙门康道和（一部三卷经）、沙门佛陀跋陀罗（一十三部一百二十五卷经律论集）、沙门昙摩（一部二卷律要）、沙门卑摩罗叉（二部五卷律杂事）、沙门释法显（七部二十六卷经戒论集）、沙门祇多蜜（二十三部四十五卷经）、居士竺难提（三部五卷经）、沙门竺法力（一部一卷经）、沙门释嵩公（三部三卷经集）、沙门释退公（一部一卷经）、沙门释法勇（一部一卷经）、新旧诸失译经（四十部四十八卷，二部三卷旧集，三十八部四十五卷新附）。

《大灌顶经》十二卷（或无“大”字，录云九卷[①]，未详。房云见“杂录”）、《大孔雀王神咒经》一卷（见《竺道祖录》及《僧祐录》，初出）、《孔雀王杂神咒经》一卷（见《竺道祖录》及《僧祐录》，第二出）。

右三部一十四卷（初一部十二卷见在，后二部二卷缺本）。

沙门帛尸梨蜜多罗，晋言吉友，西域人。国王之子，当承继世，而以国让

---

① 录云九卷：今本《大灌顶经》的形成经历了两个阶段，后三卷先形成，前九卷后形成，公元457年《大灌顶经》十二卷被集中编集修订（见伍小劼《〈大灌顶经〉研究》），故此“录云九卷”，当在457年之前。

弟，暗轨太伯[①]。既而悟心天启，遂为沙门。蜜天姿高朗，风神超迈，直尔对之，便卓出于物，况其聪辩言悟者乎！西晋永嘉中始到此土，仍过江左，止建初寺。丞相王导一见而奇之，以为“吾之徒也”，由是名显。太尉庾元规、光禄周伯仁、太常谢幼玙、廷尉桓茂伦，皆一代名士，见之，终日累叹，披襟致契[②]。导尝诣蜜，蜜解带偃伏，悟言神解。时尚书令卞望之亦与蜜致善，须臾，望之至，蜜乃敛襟饰容，端坐对之。有问其故，蜜曰：“王公风道期人，卞令轨度格物，故其然耳！”诸公于是叹其精神洒属[③]，皆得其所。桓廷尉尝欲为蜜作目[④]，久之未得，有云“尸梨蜜可谓卓朗”，于是桓乃咨嗟绝叹，以为标题之极。大将军王处冲[⑤]时在南夏，闻王、周诸公皆器重蜜，疑以为失鉴。及自见蜜，乃欣振奔至，一面尽虔。王公尝谓蜜曰：“外国有君，一人而已耳！”蜜笑而答曰：“若使我如诸君，今日岂得在此？”当时以为佳对。蜜性高简，不学晋语，每与诸公言论，虽因传译，而神领意解，尽其传致，以为自然纵拔，非常情所测也。蜜善持咒术，所向皆验，时人呼为“高座法师”。于元帝代译《灌顶》等经三部，又授弟子觅历高声梵呗，传响迄今。年八十余，咸康中卒。诸公闻之，痛惜流涕。蜜常在石子岗东行头陀，既卒，因葬于此。成帝怀其风，为树刹冢所。后有关右沙门来游建康，乃于冢处起寺，陈郡谢琨[⑥]赞成其业，追旌往事，仍曰高座寺也。

《阿閦佛刹诸菩萨学成品经》二卷（太康年出，第二译，与汉支谶译者大同小异，见竺道祖《晋世杂录》）、《方等法华经》五卷（咸康元年译，见竺道祖《晋世杂录》，第四出，与法护《正法华》等同本）。

右二部七卷，其本并缺。

---

① 暗轨太伯：“太伯”为春秋时期吴国第一代君主，姬姓，是商末岐山周部落首领古公亶父长子。古公亶父欲传位三子季历，太伯乃与弟仲雍逊让而出逃至勾吴。帛尸梨蜜多罗让国之事，与太伯事暗合。

② 披襟致契：“披襟”指推诚相与，“致契”指情投意合。

③ 洒属：似不成词，《高僧传》等或为“洒厉”，洒脱威严之义。“属”、“厉”二字之繁体形近。

④ 作目：古人品鉴人物等类似于月旦评之术语，多以一词一语概括其人之风骨，即为“作目”。

⑤ 王处冲：当为“王处仲”，即大将军王敦。

⑥ 陈郡谢琨：《大正藏》本校勘记以为“谢混”，《高僧传》卷一亦校作“谢混”。陈郡谢氏之名流有谢鲲（281—323）、谢混（379—412）等。谢琨（365—444），谢据之孙，谢方之子。东晋元熙元年（419）谢琨由闽宦游入粤，任学政，后卜居于交州，南朝宋元嘉二十一年卒。既前云“成帝（321—342）怀其风”，继云“后有关右沙门来游建康”，得谢氏之助，谢鲲卒之年，成帝仅三岁，故不当为谢鲲。谢混为东晋名士，太保谢安之孙，会稽内史谢琰之子，官至尚书左仆射，相较于谢琨，名望更高，故校勘记可从。

沙门支道根，履味游方，怀道利物，以成帝咸康元年乙未译《阿閦佛刹》等经二部（长房等录并云《阿閦佛经》，太康年译。其太康年在西晋武帝代，与咸康相去向六十年，同是一人，两朝出经者，恐时太悬也。此应传写差误，多是咸康耳）。

《采莲违王上佛授决号妙华经》一卷（亦直云《采莲违王经》，第二出，与《阿阇世王受决经》同本）、《陀邻尼钵经》一卷（亦云《陀邻钵咒经》，第二出，与《持句神咒经》等同本，《房录》《陀邻钵经》外，更存《持句神咒经》者，非也）、《摩尼罗亶经》一卷（亦云《摩尼罗亶神咒经》）、《玄师颰陀所说神咒经》一卷（录云"幻师"，无"所说"字，或作"跋"字，亦云"波陀"，《古录》云《幻王颰陀经》）、《寂志果经》一卷（出《长阿含》第十七卷异译）、《铁城泥梨经》一卷（出《中阿含》第十二卷，与《五天使经》同本）、《阿耨风经》一卷（与言依次[①]出《中阿含》第二十七卷异译）、《梵志頞罗延问种尊经》一卷（亦云《頞波罗延》，出《中阿含》第三十七卷异译）、《泥犁经》一卷（或云《中阿含泥犁经》，出《中阿含》第五十三卷异译）、《戒德香经》一卷（或云《戒德经》，出《增一阿含》第十三卷异译）、《四泥黎经》一卷（或云《四大泥犁》，房云《别录》载，祐云失译，出《增一阿含》第四十八卷异译）、《国王不犁先尼十梦经》一卷（或作"先泥"，出《增一阿含》第五十一卷异译）、《水沫所漂经》一卷（一名《河中大聚沫经》，一名《聚沫譬经》，与《五阴譬喻经》同本，出《杂阿含经》第十卷异译）、《玉耶经》一卷（一名《长者诣佛说子妇无敬经》，或云《玉耶女经》，第二出，与《阿速达经》等同本）、《五苦章句经》一卷（初出，一名《诸大五苦经》，一名《五道章句经》，一名《浮除罪盖娱乐佛法经》[②]）、《自爱经》一卷（或云《自爱不自爱经》，房云见《旧录》）、《中心经》一卷（或云《中心正行经》，《旧录》云《大中心经》[③]，亦云《小中心经》，《房录》云出《六度集》，今检无）、《见正经》一卷（一名《生死变识经》）、《大鱼事经》一卷、《阿难七梦经》一卷（或直云《七梦经》）、《呵雕阿那含经》一卷（一名"荷雕"，或作"苛"字）、《新岁经》一卷、《比丘听施经》一卷（一名《听施比丘经》）、《佛般泥洹摩诃迦叶赴佛经》一卷（亦云《迦叶赴佛般涅槃经》）。

上见存，已下缺。

《犊牛经》一卷（一云《犊子经》，第三出，与《乳光经》等同本）、《孔雀王咒经》一卷（第三出，与吉友所译者同本）、《七佛所结麻油述咒经》一卷（祐"失译录"重载两本，

---

① 与言依次："与言"殊费解，《大唐内典录》卷三为"晋言依次"，《阿耨风经》为东晋竺昙无兰译，当从。

② 《浮除罪盖娱乐佛法经》："浮除"，"入藏录"以及其他经录皆载为"净除"，"浮"、"净"二字形近，易致误。"娱乐"，《中华大藏经》本作"妙乐"。

③ 《大中心经》：《中华大藏经》本以及《大正藏》本校勘记皆以为"《大忠心经》"，"入藏录"亦作"《大忠心经》"，后之《小中心经》亦当作"《小忠心经》"。

一云异本)、《大神母结誓咒经》一卷、《伊洹法愿神咒经》一卷、《解日厄神咒经》一卷、《六神名神咒经》一卷、《檀持罗麻油述神咒经》一卷、《麻油述咒经》一卷、《摩尼罗亶神咒按摩经》一卷、《医王惟楼延神咒经》一卷(或云《阿难所问医王惟楼延神咒经》)、《龙王咒水浴经》一卷、《十八龙王神咒经》一卷、《请雨咒经》一卷、《止雨咒经》一卷、《嚫水经》一卷、《幻师阿夷邹神咒经》一卷、《咒水经》一卷、《药咒经》一卷、《咒毒经》一卷、《咒时气病经》一卷、《咒小儿经》一卷、《咒齿经》一卷(祐"失译录"更载一本,名与此同,题云异本,一云"虫齿",二云"龋齿")、《咒牙痛经》一卷(祐云"失译录"更载一本,名与此同,题云异本,或作"齿痛")、《咒眼痛经》一卷、《五眼文经》一卷(今疑是聂道真所出《求五眼法》异名)、《离欲优婆塞优婆夷戒文》一卷(亦云《具行二十二戒文》)、《罪业报应经》一卷(与《罪业应报教化地狱经》同本,第二出)、《八师经》一卷(第二出)、《蓱沙王五愿经》一卷(一名《弗沙迦王经》,第二出)、《义足经》二卷(房云见《吴录》,亦云异出,第二出)、《十善十恶经》一卷(第二译,《吴录》云异出,安公云出《阿毗昙》)、《治禅法经》一卷、《梵天策数经》一卷(《旧录》云《诸天事经》)、《诸天地经》一卷、《十诵比丘戒本》一卷(太元六年合僧纯昙、摩持、竺僧舒[①]三家本以为此一卷,见《宝唱录》,当第二出)、《三百[②]六十戒三部合异》二卷(序加"大比丘"字,太元六年六月二十日于谢镇西寺合,僧详重校,见《旧录》及《宝唱录》)。

右六十一部六十三卷(《佛般泥洹》上二十四部二十四卷见在,《犊牛经》下三十七部三十九卷缺本)。

沙门竺昙无兰,晋云法正,西域人也。以孝武帝太元六年辛巳至太元二十年乙未于杨(扬)都谢镇西寺译《采莲违王》等经六十一部,见《长房录》。又长房等录更有四十八经,亦云法正所译。今以并是"别生抄经",或是疑伪,故并删之,如后所述。

《救护身命经》(亦云《救护身命济人病苦厄经》,《周录》[③]编入正经,《旧录》云伪,今依旧编)、《诸天问如来警戒不可思议经》、《见水世界经》(已上二经,并出《大集》)、《龙王结愿五龙神咒经》、《大将军神咒经》(上二经,出《灌顶》)、《无吾

① 合僧纯昙、摩持、竺僧舒:陈寅恪以为"群录无名,不知合本从何而得,未详所以"。

② 三百:按下文"小乘律缺本"所记,当为"二百"。

③ 《周录》:武周天册万岁元年(695),明佺等奉敕撰《大周刊定众经目录》,一名《武周刊定众经目录》,简称《大周录》《武周录》《周录》,十五卷。分大乘单译经、大乘重译经、大乘律与大乘论、小乘单译经、小乘重译经、小乘律论与贤圣集传、大小乘失译经、大小乘缺本经、见定入藏流行目、伪经等十类。梁启超以为"多踵《房录》讹谬"。

我经》（出《普超经》）、《弥兰经》（或作“弥莲”，亦云“弥莲”[①]）、《摩天国王经》《阿难念弥经》（《弥兰》等三经，并出《六度集》）、《贤劫千佛名经》（出《贤劫经》，序云《贤劫经》说二千一百诸度无极，以拘楼孙佛为首，此千佛名，有别译本，拘那提佛，以为初首）、《三十七品经》（安公云出律经，《僧祐录》云晋太元二十一年岁在丙申[②]六月，在谢镇西寺撰出）、《三十三天园观经》、《比丘成就五法入地狱经》、《学人乱意经》（上三经，出《增一阿含》）、《佛为比丘说大热地狱经》《释提桓因诣目连放光经》《目连见大身众生燃铁缠身经》《见一众生举体粪秽涂身经》《众生顶有铁磨盛火炽然[③]经》《罗婆鸟为鹰所捉经》《十法成就恶业入地狱经》《蛇行法经》《比丘浴遇天子放光经》《天于修罗欲斗战经》[④]《天帝释受戒经》《比丘问佛释提桓因因缘经》《四天王按行世间经》《佛见梵天顶经》《帝释慈心战胜经》《天神禁宝经》《阿育王供养道场树经》《劝行有证经》《戒相应法经》《禅思满足经》（《佛为比丘说》下二十经，并出《杂阿含》）、《野鸡经》《鳖猕猴经》《蛊狐乌经》（或作“鸟”字）、《弟子命过经》《驴驼经》《拘萨罗国乌王经》（或无“罗”字）、《孔雀经》《夫妇经》（《野鸡》等八经，并出《生经》中）、《群牛千头经》《集修行士经》《暴象经》（《群牛》等三经，并出《出曜经》）、《地狱众生相害经》（出《修行道地经》）、《赤嘴乌喻经》《阿难多洹罗云母经》（《赤嘴乌》等二经，《杂譬喻》抄）、《中阿含经》六十卷（第二出，或五十八卷，隆安元年十一月十日于东亭寺出，二年六月二十五日讫，与昙摩难提出者同本，沙门道慈笔受，见《道祖录》）、《增一阿含经》五十一卷（第二出，隆安元年正月出，与难提本小异，竺道祖笔受，或四十二，或三十三，无定，亦有六十卷成者，见道祖及《宝唱录》）、《阿毗昙心论》四卷（或云《阿毗昙心》，无“论”字，尊者法胜造，太元十六年在庐山为慧远法师译出，道慈笔受，见《僧祐录》）、《三法度论》二卷（太元十六年在庐山为远法师出，第二译，与难提出者大同小异，或三卷。《别录》云一卷，或直云《三

① 亦云“弥莲”：此处“亦云‘弥莲’”，与前“或作弥莲”重复，当为“弥连”。《出三藏记集》卷三云：“《弥连经》一卷（《旧录》云《弥兰经》，或作‘弥莲’，出《六度集》，今有此经）。”

② 太元二十一年岁在丙申：二十一年，《大正藏》本校勘记与《中华大藏经》本皆作“二十年”，然“晋太元二十一年”为公元396年，实当丙申年，则底本不误。“太元”为东晋孝武帝年号。

③ 炽然：即炽燃。“然”本为“燃”之古字。

④ 《天于修罗欲斗战经》：《出三藏记集》卷四录云：“《天于阿修罗欲斗战经》一卷（抄《长阿含》）。”经名中，《开元释教录》脱一“阿”字，省云“修罗”。《长阿含经》卷二十一记述帝释天与阿修罗双方六次战斗，当与《天于修罗欲斗战经》有关。智升下文又云“《佛为比丘说》下二十经，并出《杂阿含》”，今本《别译杂阿含经》卷二有“往昔之时，释提桓因共阿修罗将欲战斗”之事，故两通。

法度》，无“论”字[①]，或云“经论”，见《僧祐录》）、《教授比丘尼法》一卷（房云见《别录》，亦云在庐山出）。

右五部一百一十八卷（前四部一百一十七卷本在，后一部一卷本缺）。

沙门瞿昙僧伽提婆，晋言众天，或云提和，音讹故也，罽宾国[②]人。入道修学，远访明师，学通三藏，多所诵持，尤善《阿毗昙心》，洞其纤旨。常诵《三法度》，昼夜嗟味，以为道之府[③]也。为人俊朗有深鉴，仪止温恭，务在诲人，恂恂不怠。苻秦建元中来入长安，宣流法化。译论二部，备于“秦录”。后以晋孝武帝世太元十六年辛卯，游化江左。先是，庐山慧远法师翘勤妙典，广集经藏，虚心侧席，延望远宾，闻其至止，即请入庐岳，即以其年请出《阿毗昙心》及《三法度》等。提婆乃于般若台手执梵文，口宣晋语，去华存实，务尽义本，今之所传，盖其文也。至安帝隆安元年丁酉，来游建康。晋朝王公及风流名士，莫不造席致敬。时尚书令卫军东亭侯琅琊王珣（准《高僧传》《僧祐录》《长房录》等并云“王珣”，《中含经序》乃云“王元琳[④]”，“元琳”多是“珣”之字也），雅有信慧，荷持正法，建立精舍，广招学众。提婆既至，珣即延请，仍于其舍讲《阿毗昙》，名僧毕集。提婆宗致既精，词旨明析，振发义奥，众咸悦悟。其冬，珣集义学沙门释慧持等四十余人，更请提婆于其寺译《中》《增》二《阿含》，罽宾沙门僧伽罗叉执梵本，提婆翻为晋言，至来夏方讫。豫州沙门道慈笔受，吴国李宝、唐化共书。提婆于庐山、建康二处，共出五部一百一十八卷。提婆历游华戎，备悉风俗，从容机警，善于谈笑。其道化声誉，莫不闻焉，后不知所终。

《十二游经》一卷（第二出，与畺梁译者少异，见竺道祖《晋世杂录》及《宝唱录》）。

右一部一卷，其本见在。

沙门迦留陀伽，晋言时水，西域人。弘喻有方，怀道游国。以孝武帝太元十七年壬辰译《十二游经》一部。

《益意经》三卷（第二出，见竺道祖《晋世杂录》，《朱士行汉录》云二卷，不显译人）。

右一部三卷，本缺。

沙门康道和，戒德有仪，轨范群物。以孝武帝太元二十一年景申译《益意经》一部。

---

① 无“论”字：《大正藏》本校勘记以为后脱“或云经”三字，则亦可称《三法度经》，“别录”之“声闻对法藏”所载同此。

② 罽宾国：又作劫宾国、羯宾国等，为汉朝时之西域国名，位于印度北部，即今喀什米尔一带。

③ 道之府：《高僧传》记载为“入道之府”，文意更协洽。故当脱一“入”字。

④ 王元琳：即王珣，字元琳，王导之孙，晋安帝隆安元年迁尚书令。

《大方广佛华严经》六十卷（初出，元五十卷，后人分为六十〔卷〕。沙门支法领从于阗得梵本来，义熙十四年三月十日于道场寺出，元熙二年六月十日讫，法业笔受，见祖、祐二录）、《出生无量门持经》一卷（或云《新微密持经》，于庐山译，第五出，与支经[①]《无量门微密持经》等同本，见祖、祐二录。祐、房等录别存《新微密持经》，误也）、《大方等如来藏经》一卷（或直云《如来藏经》，第三出，元熙二年于道场寺译，见竺道祖《晋世杂录》及《僧祐录》）、《观佛三昧海经》十卷（或云《观佛三昧经》，或八卷，见竺道祖《晋世杂录》，亦见《僧祐录》，亦出宋世）、《摩诃僧祇律》四十卷（或云"三十卷"，梵本是法显于摩竭提国[②]将来，义熙十二年十一月于斗场寺[③]共法显出，见《竺道祖录》，祐在《显录》[④]，据共译故耳）、《僧祇比丘戒本》一卷（亦云《摩诃僧祇戒本》，第二出，于道场寺译，见《宝唱录》。祐在《法显录》中，祐与觉贤共出，互载皆得）、《达摩多罗禅经》二卷（一名《庾伽遮罗浮迷》，译言《修行道地》，于庐山出，一名《不净观经》，亦名《修行方便禅经》，祐云《禅经修行方便》，凡十七品，见《僧祐录》）、《文殊师利发愿经》一卷（或加"偈"字，元熙二年于斗场寺出，见僧祐、宝唱二录，"经后记"云："外国四部众礼佛时，多诵此经，以发愿求佛道。"）、《新无量寿经》二卷（宋永初二年于道场寺出，见僧祐、宝唱二录，第八译，与世高、支谶、支谦、僧铠等所出同本）、《菩萨本业经》一卷（亦直云《本业经》，是《华严·净行品》，见僧祐、长房二录，《大周·入藏》有〔本〕。今缺，且复存之）、《净六波罗蜜经》一卷（见僧祐、长房二录）、《方便心论》一卷（共法业出，见《高僧传》，初出）、《过去因果经》四卷（房云见《别录》，第五译）。

右一十三部一百二十五卷（《文殊发愿》上八部一百一十六卷见在，《新无量寿》下五部九卷缺本）。

沙门佛陀跋陀罗，晋言觉贤，本姓释氏，迦维罗卫国人，甘露饭王之苗裔也。祖父达摩提婆（此云法天）尝商旅于北天竺，因而居焉。父达摩修利耶[⑤]（此云法日）少亡。贤三岁孤，与母居，五年复丧母[⑥]，为外氏所养。从祖鸠摩利闻其聪敏，兼悼其孤露，乃迎还，度为沙弥。至年十七，与同学数人俱以习诵为业，众皆

---

① 支经：殊无意义，《无量门微密持经》为支谦译，前后文多见，故"支经"当为"支谦"。

② 摩竭提国：梵文 Magadha，即摩揭陀国，佛陀时代中印度十六大国之一，位于今印度比哈尔邦的巴特那和加雅两地。释迦牟尼佛曾在此国一贝多树下苦修六年，后来在阿兰若法菩提场中始成正觉，故为佛教圣地。

③ 斗场寺：即前"道场寺"之异名，是晋、宋之际的佛经翻译中心。

④ 《显录》：下文有"祐在《法显录》中，祐与觉贤共出"，故《显录》当指《法显录》。

⑤ 修利耶：《高僧传》卷十四作"修耶利"，《大正藏》本校勘记同，待考。

⑥ 五年复丧母："年"，《高僧传》作"岁"，断句为"贤三岁孤，与母居，五岁复丧母"，《出三藏记集》为"五岁而孤"。然《名僧传抄》载为"九岁失父母"，各执一词。按照智升判断，佛陀跋陀罗三岁失父，五年后丧母，虚岁刚好九岁，与《名僧传抄》相符。

一月，贤一日诵毕。其师叹曰："贤一日敌三十夫也。"及受具戒，修行精勤，博学群经，多所通达。

少以禅律驰名，尝与同学僧伽达多共游罽宾，同处积载。达多虽服其才明，而未测其人也。后于密室闭户坐禅，忽见贤至，惊问何来，答云："暂至兜率，致敬弥勒。"言讫便隐，达多知是圣人，未测深浅。后屡见贤神变，乃敬心祈问，方知得不还果。常欲游方弘化，备观风俗，会有秦僧智严西至罽宾，睹法众清僧[①]，乃慨然东顾，曰："我之同辈，斯有道志，而不遇真匠，发悟莫由。"即咨讯国众，孰能流化东土。佥云："有佛陀跋陀〔罗〕者，出生天竺那呵梨城，族姓相承，世遵道学，其童龀出家，已通解经论，少受业于大禅师佛大先。"先时亦在罽宾，乃谓严曰："可以振维僧徒宣授禅法者，佛陀跋陀其人也。"

严既要请[②]苦至，贤遂愍而许焉。于是舍众辞师，裹粮东逝，涉骤[③]三载，绵历寒暑，既度葱岭，路经六国。国主矜其远化，并倾怀资俸。至交阯，乃附舶循海而行。经一岛下，贤以手指山，曰："可止于此。"舶主曰："客行惜日，调风难遇，不可停也。"行二百余里，忽风转吹，舶还向岛下，众人方悟其神，咸师事之，听其进止。后遇便风，同侣皆发。贤曰："不可动。"舶主乃止。既而有先发者，一时覆败。后于暗夜之中，忽令众舶俱发，无肯从者，贤自起收缆，唯一舶独发。俄尔贼至，留者悉被抄害。

顷之，至青州东莱郡。闻鸠摩罗什在长安，即往从之。什大欣悦，共论法相，振发玄微，多所悟益。因谓什曰："君所释，不出人意而致高名，何耶？"什曰："吾年老故耳，何必能称美谈。"什每有疑义，必共咨决。时秦主姚兴专志经法，供养三千余僧，并往来宫阙，盛修人事[④]。唯贤守静，不与众同。后语弟子云："我昨见本乡有五舶俱发。"既而弟子传告外人，关中旧僧咸以为显异惑众。

又贤在长安大弘禅业，四方乐静者，并闻风而至。但染学有浅深，得法有浓淡，浇伪之徒，因而诡滑。有一弟子因少观行，自言得阿那含果，贤未即检问，遂致流言，大被谤讟，将有不测之祸。于是徒众或藏名潜去，或逾墙夜走，半日之中，众散殆尽。贤乃夷然，初不介意。时旧僧僧䂮、道恒等谓贤曰："佛尚不听说已所得法，先言五舶将至，虚而无实，又门徒诳惑，互起同异，既于律有违，理不同止，宜可时去，勿得久留。"贤曰："我身若流萍，去留甚易。

① 清僧：《高僧传》校作"清胜"，清正美妙，义更允洽。《大正藏》本校勘记作"清朗"，亦通。

② 要请：即邀请。"要"，通"邀"。

③ 涉骤：费解。《高僧传》校作"步骤"，行走曰步，马快跑曰骤。"步骤"本指缓行和疾走，引申为行走，可从。

④ 人事：指赠送的礼品。《东斋记事·人事物》："今人以物相遗，谓之人事。"

但恨怀抱未申，以为慨然耳！”于是与弟子慧观等四十余人俱发，神志从容，初无异色。识真者咸共叹惜，白黑[①]送者数千人。姚兴闻去怅恨，乃谓道恒曰：“佛贤沙门，挟道来游，欲宣遗教，缄言未吐，良用深慨。岂可以一言之咎，令万夫无导？”因敕令追之。贤谓使曰：“诚知恩旨，无预闻命。”于是率侣宵征，南指庐岳。

沙门惠远，素钦风德，乃遣使入关致书祈请，后至庐岳，忻然如旧。远以贤之被摈，过由门人，若悬记五舶，止说在同意，亦于律无犯，乃遣弟子昙邕致书姚主及关中众僧，解其摈事。远乃请出禅数诸经。

贤志在游化，居无求安，停山岁许，复西适江陵。遇外国舶主，既而讯访，果是天竺五舶，先所见者也。倾境士庶，竞来礼事，其有奉施，悉皆不受，持钵分卫，不问豪贱。时陈郡袁豹为宋武帝太尉长史，宋武南讨刘敦[②]，豹随府届于江陵。贤将弟子慧观诣豹乞食，豹素不敬信，待之甚薄，未饱，辞退，豹曰：“似未足，且复小留。”贤曰：“檀越施心有限，故今[③]所设已罄。”豹即呼左右益饭，饭果尽，豹大惭愧。既而问慧观曰：“此沙门何如人？”观曰：“德量高邈，非凡所测。”豹深叹异，以启太尉。太尉请与相见，甚崇敬之，资供备至。俄而太尉还都，请与俱归，安止道场寺。贤仪轨率素，不同华俗，而志韵清远，雅有渊致。杨都法师僧弼与名德沙门宝林书曰：“斗场禅师，甚有大心[④]。便是天竺王、何[⑤]，风流人也！”其见称如此。

先是，沙门支法领于于阗国得《华严》梵本三万六千偈，未有宣译。到义熙十四年，吴郡内史孟顗、右卫将军褚叔度即请贤为译匠。乃手执梵文，共沙门法业、慧严、慧义等百有余人于道场寺译出，诠定文旨，会通华戎，妙得经体。故道场寺犹有华严堂焉。又沙门法显于天竺所得《僧祇》梵本，复请贤译。贤从安帝隆安二年戊戌，讫宋永初二年辛酉，于杨都、庐山二处译《华严》等经总一十三部，并究其幽旨，妙尽文意。贤以宋元嘉六年泥洹，春秋七十有一矣（又僧祐、长房二录复云贤出《新微密持经》，即《出生无量门持经》是，不合双载。对彼支谦先译，故加“新”字。又有《菩萨十住》及《本业经》，此之二经，并是《华严》别品。觉贤既译大部，不合别出此经。其《本业》一经，周“入藏录”有，未见其本，且复存之。《十住》

---

① 白黑：“白”即俗服之色，“黑”为僧衣之色。“白黑”即缁白，泛指僧俗大众。

② 刘敦：宋武帝南讨对象为刘毅，故“刘敦”当为“刘毅”。

③ 今：《高僧传》卷二作“令”，一表时间，一表使令，两通。

④ 大心：殊无义，《高僧传》卷二作“天心”，为本性、本心之义，正是品鉴佛陀跋陀罗之风采。《文子·上礼》云：“圣人初作乐也，以归神杜淫，反其天心。”

⑤ 王、何：“王”者王弼，“何”者何晏，皆魏晋名士。

一经，删之不立也）。

《杂问律事》二卷（初出，见《长房录》）。

右一部二卷，本缺。

沙门昙摩，晋翻云法，善于律学。以安帝隆安四年庚子三月二日于杨都尚书令王法度精舍，沙门释僧遵等二十余德[①]请译《杂问律事》，序具卷首，明佛法僧物，互相交涉，分齐[②]差殊甚，要须善防护。

《十诵律毗尼序》三卷（亦云《十诵律序》，今合入《十诵》，末后三卷是。房云《毗尼诵》，注云是《十诵》后《善诵》，非也。其《善诵》有四卷，是《十诵》中第十诵也，见《二秦录》）、《杂问律事》二卷（众律要用，第二出，见《二秦录》）。

右二部五卷（前《毗尼序》三卷见在，后《杂问事》二卷本缺）。

沙门卑摩罗叉，晋云无垢眼，罽宾国人。沉静有志，幼[③]出家履道，苦节成务。为人眼青，时亦号为"青眼律师"。先在龟兹弘阐律藏，四方学者竞往师之，鸠摩罗什时亦预焉。及龟兹陷没，乃避地乌缠[④]。顷之，闻什在长安大弘经藏，叉欲使毗尼胜品复洽东国，于是杖锡流沙，冒险东入。以姚秦弘始八年达自关中，什以师礼敬待，叉亦以远遇欣然。及罗什弃世，叉以安帝义熙年中，乃出游关左，逗于寿春，止石涧寺，律徒云聚，盛阐毗尼。罗什所译《十诵》五十八卷，最后一诵，谓明受戒法及诸成善法事，逐其义要，名为《善诵》。叉后改《善诵》为《毗尼诵》，故犹二名存焉。复出三卷《律序》，置之于后，总成六十一卷（《高僧传》及《长房录》乃云"开前五十八卷为六十一卷"者，小非详审也。其《毗尼序》三卷，或有近代经本，编在第九诵后第十诵前，卷当第五十五、六、七者，非也。今检古《十诵》本，乃在第十诵后，卷当第五十九至六十一，今者依古本为正）。

顷之，南适江陵，于辛寺夏坐，开讲《十诵》。既通晋言，善相领纳，无作妙本，大阐当时。析文求理者，其聚如林；明条知禁者，数亦殷矣。律藏大弘，叉之力也。后出《杂问律事》二卷，道场慧观笔受（《高僧传》云："道场慧观深括宗旨，记其所制内禁轻重，撰为二卷，送还京师。僧尼披寻[⑤]，竞相传写。时暗者[⑥]谚曰：'卑罗鄙语，慧观才录，都人缮写，纸贵如玉。'"今谓《杂问律事》，乃是道场慧观于教有疑，随

① 二十余德："德"，即所谓"名德"，多指有名望德行的高僧，前有"名德沙门宝林"亦是。

② 分齐：指内容、范围、程度之差别，为佛教常用语。《大正藏》本校勘记作"分剂"，义为分别；分际，亦通。

③ 幼：《高僧传》作"力"，属上句。"志力"指心智才力，语意更通畅。

④ 乌缠：即乌苌国，又译为乌长、乌孙、乌仗那等，故地在今巴基斯坦北部斯瓦特河流域。

⑤ 披寻：翻阅搜寻。《高僧传》作"披习"，翻阅研习义，两通。

⑥ 暗者：殊无意义。"暗"之异体为"闇"，与"闻"形近。《高僧传》作"闻者"，可从。

事咨问，卑摩为决，闻便录之，撰成二卷，流行于世。即非别有梵本，卑摩译之。其昙摩出者，亦即此是，录家误载也）。叉养德好闲，弃喧离俗，其年冬，复还寿春石涧，卒于寺焉，春秋七十有七。

《大般泥洹经》六卷（"经记"云《方等大般泥洹经》，或十卷，第四译，义熙十二年十月一日于道场寺共觉贤出，宝云笔受，至十四年正月二日讫，见道祖、僧祐二录）、《大般涅槃经》三卷（或二卷，是《长阿含》初分《游行经》异译，群录并云显出《方等泥洹》者，非即前《大泥洹经》，加"方等"字，此小乘《涅槃》文，似显译，故以此替之）、《杂藏经》一卷（第二出，与《鬼问目连饿鬼报应经》等同本，见僧祐、宝唱二录）、《僧祇比丘尼戒本》一卷（亦出[1]《比丘尼波罗提木叉僧祇戒本》，共觉贤译，见《长房录》）、《历游天竺记传》一卷（亦云《法显传》，法显自撰述往来天竺事，见《长房录》）、《杂阿毗昙心》十三卷（第二出，与苻秦僧伽提婆等所出同本，见《僧祐录》，房云显与觉贤共译）、《佛游天竺记》[2]一卷（见《僧祐录》）。

右七部二十六卷（前五部一十二卷见在，后二部一十四卷缺本）。

沙门释法显，本姓龚，平阳武阳人也。显有三兄，龆年次丧，其父恐惧，及显数岁，便放出家。居数年[3]，病笃欲死，因送还寺，信宿便差。不肯复归，母欲见之不能得，为立小屋于门外，以拟去来。十岁遭父忧，叔父以其母寡独不立，逼使还俗。显曰："本不以有父而出家也，正欲远尘离俗，故入道耳。"叔父善其言，乃止。顷之，母丧，至性过人，葬事既毕，仍即还寺。尝与同学数十人于田中刈稻，时有饥贼欲夺其谷，诸沙弥悉奔走，唯显独留，语贼曰："若欲须谷，随意所取。但君等昔不布施，故此生饥贫，今复夺人，恐来世弥甚。贫道预为君忧，故相语耳。"言讫即还，贼弃谷而去。众僧数百人，莫不叹服。及受大戒，志行明洁，仪轨整肃，常慨经律舛缺，誓志寻求。

以安帝隆安三年与同学慧景、道整、慧应、慧嵬等发自长安，西度沙河，上无飞鸟，下无走兽，四顾茫茫，莫测所之。唯视日〔月〕以准东西，人骨以标行路耳，屡有热风恶鬼，遇之必死，显任缘委命，直过险难。有顷，至葱岭，岭冬夏积雪，有恶龙吐毒，风雨沙砾，山路艰危，壁立千仞。昔有人凿石通路，傍施梯道，凡度七百余梯。又蹑悬絙过河数十余处，皆汉时张骞、甘父[4]所不至也。次度小雪山，遇寒风暴起，慧景噤战不能前，语显云："吾其死矣。卿

---

① 亦出：根据上下文例，当为"亦云"。

② 《佛游天竺记》：岑仲勉以为即《历游天竺记传》，亦称《法显传》，参见《中外史地考证》。

③ 居数年：《出三藏记集》与《高僧传》皆作"居家数年"，方与后文"因送还寺"相符，此处或脱一"家"字。

④ 甘父：当为"甘英"。甘英字崇兰，东汉人，于汉和帝永元九年（97）奉西域都护班超之命出使大秦。

可时[①]去，勿得俱殒。”言绝而卒。显抚之，泣曰：“本图不果，命也奈何？”复自力孤行，遂过山险。

凡所经历三十余国，至北天竺，次往中国[②]。未至王舍城三十余里，有一寺，逼暮仍停。明旦，显欲诣耆阇崛山，寺僧谏曰：“路甚艰险，且多黑师子，亟经啖人，何由可至？”显曰：“远涉数万，誓到灵鹫，身命不期，出息非保，岂可使积年之诚既至而废耶？虽有险难，吾不惧也！”众莫能止，乃遣两僧送之。显既至山中，日将曛夕，遂欲停宿。两僧危惧，舍之而还。显独留山中，烧香礼拜，翘感旧迹，如睹圣仪。至夜，有三黑师子来蹲显前，舐唇摇尾。显诵经不辍，一心念佛。师子乃低头下尾，伏显足前。显以手摩之，咒曰：“汝若欲相害，待我诵竟；若见试者，可便退去。”师子良久乃去。明晨还反，路穷幽深，榛木荒梗，禽兽交横，正[③]有一径通行而已。未至里余，忽逢一道人，年可九十，容服粗素，而神气俊远。显虽觉其韵高，而不悟是神人。须臾进前，逢一年少道人，显问曰：“向耆年是谁耶？”答曰：“头陀弟子大迦叶也。”显方惋慨良久。既至山前，有一大石横塞室口，遂不得入，显乃流涕致敬而去（今谓显所陟者是鸡足山，大迦叶波入寂之所，非佛旧居处鹫峰山也）。

又至迦施国[④]，精舍里有白耳龙，每与众僧约，令国内丰熟，皆有信效。沙门为起龙舍，并设福食。每至夏坐讫日，龙辄化作一小蛇，两耳悉白，众咸识是龙，以铜盂盛酪置于其中，从上坐至下行之，似若问讯，遍乃化去，年辄一出，显亦亲见此龙。

后却至中天竺，于摩竭提巴连弗邑[⑤]阿育王塔南天王寺得《摩诃僧祇律》，又得《萨婆多律抄》《杂阿毗昙心》《綖经》《方等泥洹》等经（此《方等泥洹》，即六卷《大般泥洹经》之梵本也。准“经后记”，名为《方等大般泥洹经》，非谓三卷《方等泥洹》也）。

显留三年，学梵书梵语，躬自书写。于是持经像，寄附商客到师子国。显同旅十余，或留或亡，顾影唯已，常怀悲慨。忽于玉像前见商人以晋地一白团扇供养，不觉凄然下泪。停二年，复得《弥沙塞律》《长》《杂》二《阿含》

---

① 时：《高僧传》作“前”，《出三藏记集》为“时”，皆通。“时”有及时；赶紧之义。

② 中国：当指北印度中部地区，季羡林以为相当于今之旁遮普邦的巴地阿拉（Patiala）地区。

③ 正：《高僧传》作“止”，通“只”。然下文有“正可才明俊诣法师而已”，则“正”亦有“只”义。

④ 迦施国：即迦尸国，“迦尸”为梵语之竹名，此国特产此竹。又作伽尸国、伽翅国、迦夷国、迦赦国、伽奢国等，《大唐西域记》则称婆罗斯国，在今印度北方邦之瓦拉纳西。

⑤ 摩竭提巴连弗邑：“摩竭提”即摩揭陀。“巴连弗邑”，又称波吒厘、华氏城，位于今天印度巴特那，后为十六大国中摩揭陀国之首都。

及《杂藏》本，并汉土所无。其师子国中有佛齿，每年三月，彼之国王预前十日庄严白象，遣一贵重辩说智臣，着王衣裳，象上击鼓，大声唱言："如来在世，四十五年[①]，说法度人，无量亿数，众生缘尽，乃般泥洹。自尔已来一千四百九十七载，世间长昏，众生可愍。却后十日，佛齿当出无畏精舍，可办香华，各来供养。"时正当晋义熙元年，计从义熙元年太岁乙巳，至今开元十八年岁次庚午，便成一千八百二十二载矣。

既而附商人大舶，循海东还，舶有二百许人，值大暴风，舶坏水入。众人惶怖，即取杂物弃之。显恐商人弃其经像，唯一心念观世音及归命[②]汉土众僧。舶任风而去，得无伤坏。行九十日，达耶婆提国[③]。停五月，复随他商侣东趣广州。举帆月余日，夜忽大风，合舶震惧。众共议曰："坐载此沙门，使我等狼狈，不可以一人故，令一众俱亡。"欲推弃之。法显檀越厉声诃商人曰："汝若下此沙门，亦应下我，不尔便当见杀。汉地帝王奉佛敬僧，我至彼告王，必当罪汝！"商人相视失色，僶俯[④]而止。既水尽粮竭，唯任风随流。忽至岸，见藜藿菜依然，知是汉地，但未测何方。即乘小船入浦寻村，遇猎者二人，显问："此何地耶？"猎人曰："是青州长广郡牢山南岸。"猎人还，以告太守李嶷。嶷素敬信，忽闻沙门远至，躬自迎劳，显持经像随还。

顷之，欲南归。时刺史请留过冬，显曰："贫道投身于不反之地，志在弘通，所期未果，不得久停。"遂南造建康，于道场寺就外国禅师佛陀跋陀罗译《大般泥洹经》等六部，撰《游天竺传》一卷。显既出《大泥洹经》，流布教化，咸使见闻。有一家失其姓名，居近杨都朱雀门，世奉正化，自写一部，读诵供养，无别经室，与杂书共屋。后风火忽起，延及其家，资物皆尽，唯《泥洹经》俨然具存，煨烬不侵，卷色无异。杨都共传，咸称神妙。后到荆州，卒于辛寺，春秋八十有六[⑤]。众咸恸惜焉。

《菩萨十住经》一卷（是《华严·十住品》异译，见《长房录》）、《宝如来三昧经》二卷（或一卷，一名《无极宝三昧经》，第二出，与《无极宝经》同本，见《长房录》）、《大智度经》四卷（第五出，与支谶《道行经》及《大般若》第四会等同本，见《僧祐录》及《竺道祖录》）、《普门品经》一卷（第二出，与法护《普门品》及《宝积·文殊普门会》同本，

① 四十五年：一般文献记载以为佛祖三十岁成道，故说法度人为四十九年。

② 归命：即南无；皈依。这里指法显念观音，以求观音慈悲，保全其经像以传法。

③ 耶婆提国：东南亚古国名，故地在今印度尼西亚爪哇岛或苏门答腊岛，或有学者以为兼此二岛。

④ 僶俯：《出三藏记集》与《高僧传》皆作"僶俛"，"僶俛"即"僶勉"，努力；勤奋义。此处"僶俯"似有"服从"义。

⑤ 春秋八十有六：《出三藏记集》载其"春秋八十有二"，此存疑。

见《僧祐录》及《竺道祖录》)、《阿述达经》一卷(与《宝积·无畏德会》等同本，第三出，见《长房录》也)、《如幻三昧经》二卷(与世高《如幻三昧》及《宝积·善住意会》等同本，第三出，见竺道祖《晋录》)、《弥勒所问本愿经》一卷(与法护《弥勒本愿》及《宝积·弥勒所问会》同本，第二出，见《长录房》)、《十地经》一卷(与法护《菩萨十地经》等同本，第三出，见《长房录》)、《维摩诘经》四卷(与严佛调《古维摩经》等同本，第五出，房云见《南来新录》[①])、《无所悕望经》一卷(第三出，与《象腋经》等同本，见《长房录》)、《浮光经》一卷(或作"乳光[②]"，与《犊子经》等同本，第四出，见《长房录》)、《如来独证自誓三昧经》一卷(第三出，与世高《自誓三昧经》等同本，见《长房录》)、《普贤观经》一卷(一名《观普贤菩萨经》，房云见《道慧录》[③]，初出)、《璎珞经》十二卷(一名《现前报》，与竺佛念《菩萨璎珞》同本，或十四卷，房云见《南来新录》，初出)、《照明三昧经》一卷(第二出，见《长房录》)、《禅经》四卷(房云见《南来新录》)、《法没尽经》一卷(见《长房录》)、《菩萨正斋经》一卷(第三出，见《长房录》)、《威革长者六向拜经》一卷(或作"威华[④]"，第二出，见《长房录》，出《中阿含》第三十三异译)、《指鬘经》一卷(或作"指髻"，出《增一阿含》第三十一异译，见《长房录》)、《所欲致患经》一卷(第二出，见《长房录》)、《五盖疑结失行经》四卷(第二出，见《长房录》)、《分卫经》一卷(见《长房录》)。

右二十三部四十五卷(初二部三卷本在，《大智度》下二十一部四十二卷本缺)。

沙门祇多蜜，或云祇蜜多，晋云歌友，西域人。识性通敏，聪达宏远，志存弘化，无惮远游。爰于晋代译《菩萨十住》等经二十三部，诸录尽云"祇多蜜晋世译"，未详何帝。若非咸、洛，应是江南。一部见《僧祐录》，房云："已外并彰杂、别诸录。"又有《宝施女经》(出《大集经》)、《摩调王经》(出《六度集》)。既是别生，删之不录。

《大乘方便经》三卷(元熙二年译，第三出，或二卷，与法护《大善权经》等同本，见《始兴录》。今编入《宝积》，当第三十八会)、《请观世音菩萨消伏毒害陀罗尼咒经》

---

① 《南来新录》：南朝陈所撰经录，已佚亡，内容无考。另《始兴录》又名《南录》，或有相关。

② 乳光：《出三藏记集》录有《乳光经》一卷，西晋竺法护译。其内容为佛示风疾，命阿难乞乳于梵志家。后帝释化为年少梵志，取得牛乳布施，阿难以之白佛，佛说牛之往因，授成道之记。《大正藏》收有《佛说乳光佛经》，载其本事，与后文所谓《犊子经》亦有关联。故命为《浮光经》，不知名义之所从出。

③ 《道慧录》：南朝释道慧撰，全名作《释道慧宋齐录》，一卷，或省称《宋齐录》《道慧录》，专纪南朝宋、齐译经，尤偏重宋代，已佚。

④ 威华：当为人名。书写似误，疑为梵语 Sivgalaka 之音译，音译为"尸迦罗越"，节译为"威革"，意译为"善生"。后文亦有所谓"《尸迦罗越六向拜经》一卷"可证。

一卷（亦直云《请观世音经》，第二出，见《法上录》）、《咸革长者六向拜经》[①]一卷（晋宋间于广州译，出《中阿含》第三十三卷异译，见《始兴录》及《宝唱录》）。

右三部五卷（前二部四卷本在，后一部一卷本缺）。

居士竺难提，晋翻云喜，西域人。志道无倦，履远能安，解悟幽旨，言通晋俗。以恭帝元熙元年己未，爰暨[②]宋世，译《大乘方便经》等三部。

《无量寿至真等正觉经》一卷（一名《乐佛土乐经》，一名《极乐佛土经》，第七译，见《正度录》，与世高、支谶、支谦、僧铠、白延、法护等所出同本）。

右一部一卷，本缺。

沙门竺法力，西域人。业行清高，智道崇峙，善通方语，妙称经微。以恭帝元熙元年己未二月译《无量寿至真等正觉经》一部。

《日难经》[③]一卷（第二出，即是《越难经》，后说事少异，见《赵录》[④]及《始兴录》）、《萍沙王[⑤]五愿经》一卷（亦名《弗沙王经》，第三出，见《赵录》及《始兴录》），《迦叶结集戒经》一卷（第三出，见《赵录》及《始兴录》）。

右三部三卷，其本并缺。

沙门释嵩公，或云高公。于晋末译《日难》等经三部，群录并云"晋末"，不知何帝之年。

《迦叶禁戒经》一卷（一名《摩诃比丘经》，一名《真伪沙门经》，初出，见《始兴录》）。

右一部一卷，本缺。

沙门释退公，译《迦叶禁戒经》一部，云"于晋〔末〕"，未详何帝之年。

《佛开解梵志阿颰经》一卷（出《长阿含》第十三卷异译，见《赵录》）。

右一部一卷，本缺。

沙门释法勇，译《梵志阿颰经》一部，云"晋末出"，亦未详何帝之年。

《那先比丘经》二卷（或云《那先经》，或三卷，初出，见僧祐"失译录"），"贤圣集"[⑥]见在。《陀罗尼章句经》一卷（祐无"章"字，见僧祐"失译录"，第三出，与《持

---

① 《咸革长者六向拜经》："咸革"，或为"威革"，或为别译，"别录"中"有译无本录"之二有录，似与祇多蜜所译《威革长者六向拜经》为同经异译。《大唐内典录》等不收此经，似重出。

② 爰暨："爰"，语气助词；"暨"，及；到。

③ 《日难经》：根据后"《越难经》"之异名，当为《曰难经》，后求那跋陀罗所译经目有载。

④ 《赵录》：东晋十六国时有《二赵经录》一卷，简称《赵录》，所记前赵和后赵时代的译经，另增补有南朝刘宋时的译本，后世学者以为或是以二赵地域为范围的经录。

⑤ 萍沙王：本书多作"蓱沙王"，"萍"字当为异形。

⑥ "贤圣集"：指本书之"有译有本录"中"圣贤传记录第三"之内容，如《佛所行赞经传》《佛本行经》《撰集百缘经》等皆是。

句神咒经》等同本)，大乘经缺本。

右二部三卷。

长房等录“东晋失译”，总有五十三部五十七卷，今除二部三卷之外，余五十一部五十四卷，并是《房录》〔错〕上、或“后汉失译录”中已载之者及“有译人”、“别生经”等，委列如左。

《观无量寿佛经》《三世三千佛名经》《千佛因缘经》《五十三佛名经》《八部佛名经》《十方佛名经》《贤劫千佛名经》《称扬百千佛名经》《南方佛名经》《灭罪得福佛名经》《比丘诸禁律经》《摩诃僧祇律比丘要集》《优波离问佛经》《沙弥威仪》《比丘尼十戒经》《受十善戒经》《沙弥尼戒经》《贤者五戒经》《优婆塞威仪经》《波若得经》《观世楼炭经》《般舟三昧念佛章经》《庾伽三摩斯经》《禅要诃欲经》《七佛所结麻油述咒》《五龙咒毒经》《龋齿咒》《七佛安宅神咒》《安宅咒》(已上二十九部一十九卷[①]，“后汉失译录”中已有，此中复载，故知重也)、《三归五戒带佩护身咒经》《七万二千神王护比丘咒经》《十二万神王护比丘尼咒经》《百结神王护身咒经》《宫宅神王守镇左右经》《冢墓因缘四方神咒经》《伏魔封印大神咒经》《魔尼罗亶大神咒经》《召五方龙摄疫毒神咒经》《梵天神策经》《普广经》(已上一十一部一十一卷，并是尸梨蜜所译《大灌顶经》，从第一卷至第十一)、《遗教三昧经》二卷(或云《遗教三昧法律经》，西晋法炬译，“伪录”中亦有)、《阿那含经》[②]二卷(宋智严译，“伪录”亦有)、《未曾有因缘经》二卷(或直云《未曾有经》，已曾再译，一存一缺)、《禅定方便次第法经》(后汉安世高译)、《七佛神咒》(吴支谦译)、《贤者五福经》(西晋白法祖译)、《摩尼罗亶神王咒案摩经》(或无“王”字，竺昙无兰译)、《本行六波罗蜜经》(宋求那跋陀罗译)、《优婆塞五戒经》(宋沮渠京声译)、《三归五戒经神王名经》[③](抄《灌顶经》)、《定意三昧经》(出《十住断结经》)。

已下新附此录。

《决定毗尼经》一卷(一名《破坏一切心识》，初出，与《宝积·优波离会》同本异译。祐云:“众录并云于炖煌出，不显译人，传云晋世出，未详何帝时。”)、《弥勒来时经》一卷(第三出，与罗什《弥勒下生经》等同本，见《法上录》)、《稻芉经》一卷(与《了本生死经》等同本)、《造立形像福报经》一卷(与《作佛形像经》同本)、《报恩奉盆经》一卷(与《盂

① 一十九卷：既云“二十九部”，当为“二十九卷”。

② 《阿那含经》：方广锠考订为僧法尼诵出，当系伪经，原为二卷，后存一卷，后文有云智升“亲见一本”，唐开元后散佚。

③ 《三归五戒经神王名经》：当为《三归五戒神王名经》，前一“经”字系衍文，道安云西晋法护译，《出三藏记集》等经录有载。

兰盆经》同本)、《师子奋迅菩萨所问经》一卷、《华聚陀罗尼咒经》一卷(上二经,同本异出)、《六字咒王经》一卷(与《六字神咒王经》同本)、《善法方便陀罗尼经》一卷、《金刚秘密善门陀罗尼经》一卷(上二经,同本异出)、《菩萨本行经》三卷、《七佛所说神咒经》四卷(初卷云"《七佛十一菩萨说大陀罗尼神咒经》")、《萨罗国经》一卷(或云《萨罗国王经》)、《般泥洹经》二卷(或直云《泥洹经》,亦云《大般泥洹经》,是《长阿含》初分《游行经》异译,诸藏中一卷者,唯是上卷,欠下卷也)、《缘本致经》一卷(出《中阿含》第十卷异译)、《古来世时经》一卷(出《中阿含》第十三卷异译)、《梵志计水净经》一卷(出《中阿含》第二十三卷异译)、《三归五戒慈心厌离功德经》一卷(出《中阿含》第三十九卷异译)、《箭喻经》一卷(出《中阿含》第六十卷异译)、《食施获五福报经》一卷(一名《施色力经》,一名《福德经》,出《增一阿含》第二十四卷异译)、《满愿子经》一卷(僧祐"失译录"中有"晋言",故移编此,出《杂阿含》第十三卷异译)、《摩邓女解形中六事经》一卷(第五出,与《摩登伽》《含头谏经》[①]等同本)、《饿鬼报应经》一卷(第三出,一名《目连说地狱饿鬼因缘经》,与《鬼问目连经》等同本)、《得道梯橙[②]锡杖经》一卷(题云《得道梯橙经·锡杖品》第十二,亦直云《锡杖经》)、《僧护经》一卷(或云《僧护因缘经》,亦云《因缘僧护经》)、《护净经》一卷、《木患子经》一卷(或作"患"[③]字,又作"槵")、《无上处经》一卷、《卢志长者因缘经》一卷、《五王经》一卷、《沙弥十戒法并威仪》一卷(亦云《沙弥威仪戒本》)、《沙弥尼离戒文》[④]一卷、《舍利弗问经》一卷、《五百问事经》一卷、《阿育王譬喻经》一卷(题云《天尊说阿育王譬喻经》,古经呼佛以为天尊,即佛说也)、《撰集三藏及杂藏传》一卷(亦云《撰三藏经及杂藏经》)、《弥勒作佛时事经》一卷(《祐录》无"事"字,第二出,与《弥勒来时经》等同本,见《宝唱录》)、《道树三昧经》二卷(第二出,与《私阿昧经》[⑤]同本,见《支敏度录》)。

右三十八部四十五卷(末后二部三卷缺本,余并见在)。

前三十六部四十二卷,并是入藏见经,莫知译主。诸"失译录"缺而未书,似是远代之经,故编于晋末,庶无遗漏焉。

通前旧失译经二部三卷,总四十部四十八卷,并为"东晋失源"云。

---

① 《含头谏经》:当为《舍头谏经》,"含"、"舍"二字,形近易致讹。

② 梯橙:当为"梯隥"。"隥"义为阶梯,后同。

③ 患:与前经名之"患"字重复,疑当为"槵"。木患子本名无患子,四川叫油患子,海南叫苦患树,台湾叫黄目树、目浪树,又有称油罗树、洗手果者,可做佛珠。

④ 《沙弥尼离戒文》:"离戒文",费解。检其本经,其译"沙弥尼"为"沙弥离",故当为"《沙弥离戒文》",经名中之"尼"字为衍文。

⑤ 《私阿昧经》:后文作《私诃昧经》《私呵昧经》,皆同经异名,"阿"、"诃"、"呵"三字音近。

秦苻氏都长安（亦云前秦）。起苻健（谥为明帝）皇始元年辛亥，至苻登（无谥）太初九年甲午，凡经五主四十四年，沙门六人，所译经律论等总一十五部，合一百九十七卷（于中七部六十五卷见在，八部一百三十二卷缺本。房云皇始元年甲寅、延初元年丁酉，与诸家年历不同。校二年向后，准安公《增一序》，勘其甲子，《房录》错矣）。苻秦沙门昙摩持（三部三卷戒本坛文）、沙门鸠摩罗佛提（一部二卷集）、沙门僧伽跋澄（三部二十七卷论集）、沙门昙摩蜱（一部五卷经）、沙门僧伽提婆（二部四十六卷论）、沙门昙摩难提（五部一百一十四卷经论集）。

《十诵比丘戒本》一卷（或云《十诵大比丘戒》，初出，见《僧祐录》）、《比丘尼大戒》一卷（亦云《十诵比丘尼戒》，第二出，见《僧祐录》）、《教授比丘尼二岁坛文》一卷（或无“尼”字，僧纯于龟兹国得梵本来，佛念译语，慧常笔受，见《宝唱录》）。

右三部三卷，其本并缺。

沙门昙摩持，或云侍[①]，秦言法慧，或云法海，西域人。善持律藏，妙入契经，以苻坚（谥庄烈天王）建元三年丁卯、四年戊辰于长安译《十诵戒本》等三部。竺佛念传语，慧常笔受（安公《僧戒序》云：“佛念写其梵文，道贤为译，慧当[②]笔受。”其《比丘尼戒》，《僧祐录》云：“晋简文帝时沙门僧纯于西域拘夷国[③]得梵本，到关中，令佛念、昙摩侍、慧常共出。”谨按长房等录，皆以慧常为其译主，与昙摩持、竺佛念共译。今以秦僧慧常，元不游于天竺，常虽共出《尼戒》，执本乃是昙摩，佛念传译，常为笔受，与其《僧戒》何别？此乃别标慧常，推校本末，事乃分明。常为助翻，昙摩为主，故入昙摩之录，慧常不别存焉）。

《四阿含暮抄解》二卷（亦云《四阿含暮抄经》，见《僧祐录》）。

右一部二卷，其本见在。

沙门鸠摩罗佛提，秦言童觉，西域人。以苻坚建元十八年壬午八月于邺寺译《阿含暮抄》一部，冬十一月乃讫。佛提执梵本，佛念、佛护译为秦文，沙门僧导、僧睿、昙究笔受。

《尊婆须蜜菩萨所集论》十卷（或云《婆须蜜经》，或十二卷，或十四卷，建元二十年三月五日出，至七月十三日讫。跋澄、难提、提婆三人执本，佛念译传，慧嵩笔受，见《僧祐录》）、《鞞婆沙论》十四卷（或无“论”字，亦云《鞞婆沙阿毗昙》，亦云“广说”，或十五卷，或十九卷，建元十九年四月出，至八月末讫。难提录为梵文，佛图罗刹译传，敏智笔受，见《僧祐录》）、《僧伽罗刹所集经》三卷（或云《僧伽罗刹集》，初出，或五卷，建元二十年出，

---

① 或云侍：指又可以译为“昙摩侍”，“侍”、“持”音近。

② 慧当：当为秦僧“慧常”。《出三藏记集》云：“遂令凉州沙门佛念写其梵文，道贤为译，慧常笔受，经夏渐冬，其文乃讫。”且《开元释教录》前后文皆谓之“慧常”。

③ 拘夷国：即龟兹国，又称曲先、丘慈、邱慈、屈支、丘兹等，以新疆库车地区为中心的西域古国。

十一月三十日讫。佛念传译，慧嵩笔受，见《僧祐录》。于长安石羊寺出，亦云佛护传译）。

右三部二十七卷，其本并在。

沙门僧伽跋澄，或云跋橙，秦言众现，罽宾国人。毅然有渊懿之量，历寻名师，修习精诣，博览众典，特善《数经》，暗诵《毗婆沙》，贯其妙旨（《毗婆沙》即《鞞婆沙》是，非《大毗婆沙》也）。常浪志游方，观风弘化。苻坚建元之末，来入关中。先是，大乘之典未广，禅数之学甚盛，既至长安，咸称法匠焉。坚秘书郎赵政，字文业，博学有才，崇仰大法，尝闻外国宗习《毗婆沙》，而跋澄讽诵，乃四事礼供[①]，请译梵文。澄以建元十七年辛巳至二十一年乙酉，共名德法师[②]释道安等译《婆须蜜》等三部。凉州沙门竺佛念、外国沙门佛图罗刹传语，沙门敏智、慧嵩、秘书郎赵文业笔受，安公、法和对共校定。跋澄戒德整峻，虚靖离俗，关中僧众则而像之，后不知所终。

佛图罗刹，不知何国人，德业纯粹，该览经典。久游中土，善达秦言，其宣译梵文，见称当世（祐等群录并云《鞞婆沙论》，僧伽提婆译。今准安公“论序”，云僧伽跋澄译。今准“论序”为正。祐等群录复云跋澄译《杂阿毗昙毗婆沙论》十四卷者，即《鞞婆沙论》是也）。

《摩诃般若波罗蜜钞经》五卷（或无“钞”字，或七卷，亦云“般罗若”，一名[③]《须菩提品》，亦名《长安品》，次第六出[④]，与《道行》《小品》《明度》等同本，见僧睿《二秦录》及《僧祐录》）。

右一部五卷，其本见在。

沙门昙摩蜱，秦言法爱，印度人。器宇明敏，志存弘喻。以苻坚建元十八年壬午译《般若钞经》一部，佛护译传（佛护，即佛图罗刹也），慧进笔受，安公校定。共传云与《大品》《放光》《光赞》同本者，或恐寻之未审也。

《阿毗昙八揵度论》三十卷（或无“论”字，或二十卷，或云《迦旃延阿毗昙》，或云《阿毗昙经八揵度》，初出，与唐译《发智论》同本，建元十九年四月二十日出，至十月二十日讫，见《僧祐录》）、《阿毗昙心》十六卷（初出，或十三卷，建元末年于洛阳出，见僧睿《二秦录》及《僧祐录》）。

右二部四十六卷（前一部三十卷见在，后一部十六卷缺本）。

---

① 四事礼供：指供给所须衣被、饮食、卧具、医药，亦云四事供养。

② 名德法师：尊敬道安之辞。孙绰在《名德沙门论》一文中，对道安颂扬备至。

③ 一名：《大正藏》本校勘记作“亦名”，《开元释教录》不同版本解释同经异名时，还有所谓“亦云”、“一云”等，除非影响文意表达，后文一般不烦出校。

④ 次第六出：《开元释教录》仅有此一处说重译本为“次第某出”，而一般径称“第几出”，且昙摩蜱之《摩诃般若波罗蜜钞经》译本为第六出，故“次”字，或为衍文。

沙门僧伽提婆（或云提和，亦云僧迦禘婆，盖是言音楚夏耳），秦言众天，罽宾国人，姓瞿昙氏。以苻坚建元十九年癸未游于长安，沙门法和请令翻译。起十九年，讫建元末，出《八揵度》等论二部（其《鞞婆沙》十四卷，准安公《序》，是跋澄译，今此除之），凉州沙门竺佛念译传，慧力、僧茂笔受，法和理其指归，安公制序。后以晋孝武帝太元十六年游于庐山，及往建康，更出经论，具如"晋录"所显。

《中阿鋡经》五十九卷（建元二十年出，是第一译，竺佛念笔受，见竺道祖《晋世杂录》及《僧祐录》）、《增一阿鋡经》五十卷（第一译，建元二十年甲申夏出，至来春讫，为四十卷。佛念传译，昙嵩笔受，见安公"经序"，僧睿、僧祐、《宝唱录》并载。祐云三十三及二十四卷，恐误）、《三法度论》二卷（初出，或云《三法度》，无"论"字，与晋世僧伽提婆出者小异，见《长房录》）、《僧伽罗刹集》二卷（佛去世后七百年，僧伽罗刹造，初出，见《宝唱录》）、《阿育王息坏目因缘经》一卷（第三出，姚秦建初六年辛卯于安定城为尚书令姚旻二月十八日出，至二十五日讫，佛念传译兼制序，见《二秦录》。此应入"后秦"，从多附此）。

右五部一百一十四卷（前四部一百一十三卷缺本，后一部一卷见在）。

沙门昙摩难提，秦言法喜，兜佉勒国[①]人。髫年离俗，聪慧夙成，研讽经典，以专精致业。遍观三藏，暗诵《中》《增》二《阿含》，博识洽闻，靡所不练，是以国内远近，咸共推服。少而观方，遍涉诸国，常谓弘法之体，宜宣布未闻，故远冒流沙，怀宝东游，以苻坚建元二十年至于长安。

难提学业既优，道声甚盛。苻坚深见礼接，厚致供施。先是，中土群经未有四《含》。坚侍臣武威太守赵政志深法藏，乃与安公共请出经。政于长安城内集义学僧，写出二《含》梵本，方始翻译，佛念传语，慧嵩笔受。提以苻坚建元二十年甲申至姚苌建初六年辛卯，译《中含》等经五部。提后还西域，不知所终。

---

① 兜佉勒国：梵文 Tukhāra 的音译，即吐火罗国，又译为睹货逻国、睹佉罗国、吐豁罗国、兜呿罗国、都佉国等，中亚古国，位于帕米尔高原西南兴都库什山与阿姆河上游之间，今阿富汗北部一带，自古为联络中印诸地区的交通、贸易中心。自公元前二世纪，先后臣服于大月氏、突厥等民族，唐代曾经隶属安西都护府，公元八世纪，为阿拉伯人所灭。

《开元释教录》卷第四

“总括群经录”上之四

秦姚氏都常安[①]（亦云后秦）。起姚苌（谥为昭武皇帝）白雀元年甲申，至姚泓（无谥）永和三年丁巳，凡经三主三十四年，沙门五人，所出经律论等，总九十四部合六百二十四卷（于中六十六部五百二十八卷见在，二十八部九十六卷缺本。准《大智度论·后记》云“弘始三年，岁在辛丑”，王道珪云庚子，一本亦云岁在辛丑，房及甄鸾更差一载。今依“后记”为正，次第排之）。

（姚秦）沙门竺佛念（一十二部七十四卷经律集）、沙门鸠摩罗什（七十四部三百八十四卷经律论集）、沙门弗若多罗（一部五十八卷律）、沙门佛陀耶舍（四部八十四卷经律）、沙门昙摩耶舍（三部二十四卷经论）。

《十住断结经》十卷（初云《最胜问菩萨十住除垢断结经》，一名《十千日光三昧定》，亦云《十地断结》，或十一卷，或十四卷，第二出，见《三秦录》[②]《高僧传》《僧祐录》）、《菩萨璎珞经》十二卷（一名《现在报》，第二出，或十三卷，或十四卷，或十六卷，苻秦建元十二年七月出，见《二秦录》《高僧传》《僧祐录》）、《菩萨处胎经》五卷（初云《菩萨从兜术天降神母胎说广普经》，亦直云《胎经》，或四卷，或八卷，见《二秦录》《高僧传》《僧祐录》）、《中阴经》二卷（见《二秦录》《高僧传》《僧祐录》）、《菩萨璎珞本业经》二卷（或直云《璎珞本业经》，初出，见《长房录》）、《鼻奈耶律》十卷（一名《诫因缘经》，亦云《鼻柰耶经》，亦云《戒果因缘经》，沙门昙景笔受，见安公“经序”，苻秦建元十四年壬午正月十二日出）、《出曜经》二十卷（亦云《出曜论》，或十九卷，苻秦建元十九年出，见《二秦录》《高僧传》、僧祐、宝唱等录）。

---

① 常安：386 年，姚苌即帝位于长安，改元建初，国号大秦，史称后秦，改“长安”为“常安”。

② 《三秦录》：佛教经录似无此目，根据前后文记载，疑当为《二秦录》，见前注。“三秦”指前秦、后秦以及西秦。

上见在，已下缺。

《持人菩萨经》三卷（第二出，与法护《持人》、罗什《持世》同本，见《长房录》）、《大方等无相经》五卷（亦名《大云经》，或四卷，与昙无谶《方等大云》同本，初出，见《长房录》）、《菩萨普处经》三卷（见《长房录》）、《十诵比丘尼戒所出本末》一卷（第三出，僧纯于拘夷国得梵本，佛念为译，文烦，后竺法汰删改正之，见《宝唱录》）、《王子法益坏目因缘经》一卷（或云《阿育王息坏目因缘经》，第三出，见《僧祐录》）。

右一十二部七十四卷（《出曜》上七部六十一卷见在，《持人》下五部一十三卷缺本）。

沙门竺佛念，凉州人。弱年出家，志业清坚，外和内朗，有通敏之鉴。讽习众经，粗涉外典[①]，其《苍》《雅》[②]诂训，尤所明练。少好游方，备观风俗，家世西河，洞晓方语，华、戎音义，莫不兼释，故义学之誉虽缺，洽闻之声甚著。苻氏建元年中，有昙摩持、鸠摩罗佛提、僧伽跋澄、提婆、难提等来入长安，安公、赵政等请出众经。当时名德，莫能传译，众咸推念，以为明匠。自安高、支谦之后，莫逾于念。在苻、姚二代，为译人之宗，故关中僧众，咸共嘉焉。念于苻、姚二代，自译《十住断结》等经一十二部（《长房录》中别存《十地断结经》十卷者，非也。"住"之与"地"，二义无别，今存《十住》，《十地》删之）。后遘疾，卒于常安，远近白黑，莫不叹惜。

《摩诃般若波罗蜜经》四十卷（亦名《大品般若经》，祐云《新大品经》，第三出，与《放光》等同本，或三十卷，或二十四，或二十七。弘始五年癸卯四月二十三日出，至六年四月二十三日讫，见《二秦录》及《僧祐录》）、《小品般若波罗蜜经》十卷（题云《摩诃般若波罗蜜》，无"小品"字，祐云《新小品经》，与《道行》《明度》等同本，第七译，或七卷[③]，弘始十年二月六日出，至四月三十日讫，见《二秦录》及《僧祐录》）、《金刚般若波罗蜜经》一卷（亦云《金刚般若经》，"佛在舍卫国"者[④]，初出，与元魏留支[⑤]等出者同本，见《二秦录》及《僧祐录》）、《仁王护国般若波罗蜜经》二卷（亦云《仁王般若经》，或云一卷，第二出，与晋世法护与梁朝真谛译者同本异出，房云见《别录》）、《摩诃般若波罗蜜大明咒经》一卷（亦云《摩诃大明咒经》，初出，与唐译《般若心经》等同本，见经题上）、《菩萨藏经》

---

① 外典：与"内典"相对，即佛典以外之典籍，如下文所云"《仓》《雅》诂训"等。

② 《苍》《雅》：当为"《仓》《雅》"，即《三仓》（如《仓颉篇》等）、《尔雅》等文字训诂专书之统称。传说仓颉造字，故不当作"苍"。

③ 或七卷：《大正藏》本校勘记以为此后脱"或八卷"三字。

④ "佛在舍卫国"者：意指译文前有"佛在舍卫国"者，为鸠摩罗什最早翻译之《金刚经》本。"舍卫国"，菩提流支本《金刚经》译为"舍婆提城"。

⑤ 留支：即菩提流支，意译为道希，北印度人。所译重要经论有：《金刚般若波罗蜜经》一卷、《金刚般若经论》三卷、《胜思惟梵天所问经论》四卷、《无量寿经论》一卷等共三十部一百零一卷。

三卷（一名《富楼那问经》，亦名《大悲心经》，今编入《宝积》，当第十七会，名《富楼那会》，弘始七年出，或二卷，第二出，与法护出者同本，见《二秦录》《僧祐录》）、《善臂菩萨经》二卷（今编入《宝积》，当第二十六会，见《法上录》）、《须摩提菩萨经》一卷（第二出，与《宝积·妙慧会》等同本，见《长房录》）、《自在王菩萨经》二卷（或无"菩萨"字，初出，与《奋迅王经》同本，弘始九年于尚书令姚显第出，僧睿笔受并制序，见《二秦录》及《僧祐录》）、《庄严菩提心经》一卷（第四出，与法护《菩萨十地经》等同本，房云见《别录》）、《十住经》四卷（或五卷，是《华严·十地品》异译，什与佛陀邪舍共出，见《二秦录》及《僧祐录》）、《妙法莲华经》八卷（《僧祐录》云《新法华经》，初为七卷二十七品，后人益《天授品》，成二十八，弘始八年夏于大寺出，僧睿笔受并制序，第五译，见《二秦录》及《僧祐录》）、《维摩诘所说经》三卷（一名《不可思议解脱》，或直云《维摩诘经》，《僧祐录》云《新维摩诘经》，弘始八年于大寺出，僧肇笔受，睿制序，第六译，见《二秦录》及《僧祐录》）、《大树紧那罗王所问经》四卷（亦云《说不可思议品》，或直云《大树紧那罗经》，第二出，与支谶《伅真陀罗经》同本，见《长房录》）、《集一切福德三昧经》三卷（与竺法护《等集众德经》等同本异出，第三译，见《真寂寺录》[①]）、《思益梵天所问经》四卷（或直云《思益经》，《僧祐录》云《思益义经》，弘始四年十二月一日于逍遥园出，第二译，与法护《持心》、留支《胜思惟》并同本，见《二秦录》及《僧祐录》）、《持世经》四卷（一名《法印经》，或三卷，第三出，与法护《持人经》等同本，见《二秦录》及《僧祐录》）、《诸法无行经》二卷（或一卷，与隋崛多《诸法本无经》等同本，初出，见《二秦录》及《僧祐录》）、《阿弥陀经》一卷（亦名《无量寿经》，弘始四年二月八日译，初出，与唐译《称赞净土经》等同本，见《二秦录》及《僧祐录》）、《弥勒成佛经》一卷（第二出，与法护《弥勒成佛经》同本，弘始四年出，见《二秦录》及《僧祐录》）、《弥勒下生经》一卷（一名《弥勒受决经》，初云《大智舍利弗》，与《弥勒来时经》同本，第四出，亦云《弥勒成佛经》，亦云《下生成佛》，或云《当下成佛》，见《二秦录》及《僧祐录》）、《文殊师利问菩提经》一卷（亦直云《菩提经》，一名《伽耶山顶经》，一名《菩提无行经》，初出，与《伽邪山顶经》《象头精舍经》等同本，见《僧祐录》。《经图》[②]中别载《菩提经》一卷者，误也）、《孔雀王咒经》一卷（第四出，亦名《大金色孔雀王经》，在逍遥园出，并结界场，法悉备具，房云见《别录》）、《首楞严三昧经》三卷（或二卷，亦直云《首楞严经》，《僧祐录》云《新首楞严经》，第九出，与《方等首楞严》《勇伏定经》等同本，见《僧祐录》）、《不思议光菩萨所问经》一卷（亦云《不思议光菩萨所说经》，亦云《无思议光孩童菩萨经》，第二出，与竺法护《无思

---

① 《真寂寺录》：撰人及具体内容皆不详，《大周录》等有引据。

② 《经图》：唐僧靖迈撰《古今译经图纪》四卷，简称《译经图纪》《经图》，主要依次记述后汉迦叶摩腾至唐玄奘之间共 117 人所译经论之图纪，列所译各经名于传主之末。

议孩童经》同本，见《长房录》）、《华手经》十三卷（或为“华首”，一名《摄诸善根经》，亦名《摄诸福德经》，或十卷，或十一卷，或十二卷，弘始八年译，见《二秦录》及《僧祐录》）、《佛垂般涅槃略说教诫经》一卷（亦云“佛临般”，一名《遗教经》，见《僧祐录》）、《千佛因缘经》一卷（见《法上录》）、《梵网经》二卷（第二出，弘始八年[①]于草堂寺，三千学士最后出此一品，梵本有六十一品，译讫，融、影等三百人一时共受菩萨十戒，僧肇受[②]，见“经前序”）、《佛藏经》四卷（一名《选择诸法经》，或三卷，或二卷，弘始七年六月十二日出，见《二秦录》及《僧祐录》）、《清净毗尼方广经》一卷（与《文殊净律经》等同本，第三出，见《法上录》）、《大智度论》一百卷（或云《大智度经论》，亦云《摩诃般若释论》，或七十卷，或一百一十卷，弘始四年夏于逍遥园出，七年十二月二十七日讫，见《二秦录》及《僧祐录》）、《中论》四卷（亦云《中观论》，或八卷，弘始十一年于大寺出，僧睿制序，见《二秦录》及《僧祐录》，兼前《智度论》，并龙树菩萨造）、《十二门论》一卷（龙树菩萨造，弘始十年于大寺出，僧睿制序，见《僧祐录》及《宝唱录》）、《百论》二卷（提婆菩萨造，弘始六年出，僧肇制序，见《二秦录》及《僧祐录》）、《十住毗婆沙论》十四卷（或无“论”字，龙树菩萨造，或十二卷，或十五卷，见《长房录》）、《大庄严经论》[③]十五卷（或无“经”字，马鸣菩萨造，或十卷，见《长房录》）、《发菩提心论》二卷（或云《发菩提心经》，亦云“经论”，见《李廓录》）、《放牛经》一卷（亦云《牧牛经》，出《增一阿含》第四十六卷异译，房云见《别录》）、《海八德经》一卷（第三出，与《法海经》等同本，见《法上录》）、《禅秘要经》三卷（或云《禅秘要法》，无“经”字，或四卷，与支谦等出者同本，第二出，房云见《别录》）、《灯指因缘经》一卷（见《李廓录》）、《十诵比丘戒本》一卷（亦云《十诵波罗提木叉戒[④]》，第三出，与昙摩持等出者同本，见《僧祐录》）、《成实论》二十卷（或二十四[⑤]、或十六、或十四，弘始十三年九月八日尚书令姚显请出，至十四年九月十五日讫，昙晷等受[⑥]。佛灭后九百年诃梨跋摩造，见《僧祐录》）、《坐禅三昧经》三卷（一名《菩萨禅法经》，初出，或直云《禅经》，或云《禅法要》，或云《阿兰若习禅法》，三名同是一本，弘始四年正月五日出，至九年闰五月〔五日〕重校正，见《二秦》、僧祐、宝唱三录）、《菩萨诃色欲法》一卷（或云《菩萨诃色欲经》，或直云《菩萨呵色欲》，初出，见《僧祐录》）、《禅

---

① 弘始八年：考《梵网经·序》，当为“弘始三年”（401），“弘始”为后秦姚兴的第二个年号。

② 僧肇受：《大正藏》本校勘记以为“受”为“授”，则僧肇当为授戒高僧，明藏本以为“受”前脱一“等”字，则授戒师当为多人。前云“融、影”，即鸠摩罗什之高徒道融、道影。

③ 《大庄严经论》：“别录”作《大庄严论经》，根据前后条目，皆为“论”著，则“别录”有误。

④ 波罗提木叉戒：又译为般罗底木叉、喇底木叉等，意译为随顺解脱、处处解脱、最胜、无等学，为佛教出家众所应信守的戒律，亦是僧团成员应遵守之重要核心规定。

⑤ 或二十四：《大正藏》本校勘记以为后脱“或二十七”四字。

⑥ 等受：不成词，根据上下文义，疑当为“笔受”，《贞元录》卷六即载为“笔受”。

法要解》二卷（或云《禅要经》，初出，见《僧祐录》）、《思惟要略法》一卷（或云《思惟要略法经》，或直云《思惟经》，第二出，见《长房录》）、《杂譬喻经》一卷（弘始七年十月出，道略[①]集）、《马鸣菩萨传》一卷（见《长房录》）、《龙树菩萨传》一卷（见《长房录》）、《提婆菩萨传》一卷（见《长房录》）、《法界体性无分别经》二卷（与《宝积·法界体性会》同本，初出，见《法上录》）。

从此下缺。

《大善权经》二卷（与《宝积·大乘方便会》等同本，第四出，见《李廓录》）、《大方等大集经》三十卷（或加“新”字，或二十四卷，与支谶、无谶所出者同本，见《二秦录》及《李廓录》）、《大方等顶王经》一卷（与法护等出者同本，第二出，见《长房录》）、《阿阇世经》二卷（与支谶等出者同本，第五译，房云见《别录》）、《睒本起经》一卷（亦直云《睒经》，出《六度经》异译，第三出，见《李廓录》）、《请观世音经》一卷（初出，与竺难提出者同本，见《李廓录》）、《宝网经》一卷（第二出，与法护出者同本，见《李廓录》）、《称扬诸佛功德经》三卷（一名《集华经》，初出，弘始七年译，见《二秦录》及《僧祐录》）、《观普贤菩萨经》一卷（第二出，见《李廓录》）、《未曾有因缘经》二卷（初出，见《法上录》）、《贤劫经》七卷（第二出，弘始四年三月五日出，与法护译者同本，昙恭笔受，见《二秦录》及《僧祐录》，一名《贤劫三昧经》，一名《贤劫定意经》，凡三名，《祐录》云《新贤劫经》）、《善信摩诃神咒经》二卷（见《李廓录》）、《持地经》一卷（见《长房录》）、《观佛三昧经》一卷（见《李廓录》）、《菩萨戒本》一卷（初出，见《长房录》，今疑此《菩萨戒本》，即《梵网》下卷是）、《文殊悔过经》一卷（第二出，见《长房录》）、《舍利弗悔过经》一卷（第三出，见《法上录》）、《十住论》十卷（龙树菩萨造，弘始年译未讫，第八末[②]似《六度集》，见《二秦录》及《僧祐录》。今疑此《十住论》，即《十住婆沙》[③]是）、《检诸罪福经》十卷（房云见《别录》）、《十二因缘观经》一卷（见《长房录》）、《婆薮盘豆传》一卷（初出，见《翻经图》[④]）。

右七十四部三百八十四卷（《提婆菩萨传》上五十二部三百二卷见在，《法界体性经》下二十二部八十二卷缺本）。

沙门鸠摩罗什，秦言童寿（一名鸠摩罗耆婆，外国制名多以父母为本，什父鸠摩罗炎，母字耆婆，故兼取为名也），天竺人也。家世国相。什祖父达多，倜傥不群，名重

---

① 道略：《杂譬喻经》有比丘道略集、姚秦鸠摩罗什译本，今存，二卷。前谓“一卷”，当误。

② 第八末：《历代三宝纪》卷八以为“第一卷末”，《大唐内典录》卷三径云“卷末”，《贞元录》卷六以为“第十卷末”。检《大正藏》，不收此论，待考。

③ 《十住婆沙》：即《十住毘婆沙》。

④ 《翻经图》：即靖迈之《古今译经图纪》。

于国。父鸠摩炎[①]，聪明有懿节，将嗣相位，乃辞避出家，东度葱岭。龟兹王闻其弃荣舍俗，甚敬慕之，自出郊迎，请为国师。王有妹，年始二十，才悟明敏，过目必能，一闻则诵，且体有赤黡，法生智子。诸国娉之，并不行。及见炎，心欲当之。王闻大喜，逼以妻焉，遂生于什。什之在胎，其母慧解倍常，往雀梨大寺听经，忽自通天竺语，难问之辞，必穷渊致，众咸叹异。有罗汉达摩瞿沙曰："此必怀智子。"为说舍利弗在胎之证。既而生什，岐嶷[②]若神。什生之后，还忘前语。

顷之，其母出家修道，学得初果。什年七岁，亦俱出家，从师受经，日诵千偈，偈有三十二字，凡三万二千言。诵《毗昙》既过，师授其义，即自通解，无幽不畅。时龟兹国人以其母王女，利养甚多，乃携什避之。什年九岁，进到罽宾，遇名德法师槃头达多，即罽宾王之从弟也，渊粹有大量，三藏九部[③]，莫不缕贯，亦日诵千偈，名播诸国。什既至，仍师事之，遂诵《杂藏》《中》《长》二《阿含》，凡四百万言。达多每与什论议，深推服之。声彻于王，王即请入，集外道论师，共相攻难。言气始交，外道轻其幼稚，言颇不顺[④]。什乘其隙而挫之，外道折服，愧惋无言。王益敬异，日给鹅腊一双，粳面各三斗，酥六升，此外国之上供也。所住寺僧乃差大僧五人、沙弥十人，营视洒扫，有若弟子，其见尊崇如此。

至年十二，其母携还龟兹。至月氏北山，有一罗汉见而异之，谓其母言："常当守护此沙弥，若至三十五不破戒者，当大兴佛法，度无数人，与优波鞠多[⑤]无异。若戒不全，无能为也，正可才明俊诣[⑥]法师而已。"什进到沙勒国[⑦]，顶戴佛钵，心自念言："钵形甚大，何其轻耶？"即重不可胜，失声下之。母问其故，答曰："我心有分别，故钵有轻重耳！"什于沙勒国诵阿毗昙"六足"

① 鸠摩炎：前文曰"鸠摩罗炎"，皆为音译，省译一"罗"字。

② 岐嶷：本指峻茂之状，后多形容幼年聪颖。

③ 三藏九部："三藏"即佛教之经律论；"九部"为佛经内容之九种分类，其九分法有不同说法，南北所传有异，如大乘九部有谓"修多罗、祇夜、伽陀、和伽罗那、优陀那、伊帝目陀伽、阇陀伽、毗佛略、阿浮陀达磨"等，小乘九部有谓"修多罗、祇夜、伽陀、本事、本生、未曾有、因缘、譬喻、优波提舍"等。

④ 言颇不顺：殊无意义，《高僧传》作"言颇不逊"，当从。

⑤ 优波鞠多：又作忧波鞠多、优波笈多、优波崛多、忧波鞠、优波崛等，略称崛多，意译作大护、近藏、近护、小护，为中印度摩突罗国鞠多长者之子，为阿育王帝师。

⑥ 正可才明俊诣："正"，明藏本作"止"。"俊诣"，或作"俊乂"、"俊艺"，《出三藏记集》卷十四作"正可才明俊艺"，《高僧传》卷二作"正可才明俊义"，然其校勘记校"正"为"止"，校"义"为"乂"。"正可"、"止可"皆通，"俊诣"、"俊乂"意义相近。

⑦ 沙勒国：西域古国，中心在今新疆疏勒县。

诸门[①]、《增一阿含》。及还龟兹，名盖诸国。时龟兹僧众一万余人，疑非凡夫，咸推而敬之，莫敢居上。由是不预烧香之次，遂博览《四韦陀》[②]、五明诸论，外道经书，阴阳星算，莫不究晓。妙达吉凶，言若符契。为性率达，不厉小检，修行者颇非之，什自得于心，未尝介意。后从卑摩罗叉学《十诵律》，又从须利耶苏摩咨禀大乘，乃叹曰："吾昔学小乘，譬人不识金，以鍮石为妙矣！"于是广求义要，诵《中》《百》二论及《十二门》等。

有顷，什母辞往天竺，谓龟兹王白纯曰："汝国寻衰，吾其去矣。"行至天竺，进登三果。什母临去，谓什曰："方等深教，应大阐真丹，传之东土，唯尔之力。但于自身无利，其可如何？"什曰："大士之道，利彼亡躯。若必使大化流传，洗悟蒙俗，虽复身当炉镬，苦而无恨。"于是留住龟兹，止王[③]新寺，得《大品经》，始就披读。魔来蔽文，唯见空牒，什知魔所为，誓心逾固，魔去字显，仍诵习之。后于雀梨大寺读大乘经，忽闻空中语曰："汝是智人，何以读此？"什曰："汝是小魔，宜时速去，我心如地，不可转也。"停住二年，广诵大乘经论，洞其秘奥。龟兹王为造金师子座，以大秦锦褥铺之，令什升而说法。

后往罽宾，为其师槃头达多具说一乘妙义。师感悟心服，即礼什为师，言："我是和上小乘师，和上是我大乘师矣！"西域诸国，服什神俊，咸共崇仰。每至讲说，诸王长跪座侧，命什践而登焉，其见重如此。

什道震西域，声被东国。苻氏建元十三年，岁次丁丑正月，太史奏："有星见外国分野，当有大德智人，入辅中国。"坚素闻什名，乃悟曰："朕闻西域有鸠摩罗什，将非此耶？"十九年，坚遣骁骑将军吕光等率兵七万，西伐龟兹及乌耆[④]诸国。临发，谓光曰："闻彼有鸠摩罗什，深解法相，善闲阴阳，为彼学之宗，朕甚思之。若克龟兹，即驰驿送什。"光军未至，什谓其王白纯曰："国运衰矣，当有勍敌。日下人从东方来，宜恭承之，勿抗其锋。"纯不从而战，光遂破龟兹，杀纯获什。光性疏慢，未测什智量，见其年尚少，乃凡人戏

① 阿毗昙"六足"诸门："阿毗昙"即阿毗昙摩，省译为毗昙，意译为对法、胜法等，指佛教经、律、论三藏中的论藏。"六足"诸门指《阿毗达磨集异门足论》《阿毗达磨法蕴足论》《阿毗达磨施设足论》《阿毗达磨识身足论》《阿毗达磨品类足论》《阿毗达磨界身足论》等六足论。《高僧传》作"《六足》诸问"，《出三藏记集》作"《阿毗昙六足诸论》"，"诸论"胜于"诸问"，"问"，或当为"门"，且二书皆加书名号，似不当。

② 《四韦陀》：婆罗门所作之论，其有四类：养生缮性之书、祭祀祈祷之书、礼仪占卜兵法军阵之书以及异能技数禁咒医方之书，故名《四韦陀》。

③ 王：《高僧传》作"于"，可从。

④ 乌耆：又称乌夷、阿耆尼、焉耆，新疆塔里木盆地古国，在今新疆维吾尔自治区焉耆回族自治县附近。

之。什被逼既至，遂亏其节。或令骑牛及乘恶马，欲使堕落。什常怀忍辱，曾无异色，光惭愧而止。光还中路，置军于山下，将士已休。什曰："不可在此，必见狼狈，宜徙军陇上。"光不纳。至夜果雨，洪潦暴起，水深数丈，死者数千。光始加敬异。什谓光曰："此凶亡之地，不宜淹留。推数揆运[①]，应速言归，中路必有福地可居。"光从之，至凉州，闻苻坚已死，遂割据凉土，制命一隅焉。

什停凉积年，数言未然，后皆如说。吕光父子既不弘道，故蕴其经法，无所宣化。苻坚已亡，竟不相见。姚苌闻其高名，虚心要请，诸吕以什智计多解，恐为姚谋，不许东入。及苌卒，子兴（谥为文祖皇帝[②]）袭位，复遣敦请。弘始三年岁次辛丑三月，有树连理，生于庙廷，逍遥一园，葱变为茝[③]，以为美瑞，谓智人应入。其年十二月二十日，什至常安。兴待以国师之礼，甚见优宠，悟言[④]相对，则淹留终日；研微造尽，则穷年忘倦。

自大法东被，始于汉明，历涉魏晋，经论渐多，而支、竺所出，多滞文格义。兴少崇三宝，锐志讲集。什既至止，仍请入西明阁及逍遥园，译出众经。什率多暗诵[⑤]，无不究达，转解秦言，音译流利。既览旧经，义多乖谬，皆由先译失旨，不与梵本相应。兴使沙门僧肇、僧䂮、僧邈、僧睿等八百余人咨受什旨，更令出《大品》。什持梵本，兴执旧经，以相雠校。其新文异旧者，义皆圆通，众皆惬服，莫不欣赞焉。兴以佛道冲邃，其行唯善，信为出苦之良津，御世之洪则。故托意九经，游心十二[⑥]，乃著《通三世论》，以勖示因果。王公已下，并钦赞厥风。兴宗室常山公显、安成侯嵩，并笃信缘业，屡请什于常安大寺讲说新经。什以弘始四年壬寅至十四年壬子，译《大品》《小品》《金刚》等经七十四部三百八十余卷，并畅显神源，发挥幽致。于时，四方义学沙门，不远万里，名德秀拔者，才、畅二公，乃至道恒、僧标、慧睿[⑦]、僧敦、僧弼、

---

① 推数揆运：指推演运数，揆度运历，为古代阴阳术数之品目。

② 文祖皇帝：《大正藏》本校勘记校"祖"为"初"，皆误，姚兴谥号当为"文桓皇帝"。

③ 葱变为茝："茝"为香草，寻常日用之葱化为香草，如灵芝生于庭院，象征祥瑞，故下文云"以为美瑞"。

④ 悟言：《大正藏》本校勘记作"晤言"。

⑤ 暗诵：《高僧传》卷二作"谙诵"，有熟记背诵义，于义更胜。

⑥ 托意九经，游心十二："九经"即前"三藏九部"条注之佛经之"九部"分类。"游心十二"之"十二"，也称十二部经、十二分教，根据佛教文献的体裁内容具体分契经、祇夜、记莂、讽颂、自说、因缘、譬喻、本事、本生、方广、未曾有法和论议等十二部分。

⑦ 慧睿：本道安弟子，后入长安为鸠摩罗什弟子。徐文明有《僧睿、慧睿非一人辩》专文，考订慧睿为安公之徒，僧睿为远公之裔；一为义学名僧，一为梵语宗匠，实有分别。《出三藏记集》《高僧传》皆作"僧睿"，可从。下段之"慧睿"，亦当为"僧睿"。

僧肇等三十余僧，禀访精研，务穷幽旨。庐山慧远，道业冲粹，乃遣使修问。龙光道生，慧解洞微，亦入关咨禀。盛业久大，至今仰则焉。

初，沙门慧睿，才识高朗，常随什传写。什每为睿论四方[1]辞体，商略同异，云："天竺国俗甚重文藻，其宫商体韵，以入弦为善。凡觐国王，必有赞德；见佛之仪，以歌叹为尊，经中偈颂，皆其式也。但改梵为秦，失其藻蔚，虽得大意，殊隔文体。有似嚼饭与人，非徒失味，乃令人欧哕[2]也。"什尝作颂赠沙门法和云："心山育德薰，流芳万由旬。哀鸾鸣孤桐，清响彻九天。"凡为十偈，辞喻皆尔。

什雅好大乘，志存敷演，尝叹曰："吾若著笔作《大乘阿毗昙》，非迦旃延子[3]比也。今在秦地，深识者寡，折翮于此，将何所论！"乃凄然而止。唯为姚兴著《实相论》二卷，出言成章，无所删改，辞喻婉约，莫非渊奥。

什为人神情映彻，傲岸出群，应机领会，鲜有其匹。且笃性仁厚，泛爱为心，虚己善诱，终日无倦。时有沙门僧睿，兴甚嘉焉，什所译经，睿并参正。昔竺法护出《正法华·受决品》云："天见人，人见天。"什译经至此，乃言曰："此语与梵本义同，但在言过质。"睿应声曰："将非'人天交接，两得相见'乎？"什大喜曰："实然。"而睿与什共相开发，皆此类也。尝听秦僧道融讲《新法华》，什乃叹曰："佛法之兴，融其人也！"

俄而师子国[4]有一婆罗门，聪辩多学，西土俗书，罕不披诵，而为彼国外道之宗。闻什在关大行佛法，乃即慨然谓其徒曰："宁可偏使释氏之风独传震旦，而令吾等正化之典不洽东国？"因遂乘驼负书，远涉来入常安。姚兴见其口眼便僻，颇亦惑之。而婆罗门乃启兴曰："至道无方，各尊其事。今故远来，请与秦僧捔其辩力，随有优者，即传其化。"兴即许焉。于时，关中四方僧众，相视缺然，莫敢当者。什谓融曰："此之外道聪明殊人，捔言必胜。岂可得使无上大道在于吾徒为彼而屈？良可悲矣！若使外道肆情得志，则是我等法轮摧轴，岂可然乎？如吾所睹，在君一人。"道融自顾才力不减，而彼西域外道经书未尽披读，乃密令人写婆罗门所读经目，一披即诵。其后克日，将就论义，姚兴自出，公卿皆会，关中僧众，四远必集。尔时道融与婆罗门拟相酬抗，锋辩飞玄，彼所不逮。时婆罗门虽自觉知辞理已屈，然意犹以广读为夸，道融乃

---

① 四方：《出三藏记集》卷十四、《高僧传》卷二皆作"西方"，下文有"天竺国俗"，则"西方"更胜。

② 欧哕：通"呕哕"。

③ 迦旃延子：又作迦陀衍那子、迦毡延尼子、迦陀衍尼、迦旃延子，其出身印度婆罗门名门，为西北印度佛教宣扬有部之大论师，所著《阿毗达磨发智论》二十卷，为说一切有部之根本论典。

④ 师子国：斯里兰卡的古称。

列其所读书，并更通论秦地经史名目卷部，三倍多之。什仍乘势，因嘲之曰：“君可不闻大秦广学，那忽轻尔远来。”婆罗门心生愧伏，顶礼融足，旬日之中，无何而去。像运再显，鸠摩罗什、道融力焉。又朴度比丘在彭城，闻什在常安，乃叹曰：“吾与此子戏别三百余年，杳然未期，迟有遇于来生耳。”

什临终，力疾[①]与众僧告别曰：“因法相遇，殊未尽伊心，方复异世，恻怆何言！自以暗昧，谬充传译，若所传无谬，使焚身之后，舌不燋烂。”以秦弘始中卒，即于逍遥园依外国法焚尸，薪灭形化，唯舌不变，信弘法之有征也（什公卒时，诸记不定。《高僧传》云：“弘始十一年八月二十日卒于常安。”或云七年，或云八年，《传》取十一为正，此不然也。准《成实论·后记》云：“大秦弘始十三年，岁次豕韦[②]，九月八日，尚书令姚显请出此《论》，至来年九月十五日讫。”准此，十四年末，什仍未卒。又准僧肇《上秦主姚兴〈涅槃无名论〉表》云：“肇在什公门下十有余载。”若什四年出经，十一年卒，始经八载，未满十年，云何乃言“十有余载”？故知但卒弘始年中，不可定其年月也）。然什出经部卷，众说多少不同。《长房录》中其数弥广，今细参验，多是别生。或有一本数名，或是录家错上，具件如左，今悉删之。

《十诵律》六十一卷（《僧祐录》云是什译出，今以前五十八卷，是什度语，非什正翻，后之三卷，卑摩罗叉续出，[③]置之于后，已备余录，此不存之）、《放光般若波罗蜜经》二十卷（房云第二出，见《别录》。今以《放光》梵本与《大品》同，译《大品》时，兴执旧经，什出新本。若言《放光》什译，旧经何者是耶？故知《大品》为新，《放光》为旧，重载二本，误之甚也）、《般若经论集》二十卷（房云见《吴录》，今谓此集乃是庐山远法师以《大智度论》文句繁积，初学难寻，乃删烦剪乱，令质文有体，撰为二十卷。亦云《大智论要略》，亦云《释论要抄》，此乃远公撮略前论，非什别翻也）、《禅法要》三卷（下注云：“先译，弘始元年重校正，睿制序。”既云“先译”、“重校”，不合存其二名，准僧睿“经序”，即《坐禅三昧经》是也）、《阿苏若[④]习禅法经》二卷（房云见《别录》，或无“经”字，与《坐禅三昧》同本异出。今谓不然，此即《坐禅三昧》之别名也。寻其文句，首末大同，是初出本，非校正者）、《乐

① 力疾：勉强支撑病体。

② 岁次豕韦：古代以岁星纪年，将天空的赤道部位分作十二等分，每等分中以某些恒星为标志，木星每年走一等分，十二年完成一周。十二等分分别是星纪、天鼋、豕韦、降娄、大梁、实沈、鹑首、鹑火、鹑尾、寿星、大火、析木等。

③ 卑摩罗叉续出：本书卷十“《历代三宝纪》”条下自注云：“《十诵律》六十一卷，《十诵律》五十九卷，二本不殊，其六十一卷者，卑摩罗叉《伽毗尼序》置之于后，余并无异，今云重译，二本俱存，八误。”方广锠《中国写本大藏经研究》以为“卑摩罗叉并未续译，而只是将原五十八卷本《十诵律》改定为六十一卷本。”则智升此处判语当误，且与后文矛盾。

④ 阿苏若：“入藏录”作“阿兰若”。

璎珞庄严经》一卷（房云见《李廓录》，令[①]准“经后记”，乃是昙摩耶舍所译，非什翻也，今移附彼录）、《实相论》一卷（《高僧传》云“二卷”，什为姚兴撰出，非梵本传，故缺之也）、《往古性和佛国愿行法典经》（或作“生和”，出《文殊佛土严净经》）、《佛謦咳彻十方经》《佛齐化出菩萨经》[②]《魔业经》《过去无边光净佛土经》《虚空藏菩萨问持经得几功德经》（亦云《得几福经》）、《过魔法界经》《太白魔王坚信经》《佛弟子化魔子偈颂经》《开化魔经》《魔王变身经》（《佛謦咳》下十经，并出《大集》）、《观世音经》（出《法华经》）、《陀罗尼法门六种动经》《弥勒菩萨本愿待时成佛经》《佛变时会身经》《东方善华世界佛座震动经》（《陀罗尼》等四经，并出《悲华经》）、《雀王经》《佛昔为鹿王经》《菩萨身为鸽王经》（《雀王》等三经，并出《六度集》）、《无量乐佛土经》（亦云“国土”，出《央崛经》）、《佛问阿须伦大海有减经》（出《中阿含》）、《佛迹见千辐轮相经》（出《杂阿含》）、《佛心总持经》《水牛王经》《兔王经》（《佛心》等三经，并出《生经》）、《猕猴与婢共戏致变经》《王后为蜣螂经》（《猕猴》等二经，并出《杂譬喻》）、《比丘应供法行经》（祐注入疑经，今亦在“疑录”）。

已上都有三十五部一百三十六卷。

《十诵律》五十八卷（弘始六年十月十七日于中寺出，见《二秦录》）。

右一部五十八卷本在。

沙门弗若多罗，秦言功德华，罽宾国人。少出家，以戒节见称，备通三藏，而专精《十诵律》部，为外国师宗，时人咸谓已阶圣果。以弘始十年振锡入关，秦主〔姚〕兴待以上宾之礼。罗什亦挹其戒范，厚相崇敬。先是，经法虽传，律藏未阐，闻多罗既善斯部，咸共思慕。以弘始六年甲辰十月十七日集义学沙门六百余人于常安中寺，延请多罗诵出《十诵》梵本，罗什译为秦文，三分获二，多罗遘疾，奄然弃世。众以大业未卒，而匠人殂往，悲恨之深，有逾常痛。

次有西域沙门昙摩流支（秦云法乐），弃家入道，偏以律藏持名，以弘始七年秋达自关中。庐山释慧远闻支既善毗尼，希得究竟律部，乃遣书通好曰：“佛教之兴，先行上国。自分流以来，四百余年，至于沙门德式，所缺尤多。顷西域道士弗若多罗，是罽宾人，其[③]讽《十诵》梵本。有罗什法师，通才博见，为之传译。《十诵》之中，文始过半，多罗早丧，中途而寝，不得究竟大业，慨恨良深。传闻仁者赍此经自随，甚欣所遇，冥运之来，岂人事而已耶？想弘道为物，感时而动，叩之有人，必情无所吝。若能为律学之徒，毕此经本，开

---

① 令：当为“今”，形近致讹，后径改。

② 《佛齐化出菩萨经》：“齐化”，费解。后文作“《佛脐化出菩萨经》一卷”，则“齐”当为“脐”。

③ 其：似语有未尽，《高僧传》作“甚”，作副词修饰“讽”。

示梵行，洗其耳目，使始涉之流，不失无上之津，参怀胜业者，日月弥朗。此则惠深德厚，人神同感矣。幸愿垂怀，不乖往意。”流支既得远书及姚兴敦请，乃与什共译《十诵》都毕，研详考核，条制审定，而什犹恨文烦未善。既而什化，不获删治。流支住常安大寺，慧观欲请往杨都，支曰：“彼土有人有法，足以利世，吾当更行无律教处。”于是游化余方，莫知所之。

《虚空藏菩萨经》一卷（初出，或无“菩萨”字，与《虚空孕经》[①]等同本，是《大集》别分，三藏后还外国，于罽宾得此经，附商人送致凉州，见道慧《宋齐录》[②]及《僧祐录》）、《长阿含经》二十二卷（弘始十四年出，至十五年讫，凉州沙门佛念传译，秦国沙门道含笔受，见僧睿《二秦录》及《僧祐录》《高僧传》等）、《四分律》六十卷（亦云《昙无德律》，本译四十五卷，或云四十卷，或云四十四卷，今亦有七十卷者。弘始十年[③]于寺中出，慧辩传译，见《晋世杂录》及《祐录》《〔高〕僧传》等）、《四分僧戒本》一卷（或无“僧”字，亦云《昙无德戒本》，见《晋世杂录》及《僧祐录》）。

右四部八十四卷，其本并在。

沙门佛陀耶舍，秦言觉名，或云觉称（耶舍是“名称”义，《高僧传》中翻为“觉明”，义稍乖也），罽宾国人，婆罗门种，世事外道。有一沙门，从其家乞，其父嗔怒，令人欧[④]之，父遂手脚挛躄，不能行止。乃问于筮师[⑤]，对曰：“坐犯贤人，鬼神使然也。”即请此沙门，竭诚悔过，数日便瘳，因令耶舍出家，为其弟子，时年十三。尝从师远行，于旷野逢虎，师欲走避，耶舍曰：“此虎已饱，必不侵人。”俄而虎去，前行果见余肉，师密异之。至年十五，诵经日得五六万言。所住寺，常于外分卫，废于诵习，有一罗汉，重其聪敏，恒乞食供之。十九，诵大小乘经数百万言。然性简骜，颇以知见自处，谓少堪己师，故不为诸僧所重。但美仪止，善谈笑，见者忘其深恨。年及受戒，莫为临坛，所以向立之岁[⑥]，犹为沙弥。乃从其舅学五明诸论，世间法术，多所通习。二十有七，方受具戒。恒以读诵为务，手不释牒。每端坐思义，不觉虚中而过，其专精如此。

后至沙勒国，时太子达摩弗多（秦言“法子”）见其容貌端雅，问所从来，耶舍酬对清辩，太子悦之，仍请宫内供养，待遇隆厚。罗什后至，从其受学，

---

① 《虚空孕经》：“虚空孕”即“虚空孕菩萨”、“虚空藏菩萨”。“孕”、“藏”义近，为同经异译。

② 《宋齐录》：即前之《道慧录》。

③ 弘始十年：《大正藏》本校勘记作“七年”，“弘始十年”当公元408，天干地支纪年为“戊申”，且下文佛陀耶舍小传中明言“以弘始十年戊申译《四分律》”，故不当为“七年”。

④ 欧：通“殴”。

⑤ 筮师：以卜筮为职业的人。《出三藏记集》《高僧传》《神僧传》皆作“巫师”，二者有别。

⑥ 向立之岁：指临近三十而立之年，后文云其二十七岁“方受具戒”可证。

甚相尊敬。什随母东归，耶舍留止。顷之，王薨，太子即位，时苻坚遣吕光攻龟兹，龟兹王急，求救于沙勒，王自率兵救之，使耶舍留辅太子，委以后任。救军未至，而龟兹已败，王归，具说罗什为光所执，乃叹曰："我与罗什相遇虽久，未尽怀抱，其忽羁虏，相见何期？"停十余年，王薨，因至龟兹，法化甚盛。时什在姑臧，遣信要之，裹粮欲去。国人请留，复停岁余。后语弟子云："吾欲寻罗什，可密装夜发，勿使人知。"弟子曰："恐明旦追至，不免复还耳。"耶舍乃取清水一钵，以药投中，咒数十言，与弟子洗足，即便夜发。比至旦，行数百里，问弟子曰："何所觉耶？"答曰："唯闻疾风之响，眼中泪出耳。"耶舍又与咒水洗足，住息。明旦，国人追之，已差数百里，不及。

行达姑臧，而什已入常安。什闻其至姑臧，劝兴迎之，兴未纳。顷之，命什译出经藏，什曰："夫弘宣法教，宜令文义圆通。贫道虽诵其文，未善其理，唯佛陀耶舍深达经致，今在姑臧，愿下诏征之。一言三详，然后着笔，使微言不坠，取信千载也。"兴从之，即遣使招迎，厚加赠遗，悉不受。重信敦喻，方至常安，兴自出候问，别立新省于逍遥园，四事供养，并不受，至时分卫，一食而已。于时，罗什出《十住经》，一月余日，疑难犹豫，尚未操笔。耶舍既至，共相征决，辞理方定。道俗三千余人，皆叹其赏要[①]。舍为人髭赤，善解《毗婆沙》，故时人号曰"赤髭毗婆沙"。既为罗什之师，亦称"大毗婆沙"。四辈[②]供养，衣钵卧具满三间屋，不以关心。兴为货之，于城南造寺。

耶舍先诵《昙无德律》，司隶校尉姚爽（或云"姚奭"[③]）请令出之。兴疑其遗谬，乃试耶舍，令诵羌籍药方各四十余纸。三日，乃执文覆之，不误一字，众服其强记。即以弘始十年戊申译《四分律》并《长阿含》等经，至十五年癸丑方讫。凉州沙门竺佛念译为秦言，道含笔受。译毕解坐，兴嚫耶舍布绢万匹，悉皆不受；佛念、道含布绢各千匹，名德沙门五百人皆重嚫施。耶舍后还罽宾，不知所终（《四分序》云："壬辰之年，有晋国沙门支法领西越流沙，远期天竺，路经于填[④]，会遇《昙无德》部，体大乘三藏沙门佛陀邪舍才艳博闻，明练经律，三藏、方等皆讽诵通利。即于其国广集诸经于精舍，还，以岁在戊申，始达秦国。秦主姚〔兴〕欣然，即以其年请出律藏。时集持律沙门三百余人，于长安中寺出，即以领弟子慧辩为译。"其壬辰年，即秦建初七年也。戊申岁，即弘始十年也。又有说云："耶舍与佛念等共勘法领所将梵本，然后翻出。"众说少殊，未详孰正。

---

① 赏要：精当；精微。《高僧传》作"当要"，亦通。

② 四辈：指比丘、比丘尼、优婆塞、优婆夷等四类佛教信仰者。

③ 或云"姚奭"：《出三藏记集》卷三、《高僧传》卷十四皆作"姚爽"。姚爽曾任右将军使者，爵号晋公，《长阿含经序》有载。

④ 于填：即"于阗"，见前"于阗"条注释。

又准僧肇《长阿含序》及《高僧传》，并云“《四分》，弘始十二年出”者，此或据部终时说也）。

《差摩经》一卷（东晋隆安年达广州，在白沙寺为清信女张普明译。此应入“晋录”，随人附“秦”，见《高僧传》及《长房录》）、《乐璎珞庄严方便品经》一卷（一名《转女身菩萨问答经》，第三出，与法护《顺权方便经》等同本，《李廓录》云罗什译，准“经后记”云耶舍出，故移编此）、《舍利弗阿毗昙论》二十二卷（或无“论”字，或二十卷，或三十卷，共昙摩崛多于石羊寺出，释道标制序，见僧祐、宝唱二录及《高僧传》）。

右三部二十四卷（初一部一卷缺本，后二部二十三卷见在）。

沙门昙摩耶舍，秦言法称（《高僧传》翻为“法明”，义乖也），罽宾国人。少而好学，年十四，为弗若多罗所知。长而气干高爽，雅有神慧，该览经律，明悟出群，陶思八禅，游心七觉[1]，时人方之浮头婆驮[2]。孤行山泽，不避虎兕，独处思念，动移宵日。尝于树下每自克责：“年将三十，尚未得果，何其懈哉！”于是累日不寝不食，专精苦到，以悔先罪。乃梦见博叉天王[3]语之曰：“沙门当观方弘化，旷济为怀，何守小节独善而已？道假众缘，复须时熟，非分强求，死而无证。”觉自思惟，欲游方授道。

既而逾历诸国，冒涉艰危，以晋隆安中，初达广州，住白沙寺。耶舍善诵《毗婆沙律》，人咸号为“大毗婆沙”。时有清信女张普明咨受佛法，耶舍为说佛生缘起，并为译出《差摩经》一卷。至义熙中，来入常安，时姚兴僭号，甚宗佛法，耶舍既至，深加礼异。会有天竺沙门昙摩掘多（秦言“法藏”）来入关中，同气相求，宛然若旧。因共出《舍利弗阿毗昙》，以秦弘始九年丁未书出梵文，停至十六年甲寅，经师渐闲（娴）秦语，令自宣译，至十七年乙卯方讫，凡二十二卷。秦太子泓亲管理味，沙门道标为之作序。又出《乐璎珞经》一卷。

耶舍后南游江陵，止于辛寺，大弘禅法。其有味靖之宾[4]披榛而至者三百余人，凡士庶造者，虽先无信心，见皆敬悦。自说有一师一弟子修业，并得罗汉，传者失其名。又尝于外门闭户坐禅，忽有五沙门来入其室。又时见沙门飞来树端者，往往非一。常交接神明，而俯同蒙俗，虽道迹未彰，时人咸谓已阶

---

① 陶思八禅，游心七觉：禅门多云四禅八定，“八禅”当指更高的止观境界。“七觉”即七觉分、七觉支，是佛教修行的七种内容，分作念觉支、择法觉支、精进觉支、喜觉支、除觉支、定觉支、舍觉支。

② 浮头婆驮：即佛驮跋陀、佛驮跋陀罗、佛度跋陀罗，意译为觉贤，古印度迦毗罗卫国人，南北朝时期著名译师，前有小传。

③ 博叉天王：即毗留博叉天王，后多译为西方广目尊天王，其能以清净法眼观察护持三千大千世界，故有此圣名。

④ 味靖之宾：“靖”有静定之义，“味靖之宾”即指耽味于静虑、歆慕禅修之人。

圣果。至宋元嘉中，辞还西域，而不知所终。

秦乞伏氏，都苑川（亦云“西秦”）。从乞伏国仁（谥宣烈王）建义元年乙酉至乞伏慕末（无谥）永弘四年辛未，凡经四主四十七年，沙门一人，所译经及三秦代新旧失译经律论等，总五十六部一百一十卷（于中三十二部七十九卷见在，二十四部三十一卷缺本）。

（乞伏秦）沙门释圣坚（一十五部二十四卷经）、三秦代新旧诸失译经（四十一部八十六卷，七部七卷旧集；三十四部七十九卷新附）。

《罗摩伽经》三卷（是《华严·入法界品》少分异译，见《内典录》）、《太子须大拏经》一卷（出《六度集》第二卷异译，于江陵辛寺出，庾爽笔受，或云“须达拏”，见《始兴录》及《宝唱录》。应入“晋世”，随人附“秦”）、《睒子经》一卷（一名《孝子睒经》，一名《菩萨睒经》，一名《佛说睒经》，一名《睒本经》，一名《孝子隐经》，凡六名。第四出，出《六度集》第二卷异译，见《始兴录》及《法上录》）、《摩诃刹头经》一卷（亦名《灌佛形像经》，亦直云《灌佛经》，第二出，与《灌洗佛形像经》同本，见《始兴录》）、《无崖际持法门经》一卷（一名《无际经》，与《尊胜菩萨所问经》等同本，初出，见《始兴录》及《法上录》）、《演道俗业经》一卷（第二出，与支谦译者同本，见《法上录》）、《除恐灾患经》一卷（第二出，与帛延[①]译者同本，见《始兴》、宝唱、法上三录）、《贤首经》一卷（一名《贤首夫人经》，见《始兴录》）、《阿难分别经》一卷（亦名《阿难问事佛吉凶经》，第三出，见《始兴录》及《法上录》）、《妇人遇辜经》一卷（一名《妇遇对经》，见《始兴》、法上二录）。

上见存，已下缺[②]。

《方等主虚空藏经》八卷（亦云《虚空藏所问经》，一名《劝发菩萨庄严菩提经》，或五卷，是《大集·虚空藏品》异译，见《晋世杂录》及《法上录》，云“与《罗摩伽经》同本”，非也）、《菩萨所生地经》一卷（一名《摩竭所问经》，第二出，见《赵录》，未知前、后赵，逐人附“西秦”，见《始兴录》）、《孛经》一卷（第三出，见《法上录》）、《僮迦叶解难经》一卷（亦云《童迦叶经》，与《鸠摩迦叶经》同本，祐云出《长阿含》，庾爽笔受，见《始兴》、王宗、宝唱、支敏度等四录）、《七女本经》一卷（亦名《女本心明经》，亦名《七女经》，第三出，见支敏度《都录》[③]）。

右一十五部二十四卷（《妇人遇辜》上十部一十二卷见在，《方等主》下五部一十二卷缺本）。

---

① 帛延：即前之“白延”，卷一有小传，魏晋时期译经家。

② 上见存，已下缺：《大正藏》和《中华大藏经》本皆作小字，按《开元释教录》前后体例，当为大字，后一遵体例，径改作大字。

③ 支敏度《都录》：晋成帝时沙门支敏度总校群经，撰《经论都录》一卷，简称《都录》。《长房录》卷七云：“度总校群经，合古今目录，撰此《都录》。”

沙门释圣坚，或云法坚，亦谓坚公，未详孰是，故备列之。器量弘普，利物为心。以乞伏秦太初年间，于河南国为乾归[①]（谥武元王）译《罗摩伽》等经一十五部。寻其圣坚游化，随处出经，既适无停所，弗知附见何代世录为止。今依法上总注，入“乞伏秦世录”云。

《沙弥罗经》一卷（第二出，与《五母子经》同本）、《萨和萨王经》一卷、《阿多三昧经》一卷（或作“阿陀”）、《陀贤王经》一卷、《飚陀悔过经》一卷、《方等决经》一卷、《比丘二事经》一卷（《祐录》云“三事”。上七部，《僧祐录》云安公“关中异经”）。

右七部七卷（初《沙弥罗经》有本，余者并缺）。

《长房录》云“并是沙门僧祐出”，《三藏集》录释道安所记“关中异经”，今还附入“三秦世录”，总为失译时代处云。《房录》复有《梵本经》四卷（脚下注云似是长安中出），“后汉失译录”中已有，此中复载，既是重上，删之不存也。

已下新附此录。

《天王太子辟罗经》一卷（或无“天王”字，亦云《太子譬罗经》）、《菩萨本行经》一卷、《大珍宝积惟日经》一卷、《堕迦罗问菩萨经》一卷、《阿难为蛊道咒经》一卷（《旧录》云《阿难为蛊道所咒经》，今疑是藏中《摩邓女经》）、《王舍城灵鹫山经》一卷（《旧录》云《王舍城灵鹫山要真经》[②]）、《思道经》一卷、《佛在竹园经》一卷、《法为人经》一卷、《道意经》一卷、《阿夷比丘经》一卷、《八德经》一卷（今疑是《海八德经》）、《善德经》一卷、《摩诃揵陀惟卫罗尽信比丘等度经》一卷（《旧录》云《尽信比丘经》）。

右一十四部一十四卷（初《太子辟罗经》有本，余孝[③]并缺）。

《僧祐录》云安公“关中异经”，长房等录，并缺不载。祐载安公“关中异经”，总二十四部二十四卷，于中七部，如《房录》中列，今更出一十四经，通有二十一部，余之三部，长房等录皆标译主，故此缺之。

《大宝积经》一卷（今编入《宝积》，当第四十三会，改名《普明菩萨会》，第三出，与《摩诃衍宝严》《佛遗日摩尼宝》二经同本异译）、《度诸佛境界智光严经》一卷（初出，与《佛华严入如来德智不思议境界经》等同本，旧云与《如来庄严智慧光明入一切佛境界经》等同本者，全乖也）、《大悲分陀利经》八卷（亦云《大乘悲分陀利经》，第二出，与昙无谶《悲华经》

---

① 乾归：即乞伏乾归（?—412），鲜卑人，西秦乞伏国仁之弟，十六国时期西秦国君主。

② 《王舍城灵鹫山要真经》：后卷十五“小乘经单译缺本”“要真”作“要直”，《出三藏记集》卷三“《王舍城灵鹫山经》一卷”条下夹注云“《旧录》云《王舍城灵鹫山要直经》”，则僧祐时已不能确定经名。

③ 孝：当为“者”，按《开元释教录》语例，上下文皆有所谓“余者并缺”。

等同本)、《大金色孔雀王咒经》一卷(第五出)、《佛说大金色孔雀王咒经》一卷(第六出，二经同本)、《大方广如来秘密藏经》二卷(《大周录》[①]云与《大方等如来藏经》同本者，非也)、《金刚三昧本性清净不坏不灭经》一卷(亦名《金刚清净经》，长房等录云吴支谦译，“后汉失译”中复载，并非也。今寻文句，似秦时译，故移编此)、《师子月佛本生经》一卷(长房等录云西晋竺法护译，今寻文句，非是护公所出，似秦代译，故移编此)、《十吉祥经》一卷、《一切智光明仙人慈心因缘不食肉经》一卷、《净业障经》一卷、《别译杂阿含经》二十卷、《出家功德经》一卷(非是《贤愚》抄出者)、《毗尼母经》八卷(亦云《毗尼母论》)、《萨婆多毗尼毗婆沙》九卷、《三弥底部论》三卷(或无“部”字，或云四卷)、《辟支佛因缘论》二卷、《十八部论》一卷(初出，与《部异执论》等同本，房等并云真谛译者，非也)、《佛入涅槃密迹金刚力士哀恋经》一卷、《无明罗刹集》一卷(亦云《无明罗刹经》，或二卷)。

右二十部六十五卷，并是见入藏经，似是秦时译出(数本经中并有“秦言”之字)，诸失译录并未曾载。今附此“秦录”，庶免遗漏焉。

通前旧失译经七部七卷，及新附安公“关中异经”等，总四十一部，合八十六卷，并为“三秦失译”云。

前凉张氏，都姑臧(新上余录无年，依《甄鸾录》，多从晋年号)。从张轨(谥为武王)永宁元年辛酉至天锡(秦封骠骑大将军凉州牧)咸安六年景子，凡经八主七十六年，外国优婆塞一人，译经四部，合六卷(于中一部一卷见在，三部五卷缺本)。

(前凉)优婆塞支施仑(四部六卷经)。

《须赖经》一卷(与曹魏白延、吴支谦、宋功德贤所出《须赖经》同本，见“经后记”，第三出，咸安三年出)、《如幻三昧经》二卷(第四出，与安高、法护《如幻三昧》及《宝积·善住意会》等同本，见《首楞严经后记》，咸安三年出)、《上金光首经》一卷(第二出，与晋法护《大净法门经》、隋耶舍《大庄严法门经》同本，咸安三年出，见《首楞严经后记》)、《首楞严经》二卷(第八出，与汉支谶、吴支谦、魏白延、晋法护等所出《首楞严》同本，咸安三年出，见“经后记”)。

右四部六卷(《须赖经》一部一卷见在，《如幻》等五部三卷[②]缺本)。

优婆塞支施仑，月支人也。博综众经，特善方等，意存开化，传于未闻。奉经来游，达于凉土。张公见而重之，请令翻译。以咸安三年癸酉(从晋年号也)，于凉州州内正厅堂后湛露轩下，出《须赖》等经四部。龟兹王世子帛延传语，

---

① 《大周录》：即《大周刊定众经目录》，简称《大周录》《武周录》《周录》，十五卷，今存。武周天册万岁元年(695)明佺等奉敕撰。其内容杂沓，智升以为“中间乖失，几于太半”。

② 五部三卷：根据上文小计部卷“右四部六卷”，除去“《须赖经》一部一卷”，此当为“三部五卷”。

常侍西海赵潚、会水令马亦、内侍来恭政三人笔受，沙门释慧常、释进行同在会证凉州，自属辞，不加文饰也。出《须赖经后记》及《首楞严经后记》（前凉之代，应更出经，后进遇之，幸续编附）。

北凉沮渠氏，初都张掖，后徙姑臧。自蒙逊[1]（谥武宣王）永安元年辛丑至茂虔[2]（魏封河西王）承和七年己卯，凡经二主三十九年，缁素九人，所出经律论等并新旧集失译诸经，总八十二部，合三百一十一卷（于中二十五部二百九卷见在，五十七部一百二卷缺本）。

（北凉）沙门释道龚（二部一十二卷经）、沙门释法众（一部四卷经）、沙门僧伽陀（一部二卷经）、沙门昙无谶（一十九部一百三十一卷经律集）、安阳侯沮渠京声（一部二卷集）、沙门浮陀跋摩（一部六十卷论）、沙门释智猛（一部二十卷经）、沙门释道泰（二部四卷论）、沙门释法盛（一部一卷经）、新旧诸失译经（五十三部七十五卷，五部一十八卷旧集，四十八部五十七卷新附）。

《宝梁经》二卷（今编入《宝积》，当第四十四会，见竺道祖《河西录》及《僧祐录》）、《悲华经》十卷（第三出，与法护《闲居经》及《大悲分陀利》、昙无谶《悲华经》等同本，房云见《古录》，似是先译，龚更删改。今疑即无谶出者是）。

右二部一十二卷（前《宝梁经》一部二卷见存，后《悲华经》一部十卷缺本）。

沙门释道龚，虚心广运，弘利为道。以北凉河西王（蒙逊僭号）永安年间，于张掖为蒙逊译《宝梁》等经二部。

《大方等陀罗尼经》四卷（或无"大"字，一名《方等檀持陀罗尼经》，或直云《檀持陀罗尼经》，见竺道祖《晋世杂录》及《僧祐录》）。

右一部四卷，其本见在。

沙门释法众，高昌郡人。亦以永安年中，于张掖为河西王蒙逊译《大方等陀罗尼经》一部。《宝唱录》云"在高昌郡译"，未详孰是。

《慧上菩萨问大善权经》二卷（一名《大善权经》，一名《慧上菩萨经》，一名《大乘方便经》，凡四名，本并同。第五出，与汉佛调、晋法护所出《大善权经》及《宝积·大乘方便会》等同本）。

右一部二卷，本缺。

沙门僧伽陀，凉言饶善，西域人。意存兼济，化诱居怀。亦以永安年中，

---

① 蒙逊：即沮渠蒙逊（368—433），匈奴人，十六国时期北凉君主，401 年至 433 年在位。401 年，蒙逊称大都督，改元永安，后迁都姑臧，称河西王，改元玄始。433 年，沮渠蒙逊卒，其子牧犍即河西王位，六年后，北魏灭北凉。

② 茂虔：即沮渠牧犍（？—447），亦作沮渠茂虔，沮渠蒙逊之子，十六国时期北凉国末代君主。

于张掖为蒙逊译《大善权经》一部，见《始兴录》及《法上录》。

《大般涅槃经》四十卷（或三十六卷，第五译，玄始三年出，十年十月二十三日讫。梵本具足，有三万五千偈。今所译者，止万余偈，三分始一耳。见竺道祖《凉录》及《僧祐录》）、《大方等大集经》三十卷（或直云《大集经》，第三出，与汉世支谶、姚秦罗什出者同本，或二十九，或三十一，或三十二，或四十卷，良由初出即写，分卷不同，见竺道祖《凉录》及《僧祐录》）、《大方广三戒经》三卷（初出，与《宝积·三律仪会》同本，见《法上录》）、《悲华经》十卷（第四出，与《大悲分陀利经》等同本，见竺道祖《河西录》及《僧祐录》。祐云"《别录》或云龚上出"，今疑道龚与谶，同是一经，二处并载，恐未然也）、《金光明经》四卷（初出，一十八品，见竺道祖《河西录》及《僧祐录》，与新译《金光明最胜王经》等同本，今入八卷合经中。此四卷者，在"删繁录"）、《大方等大云经》六卷（一名《大方等无相大云经》，一名《大云无相经》，一名《大云密藏经》，或云《方等大云经》，或四卷，或五卷，于内苑寺译，第二出，见僧睿、李廓、僧祐三录）、《腹中女听经》一卷（一名《不庄校女经》，与《无垢贤女经》《转女身经》等同本，第三出，见《长房录》）、《菩萨地持经》十卷（或无"经"字，亦云"论"，亦名《菩萨戒经》，又名《菩萨地经》，或八卷，出《瑜伽论·本地分》中"菩萨地"[①]，见竺道祖《河西录》及《僧祐录》）、《优婆塞戒经》七卷（或无"经"字，是在家菩萨戒，或五卷，或六卷，或十卷。玄始十五年丙寅四月二十三日出，至七月二十三日讫，沙门道养笔受，见"经后记"及《僧祐录》）、《菩萨戒本》一卷（出《地持戒品》中，第二出，与大唐奘法师所出《戒本》等同本，《别录》云炖煌出，见《僧祐录》）、《文陀竭王经》一卷（出《中阿含》第十一卷异译，见《长房录》）、《佛所行赞经传》五卷（或云"经"，无"传"字；或云"传"，无"经"字，马鸣菩萨造，亦云《佛本行经》，见《长房录》）。

上见在，已下缺。

《胜鬘经》一卷（亦云《胜鬘师子吼一乘大方便经》，初出，见《长房录》，与宋功德贤所出《胜鬘经》及《宝积·胜鬘夫人会》同本）、《罗摩伽经》一卷（第四出，与曹魏安法贤等所出同本，但广略异，是《华严·入法界品》少分，见《长房录》）、《楞伽经》四卷（初出，与宋功德贤、元魏菩提留支、唐实叉难陀等所出同本，见《长房录》）、《须真天子经》一卷（第二出，与西晋法护出者同本，房云见《吴录》，又云罗什出，似再译）、《海龙王经》四卷（或加"新"字，第二出，与竺法护出者同本，玄始七年出，见竺道祖《河西录》及《僧祐录》）、《功德宝光菩萨经》一卷（见《长房录》）、《菩萨戒坛文》一卷（亦云《优婆塞戒坛文》，祐云《菩萨戒优婆塞戒坛文》，见僧祐、宝唱二录）。

右一十九部一百三十一卷（《所行赞》上一十二部一百一十八卷见在，《胜鬘经》下

---

① 菩萨地：《大正藏》本校勘记以为"菩萨地"后当补"持经"二字，查玄奘所译《瑜伽师地论》卷一至卷五十为所谓"本地分"部分，中间有所云"菩萨地"部分。

七部一十三卷缺本）。

沙门昙无谶，或云昙摩忏，亦云昙谟忏，盖取梵音不同故也，凉云法丰，中印度人，婆罗门种。谶六岁父亡，母以佣织养谶，见沙门达摩耶舍（此言“法称”）道俗宗敬，丰于利养，其母羡之，故以谶为弟子。十岁，与同学数人读咒，聪敏出群，读经[①]日得万余言。初学小乘，兼览五明诸论，讲说精辩，莫能酬抗。后遇白头禅师，共谶论议，习业既异，交诤十旬。谶虽攻难锋起，而禅师终不肯屈。谶服其精理，乃谓禅师曰：“颇有经典，可得见不？”禅师即授以树皮《涅槃经》本。谶寻读惊悟，方自惭恨，以为坎井之识，久迷大方。于是集众悔过，遂专业大乘。至年二十，所诵大小乘经二百余万言。

谶从兄善能调象，骑杀王所乘白耳大象。王怒诛之，令曰：“敢有视者，夷三族！”亲属莫敢往，谶哭而葬之。王怒，欲诛谶，谶曰：“王以法，故杀之；我以亲而葬之，并不违大义，何为见怒？”傍人为之寒心，其神色自若。王奇其志气，遂留供养。谶明解咒术，所向皆验，西域号为“大神咒师”。后随王入山，王渴乏须水，不能得。谶乃密咒石出水，因赞曰：“大王惠泽所感，遂使枯石生泉。”邻国闻者，皆叹王德。于时雨泽甚调，百姓称咏。王悦其道术，深佳[②]优宠。顷之，王意稍歇，待之渐薄。谶怒曰：“我当以罂水诣池，咒龙入罂，令天下大旱。王必请咒，然后放龙降雨，则见待何如？”遂持罂造龙。有密告之者，王怒，捕谶。谶惧诛，乃赍《大涅槃经》本前分一夹并《菩萨戒经》（《地持经》也）、《菩萨戒本》奔龟兹。

龟兹国多小乘学，不信《涅槃》，遂至姑臧，止于传舍。虑失经本，枕之而寝。有人牵之在地，谶惊，谓是盗者，如此三夕。闻空中语曰：“此如来解脱之藏，何以枕之！”谶乃惭悟，别置高处。夜有盗之者，举不能胜，乃数过举之，遂不能动。明旦，谶持经去，不以为重。盗者见之，谓是圣人，悉来拜谢。

河西王沮渠蒙逊闻谶名，呼与相见，接待甚厚。蒙逊素奉大法，志在弘通，请令出其经本。谶以未参土言，又无传译，恐言舛于理，不许即翻。于是学语三年，方译初分十卷。是时沙门慧嵩、道朗独步河西，值其宣出法藏，深相推重。转易梵文，嵩公笔受，道俗数百人疑难纵横，谶临机释滞，未尝留碍。嵩、朗等更请广出余经，谓《大集》《大云》《悲华》《地持》等，兼《涅槃经》，总十九部。谶以《涅槃经》本品数未足，还国寻求。值其母亡，遂留岁余。后

---

① 读经：《出三藏记集》《高僧传》皆作“诵经”，《大正藏》本亦校作“诵”，可从。“读经日得万余言”诚属简易之事，且下文亦云“所诵大小乘经二百余万言”可证。

② 深佳：似无义，《出三藏记集》《高僧传》皆作“深加”。

于于填更得经本，复还姑臧，续译成四帙焉。

谶以玄始三年甲寅创首翻译，至十五年丙寅都讫（房云“玄始十年讫”者，此乃《涅槃》竟时，非余经也。准《优婆塞戒·经后记》云“丙寅年出”，此即十五年中犹出经也。谶至义和三年癸酉三月方卒，中间六载，应更出经，录中不言，故未详也）。

谶尝告逊云：“有鬼入聚落，必多灾疫。”逊不信，欲躬见为验。谶即以术加逊，逊见而骇怖。谶曰：“宜洁诚斋戒，神咒驱之。”乃读咒三日，谓逊曰：“鬼北去矣。”既而北境之外疫死万数，逊益敬惮，礼遇弥崇。会魏太武皇帝闻其道术，遣使迎请，且告逊曰：“若不遣谶，便即加兵。”逊自揆国弱，难以拒命，兼虑谶多术，或为魏谋已，进退惶惑，乃密计除之。初，谶译出《涅槃》，卷数已定，而外国沙门昙无发云：“此经品未尽。”谶尝慨然，誓必重寻。蒙逊因其行志，乃伪资发遣，厚赠宝货。未发数日，乃流涕告众曰：“谶业对将至，众圣不能救矣。”以本有心誓，义不容停，行四十里，逊密遣刺客害之，时年四十九，众咸恸惜焉。既而逊左右常白日见鬼神以剑击逊，至四月，寝疾而终（逊以义和三年三月害谶，即其年四月遇疾而终，信哉！报应不虚，如影之随形也。房云谶在处世[①]承和四年卒者，非也。其义和三年即魏延和二年，岁在癸酉也）。

初，谶在姑臧，有张掖沙门道进欲从谶受菩萨戒，谶云：“且悔过。”乃竭诚七日七夜，至第八日晨，诣谶求受。谶忽大怒，进更思惟：“但是我业障未销耳。”乃戮力三年，且禅且谶[②]，即于定中见释迦文佛与诸大士授已戒法，其夕同止十余人，皆感梦，如进所见。进欲诣谶说之，未至十步，谶惊起唱言：“善哉！善哉！已感戒矣，吾当更为汝作证。”次第于佛像前为说戒相。时沙门道朗振誉关西，当进感戒之夕，朗亦通梦，乃自卑戒腊，求为法弟。于是从进受者千有余人。传授此法，迄至于今，皆谶之遗则。有别记云：“《菩萨地持经》，应是伊波勒菩萨[③]传来此土。”后果是谶所传译，疑谶或非凡也。

《菩萨戒经》八卷（祐、房等录并云谶译，今以是《地持》之别名，故不双载也）、《虚空藏经》五卷（祐、房等录亦云谶译，今以即是《大集·虚空藏品》析出别行，今载“别生录”中，此不复存也）、《优婆塞戒本》一卷（《宝唱录》云谶译，复云出《优婆塞戒经》，今亦载“别生录”中，不别存也）、《善信女经》二卷、《无为道经》二卷、《居士请僧福

---

① 处世：殊无意义，“承和四年”为北凉主茂虔年号，《大正藏》本校勘记校“处”为“虔”，“处世”应为“虔世”，即茂虔之世。

② 且谶：根据上下文，疑当作“且忏”。“谶”与“忏”之繁体“懺”形近，《中华大藏经》本作“忏”可证。

③ 伊波勒菩萨：菩萨名。《菩萨戒义疏》卷一云：“二《地持经》，相传是弥勒说，原本是灯明佛说，莲华菩萨受持，次第三十余菩萨传化。后有伊波勒菩萨，应迹托化传来此土。”

田经》一卷、《决定罪福经》一卷（上之四经，长房等录皆云谶译，复云世注为疑，今并依旧附疑，此中不载）。

《禅法要解》二卷（第二出，与罗什出者同本，见《长房录》）。

右一部二卷本缺。

安阳侯沮渠京声，即河西王蒙逊从弟。为人强志，疏通敏朗。少有智鉴，涉猎书记，善于谈论。幼禀五戒，锐意内典，所读众经，即能讽诵。常以为务学多闻，大士之盛业也。少时，尝度流沙到于填国，于瞿摩帝大寺[①]遇天竺法师佛陀斯那（凉言"觉将"），安阳从之咨问道义。斯那本学大乘，天才秀出，诵半亿[②]偈，明了禅法，故西方诸国号为"人中师子"。安阳从受禅法、诸秘要术，口诵梵本，东归于凉，以茂虔承和年中，译《禅法要解》一部。

《阿毗昙毗婆沙论》六十卷（或加"八揵度"字，初出，与唐译《大毗婆沙论》同本，或分成八十四卷，或一百九卷，佛后六百余年，五百应真[③]造，见僧祐、宝唱二录）。

右一部六十卷，其本见在。

沙门浮陀跋摩，或云佛陀跋摩，凉言觉铠，西域人也。幼而履操明直，聪悟出群，习学三藏，偏善《毗婆沙》，常诵持此论，以为心要。承和年中，达于姑臧。先有沙门道泰，志用强果，少游葱右，遍历诸国，得《毗婆沙》梵本十有万偈，还至姑臧，侧席虚襟，企待明匠，闻跋摩游心此论，请为翻译。时蒙逊已薨，子茂虔袭位。以虔承和五年丁丑四月中旬于凉州城内闲豫宫寺请跋摩译焉，泰即笔受，沙门慧嵩、道朗与义学僧三百余人考正文义，至七年己卯七月方讫，凡一百卷，沙门道挻为之制序。有顷，魏太武帝西伐姑臧，凉土崩乱，经书什物，皆被焚荡，遂失四十卷，今唯有六十存焉。跋摩避乱西反，莫知所终（序云"乙丑岁出"，即蒙逊玄始十四年也；"丁卯岁讫"，即玄始十六年也，与录不同，未详何以）。

《般泥洹经》二十卷（见道慧《宋齐录》及《僧祐录》，第六译，与无谶《大般涅槃经》等同本）。

右一部二十卷，本缺。

---

① 瞿摩帝大寺："瞿摩帝"本义为牛，又为印度之河名。《正法念经》曰："有河名瞿摩帝，广半由旬，长三百由旬，入于大海。瞿摩帝名牛也，以多饶牛故，名牛河。"然前云"尝度流沙到于填国"，故此处之"瞿摩帝大寺"，当为于阗之寺庙名称。今新疆考古研究所所藏 WBH1 文书即载有于阗瞿摩帝大寺。

② 半亿：古十万谓之"亿"，"半亿"乃言其多，并非实指。

③ 应真：指小乘佛教修行者所能达到的最高成就果位，已经达到了断尽生死烦恼的"无余涅般"至境。音译为阿罗汉、阿罗诃，意译为应真、应供。

沙门释智猛，京兆新丰人。禀性端明，厉行清白。少袭法服，修业专至，讽诵之声，以夜续昼。每见外国道人说释迦遗迹，又闻方等众经布在西域，常慨然有感，驰心遐外，以为万里咫尺，千载可追也。遂以姚秦弘始六年甲辰之岁，招结同志十有五人，发迹长安，渡河跨谷三十六所，至凉州城。

既而西出阳关，入于流沙，二千余里，地无水草，路绝行人。冬则严厉，夏则瘴炎，人死聚骨，以标行路，驝驼负粮，理极辛阻，遂历鄯鄯[①]、龟兹、于填诸国，备观风俗。从于填西南行二千里，始登葱岭，而同侣九人退还。猛与余伴进行千七百余里，至波沦国[②]。同旅竺道嵩又复无常，将欲阇毗[③]，忽失尸所在。猛悲叹惊异，于是自力而前，与余四人三度雪山，冰崖皓然，百千余仞，飞緪为桥，乘虚而过，窥不见底，仰不见天，寒气惨酷，影战魂栗。

复南行千里，至罽宾国。再渡辛头河，雪山壁立，转甚于前。下多瘴气，恶鬼断路，行者多死。猛诚心冥彻，履险能济。既至罽宾城，恒有五百罗汉住此国中，而常往反阿耨达池。有大德罗汉见猛至止，欢喜赞叹。猛咨问方土，为说四天子事，具在《猛传》。猛先于奇沙国[④]见佛文石唾壶，又于此国见佛钵，光色紫绀，四际尽然[⑤]。猛香华供养，顶戴发愿："钵若有应，能轻能重。"既而转重，力遂不堪，及下案时，复不觉重，其道心所应如此。

复西南行千三百里，至迦维罗卫国[⑥]，见佛发、佛牙及肉髻骨，佛影佛迹，炳然具存。又睹泥洹坚固之林、降魔菩提之树，猛喜心内充，设供一日，兼以宝盖大衣覆降魔像。其所游践，究观灵变，天梯龙池之事，不可胜数。

后至华氏城，是阿育王旧都，有大智婆罗门名罗阅宗，举族弘法，王所钦重，造纯银塔高三丈，沙门法显先于其家已得六卷《泥洹》，及见猛至，问云：

---

① 鄯鄯：西域古国名，国都在新疆若羌附近，东通敦煌，西达且末、拘弥、于阗，东北至车师，西北近焉耆，扼丝路之要冲。今有鄯善县，位于天山东部南麓的吐鲁番盆地东侧。

② 波沦国：即勃律古国，汉代称"无雷"，南北朝时称"波路"，唐代译为"勃律"、"钵露蜀"、"布路"、"波沦"等，位于今巴基斯坦东北部的巴尔蒂斯坦地区。

③ 阇毗：一译为"荼毗"，意译"焚烧"、"烧身"，指佛教僧人死后，将尸体火葬。

④ 奇沙国：又译为竭叉国，根据智猛行程，其当在波沦国与罽宾国附近，或云约在瓦罕 Wakhan 山谷附近，瓦罕山谷坐落于帕米尔高原和兴都库什山脉之间，连接中国、阿富汗、巴基斯坦等。岑仲勉以为奇沙国即迦舍罗逝国，且云"迦舍应在葱岭至印度道中"。而季羡林则以为即疏勒，今新疆喀什，季说可从。

⑤ 四际尽然：文义不彰，《大正藏》本校勘记作"画然"，可从。《出三藏记集》作"四边灿然"，亦通。

⑥ 迦维罗卫国：为古代释迦族之国。

“秦地有大乘学不？”答曰：“悉大乘学。”罗阅[①]惊叹曰：“希有！希有！将非菩萨往化耶！”猛就其家得《泥洹》梵本一部，又寻得《摩诃僧祇律》梵本一部及余经梵本，誓愿流通。

于是便反，以甲子岁发天竺，同行四僧于路无常，唯猛与昙纂俱还凉州。以虔承和年中译出《泥洹》，成二十卷。猛以宋元嘉末卒。

升[②]历寻游方沙门，记列道路，时或不同，佛钵顶骨，处亦乖爽，将知游往天竺，非止一路，顶钵灵迁，时届异土，故传述见闻，难以例也。

《大丈夫论》二卷（提波罗菩萨造，见《翻经图》）、《入大乘论》二卷（坚意菩萨造，见《唐旧录》[③]，亦见《内典录》及《翻经图》）。

右二部四卷，其本见在。

沙门释道泰，才敏自天，冲气疏朗，博闻奇趣，远参异言。往以汉土方等既备，幽宗粗畅，其所未练，唯三藏九部。故杖策冒崄，爰至葱西，综览梵文，义承高旨，并获《婆沙》梵本十万余偈及诸经论，东归于凉。遂遇浮陀跋摩，共翻《毗婆沙论》。泰后自译《大丈夫论》等二部（又长房、《内典》二录云“于其凉代，复有沙门昙觉于高昌国译《贤愚经》一部，即当宋元嘉二十二年也”，今谓不然，元嘉十六年己卯，凉国已绝，如何二十二年乙酉仍有译经？故知二录误也。今依靖迈《经图》，编在元魏之代。魏、宋虽并，宋居建业，魏都恒安[④]，以地而论，合属“魏录”）。

《菩萨投身饿虎起塔因缘经》一卷（《僧祐录》云《以身施饿虎经》，见“经后记”）。

右一部一卷，其本见在。

沙门释法盛，高昌人也，亦于凉代译《投身饿虎经》一卷。故前《高僧·昙无谶传》末云：“于时有高昌沙门法盛，亦经往外国，有传四卷。”[⑤]其《投身饿虎经·后记》云：“尔时国王闻佛说已，即于是处起立大塔，名为菩萨投身饿虎塔，今见在。塔东面山下有僧房、讲堂、精舍，常有五千众僧，四事供养。法盛尔时见诸国中有人癞病及癫狂、聋盲、手脚躄跛及种种疾病，悉来就此塔，烧香燃灯，香泥涂地，修治扫洒，并叩顶忏悔，百病皆愈。前来差者便去，后来辄尔，常有百余人，不问贵贱皆尔，终无绝时。”今详僧传之文，及阅“经

① 罗阅：后脱一“宗”字，或为省称。

② 升：应即“智升”。然此段文字源于《高僧传》，其载此处作“余”，则本当为梁僧“慧皎”。智升在编撰《开元释教录》过程中有所窜改，故有此异文。

③ 《唐旧录》：本书卷十智升自注“未见其本”，或开元时期已经散佚。

④ 恒安：北魏都城，即今山西大同之平城。北魏道武帝拓跋圭于天兴元年（398）七月迁都至此，后北魏孝文帝迁都洛阳，建都于此 97 年。

⑤ 《高僧传》卷二原文与此稍异，其云：“时高昌复有沙门法盛，亦经往外国，立传凡有四卷。”

记”之说，法盛游于西域，此事不虚。复云亲睹灵龛，故应非谬。若非盛之自译，何得著彼经终？既能自往西方，岂有不传经教？考核终始，事乃分明，今为盛翻，编载斯录。

《不退转法轮经》四卷（一名《不退转经》，第二出，与竺法护《阿惟越致遮经》等同本）、《金刚三昧经》二卷（或一卷）、《大忍辱经》十卷、《金轮王经》一卷、《贤劫五百佛名》一卷。

右五部一十八卷（前二部六卷见在，后三部一十二卷缺本）。

长房等录并云是沙门僧祐新集释道安“凉土异经”，今还附入“凉世目录”，为失译源，庶知时代，显译有无，卷部多少，出之处所。

已下新附此录。

《优婆夷净行法门经》二卷（或无“经”字，亦直云《净行经》）、《长者法志妻经》一卷、《大爱道比丘尼经》二卷（亦云《大爱道受戒经》，《旧录》云《大爱道经》）、《三慧经》一卷、《菩萨等行经》一卷。（此已下缺）《四无畏经》一卷、《权变经》一卷（《旧录》云《文殊师利权变三昧经》，或直云《权变三昧经》）、《十沤惒经》一卷、《七言禅利经》一卷（《旧录》云《沤惒七言禅利经》）、《菩萨十沤惒经》一卷（今疑与前《十沤惒》同）、《瓶沙王经》一卷、《有无经》一卷、《五百偈经》一卷、《须耶越国[①]贫人经》一卷（《旧录》云《须耶越国贫人赁剔头经》）、《浮木经》一卷、《坯喻经》[②]一卷、《妖怪经》一卷、《阿般计泥洹经》一卷（一本作《陶射计泥洹经》[③]）、《四非常经》一卷、《五失盖经》一卷、《要真经》一卷、《本无经》一卷、《劝德经》一卷、《十五德经》一卷、《父母因缘经》一卷（今疑与《父子因缘经》同）、《慧行经》一卷、《未生王经》一卷（今疑是《未生怨经》）、《内外无为经》一卷、《道净经》一卷、《七事本末经》一卷（《旧录》云《七事本行经》）、《百宝三昧经》一卷、《三乘经》一卷、《耆域[④]术经》一卷（《旧录》云《耆域四术经》）、《五盖离疑经》一卷（今疑是《五盖疑结失行经》）、《太子智止经》一卷、《道德章经》一卷、《苦相经》一卷、《须佛得度经》一卷、《由经》一卷、《分然洹国迦罗越经》一卷、《五阴事经》一卷、《义决法事经》一卷、《十思惟经》一卷、《分别六情经》一卷、

① 须耶越国：又译为须耶国，印度古国，具体范围待考。《佛说沙曷比丘功德经》云：“时须耶国有贫人，行赁剃小儿头。”

② 《坯喻经》：本书卷十五“凉土异经”载为“《坏喻经》”，《出三藏记集》等亦谓“《坏喻经》”。

③ 《陶射计泥洹经》：“陶射计”，殊无意义，或为音译词，但与“阿般计”语音差别甚殊，《大周录》作“一名《窐射计泥洹经》”，疑当作“窐般计”，形近致讹。“阿般计”与“窐般计”则声近。

④ 耆域：天竺神僧，《神僧传》卷一云：“天竺人也。周流华戎，靡有常所，而倜傥神奇，任性忽俗，迹行不恒，时人莫之能测。”

《三失盖经》一卷、《佛宝三昧经》一卷、《法志女经》一卷。

右四十七部四十九卷（唯初四部六卷有本，余者并缺）。

《僧祐录》云安公“凉土异经”，长房等录缺而不载，今还附入“凉录”，以为失译。祐载安公“凉土异经”总五十九部，于中五部，《房录》已载，今更出四十七部，通前五十二部，余有七部一十四卷，谨按长房等录，皆有所凭，即非失译，是故此录删之不存，今具条件[①]，列之如左：

《须菩提品经》七卷（《般若钞经》异名，前秦昙摩蜱译）、《文殊师利示现宝藏经》二卷（西晋竺法护译）、《七知经》一卷（或作“七智”，吴安谦[②]译）、《难龙王经》一卷（或云《难龙经》，亦云《龙王兄弟经》异名，吴支谦译）、《阿陀三昧经》一卷（即《阿多三昧经》异名，安公“关中异经”已载）、《大五浊经》一卷（《旧录》云《大五浊世经》，群录云伪，今亦编之）、《首至问十四章经》一卷（《旧录》云《首至问佛十四意经》，或云《首至问十四事经》，亦云后汉支曜译，今为抄经，载“别生录”）、《大方广十轮经》八卷（初出，与唐译《地藏十轮经》同本，是《大集》第十三分，似凉代译，群录不载。今附此凉末，庶免遗漏耳）。通新及旧，总五十三部，合七十五卷，并为“北凉失源”云。

---

① 条件：按条分开。“件”之本义为分开；分别。

② 安谦：三国吴时期，没有名为“安谦”之译家，当为“支谦”，且下条夹注亦作“吴支谦译”。《出三藏记集》载支谦译有《七智经》，即此《七知经》是。

《开元释教录》卷第五

“总括群经录”上之五

宋刘氏都建业。自武帝永初元年庚申至顺帝升明三年己未，凡八主六十年，缁素共有二十二人，所出经律论等，并杂集失译诸经[①]，总四百六十五部七百一十七卷（于中九十三部二百四十三卷见在，三百七十二部四百七十四卷缺本）。

宋沙门佛陀什（三部三十二卷律戒羯磨）、沙门畺良耶舍（二部二卷经）、沙门昙摩蜜多（一十二部一十七卷经）、沙门释智严（一十部三十一卷经）、沙门释宝云（四部一十七卷经集）、沙门伊叶波罗（一部一十三卷论）、沙门求那跋摩（一十部一十八卷律集）、沙门僧伽跋摩（五部二十四卷律论集）、沙门求那跋陀罗（五十二部一百三十四卷经论集）、沙门释昙无竭（一部一卷经）、居士沮渠京声（二十八部二十八卷经律）、沙门释慧简（一十部一十卷经集）、沙门功德直（二部七卷经）、沙门释僧璩（一部一卷羯磨）、沙门释法颖（一部一卷尼戒）、沙门竺法眷（六部二十九卷经）、沙门释翔公（一部二卷经）、沙门释道严（二部三卷经律）、沙门释勇公（三部三卷经）、沙门释法海（二部二卷经律）、沙门释先公（一部一卷经）、沙门僧伽跋弥（一部一卷律抄）、新集失译诸经（三百七部三百四十卷）。

《五分律》三十卷（亦云《弥沙塞律》，或三十四卷，《别录》云二十四卷，恐谬，见道慧《宋齐录》及《僧祐录》）、《五分比丘戒本》一卷（亦云《弥沙塞戒本》，见《竺道祖录》及《僧祐录》）、《弥沙塞羯磨》一卷（见《竺道祖录》及《僧祐录》）。

右三部三十二卷（律戒见在，羯磨本缺）。

沙门佛陀什，宋言觉寿，罽宾国人。少受业于弥沙塞部[②]，专精律品，兼

① 杂集失译诸经：下文细目“杂集”为“新集”，《中华大藏经》本亦为“新集”，可从。

② 弥沙塞部：弥沙塞罗汉部宗之律藏，即五分律。“弥沙塞”本为人名，《可洪音义》曰：“弥沙塞，律部师宗名也，亦云弥沙翼，亦云弥嬉舍娑柯，此云化地。”

达禅要。以废帝义符景平元年癸亥七月届于杨都。先沙门法显于师子国得《弥沙塞律》梵本，未及翻译，而显迁化。建业诸僧闻什既善此学，于是请令出焉。即以其年冬十一月集龙光寺译，称为《五分律》。什执梵文，于填沙门智胜传语，龙光沙门竺道生、东安沙门释慧严共执笔参正，宋侍中琅琊王练为檀越，至来年十二月方讫，仍出《戒心》及《羯磨文》等，并行于世。什后不知所终。

《观无量寿佛经》一卷（亦云《无量寿观经》，初出，见道慧《宋齐录》及《高僧传》）、《观药王药上二菩萨经》一卷（第二出，见《宋齐录》及《高僧传》）。

右二部二卷，其本见在。

沙门畺良耶舍，宋云时称，西域人。性刚直，寡嗜欲，善诵《阿毗昙》，博涉律部，其余诸经，多所该综。虽三藏兼明，而以禅门专业，每一游观，或七日不起，常以三昧正受传化诸国。以元嘉元年甲子，远冒沙河，萃于建业。文帝义隆深加叹异，敕止钟山道林精舍。沙门宝志崇其禅法，沙门僧含请译《观无量寿》及《药王药上观》[①]，含即笔受。以此二经是净土之洪因，转障之秘术，故沉吟嗟味，流通宋国。平昌孟顗承风钦敬，资给丰厚。顗出守会稽，固请不从。后移憩江陵。元嘉十九年，西游岷蜀，处处弘道，禅学成群。后还，卒于江陵，春秋六十矣。

《虚空藏菩萨神咒经》一卷（第二出，与姚秦耶舍《虚空藏》及隋崛多《虚空孕经》等同本，见李廓《魏世录》[②]）、《观虚空藏菩萨经》一卷（亦名《虚空藏观经》，亦直云《虚空藏菩萨经》，见道慧《宋齐录》及《僧祐录》）、《象腋经》一卷（第四出，与《无所希望经》等同本，见《李廓录》）、《诸法勇王经》一卷（第二出，与《一切法高王经》等同本，见《李廓录》）、《转女身经》一卷（第四出，与《无垢贤女经》等同本，见《李廓录》）、《观普贤菩萨行法经》一卷（下注云出《深功德经》中，或无“行法”字，亦云《普贤观经》，第三出，见《僧祐录》）、《五门禅经要用法》一卷（第二出，与安高出者同本，见《宝唱录》及《僧祐录》）、《新无量寿经》二卷（第十出，与世高《无量寿经》及《宝积·无量寿会》等同本，见《真寂寺录》）、《郁伽长者所问经》一卷（第六出，与安玄《法镜经》及《宝积·郁伽长者会》等同本，见《李廓录》）、《佛升忉利天为母说法经》一卷（第三出，与法护《佛升忉利天经》等同本，见《李廓录》）、《观无量寿佛经》一卷（第二出，与姜良耶舍[③]出者同本，见《宝唱录》）、《禅秘要经》五卷（或无“经”字，一名《禅法要》，元嘉十八年于祇洹寺出，或三卷，见《僧祐录》，第三出，今有《禅秘要经》五卷，文极交错，不可流行，

① 《药王药上观》：即上文所录之《观药王药上二菩萨经》。《高僧传》卷三此二经分别作“《无量寿观》”和“《药王药上观》”，或为当时惯用经名。

② 李廓《魏世录》：即《魏世众经目录》，见前“《李廓录》”条注。

③ 姜良耶舍：即前“畺良耶舍”之异译，“姜”、“畺”音同。

如“删繁录”中述）。

右一十二部一十七卷（《五门禅经》上七部七卷见在，《无量寿经》下五部十卷缺本）。

沙门昙摩蜜多，宋言法秀，罽宾人也。年六七岁，神明澄正，每见法事，辄自然欣跃。其亲爱而异之，遂令出家。罽宾多出圣达，屡值明师，博贯群经，特深禅法，所得之要，极其微奥。为人沉邃有慧解，仪轨详整，生而连眉，故世称“连眉禅师”焉。

少好游方，誓志宣化，游历诸国，遂适龟兹。未至，一日王梦神告曰：“有大福德人，明当入国，汝应供养。”明旦，即敕外司，若有异人入境，必驰奏闻。俄而蜜多果至，王自出郊迎，延请入宫，遂从禀戒，尽四事之供。蜜多安而能迁，不滞利养，居数年，蜜有去志。神又降梦曰：“福德人舍王去矣。”王惕然惊觉，既而君臣固留，莫之能止。遂度流沙，进到炖煌，于旷野之地建立精舍，植㮈[①]千株，开园百亩，房阁池林，极为严净。顷之，复适凉州，仍于公府旧寺，更营堂宇，学徒济济，禅业甚盛。

常以江左多民，志欲传法，以元嘉元年展转至蜀。俄而出峡，停止荆州，于长沙寺造立禅馆，翘诚恳恻，祈请舍利。旬有余日，遂感一枚，冲器出声，放光满室，门徒道俗，莫不更增勇猛，人百其心。居顷之，沿流东下，至于建业，初止中兴寺，晚憩祇洹。其道声素著，倾都礼讯。自宋文袁皇后及皇子公主莫不设斋桂宫，请戒椒掖[②]，参候之使，旬日相属。从元嘉元年甲子至十八年辛巳，译《虚空藏神咒》等经一十二部。常以禅道教授学徒，凡所归投，不远千里，四辈远近，皆号“大禅师”焉。会稽太守孟顗深信真谛，以三宝为己任，素好禅味，敬心殷重，及临浙河，请与同游，乃于鄮县[③]之山建立塔寺。东境旧俗，多趣巫祝，及妙化所移，比屋归正，自西徂东，无思不服。

后还建业，憩定林下寺。禅师天性凝静，雅爱山水，以为钟山镇岳，特美[④]嵩、华，常叹下寺基构未穷形胜，于是乘高相地，揆卜山势，斩石刊木，营建上寺。殿房禅室，肃然深远，实依俙鹫岩，仿佛祇树矣！于是息心之众，万里来集，讽诵肃邕，望风成化。爰自西域，至于南土，凡所游履，靡不兴造檀会，敷陈教法。

初，禅师之发罽宾也，有迦毗罗神卫送，遂至龟兹。于中路欲反，乃现形

① 植㮈：《大正藏》本校勘记“㮈”作“柰”，《高僧传》作“㮈”，二字可通。

② 设斋桂宫，请戒椒掖：“桂宫”本指汉武帝之宫名，后代指皇宫、后宫；“椒掖”则指后妃所居的宫室。

③ 鄮县：古鄮县，河南、湖北和安徽皆有建置，然昙摩蜜多时当在会稽，必无“鄮县之山建立塔寺”之理，《出三藏记集》《高僧传》皆作“鄮县”，即今宁波，当时属会稽，故当从。

④ 特美：文词浅近，疑误。《出三藏记集》《高僧传》皆作“埒美”，为比美；媲美义，更符合文义。

告辞禅师曰："汝神力通变，自在游处，将不相随共往南方。"语毕，即收影不见。遂远从至于杨都，故仍于上寺图像着壁，迄至于今，犹有声影之验，洁诚祈福，莫不享愿。以元嘉十九年七月六日卒于上寺，春秋八十有七。道俗四部，行哭相趋，仍葬于钟山宋熙寺前。

《无尽意菩萨经》六卷（初题云《大集经中无尽意所说不可尽义品》第二十二，亦直云《无尽意经》，亦名《阿差末经》，第四出，与法护《阿差末》等同本，见《李廓录》）、《法华三昧经》一卷（《法华》支流[1]，见《长房录》）、《广博严净不退转轮经》四卷（第三出，或六卷，或直云《广博严净经》，亦直云《不退转法轮经》，与法护《阿惟越致遮经》等同本，元嘉四年出，见《宋齐录》及《僧祐录》）、《四天王经》一卷（见《僧祐录》及《高僧传》）、《普曜经》八卷（第三出，或六卷，或四卷，与《蜀普曜》、竺法护《普曜》及唐译《方广庄严》并同本，见《宋齐录》及《僧祐录》《高僧传》等）、《净度三昧经》一卷（初出，见《长房录》）、《菩萨璎珞本业经》二卷（第二出，见《长房录》）、《生经》五卷（第二出，与法护出者同本，房云见《别录》）、《善德优婆塞经》一卷（见《长房录》）、《阿那含经》二卷（见《长房录》）。

右一十部三十一卷（《四天王经》上四部一十二卷见在，《普曜经》下六部一十九卷缺本）。

沙门释智严，西凉州人。弱冠出家，便以精勤著称。纳衣宴坐，蔬食永年。每欲博事名师，广求经诰，遂周流西国，进到罽宾，入摩天陀罗精舍，从佛驮先比丘咨受禅法，渐染三年，功逾十载。佛驮先见其禅思有绪，特深器异。彼诸道俗闻而叹曰："秦地乃有求道沙门矣！"始不轻秦类，敬接远人。

时有佛陀跋陀罗比丘，亦是彼国禅匠，严乃要请东归，欲传法中土，跋陀嘉其恳至，遂共东行。逾越岁时，达于关内，恒相依附，共止长安。顷之，跋陀横为秦僧所摈，严与西来徒众并分散出关，仍憩山东精舍，坐禅诵经，力精修学。晋义熙十三年，宋武西伐姚泓，克捷旋旆，涂出山东。时始兴公王恢从驾游观山川，至严精舍，见其同志三僧，各坐绳床，禅思湛然。恢乃弹指，三人开目，俄而还闭，不与交言。恢心敬其奇，访诸耆老，皆云："隐居积岁，未尝辄出。"恢即启宋武延请还都，莫肯行者。屡请既至，二人推严随行。恢道怀素笃，礼事甚备，还都，即住始兴寺。严性虚静，志避嚣尘，恢乃于东郊之际更起精舍，即枳园寺也。

严前还于西域，所得梵本众经未及译写。到元嘉四年丁卯，乃共沙门宝云译出《无尽意》等经十部。严在寺，不受别请，常分卫自资，道化所被，幽显

---

① 支流：《大正藏》本校勘记作"支派"，意义相同，本书中多"支派"之说。

咸服。严清素寡欲，随受随施，少而游方，无所滞着，禀性冲退，不自陈叙，故虽多美行，世无得而尽传。

严昔未出家时，曾受五戒，有所亏犯。后入道受具足，常疑不得戒，每以为惧，积年禅观，而不能自了。遂更泛海，重到天竺，咨诸明达。值罗汉比丘，具以事问。罗汉不敢判决，乃为严入定往兜率宫咨启弥勒。弥勒答云："得戒。"严大喜跃，于是步归。行至罽宾，无疾而卒，时年七十八。彼国凡圣，烧身各处，严虽戒操高明，而实行未辩[①]，始移尸向凡僧墓地，而尸重不起；改向圣墓，则飘然自轻。严弟子智羽、智远，故从西来，报此征瑞，俱还外国。以此推严，信是得道人也，但未知果向中间若深浅耳。

《调伏众生业经》（出《大集经》）、《一音显正法经》（或云《一音演正法经》，出《悲华经》）、《善德婆罗门问提婆达多经》（出《大云经》）、《毗罗三昧经》二卷（祐等诸录皆注为疑，《大周录》中刊之为正。今寻文言浅鄙，义理疏遗，故入疑科，用除稗秽）。《调伏众生》等四部五卷，长房等录皆云"严译"。今以前三"别生"，后一"疑伪"。今为实录，故并删之。

《佛本行经》七卷（或云《佛本行赞传》，于六合山寺出，或云五卷，见僧祐、宝唱、《内典》等录，《高僧传》云《佛本行赞经》）、《新无量寿经》二卷（永初二年于道场寺出，一录云于六合山寺出，第九译，与《宝积·无量寿会》等同本，见道慧、僧祐等录）、《净度三昧经》二卷（第二出，见竺道祖《杂录》）、《付法藏经》六卷（初出，见《李廓录》）。

右四部一十七卷（前一部七卷见在，后三部十卷缺本）。

沙门释宝云，凉州人也。弱年出家，精勤有学行，志韵刚洁，不偶于世。故少以直方纯业[②]为名，而求法恳恻，忘身殉道，誓欲躬睹灵迹，广寻经教。以晋隆安之初，远适西域。与法显、智严先后相随，涉履流沙，登逾雪岭，勤苦艰至[③]，不以为难。遂历于填、天竺诸国，备睹灵异。乃经罗刹之野，闻天鼓之音，释迦影迹，多所瞻礼。云在外域，遍学梵书，天竺诸国音字诂训，悉皆贯练。后还长安，随禅师佛陀跋陀受业，修学禅门，孜孜不怠。及禅师横为秦僧所摈，云亦奔亡。会庐山远公解其摈事，共归杨都，安止道场寺。僧众以

---

① 实行未辩："辩"，《大正藏》本校勘记作"辨"，辨别；辨明义。或当为"办"，"辩"与"办"之繁体"辦"形近，《高僧传》卷三"智严传"作"办"可证。

② 纯业：纯善之业，与"杂业"相对。《俱舍论颂疏论本》卷十三云："诸天善业，恶不能杂，名为纯业。以业纯善，所感内外，二事俱妙。"《出三藏记集》《高僧传》皆作"纯素"，义为纯粹而不杂；纯朴。两通。

③ 艰至：表述颇异。《高僧传》等作"艰危"，所云"勤苦艰危"，皆是下文"不以为难"之对象，可从。

云志力坚猛，弘道绝域，莫不披衿咨问，敬而受[①]焉。

初，共智严同出诸经。严既迁化，云独宣译，以元嘉年中，译《佛本行经》等四部。云手执梵本，口自宣译，华、戎兼通，音训允正。云之所定，众咸信服。初，关中沙门竺佛念善于宣译，于苻、姚二代，显出众经。江左练梵，莫逾于云。故于晋、宋之际，弘通法藏，沙门慧观等咸友而善之。云性好幽居，以保闲寂。遂适六合山寺，山多荒民，俗好草窃，云说法教诱，多有改恶，礼事供养，十室而九。顷之，道场慧观临卒，请云还都，总理寺任。云不得已而还。居道场岁许，复还六合。以元嘉二十六年终于山寺，春秋七十有四。其游履外国，别有记传。

《杂阿毗昙心》十三卷（第三出，见《高僧传》及《僧祐录》，或十四卷）。

右一部一十三卷，缺本。

沙门伊叶波罗，宋云自在，西域人。妙通三藏，明解四《含》。以元嘉三年景寅游于彭城，为北徐州刺史太原王仲德译《杂阿毗昙心》，译至《择品》，缘碍未竟，遂辍，但成十卷，刺史亲自笔受。至八年辛未，更请求那跋摩续译都讫，成十三卷。

《菩萨善戒经》九卷（一名《菩萨地》，或十卷，于祇洹寺出，见竺道祖、僧祐二录及《高僧传》、长房等录，并云《善戒经》二十卷，又云弟子更出二品，成三十卷，并非也）、《菩萨善戒经》一卷（《优波离问菩萨受戒法》，见《宝唱录》。若准祐记，将此为初卷，兼前九卷，共成十卷。然北地经本，离之已久，不可合之，且依旧定）、《菩萨内戒经》一卷（是《法上录》[②]）、《优婆塞五戒威仪经》一卷（见《宝唱录》）、《沙弥威仪》一卷（或云《沙弥威仪经》，见《长房录》）、《四分比丘尼羯磨法》一卷（祐云《昙无德羯磨》，亦云《杂羯磨》，元嘉八年于祇洹寺出，见僧祐、宝唱二录及《高僧传》等，亦直云《四分羯磨》）、《优婆塞五戒相经》一卷（一名《优婆塞五戒略论》，元嘉八年于祇洹寺出，第一译，见僧祐、宝唱二录及《高僧传》）、《龙树菩萨为禅陀迦王说法要偈》一卷（见《唐旧录》）、《善信二十二戒》一卷（亦云《离欲优婆塞优婆夷具行二十二戒文》，亦云《三归优婆塞戒》，祐云《三归及优婆塞二十二戒》，或云《优婆塞戒》，见《高僧传》及《僧祐录》）、《经律分异记》一卷（见《长房录》）。

右一十部一十八卷（《龙树说法要偈》上八部一十六卷见在，《善信二十二戒》下二部二卷缺本）。

---

① 敬而受：《出三藏记集》《高僧传》等文献皆作“爱”，义胜。且“敬而爱”之施动为前云之“僧众”，若作“受”，则施动为宝云法师，文意前后有矛盾。

② 是《法上录》：据《开元释教录》文例，“是”当为“见”。

沙门求那跋摩，宋言功德铠，本刹利种，累世为王，治在罽宾国。祖父呵梨跋陀（此云“师子贤”），以刚直被徙。父僧伽阿难（此云“众喜”），因潜隐山泽。跋摩年十四，便机见俊达，深有远度，仁爱泛博，崇德务善。其母尝须野肉，令跋摩办之，跋摩启曰：“有命之类，莫不贪生，夭彼之命，非仁人矣。”母怒曰：“设令得罪，吾当代汝。”跋摩他日煮油，误浇其指，因谓母曰：“代儿忍痛。”母曰：“痛在汝身，吾何能代？”跋摩曰：“眼前之苦，尚不能代，况三涂耶？”母乃悔悟，终身断杀。至年十八，相工[①]见而谓曰：“君年三十，当抚临大国，南面称尊。若不乐世荣，当获圣果。”至年二十，出家受戒，洞明九部，博晓四《含》，诵经百余万言，深达律品，妙入禅要，时号曰“三藏法师”。至年三十，罽宾王薨，绝无绍嗣，众咸议曰：“跋摩帝室之胤，又才明德重，可请令还俗，以绍国位。”群臣数百再三固请，跋摩不纳，乃辞师违众，林栖谷饮，孤行山野，遁迹人世。

后到师子国，观风弘教，识真之众，咸谓已得初果，仪形感物，见者发心。后至阇婆国[②]，初未至一日，阇婆王母梦见一道士飞舶入国，明旦，果是跋摩来至。母敬以圣礼，从受五戒。母因劝王曰：“宿世因缘，得为母子，我已受戒，而汝不信，恐后生之因，永绝今果。”王迫以母敕，即奉命受戒，染习既久，专精渐笃。顷之，邻兵犯境，王谓跋摩曰：“外贼恃力，欲见侵侮，若与斗战，伤杀必多；如其不拒，危亡将至。今唯归命师尊，不知何计？”跋摩曰：“暴寇相攻，宜须御捍。但当起慈悲心，勿兴害念耳。”王自领兵拟之，旗鼓始交，贼便退散。王遇流矢伤脚，跋摩为咒水洗之，信宿平复。王恭信稍殷，乃欲出家修道，因告群臣曰：“吾欲躬栖法门，卿等更择明主。”群臣皆拜伏劝请曰：“王若舍国，则子民无依。且敌国凶强，恃险相对。如失恩覆，则黔首奚处？大王天慈，宁不愍命[③]？”王不忍固违，乃就群臣请三愿，若许者，当留治国：一愿凡所王境，同奉和上；二愿尽所治内，一切断杀；三愿所有储财，赈给贫病。群臣欢喜，佥然敬诺。于是，一国皆从受戒。王后为跋摩立精舍，躬自引材，伤王脚指，跋摩又为咒治，有顷平复。道化之声，播于遐迩，邻国闻风，皆遣使要请。

时杨都名德沙门慧观、慧聪等远挹风猷，思欲飡禀[④]，以元嘉元年九月面

① 相工：以相术为业的人。《大正藏》本校勘记校“工”为“师”，义同两通。

② 阇婆国：又译为阇婆达、耶婆提、社婆等，即爪哇国，古代东南亚古国，位于今印度尼西亚爪哇岛一带。

③ 愍命：《高僧传》作“愍念”，犹怜悯。

④ 飡禀：品味承受。“飡”，同“餐”，品味义。“禀”有赋予；承受义。

启文帝，求迎请跋摩，当即敕交州刺史，令泛舶延致。观等又遣沙门法长、道冲、道隽等往彼祈请，并致书于跋摩及阇婆王婆多伽等，必希顾临宋境，流行道教[①]。跋摩以圣化宜广，不惮游方。先已随商人竺难提舶欲向一小国，会值便风，遂至广州。故其遗文云："业行风所吹，遂之于宋境。"此之谓也。文帝知跋摩已至南海，于是复敕州郡，令资发至都。路由始兴，经停岁许。始兴有虎丘山，山形耸峭，峰岭高绝，跋摩谓其仿佛耆阇崛[②]，乃改名灵鹫。于山寺之外别立禅室，去寺数里，磬音不闻，每至鸣椎，跋摩已至。或致雨不沾，或履泥不湿，时众道俗，莫不肃然增敬。寺有宝月殿，跋摩于殿北壁手自画作罗云像及定光儒童布发之形，像成之后，每夕放光，久之乃歇。始兴太守蔡茂之深加敬仰，后茂之将死，跋摩躬自往视，说法安慰。后家人梦见茂之在寺中与众僧讲法，实由跋摩化导之力也。此山本多虎灾，自跋摩居之，昼行夜往，或时值虎，以杖按头，弄之而去。于是山旅水宾，去来无梗，盛德[③]归化者，十有七八焉。跋摩尝于别室入禅，累日不出，寺僧遣沙弥往候之，见一白师子缘柱而立，亘空弥漫生青莲华，沙弥惊恐大呼，往逐师子，豁无所见，其灵异无方，类多如此。

后文帝重敕，观等复更敦请，乃泛舟下都，以元嘉八年正月达于建业。文帝引见，劳问殷勤，因又言曰："弟子常欲持斋不杀，迫以身殉物，不获从志。法师既不远万里，来化此国，将何以教之？"跋摩曰："夫道在心不在事，法由己非由人。且帝王与匹夫所修各异，匹夫身贱名劣，言令不威，若不克己苦躬，将何为用？帝王以四海为家，万民为子，出一嘉言则士女咸悦；布一善政则人神以和。刑不夭命，役无劳力，则使风雨适时，寒暖应节，百谷滋繁，桑麻郁茂。如此持斋，斋亦大矣！不杀亦众矣！宁在缺半日之餐，全一禽之命，然后方为弘济耶？"帝乃抚几叹曰："夫俗人迷于远理，沙门滞于近教，迷远理者，谓至道虚说；滞近教者，则拘恋篇章。至如跋摩法师所言，真谓开悟明达，可与谈于天人之际矣！"乃敕住祇洹寺，供给隆厚，公、王、英彦，莫不宗奉。俄而于寺开讲《法华》及《十地》，法席之日，轩盖盈衢，观瞩往还，肩随踵接。跋摩神府自然，妙辩天绝，或时假译人，而往复悬悟。

跋摩即于祇洹寺译《菩萨善戒经》等十部（其《善戒经》，长房等录并云〔二〕十卷，下注云"后弟子于定林更出二品，成三十卷"者，非也。今但九卷，或云十卷，应是传写差误，

---

① 道教：本指有道法之宗教，这里当指佛教，并非后世之中国本土宗教道教。

② 耆阇崛：山名，又译为伊沙堀、揭梨驮罗鸠胝、姞栗陀罗矩吒、鹫头、鹫峰等，位于中印度摩羯陀国首都王舍城之东北侧，是著名的佛陀说法之地。

③ 盛德：于文意有违。《高僧传》等作"感德"，感化于德行之义。

加其“二”字。《僧祐录》中只云十卷，故知余录传写误也。又按《高僧传》云：“祇洹慧义请出《菩萨善戒》，始得二十八品，后弟子代出二品，成三十品。”房等录云“续成三十卷”者，误之甚也。又长房等录复云“跋摩译《杂阿毗昙心》十三卷”，今以伊叶波罗译出十卷，跋摩后续成其十三，非谓跋摩更别翻出，二处俱载，此亦不然。今此删之，载于前录），并文义详允，梵、宋弗差。时影福寺尼慧果、净音等共请跋摩云：“去六年，有师子国八尼至都，云宋地先未经有尼，那得二众受戒，恐戒品不全。”跋摩云：“戒法本在大僧众发，设不本事，无妨得戒，如爱道[①]之缘。”诸尼又恐年月不满，苦欲更受，跋摩称云：“善哉！苟欲增明，甚助随喜。”但西国尼年腊未登，又十人不满，且令学宋语，别因西域居士更请外国尼来，足满十数。其年夏，在定林下寺安居。时有信者，采华布席，唯跋摩所坐，华彩更鲜，众咸崇以圣礼。夏竟，还祇洹。其年九月二十八日，中食未毕，先起还阁，其弟子后至，奄然已终，春秋六十有五。

未终之前，预造遗文偈颂三十六行，自说因缘，云已证二果，手自封缄，付弟子阿沙罗云：“我终后，可以此文还示天竺僧，亦可示此境僧也。”既终之后，即扶坐绳床，颜貌不异，似若入定。道俗赴者，千有余人，并闻香气芬烈，咸见一物，状若龙蛇，可长一匹许，起于尸侧，直上冲天，莫能名者。即于南林戒坛前，依外国法阇毗之。四部鳞集，香薪成積，灌之香油，以烧遗阴，五色焰起，氛氲丽空。是时，天景澄朗，道俗哀叹，仍于其处起立白塔。欲重受戒诸尼，悲泣望断，不能自胜。

初，跋摩至宋，文帝欲从受菩萨戒，未及咨禀，奄而迁化，以本意不遂，伤恨弥深，乃令众僧译出其遗文云（遗文在传，恐繁故止）。

《毗尼摩得勒伽》十卷（初卷云《萨婆多部毗尼摩得勒伽》，元嘉十二年[②]乙亥正月于秣陵平乐寺出，至九月二十二日讫，见道慧《宋齐录》及《僧祐录》）、《杂阿毗昙心论》十一卷（或无“论”字，亦云《杂阿毗昙经》，房云《杂阿毗昙毗婆沙》，或十四卷，第四译，元嘉十一年甲戌九月于长干寺出，周年乃讫，见《僧祐录》及“经序”）、《劝发诸王要偈》一卷（龙树菩萨撰，第二出，见《僧祐录》及《高僧传》）、《分别业报略》一卷（大勇菩萨撰，或云《大勇菩萨分别业报略集》，见《僧祐录》及《高僧传》）、《请圣僧浴文》一卷（见《僧祐录》及《高僧传》）。

---

① 爱道：即“大爱道”，释迦牟尼的姨母。《大爱道比丘尼经》云：“佛生七日，生母摩耶夫人逝，姨母大爱道接替抚育。佛成道后，允许姨母大爱道率五百宫眷出家修行。”

② 元嘉十二年：《大正藏》本校勘记校作“元嘉二十二年”，误。一则“元嘉二十二年”岁在乙酉，不当为“乙亥”，二则后文小传云跋摩“以元嘉十九年随西域贾人舶还外国，莫详其终”，亦不应该有“元嘉二十二年”之译经。

右五部二十四卷（前四部二十三卷见在，后一部一卷缺本）。

沙门僧伽跋摩，宋言众铠，印度人也。少而弃俗，清峻有戒德，明解律藏，尤精《杂心》[①]。以元嘉十年癸酉，步自流沙，届于建业。风宇宏肃，道俗敬异，咸宗而事之，号曰“三藏法师”。初，景平元年，平陆令许桑舍宅建刹，因名平陆寺。后道场慧观以跋摩道行纯备，请住此寺，崇其供养，以表厥德。跋摩共观起塔三层，行道讽诵，日夜不辍。僧众归集，道化流布。

初，三藏法师深明戒品，将为影福寺尼慧果等重受具戒[②]。是时二众未备，而三藏迁化。俄而师子国比丘尼铁萨罗等至，众乃共请跋摩为师，继轨三藏。祇洹慧义擅步杨都，谓为矫异，执志不同，亲与跋摩拒论翻覆。跋摩标宗显法，理证明允，慧义遂回其刚褊，靡然推服，乃率其弟子服膺禀戒[③]，僧尼受者，数百许人。宋彭城王义康崇其戒范，广设斋供，四众殷盛，倾于都邑。顷之，名德大僧慧观等以跋摩妙解《杂心》，讽诵通达，先三藏虽译，未及缮写，以十一年九月于长干寺招集学士，更请出焉。宝云译语，观自笔受，研校精悉，周年方就。续出《摩得勒伽》等凡五部。跋摩游化为志，不滞一方，既传经事毕，将还本土，众咸祈请，莫之能留，以元嘉十九年随西域贾人舶还外国，莫详其终。

《胜鬘师子吼一乘大方便方广经》一卷（第二出，与《宝积·胜鬘夫人会》等同本，元嘉十三年八月十四日于丹阳郡出，宝云传语，慧观笔受，见道慧、僧祐、李廓等录）、《大方广宝箧经》三卷（第四出，或二卷，与《文殊现宝藏经》等同本，见《李廓录》）、《相续解脱地波罗蜜了义经》一卷（或二卷，亦名《解脱了义经》，亦直云《相续解脱经》，于东安寺出，是《解深密经》后二品，见道慧、僧祐、李廓、法上等僧四录[④]，《高〔僧〕传》云于荆州出）、《楞伽阿跋多罗宝经》四卷（第二出，元嘉二十年于道场寺译，慧观笔受，与《入楞伽》及《大乘入楞伽经》等同本，见道慧、僧祐、法上等录，《高僧传》云丹阳郡出）、《菩萨行方便境界神通变化经》三卷（初出，与《大萨遮尼乾子经》同本，或无“境界”字，见《李廓录》）、《老母女六英经》一卷（亦云《老母经》，第三出，与《老女人经》等同本，房云见《别录》）、《申日儿本经》一卷（或云“申儿本”，第三出，与《月光童子经》等同本，

---

① 《杂心》：即《杂阿毗昙心》，故僧伽跋摩译有《杂阿毗昙心论》。

② 受具戒：当为“授具戒”，“授”、“受”有施动、受动之别。

③ 禀戒：指通过一定之仪式，领受佛所制定之戒法。又作“纳戒”、“受戒”。

④ 等僧四录：《开元释教录》似无“僧录”之说，如下文“道慧、僧祐、法上等录”，“僧”字疑衍，道慧、僧祐、法上为僧人，当无异议，然径直界定李廓为僧，似无据。

房云见《别录》，录云《申兜本》[①]，误也）、《阿难陀目佉尼呵离陀经》一卷（或云《出无量门持经》，第六译，与《无量门微密持经》等同本，房云见《别录》，《房录》别载“出《无量门持经》”者，误也）、《央崛魔罗经》四卷（道场寺出，见道慧、僧祐、法上等录，《高僧传》云“于荆州辛寺出”）、《大法鼓经》二卷（东安寺出，见道慧、僧祐、李廓、法上等四录）、《大意经》一卷（房云见《别录》）、《十二头陀经》一卷（房云见《别录》）、《树提伽经》一卷（房云见《别录》）、《杂阿含经》五十卷（于瓦官寺译，梵本法显赍来。《高僧传》云祇洹寺出，见道慧《宋齐录》及《僧祐录》）、《鹦鹉经》一卷（亦名《兜调经》，出《中阿含》第四十四异译，房云见《别录》）、《鞞摩肃[②]经》一卷（出《中阿含》第五十七〔卷〕异译[③]）、《四人出现世间经》一卷（出《增一阿含》第八卷[④]异译，房云见《别录》）、《十一想思念如来经》一卷（或云《十一思惟念如来经》，出《增一阿含》第四十八初异译，房云见《别录》）、《阿遬达经》一卷（第三出，与《玉耶经》等同本，房云见《别录》）、《过去现在因果经》四卷（于荆州辛寺出，第六译，与《修行本起》《瑞应本起》等同本，见《始兴》及李廓、僧祐等录）、《摩诃迦叶度贫母经》一卷（房云见《别录》）、《十二品生死经》一卷（房云见《别录》）、《罪福报应经》一卷（一名《轮转五道罪福报应经》，亦云《轮转五道经》，亦云《五道轮〔转〕经》，房云见《别录》）、《众事分阿毗昙论》十二卷（或无“论”字，共弟子菩提耶舍译，初出，与唐译《品类足论》同本，《房录》不题所出）、《四品学法经》一卷（或无“经”字，房云见《别录》）、《宾头卢突罗阇为优陀延王说法经》一卷（亦云《宾头卢为王说法经》，房云见《别录》，上见存，已后缺）、《虚空藏菩萨经》一卷（第二出，与姚秦佛陀耶舍所出《虚空藏经》等同本，房云见《别录》）、《无量义经》一卷（初出，与萧齐昙摩伽陀耶舍出者同本，见《李廓录》）、《诸法无行经》一卷（第二出，与罗什所出二卷者及《诸法本无经》同本，房云见《别录》）、《小无量寿经》一卷（或无“小”字，第二出，与罗什《阿弥陀》及唐译《称赞净土》同本，孝建年出，一名《阿弥陀》，见道慧、僧祐二录。《高僧传》云于荆州出，《房录》别存《阿弥陀经》者，误也）、《八吉祥经》一卷（第三出，与支谦《八吉祥咒》、法护《八阳神咒经》等同本，元嘉二十九年正月三日于荆州城内为司空荆州刺史南谯王刘义宣出，六日讫，见僧祐、宝唱二录）、《无崖际持法门经》一卷（第二出，与圣坚出者及《尊胜菩萨所问经》同本，房云见《别录》）、《贫子须赖经》

① 《申兜本》：“兜”，与“儿”字繁体“兒”形近，《申日儿本经》载：“其国中有一四姓长者，字为申日，财产甚富，金银珍宝无央数。”“申日有一子字旃罗法，年十六，过世宿命学佛道，能知去来现在之事。”可见所谓“申日儿”即长者申日之子。

② 鞞摩肃：求那跋陀罗译文自注云“姓也”，故当为古印度姓氏。

③ 异译：《大正藏》本校勘记及《中华大藏经》本皆云后脱“房云见《别录》”五字。

④ 第八卷：当为“第十八卷”，后文有《四人出现世间经》“右出《增一阿含经》第十八卷《四意断品》异译”之说，《四意断品》诚在第十八卷。

一卷（第四出，与白延、支谦等出者同本，见《李廓录》）、《现在佛名经》三卷（亦名《华敷现在佛名》，第二出，与《称扬诸佛功德经》等同本，元嘉二十九年正月七日于荆州为南谯王出，见《始兴录》及《高僧传》）、《净度三昧经》三卷（第三出，见《李廓录》）、《无忧王经》一卷（于荆州辛寺译，见《吴录》及《僧祐录》）、《本行六波罗蜜经》一卷（房云见《别录》）、《异处七处三观经》一卷（或无“异处”字，出《杂阿含》异译，房云见《别录》）、《杂藏经》一卷（第四出，与《鬼问目连经》等同本，房云见《别录》）、《目连降龙王经》一卷（或无“王”字，或云《降龙经》，或云《降龙王经》，第二出，与《龙王兄弟经》同本，房云见《别录》）、《曰难经》一卷（一云《越难经》，第三出，与聂承远《越难经》等同本，房云见《别录》）、《释六十二见经》四卷（房云见《别录》，《祐录》云一卷）、《请般特比丘经》一卷（或作“般特”，亦云“般时[①]”，房云见《别录》）、《十二头陀经》一卷（房云见《别录》）、《阿那律七念章经》一卷（房云见《别录》）、《十报法三统略经》一卷（房云见《别录》）、《六斋八戒经》一卷（房云见《别录》）、《阿兰若习禅经》二卷（第二出，与罗什《坐禅三昧经》同本，见《李廓录》）、《菩萨诃欲经》一卷（第二出，与罗什出者同本，房云见《别录》）、《那先经》一卷（第二出，与二卷者同本，房云见《别录》）、《十二游经》一卷（第二出[②]，房云见《旧录》）、《第一义五相略集》一卷（于东安寺出，见《僧祐录》，《高僧传》云于荆州辛寺出）。

右五十二部一百三十四卷（《宾头卢》上二十六部一百卷见在，《虚空藏》下二十六部三十四卷缺本）。

沙门求那跋陀罗，宋言功德贤，中印度人也。以大乘学，故世号摩诃衍，本婆罗门种。幼学五明诸论，天文、书算、医方、咒术，靡不博贯。后遇见《杂心》，寻读惊悟，乃深崇佛法焉。其家世外道，禁绝沙门，乃舍家潜遁，远求师匠，即落发改服，专志学业。及受具戒，博通三藏。为人慈和恭顺，事师尽勤。顷之，辞小乘师，进学大乘。大乘师试令探取经匣，即得《大品华严》。师喜而叹曰：“汝于大乘有重缘矣！”于是读诵讲义，莫能酬抗。进受菩萨戒法，乃奉书父母，劝归正法，曰：“若专守外道，则虽还无益；若归依三宝，则长得相见。”其父感其至言，遂弃邪从正。跋陀前到师子诸国，皆传送资供。

既有缘东方，乃随舶泛海，中涂风止，淡水复竭，举舶忧惶。跋陀曰：“可同心并力念十方佛，称观世音，何往不感！”乃密诵咒经，恳到礼忏。俄而信

① 般时：与“般特”古音近，“时”上古为端组字，与“特”同。《大正藏》本校“时”为“持”，亦为音译。般特比丘禀性暗塞，佛令五百阿罗汉日日教之，三年之中，不得一偈。佛慈悲授与一偈，大意为守口摄意身莫犯，后成就果位。

② 第二出：当为“第三出”，东晋沙门迦留陀伽所译《十二游经》为第二出，见前文介绍。

风暴至，密云降雨，一舶蒙济，其诚感如此。元嘉十二年乙亥至广州，时刺史车朗表闻，文帝遣使延接①。既至杨都，敕名僧慧严、慧观于新亭郊劳。见其神情朗彻，莫不虔敬，虽因译交言，而欣若倾盖。初住祇洹寺，俄而文帝延请，深加崇敬。琅琊颜延之通才硕学，束带造门。于是宋都远近，冠盖相望。大将军彭城王义康、丞相南谯王义宣并师事焉。顷之，众僧共请出经，于祇洹寺集义学诸僧，译出《杂阿含经》，东安寺出《法鼓经》，后于丹杨郡②译出《胜鬘》《楞伽经》。徒众七百余人，宝云传译，慧观执笔，往复咨折③，妙得本旨。

后谯王镇荆州，请与俱行，安止辛寺，更创殿房。即于辛寺出《无忧王》《过现因果》《小无量寿》《央崛魔罗》《相续解脱波罗蜜了义》《现在佛名》《第一义五相略》《八吉祥》等诸经。并前所出，凡五十二部，多是弟子法勇传度。谯王欲请讲《华严》等经，而跋陀自忖未善宋语，愧叹积旬。即旦夕礼忏，请乞冥应。梦有人白服持剑擎一人首来至其前，曰："何故忧耶？"跋陀具以事对，答曰："无所多忧。"即以剑易首，更安新头，语令回转，曰："得无痛耶？"答曰："不痛。"豁然便觉，心神喜悦。旦起，言义皆备领宋语。于是就讲，弟子法勇传译，僧念为都讲。虽因译人，而玄解往复。

元嘉将末，谯王屡有怪梦，跋陀曰："都中将有祸乱。"未及一年，而二凶④构逆。及孝建之初，谯王阴谋逆节，跋陀颜容忧惨，而未及发言，谯王问其故，跋陀谏争恳切，乃流涕而出⑤曰："必无所冀，贫道不容扈从。"谯王以其物情所信，乃逼与俱下。梁山之败，火舰转迫，去岸悬远，判无济理，唯一心称观世音，手捉筇竹杖投身江中，水齐至膝，以杖刺水，水深流驶，见一童子寻后而至，以手牵之，顾谓童子："汝小儿，何能度我？"恍惚之间，觉行十余步，仍得上岸，即脱纳衣欲赏童子，顾觅不见，举身毛竖，方知神力焉。

时王玄谟督军梁山，孝武帝骏敕军中："得摩诃衍，善加料理，驿信送台。"俄而寻得，合舸⑥送都。孝武即时引见，顾问委曲，曰："企望日久，今始相遇。"

---

① 延接：《大正藏》本校勘记校作"迎接"，义同。

② 丹杨郡：当为"丹阳郡"，郡以境内丹阳县（今安徽当涂）而名。西晋太康二年，郡治移治建邺（今南京），东晋改丹阳郡守为丹阳尹，宋齐梁陈因之。

③ 咨折：当为"咨析"，咨询分析义，《高僧传》卷三亦作"咨析"。

④ 二凶：南朝宋刘劭与弟刘浚杀父刘义隆，劭自称帝，《宋书》为二人立《二凶传》，故称"二凶"。又《大正藏》本校勘记作"元凶"，史书中刘劭多被称作"元凶劭"，"元凶"即专指刘劭。二说皆通。

⑤ 出：《高僧传》同，《出三藏记集》作"言"，义胜。

⑥ 合舸：似无意义，《出三藏记集》《高僧传》同作"令舸"。

跋陀对曰:“既染亹戾,分为灰粉。今得接见,重荷生造。”敕问并谯为贼[1],答曰:“出家之人,不预戎事。然张畅、宗灵秀等并是[2]驱逼,贫道所明。但不图宿缘,乃逢此事。”孝武曰:“无所惧也。”是日敕住后堂,供施衣物,给以人乘。初,跋陀在荆州十载,每与谯王书疏,无不记录。及军败简检,无片言及军事者。孝武明其纯谨,益加礼遇。后因闲谈,聊戏问曰:“念丞相不?”答曰:“受供十年,何可忘德!今从陛下乞,愿为丞相三年烧香。”帝凄然动容,义而许焉。

及中兴寺成,敕令移住,为开三间房。后于东府宴会,王公毕集,敕见跋陀。时未及净发,白首皓然。孝武遥望,顾谓尚书谢庄曰:“摩诃衍聪明机解,但念老期已至。朕试问之,其必悟人意也。”跋陀上阶,因迎谓之曰:“摩诃衍不负远来之意,但有一在。”即应声答曰:“贫道远归帝京,垂三十载[3],天子恩遇,衔愧罔极,但七十老病,唯一死在。”帝嘉其机辩,敕近御而坐,举朝属目。

后于秣陵界凤凰楼西起寺,每至夜半,辄有推户而唤,视不见人,众屡魇梦。跋陀烧香咒愿曰:“汝宿缘居此,我今起寺,行道礼忏,常为汝等。若住者,为护寺善神;若不能居,各随所安。”既而道俗十余人同夕梦见鬼神千数,皆荷担移去,寺众遂安。

大明七年,天下亢旱,祈祷山川,累月无验。帝遂请令祈雨,必使有感,如其无效,不须相见。跋陀答曰:“仰凭三宝,陛下天威,冀必降泽,如其无获,不复重见。”即往北湖钓台,烧香祈请,不复饮食,默而诵经,密加秘咒。明日晡时,西北角云起,初如车盖,日在桑榆,风震云合,连日降雨。明旦,公卿入贺,敕见慰劳,嚫施相续。

跋陀自幼以来,蔬食终身。常执持香炉,未尝辍手。每食,辄分食飞鸟,乃集手取食。至明帝之世,礼供弥盛。到太始四年正月,觉体不平,便预与明帝及公卿等告辞。临终之日,延伫而望,云见天华圣像。禺中遂卒,春秋七十有五。明帝恸惜,赙送殷厚,公卿会葬,荣哀备焉。

《般泥洹经》一卷(或无“般”字,孝建元年于辛寺译,见道慧《宋齐录》,今寻此单卷《泥洹》上下文句,非是跋陀所翻,似是谦、护等译。今寻得二卷,且附“东晋录”中)、《释摩男本经》一卷(吴支谦译)、《三藏法师自述喻》一卷(非梵本出,故亦删之)、《当

---

① 并谯为贼:费解。“谯”,当为“谁”,《出三藏记集》《高僧传》同作“谁”。

② 是:《出三藏记集》同,《高僧传》作“见”,“见驱逼”,被动表示法,两通。

③ 垂三十载:《出三藏记集》《名僧传抄》等以为“四十载”。考求那跋陀罗“元嘉十二年乙亥(435)至广州”,下文且有所谓“大明七年(463)”,尚不及三十年。即便至其卒年“太始四年(468)”,亦仅三十四年,故此言“远归帝京”,不及“垂四十载”,故智升所录不误。

来选择诸恶世界经》《过去行檀波罗蜜经》(上二经，并出《悲华经》)、《杀龙济一国经》(出《六度经》[①])、《三因缘经》(出《长阿含》)、《三小劫经》(出《楼炭经》)、《佛入甘露门正意经》(出《大十二门经》)、《阿兰那经》(出《中阿含》)、《舍利弗等比丘得身作证经》(出《杂阿含》)、《那赖经》《堕珠着海中经》《舅甥经》《舍利弗般泥洹经》《负债为牛经》《君臣经》(上六经，并出《生经》)、《四食经》(小乘杂抄)、《阿难见妓乐啼哭无常经》《佛往慰迦叶病经》《佛命阿难诣最胜长者经》《二侨士经》《目连弟布施望即报经》(上五经，并出《出曜经》)。

《般泥洹》等二十三部二十三卷，或是别生抄经，或非跋陀所出。今为实录，故总删之。

《观世音菩萨受记经》一卷(一名《观世音受决经》，第三出，与西晋法护、道真出者同本，见王宗、僧祐、李廓、法上等录及《高僧传》)。

右一部一卷，其本见在。

沙门释法勇，梵名昙无竭，本姓李氏，幽州黄龙国[②]人也。幼为沙弥，便修苦行，持戒讽经，为师所异。尝闻法显、宝云诸僧躬践佛国，慨然有忘身之誓。遂以宋永初之元，招集同志沙门僧猛、昙朗之徒二十五人，共赍幡盖供养之具，发迹北土，远适西方。

初至河南国[③]，仍出海西郡[④]，进入流沙，到高昌郡，经历龟兹、沙勒诸国，前登葱岭雪山，栈路险恶，驴马不通，增冰[⑤]峨峨，绝无草木，山多瘴气，下有大江，浚急如箭，于东西两山之胁系索为桥，相去极远，十人一过，到彼岸已，举烟为识，后人见烟，知前已度，方得更进，若久不见烟，则知暴风吹索，人堕江中。行葱岭，三日方过。复上雪山，悬崖壁立，无安足处。石壁皆有故弋孔[⑥]，处处相对。人各执四弋，先拔下弋，手攀上弋，展转相代，三日方过。

---

① 《六度经》：本书卷十六“支派别行经第三”云“右《施度无极经》下四十四部四十四卷，并出《六度集经》”，其中包括《杀龙济一国经》。《大正藏》本校“经”为“集”，皆《六度集经》之同经异名。

② 幽州黄龙国：“黄龙国”为汉人冯跋所建，即北燕，十六国之一，都龙城(今辽宁朝阳)，盛时有今辽宁西南部和河北东北部。

③ 河南国：即吐谷浑，是西晋至唐朝时期位于祁连山脉和黄河上游谷地的一个古国，原为鲜卑族的一支，因其统治地区位于黄河以南，统治者称“河南王”，因此，南朝称之为河南国或河南。

④ 海西郡：又称西海郡，故城遗址位于青海省海晏县城西约半华里处。南凉和西秦时改称海西郡，又称三角城。

⑤ 增冰：即层冰；厚冰。《楚辞·招魂》云：“增冰峨峨，飞雪千里些。”

⑥ 弋孔：《出三藏记集》卷十五和《高僧传》卷三皆作“杙孔”，“弋”本义为小木桩，实为“杙”之本字，二者为古今字。

乃到平地相待，料检同侣，失十二人。

进至罽宾国，礼拜佛钵。停岁余，学梵书竟，便解梵语。求得《观世音受记经》梵文一部。无竭同行沙门余十三人，西行到新头那提河（此云“师子口”），缘河西入月氏国，礼拜佛肉髻骨，及睹白拂木船[1]。后至檀特山南石留寺，住僧三百余人，杂三乘学。无竭便停此寺，受具足戒。天竺沙门佛陀多罗（此云“觉救”），彼方众僧云其已得道果，无竭请为和上，汉沙门志定为阿阇梨[2]，于寺夏坐三月日。

复北行至中天竺，旷远之处，常赍石蜜为粮。其同侣八人路亡，五人俱行，屡经危棘。无竭所赍《观世音经》，常专心系念。进涉舍卫国，中野逢山象一群，无竭称名归命，即有师子从林中出，象惊怖奔走。后渡恒河，复值野牛一群，鸣吼而来，将欲害人，无竭归命如初，寻有大鹫飞来，野牛惊散，遂得免害。其诚心所感，在险克济，皆此类也。

后于南天竺随舶泛海达广州，所历事迹，别有记传。元嘉末年达于杨都，手自宣译《观世音受记经》一部，今见传于世。后不知所终。

《观弥勒菩萨上生兜率天经》一卷（亦云《弥勒上生经》，见道慧《宋齐录》及《僧祐录》。《僧祐录》云“先在高昌郡译出，于后赍还[3]”）、《谏王经》一卷（初出，亦云《大小谏王经》，与唐译《胜军王经》及《胜光天子经》同本，房云见《别录》）、《治禅病秘要经》一卷（或云《治禅病秘要法》，无“经”字，或云《禅要秘密治病经》，或二卷，云出《杂阿含》，孝建二年九月八日于竹园寺出，其月二十五日讫，见僧祐、宝唱等录）、《净饭王涅槃经》一卷（或加“般”字，第二出，与法炬出者同本，房云见《别录》）、《进学经》一卷（或云《劝进学道经》，第二出，与支谦等出者同本，房云见《别录》）、《八关斋经》一卷（异出本，房云见《别录》）、《五无返复经》一卷（一名《五反覆大义经》，或作“附”字，房云见《别录》）、《佛大僧大经》一卷（二儿名，房云见《别录》）、《耶祇经》一卷（房云见《别录》）、《末罗王经》一卷（房云见《别录》）、《摩达国王经》一卷（房云见《别录》，或无“国王”字）、《旃陀越国王经》一卷（或无“国王”字，房云见《别录》）、《五恐怖世经》一卷（或云《五恐怖经》，房云见《别录》）、《弟子死复生经》一卷（或云《死亡更生》[4]，

---

① 白拂木船：“白拂木”，不知何义。《出三藏记集》《神僧传》等作“自沸水船”，《高僧传》卷十五作“自沸木舫”，有学者言与温泉有关，具体何指，待考。故“白拂”二字，当为“自沸”。

② 阿阇梨：通译作轨范师，教授弟子行为端正合宜，且自身又为僧范之僧界大德。

③ 先在高昌郡译出，于后赍还：《大正藏》本校勘记以为“后”当作“彼”，检《出三藏记集》卷二原文作：“先在高昌郡久已译出，于彼赍来京都。”

④ 《死亡更生》：当为《死亡更生经》，脱一“经”字，后文“有译有本录”中“声闻三藏录”第二收载。

房云见《别录》)、《迦叶禁戒经》一卷(一名《摩诃比丘经》，亦名《真伪沙门经》，第二出，房云见《别录》)、《菩萨誓经》一卷(第五出，与《长者子制经》等同本，房云见《别录》)、《中阴经》一卷(房云见《别录》)、《观世音观经》一卷(先在高昌郡译出，于彼赍还，见《僧祐录》)、《波斯匿王丧母经》一卷(或云《波斯匿王经》，祐云"波邪匿王"，房云见《别录》，出《增一阿含》第十八卷异译)、《佛母般泥洹经》一卷(孝建二年于钟山定林上寺出，一名《大爱道般泥洹经》，见《僧祐录》，出《增一阿含》第五十卷异译)、《弟子慢为耆域述经》一卷(亦云《弟子为耆域述慢戒羽弟子戏诞经》①，第四出，与《阿难问事佛吉凶经》等同本，房云见《别录》)、《长者音悦经》一卷(第二出，与支谦出者同本，房云见《别录》)、《五苦章句经》一卷(第二出，与昙无兰出者同本，房云见《别录》)、《分想檀王经》一卷(第二出，与竺律炎《三摩羯经》同本，房云见《别录》)、《弟子事佛吉凶经》一卷(祐云《弟子问事佛吉凶经》，房云见《别录》)、《生死变识经》一卷(今疑是藏中《见正经》异名，房云见《别录》)、《优婆塞五戒经》一卷(亦云《五相经》，第二出，与《五戒相经》同本，房云见《别录》)、《贤者律仪经》一卷(亦云"威仪"，房云见《别录》)。

右二十八部二十八卷(《迦叶禁戒》上一十五部一十五卷见在，《菩萨誓经》下一十三部一十三卷缺本)。

居士沮渠京声，即北凉河西王蒙逊从弟安阳侯也。魏并凉后，南奔于宋，晦志卑身，不交世务，常游止塔寺，以居士自毕。丹阳尹孟顗见而善之，请与相见，一面之后，雅相崇爱，亟设供馔，厚相优赡。京声以孝武帝孝建二年乙未于杨都竹园寺及钟山定林上寺译《弥勒上生经》等二十八部，通习积久，临笔无滞。京声居绝妻孥，无欲荣利，从容法侣，宣通经典，是以建业白黑咸敬而嘉焉。以大明之末，遘疾而卒。

《普明王经》《梵摩皇经》(上二经，并出《六度集》)、《麼夷比丘经》《优婆塞五法经》(上二经，并出《中阿含》)、《释种问优婆塞经》(出《杂阿含》)、《清信士阿夷扇经》(亦云《阿夷扇持父子经》，出《生经》)、《五百梵志经》(群录注疑)。《普明王》等七经，六是别生，一云疑伪。今为实录，故并删之。

《阎罗王五天使者经》一卷(一名《铁城泥黎②经》，见《长房录》，出《中〔阿〕含》第十二异译)、《瞿昙弥记果经》一卷(出《中阿含》第二十八异译，见《长房录》)、《长

① 《弟子为耆域述慢戒羽弟子戏诞经》:《出三藏记集》卷四作《弟子为耆域术慢戒经》。所谓"慢戒"，《阿毗达磨品类足论》把"慢"分七种，即慢过、慢慢、过慢、我慢、增上慢、卑慢、邪慢等，当戒饬。又，"羽弟子"亦费解，《历代三宝纪》卷十夹注云:"亦云《弟子为耆域术慢》，或云《弟子戏诞经》。上来不注见处者，并出《别录》。"则为二异名。综上，《弟子为耆域述慢戒羽弟子戏诞经》当断为"《弟子为耆域述慢》，或云《弟子戏诞经》"。

② 泥黎：通行音译为泥犁，即地狱，前后文常见。

者子六过出家经》一卷（出《增一阿含》第二十七卷异译，见《长房录》）、《佛母般泥洹经》一卷（出《增一阿含》第五十卷异译，见《长房录》）、《贫躬[①]老公经》一卷（或云《贫老经》，第二出，见《长房录》）、《懈怠耕者经》一卷（《旧录》云《懈怠耕儿经》，见《长房录》）、《请宾头卢法》一卷（或加"经"字，见《长房录》[②]）、《善生子经》一卷（亦云异出《六向拜经》，见《长房录》，出《中阿含》第三十三卷异译）、《佛涅槃后诸比丘经》一卷（亦云《力士跋陀经》云[③]，出《杂阿含》，见《长房录》）、《譬喻经》一卷（见《长房录》）。

右一十部一十卷（《请宾头卢》上七部七卷见在，《善生子经》下三部三卷缺本）。

沙门释慧简，未详何许人也。以孝武帝大明元年丁酉于鹿野寺译《五天使者》等经十部。

《真伪沙门经》（与京声所出《迦叶禁戒经》文句全同，乃是彼经异名，录家错上）、《药师琉璃光经》（亦云《灌顶拔除过罪生死得度经》，出《大灌顶经》，《祐录》注为"疑经"者，非）、《释迦毕罪经》《杀身济贾人经》（上二经，并出《六度集》）、《阿难见水光瑞经》（一云《水光经》，大乘抄经）、《商人求财经》《瞿昙弥经》（上二经，并出《中阿含》）、《舍卫城中人丧子发狂经》《学人乱意经》（亦云《母子作比丘比丘尼乱意经》，上二经，并出《增一阿含》）、《大力士出家得道经》（亦云《力士跋陀经》）、《二老男女见佛出家得道经》（上二经，并出《杂阿含》）、《旃阇摩暴志谤佛经》（出《生经》）、《窃为沙门经》《猎师舍家学道经》（上二经，并出《出曜经》）、《咒愿经》（祐载"伪录"）。

《真伪沙门》等一十五部，长房等录并云慧简所出，今以多是别生等经，故删之不存也。

《菩萨念佛三昧经》六卷（或直云《念佛三昧经》，或五卷，第一译，与隋笈多出者同本，是《大集》别分，见道慧《宋齐录》及《僧祐录》）、《无量门破魔陀罗尼经》一卷（或直云《破魔陀罗尼经》，第七译，见《僧祐录》，与支谦《无量门微密持经》等同本）。

右二部七卷，其本并在。

沙门功德直，西域人也。道契既广，善诱日新。以孝武帝大明六年壬寅游至荆州，寓禅房寺。沙门玄畅[④]请出《念佛三昧》等经二部，畅刊正文义，词旨婉密，而畅舒手出香，掌中流水，莫之测也。后适成都，止大石寺，即是阿

---

① 贫躬：无义，《中华大藏经》本作"贫穷"，可从。

② 《长房录》：后脱"第二出"三字。

③ 亦云《力士跋陀经》云：《力士跋陀经》与前《佛涅槃后诸比丘经》并无直接联系，故此八字，当为乱简。下文慧简所译别生经目有"《大力士出家得道经》，亦云《力士跋陀经》"，窜乱至此。且《历代三宝纪》卷十"《佛涅槃后诸比丘经》一卷"条夹注云："亦云《小般泥洹经》，亦云《泥洹后变异经》，亦云《泥洹后比丘世变经》"，不言"亦云《力士跋陀经》"，足证底本之误。

④ 玄畅：俗姓赵，河西金城人，刘宋高僧。《高僧传》卷八有传。

育王塔，乃手自作金刚密迹[①]等十六神像，传至于今。直留荆〔州〕数年后，不知所终矣。

《十诵羯磨比丘要用》一卷（或云《略要羯摩法》[②]，房云二卷，祐云一卷，见《僧祐录》）。

右一部一卷，其本见在。

沙门释僧璩，姓朱，吴国人。出家为僧业弟子，总悦众经，尤明《十诵》，兼善史籍，颇制文藻。始住吴虎丘山，孝武钦其风闻，敕出杨都，为僧正、悦众[③]，止于中兴寺。璩以大明七年癸卯撰《十诵羯磬[④]》一部。

《十诵比丘尼戒本》一卷（亦云《十诵比丘尼波罗提木叉戒本》，或云《十诵比丘尼大戒》，见僧祐、宝唱二录）。

右一部一卷，其本见在。

沙门释法颖，俗姓索氏，炖煌人。十三出家，为法香弟子，住凉州公府寺。与同学法力俱以律藏知名。颖伏膺已后，学无再请，记在一闻，研精律部，博涉经论。元嘉末至建业，止新亭寺。孝武以颖学业兼明，敕为都邑僧正。后辞任，还多宝寺，常习定闲房，亦时开律席。后移住长干寺，以明帝或太始年中，集出《十诵尼戒》一部，兼出《羯磨》，流行于代。

《无尽意经》十卷（第五出，与《阿差末经》等同本，见《始兴》、僧祐、宝唱等录）、《阿述达菩萨经》一卷（第四出，与《宝积·无畏德会》等同本，太始年于广州出，见《始兴》、宝唱等录）、《海意经》七卷（见《始兴》、僧祐、宝唱等录）、《如来恩智不思议经》五卷（见《始兴》、僧祐、宝唱等录）、《宝顶经》五卷（见《始兴》、僧祐、宝唱等录）、《三密底耶经》一卷（宋言《贤人用律经》，见《始兴》、僧祐、宝唱等录）。

右六部二十九卷，其本并缺。

沙门竺法眷，印度人也。志性弘简，开利为务。以明帝或太始年中于广州译《无尽意》等经六部。

《濡首菩萨无上清净分卫经》二卷（一名《决了诸法如幻化三昧经》，第二出，与

---

① 金刚密迹：又称密迹力士、金刚手药叉、夜叉王、金刚手秘密主，佛教护法神，二十诸天之一，受毗沙门天统理。

② 《略要羯摩法》：本书卷二十“入藏录”作《略要羯磨法》，“羯摩”为梵文 Karma 的音译，意译为“业”，即通过授戒、说戒、忏悔等宣告仪式，由此仪式的宣告而成就与因果关系相结合的一种持续作用力。羯摩、羯磨，音译取字不同。

③ 悦众：别名知事，僧职名，司僧中之事务者。《僧史略》曰：“案西域知事僧总曰羯磨陀那，译为知事，亦曰悦众，谓知其事，悦其众也。”

④ 羯磬：当为“羯磨”或“羯摩”，上文之“《十诵羯磨比丘要用》”、“《略要羯摩法》”即是。

汉严佛调译者及《大般若·那伽室利分》并同本，见《始兴录》）。

右一部二卷，其本见在。

沙门释翔公，亦云朔公。在南海郡译《濡首菩萨经》一部，群录直云“宋世”，不显年名，未详何帝。

《佛藏大方等经》一卷（亦名《问明显经》，是《华严经·明难品》异译，见《始兴录》及《法上录》）、《璎珞本业经》二卷（一名《菩萨璎珞经》，第三出，见《始兴〔录〕》及《法上录》）。

右二部三卷，其本并缺。

沙门释道严，于宋世译《佛藏方等经》等二部，群录直云“宋世出”，不显帝年。

《梵女首意经》一卷（第二出，见《始兴录》及《赵录》《法上录》）、《空净三昧经》一卷（亦云《空净天感应三昧经》，第二出，见《始兴录》及《赵录》《法上录》）、《劝进学道经》一卷（亦名《劝进经》，与梁史共出，第三译[①]）。

右三部三卷，其本并缺。

沙门释勇公，于宋世译《梵女首意》等经三部，群录虽云“宋世”，不显帝年。

《车匿经》（亦名《车匿本末经》，出《六度集》中，是《尸呵遍王经》异名，群录虽云勇公所出，今以是“别生抄经”，故删之不存也）。

《寂调音所问经》一卷（一名《如来所说清净调伏经》，与西晋法护《文殊净律经》等同本，第四出，见《始兴录》及《法上录》）、《乐璎珞庄严方便经》一卷（一名《大乘璎珞庄严经》，亦名《转女身菩萨经》，第四出，与西晋法护《顺权方便经》等同本，见《始兴录》及《僧祐〔录〕》《法上录》）。

右二部二卷（前《寂调音经》见在，后《乐璎珞经》缺本）。

沙门释法海，于宋世译《寂调音》等经二部，群录注云“宋世译出”，既不显年，未详何帝。

《月灯三昧经》一卷（一名《文殊师利菩萨十事行经》，一名《逮慧三昧经》，出《大月灯经》第七卷异译，见《赵录》及《法上录》）。

右一部一卷，其本见在。

沙门释先公，于宋世译《月灯经》一部，群录注云“宋世”，不显译年，未详何帝。

《弥沙塞律抄》一卷（见《宝唱录》）。

右一部一卷，缺本。

---

① 第三译：《大正藏》本校勘记以为后脱“见《始兴录》及《赵录》《法上录》”一句。

沙门僧伽跋弥，师子国人也。译《弥沙塞律抄》一部，《大周录》中指“《宝唱录》不言帝代”，其《宝唱录》，寻本未获，且寄于“宋录”，以彰有据耳。

新集失译诸经：

《如来智印经》一卷（一名《诸佛法身》，第二出，与慧印《三昧经》同本）、《老母经》一卷（第二出，与《老女人经》等同本）、《法灭尽经》一卷、《甚深大回向经》一卷、《佛为黄竹园老婆罗门说学经》一卷（出《中阿含》第四十卷异译）、《优波夷堕舍迦经》一卷（出《中阿含》第五十五异译，或无“迦”字）、《邪见经》一卷（出《中阿含》第六十卷异译）、《大沙门百一羯磨法》一卷（或云《大沙门羯磨法》，出《十诵律》）、《迦丁比丘说当来变经》一卷（或直云《迦丁比丘经》）。

已后缺本[①]。

《十方佛名经》[②]一卷（〔一〕本作“十万”，疑错）、《华严净经》一卷、《三十七品经》一卷（祐载两本，并云异出，今且存一）、《七佛各说偈》一卷、《乳王如来经》一卷（或无[③]《乳王经》，今疑与《乳光佛经》同本）、《现在十方佛名经》一卷、《过去诸佛名经》一卷、《千五百佛名经》一卷、《五百七百佛名经》[④]一卷（或云“五百七十”）、《观世音成佛经》一卷、《文殊因缘经》一卷、《文殊本愿经》一卷、《文殊观经》一卷、《弥勒须河经》一卷、《导师问佛经》一卷、《飏陀菩萨百二千[⑤]难经》一卷、《持身菩萨经》一卷（或云《持身经》）、《贤首菩萨二百问经》一卷、《金刚女菩萨经》一卷、《善意菩萨经》一卷、《菩萨从兜率天降中阴经》一卷、《菩萨行喜经》一卷、《菩萨净本业经》一卷、《菩萨初业经》一卷、《菩萨四事经》一卷、《菩萨十六愿经》一卷、《菩萨五十德行经》一卷、《菩萨教法经》一卷、《菩萨正行经》一卷、《菩萨出入诸则经》一卷、《菩萨母姓字经》一卷、《菩萨家姓经》一卷、《菩萨比丘经》一卷、《菩萨经》一卷（今疑本上脱字）、《菩萨作六牙象本事经》一卷、《菩萨师子王经》一卷、《浴像功德经》一卷（与新译者梵本同，

① 已后缺本：《大正藏》本校勘记以为前脱“已上见存”。

② 《十方佛名经》：下文有“《现在十方佛名经》一卷、《过去诸佛名经》一卷、《千五百佛名经》一卷、《五百七百佛名经》一卷”等，《大正藏》收录《十方千五百佛名经》，其中“十方”为十个方位，若作“十万”，又有他本作“千万”，皆殊无意义。

③ 或无：既云“或无”，则属佚经。根据《开元释教录》体例，经名之后小字注一般注明其异名，且卷十四“别录”中“有译无本录第二”之一录有《乳王经》经名，《大正藏》本校勘记以为“无”作“云”，可从。

④ 《五百七百佛名经》：《出三藏记集》卷四《新集续撰失译杂经录》所载《诸佛经名》二卷、《三千佛名经》一卷、《五十三佛名经》一卷、《南方佛名经》一卷等，同属此类。《法经录》卷二亦多载，其云：“右二十一经是诸经所出，既未见经本，且附斯录。”“既未见经本”，则伪经的可能性较大。

⑤ 百二千：如此进位制甚奇特，《出三藏记集》《贞元录》皆作“百二十”，可从。

未详同别)、《浴僧功德经》一卷、《陀邻尼目佉经》一卷(今疑即是《阿难陀目佉尼经》)、《礼敬诸塔经》一卷、《般若波罗蜜偈经》一卷、《佛清净偈经》一卷、《太子出国二十偈》一卷、《佛十力偈》一卷、《十方佛神咒》一卷、《四天王神咒》一卷、《十二因缘结缕神咒》一卷、《摩诃神咒》一卷、《移山神咒》一卷、《降魔神咒》一卷、《威德陀罗神咒》一卷(本作"成"字,错也)、《和魔结神咒》一卷、《鸠摩迦叶经》一卷(与《僮迦叶解难经》同本,出《长阿含》第七卷异译,《法经录》云出《中阿含》第十六卷异译)、《出要经》二十卷、《行道经》七卷、《长阿含经》三卷(祐云疑是残缺《长阿含经》)、《弘道经》二卷、《四天王经》一卷(祐云彼有咒[①],似人所附)、《诸天阿须伦斗经》一卷、《金色女经》一卷(《杂譬喻》中有,祐云异出本)、《治禅鬼魅不安经》一卷、《瞻波国佛说戒经》一卷、《佛在誓枝山说法经》一卷、《佛三毒事经》一卷、《佛七事经》一卷、《佛问和伏经》一卷、《佛意行经》一卷、《因佛生三心经》一卷、《佛聚经》一卷、《七佛本缘经》一卷、《释迦文枝钵经》[②]一卷、《佛袈裟经》一卷、《佛大衣经》一卷、《迦叶解经》一卷、《迦叶因缘经》一卷、《舍利弗问署经》一卷、《迦叶独证自誓经》一卷、《舍利弗叹度女人经》一卷、《舍利弗生西方经》一卷、《舍利弗目连泥洹经》一卷(今疑是《生经》中《舍利弗般泥洹经》)、《目连所问经》一卷、《目连因缘经》一卷、《阿难见变经》一卷、《难陀经》一卷、《阿那含七念经》一卷、《罗汉菩子经》一卷、《宾头卢取钵经》一卷、《爱行比丘经》一卷、《爱身比丘经》一卷、《梅比丘经》一卷、《善星比丘经》一卷、《六群比丘经》一卷、《自在王比丘经》一卷、《罗邪达比丘经》一卷、《比丘和须蜜经》一卷、《玄戒未来比丘经》一卷(今疑"玄"字错[③])、《比丘法相经》一卷、《释种童子经》一卷、《尊者婆蹉律经》一卷、《罽宾二沙弥经》一卷、《沙弥持戒经》一卷、《海洲优婆塞会经》一卷、《贤者杂事经》一卷、《弟子修学经》一卷、《弟子行泽中遇贼劫经》一卷、《弟子精进经》一卷、《迦提罗越问五戒经》一卷、《那罗延天王经》一卷、《毗沙门天王经》一卷、《四大天王经》一卷、《诸天寿经》一卷、《魔现成佛经》一卷、《魔王诫(疑

① 祐云彼有咒:"彼"字,殊无意义,《中华大藏经》本作"后","后"之繁体与"彼"字形稍近,《开元释教录》中多混用,当作"后"。

② 《释迦文枝钵经》:本书卷十四作"《释迦文楮钵经》一卷","枝"、"楮"音同,当为音译取字之别,《大正藏》本校勘记以为"枝"或作"杖",误。

③ 今疑"玄"字错:《出三藏记集》卷十五录有"《玄戒未来比丘经》一卷",智升以为"玄"字错,不知何据。

是“试”字）经》[①]一卷、《净饭王经》一卷、《佛葬阅头檀王经》一卷、《阿育王作小儿时经》一卷（今疑出《育王传》）、《小阿育王经》一卷、《优填王照逝心女经》一卷（今疑是大乘藏中《优填王经》）、《迦夷王头布施经》一卷、《果尊王经》一卷、《佛居士经》一卷、《降恐王经》一卷（今疑“恐”字错[②]）、《摩罗王经》一卷、《摩登王经》一卷、《舍夷国经》一卷、《罗提坻王经》一卷（或作《国王罗提埤经》）、《摩诃惟越王经》一卷、《流沙王经》一卷、《十四王经》一卷、《王以竹施经》一卷、《劝王持五戒经》一卷、《太子旃舍罗差经》一卷、《长者盛德经》一卷、《长者法心经》一卷、《长者仁贤经》一卷、《长者洹罗越经》一卷、《佛问淳陀长者受乐净行经》一卷、《婆罗门问事经》一卷、《婆罗门等争说经》一卷、《六师诣波斯匿王经》一卷、《尼揵斋经》一卷、《明星梵志经》一卷、《兜率梵志经》一卷、《梵志拔陀经》一卷、《梵志计火净经》一卷、《梵志问疑经》一卷、《梵志意经》一卷、《梵志好母经》一卷、《梵志淫女经》一卷、《梵志六师经》一卷、《天后贤女经》一卷、《德女问经》一卷、《贫女少施获弘报经》一卷、《弥家女经》一卷、《二人作沙门弟断兄舌经》一卷、《气嘘杀旃陀罗经》一卷、《眼能视杀人经》一卷、《孤独三兄弟经》一卷、《阿剑他经》一卷、《不兰伽经》一卷、《小申日经》一卷、《波罗柰婢四姓经》一卷（或作“妇”字[③]）、《大姓家主叩书不经》[④]一卷、《提谓经》一卷、《强罗经》一卷、《金转龙王经》一卷、《苏曷龙王经》一卷、《三龙王经》一卷、《虎王经》一卷、《蝎王经》一卷、《毒龙蛇施经》一卷、《放牛法经》一卷（今疑是藏中《放牛经》）、《养牛经》一卷、《阎罗王经》一卷（今疑是藏中《阎罗王五天使者经》）、《饿鬼经》一卷、《铁杵泥犁经》一卷、《缘经》一卷、《药经》一卷、《苦慧经》一卷、《慧达经》一卷、《法足经》一卷、《身数经》一卷、《选福经》一卷、《布施经》一卷、《助善经》一卷、《古来经》一卷（今疑是藏中《古来世时经》）、《孝顺经》一卷、《缘本经》一卷（入疑，是藏中《缘本致经》）、《度世经》

---

① 《魔王诫经》：从语义角度看，魔王说诫，似无此说。智升疑是“试”字，佛经中多魔王试验释迦牟尼佛道性之事，所疑有据。

② 今疑“恐”字错：《出三藏记集》卷四录有“《降恐王经》一卷”，智升所疑或有理。然文献无征，阙疑待质。

③ 或作“妇”字：《出三藏记集》卷四录有“《波罗柰婢四姓经》一卷”，“波罗柰”为中印度古国，又称波罗奈斯国、波罗捺国等，即今印度之瓦拉那西。“婢”字常用义为古女子人名用字，故智升有所怀疑。所谓“四姓”，即印度四种姓制度，《佛说长阿含经·四姓经》载，佛云：“有四姓种，善恶居之，智者所举，智者所责。何谓为四？一者刹利种，二者婆罗门种，三者居士种，四者首陀罗种。”

④ 《大姓家主叩书不经》：《宋藏》本“不”作“示”，然《大正藏》本以及《出三藏记集》皆作“不”。

一卷、《法藏经》一卷、《明住经》一卷、《善憩经》一卷、《植质经》一卷、《名相经》一卷、《怪异经》一卷、《灭怪经》一卷、《本钵经》一卷、《案钵经》一卷、《诸法经》一卷、《与脱经》一卷、《伏愿经》一卷、《宝见经》一卷、《真提经》一卷、《明义经》一卷、《见在经》一卷、《释论》一卷（祐云疑是《大智度论抄》之一卷）、《杂事经》一卷、《旨解经》一卷（祐云疑即《义旨杂解》）、《释学经》一卷、《度道俗经》一卷、《诸福德经》一卷、《说人身经》一卷、《施色力经》一卷、《色入施经》一卷、《戒法律经》一卷、《未生火经》一卷、《未生灾经》一卷、《念佛品经》一卷、《须弥山经》一卷、《成败品经》一卷（经目或云"《成败品》第四"，似是《楼炭经》之一品，今检《楼炭〔经〕》，无此品）、《世间珍宝经》一卷（《旧录》云《世间所望珍宝经》）、《现道神足经》一卷、《成行无想经》一卷、《悔过除罪经》一卷、《深自侥幸经》一卷、《布施持戒经》一卷、《生西方斋经》一卷、《造浴室法经》一卷、《有疑往解经》一卷、《长阿含方法经》一卷、《令人孝有德经》一卷、《人于出家者经》一卷、《心应深贪慕经》[①]一卷、《地水火风空经》一卷、《求欲者除意经》一卷、《持戒教人杀生经》一卷、《七月十五日腊法经》一卷、《功高憍慢有二辈经》一卷、《欢喜布施有五事经》一卷（或作"劝"字，错）、《三梦经》一卷、《三悔处经》一卷、《三乘无当经》一卷、《四署经》一卷、《四等意经》一卷、《四政断经》[②]一卷、《四厚经》一卷、《五署经》一卷、《五谷世经》一卷、《五乱经》一卷、《五耶经》[③]一卷、《六禅经》一卷、《六度六十行经》一卷、《六辈阿惟越致经》一卷、《七众经》一卷、《七流经》一卷、《七使经》一卷、《七辈人横死经》一卷、《七岁作善经》一卷、《八方万物无常经》一卷、《八双经》一卷、《九结经》一卷、《九恼经》一卷、《九道观身经》一卷、《十部僧经》一卷、《十二意经》一卷、《十二阿练若高行经》一卷、《十二部经名》一卷、《三十二僧那经》一卷、《三十四意经》一卷、《五十德相经》一卷、《六十品经》一卷、《六十二疑经》一卷、《七十二观经》一卷、《百法经》一卷、《惟日三昧经》一卷、《月电三昧经》一卷、《无言三昧经》一卷、《阿和三昧经》一卷、《禅行法经》一卷（今疑是藏中《禅行法想经》）、《须弥山譬经》一卷、《日月譬经》一卷、《海水譬经》一卷、《药草喻经》一卷、《功德天譬经》一卷、《贤劫譬经》一卷、《金刚譬经》一卷、《宝藏譬经》一卷、《明珠譬经》一卷、《聚木譬经》

---

① 《心应深贪慕经》："深贪慕"，《大周录》卷十二作"身贪慕"，其经不存，待考。

② 《四政断经》：《出三藏记集》卷四作《四正断经》，"四正断"即通常所译之四正勤，又名四意断、四正胜，以"正"策励身语意之义。古籍中"政"、"正"二字常通用，不烦改。

③ 《五耶经》：本书卷十四有《五邪经》，《出三藏记集》卷四作《五耶经》，古籍"耶"、"邪"二字常混用，不烦校改。

一卷、《四大譬经》一卷、《五部威仪所服经》一卷（或云《五部僧服经》，《高僧传》云白法祖译）、《结界文经》一卷、《沙弥离戒经》[①] 一卷、《五戒报应经》一卷、《六足阿毗昙》一卷、《杂譬喻经》六卷（或云《诸杂譬喻》）、《譬喻经》一卷（祐云异出，更有一本，今且存一）、《杂譬喻经》一卷（凡十一事）。

右三百七部三百四十卷（唯初九部九卷有本，余者并缺），并是梁代沙门僧祐《录》中"新集失译诸经"，然僧祐本录祐所新集，总一千三百六部一千五百七十卷。今细检括，余九百九十九部一千二百三十卷，多是诸别生经，或长房等"失译录"中已载，及有代录之中标其译主。除此之外，有三百七部三百四十卷，检括长房等录，皆未曾载。今新集于此，以为失源。然《祐录》中但云失译，不标年代，今且附于"宋录"之末，庶免遗漏焉。

---

① 《沙弥离戒经》：后文所录"《僧祐录》失译经"载为《沙弥离戒》，无"经"字。

《开元释教录》卷第六

“总括群经录”上之六

齐萧氏都建业（亦云南齐）。自高帝建元元年己未至和帝中兴二年壬午，凡经七主二十四年，沙门七人，所译经律总一十二部三十三卷（于中七部二十八卷见在，五部五卷缺本）。

（萧齐）沙门昙摩伽陀耶舍（一部一卷经）、沙门摩诃乘（二部二卷经律）、沙门僧伽跋陀罗（一部一十八卷律）、沙门达摩摩提（二部二卷经）、沙门求那毗地（三部六卷经集）、沙门释昙景（二部二卷经）、沙门释法化（一部一卷经）。

《无量义经》一卷（第二出，见《僧祐录》[1]）。

右一部一卷，其本见在。

沙门昙摩伽陀邪舍，齐言法生称，中印度人。悟物居情，导利无舍。以高帝道成建元三年辛酉，于广州朝亭寺译《无量义经》一部。邪舍手善隶书，口解齐言，传受经人。武当山沙门慧表[2]永明三年赍至扬都，缮写流布。

《五百本生经》一卷（见《僧祐录》，祐云未详卷数，房云一卷）、《他毗利律》一卷（齐言《宿德律》，见《僧祐录》，祐云未详卷数，房云一卷）。

右二部二卷，其本并缺。

沙门摩诃乘，西域人也。栖心妙道，结志弘通。以武帝赜永明年中，于广州译《五百本生经》等二部。

《善见律毗婆沙》十八卷（或云《毗婆沙律》，亦直云《善见律》，见道慧《宋齐录》及《僧祐录》）。

---

① 见《僧祐录》：《中华大藏经》本以为后脱“荆州隐士刘虬为序”八字，考今《无量义经》，序前有“萧齐荆州隐士刘虬作”。

② 慧表：后又作“惠表”，古籍中“慧”、“惠”多通用，后不烦出校。

右一部一十八卷，其本见在。

沙门僧伽跋陀罗，齐言众贤，西域人。怀道放旷，化惠无穷。师资相传云：佛涅槃后，优波离既结集律藏讫，即于其年七月十五日受自恣[①]竟，以香花供养律藏，便下一点置律藏前，年年如是。优波离欲涅槃，持付弟子陀写俱；陀写俱欲涅槃，付弟子须俱；须俱付弟子悉伽婆；悉伽婆付弟子目揵连子帝须；目揵连子帝须付弟子旃陀跋阇，如是师师相付，至今三藏法师（不出其名）。三藏法师将律藏至广州，临上舶，反还去，以律藏付弟子僧伽跋陀罗。跋陀以武帝永明六年戊辰（房云己巳）共沙门僧祎于广州竹林寺译出，名为《善见律毗婆沙》。因共安居，以永明七年己巳岁（房云庚午）七月半受自恣竟，如前师法以香华供养律藏讫，即下一点，当其年，计得九百七十五点，点是一年。赵伯休[②]梁大同九年于庐山值苦行律师弘度，得此佛涅槃后众圣点记，年月讫齐永明七年。伯休访弘度云："自永明七年已后，云何不复见点？"弘度答云："自此已前，皆是得道圣人手自下点。贫道凡夫，止可奉持顶戴而已，不敢辄点。"伯休因此算[③]，至梁大同九年癸亥岁，合得一千二十八年。升依伯休所计推，至大唐开元十八年庚午之岁，合得一千二百一十六年。若然，则是如来灭度，远近参差，未堪取行（此墨点记与法显所传师子国佛牙精舍唱记，年岁全悬。此云优波离集律藏，竟自恣了已，手自下点，年年如是，展转相付，流传至今者。此或不然。寻此《善见婆沙》，非是波离所集，乃是部分已后，二十部中，随彼所宗，释一家义，撮要而解，非全部毗尼[④]也。即此撰集已后，年下一点，此或如然。若言波离手自下点者，未可即为指南也）。

《妙法莲华经·提婆达多品第十二》一卷（今编入《妙法华》，在第五卷初。沙门法献于于填国得梵本来，见道慧《宋齐录》。《僧祐录》云于高昌郡获梵本，未详孰正）、《观世音忏悔除罪咒经》一卷（永明八年十二月十五日译出，见《僧祐录》及《宝唱录》）。

右二部二卷（《提婆达多品》见在，《观世音咒经》缺本）。

沙门达摩摩提，齐言法意，西域人。悟物情深，随方启喻。以武帝永明八年庚午为沙门法献于扬都瓦官寺译《提婆达多品》等二部，献时为僧正。初，献以宋元徽三年游历西域，于于填国得经梵本并及佛牙，有迦毗罗神卫护还宋。经至齐永明中，共沙门法意译出，佛牙安置钟山上定林寺（佛牙可长三寸，围亦如

---

① 自恣：佛制，每夏三月，僧众聚集一处安居坐夏，持戒洁净其行，解夏之日，僧行自恣法，请僧众举出各自所犯之过失，于大众中发露忏悔，得内心清净喜悦，称为自恣。

② 赵伯休：齐梁庐山隐士，具体生卒年以及行履不详。

③ 算：《大正藏》本校勘记作"旧点下推"，意义相近。

④ 毗尼：梵文 Vinaya 的译音，又译作"毗奈耶"，意即指律。

之，色带黄白，其牙端拶凸，若今印文，而温润光洁，颇类珠玉。谨按内经[①]，佛有四牙：一在忉利天、一在龙王宫、一在师子国、一在乌苌国，此即乌苌国牙也。后忽失之，乃现于填，献于于填请还）。到梁普通三年正月，忽有数人并执器仗，初夜扣门，称临川殿下奴叛。有人告云："在佛牙阁上，请开阁检视。"寺僧从其言，主帅至佛牙座前，开函取牙，作三礼已，锦巾盛牙，绕东山去[②]。后寻却得，还安定林。隋文并陈，仍在钟岳。至仁寿三年，内使令豫章王暕从扬州将献文帝。其年五月十五日，敕送东禅定寺供养。佛牙灵异，具如僧祐《佛牙记》，此不复广。其东禅定寺，即今大庄严寺是也。

《须达经》一卷（一名《须达长者经》，出《中阿含》第三十九卷，僧祐云建武二年出异译，见《长房录》及《高僧传》）、《百喻经》四卷（亦云《百句譬喻经》，或五卷，天竺僧伽斯那撰，永明十年九月十日译，见《僧祐录》。祐等并云译成十卷，此之四卷，百事足矣）、《十二因缘经》一卷（第五出，与《贝多树下经》等同本，祐云建武二年出，见《高僧传》及《长房录》）。

右三部六卷（前二部五卷见在，后一部一卷缺本）。

沙门求那毗地，齐言德进[③]，中印度人。弱龄从道，师事天竺大乘法师僧伽斯，聪慧强记，勤于讽习，所诵大小乘经十余万言。兼学世典，明解阴阳，其候时逢占[④]，多有征验，故道术之称，有闻西域。建元初，来至江淮，止毗耶离寺，执锡从徒，威仪端肃。王公已下，竞相请谒。初，僧伽斯于天竺国抄集修多罗藏十二部经中要切譬喻，撰为一部，凡有百事，以教授新学。毗地悉皆通诵，兼明义旨，以武帝永明十年壬申秋九月译为齐文，即《百喻经》也。复出《须达》及《十二因缘》。自宋大明已后，译经殆绝，及其宣流法宝，世咸美之。毗地为人弘厚，有识度，善于接诱，勤躬行道，夙夜匪懈。是以外国僧众，万里归集，南海商人，悉共宗事，供赠往来，岁时不绝。性颇福积[⑤]，富于财宝，然营建法事，已无私焉。于建业淮侧造止观寺[⑥]，重阁层门，殿房整饰，养徒施化，德业甚著。以中兴二年冬卒。

---

① 内经：即指佛经，又称"内典"，与佛教外世俗之经典"外典"相对。

② 绕东山去：明藏本作"绕山东去"，意义稍别。

③ 德进：《高僧传》作"安进"，当为不同之意译。

④ 候时逢占：等待时机占卜。《后汉书·方术传序》云："其流又有风角、遁甲、七政、元气、六日七分、逢占、日者、挺专、须臾、孤虚之术。"

⑤ 福积：不词，当为"稸积"，下文有"富于财宝"，足证其意。《大正藏》本校勘记、《出三藏记集》卷十四亦作"稸积"。

⑥ 止观寺：《大正藏》本、《出三藏记集》卷十四皆作"止观寺"，然《大正藏》本校勘记、《高僧传》卷三、卷十四以及《出三藏记集》卷十四校勘记等作"正观寺"，待考。

《摩诃摩耶经》一卷（第二出，一名《佛升忉利天为母说法》，亦云《摩耶经》，或二卷，见王宗、宝唱、法上等三录）、《未曾有因缘经》二卷（《度罗睺罗沙弥序》亦直云《未曾有经》，第二出，见《始兴录》）。

右二部三卷，其本并在。

沙门释昙景，不知何许人。于齐代译《摩耶经》等二部，群录直云齐世译出，既不显年，未详何帝。

《腹中女听经》一卷（第五出，与《无垢贤女经》等同本，房云见《祐录》）。

右一部一卷缺本。

沙门释法化，以废帝宝卷永元年中诵出《腹中女听经》一部。众录相承，并云“诵出”，未详“诵”意，依而列之。以有先译，故免疑失（又长房、《内典》等录云齐时江州沙门道政删改《弥勒成佛经》一卷，此或不然，如后“大乘录”中广述。又房等复云齐代沙门法度于杨都出《灰河经》一卷、《毗跋律》一卷，今以《灰河经》出《杂阿含》，其《毗跋律》，隋《法录》[①]云“法度伪造，以滥律名”，今废不立。房等又云齐代沙门释法尼译《益意经》二卷，今以此经即是齐末梁初僧法尼闭目诵出者，今见有本，文理差舛，不可流行。若言齐末出者，《祐录》何故不载？今编疑部，正录不存。房等又云齐代沙门道备出《九伤》等经五部五卷，群录并疑，今依旧为定也）。

梁萧氏都建业（亦云前梁）。自武帝天监元年壬午至敬帝太平二年丁丑，凡经四主五十六年，缁素八人，所出经律论及诸传记等并新集失译诸经，总四十六部二百一卷（于中四十部一百九十一卷见在，六部十卷缺本）。

沙门释僧祐（三部三十九卷谱录集）、沙门曼陀罗仙（三部一十一卷经）、沙门僧伽婆罗（一十部三十二卷经论传）、沙门释宝唱（二部五十四卷经集尼传）、沙门释明徽（一部一卷尼戒）、王子月婆首那（一部一卷经）、沙门波罗末陀（一十一部二十四卷经论）、沙门释慧皎（一部一十四卷僧传）、新集失译诸经（一十四部二十五卷经论集）。

《释迦谱》十卷（于齐代撰，别有五卷本，与此广略异，房云四卷，恐误，见《僧祐录》及长房、《内典》等录。合入“齐录”，随人附“梁”）、《出三藏记集》十五卷（《祐录》自云十卷，见有十五卷，长房、《内典》二录云十六卷，见僧祐、长房、《内典》等录，亦齐时撰）、《弘明集》十四卷（祐等三录并云十卷，今见十四卷，见僧祐、长房、《内典》等录）。

右三部三十九卷，其本并在。

沙门释僧祐，杨都建初寺僧也。本姓俞氏，其先彭城下邳人，父世居建业。祐年数岁，入建初寺礼拜，因踊跃乐道，不肯还家。父母怜其志，且许入道，师事僧范道人。年十四，家人密为访婚，祐知而避至定林，投法达法师。达亦

① 《法录》：当为《法经录》。

戒德精严，为法门梁栋。祐师奉竭诚，及年满具戒，执操坚明。初受业于沙门法颖，颖既一时名匠，为律学所宗。祐乃竭思钻求，无懈昏晓，遂大精律部，有励先哲[①]。武帝衍深相礼遇，凡僧事顾疑[②]，皆敕就审决。年衰脚疾，敕听乘舆入内，为六宫受戒[③]，其见重如此。及齐竟陵文宣王子良、梁临川王宏、南平王伟、仪同陈郡袁昂、永康定公主、贵嫔丁氏等并崇其戒范，尽师资之敬。凡白黑门徒，万有余众。祐洞明律藏，兼善文藻，搜集记录，撰为部帙。庶寻览之者，功省而博达，实法门之纲要，释氏之元宗也。自萧齐末，爰及梁代，撰《释迦谱》等三部。自外《法苑集》《世界记》《师资传》等，以非入藏，故缺不论，并如《三藏记》等具显。

《文殊师利所说摩诃般若波罗蜜经》二卷（或一卷，亦直云《文殊般若波罗蜜经》，初出，与僧伽婆罗出者及《大般若》第七会《曼殊室利分》同本，亦编入《宝积》，当四十六会，见《李廓录》及《续高僧传》）、《法界体性无分别经》二卷（第二出，今编入《宝积》，当第八会，见李廓、宝唱二录及《续高僧传》）、《宝云经》七卷（初出，与陈代《须菩提大乘宝云经》及唐达摩流支《宝雨经》等同本异译，见《东录》[④]及《续高僧传》）。

右三部一十一卷，其本并在。

沙门曼陀罗仙，梁言弱声，亦云弘弱，扶南国[⑤]人。神解超悟，幽明毕观，无惮夷险，志存开化。大赍梵经，远来贡献，以武帝天监二年癸未届于梁都[⑥]。敕僧伽婆罗令共翻译，遂出《文殊般若》等经三部。虽事传译，未善梁言，故所出经，文多隐质。

《文殊师利所说般若波罗蜜经》一卷（第二出，与前曼陀罗出者及《大般若·曼殊室利分》同本，房云“少胜前曼陀罗所出二卷”者）、《大乘十法经》一卷（初出，与元魏觉定所出《十法经》同本，普通年译，亦直云《十法经》）、《度一切诸佛境界智严经》一卷（第二出，与元魏昙摩流支《入佛境界经》同本）、《八吉祥经》一卷（若人闻此八佛名号，不为一切诸鬼神众难所侵，第四出，与《八吉祥咒》及《八阳神咒经》等同本）、《孔雀

---

① 有励先哲：《中华大藏经》本、《大正藏》本校勘记校作“有迈先哲”，“迈”，有超迈义。

② 顾疑：即狼顾狐疑，指左顾右盼，存有畏惧和犹豫之义。《高僧传》作“硕疑”，费解，不若“顾疑”符合文义。

③ 受戒：当为“授戒”。

④ 《东录》：佛教经录中似无此名目，《大正藏》本校勘记以为“陈录”，本书卷十四“别录”中“有译无本录第二”有云“陈朝《大乘寺藏录》”，随后称“右《陈录》”云云，《陈录》当即陈朝《大乘寺藏录》。

⑤ 扶南国：也称夫南、跋南，是中南半岛的一个印度化古国，建国于公元一世纪，《汉书》中称为“究不事”，遗址在今柬埔寨境内，奉印度教为国教，受印度文化影响甚深。

⑥ 梁都：宋藏明藏本校为“扬都”，都指建康，两通。

王咒经》二卷（亦云《孔雀王陀罗尼经》，第七译，与唐义净《大孔雀咒王经》等同本，见《宝唱录》）、《舍利弗陀罗尼经》一卷（此咒有大神力，若能持者，雪山有八夜叉王常来拥护，所欲随心。第九译，与支谦所出《无量门微密持经》等同本）、《文殊师利问经》二卷（亦直云《文殊问经》，天监十七年于占云馆译，袁昙允笔受，光宅寺沙门法云详定）、《菩萨藏经》一卷、《解脱道论》十二卷（亦云十三卷，天监十四年于占云馆译）、《阿育王经》十卷（或加"大"字，第二出，与西晋安法钦《育王传》同本异译，天监十一年六月二十日于杨都寿光殿译，见《宝唱录》）。

右一十部三十二卷，其本并在（并见《长房录》《续高僧传》中，都有部数，名不备列）。

沙门僧伽婆罗，梁言众铠，亦云僧养，扶南国人也。幼而颖悟，早附法津，虽经论俱探，而偏习对法[①]，声闻渐布，垂誉海南。具足已后，广精律藏，勇意观方，乐崇开化。闻齐国弘法，随舶至都，住正观寺。为天竺沙门求那跋陀弟子，复从跋陀研精方等，未盈炎燠，博涉多通，乃解数国书语。值齐历亡坠，道教陵夷[②]，婆罗静洁身心，外绝交故，拥室栖闲，养素资业。大梁御宇，搜访术能，以天监五年被敕征召，于梁都寿光殿、华林园、止观寺、占云馆、扶南馆等五处传译，即以天监五年景戌至普通元年庚子译《文殊般若》等经十部（其梵本并是曼陀罗献者，长房等录复云"婆罗更出《育王传》五卷"者，非也。前《育王经》即是其《传》，不合重载）。初翻经日，于寿光殿，武帝躬临法座，笔受其文，然后乃付译人，尽其经本。敕沙门宝唱、慧超、僧智、法云及袁昙允等相对疏出，华质有叙，不坠译宗。天子礼接甚厚，引为家僧，所司资给，道俗改观。婆罗不畜私财，以其嚫施成立住寺。太尉临川王宏接遇隆重。普通五年，因疾卒于正观寺，春秋六十有五。

《经律异相》五十卷（天监十五年奉敕撰，录云"并目录五十五卷"，今缺其目，但五十卷，其目但纂篇题，应无别事，见《宝唱录》及《长房录》）、《比丘尼传》四卷（述晋、宋、齐、梁四代尼行，新编入录）。

右二部五十四卷，其本并在。

沙门释宝唱，梁都庄严寺僧也。俗姓岑氏，吴郡人，僧祐律师之高足也。博识洽闻，罕有其匹。武帝甚相崇敬，天监年中频敕撰集，皆惬帝旨。十五年景申，又敕撰《经律异相》一部，唱又别撰《尼传》四卷。《房录》之中复有《名僧传》等七部。非入藏，故缺不论，余并备在《续高僧传》。

---

① 对法：梵文 Abhidharma 的意译，音译为阿毗达摩、阿毗昙，多指南传上座部的论藏。

② 道教陵夷："道教"，"道"指佛教之法道，"教"指佛教之教团、教派，此指佛教。"陵夷"，即衰微，《中华大藏经》本作"凌夷"，两通。

《五分比丘尼戒本》一卷（亦云《弥沙塞尼戒本》，见《宝唱录》）。

右一部一卷，其本见在。

沙门释明徽，梁都建初寺僧也。戒行精苦，习弥沙塞部。徽以宋代觉寿译《弥沙塞律》，但出《比丘戒本》，而无《尼戒》，遂以武帝普通三年壬寅于大律内抄出《尼戒》一卷，即今见行者是（撰录者曰：检此戒中，众学之后，无七灭诤[①]，律本虽略，准义合安，岂可尼僧有诤不殄？《祇律》[②]正文，与僧同有。故彼律第四十云："众学法中，唯除污草及水，七灭诤法，随顺法，并同比丘，彼师不安，理不通也。"）。

《大乘顶王经》一卷（亦云《维摩儿经》，与西晋法护《方等顶王》及隋崛多《善思童子经》等同本，第三出，见《长房录》及《续高僧传》等）。

右一部一卷，其本见在。

王子月婆首那，中印度优禅尼国王之子（此优禅尼国[③]，或云在南天竺，亦云在西天竺，未能定矣。或可此国据在中天之维，博西近南[④]，故传说差误，不定一方也）。生知俊朗[⑤]，体悟幽微，专学佛经，尤工义理，洞晓音韵，兼善方言。先于东魏兴和年中译经三部，梁大同中从魏之梁，武帝留住，敕遣总知外国使命，因译《顶王经》一部。

《金光明经》七卷（或六卷二十二品，承圣元年于止观寺及杨雄[⑥]宅出。凉世无谶出四卷者，有十八品，真谛更出四品，足前成二十二，分为七卷，今在"删繁录"）、《无上依经》二卷（梁绍泰三年丁丑九月八日于平固县南康内史刘文陀请令译出，见"经后记"。房云陈代出者，非也。诸家年历并无绍泰三年，如《别录》中会[⑦]）、《涅槃经本有今无偈论》一卷（房云太清四年出，检诸年历，太清不至四年，已下并同）、《决定藏论》三卷（中有"梁言"字，是梁代译，寻其文句，是真谛出也）、《大乘起信论》一卷（初出，与唐实叉难陀出者同本，承圣二年癸酉九月十日于衡州始兴郡[⑧]建兴寺出，月婆首那等传语，沙门智恺等执笔

---

① 七灭诤：指为裁断有关僧尼犯戒等之诤议而设的七种方法，即现前毗尼、忆念毗尼、不痴毗尼、自言毗尼、觅罪相毗尼、多人觅罪相毗尼、如草覆地毗尼等。又称七灭诤法、七止诤法。

② 《祇律》：全名《摩诃僧祇律》，意为"大众律"。东晋义熙十四年佛陀跋陀罗与法显共译，为大众部所传的戒律。

③ 优禅尼国：即邬阇衍那 Ujayana，或云温逝尼国、郁支国，位于摩揭陀国西南之古国名。

④ 博西近南："博西"费解，"博"，或为"傅"，"傅"有靠近；迫近义，《小尔雅》云："傅，近也。"

⑤ 生知俊朗："生知"指不学而知，语出《论语》"生而知之者"，是对圣人的赞誉。《中华大藏经》本校"知"为"而"，则出语更平和审慎。

⑥ 杨雄：当为"扬雄"，后径改。

⑦ 如《别录》中会：或语有未尽，费解。

⑧ 衡州始兴郡：《中华大藏经》本"衡州"作"衢州"，误。南朝时期始兴郡曾隶属广州、湘州、东衡州，衢州则在浙江，不领始兴郡。

并制序，见“论序”）、《如实论》一卷（初题云《如实论反质难品》，房云太清四年出）、《仁王般若经》一卷（承圣三年于豫章宝田寺译，第三出，与西晋法护等出者同本）、《弥勒下生经》一卷（承圣三年于豫章宝田寺译，第五出，与罗什等出者同本）、《十七地论》五卷（与唐译《瑜伽师地论》同本，翻得五卷，遇难遂辍，见《续高僧传》，太清四年于富春令陆元哲宅为沙门宝琼等二十名德译）、《中论》一卷（房云太清四年出）、《三世分别论》一卷（房云太清四年出）。

已上并见长房、《内典》等录。

右一十一部二十四卷（《如实论》上六部一十五卷见在，《仁王经》下五部九卷缺本）。

沙门波罗末陀，梁言真谛，或云拘罗那他，此曰亲依，并梵文之名字也，本西印度优禅尼国人，婆罗门种姓。颇罗堕[①]景行澄明，器宇清肃，风神爽拔，悠然自远。群藏广部，罔不厝怀，艺术异能，偏素精练[②]。虽遵融佛理，而以通道知名。远涉艰关，无惮夷险，历游诸国，遂止中天。梁武大同中，敕直省张氾等送扶南献使返国，仍遣聘中天竺摩伽陀国[③]，请名德三藏并求大乘诸论、《杂华经》等。真谛远闻行化，仪轨圣贤，搜选名匠，惠益氓品，彼国乃屈真谛并赍经论恭膺帝旨。既素蓄在心，涣然闻命。以大同十二年八月十五日达于南海，沿历险阔，仍滞两春，以太清二年闰八月始届都邑。武皇面申礼敬，安置于宝云殿，竭诚供养。帝欲传翻经教，不羡秦时，更出新文，有逾齐日。属道销梁季，寇羯凭陵，法为时崩，不果宣述，乃步入东土。又往富春，令陆元哲创奉[④]问津，将事传译，招延英秀沙门宝琼等二十余人，翻《十七地论》，适得五卷，而国难未静[⑤]，侧附通传。至大宝年，为侯景请还，在台供养。于斯时也，兵饥相接，法几颓焉。会元帝启祚，承圣清夷，乃止于金陵正观寺，与愿禅师等二十余人翻《金光明经》。三年二月，还返豫章。又往新吴、始兴，复随萧太保度岭至于南康，并随方翻译，栖遑靡托[⑥]。谛于梁代所出经论总十一部，梁末入陈，复出经论，如后所述。

---

① 颇罗堕：即“沙门波罗末陀”之又称。《法华义疏》曰：“颇罗堕，俗姓也。”

② 偏素精练：《续高僧传》《古今译经图纪》等皆作“偏素谙练”，“谙练”即熟悉；精练义，两通。“偏素精练”与“罔不厝怀”相对成文，“偏素”，有全；都义。

③ 摩伽陀国：又作摩羯陀国、摩竭陀国、摩竭提国、默竭陀国、摩诃陀国等，意译为不恶处国、致甘露处国、善胜国。中印度之古国，为佛陀住世时印度十六大国之一，位于今南比哈尔地区。

④ 创奉：不明词义，待考。

⑤ 而国难未静，侧附通传：“国难未静”当为“国难未靖”，“靖”有“平定”义。“侧附”指从旁附会，有所寄托；“通传”指流通传播，本句大意指五卷本不全之《十七地论》只能以此勉强流通。

⑥ 栖遑靡托：“栖遑”，指忙碌不安，奔忙不定。“靡托”，指无处寄托，无处安生。

长房、《内典》等录有《十八部论》一卷，亦云谛译，今寻文句，非是谛翻。既与《部执》本同，不合再出，今此删之。如《别录》中述，复有《金光明疏》等六部二十六卷，并是真谛所撰，亦并删之（长房、《内典》等录复云天监十五年木道贤献《优娄频经》一卷，直云“献上”，不辩委曲，且编“疑录”，此删不载）。

《高僧传》十四卷（《序录》一卷，《传》十三卷，共成十四，天监十八年撰，见长房、《内典》二录）。

右一部一十四卷，其本见在。

沙门释慧皎，未详氏族，会稽上虞人。学通内外，博训经律。住嘉祥寺，春夏弘法，秋冬著述，撰《涅槃》《梵网》义疏。又以唱公所撰《名僧》，颇多浮冗，因遂开例成广，著《高僧传》一部。始于汉明帝永平十年，终至梁天监十八年，凡四百五十三载，二百五十七人，又傍出附见者二百三十九人，都合四百九十六人。开其德业，大为十例。其序略云：前之作者，“或嫌以繁广，删减其事，而抗迹之奇，多所遗削。谓出家之士，处国宾王，不应傲然自远，高蹈独绝。寻辞荣弃爱，本以励俗为贤。若此而不论，竟何所纪？”又云：“前代所撰，多曰‘名僧’。”窃谓“名”之与“高”，如有优劣。至“若实行潜光，则高而不名；寡德适时，则名而不高。名而不高，本非所纪；高而不名，则备之今录。故省彼‘名’音，代以‘高’字。”[①]谨详览此传，义例甄著，文词婉约，实可以传之不朽，永为龟镜矣。

新集失译诸经：《摩利支天经》一卷（或云《小摩利支天经》，是《陀罗尼集经》第十卷初《摩利支天经》少分异译）、《六字神咒王经》一卷（第二出，与《六字咒王经》同本）、《虚空藏菩萨问佛经》一卷（亦云《虚空藏菩萨问七佛陀罗尼咒经》，亦云《七佛神咒经》，初出，与隋译《如来方便善巧咒经》同本）、《三劫三千佛名经》三卷（《过去庄严劫千佛名经》卷上，《现在贤劫千佛名经》卷中，《未来星宿劫千佛名经》卷下，见长房“入藏录”，彼为三本经，今合为一部）、《牟梨曼陀罗咒经》一卷（或无“经”字）、《阿吒婆拘鬼神大将上佛陀罗尼经》一卷（亦直云《阿吒婆拘咒经》）、《阿弥陀鼓音声王陀罗尼经》一卷、《大普贤陀罗尼经》一卷、《大七宝陀罗尼经》一卷、《六字大陀罗尼经》一卷、《长者女庵提遮师子吼了义经》一卷、《菩萨五法忏悔文》一卷（亦名《菩萨五法忏悔经》）、《陀罗尼杂集》十卷、《大乘五阴论》一卷（婆薮盘豆菩萨造，见陈朝《大乘寺藏录》[②]，初出，与唐译《大乘五蕴论》同本），此论缺。

---

① 本处所引《高僧传》，属节引，检《高僧传·序录》，其中“傲然”作“励然”，“励俗”作“异俗”，另有文字衍、脱，表述稍异处。

② 《大乘寺藏录》：即前所云《陈录》，已佚，具体内容不详。

右一十四部二十五卷，除《五阴论》，余并入藏经。房等“失译录”中缺而不载，寻其文句，非是远代，故编梁末，以为“梁代失源”云。

魏元氏初都恒安，南迁洛阳，后迁邺[①]（亦云后魏）。始从道武帝皇始元年丙申（即东晋太元二十一年也），终东魏孝靖帝[②]武定八年庚午，凡一十三帝一百五十五年（五帝都恒安，至孝文帝太和十八年南迁，七帝都洛阳，一主都邺），缁素一十二人，所译经论传等总八十三部二百七十四卷（于中七十三部二百五十五卷见在，一十部一十九卷缺本）。

（元魏）沙门释慧觉（一部一十三卷集经）、沙门释昙曜（三部七卷经传）、沙门吉迦夜（五部一十九卷经论传集）、沙门昙摩流支（三部八卷经）、沙门释法场（一部一卷经）、沙门勒那摩提（三部九卷经〔论〕）、沙门菩提留支（三十部一百一卷经论）、沙门佛陀扇多（一十部一十一卷经论）、婆罗门瞿昙般若流支（一十八部九十二卷经戒论）、王子月婆首那（三部七卷经）、沙门毗目智仙（五部五卷论）、沙门达磨菩提（一部一卷论）。

《贤愚经》十三卷（或十五卷，或十六卷，或十七卷，亦云《贤愚因缘经》，见道慧《宋齐录》及《僧祐录》）。

右一部一十三卷，其本见在。

沙门释慧觉，一云昙觉，祐云昙觉凉州人。墙仞连霄，风神爽悟，戒地清拔，慧鉴通微。于于阗国得经梵本，以太武皇帝太平真君六年乙酉，从于阗还到高昌国，共沙门威德译《贤愚经》一部，见靖迈《经图》（按梁沙门僧祐《贤愚经记》云：“河西沙门释昙觉、威德等，凡有八僧，结志游方，远寻经典，于于阗大寺遇般遮于瑟之会。般遮于瑟者，汉言五年一切大众集也。三藏诸学，各弘法宝，说经讲律，依业而教。觉等八僧随缘分听，于是竞习胡音，析以汉义，精思通译，各书所闻，还至高昌，乃集为一部。既而逾越流沙，赍到凉州。于时沙门释慧朗，河西宗匠，道业渊博，总持[③]方等，以为此经所记，源在譬喻，譬喻所明，兼载善恶，善恶相翻，即贤愚之分也。前代传经，已多譬喻，故因事改名，号曰‘贤愚’焉。”）。

《大吉义神咒经》二卷（或四卷，见《法上录》）、《净度三昧经》一卷（第四出，

---

① 后迁邺：“邺”，或称邺下、邺城、邺都等，故址在今河北邯郸临漳县西与河南安阳市北郊一带，为曹魏、后赵、冉魏、前燕、东魏、北齐六朝都城。534 年，东魏孝静帝迁都邺城。

② 孝靖帝：当作“孝静帝”，后径改，不烦出校。

③ 总持：指对于世出世间无量无边一切佛法皆能总摄忆持而不忘失，又称陀罗尼，即“总一切法，持无量义”之意。

见《竺道祖录》及《续高僧传》)、《付法藏传》四卷(第二出，见《菩提流支录》[①]及《续高僧传》)。

右三部七卷(《吉义咒经》一部二卷见在,《净度经》等二部五卷缺本)。

沙门释昙曜，未详何许人也。少出家，摄行坚贞，风鉴闲约。以魏和平年中住北台昭玄统[②]，绥缉僧众，妙得其心。住恒安石窟通乐寺，即魏帝之所造也，去恒安西北三十里武周山北面石崖，就而镌之，建立佛寺，名曰灵岩。龛之大者，举高二十余丈，可受三千许人。面别镌像，穷诸巧丽，龛别异状，骇动人神，栉比相连三十余里。东头僧寺，恒供千人。碑碣见存，未卒陈委。先是，太武皇帝太平真君七年，司徒崔皓邪佞諛词[③]，令帝崇重道士寇谦之，拜为天师，珍敬老氏，残害释种，焚毁寺塔。至庚寅年，太武感致厉疾[④]，方始开悟。兼有白足禅师来相启发，生愧悔心，即诛崔皓，埋之都市，以口为厕，令众秽之。至壬辰年，太武云崩，孙文成立，即起塔寺，搜访经典。毁法七载，三宝还兴。曜慨前陵废，欣今重复，以和平三年壬寅，故于北台石窟集诸德僧，对天竺沙门译《吉义》等经三部，流通后贤，意存无绝。

《大方广菩萨十地经》一卷(第五出，与罗什《庄严菩提心经》等同本，见《始兴录》及道慧《宋齐录》)、《称扬诸佛功德经》三卷(亦名《集诸佛华经》，亦直名《集华经》，一名《现在佛名经》，或四卷，第三出，与罗什等出者同本，见道慧《宋齐录》)、《方便心论》一卷(或二卷，凡四品，第二出，与东晋觉贤出者同本，见道慧《宋齐录》及《僧祐录》)、《付法藏因缘传》六卷(或无"因缘"字，亦云《付法藏经》，或四卷，或云二卷，见道慧《宋齐录》，第三出，与宋智严、魏昙曜出者同本，亦见《僧祐录》)、《杂宝藏经》八卷(录云十三卷，未详，今只有八卷，[⑤]见道慧《宋齐录》及《僧祐录》)。

右五部一十九卷，其本并在。

沙门吉迦夜，魏云何事，西域人也。游化在虑，导物为心。以孝文帝延兴二年壬子，为昭玄统沙门昙曜译《大方广十地》等经五部，刘孝标笔受。

---

① 《菩提流支录》：后魏菩提流支所撰经录，一卷。后世学者认为其为"专记一人、或一派之著述"之经录，具体内容待考。

② 住北台昭玄统："住"，明藏本作"任"。"住"、"任"本形近，疑涉下文"住恒安石窟通乐寺"之"住"而误。"北台"，当指北台城，即平城，今山西省大同市，北魏中期都城。"昭玄统"为北魏所设以统监全国僧尼事务之僧官，又称沙门统、道人统、都统。

③ 諛词："諛"，本义为小，与前之"邪佞"不甚相关。《中华大藏经》本作"谀词"，可从。

④ 厉疾：其常用义为"迅速而猛烈"和"严重的灾疫"，殊与上下文不谐。《大正藏》本校勘记作"疠疾"，指流行性传染病，可从。

⑤ 八卷：《大正藏》本校勘记以为下脱"或可即分此八为十三也"十字。

《信力入印法门经》五卷（正始元年出《华严眷属经》）、《如来庄严智慧光明入一切佛境界经》二卷（亦名《如来入一切佛境界经》，景明二年于白马寺出，第一译，与梁僧伽婆罗《度一切诸佛境界智严经》同本）、《金色王经》一卷（初出，与瞿昙流支译者同本，正始四年出，《法上录》云“菩提留支后更重勘”）。

右三部八卷（前二部七卷见在，后一部一卷缺本）。

沙门昙摩流支，魏云法希，亦云法乐，南印度人。弃家入道，偏以律藏传名，弘道为务，感物而动。宣武帝世，游化洛阳，以景明二年辛巳至正始四年丁亥，为宣武帝译《信力》等经三部，沙门道宝笔受。见长房等录。

《辩意长者子经》一卷（或云《辩意长者子所问经》，一名《长者辩意经》，见《法上录》）。

右一部一卷，其本见在。

沙门释法场，未详何许人也。亦以宣武帝时于洛阳译《辩意经》一部（撰录者曰：谨按《高僧》等传并云：晋时道安出家数载，方启师求经。师创①付《辩意经》一卷，可五千言，一览便诵。又安公“失译”，复载其名。准此，东晋之时，《辩意》已行于世，如何至魏宣武始云法场出也？）。

《妙法莲华经论》一卷（婆薮盘豆菩萨造，亦云《法华经论》，侍中崔光、僧朗等笔受，见《长房录》，初出，与菩提留支译者大同小异，题云《妙法莲华经优波提舍》）、《究竟一乘宝性论》四卷（亦云《宝性分别七乘增上论》，或三卷，或五卷，于赵欣宅出，见《宝唱录》，第二译，与菩提留支出者同本）、《宝积经论》四卷（第二出，与菩提留支《大乘宝积经论》同本，见《宝唱录》）。

右三部九卷（前二部五卷见在，后一部四卷缺本）。

沙门勒那摩提，或云婆提，魏言宝意，中印度人。学识优赡，理事兼通，三藏教文，凡诵一亿②偈，偈三十二字。尤明禅观，意存游化。以宣武帝正始五年戊子初届洛邑，遂译《法华论》等三部，沙门僧朗、觉意、侍中崔光等笔受。当翻经日，于洛阳内殿，菩提留支传本，勒那扇多参助。其后三德，乃徇流言，各传师习，不相访问③。帝以弘法之盛，略叙曲烦，敕三处各翻，讫乃参校。其间隐没，互有不同，致有文旨，时兼异缀，后人合之，共成通部，见宝唱等录（所以《法华》《宝积》《宝性》等论，各有两本耳）。

---

① 师创：《出三藏记集》《高僧传》等皆云“师付《辩意经》”，此处“创”字，当非道安之师名，且空无依傍，疑为衍文。

② 一亿：今以“万万”为亿，古代“十万”亦谓之亿。此处所云“诵一亿偈”，乃强调勒那摩提之博学强记，极言其多。

③ 访问：指询访；问询。《中华大藏经》本作“询询”，不通，《大正藏》本校作“询访”两通。

初，宝意沙门神理标异，领牒魏词，偏尽隅隩[①]。帝每令讲《华严经》，披释开悟，精义每发。一日，正处高座，忽有持笏执名者，形如大官，云奉天帝命来，请法师讲《华严经》。意曰："今此法席尚未停止，待讫经文，当从来命。虽然，法事所资，独不能建，都讲、香火、维那、梵呗，咸亦须之，可请令定。"使者即如所请，见讲诸僧。既而法事将了，又见前使云："奉天帝命，故来下迎。"意乃含笑熙怡，告众辞诀，奄然卒于法座。都讲等四僧，亦同时俱逝。凡所闻见，叹未曾有。

《毗耶娑问经》二卷（长房等录并云宝意于洛阳译，今按"经序"，乃云与和[②]四年瞿昙流支于邺都译，今移在"瞿昙录"中）、《十地经论》十二卷（注云初译《论》时，未善魏言，名"器世间"为"盏子世间"，后因入殿斋，见诸宿德从弟子索器，乃总授钵襆，因悟器是总名，遂改为"器世间"。此《十地论》，长房等录勒那、菩提二处俱载，今按崔光"论序"，乃云菩提留支、勒那摩提在洛阳殿内二人同译，佛陀扇多传语，帝亲笔受，二录各存，理将未可，今合为一本，在"留支录"中）、《龙树菩萨和香方》一卷（凡五十法，今以非三藏教，故不录之）。

上之三部，今并删也。

《金刚般若波罗蜜经》一卷（永平二年于胡相国第译，是第二出，僧朗笔受，与秦世罗什及《大般若》第九会《能断金刚分》等同本，见《法上录》）、《弥勒菩萨所问经》一卷（第二出，与《大乘方等要慧经》同本，于赵欣宅译，觉意笔受，今编入《宝积》，当第四十一会，改名《弥勒菩萨问八法会》）、《胜思惟梵天所问经》六卷（神龟元年于洛阳译，是第三出，与法护《持心》、罗什《思益》并同本异出，见《法上录》及《续高僧传》）、《深密解脱经》五卷（全本初译，延昌三年于洛阳出，僧辩笔受，与唐译《解深密经》及《相续解脱》《节经》[③]等并同本，见《法上录》及《续高僧传》）、《入楞伽经》十卷（延昌二年译，是第三出，与宋功德贤四卷《楞伽》及唐译《大乘入楞伽经》等并同本，僧朗、道湛笔受，见《续高僧传》）、《大萨遮尼乾子所说经》十卷（或加"受记"，无"所说"字，或七卷，或八卷，一名《菩萨境界奋迅法门经》，正光元年于洛阳，为司州牧汝南王于第出，第二译，与《神通变化经》同本）、《无字宝箧经》一卷（初出，僧朗笔受，与唐译《大乘离文字经》等同本）、《伽耶山顶经》一卷（亦云《伽耶顶经》，第二出，与罗什《文殊问菩提经》等同本）、《谤佛经》一卷（第二出，与西晋法护《决定总持经》同本）、《大方等修多罗王经》一卷（初出，与觉定《转

① 领牒魏词，偏尽隅隩：《高僧传》卷八云"素著领牒之称"，《续高僧传》卷三云"领牒玄理"，《海东高僧传》卷二云"领牒微言"，"领牒"即领悟；妙解义。"魏词"之"魏"，即当时东魏，"偏"通"遍"，"隅隩"通作"隩隅"。本句大旨为领悟东魏的语词，会通所有精绝深奥之处。

② 与和：当为"兴和"，东魏孝静帝元善见的第三个年号（539—542）。"与"之繁体"與"，与"兴"之繁体"興"形近。

③《节经》：并无此经名，当为《解节经》，脱一"解"字。

有经》同本）、《文殊师利巡行经》一卷（初出，与隋崛多《文殊尸利行经》同本，觉意笔受）、《佛语经》一卷（初出，与周世崛多出者同本，僧朗笔受）、《佛名经》十二卷（或云十三卷，或分为二十卷，正光年于胡相国第译，见《续高僧传》）、《法集经》六卷（或七卷，或八卷，延昌四年于洛阳出，僧朗笔受，见《法上录》及《续高僧传》）、《护诸童子陀罗尼经》一卷（亦云《护诸童子请求男女陀罗尼经》）、《差摩婆帝受记经》一卷（正光年于洛阳出）、《不增不减经》一卷（正光年于洛阳出七纸，录云二卷者，误）、《十地经论》十二卷（或十五卷，天亲菩萨造，释《十地经》，永平元年四月于太极紫亭译，帝亲笔受，后付沙门僧辩等，讫尽论文，至四年夏首毕，见崔光"序"）、《弥勒菩萨所问经论》五卷（或六卷，或七卷，或十卷，释《弥勒所问经》，即《宝积》第四十一会是，在洛阳赵欣宅出）、《大乘宝积经论》四卷（第一译，与宝意出者同本，释单卷《宝积经》，即《大宝积》第四十三会《普明菩萨会》是）、《金刚般若波罗蜜经论》三卷（天亲菩萨造，永平二年于胡相国宅出，僧朗笔受，第一译，与唐义净所出《能断金刚论释》等同本）、《文殊师利菩萨问菩提经论》二卷（一云《伽耶山顶经论》，婆薮盘豆菩萨造，天平二年在邺城殷周寺出，僧辩、道湛笔受）、《法华经论》二卷（题云《妙法莲华经优波提舍》，或一卷，昙林笔受并制序，第二出，与前宝意出者同本，初有"归敬颂"者是，见《续高僧传》）、《胜思惟梵天所问经论》四卷（或三卷，普泰元年于洛阳元挑汤[①]宅出，僧辩、僧朗笔受，录云十卷，应误，见《续高僧传》）、《无量寿经论》一卷（题云《无量寿经优波提舍愿生偈》，婆薮盘豆菩萨造，永安二年于洛阳永宁寺出，僧辩笔受）、《十二因缘论》一卷（净意菩萨造）、《百字论》一卷（提婆菩萨造）、《破外道小乘四宗论》一卷（提婆菩萨造）、《破外道小乘涅槃论》一卷（提婆菩萨造）、《宝性论》四卷（或五卷，初出，与宝意出者同本。已上并见《长房录》及《内典录》）。

右三十部一百一卷（前二十九部见在，后《宝性论》一部缺本）。

沙门菩提留支，魏言道希，北印度人也。遍通三藏，妙入总持。志在弘法，广流视听。遂挟道宵征，远莅葱左，以魏永平之岁至止东华[②]，宣武下敇，殷勤敬劳。后处之永宁大寺，供待甚丰，七百梵僧，并皆周给，敇以流支为译经之元匠也。

其寺本孝明帝熙平元年灵太后胡氏所立，在宫前阊阖门南，御道之东。中有九层浮图，架木为之，举高九十余丈。上有金刹，复高十丈，出地千尺，去台百里已遥见之。初营基日，掘至黄泉，获金像三十二区[③]，太后以为嘉瑞，奉信法之征也。是以饰制瓌奇，穷世华美。刹表置金宝瓶，容二十五斛。承露

① 元挑汤：《洛阳伽蓝记》卷一作"元桃汤"，河内太守。宋藏本、元藏本亦作"元桃汤"。

② 东华：指洛阳城之东华门。

③ 三十二区："区"，量词。《洛阳伽蓝记·永宁寺》作"躯"，两通。

金盘一十一重，铁锁角张，盘及锁上皆有金铎，如一石瓮，九级诸角，皆悬大铎，上下凡有一百三十枚。其塔四面九间，六窗三户，皆朱漆扉扇，垂诸金铃，层有五千四百枚，复施金铎铺首。佛事精妙，殚土木之工，绣庄金铺[①]，惊骇心目，高风永夜，铃铎和鸣，铿锵之音，闻十余里。北有正殿，形拟太极，中诸像设，金玉珠绣，作工巧绮，冠绝当世。僧房周接，千有余间，台观星罗，参差间出，雕饰朱紫，缋以丹青，栝柏桢松，异草丛集，院墙周匝，皆施椓瓦[②]。正南三门，楼开三道三重，去地二百余尺，状若天门，赫奕华丽。夹门列四力士、四师子，饰以金玉，庄严焕烂。东西两门，例皆如此，所可异者，唯楼两重。北门通道，但路而置。其四门外，树以青槐，亘以渌水，京师行旅，多庇其下。路断飞尘，不由济云[③]之润；清风送凉，岂藉合欢之发。乃诏中书舍人常景制寺碑文，故云“须弥宝殿、兜率净宫，莫尚于斯”是也。外国所献经像，皆在此寺。

寺既初成，明帝及太后共登浮图，视宫中如掌内，下临云雨，上天清朗，以见宫中事，故禁人不听登之。

时有西域沙门菩提达摩者，波斯国人也。越自西域，来游洛京，见金盘炫日，光照云表，宝铎含风，响出天外，歌咏赞叹，疑是神工。自云：“年一百五十岁，历涉诸国，靡不周遍，如此寺精庐，阎浮所无也，讫佛境界，亦无有比。”口唱南无，合掌连日。

孝昌二年，大风发屋拔树，刹上宝瓶，随风而堕，入地丈余，复命工人更安新者。至永熙三年二月，为天所震。帝登陵云台望火，遣南阳王宝炬、录尚书长孙稚将羽林一千来救。于斯时也，雷雨晦冥，霰雪交注。第八级中，平旦火起。有二道人，不忍焚烬，投火而死。其焰相续，经余三月，入地刹柱，乃至周年，犹有烟气。

其年五月，有人从东莱郡至，云“见浮图在于海中，光明俨然，同睹非一，俄而云雾乱起，失其所在”。至七月，平阳王为侍中斛斯椿[④]所挟，西奔长安。

---

① 绣庄金铺：“绣庄”似文义不协，《洛阳伽蓝记·永宁寺》作“绣柱金铺”，即锦绣饰立柱，黄金为铺首之义。

② 椓瓦：《大正藏》本“椓”从木从豕，实为“椓”之错字，“椓”义为敲击，“椓瓦”不成词，且与文义不协。根据上下文语意，当为“椽瓦”，墙上施椽覆瓦以护墙体。

③ 济云：“济”指入水之状貌，“济云”，义殊费解。《洛阳伽蓝记·永宁寺》作“湆云”，即阴云。《太平御览》卷十引《纂要》：“雨云曰湆云，亦曰油云。”

④ 斛斯椿：“斛”，为“斛”之俗字，百升曰斛。《洛阳伽蓝记·永宁寺》作“斛斯椿”。斛斯为复姓，出自古鲜卑族斛斯部族。斛斯椿（493—534），字法寿，广牧富昌（今内蒙古准格尔旗东南）人，北魏大臣。

至十月，而洛京迁于漳邺。

先时，留支奉敕创翻《十地经论》。厥初命章，宣武皇帝亲自笔受，然后方付沙门僧辩等讫尽论文。佛法隆盛，英俊蔚然，相从传授，孜孜如也。三藏留支从洛阳宣武帝永平元年戊子至邺都孝静帝天平二年乙卯，将三十年，相继翻译，出《金刚般若》等经、《十地》等论共三十部。帝又敕清信士李廓撰《众经录》。廓学通玄素，条贯经论，雅有标拟。故其录云："三藏法师留支房内，经论梵本，可有万甲[①]。所翻新文，笔受稿本，满一间屋。然其慧解，与勒那相亚，而神悟聪敏，洞善方言，兼工咒术，则无抗衡矣。"尝坐井口，澡灌[②]内空，弟子未来，无人汲水。流支乃操柳杖[③]，聊挥井中，密加诵咒，才始数遍，泉水上涌，平及井栏，即以钵酌，用之灌洗[④]。傍僧具见，莫测其神，咸共嘉叹："大圣人也！"留支曰："勿妄褒赏，斯乃术法，外国共行，此方不习，谓为圣耳。"惧惑世间，遂秘不恒。

《奋迅王问经》二卷、《不必定入印经》一卷、《一切法高王经》一卷、《第一义法胜经》一卷、《顺中论》二卷（已上五部七卷，长房等录并云菩提留支所译，今按经初本译"序记"并云瞿昙留支，非菩提也，今移在"瞿昙录"中）、《宝髻菩萨四法经论》一卷、《三具足经论》一卷、《转法轮经论》一卷（已上三部三卷，房等亦云菩提留支所译，今按"序记"，乃是毗目智仙，故此三部，亦移彼录）、《众经论目录》一卷（此是留支所撰，非是梵本别翻，今日录中叙，此不复存也）、《菩萨境界奋迅法门经》十卷（《宝唱录》云菩提留支译，今以即是《萨遮尼乾子经》异名，故不别存也）、《十法经》一卷（元象二年于邺都出，第二译，与梁僧伽婆罗出者同本，今编入《宝积》，当第九会，名《大乘十法会》）、《无畏德菩萨经》一卷（亦云《无畏德女经》，元象二年于邺都译，第五出，与《阿术达经》等同本，今编入《宝积》，当第三十二会，昙林笔受）、《如来师子吼经》一卷（正光六年于洛阳出，第一译，与唐日照《方广师子吼经》同本）、《银色女经》一卷（元象二年于邺都译，第二出，与西晋法炬《前世三转经》同本）、《正恭敬经》一卷（一名《威德陀罗尼中说经》，或名《正法恭敬经》，元象二年于邺都出，第一译，与隋阇那崛多《善敬经》同本）、《转有经》一卷（元象二年于邺都译，第二出，与菩提留支《方等修多罗经》同本）、《阿难陀目佉尼诃离陀邻尼经》一卷（第八译，与支谦《无量门微密持经》等同本）、《金刚上味陀罗尼经》

---

① 万甲：即"万夹"，或作"荚"，"甲"、"夹"、"荚"音近可通。胡三省注《资治通鉴》，于唐懿宗"手持梵夹"句下注曰："梵夹者，贝叶经也，以板夹之，谓之梵夹。"梵夹装，专指古印度用梵文书写的贝叶经的装帧。

② 澡灌：当为"澡罐"。

③ 柳杖：柳木木质欠质实，不堪作拄杖。《大正藏》本校勘记作"柳枝"，义胜。

④ 灌洗：有冲洗义。清藏本作"盥洗"，两通。

一卷（正光六年于洛阳出，第一译，与隋崛多《金刚场经》同本）、《摄大乘论》二卷（普泰元年于洛阳出，与陈真谛、唐玄奘所出《摄论》同本，阿僧佉作）、《无字宝箧经》一卷（元象二年于邺都出，第二译，与留支等出者同本。上十部，并见隋《费长房录》及唐《内典录》等）。

右一十部一十一卷（前九部十卷见在，后一部一卷缺本）。

沙门佛陀扇多，魏言觉定，北印度人。神悟聪敏，内外博通，特善方言，尤工艺术。以孝明帝正光六年乙巳至孝静帝元象二年己未，于洛阳白马寺及邺都金华寺译《十法》等经十部，沙门昙林等笔受。

《得无垢女经》一卷（或无"得"字，一名《论义辩才法门》，兴和三年于邺都出，第三译，与《宝积·无垢施会》及法护《离垢施经》同本，见《长房录》）、《圣善住意天子所问经》三卷（兴和三年于邺城金华寺出，昙林笔受，第五译，或四卷，与《宝积·善住意会》及法护《如幻三昧经》等同本，见《长房录》）、《毗耶娑问经》二卷（初出，与《宝积·广博仙人会》同本，兴和四年七月七日于尚书令仪同高公[①]第译，三十日毕，沙门昙林笔受，见"经前序记"）、《奋迅王问经》二卷（第二出，与罗什《自在王经》同本，兴和四年七月三十日于尚书令仪同高公第内启挟[②]创译，沙门昙林笔受，见"经前序记"）、《不必定入定入印经》一卷（初出，与唐义净《入定不定印经》同本，兴和四年九月十九日于尚书令仪同高公第译，沙门昙林笔受，见"经前序记"）、《一切法高王经》一卷（一名《一切法义王经》，第三出，与《诸法勇王经》等同本，兴和四年六月二十三日在窦太尉定昌寺译，沙门昙林笔受，见"经前序记"）、《第一义法胜经》一卷（初出，与《大威灯光仙人经》同本，兴和四年九月一日于尚书令仪同高公第译，沙门昙林笔受，见"经前序"）、《金色王经》一卷（兴和四年于金华寺出，沙门昙林笔受，第二出，与昙摩流支出者同本，见《长房录》）、《八部佛名经》一卷（亦云《八佛名经》，兴和四年于金华寺出，沙门昙林笔受，见《长房录》）、《顺中论》二卷（无著菩萨造，武定元年八月十日于尚书令仪同高公第译，沙门昙林笔受，见"经前序记"）、《唯识论》一卷（一名《破色心》，或云《唯识无境界论》，在金华寺出，天亲菩萨造，第一译，与陈真谛《唯识论》及唐译《二十唯识论》并同本，见《长房录》）、《一输卢迦论》一卷（龙树菩萨造，在金华寺出，见《长房录》，录云《伊迦输卢迦论》）、《正法念处经》七十卷（兴和元年于邺城大承相高澄[③]第译，昙林、僧昉等笔授[④]，见《长房录》）、《无垢优婆夷问经》一卷（兴和四年出，见《长房录》）、《解脱戒本》一卷（出迦叶毗部，武定元年在邺都侍中尚书令高

① 尚书令仪同高公：东魏孝静帝元善见兴和四年当 542 年，此时尚书令仪同三司当为高欢（496—547）。

② 启挟：即开启梵夹。"挟"当为"夹"。

③ 大承相高澄："大承相"即大丞相。高澄（521—549）字子惠，高欢长子。高欢死后，继任大丞相，都督中外诸军，北齐追尊为文襄帝。

④ 笔授：当为"笔受"。

澄请出，见“经前序”，僧昉笔受并制序，亦见《长房录》）、《菩萨四法经》一卷（金华寺出，昙林、李希义等笔受，见《长房录》）、《宝意猫儿经》一卷（于金华寺为高仲密[①]出，见《长房录》）、《犊子道人问论》一卷（于金华寺为高仲密出，李希义笔受[②]）。

右一十八部九十二卷（《解脱戒》上一十五部八十九卷见在，《菩萨四法经》下三部三卷缺本）。

婆罗门瞿昙般若流支，魏云智希，中印度波罗棕城净志[③]之种。少学佛法，妙闲经旨，神理标异，领悟方言。以孝明帝熙平元年游寓洛阳，后京师迁邺，亦与时徙。以孝静帝元象元年戊午至武定元年癸亥于邺城内，在金华、昌定[④]二寺及尚书令仪同高公第内译得《无垢女》等经一十八部，沙门僧昉、昙林、居士李希义等笔受。

《回诤论》一卷、《业成就论》一卷（已上二论，长房等录皆云瞿昙流支译，今按经初本译“序记”乃云毗目智仙，今依“经记”为正）。

又《续高僧传》云：“当魏时，有沙门菩提流支，与般若流支前后出经，而众录传写率多轻略，各去上字，但云‘流支’，而不知是何‘流支’。迄今群录，译目相涉，难得详定。”今搜访实录，件注如前，余所未见者，俟诸后进耳。

《摩诃迦叶经》二卷（亦云《大迦叶经》，或无“大”字，兴和三年于骠骑大将军左仆射内侍中司徒公孙腾第译，见“经前序”，今编入《宝积》，当第二十三会）、《僧伽吒经》四卷（元象元年于司徒公孙腾第译，见《续高僧传》）、《频婆娑罗王问佛供养经》一卷（兴和三年出，〔出〕《增一阿含》第二十六卷异译[⑤]）。

右三部七卷（前二部六卷见在，后一部一卷缺本）。

王子月婆首那，魏言高空，中印度优禅尼国王子。以孝静帝元象元年戊午讫兴和三年辛酉，于邺都司徒公孙腾之第译《迦叶》等经三部，沙门僧昉笔受。首那从魏之梁，及于陈代，更译诸经，如别所述。

《宝髻菩萨四法经论》一卷（题云《宝髻经四法优波提舍》，天亲菩萨造，兴和三年九月一日在金华寺为御史中尉高仲密译，沙门昙林笔受，见“经前序记”）、《三具足经论》一卷（题云《三具足经优波提舍》，天亲菩萨造，兴和三年九月十三日在金华寺为骠骑大将军高仲密译，沙门昙林笔受，见“经前序记”）、《转法轮经论》一卷（题云《转法轮经优波提舍》，

① 高仲密：东魏北豫州刺史、骠骑大将军，后任开府仪同三司、御史中尉。

② 李希义笔受：下脱“见《长房录》”四字。

③ 净志：即“沙门”之意译。

④ 昌定：明藏本作“定昌”，与金华寺同在邺城之中，待考。

⑤ 异译：《大正藏》本校勘记云后脱“见《长房录》”四字。

天亲菩萨造，兴和三年八月十一日在金华寺为开府仪同三司勃海高仲密译，沙门昙林笔受，见“经前序记”）、《业成就论》一卷（天亲菩萨造，初出，与唐译《大乘成业论》同本，兴和三年七月二十五日为高仲密于金华寺译，沙门昙林笔受，见“经前序记”）、《回诤论》一卷（龙树菩萨造，兴和三年三月二十日于金华寺为骠骑大将军、开府仪同三司、御史中尉勃海高仲密译，沙门昙林笔受，见“经前序记”）。

右五部五卷，其本见在。

沙门毗目智仙，北印度乌苌国①人，刹利王种，释迦之苗裔。曩者毗流离王②坏迦毗罗城，诛残释种。当斯时也，有四释子，忿其见逼，不思犯戒，出外拒军，流离遂退。归还本国，城中不受。告曰：“吾为法种，誓不行师。汝退彼军，非吾族也。”既被放斥，远投诸国，本是圣胤，竞宗树之，四释支离，皆王一国。今乌苌、梵衍③王等，并其后也，嗣胤相承，于今不绝。智仙法师即斯王种，妙闲三藏，最善毗昙，与瞿昙流支同游魏境，而瞿昙流支尊事为师。以孝静帝兴和三年辛酉于邺城内在金华寺共瞿昙流支译《宝髻论》等五部，沙门昙林笔受，骠骑大将军、开府仪同三司、御史中尉勃海高仲密为檀越，启请供养，并见“经前序记”。而智仙法师游方弘化，逾越沙险，志在利生。既启梵文，应多部卷，但余见浅狭，寻览未周，所睹五经，件述如右，后进傥遇，幸希续补，使法门无谬，岂不善欤！自魏及唐，传录非一，智仙法师未蒙编载，弘法之名莫著，高行之迹靡彰。伤哉！悲哉！深可嗟矣！

《涅槃论》一卷（或云《大般涅槃经论》，婆薮盘豆菩萨造，略释大经，见《内典录》，初出）。

右一部一卷，其本见在。

沙门达磨菩提，此云法觉。《内典录》云“达磨菩提译《涅槃论》”，不显帝代，而编魏末，今亦同彼，附于此中（复有《涅槃论》三卷，亦题达磨菩提译，寻文乃释前论，或疑是人造也）。

齐高氏都邺（亦云“北齐”）。从文宣帝天保元年庚午至高恒（无谥）承光元年丁酉，凡经六主二十八年，缁素二人，所出经论八部五十二卷。

（高齐）沙门那连提黎耶舍（七部五十一卷经论）、居士万天懿（一部一卷经）。

《菩萨见宝三昧经》十六卷（或十四卷，天统四年于天平寺出，今编入《宝积》，当

---

① 乌苌国：古印度国名，Udyāna之音译，义为花园，故下文云“唐翻云苑”，或译为乌场、乌仗那等，当今之巴基斯坦西北边境斯瓦特河边。

② 毗流离王：或称琉璃王、毗卢宅迦王、毗卢释迦王、毗流离王、维楼黎王，古印度北憍萨罗国国王，即波斯匿王之子。

③ 梵衍：又作范阳国、望衍国、帆延国，今称巴米扬，位于今阿富汗兴都库什山中。

第十六会）、《大集月藏经》十卷（题云《大集经·月藏分》，或十二卷，或十五卷，或直云《月藏经》，天统二年于天平寺出）、《大集须弥藏经》二卷（内题云《大乘大集经·须弥藏分》第十五，或直云《须弥藏经》，天保九年于天平寺出）、《大悲经》五卷（天保九年于天平寺出，《大周录》云"《涅槃》支派"）、《月灯三昧经》十一卷（或十卷，天保八年于天平寺出）、《施灯功德经》一卷（亦名《然灯经》，天保九年于天平寺出）、《法胜阿毗昙心论经》六卷（大德优波扇多造，或七卷，或无"经"字，或无"法胜"字，或加"别译"字，或云《法胜阿毗昙论》，河清二年于天平寺出，并见《长房录》）。

右七部五十一卷，其本并在。

沙门那连提黎耶舍，齐言尊称，北印度乌场国人，正音应云邬荼（荼[①]，音持耶反，奘法师云乌仗那，唐翻云苑，谓昔轮王之苑囿也）。其王与佛同氏，亦姓释迦，刹帝利种（齐云"土田主"也，由劫初之时，先为分地主，因即号焉，今所谓国王者是也）。舍年十七，发意出家，寻值名师，备闻正教。二十有一，得受具篇[②]。闻诸宿老，叹佛景迹，或言某国有钵，某国有衣，顶骨牙齿，神变非一。遂即起心，愿得瞻奉。以戒初受，须知律相，既满五夏，发足游方。所以天梯石台之迹，龙庙宝塔之方，广周诸国，并亲顶礼，仅无遗逸。曾竹园寺一住十年，通履僧坊，多值明德。有一尊者，深识人机，见语舍云："若能静修，应获圣果，恐汝游涉，终无所成。尔日虽闻，情无领悟，晚来却想，悔将何及？"

耶舍北背雪山，南穷师子，历览圣迹，仍旋旧壤，乃睹乌场国主，真大士焉，自所经见，罕俦其类。试略述之：安民以理，民爱若亲。后夜五更，先礼三宝，香华伎乐，竭诚供养。日出升殿，方览万机。次到辰时，香水浴像。宫中常设，日百僧斋，王及夫人，手自行食，斋后消食，习诸武艺。日景将昳，写十行经，与诸德僧，共谈法义。复与群臣，量议治政。瞑[③]入佛堂，自奉灯烛，礼拜读诵，各有恒条，了其常业，乃还退静。三十余年，斯功不替。王有百子，诚孝居怀，释种余风，胤流此国。但以寺接山阜，野火所焚，各相差遣，四远投告。六人为伴，行化雪山之北，至于峻顶，见有人鬼二路，人道荒险，鬼道利通，行客心迷，多寻鬼道，渐入其境，便遭杀害。昔有圣王，于其路首作毗

---

① 荼：《续高僧传》卷二作"荼"，"荼"、"荼"古音实同，皆端组字，为音译取字有别。

② 得受具篇：不明文义，《续高僧传》卷二所记亦同。然下文云"以戒初受"，且《续高僧传》所载法密"年二十五，方受具戒"，疑"篇"字当为"戒"字。

③ 瞑：本指昏花迷离；闭眼，然于上下文不协。上文有"后夜五更"、"日出"、"日景将昳"等时间词，故当为"暝"，日落；天黑义。

沙门天王[①]石像，手指人路。同伴一僧错入鬼道，耶舍觉已，口诵观音神咒，至百步追及，已被鬼害，自以咒力，得免斯厄。因复前行，又逢山贼，专念前咒，便蒙灵卫，贼来相突，对目不见。循路东指，到芮芮国[②]，值突厥乱，西路不通，反乡意绝，乃随流转，北至泥海[③]之旁，南距突厥七千余里。

彼既不安，远投齐境，天保七年，届于邺都。文宣帝洋极见殊礼，偏异恒伦。耶舍时年四十，骨梗雄雅，物议弹之。缘是文宣礼遇隆重，安置天平寺中，请为翻经三藏。殿内梵本，千有余甲，敕送于寺，处以上房，为建道场，供穷珍妙，别立厨库，以表尊崇。舍从文宣帝天保八年丁丑至纬（无谥）天统四年戊子，于邺城天平寺译《菩萨见宝》等经七部，敕昭玄大统沙门法上等二十余人监掌翻译，昭玄都瞿昙般若流支长子沙门达摩阇那（齐言“法智”）及居士万天懿传语。舍于齐时大兴正法，弘畅众心。文宣重法殊异，躬礼梵本，顾谓群臣曰：“此乃三宝洪基，故我偏敬。”其奉信推诚，为如此也。

耶舍每于宣译之暇，时陈神咒，冥救显助，立功多矣。未几，授昭玄都，俄转为统。所获供禄，不专自资[④]，好起慈惠，乐兴福业，设供饭僧，施诸贫乏，狱囚系畜，咸将济之。市闉[⑤]闹所，多造义井，亲自漉水，津给众生。又于汲郡[⑥]西山建立三寺，依泉旁谷，制极山美[⑦]。又收养厉疾，男女别坊，四事供承，务令周给。又往突厥客馆，劝持六斋，羊断放生[⑧]，受行素食。又曾遇病，百日不起，天子皇后，躬问起居。耶舍叹曰：“我本外客，德行未隆。乘舆今降，重法故尔。内抚其心，愧惧交集。”耶舍后至隋代，更出诸经，备在“隋录”，具如彼述。

《尊胜菩萨所问一切诸法入无量门陀罗尼经》一卷（第三出，与《无崖际持法门经》

① 毗沙门天王：“毗沙门”意为多闻，表示其福德之名，闻于四方，为北方的多闻天王。由于其乐善好施，又被称为财宝天王。

② 芮芮国：“芮芮”，亦作柔然、蠕蠕、蝚蠕、茹茹等，学界以为是鲜卑拓跋部的一支，或以为是阿哇尔人，后来迁徙欧洲。其于公元四世纪末至六世纪中叶在中亚北亚一带立国，强盛时期的疆域，东到呼伦贝尔，西到巴尔喀什湖，北到贝加尔湖，南至阴山。

③ 泥海：地名，根据上文描述，当位于古芮芮国以北之绝域之地，具体方位待考。

④ 自资：自我给用；享用。

⑤ 市闉：《续高僧传》卷二作“廛”。“市廛”则指市中店铺。

⑥ 汲郡：西晋泰始二年（266）置，治所在今河南卫辉市西南，属司州。辖境相当于现在河南省卫辉、新乡、辉县、获嘉、修武等市县地。

⑦ 制极山美：大意为形制极其恢弘艳丽。然“山美”，则费解，待考。

⑧ 羊断放生：文义不明。《续高僧传》卷二、《贞元录》卷九作“羊料放生”，“料”有简择；挑选义，突厥人本游牧民族，所牧之羊，简择予以放生，或符前后“劝持六斋”、“受行素食”之意。

等同本，或直云《尊胜菩萨所问经》，亦直云《入无量门陀罗尼经》）。

右一部一卷，其本见在。

居士万天懿，本姓拓跋，北代云中人也。魏分十姓，因为万俟氏，世居洛阳，故复为河南人也，后单称万氏。少曾出家，师婆罗门，而聪慧有志力。善梵书梵语，兼工咒术，由是应召，得预翻传之数。懿以武成帝湛河清年中于邺都自译《尊胜菩萨所问经》一部，见《长房录》。

《开元释教录》卷第七

“总括群经录”上之七

周宇文氏都长安。从闵帝元年丁丑（依古无号，直称元年）至靖帝大定元年辛丑，凡经五帝二十五年，沙门四人，所出经论一十四部二十九卷（于中六部一十一卷见在，八部一十八卷缺本）。

周沙门攘那跋陀罗（一部一卷论）、沙门阇那耶舍（六部一十五卷经）、沙门耶舍崛多（三部八卷经论）、沙门阇那崛多（四部五卷经）。

《五明论合》一卷（一声论、二医方论、三工巧论、四咒术论、五符印论，见《长房录》）。

右一部一卷，本缺。

沙门攘那跋陀罗，周云智贤，波头摩国[①]人。虽善达三藏，而偏精律部。以明帝二年戊寅于长安旧城婆伽寺共阇那耶舍译《五明论》一部，耶舍崛多、阇那崛多等传译，沙门智仙笔受（又长房等录云：“周武帝代天和四年己丑，摩勒国[②]沙门达摩流支，周言法希，为大冢宰晋荡公宇文护译《婆罗门天文》二十卷。”今以非三藏教，故不存之）。

《大乘同性经》二卷（亦名《一切佛行入智毗卢遮那藏说经》，一名《佛十地经》，或四卷，天和五年译，上仪同城阳公萧吉笔受，初出，与唐日照《证契大乘经》同本）、《大云请雨经》一卷（内题云《大云〔经〕·请雨品》第六十四，房云“品第一者[③]”，非也。天和

---

① 波头摩国：印度古国，具体方位不详。“波头摩”，《大方广佛华严经疏》卷十七云：“波头摩者，此云亦莲花，身心如莲花，净无尘垢。”其国名，佛经有载，《大方等大集经》卷五十六云：“尔时佛告梵王等言：‘我今以彼波头摩国、弗色迦罗国、目帝国、嵩伽摩国、耆利国、不摩婆国、南耆利国、遮波罗国、修帝达赊国、提婆那国、奚周迦国，此十一国，付嘱房宿摄护养育。’”

② 摩勒国：待考。

③ 品第一者：考《历代三宝纪》卷一作“品第一百”，则“者”当为“百”，应属抄刻之误。

五年译，沙门圆明笔受，初出，与《大云轮请雨》及《大方等大云请雨》二经并同本）、《宝积经》三卷（天和六年译，沙门道簪[①]笔受）、《定意天子所问经》五卷（天和六年译，沙门圆明笔受，出《大集》，今疑与《善住意经》同本）、《入如来智不思议经》三卷（见《翻经图》，第二出，与《度诸佛境界智光严经》等同本，建德元年译）、《佛顶咒经并功能》一卷（保定四年译，学士鲍永笔受，五部见《长房录》）。

右六部一十五卷（《请雨经》上二部三卷见在，《宝积经》下四部十二卷缺本）。

沙门阇那耶舍，周言藏称，亦曰胜名，中印度摩伽陀国人。专修宴坐，妙穷定业。共二弟子耶舍崛多、阇那崛多，以武帝保定四年甲申至建德元年壬辰，为大冢宰晋荡公宇文护于长安旧城四天王寺译《大乘同性经》等六部，桂国平高公侯伏寿[②]为总监检校。

《金光明经更广寿量大辩陀罗尼经》五卷（于归圣寺译，智仙笔受，此五卷《金光明经》非是今译[③]，但于昙无谶四卷经中续《寿量》《大辩》二品，今在"删繁录"）、《十一面观世音神咒经》一卷（于四天王寺译，上仪同城阳公萧吉[④]笔受，初出，与唐译《十一面神咒心经》等同本）、《须跋陀罗因缘论》二卷（于四天王寺译，沙门圆明笔受，并见《长房录》）。

右三部八卷（前二部六卷见在，后一部二卷缺本）。

沙门耶舍崛多，周言称藏，优婆国[⑤]人。共小同学阇那崛多于武帝时为大冢宰宇文护于四天王寺及归圣寺译《金光明经》等三部（靖迈《经图》中，又有《大云请雨经》一卷，亦云称藏所译，今以此经即是，与前阇那耶舍共出之者，不合别上，二处俱存者，误也）。

《妙法莲华经普门品重诵偈》一卷（在益州龙渊寺译，今编入第八卷《普门品》）、

---

① 道簪：当为从巧从言，巧言为辩，即"辩"之俗字，北魏造新字，《广韵》本作上巧下言。

② 桂国平高公侯伏寿："桂国"，无义，当为北周之勋官"柱国"，考《周书》卷十有柱国大将军侯伏侯龙恩封平高公，其弟为大将军侯伏侯万寿，《大唐内典录》作"柱国平阳公侯伏寿"，平高公当为侯伏寿兄之爵。"侯伏侯万寿"，亦可简称"侯伏寿"。

③ 今译：《大正藏》本校作"全译"，且后文明言"但于昙无谶四卷经中续《寿量》《大辩》二品"，故委实非"全译"。

④ 上仪同城阳公萧吉："上仪同"，即"上仪同三司"，隋代为从四品。"城阳"，郡名，梁武帝置，治淮阴，领淮阴、平春、义兴、皎城四县，"城阳公"当为萧吉之封号。萧吉，字文休，梁武帝兄长沙宣武王萧懿之孙，博学多通，尤精阴阳算术，后入隋，历仕三朝。其所撰《五行大义序》载其为"上仪同三司城阳郡开国公"。

⑤ 优婆国："优婆"为梵语，佛徒；僧尼之义。则"优婆国"可理解为佛教徒之国，其具体方位，文献无征。《古今译经图纪》卷四及《大正藏》本校勘记作"优填国"，"优填国"即乌苌国，且下文云耶舍崛多之徒沙门阇那崛多为"北印度揵达国人"，乌苌国正在揵达国附近。

《种种杂咒经》一卷（或无“经”字，咒总二十三首，在益州龙渊寺译）、《佛语经》一卷（第二出，与元魏菩提留支译者同本，在益州龙渊寺译）、《金色仙人问经》二卷（于长安旧城四天王寺译，萧吉笔受，并见《长房录》）。

右四部五卷（前二部二卷见在，后二部三卷缺本）。

沙门阇那崛多，周言志德，北印度揵达国[①]人。师徒同游，来达兹境。以武帝时于四天王寺译《金色仙人问经》，后随谯王宇文俭往益州，于龙渊寺复译《普门偈》等三部。崛多入隋，更广翻译，备如后述。

陈陈氏都建业。自武帝永定元年丁丑至炀帝祯明三年己酉，凡经五主三十三年，缁素三人，所出经律论及集传等，总四十部一百三十三卷（于中二十六部八十九卷见在，一十四部四十四卷缺本）。

陈沙门拘罗那他（三十八部一百一十八卷经律论集）、王子月婆首那（一部七卷经）、沙门须菩提（一部八卷经）。

《金刚般若波罗蜜经》一卷（第三译，与姚秦罗什、元魏留支等出者同本）、《解节经》一卷（是《解深密经》初五品异译，出第一卷，此经非是全部，真谛略出以证义耳）、《遗教经论》一卷（释《遗教经》）、《十八空论》一卷、《摄大乘论》三卷（无著菩萨造，第二出，与元魏佛陀扇多等译者同本，天嘉四年于广州制旨寺译，慧恺笔受）、《摄大乘论释》十五卷（世亲菩萨释，亦云《释论》，或十二卷，与隋笈多等出者同本，第一译，天嘉四年于广州制旨寺出，慧恺笔受）、《佛性论》四卷（天亲菩萨[②]造）、《中边分别论》二卷（婆薮盘豆造，或三卷，于临川郡出，第一译，与唐译《辩中边论》同本）、《显识论》一卷（内题云《显识品》，从《无相论》出，题云真谛译，新附此）、《转识论》一卷（即出前《显识论》中，题云真谛译，新附此）、《唯识论》一卷（天亲菩萨造，初云《修道不共他》，在临川郡译，第二出，与元魏般若流支等出者同本）、《宝行王正论》一卷、《三无性论》二卷（出《无相论》，或一卷）、《无相思尘论》一卷（初出，与唐译《观所缘论》同本，见靖迈《经图》及《内典录》）、《解卷论》一卷（初出，与唐义净《掌中论》同本，见靖迈《经图》及《内典录》）、《广义法门经》一卷（第三出，与汉安高所出《普法义经》等同本，题云是《中阿含》一品别译，天嘉四年十一月十日于广州制旨寺译）、《佛阿毗昙经》二卷（亦云“论”，录云九卷，今只二轴，未详所以。又《内典录》中更载《佛阿毗昙》一卷，非也）、《律

---

① 揵达国：即犍陀罗国 Gandhāra，其疆域主要位于今印度喀布尔河下游、五河流域之北。自公元前三世纪至公元五世纪，犍陀罗国是印度北部大国，其盛行佛教，受希腊文化影响，建构出富有特色的犍陀罗艺术。

② 天亲菩萨：即前之“世亲菩萨”，梵名 Vasabandhu，音译为婆数盘豆，是无著的异母弟。早习小乘，后随无著改习大乘，著有《阿毗达磨俱舍论》三十卷、《摄大乘论释》十卷、《辨中边论释》一卷、《唯识三十论颂》一卷、《百法明门论》一卷等，为瑜伽行派的重要理论家。

二十二明了论》一卷（亦直云《明了论》，出正量部《波罗提木叉论》中，觉护法师造，光大二年正月二十日于广州译，沙门慧恺笔受）、《阿毗达磨俱舍释论》二十二卷（婆薮盘豆造，第一译，与唐译《俱舍论》同本，天嘉四年正月二十五日于制旨寺出，至闰十月十日讫，至五年十二月二日更勘，至光大元年十二月二十五日讫）、《随相论》一卷（或云《求那摩谛随相论》，德慧法师造，或二卷）、《立世阿毗昙论》十卷（题云《立世毗昙藏》，或无“论”字，亦云《天地记经》，永定三年出，录云十五卷，未详）、《四谛论》四卷（婆薮跋摩造）、《部执异论》一卷（亦名《部异执论》，第二出，与《十八部论》及《宗轮论》同本）、《婆薮盘豆法师传》一卷（此曰“天亲”，第二出）、《金七十论》三卷（外道迦毗罗仙人造，明二十五谛，谓《数论》也，或二卷，长房等录别存《僧佉论》三卷者，非也，谓梵名“僧佉”，此翻为“数”）、《金刚般若论》一卷、《大般涅槃经论》一卷（或无“般”字，第二出）、《反质论》一卷（今疑即藏中《如实论》是，故彼题云《如实论反质难品》）、《堕负论》一卷、《成就三乘论》一卷、《正说道理论》一卷、《意业论》一卷、《大空论》三卷（于豫章栖隐寺出）、《僧涩多律》一卷（陈言《总摄》）、《俱舍论偈》一卷（初出，与唐译《俱舍颂》同本，天嘉四年于制旨寺出）、《俱舍论本》〔十〕六卷（据其论本，即前偈是，今复言本，未详所以）、《翻外国语》七卷（一名《俱舍论因缘事》，一名《杂事》）、《修禅定法》一卷（除四部外，余三十四部见《长房录》）。

右三十八部一百一十八卷（《金七十论》上二十五部八十二卷见在，《金刚论》下一十三部三十六卷缺本）。

沙门拘罗那他，陈曰亲依，或云波罗末陀，此云真谛，并梵文之名字也，本西印度优禅尼国人。以梁武太清二年届于建业，顷属梁季崩乱，不果宣传，虽翻经论，栖遑靡托。逮陈武永定二年七月，还返豫章，又上临川、晋安诸郡。真谛虽传经论，道缺情离，本意不申，更观机壤[①]，遂欲泛舶往楞伽修国[②]。道俗虔请，结誓留之，不免物议，遂停南越。便与前梁旧齿重核所翻，其有文旨乖竞者，皆镕冶成范，始末伦通。

至文帝天嘉四年，杨都建元寺沙门僧宗、法准、僧忍律师等，并建业标领，钦闻新教，故使远浮江表，亲承芳问。谛欣其来意，乃为翻《摄大乘》等论，首尾两载，覆疏宗旨。而飘寓投委，无心宁寄。又泛小舶，至梁安郡，更装大

---

① 更观机壤：宋藏、明藏本校为“机攘”，语义不详，后文有“早生胜壤”，当有关联。疑“机壤”为契机之域，故拘罗那他遂有出走之思。

② 楞伽修国：楞伽修国何在，学术界看法不一，或谓今泰国东部地区；或谓今东南亚马来半岛暹罗之西，即缅甸之德那萨灵地区。参见张星烺编注、朱杰勤校订之《中西交通史料汇编》第六册。

舶，欲返西国。学徒追逐，相续留连。太守王万奢[①]述众元情，重申邀请。谛又且循人事，权止海隅，伺旅束装，未思安堵。至三年九月，发自梁安，泛舶西引，业风赋命，飘还广州。十二月中，上南海岸，刺史欧阳穆公顾[②]延住制旨寺，请翻新文。谛顾此业缘，西还无指，乃对沙门慧恺等翻《广义法门经》及《唯识论》等。后穆公薨没，世子纥重为檀越，开传经论，时又许焉，而神思幽通，量非情测。尝居别所，四绝水洲，纥往造之，岭峻涛涌，未敢陵犯。谛乃铺舒坐具在于水上，加坐其内，如乘舟焉，浮波达岸，既登接对，而坐具不湿，依常敷置。有时或以荷叶藒水，乘之而度，如斯神异，其例甚众。

至光大二年六月，谛厌世浮杂，情弊形骸，未若佩理资神，早生胜壤，遂入南海北山，将捐身命。时智恺正讲《俱舍》，闻告驰往，道俗奔赴，相继山川。刺史又遣使人伺卫防遏，躬自稽颡，致留三日，方纾本情，因尔迎还，止于王园寺。时宗、恺诸僧欲延还建业，会杨辇顾望，恐夺时荣，乃奏曰："岭表所译众部，多明无尘惟识，言乖治术，有蔽国风，不隶诸华，可流荒服。"帝然之。故南海新文，有藏陈世。

以太建元年遘疾，少时，遗诀严正，勖示因果，书传累纸，其文付弟子智休。至正月十一日午时迁化，时年七十有一。明日于潮亭焚身起塔。十三日，僧宗、法准等各赍经论，还返匡山。

自谛来东夏，虽广出众经，而偏宗《摄论》。故讨寻教旨者，通览所译，则彼此相发，绮缋铺显，故随处翻传，亲流疏解。谛从陈武永定二年戊寅至孝宣太建元年己丑，更译《金刚般若经》等三十八部，微附华饰，盛显隋唐，见曹毗《别历》[③]及隋《费长房录》、唐《内典录》等。余有未译梵本书并多罗树叶，凡有二百四十甲，若依陈纸翻之，则列二万余卷。今见译讫，止是数甲之文，并在广州制旨、王园两寺。是知法宝弘博，定在中天，识量玼琐，诚归东夏。何以明之？见译藏经四千余卷，生便弃掷，习学全希，用此量情，情可知矣！

初，谛传度《摄论》，宗、恺归心，穷括教源，铨题义旨，游心既久，怀敞相承。谛又面对阐扬，情理无伏。一日，气属严厉，衣服单疏，忍噤通宵，

---

① 王万奢：《续高僧传·真谛传》作"王方奢"，唐初杨炯撰《唐恒州刺史建昌公王公神道碑》中为"王方赊"，碑刻所记，可从。

② 欧阳穆公顾："顾"当为"頠"，欧阳頠谥号为"穆"，故称"欧阳穆公頠"，《陈书》本传称其"赠侍中、车骑大将军、司空、广州刺史，谥曰穆"。后文云"世子纥"，考欧阳頠之子为欧阳纥，可以相互映证。宋藏本校"顾"为"额"，误。

③ 曹毗《别历》：曹毗是真谛之高足，撰有《三藏历传》《真谛传》等，此处《别历》或即《三藏历传》，惜已佚，内容难详。

门人侧席，恺等终夜静立，奉侍咨询，言久情喧[①]，有时眠寐，恺密以衣被覆足，谛潜觉知，便曳之于地，其节俭知足如此。恺如先奉持[②]，逾久逾亲。谛以他日便，喟然愤气，冲口者三。恺问其故，答曰："君等款诚正法，实副参传，但恨弘法非时，有阻来意耳！"恺闻之如噎，良久，声泪俱发，跪而启曰："大法绝尘，远通赤县，群生无感，可遂埋耶？"谛以手指西北，曰："此方有大国，非近非远，吾等没后，当盛弘之。但不睹其兴，以为太息耳。"即验往隔今，统敷扬有宗。传者以为神用不同，妄生异执，惟识不识其识，不无慨然。

《无上依经》二卷（准"经后记"云梁代译，今编"梁录"），又长房、《内典》等录复有《正论释义》等一十三部一百八卷，今以并是经论义疏，真谛所撰，非梵本翻，故删不录。又《内典录》中梁、陈二代俱载《起信论》者，非也。

《胜天王般若波罗蜜经》七卷（初出，与《大般若》第六会同本）。

右一部七卷，其本见在。

王子月婆首那，陈言高空，中印度优禅尼国王之子。从魏之梁，译业无辍。以梁太清二年六月，有于阗沙门求那跋陀（陈言"德贤"）赍《胜天王般若经》一部，梵文凡十六品，始泊建业。首那忽见德贤有此经典，敬恋冥怀，如对真佛，因从祈请，毕命弘宣。德贤嘉其雅操，虚心授与，那得保持，以为希遇。属侯景作乱，未暇翻传，负戴东西，讽持供养。民之所欲，天必从焉，遂属陈朝，霸于建业。首那负笈怀经，自远而至。江州刺史仪同黄法𣰰渴仰大乘，护持正法。以文帝债[③]天嘉六年岁次乙酉七月辛巳朔二十三日癸卯[④]，劝请首那于州厅事略开题序，设无遮大会，四众云集五千余人，匡山释僧果及远迩名德，并学冠百家，博通五部，各有硕难纷纶，靡不涣然冰释。到其月二十九日，还兴业伽蓝。揵捶既响，僧徒咸萃，首那躬执梵文，译为陈语。杨州阿育王寺释智昕暂游彭汇，伏膺至教，耳听笔疏，一言敢失，再三循环，撰为七卷，讫其年九月十八日，文句乃尽。江州僧正释慧恭博通三学，始末监掌，具"经前序"及长房等录。那虽一身而备经涉，历元魏、梁、陈，相继宣译，

① 情喧："喧"为喧闹嘈杂义，与后文"有时眠寐"不协。《大正藏》本校勘记作"情昏"，"昏"则为昏昧义，当从。

② 奉持：保持；奉行；主持料理。宋藏本为"奉侍"，即侍奉；服侍，可从。

③ 文帝债：陈文帝陈蒨（522—566），又名昙蒨、荃蒨，字子华，陈武帝陈霸先之侄。故"债"当为"蒨"。

④ 岁次乙酉七月辛巳朔二十三日癸卯："辛巳朔"，即朔日为辛巳日之意。先明朔日，以免淆乱，为古人准确记载日期的特殊方法。

后不测其终。[①]

《大乘宝雨藏》[②]八卷（第二出，与梁世曼陀罗七卷《宝云》及唐译十卷《宝雨》并同本，见《一乘寺藏录》）。

右一部八卷，本缺。

沙门须菩提，陈言善现，或云善吉，亦云善业，扶南国人。解悟超群，词彩逸俗，化物无倦，游方届兹。于杨都城内至敬寺为陈主译《大乘宝雨经》一部。

隋杨氏都大兴。自文帝开皇元年辛丑至恭帝义宁二年戊寅，相承三帝三十八年，缁素九人，所出经论及传录等总六十四部三百一卷（于中六十二部二百八十七卷见在，二部一十四卷缺本）。

隋洋川郡守瞿昙法智（一部一卷经）、沙门毗尼多流支（二部二卷经）、沙门那连提黎耶舍（八部二十三卷经）、沙门阇那崛多（三十九部一百九十二卷经）、沙门释法经等（二部一十二卷经录目）、沙门释宝贵（一部八卷合经）、沙门菩提登（一部二卷经）、翻经学士费长房（一部一十五卷《三宝录》）、沙门达摩笈多（九部四十六卷经论）。

《业报差别经》一卷（开皇二年三月译，房云第二出，与《罪业报应经》大同小异者，全乖也，见《长房录》及《续高僧传》）。

右一部一卷，其本见在。

优婆塞达磨阇那，隋云法智，姓瞿昙氏，即元魏般若流支长子，本中印度婆罗痆斯国[③]人，婆罗门种。流滞东川，遂乡华俗，父子相承，祖习传译。高齐之季，为昭玄都，齐国既平，佛法同毁，智因僧职转任俗官，册授洋州洋川郡守。隋受周禅，梵牒即来，敕召智还，使掌翻译。智既妙善隋、梵二言，执本自翻，无劳传度。以开皇二年壬寅译《业报差别经》一部，成都沙门释智铉笔受文词，铨序义体，赵郡沙门释彦琮制序（长房等录并云于兴善寺译《业报差别经》，今谓不然。此经二年季春译出，季夏有诏，始迁大兴。云兴善寺翻，小非译审[④]也）。

《大乘方广总持经》一卷（或无“乘”字，开皇二年七月译，第二出，与西晋法护《济诸方等学经》同本，见《长房录》）、《象头精舍经》一卷（开皇二年二月译，第三出，与罗什《文殊问菩提经》等同本，见《长房录》）。

---

① 此小传《中华大藏经》本异文颇多，如“王子月婆首那”作“五品娑婆首那”、“优禅尼”作“授祇舍”、“无辍”作“无载”、“祈请”作“祈法”、“文帝债”作“文帝倩”等。

② 《大乘宝雨藏》：下文云“为陈主译《大乘宝雨经》一部”，“藏”之与“经”，名义有别，或为异名。然卷十四“诸重译经缺本”录为《大乘宝云经》，似当为《大乘宝云经》。

③ 婆罗痆斯国：印度古国，今恒河左岸瓦腊纳西一带。《大唐西域记》卷七云：“婆罗痆斯国，周四千余里，国大都城临殑伽河，长十八九里，广五六里。”

④ 译审：无意义，《大正藏》本校勘记作“详审”，可从。

右二部二卷，其本并在。

沙门毗尼多流支，隋言灭喜，北印度乌苌国人。不远五百由旬，振锡巡方，来观盛化。至止，便召入令翻经，以文帝开皇二年壬寅译《方广总持》等经二部。给事李道宝、般若流支次子昙皮二人传语，长安沙门释法纂笔受为隋言，并整比文义，沙门彦琮并皆制序（长房等录亦云于兴善寺出，此亦不然，过如前述）。

《大方等大集日藏经》十卷（或十二卷，或十五卷，题云《大乘大方等日藏分经》，与《大集·日密分》同本，当第四出，开皇四年五月起翻，五年二月讫，沙门智铉、费长房等笔受）、《大云轮请雨经》二卷（开皇五年正月出，沙门慧献笔受，是《大云经》第六十四品，第二出，与周世阇那耶舍《大云请雨经》及隋崛多《方等请雨经》并同本）、《大庄严法门经》二卷（一名《文殊师利神通力经》，亦名《胜金色光明德女经》，开皇三年正月出，第三译，与法护《大净法门经》等同本，沙门智铉笔受）、《德护长者经》二卷（一名《尸利崛多长者经》，开皇三年六月出，沙门僧琨笔受，第四译，与法护《月光童子经》等同本）、《百佛名经》一卷（开皇二年十二月出，沙门慧献笔受，第二出）、《力庄严三昧经》三卷（开皇五年十月出，费长房笔受）、《莲华面经》二卷（开皇四年三月出，沙门慧献笔受）、《坚固女经》一卷（开皇二年十二月出，沙门慧献笔受，亦云《牢固女》。上八部，并见《长房录》）。

右八部二十三卷，其本并在。

沙门那连提黎耶舍，隋言尊称，北印度乌苌国人。先于齐国为昭玄统，共昭玄都沙门法智译经七部，备在"齐录"。建德之季，周武克齐，佛教与国，一时平殄①。耶舍外假俗服，内袭三衣，避地东西，不遑宁息。五众凋窘，投厝无所。俭饿②沟壑者，减食施之；老病扶力者，随缘济益。虽事力匮薄，拒谏行之，而神志休强，说导无倦，屯负留难③，便历四年。

有隋御宇，重兴三宝，开皇之始，梵经遥应，爰降玺书，请来弘译。二年七月，弟子道密等侍送入京，住大兴善寺。其年季冬，草创翻业，敕昭玄统沙门昙延等三十余人令对翻传。主上礼问殷繁，供奉隆渥，年虽朽迈，行转精勤。曾依舍利弗陀罗尼具依修业，梦得境界，自当作佛，如此灵祥杂沓，其例非一。后移住广济寺（炀帝名广，改为"弘济"，今复避讳④，为"崇济"焉），为外国僧主，存抚羁客，妙得物心。

① 一时平殄：应指建德三年之北周武帝灭佛事件，其下令"初断佛、道二教，经象悉毁，罢沙门、道士，并令还民"，是为"三武一宗"废佛灾难之一。

② 俭饿：贫困饥饿。

③ 屯负留难："屯"，卦名，《易》曰"刚柔始交而难生"，有艰蹇困苦之义；"留难"，即阻留刁难。

④ 今复避讳：指避唐孝敬皇帝李弘讳。李弘，唐高宗李治第五子，永徽六年封为代王，显庆元年立为皇太子，上元二年暴卒，后追赠"孝敬皇帝"。

忽一旦告弟子曰："吾年老力微，不久去世。及今明了，诫尔门徒：佛法难逢，宜勤修学。人身难获，慎勿空过。"言讫就枕，奄尔而化，时满百岁，即开皇九年八月二十九日。

初，耶舍先逢善相者云："年必至百，亦合登仙。"中寿果终，其言验矣，登仙冥理，犹难测之。然其形貌瑰奇，顶如肉髻，耳长而耸，目正处中，有异常伦，特为殊相，固是传法之硕德也。法主既倾，哀惊道俗，绍隆之事，将渐坠焉。

凡于隋代译经八部，即《大集日藏》《大云轮》《大庄严法门》等经是也。并沙门僧琛、明芬、给事李道宝、学士昙皮等僧俗四人，更递度语，沙门智铉、道邃、慧献、僧琨、奉朝请庾质、学士费长房等笔受，昭玄统沙门昙延、昭玄都大兴善寺主灵藏等二十余德监护始末，至五年冬，勘练俱了，并沙门彦琮制序。寻耶舍游涉四十许年，国五十余，里十五万，瑞景灵迹、胜寺高僧、驶水深林、山神海兽，无非奉敬，并预惩降，事既广周，未遑陈叙。沙门彦琮为之本传，具流于世。

《护国菩萨经》二卷（见《内典录》，今编入《宝积》，当第十八会）、《移识经》二卷（今编入《宝积》，当第三十九会，改名《贤护长者会》，初出，与唐译《显识经》同本，开皇十一年十月出，十二月讫，学士费长房笔受，见《长房录》）、《发觉净心经》二卷（初出，与《宝积·发胜志乐会》同本，开皇十五年九月出，十月记[1]，沙门僧琨等笔受，见《长房录》）、《虚空孕菩萨经》二卷（《大集》第十六分，第四出，与《虚空藏经》及《虚空藏神咒经》等同本，开皇七年正月出，三月讫，沙门僧昙笔受，彦琮制序，见《长房录》）、《大方等大集贤护经》五卷（或六卷，题云《大方等大集经·贤护分》，亦云《贤护菩萨经》，第七译，与《般舟三昧经》等同本，开皇十四年十二月出，十五年二月讫，沙门明芬等笔受）、《大集譬喻王经》二卷（或无"大集"字，是《大集》别品，开皇十五年五月出，六月讫，沙门道密等笔受，兼前《贤护经》，并见《长房录》）、《佛华严入如来德智不思议境界经》二卷（第三出，与《度诸佛境界智光严经》等同本，见《内典录》）、《四童子三昧经》三卷（或直名《四童子经》，第二出，与法护《方等泥洹》同本，开皇十三年五月出，七月讫，沙门僧琨笔受，见《长房录》）、《妙法莲华经添品》七卷（或八卷，二十七品，《宝塔》《天授》，连之为一，故二十七。仁寿元年因普曜寺沙门上行所请崛多、笈多二法师重勘梵本，缺者添之，具"经前序"）、《善思童子经》二卷（第四出，与《大方等顶王经》及《大乘顶王经》等同本，开皇十一年七月出，九月讫，学士费长房笔受，沙门彦琮制序，见《长房录》）、《金光明经·银主陀罗尼品·嘱累品》一卷（昙无谶出四卷，真谛七卷，周世崛多五卷，并

---

① 记：据上下文义，当为"讫"。

无此二品，检梵本有，故复出之，见《长房录》。后十七年，沙门宝贵取前后译合成八卷，故不别存）、《大方等大云请雨经》一卷（内题云《大方等大云经·请雨品第六十四》，第三出，与《大云请雨》及《大云轮请雨》二经并同本异译，见《内典录》）、《诸法本无经》二卷（第三出，与《诸法无行经》等同本，开皇十五年六月出，七月讫，学士刘凭等笔受，见《长房录》）、《大威灯光仙人问疑经》一卷（第二出，与《第一义法胜经》同本，开皇六年正月出，二月讫，沙门道邃笔受，沙门彦琮制序，见《长房录》）、《入法界体性经》一卷（或无"体性"字，第二出，与《宝积三昧文殊问法身经》同本，开皇十五年七月出，八月讫，沙门道密等笔受，见《长房录》）、《希有希有校量功德经》一卷（或云《希有校量功德经》，初出，与唐译《最无比经》同本，开皇六年六月出，其月讫，沙门僧昙笔受，沙门彦琮制序，见《长房录》）、《善敬经》一卷（亦名《善恭敬经》，一名《善恭敬师经》，第二出，与《正恭敬经》同本，开皇六年七月出，八月讫，沙门僧昙等笔受，彦琮制序，见《长房录》）、《文殊尸利行经》一卷（第二出，与《文殊巡行经》同本，开皇六年三月出，四月讫，沙门僧昙笔受，沙门彦琮制序，见《长房录》）、《八佛名号经》一卷（第五出，与《八吉祥神咒》《八阳神咒经》等同本，开皇六年五月出，六月讫，沙门道邃等笔受，彦琮制序，见《长房录》）、《不空罥索咒经》一卷（亦云《不空罥索观世音心咒经》，初出，与唐译《不空罥索神咒心经》等同本，开皇七年四月出，五月讫，僧昙等笔受，彦琮序，见《长房录》）、《十二佛名神咒经》一卷（题云《十二佛名神咒校量功德除障灭罪经》，初出，与唐译《称赞如来功德神咒经》同本，开皇七年五月出，其月讫，僧琨等笔受，彦琮序，见《长房录》）、《一向出生菩萨经》一卷（第十译，与《无量门微密持经》等同本，开皇五年十一月出，十二月讫，沙门僧昙等笔受，沙门彦琮制序，见《长房录》）、《金刚场陀罗尼经》一卷（第二出，与《金刚上味陀罗尼经》同本，开皇七年六月出，八月讫，沙门僧琨等笔受，沙门彦琮制序，见《长房录》）、《如来方便善巧咒经》一卷（第二出，与《虚空藏菩萨问佛经》同本，开皇七年正月出，二月讫，沙门僧昙等笔受，沙门彦琮制序，见《长房录》）、《东方最胜灯王如来经》一卷（题云《东方最胜灯王如来遣二菩萨送咒奉释迦如来助护持世间经》，第四出，与《持句神咒经》等同本，见《内典录》）、《大法炬陀罗尼经》二十卷（开皇十二年四月出，十四年六月讫，沙门道邃等笔受，见《长房录》）、《大威德陀罗尼经》二十卷（开皇十五年七月出，十六年十二月讫，沙门僧琨等笔受，见《长房录》）、《五千五百佛名经》八卷（开皇十三年八月出，十四年九月讫，沙门僧昙等笔受，见《长房录》）、《观察诸法行经》四卷（开皇十五年四月二十四日出，五月二十五日讫，学士费长房等笔受，见《长房录》）、《无所有菩萨经》四卷（见《内典录》）、《月上女经》二卷（开皇十一年四月出，六月讫，学士刘凭笔受，沙门彦琮制序，见《长房录》）、《出生菩提心经》一卷（开皇十五年十月出，其月讫，学士刘凭等笔受，见《长房录》）、《商主天子所问经》一卷（或无"所问"字，开皇十五年八月出，九月讫，学士费长房等笔受，见《长房录》）、《诸法最上王经》一卷（开皇十五年五月出，七月讫，沙门明芬等笔受，见《长房录》）、《大乘三聚忏悔经》一卷（见《内典录》）、《起世经》十卷（第五译，是《长阿含·记世经》[1]异出，见经题，上云崛多、笈多二法师共出，新编入）、《佛本行集经》六十卷（开皇七年七月出，十一年二月讫，沙门僧昙、学士费长房、刘凭等笔受，沙门彦琮制序，见《长房录》）、《圣善住意天子所问经》四卷（第六出，与《如幻三昧经》及《宝积·善住意会》等同本，开皇十五年四月出，沙门道邃等笔受，见《长房录》）、《诸佛护念经》十卷（开皇十四年十月出，十二月讫，沙门僧昙等笔受，见《长房录》）。

右三十九部一百九十二卷（《本行集》上三十七部一百七十八卷见在，《圣善住》下二部一十四卷缺本）。

沙门阇那崛多，隋云志德，北贤豆（贤豆本音因陀罗婆陀那，此云"主处"，谓天帝释所护故也。贤豆之音，彼国之讹略耳；身毒、天竺，此方之讹称也，而彼国人总言"圣豆"而已，约之以为五方也。唐《西域记》云："正音印度。""印度者，唐翻为月，月有多名，斯其一称，言诸群生，轮回不息，无明长夜，莫有司晨，其犹白日既隐，宵烛斯继，虽有星光之照，岂如朗月之明？苟缘斯致，因而譬月，良以其土圣贤继轨，导凡御物，如月照临，由是义故，谓之印度。印度种姓族类群分，而婆罗门特为清贵，从其雅称，传以成俗，无云经界之别，总谓婆罗门国焉。"）揵陀啰国[2]人也（隋云"香行国"）。居富留沙富逻城（隋云"丈夫宫"也），刹帝利种，姓金（俱凡反）步（隋云"项"也，谓如孔雀之项，彼国以为贵姓）。父名跋阇逻娑啰（隋云"金刚坚"也），幼怀远量，长垂清范，位居冢宰，燮理有经。崛多昆季五人，身居最小，宿殖德本，早发道心。适在髫年，便求出离，二亲识其诚量，仍为赞成，即入大林伽蓝，因蒙度脱。其郁波弟耶（隋云"常近受持"者，今所谓"和上"，此乃于阗之讹略也。奘法师云中天正音"邬波拖耶"，唐云"亲教"，亦云"依学"）名嗜那耶舍（隋云"胜名"），专修宴坐，妙穷定业。其阿遮利耶（隋云"传授"，或云"正行"，即所谓"阿阇梨"也，亦近国之讹略耳。奘法师云"阿遮利耶"，唐云"轨范"，亦云"教授"）名阇若那跋达啰（隋云"智贤"），遍通三学，偏明律藏。崛多自出家后，孝敬专诚，教诲积年，指归通观。然以贤豆圣境灵迹尚存，便随本师具得瞻奉。

时年二十有七，受戒三夏，师徒结志，游方弘法。初有十人，同契出境，路由迦臂施国[3]，淹留岁序。国王敦请其师，奉为法主，益利颇周。将事巡历，便逾大雪山西足，固是天险之峻极也。至厌怛国[4]，既初至止，野旷民希，所

---

① 《长阿含·记世经》：《中华大藏经》本作"《长阿含·世记经》"，为《长阿含经》第四分。下文有《起世因本经》十卷，为隋代达摩笈多译，当与《起世经》为同经异译。

② 揵陀啰国：即前所云犍陀罗国，参见"揵达国"条注。

③ 迦臂施国：又称迦毗尸、伽比沙、迦毕试、诃毗施，通常译为罽宾，今阿富汗之卡菲里斯坦地区。

④ 厌怛国：中亚古国。"厌怛"，又译作挹怛、挹阗、挹达，中亚古族名，大月氏之种。

须食饮，无人营造。崛多遂舍具戒，竭力供待[①]。数经时艰，冥灵所祐，幸免灾横。又经渴啰槃陀[②]及于阗等国，屡遭夏雨寒雪，暂时停住。既无弘演，栖寓非久，又达吐谷浑国，渐至鄯州，于时即西魏后元年也。虽历艰危，心逾猛厉，发踪跋涉，三载于兹，同伴十人，唯存四个。

以周明武成之岁，初届长安，止草堂寺。师徒游化，已果来心，更登净坛，再受具足，精诚从道，尤甚由来。既处京华，渐通隋语，名闻稍远，时辈所钦。被诏延入后园，共论佛法，殊礼别供，充诸禁中。思欲通法，无由自展，具情上启，即蒙别敕，为造四天王寺，听在居住。自兹已后，乃翻新经，及接先缺，既非弘泰，羁縻而已。会谯王宇文俭镇蜀，复请同行，于彼三年，恒任益州僧主，住龙渊寺。

建德堕运，像教不弘，五众一期，同斯俗服。武帝下敕追入京辇，重加爵禄，逼从儒礼。秉操铿然，守死无惧。帝愍其贞亮，哀而放归。路出甘州，北由突厥，遇值中面他钵可汗[③]，殷重请留。因往复曰："周有成坏，劳师去还，此无废兴，幸安意住，资给供养，当使称心。"遂尔并停十有余载。

阇梨智贤还西灭度，未久之间，和上迁化，只影孤寄，莫知所安，赖以北狄君民颇弘福利，因斯飘寓，随方利物。有齐僧宝暹、道邃、智周、僧威、法宝、僧昙、智照、僧律等十人，以武平六年相结同行，采经西域，往返七载，将事东归，凡获梵本二百六十部。回至突厥，闻周灭齐，并毁佛法，退则不可，进无所归。迁延彼间，遂逢至德，如渴值饮，若暗遇明。因与同居，讲道相玩。所赍新经，仍共寻阅，请翻名题，勘旧录目，转觉巧便，有异前人。律等内诚各私庆幸，获宝遇匠，得不虚行，同誓焚香，共契宣布。

大隋受禅，佛法即兴。暹等赍经先来应运，开皇元年季冬届止，敕付所司访人令译。二年仲春，便就传述。季夏，诏曰："殷之五迁，恐民尽死。是则以吉凶之土，制长短之命。谋新去故，如农望秋。龙首之山，川原秀丽，卉木滋阜，宜建都邑。定鼎之基永固，无穷之业在兹。"可域[④]城曰大兴城，殿曰大兴殿，门曰大兴门，县曰大兴县，园苑池沼，其号并同，寺曰大兴善也。于此寺中传度法本，于时崛多仍住北狄。至开皇四年，大兴善寺沙门昙延等三十

---

① 供待：亦作"供偫"，犹款待；招待。

② 渴啰槃陀：又作渴盘、汉盘陀、诃盘、渴饭檀、喝盘陀等，《往五天竺国传》中记载："外国呼云渴饭檀国，汉名葱岭。"即今新疆塔什库尔干地区。

③ 中面他钵可汗：突厥可汗，名阿史那库头，公元 572—581 年在位。后他钵可汗以阿史那土门之孙摄图为尔伏可汗，统国之东域，以侄子为步离可汗，统国之西域。

④ 可域：费解。《历代三宝纪》作"因即"，可从。

余人以躬当翻译，音义乖越，承崛多在北，乃奏请还京。帝乃别敕追延。

崛多西归已绝，流滞十年，深思明世，重遇三宝，忽蒙远访，欣愿交并，即与使乎，同来入国。于时文帝巡幸洛阳，于彼奉谒，天子大悦，赐问频仍。未还京阙，寻敕敷译。新至梵本，众部弥多，或经或书，且内且外，诸有翻传，必以崛多为主。佥以崛多言识异方，字晓殊俗，故得宣辩自运，不劳传度，理会义门，句圆词体。文意粗定，铨本便成，笔受之徒，不费其力。试比先达，抑亦继之。

五年，敕令崛多共婆罗门沙门若那竭多、开府高恭、息都督天奴、和仁[①]及婆罗门毗舍达等道俗六人，令于内史内省翻梵古书及乾文[②]等。于时广济寺唯独耶舍一人译经，别敕崛多使兼翻经，两头来往。到十二年，翻书讫了，合得二百余卷进毕。尔时耶舍先已终亡，仍敕崛多专主翻译。移法席，就大兴善寺，更召婆罗门沙门达摩笈多，并敕高天奴、高和仁兄弟等同传梵语。又增置十大德沙门僧休、法粲、法经、慧藏、洪遵、慧远、法纂、僧晖、明穆、昙迁等监掌翻事，铨定宗旨。沙门明穆、彦琮重对梵本，再审覆勘，整理文义。

崛多曾传于填东南二千余里有遮拘迦国[③]，彼王纯信，敬重大乘，宫中自有《摩诃般若》《大集》《华严》三部大经并十万偈，王躬受持，亲执锁钥，转读则开，香华供养。又道场内种种庄严，诱诸小王，令入礼拜。此国东南二十余里，山甚岩险，有深净窟，置《大集》《华严》《方等》《宝积》《楞伽》《方广》《舍利弗》《华聚》二陀罗尼、《都萨罗藏》《摩诃般若》、八部《般若》《大云经》等凡十二部，咸十万偈。国法相传，防卫守护。又有入灭定罗汉三人，窟中禅寂。每至月半，诸僧就山为其净发，此则人法住持，有生之所凭赖。

崛多道性纯厚，神志刚正，爱德无厌，求法不懈，博闻三藏，远究真宗，遍学五明，兼闲世论。经行得道场之趣，总持通神咒之理。三衣一食，终固其诚，仁济弘诱，非关劝请，勤诵佛经，老而弥笃，强识先古，久而逾诣。士庶钦重，道俗崇敬。隋滕王遵仰戒范，奉以为师。因事尘染，流摈东越，又在瓯闽，道声载洽[④]，身心两救，为益极多。至开皇二十年，便从物故，春秋七十有八（准《添品法华·序》："仁寿元年辛酉，崛多、笈多二法师于大兴善寺重勘梵本，缺者添译。"既

---

① 开府高恭、息都督天奴、和仁：《续高僧传》作"开府高恭恭息都督天奴"，重一"恭"字，或当补。疑高天奴、高和仁兄弟皆为高恭子息，且有都督之职。如此点断，方符所谓"道俗六人"之说。

② 乾文：天文；天象。《三国志·郤正传》云："俯宪坤典，仰式乾文。"

③ 遮拘迦国：又作朱驹波国、悉居半国、哈尔噶里克、沮渠等。《大唐西域记》云："斫句迦国，旧译沮渠。"即今新疆叶城县一带。

④ 道声载洽："载洽"有广博周遍之义，《续高僧传》作"道声载路"，两通。

在仁寿之元出此《添品》，即非开皇二十年卒也。又《内典录》云："仁寿之末，崛多以缘他事，流摈东越。"《续高僧传》即云开皇二十年卒，传、录俱宣所撰，而自相矛盾，何也？）。

崛多自从西服[①]来至东华，循历翻传，自开皇五年，讫仁寿之末，出《护国》等经总三十九部合一百九十二卷，并详括陶冶，理教圆通，文明义结，具流于世。见隋、唐二录（《护国菩萨经》《佛华严入如来德智经》《大方等大云请雨经》《东方最胜灯王如来经》《无所有菩萨经》《大乘三聚忏悔经》，已上六部，《内典录》云崛多所译，靖迈《经图》云笈多出，今依《内典》为正。《大集譬喻王经》《移识经》《法炬陀罗尼经》，已上三部，《经图》之中，崛多、笈多二录俱载者，误也。今并载崛多之录，笈多录内除之）。

《众经目录》七卷（开皇十四年五月十日，敕兴善寺翻经[②]所撰，至七月十四日毕，"别录"六卷、"总录"一卷，"总"、"别"成七，见《长房录》）、《众经目录》五卷（仁寿二年敕请兴善寺翻经沙门及学士等撰，见《续高僧传》）。

右二部一十二卷，其本并在。

沙门释法经等，并大兴善寺翻经大德也。开皇十四年甲寅，文帝敕撰《一切经录》。法经等二十大德绢撰成之，总标纲记[③]，位为"九录"，区别品类，有四十二分，合有二千二百五十七部五千三百一十卷。扬化寺沙门明穆区域条分，指踪纮络。日严寺沙门彦琮觑缕绢维，考校同异，见《长房录》。又至仁寿二年，敕所司请兴善寺大德与翻经沙门及学士等披检法藏，详定经录，随类区辨，总为五分：单本第一、重翻第二、别生第三、贤圣集传第四、疑伪第五，见、缺都合二千一百九部五千五十八卷。别生、疑伪不须抄写，已外三分，入藏见录，并沙门彦琮综理裁定，见《续高僧传》。

《合金光明经》八卷（二十四品，开皇十七年合，当第四本，见《长房录》，沙门彦琮制序）。

右一部八卷，其本见在。

沙门释宝贵，大兴善寺僧也。开皇十七年丁巳，合《金光明经》一部。贵即周世"《智度》论师"道安之神足，玩阅群典，见昔晋世沙门支敏度合两支、两竺、一白五家《首楞严》为一部，作八卷（今准《祐录》及"合经记"，四本合成，无白延也）。又合一支、两竺三家《维摩》为一部，作五卷。又沙门僧就合四家《大集》，为六十卷。诸此合经，文义宛具。斯既先哲遗踪，贵遂依承，以为规矩，遂合凉世法丰（四卷十八品者）、周朝称藏（续演《寿量》《大辩》二品，分为五

① 西服：西方荒服之域。

② 翻经：疑涉下文"翻经沙门"而误，《大正藏》本校勘记较为"法经"，当从。

③ 纲记：当为"纲纪"。

卷）、梁时真谛（更出四品，谓《三身分别品》《业障灭品》《陀罗尼最净地品》《依空满愿品》，通前十八，成二十四，分成七卷）、隋代志德（复出《银主陀罗尼品》及《嘱累品》），前后所出，共二十四品，分为八卷。沙门彦琮重覆勘校，品部究足，始自于斯。文号经王，义称深妙，愿言幽显，顶戴护持（又《长房录》云“招提寺沙门僧就开皇六年合《大集经》成六十卷”者，今寻就所合经，难为凭准，中有差舛，如后“大乘录”及“删繁录”中具述。故此录中存其别本，合部之者，删之不存）。

《占察善恶业报经》二卷（云出《六根聚经》，亦云《大乘实义经》，亦名《地藏菩萨经》，亦直云《占察经》）。

右一部二卷，其本见在。

沙门菩提登，外国人也，不知何代，译《占察经》一部。《长房录》云：“此经检录无目，而经首题云菩提登在外国译，似近代出。”今诸藏内，并写流传。而广州有一僧行塔忏法，以皮作二枚帖子，一书“善”字，一书“恶”字，令人掷之，得善者好，得恶者不好。又行自扑法[①]，以为灭罪。青州亦有一居士，同行此法。开皇十三年，有人告广州官司，云是其妖。官司推问，其人引证云：“塔忏法，依《占察经》；自扑法，依诸经中‘五体投地，如太山崩’。”广州司马郭谊来京[②]向歧州[③]，具状闻奏，敕不信《占察经》道理，令内史侍郎李元操共郭谊就宝唱寺问诸大德，沙门法经等报云：“《占察经》，目录无名及译处。塔忏法，与众经复异，不可依行。”敕云：“诸如此者，不须流行。”今谓不然，岂得以己管窥而不许有博见之士耶？法门八万，理乃多途，自非金口所宣，何得显斯奥旨？大唐天后天册万岁元年，敕东都佛授记寺沙门明佺等刊定《一切经录》，以编入正经讫。后诸览者，幸无惑焉。

《开皇三宝录》十五卷（开皇十七年十二月十三日上，内题云《历代三宝纪》，见《内典录》及《续高僧传》）。

右一部一十五卷见在。

翻经学士费长房，成都人也。房本出家，周废僧侣，及隋兴复，仍习白衣[④]，时预参传，笔受词义。以历代群录，多惟编经，至于佛僧，纪述盖寡，乃撰三宝履历帝年，始自周庄、鲁庄，至于开皇末岁。首列甲子，傍列众经、

① 自扑法：又谓“自扑忏法”，五体投地以行忏灭罪，是外道一种消灭罪障之仪礼。

② 来京：《内典录》无“京”字，疑为衍文。

③ 歧州：当为“岐州”，后魏始置，治雍，在今陕西凤翔县南，隋改曰扶风郡，唐复曰岐州。

④ 习白衣：“习”为习惯之义。《大正藏》本校勘记校作“袭”，“袭白衣”即穿着白色衣服，“白衣”一般为世俗之服色，与僧侣之“缁衣”相对。

翻译时代，附见编综，号为《开皇三宝录》。撰成陈奏，下敕行之。其序略云："今之所撰，略准三书，以为指南，显兹三宝。佛生年瑞，依周夜明；经度时祥，承汉宵梦；僧之元始，城堑栋梁。毗赞光辉，崇于慧皎。其外傍采隐居、历年、国志、典坟、僧祐《集记》、诸史传等，仅数十家[①]。摘彼翠零[②]，成斯纪翩，扇之千载，风于百王。共秉智炬之光，照时昏暗；同传法流之润，洽世燋枯。阐我皇猷，导开厥始。昔结集之首，并指在某国城；今宣译之功，理须各宗时代。故此录体，率举号称为汉、魏、吴及大隋录也。失译疑伪，依旧注之。人以年为先，经随代而次。有重列者，犹约世分。总其华戎、黑白、道俗，合有一百九十七人，都所出经律戒论传二千一百四十六部，六千二百三十五卷。位而分之，为十五轴：一卷总目、两卷入藏、三卷帝年、九卷代录。代录编，鉴经翻译之少多；帝年张，知佛在世之遐迩；入藏别，识教小大之浅深"云云。

《大方等善住意天子所问经》四卷（第七译，与《如幻三昧》及《圣善住意经》等同本，见《内典录》，今编入《宝积》，当第三十六会）、《大方等大集菩萨念佛三昧经》十卷（第二出，与宋功德直《菩萨念佛三昧经》同本，是《大集》别分，见《内典录》）、《缘生初胜分法本经》二卷（初出，与唐译《分别缘起经》同本，亦直云《缘生经》，见《内典录》，大业十二年十月出，至十三年九月兼论并讫，见"经前序"）、《药师如来本愿经》一卷（第二出，与《灌顶》第十二卷及唐译《药师本愿功德经》等同本，见《内典录》，大业十一年十二月八日于翻经馆译讫，沙门行矩制序）、《金刚般若论》二卷（无著菩萨造，见《内典录》）、《菩提资粮论》六卷（圣者龙树本，比丘自在释，见《内典录》）、《摄大乘论释论》十卷（第二出，与真谛译者及唐译世亲《摄论》并同本，世亲菩萨释，见《内典录》）、《缘生论》一卷（圣者郁楞伽造，与《缘生经》同时出，见《内典录》）、《起世因本经》十卷（第六出，与《长阿含》第四分《世记经》及《楼炭经》等同本，亦直云《起世经》，见《内典录》）。

右九部四十六卷，其本并在。

沙门达摩笈多，隋云法密，亦云法藏，本南印度罗啰（力加反）国[③]人也（《内典录》及《翻经图》并云"北天竺乌场国人"者，非也）。刹帝利种，姓弊邪伽啰（隋云"虎氏"）。有弟四人，身居长子，父母留恋，不听出家。然以笃爱法门，深愿离俗。年二十三，往中印度界鞬拏究拨阇城（隋云"耳出"）于究牟地（隋云"黄

① 仅数十家："仅"在唐代，有"将近"义。此指将近数十家，乃言其多。

② 摘彼翠零：《历代三宝纪》作"擿彼翠零"，《全隋文》作"摘彼翠翎"，"摘"、"擿"可通，皆有"挑选"义。"翠零"则费解，不若"翠翎"，联系后文"成斯纪翩"，"翎"、"翩"皆与鸟之羽翼有关，当从《全隋文》。

③ 罗啰国：南印度古国，今印度西南海岸古吉拉特地区，北靠拉贾斯坦邦，南接马哈拉施特拉邦，东邻中央邦。

华色”）僧伽啰磨（隋云“众园”，旧云“僧伽蓝”者，讹略也），笈多于此寺中，方得落发，改名法密。年二十五，方受具戒，其郁波弟耶[①]名佛驮笈多（隋云“觉密”），阿遮利夜[②]名旧拏达多（隋云“德施”），又一阿遮利夜名为普照。通大小乘经论，咸能诵说，行宾荼夜法（谓行乞食者，旧为“分卫”，讹略也），入第耶那（隋云“念修”，旧为“禅那”及“持诃那”，并讹僻也），恒入此观，以为常业。笈多受具之后，仍住三年，就师学问，师之所得，略窥户牖。

后以普照师为吒迦[③]国王所请，从师至彼。经停一载，师还本国，笈多更留四年，住于提婆鼻何啰（隋云“天游”也。“天”谓国王，“游”谓僧处，其所王立，故名“天游”。旧以寺代之，寺乃此土公院之名，所谓司也、廷也。又云“招提”者，亦讹略也。世依字解，“招”谓招引，“提”谓提携，并浪语也。此乃西言耳，正音云“招斗提奢”，此云“四方”，谓处所为四方众僧之所依住也）。于是历诸大小乘国及以僧寺，闻见倍多。北路商人颇至于彼，远传东域有大支那国焉（旧名“真丹”、“振旦”者，并非正音，无义可译，惟知是此神州之总名也）。初虽传述，不甚明信，未作来心。但以志在游方，情无所系，遂往迦臂施国[④]。六人为伴，仍留此国，停住王寺。笈多遂将四伴，于国城中，二年停止，遍历诸寺，备观所学，远游之心，尚未宁处。其国乃是北路之会，雪山北阴，商旅咸凑其境。于商客所，又闻支那大国三宝兴盛，同侣一心，属意来此，非惟观其风化，愿在利物弘经。便逾雪山西足薄佉罗国、沙多叉拏国、达摩悉须多国[⑤]，此诸国中，并不久住，足知风土、诸寺仪式。又至渴罗槃陀国[⑥]，留停一年，未多开导。又至沙勒国，同伴一人，复还本邑。余有三人，停在王寺，谓沙勒王之所造也。经住两载，仍为彼僧讲《念破论》，

---

① 郁波弟耶：即“和尚”之异译，可参看前“和上”条注。

② 阿遮利夜：又音译为阿遮梨耶、阿遮梨、阿左利、阿吒利、阿左梨等，意译为轨范师。

③ 吒迦：南印度古国，《七系付法传》中载有“南方羯那吒迦国”。

④ 迦臂施国：又译作迦毕试、迦毗尸、迦比沙等，印度西北之古国名，即汉代之高附国。其故城相当于今阿富汗之喀布尔北六十公里处，是中亚西部通向北印度的要冲之地。《大唐西域记》卷一载“异方奇货，多聚此国。文字同于睹货罗国。有伽蓝百余所，僧徒六千余人，并多习学大乘法教”。

⑤ 薄佉罗国、沙多叉拏国、达摩悉须多国：“薄佉罗国”，又作缚喝国、捕喝国，其地据推定在今之阿富汗北部的巴尔夫市。《玄应音义》卷四曰：“月支国，薄佉罗国应是也，在雪山之西北也。”可备为一说。“达摩悉须多国”，又称达摩悉铁帝国，为大食语 Termistat 之音译。《新唐书·护密传》云：“护密者，或曰达摩悉铁帝，曰镬侃，所谓钵和者……”，是知此国亦即《后汉书》之“休密”，《梁书·西北诸夷传》之“胡密丹”，《悟空行记》之“护密”，《往五天竺传》之“胡密”，即今阿富汗东北境之瓦汉 Wakhan 地方。参见周连宽《大唐西域记史地研究丛稿》。“沙多叉拏国”，当与薄佉罗国和达摩悉须多国邻近，具体方位待考。

⑥ 渴罗槃陀国：见前“渴啰槃陀”条注。

有二千偈，旨明三印，多破外道。又为讲《如实论》，亦二千偈，约其文理，乃是世间论义之法。又至龟兹国，亦停王寺，又住二年，仍为彼僧讲释前论。其王笃好大乘，多所开悟，留引之心，旦夕相造。笈多系心东夏，无志潜停，密将一僧间行至乌耆国，在阿兰拏寺讲通前论。又经二年，渐至高昌，客游诸寺。其国僧侣多学汉言，虽停二年，无所宣述。又至伊吾[①]，便停一载。值难，避地西南，路纯砂碛，水草俱乏，同侣相顾，性命莫投，乃以所赍经论权置道旁，越山求水，冀以存济。求既不遂，劳弊转增，专诵观世音咒，夜雨忽降，身心充悦。寻还本途，四顾茫然，方道迷失，踟蹰进退，乃任前行，遂达于瓜州，方知曲取北路之道也。

笈多远慕大国，跋涉积年，初契同徒，或留或殁，独顾单影，届斯胜地，静言思之，悲喜交集。寻蒙帝旨，延入京城，处之名寺，供给丰渥，即开皇十年冬十月也。至止未淹，华言略悉。又奉别敕，令就翻经，移住兴善，执本对译，允正寔繁。所诵大小乘论，并是深要。至于宣解，大弘微旨。此方旧学，频遣积疑，然而慈恕立身，柔和成性，心非道外，行在言前。诫地[②]夷而静，智水幽而洁，经洞字源，论穷声意。加以威容详正，勤节高猛，诵响继晨宵，法言通内外。又性好端居，简绝情务，寡薄嗜欲，息杜希求，无倦诲人，有逾利己。曾不怍颜于贱品，轻心于微类，遂使未睹者倾风，暂谒者钦敬。自居译人之首，惟存传授，所有覆疏，务存纲领。

炀帝定鼎东都，敬重隆厚，至于佛法，弥增崇树。乃下敕于洛水南滨上林园内置翻经馆，搜举翘秀，永镇传法，登即下征笈多并诸学士，并预集焉。四事供承，复恒常度，致使译人不坠其绪，成简无替于时。及隋纲云颓，郊垒烟构，梵本新经，一时斯断。笈多蕴其深解，遂缺陈弘[③]，始于开皇中岁届于京师，即与崛多共参传译。于时崛多控权，令望居最，传度梵隋，时惟称美。至于深义，莫不反启斯人，而容范滔然，无涉世路。所以传译声望，抑己扬人。仁寿之末，崛多以缘他事，流摈东越，笈多乘机专主传译。从大业初年，终大业末岁，译《大方等善住意》等经九部，并文义澄洁，华质显畅。沙门彦琮、明则、行矩等笔受。至大唐武德二年，终于洛汭，沙门彦琮为之作传。

初，笈多翻《金刚断割般若波罗蜜经》一卷及《普乐经》一十五卷，未及

① 伊吾：古地名，位于新疆东北部、天山北麓东段，今尚有伊吾县，隶属于新疆维吾尔自治区哈密地区。

② 诫地：《续高僧传》卷二、《古今译经图纪》卷四以及《翻译名义集》卷三皆作“戒地”，“戒地”谓“持戒之境界”。“戒地夷而静”与“智水幽而洁”相对成文。

③ 遂缺陈弘：于是无法申述、弘传〔佛法〕。

练覆，值伪郑沦废，不暇重修。今卷部在京，多明八相等事（今谓大唐日照三藏翻《方广大华严经》[①]一十二卷，与旧《普曜》梵本是同，于中亦明八相等事，与此《普乐经》，亦应梵本同也）。

① 《方广大华严经》：无此经名，检日照法师所译，当为《方广大庄严经》。

《开元释教录》卷第八

“总括群经录”上之八

大唐李氏都长安。自高祖神尧皇帝武德元年岁次戊寅，至开元神武皇帝开元十八年庚午之岁，兼天后代，凡经一百一十三载，传译缁素已有三十七人，所出经律论及传录等总三百一部二千一百七十卷（于中二百八十一部二千一百四十三卷见在，二十部二十七卷访本未获）。

（大唐）沙门波罗颇迦罗蜜多罗（三部三十八卷经论）[1]、沙门释法琳（二部一十卷集论）、沙门释玄奘（七十六部一千三百四十七卷经律论记传）、沙门释道宣（八部八十一卷谱录传集）、沙门释玄应（一部二十五卷经音义）、沙门释靖迈（一部四卷图记）、沙门释智通（四部五卷经）、沙门伽梵达摩（一部一卷经）、沙门阿地瞿多（一部一十二卷经）、沙门释玄恽（一部二十卷经集）、沙门释彦悰（一部六卷集议）、沙门那提（三部三卷经）、沙门若那跋陀罗（一部二卷经）、沙门地婆诃罗（一十八部三十四卷经论）、清信士杜行顗（一部一卷经）、沙门释复礼（一部二卷集论）、沙门释慧立（一部一十一卷集传）、沙门释怀素（四部八卷戒本羯磨）、沙门佛陀多罗（一部一卷经）、沙门佛陀波利（一部一卷经）、沙门提云般若（六部七卷经论）、沙门释慧智（一部一卷赞颂）、沙门释明佺（一部一十五卷目录）、沙门实叉难陀（一十九部一百七卷经）、婆罗门李无谄（一部一卷经）、沙门弥陀山（一部一卷经）、沙门释玄嶷（一部三卷集论）、沙门阿你真那（七部九卷经）、沙门释义净（六十一部二百三十九卷经律论传）、沙门菩提流志（五十三部一百一十一卷经论）、沙门释爱同（一部一卷羯磨）、沙门释慧苑（一部二卷经音义）、沙门释智严（四部六卷经集）、沙门跋日罗菩提（四部七卷经）、

[1] 三部三十八卷经论:《大正藏》本皆作单行大字，后文或大小字不一，前文所谓“××部××卷”等皆为小字，且《中华大藏经》本皆作双行小字，为求前后体例统一，径改为小字加括号，后文处理亦同。

沙门释怀迪（一部一十卷经）、沙门输波迦罗（四部一十四卷经）、沙门释智升（五部二十五卷经录忏仪等）。

《宝星陀罗尼经》十卷（或八卷，见《内典录》，贞观三年三月于兴善寺出，四年四月讫，沙门法琳制序，佛于大集会中重说此经，即《大集·宝幢分》是，非重译也）、《般若灯论释》十五卷（龙树菩萨本，分别明菩萨释，见《内典录》，贞观四年六月于胜光寺出，至六年十月十七日毕，沙门慧赜制序）、《大乘庄严经论》十三卷（或十五卷，无著菩萨造，见《内典录》，贞观四年夏于胜光寺与《般若灯论》同时出，至七年春讫，敕太子右庶子李百药为序）。

右三部三十八卷，其本并在。

沙门波罗颇迦罗蜜多罗，唐言作明知识，略云朋友[①]，或一云波颇，唐言光智，中印度人也。本刹利王种，姓刹帝利。十岁出家，随师习学，诵一洛叉[②]大乘经，可十万偈。受具已后，便学律藏，既通戒网，心乐禅思，又随胜德修习定业，因循不舍，经十二年。末复南游摩伽陀国那兰陀寺，值戒贤论师盛弘《十七地论》，因复听采。以此论中兼明小教，又诵一洛叉偈、小乘诸论。

波颇识度通敏，器宇冲邃，博通内外，研精大小，传灯教授，同侣所推。承化门人般若因陀罗跋摩等学功树绩，深达义纲，相继领徒，本国匡化，为彼王臣之所钦重。但以出家释子，不滞一方，六月一移，任缘靡定。

承北狄贪勇，未识义方，法藉人弘，敢欲传化。乃与道俗十人展转北行，达西面可汗叶护[③]衙所，以法训勖。曾未浃旬，特为戎主深所信伏，日给二十人料，旦夕祇奉。同侣道俗，咸被珍遇，生福增敬，日倍于前。

武德九年，高平王[④]出使入蕃，因与相见。承此风化，将事东归，而叶护君臣留恋不许。王即奏闻，下敕征入，乃与高平同来谒帝。以贞观元年岁次丁亥十一月二十日达京，敕住兴善。释门英达，莫不修造。自古教传词旨有所未喻者，皆委其宗绪，括其同异，内计外执，指掌释然，征问相酬，披解无滞。乃上简闻，蒙引内见，躬传法理，无爽对扬。赐彩四十段并宫禁新纳一领，所将五僧，加料供给，重频慰问，劳接殊伦。至三年三月，上以诸有非乐，物我皆空，眷言真要，无过释典，流通之极，岂尚翻传？下诏所司，搜駇硕德兼闲三教、备举十科者一十九人，于大兴善创开传译。沙门玄谟、僧伽等译语，及

① 朋友：前云“明知识”，“知识”有“友”之义，则当译为“明友”。“朋”字，当为“明”字。

② 洛叉：为印度的数量名称，一洛叉为十万。

③ 西面可汗叶护：突厥曾分为东面可汗和西面可汗，为东、西突厥之前身。叶护，古时突厥、回纥等民族的官名，地位仅次于可汗，由可汗的子弟或宗族中的强者担任。

④ 高平王：李道立，为永安壮王李孝基（唐高祖李渊之从父弟）之侄，毕王李璋之孙。嗣李孝基，封高平王，后降封县公，终陈州刺史。

三藏同学崛多律师证译，沙门法琳、惠明、慧赜、慧净等执笔承旨，殷勤详覆，审定名义，具意成文。沙门慧乘、法常、慧朗、昙藏、智解、智首、僧辩、僧珍、道岳、灵佳、文顺等证义。又敕上柱国尚书左仆射刑国公[①]房玄龄、散骑常侍太子詹事杜正伦、礼部尚书赵郡王李孝恭等参助诠定，右光禄大夫太府卿兰陵男萧璟总知监护，百司供送，四事丰华。至四年四月，译《宝星经》讫。后移胜光，又译《般若灯论》《大庄严经论》，至七年春，勘阅既周，缮写云毕，所司详读，乃上闻奏。下敕各写十部，散流海内，仍赐颇物[②]百段，余承译僧，有差束帛。

波颇意在传法，余无挂怀。而时辈不询[③]，或生异议，云"颇侥幸时誉，取驰于后，故聚名达，废讲经论，斯未是弘通"者。时有沙门灵佳，卓荦拔群，妙通机会，对监护使具述事理，云："颇远投东夏，情乖名利，欲使道流千载，声振上古。昔苻、姚两代翻经学士，乃有三千；今大唐译人，不过二十。意在明德同证，信非徒说。后代昭奉，无疑于今耳。"识者佥议攸同，后遂不行。

时为太子染患，众治无效，下敕延颇入内，一百余日，亲问承对，不亏帝旨。疾既渐降，辞出本寺，赐绫帛等六十段并及时服十具。

颇誓传法化，不惮艰危，远度葱河，来归震旦，经途所亘四万有余。躬赍梵文，望并翻尽，不言英彦，有坠纶言，大志颓然，雅怀莫诉。因而遘疾，自知不救，分散衣资，造诸净业，端坐观佛，遗表施身。下敕特听。寻尔而卒于胜光寺，春秋六十有九。东宫下令给二十人，舆尸坐送，至于山所。阇维既了，沙门玄谟收拾余骸，为之起塔于胜光寺，在乘法师塔东，即贞观七年四月六日也。有识同嗟，法轮辍轸，群生无导，良可悲夫（《内典录》云："于斯时也，大集梵文，将事广传，陶津后代，而恨语由唐化，弘匠不行，致使梵宝无由分布。故十载之译，三部献功，可悲深矣！"今考核序中译时年月，三年三月创译，七年春，献功毕，《续高僧传》云"六年讫"，传、录俱是宣修年月，自矛盾也）！

《破邪论》二卷（或一卷，见《内典录》）、《辩正论》八卷（《见内典录》）。

右二部十卷，其本见在。

沙门释法琳，姓陈氏，颍川人，远祖随官寓居襄阳。少而出家，游猎儒释，博综词义。金陵楚郢，从道问津，自文苑才林，靡不寻造，而意存纲梗，不营

---

① 刑国公：当为"邢国公"，房玄龄有此封爵。

② 颇物："颇"本义为头偏，引申为非同一般的。"颇物"即非不同寻常之物，与后寻常之物"束帛"相对。

③ 询：或当为"洵"，诚实；实在义，方与后文"或生异议"行文一致。

浮绮。野栖木食于青溪等山，昼则承诲佛经，夜则吟览俗典，故于内外词旨，经纬遗文，精会所归，咸肆其抱。而风韵闲雅，韬德潜形，气扬采飞，方陈神略。

隋季承乱，入关观化，流离八水，顾步三秦[①]。每以槐里仙宗[②]，互陈名实。昔在荆楚，梗概其文，而秘法奇章，犹未探括。自非同其形服，尘其本情，方可体彼宗师，静兹纷结。乃权舍法服，长发多年，外统儒门，内希聃术。遂以义宁初岁，假被巾褐，从其居馆。琳素通庄、老，谈吐清奇，道侣服其精华，膜拜而从游处，情契莫二，共叙金兰。故彼所禁文词，并用咨琳取定，致令李宗、奉释[③]之典，包举具舒；张伪、葛妄[④]之言，铨题品录。

武德初运，还莅释宗，拥帙延光，栖遑问道。以帝坏[⑤]同归，名教是则，鼓言郑、卫，易可箴规，乃住京师济法寺。至武德四年，有太史令傅奕，先是黄巾，深忌佛法，上废佛法事十有一条，云："释经诞妄，言妖事隐，损国破家，未闻益世。请胡佛邪教，退还天竺，凡是沙门，放归桑梓。则家国昌大，李、孔之教行焉。"武皇容其小辩，朝辅未能抗也。时谓遵其邪径，通废宏衢，莫不惧焉。乃下诏问曰："弃父母之须发，去君臣之章服，利在何间之中？益在何情之外？损益二宜，请动妙适。"琳愤激傅词，侧听明敕，承有斯问，郎[⑥]陈对曰："琳闻至道绝言，岂九流能辩？法身无象，非十翼所诠[⑦]。但四趣茫茫，漂沦欲海，三界蠢蠢，颠坠邪山。诸子迷以自焚，凡夫溺而不出，大圣为之兴世，至人所以降灵。遂开解脱之门，示以安隐之路。于是中天王种，辞恩爱而出家；东夏贵游，厌荣华而入道。誓出二种生死，志求一妙涅槃，弘善以报四恩，立德以资三有[⑧]。此其利益也。毁形以成其志，故弃须发美容；变俗以会其道，

① 流离八水，顾步三秦："八水"，又叫八川，即关内"泾、渭、灞、浐、涝、潏、沣、滈"等八条河流，一般以"八水"代指长安。"三秦"即潼关以西的关中地，以项羽灭秦后分封秦三降将而得名。

② 槐里仙宗："槐里"，古县名，汉高帝置，治所在今陕西兴平东南。"仙宗"，指修仙求道的要旨。

③ 李宗、奉释："李宗"当指李聃之学，"奉释"则为信仰释家之学，"奉"有信仰义。唐释道宣《高僧传·疑云传》："有道士姓俞者，学冠李宗。"又《吉藏传》："释、李两部，各有搜扬。"

④ 张伪、葛妄："张"应指汉代张道陵之属；"葛"当为东晋道教家葛洪之属。

⑤ 帝坏："坏"之繁体为"壞"，与"壤"近，当为"帝壤"，指普天王土。韩愈有诗"风期谁复赓？皋区扶帝壤"。

⑥ 郎：《续高僧传》卷二十五作"即"，当从。

⑦ 至道绝言，岂九流能辩？法身无象，非十翼所诠："九流"指古代儒家、道家等九个学术流派；"十翼"指解释《易》彖、象等十部分的内容。

⑧ 弘善以报四恩，立德以资三有："四恩"即天下恩、国王恩、师尊恩、父母恩。"三有"指欲有、色有、无色有，义同"三界"。

故去君臣华服。虽形缺奉亲，而内怀其孝；礼乖事主，而心戢其恩。泽被怨亲，以成大顺；福沾幽显，岂拘小违。上智之人，依佛语故为益；下凡之类，亏圣教故为损。惩恶则滥者自新，进善则通人感化。”此其大略也。而傅氏所奏，在司犹未施行，奕乃多写表状，远近公然流布。京室闾里，咸传秃丁之诮；剧谈酒席，昌言胡鬼[①]之谣。佛日翳而不明，僧尼阻而无势。于时达量道俗动毫成论者非一，各疏佛理，具引梵文，委示业缘，曲垂邪正。但并是奕之所废，岂有引废证成？虽曰“破邪”，终归“邪破”。

琳情性玄机，独觉千载，器局天授，博悟生知。睹作者之无功，信乘权之有据，乃著《破邪论》二卷，用拟傅词文，有三十余纸。自琳之缀釆，贯绝群篇，野无遁贤，朝无遗士，家藏一本，咸诵在心，并流略之菁华，文章之冠冕，茂誉于是乎腾广，昏情由之而开尚矣！琳又以论卷初出，意在弘通，自非广露其情，则皂隶不尘其道。乃上启储后、诸王及公卿侯伯等，并文理弘被庶绩，咸嘉其博诣焉。故奕奏状，因之致寝。遂得释门重敞，琳寔其功。

东宫庶子虞世南详琳著论，乃为之序胤。而傅氏不惬其情，重施密谮，构扇黄巾，用为党类。道士李仲卿上《十异九迷论》，道士刘进喜上《显正论》，皆贬量佛圣，尘点释宗，昏冒生灵，炫曜朝野，薰莸既杂，时所疑焉。武德九年春，下诏：“京置三寺，惟立千僧，余并放还桑梓。”严敕既下，莫敢致词。五众哀号于槀街[②]，四民顾叹于城市。于时道俗蒙然，投骸无措，赖由震方出帝，氛祲廓清，素袭启闻，薄究宗领，登即大赦，还返神居。故佛日重朗于唐世，又由琳矣！琳频逢黜陟，誓结维持，道挫世情，良资寡学，乃探索典籍，隐括玄奥，撰《辩正论》八卷，颍川陈子良注之并制序。良文学雄伯，群儒仰戴，诱劝成则，其从如云。

贞观初，文帝舍终南山太和旧宫，置龙田寺[③]。琳性欣幽静，就而住之。众所推美，举知寺任。从容山服，咏歌林野。三年，敕波颇三藏翻《宝星经》及《般若灯》等论，召琳，令执笔承旨，兼详覆[④]名义。

至十三年冬，有黄巾秦世英者，挟方术以要荣，遂程器于储贰，素嫉释种，阴陈琳论谤讪皇宗，罪当诽上。帝勃然，下敕沙汰僧尼，见有众侣，宜依遗教。

---

① 秃丁、胡鬼：《破邪论》云“若言佛为胡鬼，僧是秃丁者”，则“秃丁”、“胡鬼”皆为傅奕对佛祖和僧众的污蔑之词。

② 槀街：汉代长安街名，当时外国使节馆舍均集中于此街。

③ 置龙田寺：《大正藏》本校勘记以为后脱“后却为翠微宫，即今翠微寺是”十二字。

④ 详覆：当为“详覈”，“覈”有核意义。

仍访琳身，据法推勘。琳扼椀[1]奋发，不待追征，独诣公庭，轻生徇理。乃絷以缧绁。下诏问曰："周之宗盟，异姓为后，尊祖重亲，寔由先古，何为追逐其短，首尾两端，广引形似之言，备陈不逊之喻，圮毁我祖祢，谤讟我先人？如此要君，罪有不恕。"琳答曰："文王大圣，周公大贤，追远慎终，昊天靡答，孝悌之至，通于神明，虽有宗周，义不争长，何者？皇天无亲，竟由辅德。古人党理，而不党亲，不自我先，不自我后。虽亲有罪必罚，虽疏有功必赏，赏罚理当，故天下和平。老子习训道宗，德教加于百姓，恕己谦光，仁风刑于四海。"又云："吾师名佛，佛者，觉一切人也。乾竺[2]古皇，西升逝矣。讨寻老教，始末可追。"日授中经，示诲子弟，言："吾师者，善入泥洹，绵绵常存，吾今逝矣！今刘、李所述，谤灭老氏之师，世莫能知。著兹《辩正论》有八卷，略对道士六十余条，并陈史籍前言，实非谤毁家国。"自后辩对二十余列，并据琳词，具状闻奏。敕曰："所著《辩正论·信毁交报篇》曰：'有"念观音者，临刃不伤"，且赦七日，令尔自念，试及刑决，能无伤不？'"琳外缠桎梏，内迫刑期，水火交怀，诉仰无路。乃缘生来所闻经教及三圣尊名，铭诵心府，拟为显应。至于限满，忽神思彯勇，横逸胸怀，欢庆相寻，顿忘死畏。立待对问，须臾，敕至，云："今赦期已满，当至临刑。有何所念，念有灵不？"琳援笔答曰："自隋季扰攘，四海沸腾，役毒[3]流行，干戈竞起，兴师相伐，各擅兵威，臣佞君荒，不为正治，遏绝王路，固执一隅。自皇王吊伐，载清陆海，斯寔观音之力，咸资势至之恩。比德连踪[4]，道齐上圣，救横死于帝庭，免淫刑于都市。琳于七日已来，不念观音，惟念陛下。"敕治书侍御韦琮问琳："有诏令念观音，何因不念？乃云'惟念陛下'。"琳答："伏承观音圣鉴，尘形六道，上天下地，皆为师范。然大唐光宅四海，九夷奉职，八表刑清，君圣臣贤，不为枉滥。今陛下子育恒品，如经即是观音。既其灵鉴相符，所以惟念陛下。且琳所著《辩正论》，爰与书史伦同，一句参差，任从斧钺。陛下若顺忠顺正，琳则不损一毛；陛下若刑滥无辜，琳则有伏尸之痛。"具以事闻，遂不加罪。有敕徙于益部僧寺，行至百牢关菩提寺，因疾而卒，时年六十九。

沙门慧序经理所苦，情结断金，晓夕同衾，慰抚承接。及命将尽，在序膝上，

---

① 扼椀：《中华大藏经》本作"搤"，"搤"古同"腕"。

② 乾竺：即天竺。

③ 役毒：宋元明本藏经皆作"疫毒"，彦悰所撰《唐护法沙门法琳别传》卷三亦作"疫毒"，可从。

④ 比德连踪：谓德行、德教可与英彦并列、比配。庾信《任洛州酬薛文学见赠别》诗云"子居河之曲，英彦本连踪"，"连踪"则代指英彦。

序恸哭崩摧，泪如驶雨[①]。乃召诸关旁道俗，葬于东山之顶，高树白塔，勒铭志之。行路望者，知便下泪。琳所著诗赋、启颂、碑表、章诔、大乘教法并诸论记传，合三十余卷，并金石击其风韵，缛锦缋其文思[②]，流靡雅便，腾焰弥穆。又善应机说导，即事骋词，言会宫商，义符玄籍。其秦〔世〕英竟以狂悖被诛，公私怪其死晚。刘、李、傅氏，相从化往。故其遗文往行，可为万代錧辖矣！

《大般若波罗蜜多经》六百卷（见《翻经图》，佛于四处十六会说，显庆五年正月一日于玉华宫寺玉华殿译，至龙朔三年十月二十日毕，沙门大乘光、大乘钦、嘉尚等笔受）、《能断金刚般若波罗蜜多经》一卷（见《内典录》，第四出，与姚秦罗什等出者同本，贞观二十二年十月一日，于坊州宜君县玉华宫弘法台译，直中书杜行顗笔受）、《般若波罗蜜多心经》一卷（见《内典录》，第二出，与《摩诃般若大明咒经》等同本，贞观二十三年五月二十四日，于终南山翠微宫译，沙门知仁笔受）、《大菩萨藏经》二十卷（见《内典录》，今编入《宝积》，当第十二会，贞观十九年五月二日，于西京弘福寺翻经院译，至九月二日毕，沙门智证笔受，道宣证文）、《大乘大集地藏十轮经》十卷（见《内典录》，是《大集》第十三分，与旧《方广十轮》同本，永徽二年正月二十三日，于西京大慈恩寺翻经院译，至六月二十九日毕，沙门大乘光等笔受）、《显无边佛土功德经》一卷（见《内典录》，是《华严经·寿量品》异译，永徽五年九月二十八日，于大慈恩寺翻经院译，沙门大乘云笔受）、《说无垢称经》六卷（见《内典录》，第七译，与罗什《维摩经》等同本，永徽元年二月八日，于大慈恩寺翻经院译，至八月一日毕，沙门大乘光笔受）、《解深密经》五卷（见《内典录》，全本第二译，与《深密解脱》《解节》《相续解脱》等并同本，贞观二十一年五月十八日于弘福寺译，至七月十三日毕，沙门大乘光笔受）、《分别缘起初胜法门经》二卷（见《内典录》，第二出，与隋笈多《缘生经》同本，永徽元年二月三日，于大慈恩寺翻经院译，至八日毕，沙门大乘询笔受）、《药师琉璃光如来本愿功德经》一卷（见《内典录》，第二出，与隋笈多等出者同本，永徽元年五月五日于大慈恩寺翻经院译，沙门慧立笔受）、《称赞净土佛摄受经》一卷（见《内典录》，第三出，与罗什《阿弥陀经》等同本，永徽元年正月一日，于大慈恩寺翻经院译，沙门大乘光笔受）、《甚希有经》一卷（见《内典录》，第三出，与《未曾有经》等同本，贞观二十三年五月十八日，于终南山翠微宫译，沙门大乘钦笔受）、《最无比经》一卷（见《内典录》，第二出，与隋译《希有校量功德经》同本，贞观二十三年七月十九日，于大慈恩寺翻经院译，沙门大乘光笔受）、《称赞大乘功德经》一卷（见《内典录》，初出，与《决定业障经》同本，永徽五年六月五日，于大慈恩寺翻经院译，沙门大乘光笔受）、《如来示教胜军王经》一卷（见《内典录》，第

① 驶雨：即急雨。

② 金石击其风韵，缛锦缋其文思：以钟鼎碑碣等金石记载他的风采韵致，用繁缛的锦绣描绘他的文才思想。

二出，与《谏王经》等同本，贞观二十三年二月六日，于大慈恩寺翻经院译，沙门大乘光笔受）、《缘起圣道经》一卷（见《内典录》，第六出，与《贝多树下经》等同本，贞观二十三年正月一日，于西京北阙内紫微殿右弘法院译，沙门大乘光笔受）、《不空罥索神咒心经》一卷（见《内典录》，第二出，与隋崛多等出者同本，显庆四年四月十九日，于大慈恩寺翻经院译，沙门大乘光笔受）、《十一面神咒心经》一卷（见《内典录》，第二出，与周耶舍崛多等出者同本，显庆元年三月二十八日，于大慈恩寺翻经院译，沙门玄则笔受）、《咒五首经》一卷（见《翻经图》，麟德元年正月一日，于玉华寺玉华殿译，沙门大乘光笔受）、《胜幢臂印陀罗尼经》一卷（见《内典录》，初出，与《妙臂印幢陀罗尼》同本，永徽五年九月二十九日，于大慈恩寺翻经院译，沙门大乘云笔受）、《诸佛心陀罗尼经》一卷（见《内典录》，永徽元年九月二十六日，于大慈恩寺翻经院译，沙门大乘云笔受）、《拔济苦难陀罗尼经》一卷（见《内典录》，永徽五年九月十日，于大慈恩寺翻经院译，沙门大乘光笔受）、《八名普密陀罗尼经》一卷（见《内典录》，永徽五年九月二十七日，于大慈恩寺翻经院译，沙门大乘云笔受）、《持世陀罗尼经》一卷（见《内典录》，永徽五年十月十日，于大慈恩寺翻经院译，沙门神察笔受）、《六门陀罗尼经》一卷（见《内典录》，贞观十九年七月十四日，于弘福寺翻经院译，沙门辩机笔受）、《佛地经》一卷（见《内典录》，贞观十九年七月十五日，于弘福寺翻经院译，沙门辩机笔受）、《受持七佛名号所生功德经》一卷（见《内典录》，永徽二年正月九日，于大慈恩寺翻经院译，沙门大乘光笔受）、《佛临涅槃记法住经》一卷（见《翻经图》，永徽三年四月四日，于大慈恩寺翻经院译，沙门大乘光笔受）、《寂照神变三摩地经》一卷（见《翻经图》，龙朔三年十二月二十九日，于玉华寺玉华殿译，沙门大乘光笔受）、《菩萨戒本》一卷（见《内典录》，第三译，出《瑜伽论》本地分中《菩萨地》，与昙无谶等出者同本，贞观二十三年七月二十一日，于大慈恩寺翻经院译，大乘光笔受）、《菩萨戒羯磨文》一卷（见《内典录》，出《瑜伽论》本地分中《菩萨地》，贞观二十三年七月十五日，于大慈恩寺翻经院译，沙门大乘光笔受）、《佛地经论》七卷（见《内典录》，亲光等菩萨造，贞观二十三年十月三日，于大慈恩寺翻经院译，至十一月二十四日毕，沙门大乘光笔受）、《瑜伽师地论》一百卷（见《内典录》，弥勒菩萨说，贞观二十年五月十五日，于弘福寺翻经院译，至二十二年五月十五日毕，沙门灵会、朗濬等笔受）、《显扬圣教论》二十卷（见《内》等录[1]，无著菩萨造，贞观十九年十月一日，于弘福寺翻经院译，至二十年正月十五日毕，沙门智证等笔受）、《瑜伽师地论释》一卷（见《翻经图》，最胜子等菩萨造，永徽元年二月一日，于大慈恩寺翻经院译，沙门大乘晖笔受）、《显扬圣教论颂》一卷（见《内典录》，无著菩萨造，贞观十九年六月十日，于弘福寺翻经院译，沙门辩机笔受）、《王法正理论》一卷（见《内典录》，弥勒菩萨造，贞观二十三年七月十八日，于大慈恩寺翻经院译，沙门大乘林笔受）、《大乘阿毗达磨集论》

① 见《内》等录：前后文皆无此表述法，《中华大藏经》本“等”字作“典”字，当为“见《内典录》”。

七卷（见《内典录》，无著菩萨造，永徽三年正月十六日，于大慈恩寺翻经院译，至三月二十八日毕，沙门大乘光、大乘云等笔受）、《大乘阿毗达磨杂集论》十六卷（见《内典录》，安慧菩萨糅，贞观二十年正月十七日，于弘福寺翻经院译，至闰三月二十九日毕，沙门玄赜等笔受）、《广百论本》一卷（见《内典录》，圣天菩萨造，永徽元年六月十日，于大慈恩寺翻经院译，沙门大乘谌笔受）、《大乘广百论释论》十卷（见《内典录》，护法菩萨释，永徽元年六月二十七日，于大慈恩寺翻经院译，至十二月二十三日毕，沙门敬明等笔受）、《摄大乘论本》三卷（见《内典录》，无著菩萨造，第三出，贞观二十二年闰十二月二十六日，于北阙紫微殿西弘法院译，至二十三年六月十七日慈恩寺毕，大乘巍笔受）、《摄大乘论世亲释》十卷（见《内典录》，第三出，与陈真谛、隋笈多出者同本，贞观二十二年十二月八日，于北阙弘法院译，至二十三年六月十七日慈恩寺毕，大乘巍等笔受）、《摄大乘论无性释》十卷（见《内典录》，贞观二十一年三月一日，于弘福寺翻经院译，至二十三年六月十七日于大慈恩寺翻经院译毕，沙门大乘巍、大乘林等笔受）、《辩中边论颂》一卷（见《内典录》，弥勒菩萨造，龙朔元年五月一日，于玉华寺嘉寿殿译，沙门大乘基笔受）、《辩中边论》三卷（见《内典录》，世亲菩萨造，第二出，与《中边分别论》同本，龙朔元年五月十日，于玉华寺嘉寿殿译，至三十日毕，沙门大乘基笔受）、《大乘成业论》一卷（见《内典录》，世亲菩萨造，第二出，与《业成就论》同本，永徽二年闰九月五日，于大慈恩寺翻经院译，沙门大乘光笔受）、《因明正理门论本》一卷（见《内典录》，大域龙菩萨造，初出，与义净出者同本，贞观二十三年十二月二十五日，于大慈恩寺翻经院译，沙门知仁笔受）、《因明入正理论》一卷（见《内典录》，商羯罗主菩萨造，贞观二十一年八月六日，于弘福寺翻经院译，沙门知仁笔受）、《唯识二十论》一卷（见《翻经图》，世亲菩萨造，第三出，与元魏智希、陈真谛出者同本，龙朔元年六月一日，于玉华寺庆福殿译，沙门大乘基笔受）、《唯识三十论》一卷（见《内典录》，世亲菩萨造，贞观二十二年五月二十九日，于弘福寺翻经院译，沙门大乘光笔受）、《成唯识论》十卷（见《内典录》，护法等菩萨造，显庆四年闰十月，于玉华寺云光殿译，沙门大乘基笔受）、《大乘掌珍论》二卷（见《内典录》，清辩菩萨造，贞观二十三年九月八日，于大慈恩寺翻经院译，至十三日毕，沙门大乘晖笔受）、《大乘五蕴论》一卷（见《内典录》，世亲菩萨造，第二出，与《五阴论》同本，贞观二十一年二月二十四日，于弘福寺翻经院译，沙门大乘光等笔受）、《观所缘缘论》一卷（见《内典录》，陈那菩萨造，第二出，与《无相思尘论》同本，显庆二年十二月二十九日，于东都大内丽日殿译，沙门大乘光笔受）、《大乘百法明门论》一卷（见《内典录》，世亲菩萨造，贞观二十二年十一月十七日，于北阙弘法院译，沙门玄忠[①]笔受）、《缘起经》一卷（见《翻经图》，出《增一阿含》第四十六卷异译，龙朔元年七月九日，于玉华寺八桂亭译，沙门神皎笔

① 玄忠：《中华大藏经》本以为“神昉”，待考。下条“《缘起经》”之“神皎笔受”，《中华大藏经》本作“神昉”，不当为“神皎”。

受）、《本事经》七卷（见《内典录》，永徽元年九月十日，于大慈恩寺翻经院译，至十一月八日毕，沙门静迈[1]、神昉等笔受）、《天请问经》一卷（见《内典录》，贞观二十二年三月二十日，于弘福寺翻经院译，沙门辩机笔受）、《阿毗达磨发智论》二十卷（见《内典录》，迦多衍尼子造，第二出，与旧《八揵度论》同本，显庆二年正月二十六日，于西京大内顺贤阁译，至五年五月七日于玉华寺毕，沙门玄则等笔受）、《阿毗达磨法蕴足论》十二卷（见《内典录》，大采菽氏造，显庆四年七月二十七日，于大慈恩寺翻经院译，至九月十四日毕，沙门大乘光等笔受）、《阿毗达磨集异门足论》二十卷（见《内典录》，舍利子说，显庆五年十一月二十六日，于玉华寺明月殿译，至龙朔三年十二月二十九日毕，沙门弘彦、译诠[2]等笔受）、《阿毗达磨识身足论》十六卷（见《内典录》，提婆设摩造，贞观二十三年正月十五日，于北阙弘法院译，至八月八日于慈恩寺毕，沙门大乘光等笔受）、《阿毗达磨品类足论》十八卷（见《内典录》，筏苏蜜多罗造，第二出，与《众事分阿阿昙》[3]同本，显庆五年九月一日，于玉华寺云光殿译，至十月二十三日毕，大乘光等笔受）、《阿毗达磨界身足论》三卷（见《翻经图》，筏苏蜜多罗造，龙朔三年六月四日，于玉华寺八桂亭译毕，沙门大乘基笔受）、《阿毗达磨大毗婆沙论》二百卷（见《内典录》，五百大阿罗汉等造，显庆元年七月二十七日，于大慈恩寺翻经院译，至四年七月三日毕毕[4]，沙门嘉尚、大乘光等笔受）、《阿毗达磨俱舍论本颂》一卷（见《内典录》，世亲造，第二出，与真谛出者同本，永徽二年于大毕恩寺[5]翻经院译，沙门元瑜等笔受）、《阿毗达磨俱舍论》三十卷（见《内典录》，世亲造，第二出，与真谛出者同本，永徽二年五月十日，于大慈恩寺翻经院译，至五年七月二十七日毕，沙门元瑜笔受）、《阿毗达磨顺正理论》八十卷（见《内典录》，众贤造，永徽四年正月一日，于大慈恩寺翻经院译，至五年七月十日毕，沙门元瑜笔受）、《阿毗达磨显宗论》四十卷（见《内典录》，众贤造，永徽二年四月五日，于大慈恩寺翻经院译，至三年十月二十日毕，沙门慧朗、嘉尚等笔受）、《入阿毗达磨论》二卷（见《内典录》，塞建地罗造，显庆三年十月八日，于大慈恩寺翻经院译，至十三日毕，沙门释诠、嘉尚笔受）、《五事毗婆沙论》二卷（见《翻经图》，法救造，龙朔三年十二月三日，于玉华寺玉华殿译，至八日毕，沙门释诠等笔受）、《异部宗轮论》一卷（见《翻经图》，世友造，第三出，与《十八部论》《部异执论》并同本，龙朔二年七月十四日，于玉华寺庆福殿译，沙门大乘基笔受）、《大阿罗汉难提蜜多罗所说法住记》

---

① 静迈：《古今译经图纪》的撰者，通行本皆作“靖迈”，故“静”当为“靖”。

② 译诠：下文“《入阿毗达磨论》二卷”“《五事毗婆沙论》二卷”等经典，皆录为“沙门释诠等笔受”。故“译诠”有疑，当为“释诠”。

③ 《众事分阿阿昙》：“阿阿昙”，费解，且此条论名为“《阿毗达磨品类足论》”，或有相关，其他经录皆云“《众事分阿毗昙》”，当为抄刻之误。

④ 毕毕：当衍一“毕”字。

⑤ 大毕恩寺：无此寺名，根据上下文，当为“大慈恩寺”，《中华大藏经》本校“毕”为“慈”，可从。

一卷（见《内典录》，永徽五年闰五月十八日，于大慈恩寺翻经院译，沙门大乘光笔受）、《胜宗十句义论》一卷（见《翻经图》，慧月造，贞观二十二年五月十五日，于弘福寺翻经院译，沙门灵隽笔受）、《大唐西域记》十二卷（见《内典录》，贞观二十年奉敕于弘福寺翻经院撰，沙门辩机承旨缀缉，秋七月绝笔）。

右七十六部一千三百四十七卷，其本并在。

沙门释玄奘，本名祎，俗姓陈氏，陈留人也，汉太丘长仲弓之后。曾祖钦，后魏上党太守。祖康，北齐国子博士，食邑周南，子孙因家，又为缑氏人也。父惠，英洁有雅操，早通经术，形长八尺，美眉明目，拜江陵令，解缨而返，即大业年。识者以为克终，隐沦之候[①]故也。有四男，奘最小。

幼而圭璋特达，聪悟不群。年八岁，父坐于机侧[②]，口授《孝经》，至“曾子避席”，忽整襟而起，问其故，对曰：“曾子闻师命尚犹避席，某今奉慈训，岂宜安坐？”父甚悦，知其必成。召宗人语之，皆贺之曰：“此公之扬乌[③]也！”其早慧如此。自后备通经奥。次兄长捷先出家，住东都净土寺，以奘少罹穷酷，携以奖之，日授精理，旁兼巧论。年十一，诵《维摩》《法华》。东都恒度，便预其次。自尔卓然梗正，不偶朋流，口诵目缘，略无闲缺。睹诸沙弥剧谈掉戏，奘谓之曰：“经不云乎：‘夫出家者，为无为法。’岂复恒为儿戏？可谓徒丧百年。”时寺有景法师讲《涅槃经》，执卷伏膺，遂忘寝食。又学严法师《摄大乘论》，一闻将尽，再览无遗，时年十三也。

其后隋氏失御，天下沸腾，昆季相携，届于京邑，住庄严寺，是时武德元年也。国基草创，兵甲尚兴，所以京城未有讲肆，然绵蜀之中，法事甚盛，遂与兄从之。经子午谷入汉川，遂逢空、景二法师，停月余，日从之受学。仍相与进向成都，诸德既萃，大建法筵。于是更听基、暹[④]《摄论》《毗昙》，道振《迦旃延论》，敬惜寸阴，励精无怠。二三年间，究通诸部。

年满二十，即以武德五年于成都受具。夏坐学律，五篇七聚[⑤]之宗，一遍斯得。奘自惟曰：“学贵经远，义重疏通，钻仰一方，未成探赜。”遂从蜀至荆，询求先德。渐至相州，造慧休法师，质问疑碍。次到赵州，谒道深法师，学《成

① 隐沦之候：归隐的征兆，与前文“拜江陵令，解缨而返”相应。“候”有征兆义。

② 机侧：既云“口授《孝经》”，当与“几案”相关，《大慈恩寺三藏法师传》卷第一作“几侧”，可从。

③ 扬乌：西汉扬雄之子，幼年以聪慧著称。

④ 基、暹：《中华大藏经》本作“宝暹”，误。此处“基”当指道基法师，“暹”指宝暹法师，二人精通《摄论》《毗昙》。《大唐故三藏玄奘法师行状》云：“更听宝暹《摄论》、道基《毗昙》”。

⑤ 五篇七聚：“五篇”指波罗夷、僧残、波逸提、提舍尼、突吉罗，就犯罪的轻重而言。“五篇”又开为“七聚”，增加偷蓝遮、恶说二分，就犯相而论。

实论》。又入长安，止大觉寺，就岳法师学《俱舍论》，皆一遍而尽其旨，经目而记于心。虽宿学耆年，不能出也。至于钩深致远，开微发伏，众所不至，独悟于幽奥者，固非一义焉。时长安有常、辩二法师，为上京法匠，奘又咨禀，然其所有深致，亦一拾斯尽。二德并深嗟赏，乃谓奘曰："汝可谓释门千里之驹，其再明慧日，当在尔躬。恨吾辈老朽，恐不见也！"自是学徒改观，誉满京邑。仆射宋公箫瑀[①]敬其脱颖，奏住庄严。然非本志，情栖物表。乃又惟曰："余周流吴、蜀，爰逮赵、魏，末及周、秦。预有讲筵，率皆登践。已布之言今[②]，虽蕴胸襟；未吐之词宗，解签无地。若不轻生殉命，誓往华胥，何能具觌成言，用通神解？一睹明法，了义真文，要返东华，传扬圣化，则先贤高胜，岂决疑于弥勒？后进锋颖，宁辍想于瑜伽耶？"遂厉然独举，诣阙陈表，有司不为通引。顿迹京皋，广就诸蕃，遍学书语，行坐寻授，数日便通，侧席面西，思闻机候。

会贞观三年，时遭霜俭[③]，下敕道俗，随丰四出。幸因斯际，径往姑臧，渐至炖煌。路由天塞，裹粮吊影，前望悠然，但见平沙，绝无人径，回遑委命，任业而前，展转因循，达于高昌境。王麴文泰得信于佛，殊礼供待，请留弘法。奘告诚殷至，遂任西行，厚相赠遗，以充资什。仍敕殿中侍郎史欢赍绫帛五百疋、果味两车，献叶护可汗，书二十四封，通屈支[④]等二十四国。每一封书，附大绫一疋为信，给马三十疋，手力二十五人，送至突厥叶护衙所。以大雪山北六十余国皆其部统，故重遗达为奘开前路也。可汗遂敕所部诸国，令供给传送，展转遂达迦湿弥罗国[⑤]，斯并高昌麴王、叶护可汗之力也。

奘周游五印，遍师明匠，至如五明、四《含》之典，三藏十二之筌，七例

---

① 箫瑀：当为萧瑀（575—648），字时文，南朝梁明帝萧岿之子。入唐，李渊武德元年（618），萧瑀升为内史令，为宰相职，武德九年（626）任尚书左仆射。后文萧姓作"箫"者，如"箫子良"，并所谓"箫齐"等，径改，不烦出校。

② 言今：《大正藏》本"今"字下属，不当。《续高僧传》等作"言令"，可从。"已布之言令"与"未吐之词宗"相对成文。

③ 贞观三年，时遭霜俭："三年"，后世学者多以为"元年"之误。按玄奘《还至于阗国进表》云"历览周游一十七载"，《还至于阗国进表》作于贞观十八年，若自元年始发，则适为十七年。梁启超、刘汝霖等皆主"元年首途西行"说。"霜俭"，指严霜使庄稼歉收。

④ 屈支：通作龟兹，又作鸠兹、屈茨、归兹、丘兹、屈兹、苦先、曲先、苦叉等等，今称库车，其国境相当于今新疆库车县周边地区。

⑤ 迦湿弥罗国：梵语 Kaśmira 的音译，又译作羯湿弭罗、迦叶弥罗，位于古天竺东北部，即今天的克什米尔地区，沙畹以为汉代所录之罽宾即该国古名。佛教史上之第四次结集"迦湿弥罗结集"，即在此地。

八转之音，三声六释之句[①]，皆尽其微，毕究其妙。初，那烂陀寺大德师子光等立《中》《百》论宗，破《瑜伽》等义。奘曰："圣人作论，终不相违，但学者有向背耳。"因造《会宗论》三千颂，融会《瑜伽》《中》《百》之旨。先有南印度王灌顶师名般若鞠多，明正量部，造《破大乘论》七百颂。奘申大乘义破之，名《制恶见论》，千六百颂。诸师咸曰："斯论穷天下之勍寇也，何敌当之？"又东印度拘摩罗王[②]因奘通化，初开信门，请问诸佛何所功德。奘赞如来三身利物，因造《三身论》三百颂以赠之。王曰："未曾有也！"顶戴归依。斯之三论，义府幽奥，五印度境盛传流布。是知道风昭著，德行高明，学蕴三冬，声驰万里。印度学人咸仰盛德，既曰"经笥"，亦称"法将"，小乘学徒号奘为"木叉提婆"，唐言"解脱天"；大乘法众号"摩诃耶那提婆"，唐言"大乘天"。斯乃高其德而传徽号，敬其人而议嘉名。

又戒日大王，五印臣伏，彼闻奘名，遣人要请。奘初至止，王即问云："闻彼支那国有《秦王破阵乐》[③]歌舞之曲，秦王何人，致此歌咏？"奘曰："即今正国之天子也，未登皇极之前，封为秦王。是大圣人，拨乱反正，恩沾六合，故有斯咏。"王曰："如此之人，故天纵之为物主也。"王于奘所尽心师敬，欲使芳音布于遐迩，故于曲女城施大论场，集五印度沙门、婆罗门能言之士，令奘立论，竟十八日，无敢问者。王大嗟赏，施金钱一万、银钱三万，上毡衣一百具，悉皆不受。五印度境戒日王等殷重请留，用光幺化。奘志存弘益，传于未闻，确拟东旋，拒而不受。王重请暂住，观七十五日大施场相。事讫，辞还。王敕所部递送出境，并施象一头，金银钱各数万。戒日、拘摩罗等十八大国王流泪执别，奘便辞而不受。诸僧劝受象施，皆曰："斯胜相也！佛灭度来，王虽崇敬，种种布施，未闻以象用及释门。象为国宝，今既见惠，信之极矣！"因即衲象[④]而返钱宝。然其象也，其形圆大，高可丈三，长二丈许，上容八人并诸什物。缘国北旋，出印度境。奘历游诸国，观礼圣迹及感灵应，具如《大

① 七例八转之音，三声六释之句："七例"，又称七例句、七言论句，指梵语中名词、代名词与形容词语尾之七种变化，具体为体格、业格、具格、为格、从格、属格、于格。"八转"，又曰八声、八例，在七例基础上加上"呼格"。"三声"指印度古时声明论之三声，天竺围陀声明论依声之高低，分别为三。"六释"则谓梵文文法中，将复合词划分为六种关系，称为六离合释，具体为依主释、持业释、有财释、相违释、带数释、邻近释等。

② 拘摩罗王：迦摩缕波国国王。迦摩缕波国，又作迦摩波国，为东印度之古国。《大唐西域记》卷十云："伽摩缕波国，周万余里，国大都城周三十余里。"为印度当时大国。

③ 《秦王破阵乐》：又名《七德舞》，唐初的一种乐舞，唐太宗所造，其模拟战阵动作，以颂太宗之武功。《旧唐书》卷二九《音乐志》有详载。

④ 衲象：当为"纳象"，"纳"为接纳义。《续高僧传》卷四、《贞元录》卷十一皆作"纳"。

唐西域记》及《续高僧传》兼《奘法师传》等备显。

奘于西域请得如来肉舍利一百五十粒；金佛像一躯，通光座高尺有六寸，拟摩揭陀国前止觉山龙窟影像；金佛像一躯，通光座高三尺三寸，拟婆罗痆斯国鹿野苑初转法轮像；刻檀佛像一躯，通光座高尺有五寸，拟憍赏弥国[①]出爱王思慕如来刻檀写真像；刻檀佛像一躯，通光座高二尺九寸，拟劫比他国[②]如来自天宫下降宝阶像；银佛像一躯，通光座高四尺，拟摩揭陀国鹫峰山说《法华》等经像；金佛像一躯，通光座高三尺五寸，拟那揭罗曷国[③]伏毒龙所留影像；刻檀佛像一躯，通光座高尺有三寸，拟吠舍厘国[④]巡城行化像。大乘经二百二十四部、大乘论一百九十二部、上座部经律论一十四部、大众部经律论一十五部、三弥底部经律论一十五部、弥沙塞部经律论二十二部、迦叶臂耶部经律论一十七部、法密部经律论四十二部、说一切有部经律论六十七部、因论三十六部、声论一十三部，凡五百二十夹六百五十七部。并载之巨象，还返帝城。

初，奘既度葱岭，先遣侍人赍表陈露，违国化[⑤]也。下敕流问，令早相见。行达于遁[⑥]，以象致死，所赍经像交无运致。又上表请，寻下别敕，令于遁王给其鞍乘。既奉严敕，驼马相运，至于沙州。又蒙别敕，计其行程，酬雇价直，并不受而还。自尔乘传[⑦]二十许乘，以贞观十九年正月二十四日，届于京郊之西。道俗相趋，屯赴阗闉[⑧]，数十万众，如值下生。将欲入都，人物喧拥，取进不前，遂停别馆。通夕禁卫，候备遮断，停驻道旁。从故城之西南至京师朱雀街之都亭驿，二十余里，列众礼谒，动不得旋。

---

① 憍赏弥国：梵文 Kaośāmbī，又音译为憍饷弥、憍闪毗、拘尸弥、俱睒弥、俱参毗等，意译为不静国、藏有国。位于印度阿拉哈巴德之西南，印度考古学家夏尔玛考证其核心具体方位在朱木那河北岸之柯桑村，为中印度之古王国，系十六大国之一，六大都市之一。

② 劫比他国：梵文 Kapitha 之音译，《杂阿含经》卷十九谓“僧伽舍”，中天竺属国，今印度北方邦法鲁迦巴德县境内。

③ 那揭罗曷国：梵语 Nagarah ā ra 的音译，又作那伽罗曷、那迦罗诃、那伽罗阿、那竭等，北印度古国，位于犍陀罗国西部，即今阿富汗境内之喀布尔河南岸，系丝路入印之必经要道。

④ 吠舍厘国：又译为毗舍离、吠舍离，意为广严，为释迦牟尼时代著名的大城市，中印度古国，位于今印度比哈尔邦首府巴特那之北。

⑤ 赍表陈露，违国化：“露”有表白义，或谓“露布”，指不封口的文书，特指捷报等紧急文书或泛指一般布告等。“违国化”费解，《续高僧传》卷四、《贞元录》卷十一等作“达国化”，当从。“违”、“达”二字，繁体形近亦混。“国化”指国家之风尚教化，“达国化”则指沾溉故国之教化。

⑥ 于遁：即于阗。

⑦ 乘传：古代以四马下足为乘传。或指乘坐驿车，“传”即驿站的马车。

⑧ 屯赴阗闉：群聚奔赴堵塞之意。“闉”有堵塞义，与“阗”为同义连文。《续高僧传》卷四作“屯赴阗闼”，“闼”为门户，两通。

于时驾幸洛阳，奘乃留诸经像送弘福寺。京邑僧众竞列幢帐，助运庄严，四部喧哗，又倍初至。当斯时也，复感瑞云现于日北，团圆如盖，红白相映，当于像上，显发轮光，既非绕日，同共嗟仰。从午至晡，像入弘福寺，方始歇灭。致使京都五日，四民废业，七众归承，当此一期，仰之弥高，终古罕类也。谒帝于洛阳宫，见于仪鸾殿，特蒙慰问，面奉天颜，谈叙真俗，无爽帝旨。从卯至酉，不觉时延，迄于闭鼓。上即事戎旃，问罪辽左，明旦将发，下敕同行。固辞疾苦，不违其请。

先是，中印度菩提寺僧三人送经初至，下敕普请京城设斋，仍于弘福寺译《大华严》等经。不久之间，奘信又至，乃敕且停，待到方译。既见洛宫，深沃虚想，即陈翻译，搜擢贤明。上曰："法师唐梵具瞻，词理通敏，将恐徒扬仄陋，终亏圣典[①]。"奘曰："昔二秦之译，门徒三千，虽复翻传，犹恐后代无闻，怀疑乖信。若不搜举，同奉玄规，岂以褊能，妄参朝委？"频又固请，乃蒙降许。帝曰："自师去后，朕奉为穆太后于西京造弘福寺，可就翻译。所须人物吏力，并与玄龄商量，务令优给。"既承明命，返迹京师，遂召证义[②]大德、谙解大小乘经论为时辈所推者一十一人至，即京弘福寺沙门灵闰、沙门文备、罗汉寺沙门慧贵、实际寺[③]沙门明琰、宝昌寺沙门法祥、静法寺沙门普贤、法海寺沙门神昉、廓州法讲寺沙门道深、汴州演觉寺沙门玄忠、蒲州普救寺沙门神泰、绵州振响寺沙门敬明等。缀文大德九人至，即京普光寺沙门移玄、弘福寺沙门明濬、会昌寺沙门辩机、终南山丰德寺沙门道宣、简州福聚寺沙门靖迈、蒲州普救寺沙门行友、栖岩寺沙门道卓、幽州昭仁寺[④]沙门慧立、洛州天宫寺沙门玄则等。字学大德一人至，即京大总持寺沙门玄应。证梵语、梵文大德一人至，即京大兴善寺沙门玄谟。

其年五月，方操贝叶，开演梵文，创译《大菩萨藏经》，沙门道宣执笔并删缀词理。又复旁翻《佛地经》《六门陀罗尼经》《显扬圣教论》。二十年春正月，又译《大乘阿毗达磨杂集论》，次译《瑜伽师地论》。法师于论，重加陶练。微有余隙，又出《西域记》十二卷，沙门辩机亲受时事，连比前后。自

---

① 徒扬仄陋，终亏圣典：并非指玄奘之译经效果，而是"搜擢"之"贤明"的佛经翻译，远不如玄奘。

② 证义：佛经翻译的一个环节，发现译文与梵本原文有异，向译主提出。

③ 实际寺：佛教文献多云明琰为实际寺僧人，然《瑜伽师地论》卷一百云"宝澄寺沙门明琰证义"，明琰或不专主一寺。

④ 幽州昭仁寺：按后文慧立小传，载慧立为豳人，其曾住"豳州昭仁寺"。且小传云昭仁寺即"破薛举之战场"，唐军破薛举在豳州，今陕西咸阳北部，而唐幽州在今北京南，方位大异，则"幽州"当为"豳州"。

前代已来，所译经教，初从梵语倒写本文，次乃回之，顺同此俗，然后笔人乱理文句[①]，中间增损，多坠金言。今所翻传，都由奘旨，意思独断，出语成章，词人随写，即可披玩。

于时驾返西京，奘乃进新译经论并《大唐西域记》，表请题序。手敕答书，略云："朕学浅心拙，在物犹迷，况佛教幽微，岂能仰测！请为经题，非己所闻。其新撰《西域记》者，当自披览。"又再三表请，方蒙允许。遂谓驸马都尉高履行曰："卿前请朕为父作碑，今气力不如昔，愿作功德，为法师作序，不能作碑。卿知之。"贞观二十二年春，幸玉华宫。六月，敕追法师赴宫，见于玉华殿。帝问："比翻何经论？"答："近翻《瑜伽师地论》讫，凡一百卷。"帝曰："此论甚大，何圣所说？复明何义？"答曰："论是弥勒菩萨说明十七地义。"又问："何名十七地？"奘举纲提目，陈列大义。帝深爱焉，遣使向京取《瑜伽论》，帝自详览，睹其词义宏远，非从来所闻，叹谓侍臣曰："朕观佛经，譬犹瞻天望海，莫测高深。法师能于异域得是深法，朕比以军国务殷，不及委寻佛教。而今观之，宗源杳旷，靡知涯际，其儒道九流比之，犹汀滢之池[②]方溟海耳。而世云三教齐致，此妄谈也。"因敕所司简秘书书手，写新翻经论为九本，颁与雍、洛、兖、相、荆、杨、凉、益等九大州，展转流通，使率土之人，同禀未闻之义。帝先许作新经序，机务繁剧，未及措意。至此法师重启，方为染翰，少顷而成，名《大唐三藏圣教序》，神笔自写，敕贯众经之首。帝居庆福殿，百寮侍卫，命法师坐，使弘文馆学士上官仪以所制序对群寮宣读，霞焕锦舒，极褒扬之美致。天皇在春宫奉睹圣文，又制《述三藏圣记》。自此常参内禁，扣问沉隐[③]，翻译相续，不爽法机。帝又读法师所进《菩萨藏经》，美之，因敕春宫作其后序。秋七月夏罢，敕赐云纳袈裟一领，妙绝今古。又敕天下诸寺各度五人，弘福寺宜度五十人，维持圣种，皆奘正言之力也。冬十月，随驾还京。敕所司于北阙紫微殿西别营一所，号弘法院，令奘居之。昼则帝留谈说，夜乃还院翻经，更译《无性摄论》《世亲摄论》《缘起圣道经》《百法明门论》。皇太子奉为文德圣皇后于晋昌里置慈恩寺，度三百人，别造翻经院，令法师移就翻译。仍纲维寺任，给新度弟子一十五人，弘福旧处仍给十人。皇储亲降，制诗褒饰。二十三年夏四月，驾幸翠微宫，仍敕陪从。既至处分之外，唯谈玄论道，问因果报应及西域先圣遗芳故迹，皆引经训对。帝深信纳，数攘袂叹曰：

---

① 乱理文句："乱理"，即整理；整治。"乱"本义为理丝，与"理"为同义连文。

② 汀滢之池：小水池。"汀滢"亦作"汀濙"，语出《抱朴子》"不测之渊，起于汀滢"。

③ 沉隐：沉积隐微之事，所谓钩沉索隐，意大同。

“朕共师相逢晚，不得广兴佛事。”

逮高宗嗣箓，素所珍敬，追入优问，礼殊恒帙。永徽二年，请造梵本经台。蒙敕赐物，寻得成就。又追入内，于修文殿翻《发智》等论，降手诏飞白书慰问优给。显庆元年正月，为皇太子于慈恩寺设大斋，朝宷总至。黄门侍郎薛元超、中书侍郎李义府曰：“译经，佛法之大，未知何德可以光扬耶？”奘曰：“公之此问，常所怀矣。译经虽位在僧，光价终凭朝贵。至如苻秦时昙摩难提译经，黄门侍郎赵文业执笔；姚秦时鸠摩罗什译经，秦主及安成侯姚嵩笔受；元魏时菩提留支译经，则宣武皇帝及侍中崔光录文，齐、梁、周、隋，并皆如是。大唐贞观初，波颇翻译，敕左仆射房玄龄、赵郡王李孝恭、太子詹事杜正伦、太府卿萧璟等监阅详定。今并无之，不足光远。公等能为致言，则斯美可至。”二公许为陈奏。寻下敕曰：“慈恩翻译，文义须精。宜令左仆射于志宁、中书令来济、礼部尚书许敬宗、黄门侍郎薛元超、中书侍郎李义府等时为看阅，有不稳便处，即随事润色。若须学士，任量追两三人。”

冬十一月，中宫在难，归依三宝，请垂加祐。法师启曰：“圣体必安和无苦，然所怀者是男，平安之后，愿听出家，当蒙敕许。”其月一日，皇后施纳袈裟一领，妙胜前者，并时服玩百有余件。五日，有敕令报法师：“皇后分难已讫，端正奇特，神光满院，自庭烛天。朕欢喜无已，内外舞跃，必不违所许。愿法师护念，遂号为佛光王[①]。”当即受三归，被袈裟服。十二月五日满月，敕为佛光王，度七人，仍请法师为王剃发。其佛光王，即中宗孝和皇帝初生之瑞号也。创登皇极，敕为法师于两京各置一佛光寺，并度人居之，其东都佛光寺，即法师之故宅也。复内出画影装之宝舆，送慈恩寺翻译堂中，追谥法师，称大遍觉。

显庆二年春二月，驾幸洛阳宫，法师与佛光王驾前而发，并翻经僧五人、陪从弟子各一，事事公给。既到，安置积翠宫，召入大内丽日殿，翻《观所缘》等论。夏四月，车驾避暑于明德宫，法师亦陪从，安置飞花殿，译《大毗婆沙》等论。五月，敕法师还于积翠宫翻译。法师初谒文帝，已请于少林寺翻经，至是秋九月，复请入少林。天皇手诏，抑而不许。三年二月，随驾还京。秋七月，西明寺成，敕法师居之，令给上房一口，新度沙弥海会等十人充弟子。天皇以法师先朝所重，嗣位之后，礼敬逾隆，中使朝臣，问慰无绝。

东国重于《般若》，前代虽翻，文不周备，众人更请委悉重翻。然《般若》部大，京师多务，又人命无常，恐难得了，请就于玉华宫翻译。即以四年冬十

① 遂号为佛光王：《大慈恩寺三藏法师传》卷九作“必不违所许。愿法师护念，号为佛光王。”并无“遂”字，当为智升所加。

月徙于玉华宫，并翻经大德及门徒等同去，其供给诸事，一如京下。至彼，安置肃诚院焉。五年春正月一日，起首[1]翻《大般若经》，梵本总有二十万颂，佛于四处十六会说，文既广大，学徒请删略，如罗什所翻，除繁去重。法师将顺众意，于夜梦中，即有极怖畏事以相警诫，觉已惊惧，向诸众说，还依广译，夜中乃见诸佛菩萨胜吉祥事，觉而喜庆，不敢更删。至龙朔三年十月二十日，功毕绝笔，合成六百卷。合掌欢喜，告徒众曰："此经于此地有缘，玄奘来此玉华者，经之力也。向在京师，诸缘牵乱，岂有了时？今得终讫，并是诸佛冥加，龙天拥祐，此乃镇国之典，人天大宝，徒众宜各踊跃欣庆。"中间又翻《成唯识论》《辩中边论》《唯识二十论》《品类足论》等，至十一月二十二日，令弟子窥基奉表奏闻，请御制经序。至十二月七日，通事舍人冯义宣敕垂许。

麟德元年正月一日，翻经大德及玉华寺众殷勤启请翻《大宝积经》。法师见众情专至，俯仰翻数行讫，便摄梵本停住，告众曰："此经部轴与《大般若》同，玄奘自量气力，不复办此。"

奘自贞观十九年乙巳于弘福寺创启梵文，讫麟德元年甲子终于玉华宫寺，凡二十载，总出大小乘经律论等合七十五部一千三百三十五卷，又别撰《西域记》一部。自《般若》翻了，惟自策勤行道礼忏，告翻经僧及门人曰："有为之法，必归磨灭。泡幻形质，何得久停？行年六十五矣，必卒于玉华，于经论有疑者，今可速问。"又谓门人曰："吾来玉华，本缘《般若》，今经事既终，吾生涯亦尽。若无常后，汝等遣吾，宜从省俭，可以籧篨裹送[2]，仍择山涧僻处安置，勿近宫寺。不净之身，宜从屏远。"门徒等闻之，莫不哀鲠[3]。

奘生常以来愿生弥勒，及游西域，又闻无著兄弟皆生彼天，又频祈请，咸有显证。怀此专至，益增翘励，所造功德，皆愿往生。至正月九日，脚跌伤胫，因即寝疾。开目闭目，见大莲华鲜白而至，又见伟相，知生佛前。遂命僧嘉尚读所翻经论名目及造像写经、施僧济乏、然灯放生，具令读讫，自怀欣悦。总召门人，有缘并集，于是罄舍衣资，更令造像及转读斋嚫[4]，又命塑工宋法智

---

① 起首：有稽首、开始等义，皆通。前文为"五年春正月一日"的具体时间，强调译经之始，故这里训为"开始"，义稍胜。

② 籧篨裹送："籧篨"，用竹苇编制之粗劣席子，此极言玄奘安排葬事之俭。

③ 哀鲠：即哀哽，"鲠"、"哽"音同可通。

④ 转读斋嚫：天竺之俗，歌咏法言，皆称为"呗"，中土诵读佛经，则称为"转读"。"斋嚫"即设斋嚫施，"嚫"为布施。

于嘉寿殿竖菩提像骨。对寺僧门人辞诀，并遣表[①]讫，便默念弥勒，又令傍人称《愿生颂》。至二月四日，右胁累足，右手支头，左手申髀，暨于属纩，竟不回转，不饮不食。至五日中夜，弟子法光等问云："和上决定得生弥勒内众不？"答曰："得生。"言讫，气息渐微，少间神逝。侍人不觉，属纩方委，从足渐冷，最后顶暖，颜色赤白，怡悦胜常。过七七日，竟无改变，亦无异气。自非定慧庄严，戒香资被，孰能致此？又冥应众多，具于别传，此略不述。

时坊州刺史窦师伦奏法师已亡，帝闻之，哀恸伤感，为之罢朝，曰："朕失国宝矣。"时文武宰寮莫不悲咽流涕。帝言已呜咽，悲不能胜。翌日，又谓群臣曰："惜哉！朕国内失奘法师一人，可谓释众梁摧矣，四生无导矣。亦何异苦海方割，舟楫遽沈；暗室犹昏，灯炬斯掩！"帝言已，嗟惋不怡。寻下敕移神柩归京，安置慈恩寺，葬事所须，并令官给。又敕："葬日，听京城僧尼幢盖送至墓所。"法师道茂德高，为明时痛惜，故于亡后重叠降恩，求之古人，无以加也。于是素盖素幢，浮空云合，哀笳哀梵，氛遏人神。四俗以之悲凉，七众惜其沉没。以四月十五日葬于浐东白鹿原西十里中，皂素弥满。其茔与兄捷公相近，苕然白塔，近烛帝城，禁中多见，时伤圣虑。至总章元年四月八日，有敕改葬樊川北原，与州县相知，供给吏力。乃又出之，众咸叹异，经久埋瘗，色相如初，自非愿力所持，焉能致此？

法师形长七尺，板身赤白色，眉目疏朗，体貌端凝。谈论清华，音词远畅，使听者无倦，瞻者忘疲。或处徒众，或对嘉宾，一坐半日，略无倾动。服尚乾陀，裁唯细氎[②]，修广适中。行步雍容，直前而视，辄不顾眄。滔滔焉若大江之纪地，灼灼焉类芙蕖之在水。加以戒范端凝，始终如一，爱惜之志，过护浮囊；持敬之坚，超逾系草。性爱怡简，不好交游，一入道场，非朝命不出。又闻盛暑之辰，体无沾液；祁寒之际，貌不惨凄。又不夭不申，不欠不睫。[③]斯盖未详其地位，何贤圣之可格哉！又北宫现疾之时，征应繁缛，将终之日，色貌敷愉，亦难得而测也。

---

① 遣表：《续高僧传》作"遗表"，一般指古代大臣等临终前所写的章表，于卒后上奏。"遣"、"遗"形近致讹。

② 服尚乾陀，裁唯细氎："乾陀"，黄浊色，为佛制比丘三衣的颜色，又称"乾陀色"或"乾陀褐色"。《毗尼母经》卷八中云："诸比丘衣色脱，佛听用十种色。十种色者：一泥、二陀婆树皮、三婆陀树皮、四非草、五乾陀、六胡桃根、七阿摩勒叶、八佉陀树皮、九施设婆树皮、十种种杂和用染。""细氎"，为细毛布或细棉布。

③ 不睫："睫"，本义为日欲没，与上下文不协。前文为"不夭不申"、"不欠"，"欠"即呵欠，疑此当为"嚏"字，《大唐大慈恩寺三藏法师传》卷四正作"嚏"。

及终后月余日，有人赍栴檀末香[①]至，请依西国法以涂三藏身，众咸莫之许。其人作色曰："弟子别奉进止，师等若不许，请录状以闻。"众从之，及开棺发殓已，人觉异香等莲花之气，互相惊问，皆云若兹。向人除并殓衣，唯留衬服，众睹三藏貌如生人，皆号绝共视。向人涂香服殓盖棺已，俄失所在，众疑天人焉。

又其听言观行，名实相守，精厉晨昏，计时分业，虔虔不懈，专思法务，言无名利，行绝虚浮，曲识机缘，善通物性。不倨不谄，行藏适时，吐味幽深，辩开疑议。寔当代之英贤，乃释门之法将矣。且其发蒙入法，特异常伦，听览经论，用为恒任。既周行东夏，挹酌诸师，披露肝胆，尽其精义，莫不倾倒林薮，更新学府。遂能不远数万，咨求胜法，誓舍形命，必会为期。发趾张掖，途次龙沙[②]，中途艰险，身心仅绝。既达高昌，倍光来价，传国祖送，备阅灵仪。路出铁门、石门，躬乘沙岭、雪岭[③]，历天险而志逾慷慨，遭凶贼而神弥厉勇。兼以归禀正教，师承戒贤，理逐言扬，义非再授，广闻异论，包藏胸臆，致使梵侣倾心，不遗其法。

又以《起信》一论，文出马鸣，印度诸僧思承其本，奘乃译唐为梵，通布五天，斯则法化之缘，东西互举。又西华余论，深尚声明，奘乃卑心请决，随授随晓，致有七变其势，动发异踪；三循广论[④]，恢张怀抱。故得施无厌寺[⑤]三千学僧，皆号智囊，护持城堑，及睹其唇吻，听其词义，皆弹指赞叹："何斯人也！"随其游历塞外海东百三十国，道俗邪正承其名者，莫不仰德归依，更崇开信，可以家国增荣，光宅推远。献奉岁至，咸奘之功。若非天挺英灵，生知圣授，何能振斯鸿绪，导达遗踪？前后僧传往天竺者，首自法显、法勇，终于道邃、道生，相继中途，一十七返，取其通言华梵，妙达文筌，扬导国风，开悟邪正，莫高于法师矣！恨其经部不翻，其数犹众，年未迟暮，足得出之，无常奄及，惜哉！

---

① 栴檀末香：即檀木细末之香。"栴檀"为"栴檀那"之省称。

② 龙沙：本为两地，即白龙堆和沙漠，皆在西北塞外，泛指塞外漠北边塞之地。《后汉书·班超传》"坦步葱雪，咫尺龙沙"李贤注云："葱岭、雪山、白龙堆、沙漠也。"

③ 路出铁门、石门，躬乘沙岭、雪岭："铁门"，《大唐西域记》卷一云"两傍石壁，其色如铁"，《释迦方志》卷上云"汉塞之西门"，是中亚南北交通之要道，在今乌兹别克斯坦南部沙赫里夏勃兹南九十公里处。"雪岭"，即大雪山，王邦维以为在阿富汗之兴都库什山脉。"石门"、"沙岭"，则似泛指，难以确考其处。

④ 三循广论：即前所云玄奘著《会宗论》《制恶见论》《三身论》三论。

⑤ 施无厌寺：全称那烂陀僧伽蓝，又作那兰陀寺、阿兰陀寺，古印度著名的佛教寺院及学术中心，遗址在今印度比哈尔邦巴腊贡附近。

《四分律删补随机羯磨》一卷（序题云《昙无德部四分律删补随机羯磨》，见《内典录》）、《释迦氏略谱》一卷（或无“略”字，见《内典录》，麟德二年九月十八日于西明寺撰讫）、《释迦方志》二卷（见《内典录》，永徽元年撰）、《大唐内典录》十卷（见《内典录》，麟德元年于西明寺撰）、《集古今佛道论衡》四卷（见《内典录》，前三卷，龙朔元年于西明寺撰；第四卷，麟德元年撰，或二卷）、《东夏三宝感通录》三卷（亦云《集神州三宝感通录》，见《内典录》，麟德元年夏六月于清官精舍集）、《续高僧传》三十卷（见《内典录》）、《广弘明集》三十卷（见《内典录》）。

右八部八十一卷，其本并在。

沙门释道宣，俗姓钱氏，吴兴人也，彭祖之后胤。宣少寻教相，长慕寻师，关之东西，河之南北，追访贤友，无惮苦辛。外傅[①]九流，内精三学，戒香芬洁，定水澄漪。存护法城，著述无辍，尤工律藏，删补章仪。常于终南山，以坚其志。凡所修撰，并行于代。护法纲要，此录载之，余别行门，在于内典。贞观末年方事修缉，撰《四分删补羯磨》等八部。《内典录》中更有《后续高僧传》十卷，寻本未获，故缺。

《一切经音义》二十五卷（见《内典录》）。

右一部二十五卷，其本见在。

沙门释玄应，大慈恩寺翻经沙门也。博闻强记，镜林苑之宏标；穷讨本支，通古今之互体。故能雠校源流，勘阅时代，删稚古之野素[②]，削浇薄之浮杂，悟通俗而显教，举集略而腾美。真可谓文字之鸿图，言音之龟镜者也。以贞观之末，敕召参传，综经正纬，咨为实录。因译寻阅，捃拾藏经，为之音义，注释训解，援引群籍，证据卓明，焕然可领。昔高齐沙门释道慧为《一切经音》，依字直反，曾无追顾，致失教义，寔迷匡俗。应所作者，全异恒伦，征核本据，务存实录，即万代之师宗，亦当朝之难偶也。恨叙缀才了，未及覆疏，遂从物故，惜哉！

《古今译经图纪》四卷。

右一部四卷，其本见在。

沙门释靖迈，简州人也，以博学驰誉。大唐三藏翻译众经，召充缀文大德。后大慈恩寺翻经堂中，壁画古来传译缁素，靖迈于是缉维其事，撰成《图纪》，题之于壁。但略《费长房录》，续逮皇朝，直述译经，余无所纪。

---

① 外傅：指十岁左右出外就学，所从之师为“外傅”。但“外傅九流”，似无义。且“外傅九流”与下“内精三学”为对文，“九流”强调其广博，“三学”强调其精诣，故疑“傅”当为“博”。

② 删稚古之野素：“稚古”，指稚拙古朴；“野素”，指鄙俚、俚俗；朴实无华。

《千眼千臂观世音菩萨陀罗尼神咒经》二卷（或一卷，贞观中在内译，初出，与唐流志《千眼千手身经》同本，沙门波仑制序）、《千啭陀罗尼观世音菩萨咒经》一卷（或无“经”字，永徽四年于总持寺译）、《观自在菩萨随心咒经》一卷（亦云《多唎心经》，永徽四年于总持寺译）、《清净观世音普贤陀罗尼经》一卷（永徽四年于总持寺译，见《大周录》）。

右四部五卷，其本并在。

沙门释智通，律行清苦，兼明经论，于总持门特所留意。通以隋大业年中出家，住京大总持寺。有游方之志，遂于洛京翻经馆学梵书语，早通精奥。唐贞观中，有北天竺僧赍《千臂千眼经》梵本奉进，文帝敕通共梵僧相对译出，勒成二卷。后于天皇永徽四年癸丑，于总持寺又出《千啭》等经三部。

《千手千眼观世音菩萨广大圆满无碍大悲心陀罗尼经》一卷。

右一部一卷，其本见在。

沙门伽梵达摩，唐云尊法，西印度人也。译《千手千眼大悲心经》一卷，然经题云“西天竺伽梵达摩译”，不标年代。推其本末，似是皇朝新译。但以传法之士，随缘利见[①]，出经流布，更适余方，既不记年号，故莫知近远。升亲问梵僧，云有梵本，既非谬妄，故载斯录。准《千臂经序》，亦云“智通共出”。

《陀罗尼集经》十二卷（见《大周录》，永徽四年三月十四日于慧日寺译，至五年四月十五日毕，沙门玄揩[②]笔受）。

右一部一十二卷，其本见在。

沙门阿地瞿多，唐言无极高，中印度人。学穷满字[③]，行洁圆珠，精练五明，妙通三藏。加以大士利生，无吝乡国，志弘像教，罔惧艰险，遂西逾雪岭，东越沙河，载历艰难，来仪帝阙。以天皇永徽三年壬子正月，广将梵本，来届长安，敕令慈恩寺安置。沙门大乘琮等一十六人，英公、鄂公[④]等一十二人，请高于慧日寺浮图院建陀罗尼普集会坛，缘坛所须，并皆供办。法成之日，屡降灵异，京中道俗，咸叹希逢。沙门玄楷等遂固请翻其法本，后以四年癸丑至五年甲寅，于慧日寺从《金刚大道场经》中撮要钞译，集成一十二卷，沙门玄楷

① 利见：出世；诞生。刘宋颜延之《三月三日诏宴西池》诗：“河岳曜图，圣时利见。”

② 玄揩：《宋高僧传》等作“玄楷”，古写本刻本文字从木、从扌，多混，当为“楷”。

③ 学穷满字：梵语悉昙字母分母音和子音，母音十六字为摩多，相当于韵；子音三十五字为体文，相当于声，摩多与体文相合完全成字则谓之“满字”，未成全字则谓之“半字”。同时佛经以“满字”和“半字”比喻大乘经教和小乘经教，亦以说世间法的文字为“半字”，说一切善法的文字为“满字”。

④ 英公、鄂公：“英公”当为李勣，“鄂公”为尉迟敬德。

等笔受。于时有中印度大菩提寺僧阿难律木叉师、迦叶师等，于经行寺译《功德天法》，编在《集经》第十卷内，故不别存也。

《诸经要集》二十卷（显庆年西明寺撰）。

右一部二十卷，其本见在。

沙门释玄恽，本名世道[①]。律学高誉，慕重前良，缀缉为务，兼有钞疏、注解众经。西明创居，召为大德。显庆年中，读一切经，钞诸要事，撰成一部，名《诸经要集》。余如《内典录》载。

《集沙门不拜俗议》六卷（见《内典录》）。

右一部六卷，其本见在。

沙门释彦悰，识量总敏，博晓群经，善属文华，尤工著述。天皇龙朔二年壬戌，有诏令拜君亲，恐伤国化，令百司遍议。于时沙门道宣等共上书启闻于朝廷，众议异端，所司进入，圣躬亲览，下敕罢之。悰恐后代无闻，故纂斯事，并前代故事及先贤答对，名为《集沙门不拜俗议》，传之后代，永作楷模，墙堑法城，玄风不坠也。兼撰《大唐京师寺录》行于代。

① 世道：佛教文献通作“道世”，《大正藏》本校勘记校同。道世精通律义，曾参与玄奘译经，博览经藏，著述甚丰，有《大小乘禅门观》十卷、《四分律讨要》五卷、《四分律尼钞》五卷、《金刚经集注》三卷等。代表作为佛典类书《法苑珠林》一百卷，据此之《诸经要集》二十卷扩充而成。

《开元释教录》卷第九

“总括群经录”上之九（大唐传译之余）

《师子庄严王菩萨请问经》一卷（一名《八曼荼罗经》，龙朔三年于慈恩寺译，见《大周录》）、《离垢慧菩萨所问礼佛法经》一卷（龙朔三年于慈恩寺译，见《大周录》）、《阿吒那智经》一卷（龙朔三年于慈恩寺译，见《续高僧传》）。

右三部三卷（前二部二卷见在，后一部一卷本缺）。

沙门那提，唐曰福生，具依梵言则云布如乌伐耶，以言烦多故，此但讹略而云那提也，本中印度人。少出家，名师开悟，志气雄远，弘道为怀。历游诸国，务在开物，而善达声明，通诸诂训。大夏召为文士，拟此土兰台[①]著作者。性泛爱，好奇尚，闻有涉悟，不惮远夷。曾往执师子国[②]，又东南上楞伽山，南海诸国，随缘远化。

承脂那东国[③]盛传大乘，佛法崇盛，赡洲称最，乃搜集大小乘经律论五百余甲，合一千五百余部，以天皇永徽六年创达京师。有敕令于慈恩安置，所司供给。时玄奘法师当途翻译，声华腾蔚，无由克彰，掩抑萧条，般若是难。那提不蒙引致，无由自敷。显庆元年，敕往昆仑诸国[④]采取异药。既至南海，诸王归敬，为别立寺，度人授法，弘化之广，又倍于前。以昔被敕往，理须返命，慈恩梵本，拟重寻研。龙朔三年，还返旧寺，所赍诸经，并为奘将北出，意欲

① 兰台：本指汉代宫内藏书之处，为防火，以石室建筑。汉代设秘书监，掌图书著作，南朝梁始定名秘书省，领国史、著作两局，掌国之典籍图书，唐中宗曾改“秘书省”为兰台，职事仍之。

② 执师子国：指古师子国，即今斯里兰卡。

③ 脂那东国：古印度称中国为 Mahachinasthana，音译为摩诃脂那国、摩诃至那国、摩诃震旦、支那等，“脂那”即其缩略形式，因居东方，故称“脂那东国”。

④ 昆仑诸国：“昆仑国”又作掘伦国、骨伦国，指位于中南半岛东南之岛国，乃至包括缅甸、马来半岛甚至南海诸岛。故“昆仑诸国”则泛指东南亚一带之国家，下文有“既至南海”之语可证。

翻度，莫有依凭，惟译《八曼荼罗》等经三部，要约精最，可常行学。禅林寺沙门慧泽译语，丰德寺沙门道宣缀文并制序。其年南海真腊国[①]为那提素所化者，奉敬无已，思见其人，互相牵率，假途远请，乃云："国有好药，惟提识之，请自采取。"下敕听往，返亦未由。曾有博访大夏行人，云："那提三藏，乃龙树之门人也。所解无相，与奘硕[②]反。"西梵僧云："大师隐后，斯人第一。深解实相，善达方便。小乘五部《毗尼》，外道《四韦陀论》，莫不洞达源底，通明言义，词出珠联，理畅霞举。"所著《大乘集义论》，可有四十余卷，将事译之，被遗[③]遂缺。夫以抱麟之叹[④]，代有斯踪，知人难哉！千龄罕遇！那提挟道远至，投俾北冥，既无所待，乃三被毒，再充南役，崎岖数万，频历瘴氛，委命遭命，斯人斯在，呜呼惜哉！

《大般涅槃经后译荼毗分》二卷（亦云《阇维分》，亦云《后分》，沙门慧立制序，见《大周录》）。

右一部二卷，其本见在。

沙门若那跋陀罗，唐云智贤，南海波凌（亦曰"诃陵[⑤]"）国人也。善三藏学，往者麟德年中，益府成都沙门会宁故游天竺，观礼圣迹，泛舶西逝，路经波凌国，遂共智贤译《涅槃后分》二卷，寄经达于交州，会宁方之天竺。后至仪凤年初，交州都督梁难敌遣使附经入京。三年戊寅，大慈恩寺沙门灵会于东安启请施行。

《大乘显识经》二卷（第二出，与《宝积·贤护长者会》同本，见《大周录》，永隆元年于东都东太原寺译）、《大方广佛华严经·续入法界品》一卷（或无"续"字，续《旧华严经》缺文，见《大周录》，垂拱元年于西太原寺归宁院译）、《方广大庄严经》十二卷（一名《神通游戏》，第四出，与竺法护《普曜经》等同本，见《大周录》，永淳二年九月十五日于西太原寺归宁院译讫，沙门复礼笔受）、《证契大乘经》二卷（亦名《入一切佛境智陪

---

① 真腊国：古中国对中南半岛吉蔑王国的称呼，在今柬埔寨境内，又名占腊、甘孛智。"真腊"在秦汉是扶南属国，《后汉书》称为"究不事"，《隋书》首称"真腊"。

② 硕：《中华大藏经》本与《续高僧传》卷四作"颇"，可从。《大正藏》本校勘记作"顾"，误。

③ 被遗：《续高僧传》卷四作"被遣"，当指前"敕往昆仑诸国采取异药"之事。《中华大藏经》本作"遣"，可从。

④ 抱麟之叹：感叹贤才难得。语出《拾遗记》卷三云："夫子知命之将终，乃抱麟解绂，涕泗滂沱。""麟"即麒麟，比喻杰出人才。

⑤ 诃陵：又作叶调、阇婆、呵罗单、耶婆提、波陵等，古代东南亚古国。学界以前界定其境主要在今印度尼西亚爪哇岛一带，王邦维修正为在今加里曼丹岛西部，可备一说。

卢遮那[①]藏》，第二出，与《大乘同性经》同本，见《大周录》，永隆元年于东太原寺译）、《大乘离文字普光明藏经》一卷（第三出，与元魏菩提留支所出《无字宝箧经》等同本，见《大周录》，永淳二年于西太原寺归宁院译）、《大乘遍照光明藏无字法门经》一卷（第四出，即与次前《离文字经》同本，日照重出）、《大方广师子吼经》一卷（第二出，与《如来师子吼经》同本，见《大周录》，永隆元年于东太原寺译）、《大乘百福相经》一卷（初出，见《大周录》，永淳二年于西太原寺归宁院译）、《大乘百福庄严相经》一卷（第二出，即与次前《百福相经》同本，日照重出）、《大乘四法经》一卷（初出，见《大周录》，永隆元年于东太原寺译）、《菩萨修行四法经》一卷（永隆二年正月于京弘福寺译，沙门彦悰制序，第二出，与前《大乘四法》同本，于京再出）、《七俱胝佛大心准提陀罗尼经》一卷（初出，与金刚智出者同本，见《大周录》，垂拱元年于西太原寺归宁院译）、《佛顶最胜陀罗尼经》一卷（第二出，与杜顗[②]等出者同本，永淳元年五月二十二日于京弘福寺共沙门彦琮译，琮兼制序[③]）、《最胜佛顶陀罗尼净除业障经》一卷（第四出，即与前经同本，日照后欲归国，于东都共沙门慧智再译，前缘、后法[④]，二文并广）、《大乘密严经》三卷（见《大周录》）、《造塔功德经》一卷（见《大周录》，永隆元年于东太原寺译）、《金刚般若波罗蜜经破取着不坏假名论》二卷（功德施菩萨造，亦云《功德施论》，见《大周录》，永淳二年九月十五日于西太原寺归宁院译）、《大乘广五蕴论》一卷（安慧菩萨造，或无“广”字，见《大周录》，垂拱元年六月二十五日于西太原寺归宁院译）。

右一十八部三十四卷，其本并在。

沙门地婆诃罗，唐言日照，中印度人。洞明八藏，博晓四《含》，戒行清高，学业优赡，尤工咒术，兼洞五明。志在利生，来游此国，以天皇仪凤初至天后垂拱末，于两京东、西太原寺（西太原寺即今西崇福寺是也，东太原寺即今大福先寺是也）及西京弘福寺译《大乘显识经》等一十八部。沙门战陀、般若提婆译语，沙门慧智证梵语。敕召名德十人助其法化，沙门道成、薄尘、嘉尚、圆测、灵辩、明恂、怀度等证义，沙门思玄、复礼等缀文笔受。天后亲敷睿藻，制序标首，

① 陪卢遮那：即梵文 Mahavairocana 之音译，别译为毗卢遮那、毗庐遮那、毗卢折那、陪卢遮罗、卢舍那等，意译为大日、光明遍照，是密宗至高无上的本尊，为法身佛。《中华大藏经》本作“倍卢遮那”。

② 杜顗：当为“杜行顗”，下文有其传。

③ 琮兼制序：“琮”，前文所云有“彦琮”，然当为“彦悰”。“彦琮”为隋僧，“彦悰”为唐僧。《大正藏》本校勘记以为“制序”后脱“见‘经前序’”四字。

④ 前缘、后法：地婆诃罗所译《最胜佛顶陀罗尼净除业障经》，其核心内容为中间说咒“尔时世尊为天帝及善住天子四部众等即说咒曰”等内容，故开篇为“如是我闻，一时薄伽梵在室罗筏竹笋道场”等内容以及咒语之后等文字，系经典之“前缘”与“后法”。

光饰像教，传之不朽也。

《佛顶尊胜[①]陀罗尼经》一卷（初出，与日照等出者同本，仪凤四年正月五日译毕）。

右一部一卷，其本见在。

清信士杜行顗，京兆人。仪凤中，任朝散郎行鸿胪寺典客署令。顗明诸蕃语，兼有文藻，天竺语书，亦穷其妙。于时有罽宾国僧佛陀波利赍梵经一夹诣阙奉献，天皇有诏，令顗翻出，名为《佛顶尊胜陀罗尼》。宁远将军度婆及中印度三藏法师地婆诃罗证译，是时仪凤四年正月也。此杜译者，有庙讳国讳，皆隐而避之：即"世尊"为"圣尊"，"世界"为"生界"，"大势"为"大趣"，"救治"为"救除"。译讫奉进，皇上读讫，顾谓顗曰："既是圣言，不须避讳。"杜时奉诏，以正属有故而寝焉。荏苒之间，杜君长逝，未遑改正，其经遂行。后日照三藏奉诏再译，名《佛顶最胜陀罗尼》，《大周录》云"《佛顶尊胜陀罗尼》，日照三藏译"者，误也。

《十门辩惑论》二卷（答太子文学权无二《释典稽疑》，或三卷）。

右一部二卷，其本见在。

沙门释复礼，京兆人，俗姓皇甫氏。少出家，住兴善寺。性虚静，寡嗜欲。游心内典，兼博玄儒，尤工赋咏，善于著述。俗流名士，皆慕仰之。三藏地婆诃罗、实叉难陀等译《大庄严》《华严》等经，皆敕召礼，令同翻译，缀文裁义，实属斯人。天皇永隆二年辛巳，因太子文学权无二述《释典稽疑》十条，用以问礼，请令释滞。遂为答之，撰成二卷，名曰《十门辩惑论》。宾主酬答，剖析稽疑，文出于智府，义在于心外。如斯答对，非此而谁？可谓龙猛[②]更生，马鸣再出。权文学睹斯论已，众疑顿遣，顶戴遵行。此虽一时之酬答，寔为万代之龟镜也。法师兼有文集，行于代焉。

《大唐慈恩寺三藏法师传》十卷。

右一部十卷，其本见在。

沙门释慧立，本名子立，天皇改为慧立，俗姓赵氏，天水人也。远祖因官徙寓新平，故为豳（今改为"邠"）人焉。爰祖及父，俱驰高誉。立即隋秘书郎毅之第三子也。生而岐嶷，有弃俗之志。年十五，贞观三年出家，住豳州昭仁寺，此寺即破薛举之战场也。立识敏才俊，神清道远[③]，习林、远之高风，有肇、

---

① 尊胜：前地婆诃罗、日照等所译为《佛顶最胜陀罗尼经》作"最胜"。"尊胜"为修饰词，或指能小、为大、轻举、远到、随所欲、分身、尊胜、隐没等"八自在"之一种，还可以指计量单位，比阿伽罗大一级，指 10 的 448 次幂。

② 龙猛：即龙树菩萨，是释迦如来之后的佛教大宗师。

③ 道远：《宋高僧传》卷十七作"道迈"，"迈"有超迈义，两通。

融之识量[1]。声誉闻彻，敕召充大慈恩寺翻经大德，次补西明寺都维那，后授太原寺主，皆降纶旨，令维寺任。天皇之代，频召入内，与黄冠对论，皆惬帝旨，事在别传。立以玄奘法师求经印度，若无纪述，季代罕闻，遂撰《慈恩三藏行传》，未成而卒。后弘福沙门彦悰续而成之，总成十卷，故初题云“沙门慧立本、释彦悰笺”。

《四分比丘戒本》一卷（题云“《四分戒本》并序，西太原寺沙门怀素集”）、《四分比丘尼戒本》一卷（题加“尼”字，余同前）、《四分僧羯磨》三卷（题云“《羯磨》卷上并序，出《四分律》，西太原寺沙门怀素集”）、《四分尼羯磨》三卷（题加“尼”字，余同前）。

右四部八卷，其本并在。

沙门释怀素，俗姓范氏，京兆人，世袭冠冕。贞观十九年出家，师奘法师为弟子，而立性聪敏，专寻经论。进具之后，偏隶毗尼，依道成律师学《四分律》，不淹时序，而为上首。先居弘济，后住太原，学侣云奔，教授无辍。以先德所集，多不依文，率己私见，妄生增减，遂乃捡寻[2]律藏，抄出《戒心》《羯磨》，但取成文，非妄穿凿，可谓嗣徽迦叶，继轨波离[3]而已焉。又别撰《四分记钞》兼经论疏记等五十余卷行于代。

《大方广圆觉修多罗了义经》一卷。

右一部一卷，其本见在。

沙门佛陀多罗，唐云觉救，北印度罽宾人也。于东都白马寺译《圆觉了义经》一部。此经近出，不委何年，且弘道为怀，务甄诈妄。但真诠不谬，岂假具知年月耶？

《佛顶尊胜陀罗尼经》一卷（第三出，与杜〔行〕顗等出者同本，见《大周录》及“经前序”）。

右一部一卷，其本见在。

沙门佛陀波利，唐言觉护，北印度罽宾国人。忘身徇道，遍观灵迹。闻文殊师利在清凉山，远涉流沙，躬来礼谒。以天皇仪凤元年丙子，杖锡五台，虔诚礼拜，悲泣雨泪，望睹圣容。倏焉，见一老翁从山中出来，作婆罗门语，谓波利曰：“师精诚恳恻，何所求耶？”波利答曰：“闻文殊大士隐迹此山，从印

---

① 习林、远之高风，有肇、融之识量：“林”指东晋佛教高僧支遁，字道林，世称支公，也称林公；“远”即庐山慧远；“肇”即僧肇；“融”即道融，“肇”、“融”二人为鸠摩罗什之高座弟子。

② 捡寻：当为“检寻”。

③ 波离：指优波离尊者，佛陀弟子中持戒第一。

度来，欲求瞻礼。”翁曰：“师从彼国将《佛顶尊胜陀罗尼经》来不？此土众生，多造诸罪，出家之辈，亦多所犯。《佛顶》神咒，除罪秘方，若不将经，徒来何益？纵见文殊，何必能识？师可还西国，取彼经来，流传此土，即是遍奉众圣，广利群生，拯济幽冥，报诸佛恩也。师取经来至此，弟子当示师文殊师利菩萨所在。”波利闻此语已，不胜喜跃，遂裁抑[①]悲泪，向山更礼。举头之顷，忽不见老人，波利惊愕，倍增虔敬。

遂返归本国，取得经来，既达帝城，便求进见。有司具状闻奏，天皇赏其精诚，崇斯秘典，遂诏鸿胪寺典客令杜行顗及日照三藏于内共译。译讫，儭绢三十匹，经留在内。波利因乃垂泣奏曰：“委弃身命，志在利人，请布流行，是所诚望。”帝愍其专至，遂留所译之经，还其梵本，任将流布。波利得经，不胜喜跃，将向西明寺，访得善梵语僧顺贞，奏共翻译，帝允其请。遂对诸大德共贞翻出，名《佛顶尊胜陀罗尼》，与前杜令所翻之者，咒韵经文，大同小异[②]。波利所愿已毕，持经梵本入于五台，于今不出，莫知所之。比诸众译，此最弘布（准“经前序”乃云：“永淳二年，回至西京，具状闻奏。其年即共顺贞再译，名《佛顶尊胜陀罗尼经》。”今寻此说，年月稍乖。其杜令译者，乃仪凤四年正月五日也；日照再译，乃永淳元年五月十三日也，既云永淳二年方达唐境，前之二本，从何而得？又永淳二年，天皇已幸东都，如何乃云在京译出？其序复是永昌已后有人述记，却叙前事，致有参差。此波利译者，不可依序定其年月也）。

《大方广佛华严经不思议佛境界分》一卷（或二卷，十二纸，永昌元年于魏国东寺译，见《大周录》，初出，与后实叉难陀所译《不思议境界经》同本）、《大方广佛华严经修慈分》一卷（天授二年于大周东寺译，见《大周录》）、《大乘造像功德经》二卷（或一卷，天授二年于大周东寺译，见《大周录》）、《智炬陀罗尼经》一卷（天授二年于大周东寺译，见《大周录》）、《诸佛集会陀罗尼经》一卷（天授二年于大周东寺译，见《大周录》）、《大乘法界无差别论》一卷（天授二年十月十四日于大周东寺译，见《大周录》）。

右六部七卷，其本并在。

沙门提云般若，或云提云陀若那，唐云天智，于阗国人。学通大小，智兼真俗，咒术禅门，悉皆谙晓。以天后永昌元年，来届于此，即以其年谒帝于洛。敕于魏国东寺（后改为大周东寺）翻经，以永昌元年己丑至天授二年辛卯，总出经论六部。沙门战陀、慧智等译语，沙门处一等笔受，沙门复礼等缀文，沙门德感、慧俨、法明、弘景等证义。

---

① 裁抑：抑制；控制。

② 咒韵经文，大同小异：持诵《佛顶尊胜陀罗尼咒》，唐人以为于利生、度亡都有不可思议的功德，故有所谓皇室“留所译之经”一说。其多次翻译，故大同小异。

《赞观世音菩萨颂》一卷（见《大周录》）。

右一部一卷，其本见在。

沙门释慧智，父印度人也，婆罗门种，因使游此，而生于智。少而精勤，有出俗之志。天皇时，因长年婆罗门僧奉敕度为弟子。本既梵人，善闲天竺书语，又生唐国，复练此土言音。三藏地婆诃罗提云："若那、宝思惟等所有翻译，皆召智为证，兼令度语。"智以天后长寿二年癸巳，于东都佛授记寺自译《赞观世音颂》一部。

《大周刊定众经目录》十五卷。

右一部十五卷，其本见在。

沙门释明佺，东都佛授记寺僧也。尤精律学，兼闲经论。天后天册万岁元年乙未，敕刊定经目。佺首末条录，编比次序，与翻经大德二十余人同共参定。虽云刊定，繁秽尤多，虽见流行，实难凭准，中有乖舛，如别所述。

《大方广佛华严经》八十卷（第二出，与东晋觉贤译者同本，证圣元年三月十四日，于东都大内大遍空寺译，天后亲受笔削，至圣历二年十月八日，于佛授记寺功毕）、《文殊师利授记经》三卷（于清禅寺译，第三出，与《文殊佛土严净经》等同本，今编入《宝积》，当第十五会）、《大方广入如来智德不思议经》一卷（于东都佛授记寺译，第四出，与《度诸佛境界智光严经》等同本）、《大方广如来不思议境界经》一卷（第二出，与提云般若所出《境界分》同本）、《大方广普贤菩萨所说经》一卷、《大乘入楞伽经》七卷（第四出，与宋功德贤等出者同本，久视元年五月五日，于东都三阳宫内初出，至长安四年正月五日，缮写功毕）、《观世音菩萨秘密藏神咒经》一卷（初出，与宝思惟等出者同本）、《妙臂印幢陀罗尼经》一卷（第二出，与《胜幢臂印陀罗尼经》同本）、《百千印陀罗尼经》一卷、《救面燃饿鬼陀罗尼神咒经》一卷、《右绕佛塔功德经》一卷（亦云《绕塔功德经》）、《大乘四法经》一卷（与前日照三藏出者名字虽同，经体全异）、《十善业道经》一卷、《大乘起信论》二卷（第二出，与真谛出者同本）、《摩诃般若随心经》一卷、《大方广不生不灭经》一卷、《大方广如来难思议境界经》一卷、《离垢净光陀罗尼经》一卷（初出，与弥陀出译者同本）、《菩萨出生四法经》一卷。

右一十九部一百七卷（《起信论》上一十四部一百二卷见在，《摩诃般若随心经》下五部五卷缺本）。

沙门实叉难陀，唐云喜学[1]，于阗国人。智度弘旷，利物为心，善大小乘，

---

① 喜学：《宋高僧传》卷二作"学喜"。实叉难陀，梵语为 Sikshananda，又译作施乞叉难陀，其中 nanda 音译为"难陀"，义为"欢喜、嘉乐"，故其全名，"学喜"之译为胜。

兼异学论。天后明扬佛日[①]，敬重大乘，以《华严》旧经，处会未备，远闻于阗有斯梵本，发使求访，并请译人。实叉与经，同臻帝阙。以天后证圣元年乙未于东都大内大遍空寺译《华严经》，天后亲临法座，焕发序文，自运仙毫，首题名品。南印度沙门菩提流志、沙门义净同宣梵本，后付沙门复礼、法藏等于佛授记寺译，至圣历二年己亥功毕。又至久视元年庚子，于三阳宫内译《大乘入楞伽经》，及于西京清禅寺、东都授记寺译《文殊授记》等经，前后总译一十九部，沙门波仑、玄轨等笔受，沙门复礼等缀文，沙门法宝、弘景等证义，太子中舍贾膺福监护。至长安四年，实叉缘母年老，请归觐省，表书再上，方蒙允许，敕御史霍嗣光送至于阗。后和帝龙兴，重晖佛日，敕再征召，方届帝城。以景龙二年，达于兹土，帝屈万乘之尊，亲迎于开远门外。京城缁侣，备诸幢幡，逆路导引。仍装饰青象，令乘入城，敕于大荐福寺安置。未遑翻译，遘疾弥留，以景云元年十月十二日，右胁累足，终于大荐福寺，春秋五十有九。缁徒悲噎，叹法栋之遽摧；俗侣哀号，恨群生之失导。有诏听依外国法葬，以十一月十二日于开远门外古然灯台焚之，薪尽火灭，其舌犹存，斯是弘法之嘉瑞也。至十二月二十三日，本国门人悲智、敕使哥舒道元送其余骸及斯灵舌还归于阗，起塔供养。后人复于焚尸之所，起七层塔焉。

《不空罥索陀罗尼经》一卷（一名《普门》，此有一十六品，是梵本经[②]，沙门波仑制序，第二出，与宝思惟译三卷者同本）。

右一部一卷，其本见在。

婆罗门李无谄，北印度岚波国[③]人。识量聪敏，内外该通，唐梵二言，洞晓无滞。三藏阿你真那、菩提流志等翻译众经，并无谄度语。于天后代圣历三年庚子三月，有新罗国僧明晓，远观唐化，将欲旋途，于总持门，先所留意，遂殷勤固请，译此真言，使彼边维同闻秘教。遂于佛授记寺翻经院为译《不空罥索陀罗尼经》一部，沙门波仑笔受。至久视元年八月，将所译经更于罽宾重勘梵本，方写流布。

《无垢净光大陀罗尼经》一卷（第二出，与实叉难陀《离垢净光陀罗尼》同本）。

右一部一卷，其本见在。

---

① 佛日：对释迦牟尼佛和佛法的敬称。比喻佛能破除众生之痴闇，佛法慈悲广大，如红日能破除一切黑暗。

② 梵本经：卷十二“有译有本录”中“菩萨三藏录”之二云《不空罥索陀罗尼经》为“梵本经抄”，《大正藏》本校勘记亦校作“梵本经”下脱一“抄”字。

③ 岚波国：梵文 Lampāka 之音译，又作滥波、蓝婆、览波、岚婆、婆嗢，北印度西北境之古国名。在喀布尔河北岸，约今印度西北境与阿富汗喀布尔地方间之拉古蒙地区。

沙门弥陀山，唐言寂友，睹货逻国[①]人也。幼小出家，游诸印度，遍学经论，于《楞伽》《俱舍》，最为精妙。志弘像法，无吝乡邦，杖锡而游，来臻皇阙。于天后代共实叉难陀译《大乘入楞伽经》，后于天后末年共沙门法藏等译《无垢净光陀罗尼经》一部。译毕进内，辞帝归邦，天后厚遗，任归本国。

《甄正论》三卷。

右一部三卷，其本见在。

沙门释玄嶷，俗姓杜，名乂[②]。先是黄冠，为东都大弘道观主，游心七藉[③]，妙善三玄，黄宗[④]之中，此为纲领。天后心崇大法，弘阐释宗，人遂归心，请求剃落，诏许度之，住佛授记寺。后为寺都，兼预翻译。悉彼宗之虚诞，知正教之可凭，遂造《甄正论》一部，指陈虚伪，主客问答，极为省要。

《不空罥索陀罗尼自在王咒经》三卷（亦名《不空罥索心咒王经》，长寿二年七月于东都佛授记寺译，沙门德感笔受，初出，与李无谄出一卷者同本）、《浴像功德经》一卷（神龙元年正月二十二日，于东都大福先寺译，婆罗门李无谄译语，初出，与后义净出者同本）、《校量数珠功德经》一卷（神龙元年正月二十三日，于大福先寺译，李无谄译语，初出，与后义净出者同本）、《观世音菩萨如意摩尼陀罗尼经》一卷（第二出，与实叉难陀等出者同本）、《文殊师利根本一字陀罗尼经》一卷（长安二年于天宫寺译，沙门慧智等证梵文，婆罗门李无谄译语，直中书李无碍笔受，初出，与后义净出者同本）、《大陀罗尼末法中一字心咒经》一卷（神龙元年于大福先寺译，李无谄译语）、《随求即得大自在陀罗尼神咒经》一卷（亦云“所得”，见《大周录》，长寿二年于东都天宫寺译，罽宾沙门尸利难陀设等证梵文，李无谄译语，李无碍笔受）。

右七部九卷，其本并在。

沙门阿你真那，唐云宝思惟，北印度迦湿蜜罗国[⑤]人，刹帝利种，彼王之华胄。幼而舍家，禅诵为业。进具之后，专精律品，复慧解超群，学兼真俗，乾文咒术，尤工其妙。加以化导为心，无恋乡国。以天后长寿二年癸巳，届于洛都，敕于天宫寺安置。即以天后长寿二年癸巳至中宗神龙二年丙午，于授记、天宫、福先等寺译《不空罥索陀罗尼经》等七部。后至睿宗太极元年壬子四月，

---

① 睹货逻国：即吐火罗国。

② 名乂：《贞元录》卷十三、《宋高僧传》卷十七皆作“乂”，当从。《大正藏》本校作“叉”，误。

③ 七藉：当为“七籍”。道教文献可分作七大类，即所谓“三洞”：洞真、洞玄、洞神；“四辅”：太玄、太平、太清、正一。且“七籍”与后“三玄”为对文，皆当与道教相关，非纬书所云之七籍。《宋高僧传》作“七略”，《七略》为汉代刘歆所编撰之官府藏书目录，当非。

④ 黄宗：当指道教，道教尚黄。与后文“弘阐释宗”之“释宗”相对。

⑤ 迦湿蜜罗国：即迦湿弥罗国。见前“迦湿弥罗国”条注。

太子洗马张齐贤等缮写进内。至延和元年六月，敕令礼部尚书晋国公薛稷、右常侍高平侯徐彦伯等详定入目施行。三藏自神龙二年已后，更不译经，唯精勤礼诵，修诸福业。每于晨朝磨香为水，涂浴佛像后方饮食。从始至终，此为恒业。衣钵之外，随得随施。后于龙门山请置一寺，依外国法式制造，呼为天竺，已及门人，同居此寺，精诚所感，其数寔多。寿年百余，以开元九年终于寺矣。

《金光明最胜王经》十卷（第五出，与北凉昙无谶四卷《金光明》等同本，长安三年十月四日于西明寺译毕，沙门波仑、惠表笔受）、《能断金刚般若波罗蜜多经》一卷（第五出，与姚秦罗什、元魏留支、陈真谛等出者同本，长安三年十月四日于西明寺译）、《佛为难陀说出家入胎经》二卷（出《根本说一切有部毗奈耶杂事》第十一、十二卷，景龙四年于大薦福寺[①]译，今编入《宝积》，当第十四会，改名《入胎藏会》）、《入定不定印经》一卷（第二出，与元魏瞿昙流支所出《不必定入定入印经》同本，久视元年五月五日译毕）、《药师琉璃光七佛本愿功德经》二卷（第四出，与隋笈多等出者同本，但广略有异，神龙三年夏于大内佛光殿译，时帝亲御法筵，手自笔受）、《弥勒下生成佛经》一卷（第六出，与罗什《弥勒下〔生〕经》等同本，大足元年九月二十三日于东都大福先寺译）、《佛为胜光天子说王法经》一卷（第三出，与旧《谏王经》及唐译《胜军王经》并同本，神龙元年七月十五日于东都大福先寺译，沙门玄伞笔受）、《浴像功德经》一卷（第二出，与宝思惟出者同本，景龙四年四月十五日于大荐福寺翻经院译）、《数珠功德经》一卷（第二出，与宝思惟出者同本，景龙四年四月十五日于大荐福寺翻经院译）、《观自在菩萨如意心陀罗尼咒经》一卷（第三出，与实叉难陀、宝思惟等出者同本，景龙四年于大荐福寺翻经院译）、《曼殊室利菩萨咒藏中一字咒王经》一卷（第二出，与宝思惟出者同本，长安三年十月四日于西明寺译）、《称赞如来功德神咒经》一卷（第二出，与隋译《十二佛名神咒经》同本，景云二年闰六月二十三日于大荐福寺翻经院译，沙门玄伞、智积等笔受）、《大孔雀咒王经》三卷（第八出，与梁僧加婆罗[②]等出者同本，神龙元年于东都内道场译）、《佛顶尊胜陀罗尼经》一卷（第五出，与杜行顗、日照、波利等出者同本，景龙四年于大荐福寺翻经院译）、《庄严王陀罗尼咒经》一卷（大足元年九月二十三日于东都大福先寺译）、《香王菩萨陀罗尼咒经》一卷（神龙元年于东都大福先寺译）、《一切功德庄严王经》一卷（神龙元年七月十五日于东都大福先寺译，沙门玄伞笔受）、《拔除罪障咒王经》一卷（景龙四年于大荐福寺翻经院译）、《善夜经》一卷（大足元年九月二十三日于东都大福先寺译）、《大乘流转诸有经》一卷（大足元年九月二十三日于东都大福先寺译）、《妙色王因缘经》一卷（大足元年九月二十三日于东都大福先寺译）、《佛为海龙王说法印经》一卷（景云二年闰六月二十三日

---

① 大薦福寺：当为前后所云之“大荐福寺”。“薦”与“荐”之繁体“薦”形近。

② 僧加婆罗：通译作“僧伽婆罗”，前有传。

于大荐福寺翻经院译，沙门玄伞、智积等笔受）、《能断金刚般若波罗蜜多经论颂》一卷（无著菩萨造，景云二年于大荐福寺翻经院译，沙门玄伞、智积等笔受）、《能断金刚般若波罗蜜多经论释》三卷（无著菩萨颂，世亲菩萨释，景云二年于大荐福寺翻经院译，沙门玄伞、智积等笔受）、《因明正理门论》一卷（大域龙菩萨造，第二出，与奘法师译者同本，景云二年于大荐福寺翻经院译，沙门玄伞、智积等笔受）、《成唯识宝生论》五卷（一名《二十唯识颂释论》[1]，护法菩萨造，景龙四年四月十五日于大荐福寺翻经院译，沙门玄伞、智积等笔受）、《观所缘论释》一卷（护法菩萨造，景龙四年四月十五日于大荐福寺翻经院译，沙门玄伞、智积等笔受）、《掌中论》一卷（陈那菩萨造，第二出，与《解卷论》同本，长安三年十月十四日于西明寺译）、《取因假设论》一卷（陈那菩萨造，长安三年十月四日于西明寺译，沙门惠表笔受）、《观总相论颂》一卷（陈那菩萨造，景云二年于大荐福寺翻经院译，沙门智积等笔受）、《止观门论颂》一卷（世亲菩萨造，景云二年于大荐福寺翻经院译，沙门玄伞等笔受）、《手杖论》一卷（尊者释迦称造，景云二年于大荐福寺翻经院译，沙门玄伞等笔受）、《六门教授习定论》一卷（无著菩萨本，世亲菩萨释，长安三年十月四日于西明寺译）、《五蕴皆空经》一卷（出《杂阿含经》第二卷异译，景龙四年于大荐福寺翻经院译，沙门智积等笔受）、《三转法轮经》一卷（出《杂阿含经》第十五卷异译，景龙四年于大荐福寺翻经院译，沙门玄伞等笔受）、《无常经》一卷（亦名《三启经》，大足元年九月二十三日于东都大福先寺译）、《八无暇有暇经》一卷（大足元年九月二十三日于东都大福先寺译）、《长爪梵志请问经》一卷（久视元年十二月二十三日于东都大福先寺译）、《譬喻经》一卷（景龙四年于大荐福寺翻经院译，沙门玄伞等笔受）、《略教诫经》一卷（景云二年闰六月二十三日于大荐福寺翻经院译，沙门智积等笔受）、《疗痔病经》一卷（亦云"痔瘘"，景龙四年于大荐福寺翻经院译，沙门玄伞等笔受）、《根本说一切有部毗奈耶》五十卷（长安三年十月四日于西明寺译，沙门波仑、惠表等笔受）、《根本说一切有部苾刍尼毗奈耶》二十卷（景龙四年于大荐福寺翻经院译）、《根本说一切有部毗奈耶杂事》四十卷（景龙四年于大荐福寺翻经院译）、《根本说一切有部尼陀那目得迦》十卷（或八卷，长安三年十月四日于西明寺译）、《根本说一切有部戒经》一卷（景龙四年于大荐福寺翻经院译）、《根本说一切有部苾刍尼戒经》一卷（景龙四年于大荐福寺翻经院译）、《根本说一切有部百一羯磨》十卷（长安三年十月四日于西明寺译）、《根本说一切有部毗奈耶颂》五卷（尊者毗舍佉造，景龙四年〔于〕大荐福寺翻经院译，先在西域那烂陀寺译出，还都删正，景龙奏行）、《根本说一切有部毗奈耶杂事摄颂》一卷（景龙四年于大荐福寺翻经院译）、《根本说一切有部尼陀那目得迦摄颂》一卷（景龙四年于大荐福寺翻经

① 《二十唯识颂释论》：《大正藏》卷三一收有《成唯识宝生论》，内题云"《二十唯识顺释论》"。"入藏录"义净所出经典有《二十唯识顺释论》，则"颂"字，当为"顺"。

院译)、《根本萨婆多部律摄》二十卷(尊者胜支[①]集,或十四卷,久视元年十二月二十三日于东都大福先寺译)、《一百五十赞佛颂》一卷(尊者摩咥里制吒[②]造,于中印度那烂陀寺译,至景云二年于荐福寺重更回缀)、《龙树菩萨劝诫王颂》一卷(第三出,与旧《劝发诸王要偈》等同本,于东印度耽摩立底国[③]译,至都重缀[④])、《大唐西域求法高僧传》二卷(从西国还,在南海室利佛逝[⑤]撰,寄归)、《大唐南海寄归内法传》四卷(从西国还,在南海室利佛逝撰,寄归)、《别说罪要行法》一卷(或无"别"字)、《受用三水要法》一卷(或云"要行法")、《护命放生轨仪》一卷(或云"轨仪法")、《法华论》五卷(莫知造者,单重未悉,景云二年译)、《集量论》四卷(景云二年译,已上多取奏行年月,所以出日多同)。

右六十一部二百三十九卷(《法华论》下二部九卷失本)。

沙门释义净,齐州[⑥]人,俗姓张,字文明。髫龀之年,辞荣落彩[⑦]。于是遍询名匠,广探群藉[⑧],内外闲晓,今古遍知。年十有五,志游西域,仰法显之雅操,慕玄奘之高风。加以勤无弃时,手不释卷,弱冠登具,逾厉坚贞。咸亨二年,三十有七,方叶夙怀,遂之广府。初,结誓同志,数满十人,洎乎泛舶,余皆退罢,唯净坚心转炽,遂即孤行。备历艰难,渐达印度,所至之境,皆洞言音。凡遇王臣,咸蒙礼重。鹫峰、鸡足,并亲登陟;祇园、鹿苑,咸悉周游,憩那烂陀,礼菩提树,遍师明匠,学大小乘,所为事周,还归故里。凡所历游三十余国,往来问道出二十年。

---

① 尊者胜支:《大正藏》卷二四收有《根本萨婆多部律摄》十四卷,其作"尊者胜友"集。《开元释教录》卷十三"有译有本录"中"声闻三藏录"亦作"尊者胜友",故"支"当作"友"。

② 摩咥里制吒:二世纪左右的印度马鸣学派诗人,详细介绍可参见陈明《摩咥里制吒及其〈一百五十赞佛颂〉的传译》一文。

③ 耽摩立底国:印度古国,在恒河口,约位于印度西孟加拉邦米德纳普尔县之塔姆卢克附近。

④ 重缀:"缀"当指缀文,是佛经汉译的一个环节,主译文的文句联缀和润色。"重缀"指重新联缀。

⑤ 室利佛逝:又称佛逝、尸利佛逝、尸利佛誓、佛誓、佛齐。宋代以后史籍改称为"三佛齐",是七世纪中叶在今印度尼西亚苏门答腊东南部兴起的古国。

⑥ 齐州:《宋高僧传》卷一以为"范阳"。唐初废齐郡,武德元年复置齐州,领历城、祝阿、山茌、源阳、临邑五县。贞观元年,又有平陵、临济、亭山、章丘四县来属。范阳,唐武德七年,原涿县改称范阳县,开元二十一年,属幽州。考义净自撰之《南海寄归内法传》卷四云:"轨范师,则慧智禅师也。年过七岁,幸得亲侍。斯二师者,并太山金舆谷圣人朗禅师所造神通寺之大德也。俗缘在乎德、贝二州矣。二德以为山居独善,寡利生之路,乃共诣平林俯枕清涧,于土窟寺式修净居,即齐州城西四十里许。"义净"年过七岁",即亲侍慧智禅师,后其师于"齐州城西四十里许"修行,则义净籍贯齐州,或更信实。

⑦ 落彩:《续古今译经图纪》和《大正藏》本校勘记皆作"落髮","髮"指发髻,可从。

⑧ 群藉:当为"群籍",《续古今译经图纪》等皆作"籍"字。

以天后证圣之元乙未仲夏，还至河洛，将梵本经律论近四百部，合五十万颂，金刚座真容一铺，舍利三百粒。天后敬法重人，亲迎于上东门外。洛阳缁侣备设幢幡，兼陈鼓乐，在前导引。敕于佛授记寺安置，所将梵本，并令翻译。初共于阗三藏实叉难陀翻《华严经》，久视已后，方自翻译。即以久视元年庚子至长安三年癸卯，于东都福先寺及西京西明寺译《金光明最胜王》《能断金刚般若》《入定不定印》《弥勒成佛》《一字咒王》《庄严王陀罗尼》《善夜》《流转诸有》《妙色王因缘》《无常》《八无暇有暇》《长瓜[①]梵志》等经；《根本说一切有部毗奈耶》《尼陀那目得迦》《百一羯磨》及《律摄》等；《掌中》《取因假设》《六门教授》等论及《龙树劝诫颂》，已上二十部一百一十五卷。北印度沙门阿你真那证梵文义，沙门波仑、复礼、慧表、智积等笔受证文，沙门法宝、法藏、德感、成庄[②]、神英、仁亮、大仪、慈训等证义，成均太学助教许观监护，缮写进内。天后制《新翻圣教序》，令标经首。

暨和帝龙兴，神龙元年乙巳，于东都内道场译《孔雀王经》，又于大福先寺译《胜光天子》《香王菩萨咒》《一切功德庄严王》等经，上四部六卷。沙门盘度读梵文，沙门玄伞笔受，沙门大仪证文，沙门胜庄、利贞等证义，兵部侍郎崔湜、给事卢粲等润文正字，秘书大监[③]驸马都尉观国公杨慎交监护。和帝心崇释典，制序褒扬，号为《大唐龙兴三藏圣教序》。帝御洛城西门，宣示群辟[④]，净所新翻，并令标引。

二年丙午，随驾归京，敕于大荐福寺别置翻经院处之。三年丁未，帝召入内，并同翻经沙门九旬坐夏。帝以昔居房部[⑤]，幽厄无归，祈念药师，遂蒙降祉，贺兹往泽[⑥]，重阐洪猷。因命法徒，更令翻译，于大佛光殿译成二卷，名《药师琉璃光七佛本愿功德经》。帝御法筵，手自笔受。又至景龙四年庚戌，于大荐福寺译《浴像功德》《数珠功德》《如意心》《尊胜》《拔除罪障》《出家入胎》《五蕴皆空》《三转法轮》《譬喻》《疗痔病》等经；《根本说一切

---

① 长瓜：前之细目为“长爪”，季羡林以“长爪”为舍利弗舅父之名，曾往南印度游学，后皈依佛教，见《大唐西域记校注》卷九。

② 成庄：《宋高僧传》作“胜庄”，下文有“沙门胜庄、利贞等证义”可证。

③ 秘书大监：唐代无此职事，当为“秘书监”，加一“大”字，表尊崇，且杨慎交曾经履秘书监职。

④ 群辟：谓四方诸侯，亦统指王侯、公卿、大夫、士等。

⑤ 帝以昔居房部：指武则天光宅元年（684），唐中宗被废为庐陵王，贬房州。中宗谥号孝和皇帝，故前文称“和帝龙兴”。

⑥ 贺兹往泽：《宋高僧传》作“荷兹往泽”，承蒙前代的恩泽之意，义胜，《大正藏》本校勘记作“荷”，则“贺”当为“荷”。

有部苾刍尼毗奈耶》《毗奈耶杂事》、二众《戒经》[①]《毗奈耶颂》《杂事摄颂》《尼陀那目得迦摄颂》《唯识宝生》《观所缘释》等，已上二十部八十八卷。吐火罗沙门达磨末磨、中印度沙门拔弩证梵义，罽宾沙门达磨难陀证梵文，居士东印度首领伊舍罗证梵本，沙门慧积、居士中印度李释迦度颇多等读梵本，沙门文纲、慧沼、利贞、胜庄、爱同、思恒等证义，沙门玄伞、智积等笔受，居士东印度瞿昙金刚、迦湿弥罗国王子阿顺等证译，修文馆大学士特进赵国公李峤、兵部尚书逍遥公韦嗣立、中书侍郎赵彦昭、吏部侍郎卢藏用、兵部侍郎张说、中书舍人李乂、苏颋等二十余人次文润色，左仆射舒国公韦巨源、右仆射许国公苏瓌等监译，秘书大监嗣号王邕[②]监护。

又至睿宗景云二年辛亥，于大荐福寺复译《称赞如来功德神咒》《佛为龙王说法印》《略教诫》等经，《能断般若论颂》及《释》[③]《因明理门》《观总相颂》《止观门颂》《手杖》等论，及《法华》《集量》《百五十赞》，合一十二部二十一卷。沙门曷利末底、乌帝提婆等读梵本，沙门玄伞、智积等笔受，沙门慧沼等证义，太常卿卫国公薛崇胤监护。

合从天后久视元年庚子至睿宗景云二年辛亥，都译五十六部二百三十卷。又别撰《大唐西域求法高僧传》《南海寄归内法传》《别说罪要行法》《受用三水要法》《护命放生轨仪》，凡五部，合九卷。又出《说一切有部跋窣堵》(即诸律中"揵度"、"跋渠"之类也，梵音有楚夏耳)，约七八十卷，[④]但出其本，未遑删缀，遽入泥洹，其文遂寝。净又于一切有部律中抄诸缘起，别部流行，如《摩竭鱼因缘》等四十二经四十九卷，既是别生抄经，不合为翻译正数，今载"别生录"中。如"删繁录"中，具列名目。

净虽遍翻三藏，而偏功律部，译缀之暇，曲授学徒。凡所行事，皆尚其急，泸漉[⑤]涤秽，特异常伦，学侣传行，遍于京、洛。美哉！亦遗法之盛事也。以先天二年卒，春秋七十九矣。

---

① 二众《戒经》："二众"，指比丘、比丘尼。"二众《戒经》"则具体指上述"《根本说一切有部戒经》一卷、《根本说一切有部苾刍尼戒经》一卷"。

② 嗣号王邕：当为"嗣虢王邕"，即唐高祖曾孙李邕。神龙初，唐中宗封李邕为"嗣虢王"。

③ 《能断般若论颂》及《释》：指《能断金刚般若波罗蜜多经论颂》一卷和《能断金刚般若波罗蜜多经论释》三卷两部译著。

④ 约七八十卷：王邦维《大唐西域求法高僧传校注》云义净所译，今《大正藏》中还有《根本说一切有部毗赖耶药事》等一切有部律七部五十卷，当属此"约七八十卷"。卢璨所撰义净之《塔铭》载录义净译经"一百七部，都四百二十八卷"，然有不少已经散佚不存。

⑤ 泸漉：《大正藏》本校勘记作"滤漉"、"滤渡"，《宋高僧传》作"漉囊"，即漉水囊，指用来滤水去虫的器具，为比丘六物之一或十八物之一。

《大宝积经》一百二十卷（单重合译，神龙二年创首，先天二年功毕）。

右此部经新译、旧译四十九经，合（古沓反[①]）成一部，于中析取二十六会三十九卷，为菩提流志新译，余二十三会八十一卷，并是旧译，勘同编入，已备余录，故不重存。其新译会名，具如“别录”。初、第十一卷，宝积部中依次编列。

《实相般若波罗蜜经》一卷（见《大周录》，第二出，与《大般若》第十会《理趣分》同本，广略少异，长寿二年于东都大周东寺译）、《文殊师利所说不思议佛境界经》二卷（见《大周录》，或一卷，初出，与《宝积》第三十五《善德天子会》同本，长寿二年于大周东寺译）、《大乘金刚髻珠菩萨修行分》一卷（见《大周录》，亦名《金刚鬘菩萨加行品》，是《华严》眷属经，长寿二年于大周东寺译）、《宝雨经》十卷（见《大周录》，第三出，与梁曼陀罗所出《宝云经》等同本，长寿二年于佛授记寺译，沙门处一等笔受）、《大乘伽耶山顶经》一卷（见《大周录》，第四出，与罗什《文殊问菩提经》等同本，长寿二年于大周东寺译）、《不空罥索神变真言经》三十卷（当第四出，旧译单卷者即是。此经初品，神龙三年夏于西崇福寺译，弟子般若丘多助宣梵本，至景龙三年春功毕）、《千手千眼观世音菩萨姥陀罗尼身经》一卷（第二出，与唐智通译二卷者同本，景龙三年夏于西崇福寺译，弟子般若丘多助宣梵本）、《如意轮陀罗尼经》一卷（第四出，与实叉难陀等出者同本，此法稍具，景龙三年夏于西崇福寺译，弟子般若丘多助宣梵本）、《六字神咒经》一卷（或云《六字咒法经》，第四出，长寿二年于佛授记寺译）、《护命法门神咒经》一卷（见《大周录》，第三出，与《善法方便陀罗尼经》等同本，长寿二年于佛授记寺译）、《广大宝楼阁善住秘密陀罗尼经》三卷（神龙二年九月十五日于西崇福寺译毕，东天竺伊舍罗等译语，沙门云观笔受）、《一字佛顶轮王经》五卷（亦云《五佛顶〔经〕》，或四卷，景龙三年夏于西崇福寺译，弟子般若丘多助宣梵本，其年冬译毕）、《文殊师利宝藏陀罗尼经》一卷（景龙四年于西崇福寺译，弟子般若丘多助宣梵本）、《金刚光焰止风雨陀罗尼经》一卷（景龙四年于西崇福寺译，弟子般若丘多助宣梵本）、《有德女所问大乘经》一卷（见《大周录》，长寿二年于大周东寺译）、《般若波罗蜜多那经》一卷（第三出，与《摩诃大明咒经》等同本，长寿二年于佛授记寺译）、《妙慧童女所问经》一卷（第三出，与《须摩提经》等同本，长寿二年于大周东寺译）、《不空罥索咒心经》一卷（见《大周录》，第三出，与《不空罥索神咒经》等同本，长寿二年于佛授记寺译）、《妙德婆罗门女问佛转何法轮经》一卷（今疑即《有德女所问大乘经》是，长寿二年于大周东寺译）、《智猛长者问经》一卷（长寿二年于佛授记寺译）、《佛入毗耶离除一切鬼病经》一卷（长寿二年于佛授记寺译）、《那邪经》

---

① 古沓反：常用字夹注反切，则当异读，故此“合”字，当读作“各”，即《大宝积陉》新旧四十九陉各成一部。

一卷（长寿二年于佛授记寺译）、《大陀罗尼经》一卷（长寿二年于佛授记寺译）、《文殊师利咒法藏经》一卷（长寿二年于佛授记寺译）、《一字咒王经》一卷（今疑与前《咒藏》[1]共是一经，长寿二年于佛授即寺[2]译）、《无迦略曳菩萨造广大摩尼秘密善住经》一卷（长寿二年于佛授记寺译）、《释般若六字三句论》一卷（长寿二年于佛授记寺译）。

右五十三部（《宝积》二十六会即为二十六部），一百一十一卷（《般若波罗蜜多那》下一十二部一十二卷，寻本未获）。

沙门菩提流志，本名达摩流支，唐言法希，天后改为菩提流志，唐云觉爱，南印度人。婆罗门种，姓迦叶氏。聪睿绝伦，风神爽异。生年十二，外道出家[3]，师禀波罗奢罗，学彼经术，遂洞晓声明，尤闲数论，阴阳历数、地理天文、咒术医方，皆如指掌。年登耳顺，自谓孤行，撩僧论议，赒以身事[4]。时有大乘上座部三藏，厥号耶舍瞿沙，知其根熟，遂与交论，未越几关，词理俱屈，始知佛日高明，匪萤灯并照；法海深广，岂涓渧[5]等润。于是没身敬事，专学佛乘，奉戒无亏，志节高峻，崇慧有在，解学宽深。未越五年，通达三藏。

天皇远闻雅誉，遣使往邀，未及使还，白云遽驾。暨天后御极，方赴帝京，以长寿二年癸巳，创达都邑。即以其年于佛授记寺译《宝雨经》，中印度王使沙门梵摩同宣梵本，沙门战陀、居士婆罗门李无谄译语，沙门慧智证译语，沙门处一等笔受，沙门思玄等缀文，沙门圆测、神英等证义，司宾寺丞孙辟监护。后于大周东寺译《实相般若》《金刚髻》《大乘伽耶顶》《有德妙慧》《文殊不思议境界》《妙德女问佛》等经，又于佛授记寺译《护命法门》《六字神咒》《般若蜜多那》《不空罥索咒心》《智猛长者问》《除鬼病》《那耶》[6]《大陀罗尼》《文殊咒法藏》《一字咒王》《摩尼秘密善住》等经及《般若六字三句论》，已上一十九部合二十卷，沙门行感等同译。

后至和帝龙兴，神龙二年丙午，随驾归京，敕于西崇福寺安置，遂译《广大宝楼阁》《不空罥索神变》《一字佛顶》《千手千眼姥陀罗尼》《如意轮》《文殊宝藏》《金刚光焰》等经。及《大宝积》，此经都有四十九会，上代译者摘会别翻，而不终部帙。往者贞观中玄奘法师往游印度，将梵本还，于弘福

---

① 《咒藏》：即指“《文殊师利咒法藏经》一卷”。

② 佛授即寺：“即”当为“记”，见上下文所云“长寿二年于佛授记寺译”可证。

③ 外道出家：不成文义，《宋高僧传》作“就外道出家”，故当脱一“就”字。

④ 赒以身事：“赒”，《说文解字》释为“资也”，《玉篇》以为“货”之古字，《翻译名义集》于“赒”字之后注“居委”切，今读若“贵”，可备为一说。

⑤ 涓渧：“渧”，古同“滴”。“涓渧”，即涓滴，指很细小的水或其他液体。

⑥ 《那耶》：当指上录之“《那邪经》一卷”。“耶”、“邪”音近。

寺译《大菩萨藏经》，即是《宝积》第十二之一会。后于玉华宫寺翻《大般若》竟，诸德殷勤请翻《宝积》，奘法师云："译《宝积》之功，不谢于《般若》。余生涯已穷，恐不终其事。"固请不已，遂启夹译之，可得数行，乃嗟叹曰："此经与此土群生未有缘矣！余气力衰竭，不能办也。"因而遂辍。流志来日，复赍其梵本。和帝命志续奘余功，遂广鸠硕德，并召名儒，寻绎旧翻之经，考校新来之夹。上代译者，勘同即附，昔来未出，案本具翻，兼复旧义拥迷[①]，详文重译。始乎神龙二年丙午创筵，迄于睿宗先天二年癸丑毕席。于中二十六会三十九卷，流志新译，谓《三律仪会》《无边庄严会》《无量寿如来会》《不动如来会》《被甲庄严会》《文殊师利普门会》《出现光明会》《佛为阿难说处胎会》《无尽伏藏会》《授幻师跋陀罗记会》《大神变会》《优波离会》《发胜志乐会》《善顺菩萨会》《勤授长者会》《优陀延王会》《妙慧童女会》《恒河上优婆夷会》《功德宝花敷菩萨会》《善德天子会》《阿阇世王子会》《净信童女会》《弥勒菩萨所问会》《无尽慧菩萨会》《胜鬘夫人会》《广博仙人会》。创发题日，于大内佛光殿，和帝亲御法筵，笔受经旨，百僚侍坐，妃后同观。求之古人，无以加也！

逮睿宗嗣历，复于北苑白莲华亭及大内甘露等殿别开会首，亦亲笔受，并沙门思忠及东印度大首领伊舍罗、直中书度颇具等译梵文，北印度沙门达摩、南印度沙门波若丘多等证梵义，沙门慧觉、宗一、普敬、履方等笔受，沙门胜庄、法藏、尘外、无著、深亮、怀迪等证义，沙门承礼、神暕、云观等次文，太子詹事东海郡公徐坚、邠王傅固安伯卢粲、尚书右丞东海男卢藏用、中书舍人野王男苏瑨、礼部郎中彭景直、左补缺祁县男王瑨、太府丞颜温之、太常博士贺知章等润色，中书侍郎平舆侯陆象先、侍中钜鹿公魏知古等监译，前太常卿薛崇胤、通事舍人弘农男杨仲嗣监护，缮写既了，将本进内。睿宗外总万方，内崇三宝，御笔制序，标于经首。前后总译，五十三部，合一百一十一卷。

三藏流志自翻《宝积经》了，更不译经，禅观怡神，金丹养志，寿虽过百，道业无亏，持诵经行，晨昏靡替。至开元十二年，随驾入洛，敕于长寿寺安置，以流志所住，加号开元。至十五年九月，顾谓门人曰："泡幻之身，日就衰朽，纵然久住，终归磨灭。吾生年摄养，冀免衰弊，今渐迟暮，徒更延时。"遂从二十日不饮不食，药饵俱绝，虽向五旬，神色不异。至十一月三日，遂索香水洗浴，换新洁衣。至四日晨朝，取梵本众经，手擎顶戴，一一赞叹。至五日斋时，

---

① 兼复旧义拥迷：《贞元录》卷十四云："兼复旧译义拥文迷，即须重译。"故"拥迷"当指拥蔽；迷惑。

告诸侍人，皆令四散："吾暂就静，汝勿喧声。"遂于净室之中右胁而卧，奄然而卒，春秋一百五十有六。自非积修胜业，脱屣尘劳，焉能保此遐龄，去留专己[①]者也？既闻天听，皇衷感慕，恸叹久之。追赠鸿胪大卿，谥曰"开元一切遍知三藏"。诏遣内侍杜怀敬往东都监葬，敕内库出物，供葬所须，务令优赡，无限其数。于是卤薄[②]羽仪，幡幢华盖，阗塞衢巷而不可数。遂迁窆[③]于龙门，起塔供养焉。

《五分羯磨》一卷（题云《弥沙塞羯磨本》）。

右一部一卷，其本见在。

沙门释爱同，俗姓赵氏，本天水人，代袭冠冕。同弱龄出家，后以律学驰誉，讲《弥沙塞律》，远近师禀。昔宋朝罽宾三藏觉寿译《弥沙塞律》，因出《羯磨》一卷。时运迁移，其本零落，寻求不获，学者无依。同遂于大律之内抄出《羯磨》一卷，彼宗学者，盛传流布。

《新译华严音义》[④]二卷。

右一部二卷，其本见在。

沙门释慧苑，京兆人，华严藏法师上首门人也。勤学无惰，内外兼通，华严一宗，尤所精达。苑以新译之经未有音义，披读之者，取决无从，遂博览字书，撰成二卷，使寻读之者不远求师而决于字〔书〕义也。

《说妙法决定业障经》一卷（第二出，与奘法师《称赞人乘功德经》同本，开元九年六月于终南山石鳖谷老尹兰若[⑤]译）、《出生无边门陀罗尼经》一卷（第十一译，与《无量门微密持经》等同本，开元九年于奉恩寺译）、《师子素驮娑王断肉经》一卷（开元九年于奉恩寺译）、《大乘修行菩萨行门诸经要集》三卷（开元九年六月二十日于终南山石鳖谷老尹兰若译）。

右四部六卷，其本并在。

沙门释智严，于阗国王之质子[⑥]，姓郁持[⑦]，名乐（卢各反）。幼至大唐，

---

① 去留专己：自行决定寂灭或者存世之意，即佛教高僧自定生死之超脱凡俗处。

② 卤薄：常用词形当为"卤簿"，指帝王出外时扈从之仪仗队。

③ 迁窆：指迁葬。流志初葬东都，后改葬龙门。

④ 《新译华严音义》：《大正藏》本校勘记作《新译大方广佛华严经音义》，当为全名。

⑤ 兰若：亦即练若、阿兰若、阿练若，原义为森林，引申为寂静处、空闲处、远离处，僧人躲避人间热闹处之修行地，也泛指一般的佛寺。

⑥ 质子：又称为"侍子"，大多以国王、民族首领或部落酋长的儿子、兄弟、王室成员或权贵充当，表示入侍为质和纳质为臣。

⑦ 郁持：亦作"尉迟"，于阗国创自西汉时期，为尉迟氏所立。

早居荣禄，授左领军卫大将军上柱国，封金满郡公。而立性淳质，贞信居怀。请舍宅置寺，奉为国家，神龙二年五月十一日，敕允其所请。又自惟生居异域，长自中华，幸得侍奉四朝，班荣宠极，犹恐叨承厚禄，滥沐殊恩。于是固请出家，冀酬玄泽。神龙二年十一月二十四日墨制[①]云："人之情也，莫不贪惜禄位；卿之愿也，乃欲弃俗出家。袭兰若之踪，起禅那之行。忽省来奏，嗟赏兼怀，特遂所祈，式成高志。"以景龙元年十一月五日和帝生日舍家剃落，法号智严。仍请住于终南山至相寺兰若修道，犹是[②]虚心静虑，宴坐经行，精苦居怀，幽栖积念。加以经明唐梵，智照幽微，《宝积》真诠，如来秘偈，莫不屡承纶旨，久预翻详，频奉丝言，兼令证译。常于石鳖谷居阿练若习头陀行，开元九年于石鳖练若及奉恩寺译《决定业障经》等四部，并文质相兼，得其深趣。又译《尊胜陀罗尼咒》一首及《法华经》《药王菩萨》等咒六首。时有经本，写新咒入，幸勿怪之。

《七俱胝佛母准泥[③]大明陀罗尼经》一卷（第二出，与日照三藏译者同本）、《金刚顶瑜伽中略出念诵法》四卷（亦云"经"）、《金刚顶经曼殊室利菩萨五字心陀罗尼品》一卷、《观自在如意轮菩萨瑜伽法要》一卷（上三经，并出梵本《金刚顶经》，撮要抄译，非全部也）。

右四部七卷，其本并在。

沙门跋日罗菩（上声）提（地之上声），唐云金刚智，南印度摩赖邪国[④]人（此云光明国，其国近观音宫殿补陀落山[⑤]），婆罗门种。幼而出家，游诸印度。虽内外博达，而偏善总持，于此法门，罕有其匹。随缘游化，随处利生。闻大支那佛法崇盛，遂泛舶东游，达于海隅。开元八年中，方届京邑。于是广弘秘教，建曼荼罗[⑥]，依法作成，皆感灵瑞。沙门一行钦斯秘法，数就咨询，智一一指陈，

---

① 墨制：即"墨敕"，袁枚《随园随笔·墨制授官碑文不讳》云："墨制者，即斜封墨敕之谓，盖不由中书门下而出自禁中者也。"

② 犹是：有由此；因此义，《大正藏》本校作"于是"，两通。

③ 准泥：为梵语音译，义为清净。又译为准提、准胝。准提观音、准提佛母、佛母准提是护持佛法并为短命众生延寿护命之菩萨。

④ 摩赖邪国：即没来国，或云光明国，古印度国名。故地或以为在今印度马拉巴尔海岸一带，特指奎隆；或以为其地即《大唐西域记》第十卷所记的"秣罗矩吒国"，在今印度南部。

⑤ 补陀落山：此山在南印度之南，又作补陀落伽、逋多、逋多罗、补怛洛迦、补但落迦、普陀等。"补陀落"，梵文 Potalaka，意译为小白花，因山上开小白花，故名补陀落山。传说观世音菩萨所住之宫殿就在此山。

⑥ 曼荼罗：又译作曼佗罗、慢怛罗、满拏啰等，意译为坛、坛场、坛城、轮圆具等，是密教传统的修持能量中心。

复为立坛灌顶。一行敬受斯法，请译流通。以十一年癸亥，于资圣寺为译《瑜伽念诵法》及《七俱胝陀罗尼》，东印度婆罗门大首领直中书伊舍罗译语，嵩岳沙门温古笔受。至十八年庚午，于大荐福寺出《曼殊室利五字心》及《观自在瑜伽要》，沙门智藏译语。又于旧《随求》中，更续新咒，智执总持契，所至皆验，秘教流传，寔斯人矣。

《大佛顶如来密因修证了义诸菩萨万行首楞严经》十卷。

右一部十卷，其本见在。

沙门释怀迪，循州[①]人也。住本州罗浮山南楼寺，其山乃仙圣游居之处。迪久习经论，多所该博，九流七略，粗亦讨寻。但以居近海隅，数有梵僧游止，迪就学书语，复皆通悉。往者三藏菩提流志译《宝积经》，远召迪来，以充证义，所为事毕，还归故乡。后因游广府，遇一梵僧（未得其名）赍梵经一夹，请共译之，勒成十卷，即《大佛顶万行首楞严经》是也。迪笔受经旨，兼缉缀文理。其梵僧传经事毕，莫知所之。有因南使，流经至此。

《大毗卢遮那成佛神变加持经》七卷（“第七”一卷是念诵法）、《苏婆呼童子经》三卷（唐云“妙臂童子”，亦云《苏婆呼律》，或二卷）、《苏悉地羯罗经》三卷（唐言《妙成就法》，此与“苏婆呼”并是咒毗奈耶，不曾入大曼荼罗，不合辄读，同未受具人盗听戒律，便成盗法）、《虚空藏菩萨能满诸愿最胜心陀罗尼求闻持法》一卷（出梵本《金刚顶经·成就一切义品》，略译少分）。

右四部一十四卷，其本并在。

沙门输波迦罗，唐言善无畏，中印度人，释迦之苗裔。风仪爽俊，聪睿超群，解究五乘，行该三学[②]，总持禅观，妙达其源，艺术异能，无不谙晓。加以弘法为务，岂惮艰危，遂发迹中天，来游东夏。涂至北印度境，声誉已达帝京。今上搜集贤良，发使迎接。以开元四年丙辰，大赍梵本，来达长安。初于兴福寺南院安置，次后有敕，令住西明。至五年丁巳，于菩提院译《虚空藏求闻持法》一卷，沙门悉达译语，沙门无著缀文笔受。其无畏所将梵本，有敕并令进内，缘此未得广译诸经。曩时沙门无行西游天竺，学毕言归，回至北天，不幸[③]而卒，所将梵本，有敕迎归，比在西京华严寺收掌。无畏与沙门一行于彼简得数本梵经并总持妙门，先未曾译，至十二年随驾入洛，于大福先寺安置，遂为沙门一

① 循州：隋朝开皇十年（590），合始兴郡、梁化郡、东官郡、义安郡置循州。治所在归善县（今惠州市东），以境内有循江得名。

② 解究五乘，行该三学：“五乘”即人乘、天乘、声闻乘、缘觉乘、菩萨乘等五乘教法；“三学”谓戒学、定学以及慧学之涅槃法。

③ 不幸：《大正藏》本校作“不达”，意义两通。

行译《大毗卢遮那经》。其经具足梵本有十万颂，今所出者，撮其要耳。沙门宝月译语，沙门行[①]笔受承旨兼删缀词理，文质相半，妙谐深趣。又出《苏婆呼》《苏悉地》二经。无畏性爱恬简，静虑怡神，时开禅观，奖劝初学，慈悲作念，接诱无亏，人或问疑，剖析无滞。

《开元释教录》二十卷（上帙"总录"，下帙"别录"，十八年庚午于西崇福寺东塔院撰）、《续大唐内典录》一卷（同前十八年撰）、《续古今译经图纪》一卷（同前十八年撰）、《续集古今佛道论衡》一卷（同前）、《集诸经礼忏仪》二卷（同前）。

右上五部二十五卷，智升所撰。

升早预释流，志弘大教，但才微力寡，无遂本怀。俯仰之间，亟经寒暑，曾未能宣传正法，荷担菩提。而近阅藏经，仍探众录，睹其差谬，或所未安，狂简斐然，考成斯记。虽文词靡叙，而事有所凭，但鄙见未弘，固多疏缺耳。其《续内典录》等，附于本部之末。幸诸来哲，无贻诮焉。

右从后汉逮至皇朝，合一十九代，所出大小乘经律论并贤圣集传，总二千二百七十八部，都合七千四十六卷。于中一千一百二十四部五千四十八卷见行入藏（其梁代曼陀罗译《文殊般若经》，般若部中已载，《宝积经》中亦复编入，故此一经，录中重载），据其实数，但一千一百二十三部五千四十七卷，是见行数（其集传中有四十部三百六十八卷，并是此方撰集，非梵本翻出）；一千一百四十八部一千九百八十卷，是缺本数。两件见、缺，合有二千二百七十一部七千二十七卷（与前都数欠七部一千[②]九卷不同者，其东晋无垢眼译《毗尼序》，合入《十诵》；其萧齐法意译《提婆达多品》一卷及周武帝代志德译《普门品重诵偈》一卷，并合入《妙法华》中；其隋朝崛多译《银主品》《嘱累品》共一卷，合入《金光明》中；其北凉昙无谶译四卷《金光明》，梁朝真谛译七卷《金光明》，周世崛多译五卷《金光明》，隋朝沙门宝贵取前三本合成八卷，故上三经，在"删繁录"，加此七部一十九卷，还与都数符同，一无欠少）。

---

① 沙门行：当为"沙门一行"，本名张遂，唐代著名的天文学家和密宗大师。

② 一千：根据前所统计数据，当为"一十"，且后文有"七部一十九卷"。《中华大藏经》本即作"一十"。

《开元释教录》卷第十

“总括群经录”上之十

叙列古今诸家目录：

《古经录》一卷。

右寻诸旧录，多称为《古录》，似是秦始皇时释利防[①]等所赍经录。

《旧经录》一卷。

右似是前汉刘向校书天阁，往见有佛经，即谓《古藏经录》，谓孔壁所藏，或秦正焚书，人中[②]所藏者。

《汉时佛经目录》[③]一卷。

右似是明帝时迦叶摩腾创译《四十二章经》，因即撰录。

《朱士行汉录》一卷。

右曹魏时颍川沙门朱士行于洛阳讲《道行经》，因著其录。后往西域求经，于彼而卒。

《众经录》一卷。

右西晋武帝代长安青门外大寺西域沙门竺法护翻译众经，因出其录。

《众经录》一卷。

右西晋惠帝代永嘉中[④]清信士聂道真，禀受护公之笔匠也，后自翻经，因

---

① 释利防：始皇时期，佛教并未传入中土，故不可能有释利防赍经录之史实。后世经录传注中所称《古录》《旧录》等，实为晋宋时期的佚名之作或伪撰。

② 人中：当为“民中”，避太宗李世民之讳。

③《汉时佛经目录》：迦叶摩腾创译之事本有疑窦，此时译事初开，遑论编制经录，故方广锠判为伪撰。

④ 西晋惠帝代永嘉中：“永嘉”为晋怀帝的年号，不当以“西晋惠帝代”统之，《大正藏》校“惠”作“怀”，可从。

出其录。

《赵录》一卷。

右似是二赵[①]时诸录遥注，未知姓氏。

《综理众经目录》一卷。

右苻秦代沙门释道安所撰。自前诸录，但列经名，至于品类时代，盖缺而不纪，后人披览，莫测根由。安乃总集名题，表其时代，铨品新旧，定其制作，众经有据，自此而明。在后群录，资而增广。是知高怀独悟，足以垂范后昆。所撰之文，见《僧祐录》。

《二秦录》一卷。

右后秦姚兴弘始年长安沙门释僧睿所撰。睿即安公之弟子，神用通朗，思力标举，参译什门，多有撰缉。

《众经录》四卷（《魏世录》《吴世录》《晋世杂录》《河西录》）。

右东晋庐山东林寺远公弟子释道流创撰，未就而卒，同学竺道祖续而成之。

《经论都录》一卷（《别录》一卷）。

右东晋成帝豫章山沙门支敏度撰。其人总校古今群经，故撰《都录》，敏度又撰《别录》一部。

《众经目录》二卷。

右萧齐武帝时沙门释王宗撰，见梁《三藏记》。

《释弘充录》一卷（南齐杨都人）。

《释道慧宋齐录》一卷（南齐）。

《释道凭录》一卷（北齐）。

《释正度录》一卷。

《王车骑录》一卷。

《始兴录》一卷（未详撰者，亦云《南录》）。

《庐山录》一卷（未详作者）。

《岑号录》一卷。

《菩提留支录》一卷（元魏洛京永宁寺天竺沙门也）。

《华林佛殿众经目录》[②]四卷（梁天监十四年敕沙门僧绍撰）。

---

① 二赵：指匈奴人刘曜所建前赵和羯人石勒所建后赵。然经录记载，二赵并无译经，自不能成录，疑为后人仿《二秦录》依托为之。

② 《华林佛殿众经目录》：一名《华林佛殿录》，天监十四年梁武帝敕僧绍作，主要记录宫廷所藏佛经。

隋沙门释灵裕《译经录》一卷（《长房录》中无“隋”字[①]）。

《众经都录》八卷（似是总合诸家，未详作者）。

已前诸录二十五家。长房、《内典》二录云：“上件诸录，检传记有之，未见其本，故列名而已。”

《众经别录》[②]二卷（未详作者，言似宋时，总分十例，具如后列）。

“大乘经录第一”（三百七十部七百七十九卷）、“三乘通教录第二”（五十一部九十七卷）、“三乘中大乘录第三”（一十七部三十八卷）。

右上卷三录（总四百三十八部九百一十四卷）。

“小乘经录第四”（四百三十六部六百一十卷）、“第五”篇目本缺（此“缺本录”，不显部卷，应散在诸录中故耳）、“大小乘不判录第六”（一百七十四部一百八十四卷）、“疑经录第七”（一十七部二十卷）、“律录第八”（一十二部一百九十五卷）、“数录第九”（六部一百二十一卷）、“论录第十”（六部一百五十二卷）。

右下卷七录（总六百五十一部一千六百八十二卷）。

上下两卷，合有十篇，都一千八十九部二千五百九十六卷（其下卷七录部数勘同，卷数少四百，未详所以[③]）。

《元魏众经目录》（永熙年敕舍人李廓撰，一卷成）。

“大乘经目录一”（二百一十四部）、“大乘论目录二”（二十九部）、“大乘经子注目录三”（一十二部）、“大乘未译经论目录四”（二十三部）、“小乘经目录五”（六十九部）、“小乘论目录六”（二部）、“有目未得经目录七”（一十六部）、“非真经目录八”（六十二部）、“非真论目录九”（四部）、“全非经愚人妄作目录十”（一十一部）。

都十件，经律论真伪四百二十七部二千五十三卷（部数勘与都数不同，剩十五部，未详所以[④]）。

《梁代众经目录》（天监十七年敕沙门宝唱撰）。

“众经目录卷第一”（大乘二百六十二部六百七十四卷）：“有译人多卷一”（六十九部四百六十七卷）、“无译人多卷二”（五部一十九卷）、“有译人一卷三”（九十部

---

① 《长房录》中无“隋”字：《历代三宝纪》卷十五云“灵裕法师《译经录》一卷”，《大唐内典录》卷十云“隋沙门释灵裕《译经录》”，可见，智升此处以《大唐内典录》为据。

② 《众经别录》：苏晋仁考辨“此录编以三乘通教，当是受慧观影响”。刘宋时期道场寺慧观创立五时判教，三乘通教是其一。敦煌遗书现存《众经别录》残卷，分别为伯 3747 号和斯 2872 号。

③ 卷数少四百，未详所以：前云“‘第五’篇目本缺”，或所缺之四百卷即此部分。

④ 剩十五部，未详所以：十个细目部数，统计得四百四十二部，然《元魏众经目录》自题“都十件，经律论真伪四百二十七部”，多出十五部，其经录已佚，无从查考。

九十卷）、“无译人一卷四”（九十八部九十八卷）。

“众经目录卷第二”（小乘二百八十五部四百卷）：“有译人多卷一”（一十七部一百二十卷）、“无译人多卷二”（五部一十七卷）、“有译人一卷三”（五十部五十卷）、“无译人一卷四”（二百一十三部二百一十三卷）。

“众经目录卷第三”（三百六十二部一千六百八十二卷）：“先异译经一”（四十五部多卷二百七十九卷，三十八部一卷三十八卷）、“禅经二”（九部多卷三十八卷，三十一部一卷三十一卷）、“戒律三”（六十八部二百七十三卷）、“疑经四”（六十二部六十七卷）、“注经五”（四十部二百四十六卷）、“数论六”（三十一部三百六十七卷）、“义记七”（三十八部三百四十一卷）。

“众经目录卷第四”（二百二十九部九百八十五卷，后部数勘，欠五不同）：“随事别名一”（一十三部四百一十三卷）、“随事共名二”（三十五部四百七十卷）、“譬喻三”（一十五部三十六卷）、“佛名四”（一十四部二十九卷）、“神咒五”（四十七部四十七卷）。

总四卷都二十件，凡一千四百三十三部三千七百四十一卷（此都部数与前数勘，剩三百九十五部，未详所以）。

《高齐众经目录》（武平年沙门统法上撰，梵名达摩郁多罗，一卷成）。

“杂藏录一”（二百九十一部八百七十四卷）、“修多罗录二”（一百七十九部三百二十卷）、“毗尼录三”（一十九部二百五十六卷）、“阿毗昙录四”（五十部四百二十一卷）、“别录第五”（三十七部七十四卷）、“众经抄录六”（一百二十七部一百三十七卷）、“集录第七”（三十三部一百四十七卷）、“人作录[①]八”（五十一部一百六卷）。

都八件，经律论真伪七百八十七部二千三百三十四卷（此都数与前数勘，欠十一卷不同，未详所以）。

从《众经别录》下四家目录，长房、《内典》二录具列篇题，今寻本未获，但具存其目。

《唐众经目录》[②]五卷（贞观初，普光寺沙门玄琬撰，出《内典录》）。

右《内典录》中引用云：“《唐旧录》未见其本，似取隋五卷《众经录》编新经入，余者大同。”

《众经目录》五卷（于《隋录》内加奘译经，余皆无异，大唐大敬爱寺沙门静泰[③]撰）。

---

① 人作录：所谓“人作”，即非佛说。按照牧田谛亮《疑经研究——中国佛教中之真经与疑经》一文的说法，其以“人作录”为疑经。

② 《唐众经目录》：唐贞观初年（627）玄琬撰，五卷，以《彦琮录》为基础，补入后来译经而成录。自《元魏众经目录》至此，经录名皆云《众经目录》，故前之朝代亦置之于书名号内，以示区别。

③ 静泰：唐龙朔三年（663）撰《众经目录》，具体详情，可参看《大唐东京大敬爱寺一切经论目序》。“一切经”即“众经”。

右从《古录》已下三十一家，诸录之中，虽皆备述，欲寻其本，难可备焉。且列名题，知其有据（撰录者曰：又如《长房录》中引《一乘寺藏录》，《周录》之中引《真寂寺录》《义善寺录》《玄法寺录》《福林寺录》，上之五录，但引其名，不言卷数。又有陈朝《大乘寺藏录》四卷，并不知何人制作，似是当寺藏经，略记由委，既扃寺名为录[①]，未可通行，故叙录次，缺而不载）。

梁《出三藏记集》一十五卷（建初寺沙门释僧祐撰）。

其序略云："祐以庸浅，豫凭法门[②]，翘仰玄风，誓弘末化。每至昏晓讽持，秋夏讲说，未尝不心驰庵园，影跃灵岳[③]。于是牵课[④]羸志，沿波讨源，缀其所闻，名曰《出三藏记集》。一撰缘记、二诠名录、三总经序、四述列传。缘记撰则原始之本克昭，名录诠则年代之目不坠，经序总则胜集之时足征，列传述则伊人之风可见。并钻析内经，研镜外籍（云云）。"

《出三藏记集》卷第一（第一卷撰缘记，第二至第五诠名录，第六至第十二总经序，第十三至第十五述列传）："集三藏缘记第一"（出《大智度论》）、"十诵律五百罗汉出三藏记第二"、"《菩萨处胎经》出八藏[⑤]记第三"、"胡汉译经文字音义同异记第四"（应云"梵汉"）、"前后出经异记第五"。

《出三藏记集》卷第二："新集撰出经律论录第一"（四百五十部一千八百六十七卷）、"新集条解异出经录第二"（直约部名，以配重译，不云卷数，算极难矣）、"新集表序四部律录第三[⑥]"（初题有，卷中无，四部一百八十卷）。

《出三藏记集》卷第三："新集安公古异经录第一"（九十二部九十二卷）、"新集安公失译经录第二"（一百四十二部一百四十七卷）、"新集安公凉土异经录第三"（五十九部七十九卷）、"新集安公关中异经录第四"（二十四部二十四卷）、"新集律分为五部记录第五"（出《毗婆沙》）、"新集律分为十八部记录第六"、"新集律来汉地四部记录第七"。

《出三藏记集》卷第四："新集续撰失译杂经录第一"（一千三百六部一千五百七十卷）。

---

① 既扃寺名为录：大意为以寺庙之名号为经录名称。"扃"，本义为门闩，用作动词有关门义。

② 豫凭法门：依靠入道的门径。"豫"通"与"，参与；靠近义；"凭"，靠近；依靠义。

③ 心驰庵园，影跃灵岳："庵园"，即庵罗树园，佛于此说《维摩经》。"灵岳"，《中华大藏经》本作"灵鹫"，即灵鹫山，佛于此处说《法华经》。

④ 牵课：犹勉强；强作。

⑤ 八藏：阿难最初出经，胎化藏为第一、中阴藏第二、摩诃衍方等藏第三、戒律藏第四、十住菩萨藏第五、杂藏第六、金刚藏第七、佛藏第八，是谓"八藏"。

⑥ 新集表序四部律录第三：今《出三藏记集》中华书局通行本注明缺。

《出三藏记集》卷第五："新集抄经录第一"（四十六部三百五十一卷）、"新集安公疑经录第二"（二十六部三十卷）、"新集疑经伪撰杂录第三"（二十部二十六卷）、"新集安公注经及杂经志录第四"（四十八部三百五十九卷）、"小乘迷学竺法度[①]造异仪记第五"、"长安睿法师喻疑第六"。

《出三藏记集》卷第六（"四十二章经序"等十首）。

《出三藏记集》卷第七（"道行经序"等二十首）。

《出三藏记集》卷第八（"般若钞经序"等一十九首）。

《出三藏记集》卷第九（"华严经记"等二十四首）。

《出三藏记集》卷第十（"道地经序"等二十一首）。

《出三藏记集》卷第十一（"中论序"等一十六首）。

《出三藏记集》卷第十二（"杂记序录[②]"十首）。

《出三藏记集》卷第十三（"安世高传"等十二）。

《出三藏记集》卷第十四（"鸠摩罗什传"等十）。

《出三藏记集》卷第十五（"白法祖传"等十。撰录者曰：《祐录》所撰条例可观，若细寻求，不无乖失。只如第一卷"前后出经异记"中"旧经怛萨阿竭阿罗诃三耶三佛、新经阿耨多罗三藐三菩提"者，一误。若新旧相对，应云"旧经怛萨阿竭阿罗诃三耶三佛、新经多陀阿伽度阿罗诃三藐三佛陀"，"旧经阿耨多罗三耶三菩〔提〕"、"新经阿耨多罗三藐三菩提"，二义全殊，不可交互。又如昙摩罗刹与竺法护，乃是一人。昙摩云"法"，罗刹言"护"，分为二人，二误。"异出经论录"中，但名目相似，即云重译，而不细料简，大小混杂，三误。"僧伽罗刹集序"云众护撰者，僧伽云"众"，罗刹言"护"，"众护"乃是集经之人，序是翻译者作，题云"众护"，四误。此诸众作，乖谬全甚，此亦璠玙之一玷也）。

隋《众经目录》七卷（一卷"总录"，"别录"六卷，开皇十四年敕翻经所法经等二十大德撰）。

"大乘修多罗藏录一"（六分，合七百八十四部一千七百一十八卷）："众经一译分"（合一百三十三部四百二十一卷）、"众经异译分"（合一百九十五部五百二十二卷）、"众经失译分"（合一百三十四部二百七十五卷）、"众经别生分"（合二百二十一部二百六十四卷）、"众经疑惑分"（合二十一部三十卷）、"众经伪妄分"（合八十部一百九十六卷）。

"小乘修多罗藏录二"（六分，合八百四十二部，算得四十五部；一千三百一卷，算

---

① 小乘迷学竺法度：《出三藏记集》卷五云："元嘉中，外国商人竺婆勒久停广州，每往来求利。于南康郡生儿，仍名南康，长易字金伽。后得入道，为昙摩耶舍弟子，改名法度。其人貌虽外国，实生汉土，天竺科轨，非其所谙。但性存矫异，欲以摄物，故执学小乘。"

② 杂记序录：《出三藏记集》作"杂录序"。

得三百四卷）："众经一译分"（合七十二部二百九十二卷）、"众经异译分"（合一百部二百七十卷）、"众经失译分"（合一百五十部二百七十二卷）、"众经别生分"（合三百四十二部三百四十六卷）、"众经疑惑分"（合二十九部三十一卷）、"众经伪妄分"（合五十三部九十三卷）。

"大乘毗尼藏录三"（六分，合五十部八十二卷）："众律一译分"（合一十二部三十二卷）、"众律异译分"（合七部七卷）、"众律失译分"（合一十一部一十四卷）、"众律别生分"（合一十六部一十六卷）、"众律疑惑分"（合一部二卷）、"众律伪妄分"（合二部一十一卷）。

"小乘毗尼藏录四"（六分，合六十三部三百八十一卷）："众律一译分"（合一十五部一百九十八卷）、"众律异译分"（合八部一百二十六卷）、"众律失译分"（合二十九部四十五卷）、"众律别生分"（合六部六卷）、"众律疑惑分"（合二部二卷）、"众律伪妄分"（合三部二卷）。

"大乘阿毗昙藏五"（六分，合六十八部三百八十一卷）："众论一译分"（合四十二部二百六卷）、"众论异译分"（合八部五十二卷）、"众论失译分"（合一部二卷）、"众论别生分"（合一十五部一十九卷）、"众论疑惑分"（合一部一卷）、"众论伪妄分"（合一部一卷）。

"小乘阿毗昙藏六"（六分，合一百一十六部四百八十二卷）："众论一译分"（合一十四部二百七十六卷）、"众论异译分"（合八部六十八卷）、"众论失译分"（合五部二十二卷）、"众论别生分"（合八十六部一百七卷）、"众论疑惑分"（合一部一卷）、"众论伪妄分"（合二部一十卷）。

"佛灭度后抄集录七"（二分，合一百四十四部六百二十七卷）："西域贤圣抄集分"（合四十八部一百一十九卷）、"此方诸德抄集分"（合九十六部五百八卷）。

"佛灭度后传记录八"（二分，合六十八部一百八十五卷）："西域贤圣传记分"（合一十三部三十卷）、"此方诸德传记分"（合五十五部一百五十五卷）。

"佛灭度后著述录九"（二分，合一百一十九部一百二十卷）："西域贤圣著述分"（合一十五部一十九卷）、"此方诸德著述分"（合一百四部一百一十五卷）。

右九录，合二千二百五十七部五千三百一十卷（算得二千二百五十四部五千一百九十一卷，细勘"别录"部卷，复与"总录"不同），分为六卷，"总录"第七，合分为七卷（撰录者曰：余检寻此录，非无差错。即如昙摩罗刹，晋言法护，总是一人，录中分二，云各出《须真天子经》二卷，编为重译，不识梵晋之言，一误也。如《律二十二明了论》，总是一经，录中分为二部律，二十二卷，编在律中，《明了论》一卷，在于是论，录一经之题，分二上录，二误也。其"律二十二"，乃是《明了论》半题，今云"二十二卷"，误之甚也。真谛《摄论》十二卷与十五卷者，二本不殊，存其二部，而言重译，三误也。以《仁王经》《起信论》等编在“疑录”，四误也。不能备陈，略述如此）。

隋《开皇三宝录》一十五卷（内题云《历代三宝纪》，开皇十七年，兴善寺翻经学士成都费长房撰）。

“历代三宝纪第一”（帝年上：周、秦），从周庄王他[①]十年甲午至秦始皇帝子子婴[②]甲午年，凡二十六主，四百八十一载。

“历代三宝纪第二”（帝年次：前汉、新王、后汉），从前汉高帝元年乙未至后汉献帝建安二十四年己亥，凡二十六君，四百二十五载。

“历代三宝纪第三”（帝年下：魏、晋、宋、齐、梁、周、隋），从魏文帝黄初元年庚子至隋开皇十七年丁巳，凡四十四主，三百七十八载。

“历代三宝纪第四”（译经：后汉），右从明帝永平十年丁卯至献帝末年，历一十一主，一百五十二年，华戎道俗十有二人，并古失译，合出经律三百三十四部四百一十六卷。

“历代三宝纪第五”（释经：魏、汉[③]），右魏、吴两代，道俗十人，所出经律羯磨并旧失译，合三百一十二部四百八十二卷。

“历代三宝纪第六”（释经：西晋），右西晋代，华戎道俗十有三人，并前失译诸经戒等，合四百五十一部七百一十七卷。

“历代三宝纪第七”（译经：东晋），右东晋代，华戎道俗二十七人，而所出经并旧失译，合二百六十三部五百八十五卷。

“历代三宝纪第八”（译经：苻秦、姚秦），右二秦之代，华戎释种一十六人，合出经论传等一百六十四部九百四卷。

“历代三宝纪第九”（译经：西秦、北凉、元魏、高齐、陈氏），右五代，缁素共二十七人，所出三藏及记录等并及失译，合二百三部八百五十五卷。

“历代三宝纪第十”（译经：宋），右宋代，华戎道俗二十三人，出经律论及传录等，凡二百一十部四百九十卷。

“历代三宝纪第十一”（译经：齐、梁、周），右三代，缁素共五十一人，出经律论及传录等，一百六十二部一千三百二十六卷。

---

① 周庄王他：《中华大藏经》本作“佗”，即姬佗，春秋时期东周第三代君主。

② 秦始皇帝子子婴：子婴身世，观点多出，一则曰胡亥之侄，《史记·秦始皇本纪》云：“立二世之兄子公子婴为秦王。”一则曰始皇之弟，《李斯列传》云：“高自知天弗与，群臣弗许，乃召始皇弟，授之玺。”一则曰胡亥之兄，《六国年表》之章句曰：“高立二世兄子婴。”与此“秦始皇帝子子婴”之表述相应。其中“胡亥之侄”说，较为流行。

③ 释经：魏、汉：“释经”，根据上下文例，当为“译经”，下段之所谓“释经”，不烦出校。蜀汉译经，经录并无记载，下文有“右魏、吴两代”，则“汉”当为“吴”。

“历代三宝纪第十二”（译经：大隋），右隋代，华戎缁素十有九人，所翻新文及杂旧本论传法式，合七十五部四百六十二卷。

“历代三宝纪第十三”（“大乘录·入藏目”五百五十一部一千五百八十六卷）：“大乘修多罗有译一”（三百三十四部八百八十五卷）、“修多罗失译二”（三百三十五部四百二卷）、“毗尼有译三”（一十九部四十卷）、“毗尼失译四”（一十二部一十四卷）、“阿毗昙有译五”（四十九部二百三十八卷）、“阿毗昙失译六”（二部七卷）。

“历代三宝纪第十四”（“小乘录·入藏目”五百二十五部一千七百三十九卷，录云“七百一十二卷”者，误）：“小乘修多罗有译一”（一百八部五百二十七卷）、“修多罗失译二”（三百一十六部四百八十二卷）、“毗尼有译三”（三十九部一百八十五卷）、“毗尼失译四”（三十一部六十七卷）、“阿毗昙有译五”（二十一部三百五十一卷）、“阿毗昙失译六”（一十部二十七卷）。

“开皇三宝录总目”一卷（《内典录》云《房录》所出经律论传总二千一百四十六部六千二百三十五卷，非入藏数，算得七十四部三十七卷，与《内典》不同）。

右兼“总目”，共成一十五卷（其第十三、十四大小乘“入藏目录”，合一千七十六部二千三百二十五卷。《房录》本数三千三百九十二卷者，计数错也）。《内典录》云：“房所撰者，入藏之中，瓦玉相谬。得在繁富，未可核通，非无凭准，未可偏削（撰录者曰：余检长房“入藏录”中事实杂谬，其缺本疑伪，皆编入藏，窃为不可。又如大乘录中《贤劫经》《贤劫三昧经》，此是一经两名，今存二部，一误。《须菩提品》及《长安品》，此并《般若钞》之异名，今别存两部，二误。《须真天子经》、《须真天子问四事经》，亦一经两名，重载二部，三误。《象步经》即《无所希望经》异名，二名各存，四误。《菩提无行经》即《文殊问菩提经》异名，存其二本，五误。以《僧佉外道论》入大乘中，六误。小乘录中《达摩多罗禅经》与《不净观经》，总是一经，其“不净观”，约法为名，“达摩多罗”，就人立称，二部俱存，七误。《十诵律》六十一卷，《十诵律》五十九卷，二本不殊，其六十一卷者，卑摩罗叉《伽毗尼序》置之于后，余并无异，今云重译，二本俱存，八误。《律二十二》在于律中，《明了论》在于论录，一题分二，九误。其“律二十二”乃是《明了论》之半题，今存《律》二十二卷，误中重误也。《众事分阿毗昙论》，代录之中即言宋朝求那跋陀罗共菩提耶舍译，“入藏”之内，则言“失源”。前后差违十误，余者在录，不能繁叙）。”

隋《众经目录》[①]五卷（仁寿二年，敕请兴善寺大德与翻经沙门及学士等撰），都合二千一百九部五千五十九卷。

单本（原来一本，更无别翻，合三百七十部一千七百八十六卷），右第一卷。

---

① 隋《众经目录》：本卷此目以下，《中华大藏经》本在具体部数、卷数方面，或为单行大字，或为双行小字，与《大正藏》本有异，本校注以《大正藏》本为据，不烦出校。

重翻（本是一经，或有二重翻者，乃至六重翻者，合二百七十七部五百八十三卷）、贤圣集传（贤圣所撰，翻译有原，合四十一部一百六十四卷），右第二卷（已前二卷，三分，合六百八十八部二千五百三十三卷，入藏见录）。

别生（于本部内抄出别行，合八百一十部一千二百八十八卷），右第三卷。

疑伪（名虽似正，义涉人造，合二百九部四百九十一卷），右第四卷（已前二卷，二分，合一千一十九部一千七百七十九卷，不须抄写）。

缺本（旧录有目而无经本，合四百二部七百四十七卷，请访[①]），右第五卷。

其序略云："'别生'、'疑伪'，不须抄写，已外三分，'入藏'所收。至如《法宝集》之流，《净住子》之类，还同'略抄'，例入'别生'。余有僧传等[②]，词参文史，体非淳正，事虽可寻，义无在录。"《内典录》云："即今京辇通写盛行，直列经名，仍铨传译，所略过半，未足检寻（撰录者曰：余检寻此录，非无差谬，只如《弘道广显三昧经》与《阿耨达龙王经》，此是一经两名，俱云竺法护译，存其两本，一误。又如《普曜经》八卷，云西晋竺法护译，"缺本录"中复云《普曜经》八卷，亦云竺法护译，见、缺俱载，二误。又"入藏录"中《普曜经》八卷即云单本，"缺本录"中复云重译缺本，前后差舛，三误。真谛所译《摄大乘论》十二卷者，与十五卷者卷虽增减，文则不殊，今二本俱存，四误。《弥沙塞羯磨》，"缺本录"中前后重载，五误。以《随愿往生经》《遗教论》等编为"疑伪"，六误。余在录中，不能备记）。"

《大唐内典录》十卷（麟德元年甲子，西明寺沙门释道宣撰）。

"历代众经传译所从录第一"（谓代别出经及人述作，无非通法，并入经收，故随经出）："后汉朝传译道俗一十二人所出经律等"（三百三十四部四百一十六卷，失译经一百二十五部一百四十八卷）、"前魏朝传译僧六人所出经律等"（一十三部二十五卷）、"南吴孙氏传译道俗四人所出经传等"（一百四十八部一百九十五卷，失译经一百一十部二百九十二卷）、"西晋朝传译道俗一十三人所出经戒等"（四百四十六部七百一十三卷，失译经八部一十五卷）、"东晋朝传译道俗二十七人所出经传等"（二百六十四部五百七十四卷，失译经五十部五十四卷）、"前秦苻氏传译僧八人所出经传等"（四十部二百三十九卷）、"西秦乞伏氏传译僧一人所出经等"（一十五部二十二卷，失译经八部一十一卷）、"后秦姚氏传译僧八人所出经传等"（一百二十四部六百七十六卷）、"北凉沮渠氏传译道俗九人所出经传"（三十四部二百七十卷，失译经五部一十七卷）、"宋

---

① 请访：隋《众经目录》以及《贞元录》载录皆同，因为旧录有目而无经本，故致缺本。"请访"当为请予寻访之义。

② 余有僧传等：隋《众经目录》作"自余《高僧传》等"，另前文"'入藏'所收"，隋《众经目录》作"'入藏'见录"。

朝传译道俗二十四人所出经传”（二百一十七部五百三卷）、“前齐朝传译道俗二十人所出经传”（一十二部三百九十六卷）、“梁朝传译道俗二十一人所出经律传等”（八十九部九百二卷）、“后魏元氏传译道俗一十四人所出经论传录”（八十八部二百九十八卷）、“后齐高氏传译道俗二人所出经论”（八部五十二卷）、“后周宇文氏传译道俗一十一人所出经论天文等”（三十二部一百五卷）、“陈朝传译道俗三人所出经论传疏等”（五十四部二百五十一卷）、“隋朝传译道俗二十五人所出经论等”（一百六部六百三十三卷）、“皇朝传译僧等十有二人所出经论等”（一百一十七部一千六百六十八卷）。都合一十八代，所出众经总有二千四百八十七部，八千四百七十六卷（其第一卷初都数与第十卷中都数多少不同，又与诸本对勘，数亦少多差别，未详何者为正①）。已上一录，分为五卷（从第一至第五）。

“历代翻本单重人代存亡录第二”（谓前后异出，人代不同，又遭离乱，道俗波迸②，今总计会，故有单重，缘叙莫知，致传失译）：“大乘经单重译本并译有无录”（合三百八十六部一千一百五十二卷、一万八千五百二十二纸）、“大乘律单重译本并译有无录”（合二十二部三十四卷③）、“大乘论单重译本并译有无录”（合七十二部五百卷、九千二百二十纸）、“小乘经单重译本并译有无录”（合二百四部五百四十四卷、七千六百七十四纸）、“小乘律本译有无录”（合三十五部二百七十四卷、五千八百一十三纸）、“小乘论单重译本并译有无录”（合三十三部六百七十六卷、一万二千一百七十七纸）、“贤圣集录通人小乘”（合四十七部一百八十四卷、二千七百八十纸）。右一录分为第六、第七二卷。

“历代众经分乘入藏录第三”（谓经部繁多，纲要备列，从帙入藏，以类相从，故分大小二乘，显单重两译），众经律论传（合八百一部三千三百六十一卷、五万六千一百七十纸三百二十六帙）：“大乘经一译”（二百四部六百八十五卷、一万一千四十三纸六十六帙）、“大乘经重翻”（二百二部四百九十七卷、七千二百九十纸四十九帙）、“小乘经一译”（一百八部四百三十五卷、六千六百九十纸三十九帙）、“小乘经重翻”（九十六部一百一十四卷、九百七十七纸六帙）、“小乘律”（三十五部二百七十四卷、五千八百一十三纸二十八帙）、“大乘论”（七十四部五百二卷、九千一百三十纸五十二帙）、“小乘论”（三十三部六百七十六卷、一万二千一百七十七纸六十八帙）、“贤圣集传”（四十九部一百八十四卷、二千八十四纸一十八帙）。右一录为第八卷（撰录者曰：寻此录数，与次前录部卷有同者，有不同者，前录

① 未详何者为正：本书校注者以《大正藏》本《大唐内典录》所载部数、卷数对勘，数据多有误差，校不胜校。《大唐内典录》后世抄刻版本不一，智升此云“未详何者为正”，后面部分亦同，相异太多，不烦出校。

② 波迸：奔走；奔逃。

③ 合二十二部三十四卷：《大正藏》本校勘记以为下脱“四百六十一纸”六字，按体例，当补。

出大乘律，此合入经中，又单重交杂，前后差舛，凭何准定？）。

"历代众经举要转读录第四"（谓转读寻玩，务在要博，繁文重义，非曰被时，故随部撮举，简取通道。自余重本，存而未暇）："大乘经正本[①]"（二百五十四部七百九十五卷、一万三千七十九纸）、"大乘律本"（二十部三十二卷、四百三十纸）、"大乘论本"（六十三部四百四十五卷、八千一百一十五纸），都合大乘经律论合三百三十七部一千二百六十七卷（二万一千六百二十五纸）。"小乘经"（合一百一十八部四百三十三卷、六千七百一十三纸）、"小乘律"（合三十五部二百七十四卷、五千七百一十八纸）、"小乘论"（合二十九部五百六十五卷、九千九百九十七纸），都合小乘经律论合一百八十二部一千二百五十二卷（二万二千四百二十八纸）。"贤圣集传"（合四十三部一百七十七卷、二千九百九十七纸）。右一录为第九卷（撰录者曰：寻此中意，上所列者，是转读数。诸重译经，但存一本，余并义理无异，删而不存）。

"历代众经有目缺本录第五"（谓统检群录，校本则无，随方别出，未能通遍，故别显目访之）。

"历代道俗述作注解录第六"（谓注述圣言，用通未悟，前已杂显，未足申明，今别题录，使寻览易晓）。

"历代诸经支沠[②]陈化录第七"（谓别生诸经，典顺时俗，未通广本，且接初心，一四句颂，未可轻削故也）。

"历代所出疑伪经论录第八"（谓正法深远，凡愚未达，随俗下化，有勃[③]真宗，若不标显，玉石斯滥）。

"历代众经录目始终序第九"（谓经录代出，须识其源）。

"历代众经应感兴敬录第十"（谓经翻东夏，应感征祥，而有蒙祐增信，故使传持惟远）。右六录合为第十卷（欲具委之，恐繁故略）。

《内典录》中，宣律师云："余少沐法流，五十余载，宗匠成教，轨范[④]贤明。每值经诰德能，无不目阅亲谒。至于经部大录，欣悟良多，无论真伪，思闻其异（云云）。""故魏晋之后，腾译郁蒸[⑤]，制录讨论，居然非一，或以数列，或用名求，或凭时代，或寄参译，各纪一隅，务存所见。斯并当时稽古，识量修明，而缀

---

① 正本：相对于"重本"而言。

② 支沠："沠"为水名，古河流，源出山西，显误。当做"㳒"，即"派"字，《大唐内典录》作"历代诸经支流陈化录"，"支派"即支流。

③ 勃：通"悖"，违背；乖戾。

④ 轨范：法则；模范义。《大正藏》本《大唐内典录》作"执范"，不可从。

⑤ 郁蒸：生气萌动，指译经不断增多。

撰笔削，不至详审[①]者，非为才不足而智不周也（云云）。”“上集群目，取讯僧传等文，勘阅详定，便参祐、房等录。《祐录》征据，文义可观，然大小偏同，三藏糅杂，抄集参正，传记乱经，考括始终，莫能通决。《房录》后出，该赡前闻，然三宝共部，伪真淆乱，自余诸录，胡可胜言。今余所撰，望革前弊（撰录者曰：宣公所撰，类例明审，实有可观，作者之风，见于兹矣。然少有差杂，未能尽善。述作之事，诚谓难哉！今略叙数科，以详厥误。非欲指陈臧否，实惟甄异是非，只如人代存亡，录中《新小品》等六经，并云《大品》之同本者，不然。义理虽通，据会全异，而言同本，一误。《菩萨净行经》与《宝髻菩萨经》俱云竺法护译，此是一经两名，存其二本，二误。《弘道广显三昧经》与《阿耨达龙王经》亦是一经两名，二本俱存，三误。《须弥藏经》二卷，此是高齐耶舍所翻，前后重上，四误。《摄大乘论》，真谛译者有十二卷本，有十五成[②]者，二本俱存，五误。《般若钞经》，“大乘录”中及“集传”内二处俱载，六误。又如分乘“入藏录”中《深密解脱经》，前后重上，前与《菩萨处胎经》同帙，后与《解深密经》同帙，七误。以《旧十轮经》为单本，《新十轮经》为重译，八误。以《起世经》为单本，《楼炭经》为重译，九误。此类非一，不能备举。如“举要转读录”中，《信力入印法门经》虽是《华严》支类，大部中无，同于《度世》《渐备》等经，摄归大部，不为转读之数，一不然也。诸部《般若》，唯举《大品》一经；《放光》等九部，云重沓罕寻，举前以统，大义斯尽。玉华后译《大般若》者，明佛一化，十有六会，得存供养，难用常行，今谓不然，岂可以凡愚浅智而堰截法海乎？人性不同，所乐各异，岂以自情好略，令他同己见耶？《般若》大经，转读极众，佛记弘阐，在东北方，而言难用常行，窃为未可。又《小品》《大品》，据本全殊，一废一兴，二不然也。如《须弥藏经》等，虽是《大集》别分，大部中无，摄而不行，理为未当。又《须弥藏经》前则摄归《大集》，后即别举流行，前后差殊，三不然也。如《楼炭经》等摄入《长含》，《起世》一经，别令转读。《起世》之与《楼炭》，梵本何殊？一废一兴，四不然也。如《安般守意》与《大安般》无殊，此乃何缘？二俱转读，五不然也。如《十八部论》与《部异执》梵本不殊，此复何缘？俱令转读，六不然也。又云录外有外道《金七十论》《破外道涅槃论》《破外道四宗论》，未暇故缺者。如《金七十论》，外道所撰，非是佛法，除之可。然《涅槃》《四宗》[③]，同彼删削，将为未可，此是内论破于外宗，一例删除，七不然也。又如“人代存亡录”及“举要转读录”，“大乘录”中，三藏备具，“入藏录”中，大乘无律，岂可前后俱有，中间独无？自为矛盾，八不然也。如上所列，非无乖舛，而云革弊，或所未然。差错极多，卒难陈委，明达之辈，幸自详焉）。”

《续大唐内典录》一卷（开元庚午岁西崇福寺沙门智升撰），历代众经传译所从

① 详审：《大正藏》本《大唐内典录》作“详密”，两通。

② 十五成：当作“十五卷”。

③ 《涅槃》《四宗》：即前之《破外道涅槃论》《破外道四宗论》二论。

录（从麟德元年甲子至开元十八年庚午，前录未载，今故续之）。

大唐《古今译经图纪》四卷（大慈恩寺翻经沙门靖迈撰），大慈恩寺翻经堂内，壁画古今翻译图变，靖迈因撰，题之于壁。但略《费长房录》，翻经之者纪之，余撰集者不录。逮至皇朝，总成四卷。房所错者，此亦同然。更欲广陈，恐繁故止。

《续古今译经图纪》一卷（开元庚午岁西崇福寺沙门智升撰），从奘法师后至输波迦罗，前纪未载，今故续之。

《大周刊定众经目录》十五卷（天后天册万岁元年乙未，敕东都佛授记寺沙门明佺等撰定）。大小乘经律论及贤圣集传（合三千六百一十六部八千六百四十一卷，其“见定入藏流行”部卷，不在此数）。“大乘单译经目卷第一”（二百八十三部五百二十八卷）、“大乘重译经目之一卷第二”（一百七十八部一千三百九十四卷）、“大乘重译经目之二卷第三”（一百六十八部三百三十八卷）、“大乘重译经目之三卷第四”（一百八十部四百二十一卷）、“大乘重译经目之四卷第五”（一百六十八部三百六十五卷）、“大乘律大乘论目卷第六”（一百六十二部七百一十六卷）、“小乘单译经目卷第七”（一百二十八部三百一十卷）、“小乘重译经目之一卷第八”（三百七十一部八百四十二卷）、“小乘重译经目之二卷第九”（二百七十九部三百八十一卷）、“小乘律论贤圣集传目卷第十”（一百九十四部一千三百四十一卷）、“大小乘失译经目卷第十一”（三百七十部五百八十卷）、“大小乘缺本经目卷第十二”（四百七十八部六百六十七卷）、“见定入藏流行目上卷第十三”、“见定入藏流行目下卷第十四”。合大小乘三藏及贤圣集传等，八百七十四部四千二百五十三卷（上卷入藏大乘经律论五百六十三部二千五百三十二卷，下卷小乘经律论及集传二百九十九部一千六百二十卷）：大乘经（四百六十二部一千九百六十三卷、一百九十六帙）、大乘律（二十三部四十九卷、五帙）、大乘论（八十八部五百二十卷、五十一帙），已上为“入藏录”上卷。小乘经（二百七部四百四十三卷、四十四帙）、小乘律（三十五部二百六十卷、二十八帙）、小乘论（三十六部七百四十四卷、七十三帙）、贤圣集传（二十一部四十一卷、四帙），已上为“入藏录”下卷（细算都部卷数与卷中数，并悉差互不同，未见定本）。“伪经目录”一卷（二百二十八部四百一十九卷）。

右兼“伪录”，总一十五卷（撰录者曰：当刊定此录，法匠如林，德重名高，未能亲览，但指挥末学[①]，令缉撰成之。中间乖失，几将太半，此乃委不得人，过在于能使[②]也。且如第十二卷缺本经数总四百七十八部六百七十七卷，前十一卷中，以合有讫，今通计此数，总成三千六百一十六部八千六百四十一卷者。此不然也，妄增部卷，推实即无。诸余交杂，难可备记。“删繁录”中，已述多少，更欲细委，恐繁故止）。

《大唐开元释教录》二十卷（庚午岁西崇福寺沙门智升撰）。

右此中所撰，总分上下两录，具件如左。“总括群经录上”（从汉至唐所出经教，区别人代，具显此中。目录始终，续于后列）：

后汉传译缁素一十二人，所出经律并新旧集失译诸经，总二百九十二部合三百九十五卷（九十七部一百三十一卷见在，一百九十五部二百六十四卷本缺）。曹魏传译沙门五人，所出经戒羯磨，总一十二部合一十八卷（四部五卷见在，八部一十三卷本缺）。右为第一卷。

吴代传译缁素五人，所出经等并及失译，总一百八十九部合四百一十七卷（六十一部九十二卷见在，一百二十八部三百二十五卷本缺）。西晋传译缁素一十二人，所出经戒等并新旧集失译诸经，总三百三十三部合五百九十卷（一百五十六部三百二十一卷见在，一百七十七部二百六十九卷本缺）。右为第二卷。

东晋传译缁素一十六人，所出经律论并新旧集失译诸经，总一百六十八部合四百六十八卷（八十五部三百三十六卷见在，八十三部一百三十二卷本缺）。苻秦传译沙门六人，所出经律论等，总一十五部合一百九十七卷（七部六十五卷见在，八部一百三十二卷本缺）。右为第三卷。

姚秦传译沙门五人，所出经律论等，总九十四部合六百二十四卷（六十六部五百二十八卷见在，二十八部九十六卷本缺）。乞伏秦传译沙门一人，所出经并三秦代新旧失译经律论等，总五十六部合一百一十卷（三十二部七十九卷见在，二十四部三十一卷本缺）。前凉传译外国优婆塞一人，所出经，总四部合六卷（一部一卷见在，三部五卷本缺）。北凉传译缁素九人，所出经律论等并新旧集失译诸经，总八十二部合三百一十一卷（二十五部二百九卷见在，五十七部一百二卷本缺）。右为第四卷。

宋代传译缁素二十二人，所出经律论等并新集失译诸经，总四百六十五部合七百一十七卷（九十三部二百四十三卷见在，三百七十二部四百七十四卷本缺）。右为第五卷。

---

① 末学：疑当为“末学”，《大正藏》本校勘记作“末”。

② 此乃委不得人，过在于能使：“委不得人”，即所托非人，指前云“指挥末学”。“过在于能使”，即错在使人。《贞元录》作“使能”，指任用有才能的人。“过在于使能”则强调其错误在于使用有才德之人，与上下文意不协。

萧齐传译沙门七人，所出经律，总一十二部合三十三卷（七部二十八卷见在，五部五卷本缺）。梁代传译缁素八人，所出经论及诸传记并新集失译经律集等，总四十六部合二百一卷（四十部一百九十一卷见在，六部十卷本缺）。元魏传译缁素一十二人，所出经论，总八十三部合二百七十四卷（七十三部二百五十五卷见在，一十部一十九卷本缺）。高齐传译缁素二人，所出经论，总八部合五十二卷（并在无缺）。右为第六卷。

周朝传译沙门四人，所出经论等总一十四部合二十九卷（六部一十一卷见在，八部一十八卷本缺）。陈代传译缁素三人，所出经律论及集传等，总四十部合一百三十三卷（二十六部八十九卷见在，一十四部四十四卷本缺）。隋朝传译缁素九人，所出经论传录等总六十四部合三百一卷（六十二部二百八十七卷见在，二部一十四卷本缺）。右为第七卷。

皇朝传译缁素已有三十七人，所出经律论及传录等，总三百一部合二千一百七十卷（二百八十一部二千一百四十三卷见在，二十部二十七卷访本未获）。

都计一十九代，传译道俗总一百七十六人，所出大小乘经律论及贤圣集传，总二千二百七十八部，都合七千四十六卷（一千一百三十部五千六十六卷见在，一千一百四十八部一千九百八十卷本缺）。右为第八、第九卷。

合从《古录》至《开元释教新录》，取[①]续补旧缺，总有四十一家，具如前列。右为第十卷。

"别分乘藏录下"（上录所辩，总显出经，而大小未分，三藏混杂。此录之内，具件科条，缺本等经，续附于后）。就"别录"中，曲分为七：

"有译有本录第一"（一千一百二十四部五千四十八卷），复就此录更开为三：

"菩萨三藏录第一"（六百八十六部二千七百四十五卷）：菩萨契经藏（五百六十三部二千一百七十三卷[②]）。大乘经单重合译（总四百三十二部一千八百八十卷）、《般若经》新旧译（二十一部七百三十六卷）、《宝积经》新旧译（八十二部一百六十九卷）、《大集经》新旧译（二十四部一百四十二卷）、《华严经》新旧译（二十六部一百八十七卷）、《涅槃经》新旧译（六部五十八卷）、五大部外诸重译经（二百七十二部五百八十八卷[③]）、大乘经单译[④]（总一百三十一部二百九十三卷）；菩萨调伏藏（二十六部五十四卷）；菩萨对

---

① 取：选取；选择义，《贞元录》作"及"，两通。

② 五百六十三部二千一百七十三卷：注者细检，下文自"《般若经》新旧译"至"大乘经单译"，合为五百六十二部，卷数亦少一卷，为二千一百七十二卷，智升前后数据，或有错讹。

③ 二百七十二部五百八十八卷：卷十一"别录"载为"二百七十三部五百五十八卷"，当从。

④ 大乘经单译：此前当脱"有译有本录"中"'菩萨三藏录'之二，大乘经重单合译下"，见卷十二之首。

法藏（九十七部五百一十八卷）；大乘释经论（三十一部一百五十五卷）；大乘集义论（七十六部三百六十三卷）。右为第十一、十二卷。

“声闻三藏录第二”（二百四十部六百一十八卷[①]）：声闻契经藏（二百四十部六百一十八卷）、小乘经单重合译（总一百五十三部三百九十四卷）、根本《四阿含经》（五部二百三卷）、《长阿含》中别译经（一十三部四十二卷）、《中阿含》中别译经（五十三部五十三卷）、《增一阿含》中别译经（二十四部二十四卷）、《杂阿含》中别译经（一十六部一十六卷）、四《含》外诸重译经（四十二部五十六卷）、小乘经单译（总八十七部二百二十四卷）、声闻调伏藏（五十四部四百四十六卷）、正调伏藏（四十一部三百五十八卷）、调伏藏眷属（一十三部八十八卷）、声闻对法藏（三十六部六百九十八卷）、有部根本身足论（八部一百三十一卷）、有部及余支派论（二十八部五百六十七卷）。

“圣贤传记录第三”（一百八部五百四十一卷）：梵本翻译集传（六十八部一百七十三卷）、此方撰述集传（四十部三百六十八卷）。右为第十三卷。

“有译无本录第二”（一千一百四十八部一千九百八十卷）：大乘经缺本（四百八部八百一卷）、大乘经重译缺本（总二百部四百八十四卷）、般若部中缺本（一十部二十七卷）、宝积部中缺本（三十部五十四卷）、大集部中缺本（一十三部九十七卷）、华严部中缺本（一十二部二十七卷）、涅槃部中缺本（四部二十六卷）、诸重译经缺本（一百三十一部一百五十三卷）、大乘经单译缺本(总二百八部三百一十七卷)、大乘律缺本(二十二部二十五卷)、大乘论缺本（二十部四十八卷）、大乘释经论缺本（四部一十一卷）、大乘集义论缺本（一十六部三十七卷）。右为第十四卷。小乘经缺本（六百五部八百一十五卷）、小乘经重译缺本(总一百二十五部二百六十五卷)、根本《四阿含》缺本(二部一百九卷)、《长阿含》部分缺本（一十四部二十八卷）、《中阿含》部分缺本（一十四部一十四卷）、《增一阿含》部分缺本（七部八卷）、《杂阿含》部分缺本（四十五部四十五卷）、诸重译经缺本（四十二部六十一卷）、小乘经单译缺本（总四百八十部五百五十卷）、小乘律缺本（三十七部四十二卷）、小乘论缺本（九部六十五卷）、贤圣集传缺本（四十七部一百八十四卷）。右为第十五卷。

“支派别行录第三”（六百八十二部八百一十二卷）：大乘别生经（二百九部三百二十八卷）、般若部中别生(一十部一百一十九卷)、宝积部中别生(一十三部一十五卷)、大集部中别生（五十一部五十八卷）、华严部中别生（一十部一十一卷）、诸大乘经别

---

① 二百四十部六百一十八卷：“声闻契经藏”部卷数亦作“二百四十部六百一十八卷”，则“声闻三藏录”部卷与“声闻契经藏”全同。下文“别录”“有译有本录第一”之一中“声闻三藏录”部卷作“三百三十部一千七百六十二卷”，当从。宋藏本校为“三百三十部一千七百六十一卷”，有一卷出入。

生（一百二十五部一百二十五卷）、大乘律别生（七部七卷）、大乘论别生（七部一十一卷）、小乘别生经（二百八十三部二百八十三卷）、《长阿含》部分别生（一十四部一十四卷）、《中阿含》部分别生（二十四部二十四卷）、《增一阿含》部分别生（二十六部二十六卷）、《杂阿含》部分别生（一百三十六部一百三十六卷）、诸小乘经别生（八十三部八十三卷）、小乘律别生（小乘论无别生，四十二部四十九卷）、贤圣集传别生（一百三十四部一百三十四卷）。右为第十六卷。

"删略繁重录第四"（一百四十七部四百八卷）：新括出别生经（六十七部一百八十五卷）、新括出名异文同经（二十部五十二卷）、新括出重上录经（八部三十卷）、新括出合入大部经（五十二部一百四十一卷）。

"补缺拾遗录第五"（三百六部一千一百一十一卷）：大乘经旧译（五十九部六十九卷）、大乘律旧译（二部二卷）、大乘论旧译（三部四卷）、小乘经旧译（五十九部六十八卷）、小乘律旧译（五部五卷）、贤圣集传旧译（三十六部五十七卷）。右已上一百六十四部二百五卷，并是旧译，今见有本，《大周·入藏》中无，今拾遗编入。新译大乘经（六十一部三百三十六卷）、新译大乘律（一部一卷）、新译大乘论（一十三部一十九卷）、新译小乘经（八部八卷）、新译小乘律（一十一部一百五十九卷）、新译贤圣集传（三部五卷）。右已上九十六部五百二十八卷，并是《大周刊定录》后新译，所以前录未载，今补缺编入。又小乘律戒羯磨（六部一十卷，然并撰述有据，时代盛行，补缺编入），又此方所撰集传（四十部三百六十八卷，然皆裨助正教，故并补缺，编入见录）。右为第十七卷。

"疑惑再详录第六"（一十四部一十九卷）。

"伪妄乱真录第七"（三百九十二部一千五十五卷）：《开元释教录》新编伪经（三十七部五十四卷）、苻秦释道安录中伪经（一十五部二十八卷）、梁释僧祐录中伪经（二十四部二十六卷）、萧齐释道备伪撰经[①]（五部五卷，见《长房录》）、萧齐僧法尼诵出经[②]（二十一部三十五卷，僧祐等录并编入伪）、元魏孙敬德梦授经[③]（一部一卷，

---

① 释道备伪撰经：即《九伤经》《安墓呪经》《菩提福藏法化三昧经》《七佛各说偈》《深自知身偈》等。《历代三宝纪》卷十一云："右五部合五卷，齐世沙门释道备出。备后改名欢。虽见众录，然并注入疑经。"

② 法尼诵出经：《开元释教录》卷十四所云"南齐末年，大学博士江泌女小而出家，名为僧法，闭目诵出二十一部，凡三十五卷"，即所谓"法尼诵出经"。方广锠《关于江泌女子僧法诵出经》一文，将其全部判为伪经，当从。

③ 孙敬德梦授经：即《高王观世音经》。孙敬德，元魏天平年中定州募士。《佛祖统纪》卷三十八云："孙敬德先造观音像，后有罪当死，梦沙门教诵经可免。既觉，诵满千遍，临刑刀三折。主者以闻，诏赦之。还家见像项上有三刀痕。此经遂行，目为《高王观世音经》。"

见《内典录》)、梁沙门妙光伪造经[①](一部一卷，见《僧祐录》)、隋开皇《众经录》中伪经(八十六部一百四十一卷)、隋仁寿《众经录》中伪经(一十一部四十一卷)、《大唐内典录》中伪经(二十二部八十七卷)、《大周刊定录》中伪经(八十部一百一卷)、隋沙门信行《三阶集录》(三十五部四十四卷，《周录》虽载，收之不尽)、诸杂抄经增减圣说(五十四部五百一卷)。右为第十八卷。

“大乘入藏录上”(大乘经律论，总六百三十八部二千七百四十五卷、二百五十八帙。此直述经名及标纸数，余如广录)：大乘经(五百一十五部二千一百七十三卷、二百三帙)、大乘律(二十六部五十四卷、五帙)、大乘论(九十七部五百一十八卷、五十帙)。右为第十九卷。

“小乘入藏录下”(小乘经律论，总二百三十部一千七百六十二卷、一百六十五帙。“集传录”附此末，此直述经名及标纸数，余如广录)：小乘经(二百四十部六百一十八卷、四十八帙)、小乘律(五十四部四百四十六卷、四十五帙)、小乘论(三十六部六百九十八卷、七十二帙)、贤圣集(一百八部五百四十一卷、五十七帙)。

都计大小乘经律论及贤圣传见入藏者，总一千七十六部，合五千四十八卷，四百八十帙(此入藏中大乘经部数，与前广录部数不同者，前以《大宝积经》诸部合成，故存本数，为四十九部上录，此中合为一部，故欠四十八不同)。右为第二十卷。

---

① 妙光伪造经：即《萨婆若陀眷属庄严经》一卷。梁天监九年，郢州头陀道人妙光住普弘寺造作此经。《出三藏记集》卷五云“京师能讲大法师宿德如僧祐、昙准等二十人共至建康，前辩妙光事”，判断其“抄略诸经，多有私意”，后妙光伏罪。

《开元释教录》卷第十一（“别录”之一）

“别分乘藏录”下

就“别录”中，更分为七：“有译有本录第一”（一千一百二十四部五千四十八卷）、“有译无本录第二”（一千一百四十八部一千九百八十卷）、“支派别行录第三”（六百八十二部八百一十二卷）、“删略繁重录第四”（一百四十七部四百八卷）、“补缺拾遗录第五”（三百六部一千一百一十一卷）、“疑惑再详录第六”（一十四部一十九卷）、“伪妄乱真录第七”（三百九十二部一千五十五卷）。

“有译有本录第一”之一

此“有本录”中，复有三录：“菩萨三藏录第一”（六百八十六部二千七百四十五卷）、“声闻三藏录第二”（三百三十部一千七百六十二卷）、“圣贤传记录第三”（一百八部五百四十一卷）。

“有译有本录”中“菩萨三藏录第一”之一

菩萨藏者，大乘所诠之教也。能说教主[1]，则法身常在，无灭无生。所诠之理，则方广真如，忘名离相。“总”乃三藏差异，“别”则一十二科[2]。始乎

① 能说教主：《大正藏》本校勘记校“能说”作“统论”，唐代窥基所撰《大般若波罗蜜多经般若理趣分述赞》卷二云：“世尊者，能说教主，为诸菩萨所被深机，说一切法。”且藏经中多有“能说教主”之说，所谓“统论教主”，唯《贞元录》卷二十有一说，则《大正藏》本不误。

② 一十二科：“科”，指种类；类别。《大正藏》本校勘记以为“科”后脱一“条”字，下文有“若是科条”。“科条”，指分类整理的条款，两通。

发心，终于十地。三明八解[①]之说，六度四摄[②]之文，若是科条，名为此藏。始自汉明丁卯之岁，至我开元庚午之载，见流行者总六百八十六部，合二千七百四十五卷，二百五十八帙，结为大乘法藏，总、别条例，具如后列：菩萨契经藏（五百六十三部二千一百七十二卷、二百三帙）、菩萨调伏藏（二十六部五十四卷、五帙）、菩萨对法藏（九十七部五百一十八卷、五十帙）、大乘经重单合译（四百三十二部一千八百八十卷、一百七十九帙。寻诸旧录，皆以单译为先。今此录中，以重译者居首。所以然者，重译诸经文义备足，名相楷定，所以标初也。又旧录中直名重译，今改名重单合译者，以《大般若经》九会单本、七会重译，《大宝积经》二十会单本、二十九会重译，直云重译，摄义不周。余经例然，故名重单合译也。又古译经，经首皆无译人时代，年月浸远，寻讨莫知，失译之言，寔由于此。今寻诸旧录，参定是非，时代译人，具标经首，失译之者，载之于录。庶释尊遗教，终六万之修龄[③]矣）。

般若部（新旧译本及支流经[④]并编于此，总二十一部七百三十六卷、七十三帙。《般若经》，建初者谓诸佛之母也。旧录之中，编比无次。今此录中，大小乘经皆以部类编为次第；小乘诸律据本末而为伦次；大乘诸论以释经者为先，集解义者列之于后；小乘诸论据有部次第，《发智》为初，《六足》居次，《毗婆沙》等支派编末；圣贤集传，内外两分，大夏神州，东西有异。欲使科条各别，览者易知）。

《大般若波罗蜜多经》[⑤]（六百卷、六十帙，大唐三藏玄奘于玉华宫寺译，出《翻经图》），右此经总四处十六会，重单合译，具列如左：

第一会王舍城鹫峰山说（四百卷），右新译单本，从第一卷至第四百。

第二（重会）王舍城鹫峰山说（七十八卷，第四译），右新译重本，与旧《大品》《放光》《光赞般若》同本异译，从四百一卷至四百七十八。比于旧经，缺《无常啼》等品，余意大同。

---

① 三明八解："三明"谓天眼明、宿命明、漏尽明。"八解"，又作八惟无、八惟务，为八种禅修方式的合称，包括色观诸色解脱、无色想观外色解脱等八种解脱道。

② 六度四摄："六度"即布施、持戒、忍辱、精进、禅定、智慧六法门，修持六度，能让人摆脱生死烦恼而至解脱成道。"四摄"谓菩萨摄化众生之四种善巧方法，即布施摄、爱语摄、利行摄、同事摄。

③ 六万之修龄：指佛六万劫之寿命。《地藏经》云："乃往过去无量阿僧祇那由他不可说劫，尔时有佛，号一切智成就如来，应供、正遍知、明行足、善逝、世间解、无上士、调御丈夫、天人师、佛、世尊，其佛寿命六万劫。"

④ 支流经：《大正藏》本校勘记以"支流"为"枝派"，"枝派"即"支派"，下文"《毗婆沙》等支派编末"即是。

⑤ 《大般若波罗蜜多经》：《大正藏》本校语为"《大般若》目次十六会，宋、元、明三本俱与丽本大异，故别载卷末"。

第三（重会）王舍城鹫峰山说（五十九卷），右新译单本，从四百七十九卷至五百三十七。

第四（重会）王舍城鹫峰山说（一十八卷，第八译），右新译重本，与旧《道行》《小品》《明度》《长安品》等同本异译，从五百三十八卷至五百五十五。比于旧经，亦缺《常啼》等品，余意不殊。

第五（重会）王舍城鹫峰山说（十卷），右新译单本，从五百五十六卷至五百六十五。

第六（重会）王舍城鹫峰山说（八卷，第二译），右新译重本，与旧《胜天王般若》同本异译，从五百六十六卷至五百七十三。

第七会室罗筏城给孤独园说曼殊室利分（二卷第三译），右新译重本，与旧两译《文殊般若》同本异译，当第五百七十四七十五卷①。

第八（重会）室罗筏城给孤独园说那伽室利分（一卷，第三译），右新译重本，与旧《濡首菩萨分卫经》等同本异译，当第五百七十六卷。

第九（重会）室罗筏城给孤独园说能断金刚分（一卷，第四译），右新译重本，与新旧四译《金刚般若》同本异译，当第五百七十七卷。

第十会他化自在天王宫说般若理趣分（一卷，第一译），右新译重本，与后译《实相般若》同本异译，当第五百七十八卷。

第十一（重会）室罗筏城给孤独园说布施波罗蜜多分（五卷），右新译单本，从五百七十九卷至五百八十三。

第十二（重会）室罗筏城给孤独园说净戒波罗蜜多分（五卷），右新译单本，从五百八十四卷至五百八十八。

第十三（重会）室罗筏城给孤独园说安忍波罗蜜多分（一卷），右新译单本，当第五百八十九卷。

第十四（重会）室罗筏城给孤独园说精进波罗蜜多分（一卷），右新译单本，当第五百九十卷。

第十五（重会）王舍城鹫峰山说静虑波罗蜜多分（二卷），右新译单本，当第五百九十一九十二卷。

第十六会王舍城竹林园中白鹭池侧说般若波罗蜜多分（八卷），右新译单本，从五百九十三卷至第六百。

《放光般若波罗蜜经》三十卷（或二十卷、三帙），西晋三藏无罗叉共竺叔兰

---

① 第五百七十四七十五卷：根据前后文，实当“第五百七十四”、“第五百七十五卷”两卷，系数据省称。下文第十五会之“五百九十一九十二卷”等亦同，不烦出校。

译（第二译）、《摩诃般若波罗蜜经》四十卷（亦名《大品般若经》，或三十卷、四帙），姚秦三藏鸠摩罗什共僧睿等译（第二译[①]）、《光赞般若波罗蜜经》十五卷（或十卷），西晋三藏竺法护译（第一译）。右三经，与《大般若》第二会同本异译，其《光赞般若》比于新经，三分将一，至《散花品》，后文并缺。又按姚秦僧睿《小品序》云："斯经正文，凡有四种，是佛异时适化广略之说也。其多者，云有十万偈，少者六百偈。此之大品，即是天竺之中品也。"准斯中品，故知与大经第二会同梵文也（龙树菩萨造《智度论》，释《大品经》）。

《摩诃般若波罗蜜钞经》五卷（一名《须菩提品》，亦名《长安品》），苻秦天竺沙门昙摩蜱共竺佛念译（第六译）。右一经，长房、《内典》二录云：是外国经钞者，寻之未审也。据其文理，乃与《小品道行经》等同本异译，故初题云"《摩诃般若波罗蜜经·道行品》第一"，但文不足，三分过二，准《道行经》，后缺十品。上二经二十卷二帙。《道行般若波罗蜜经》十卷（亦名《般若道行品》，或八卷、一帙），后汉月支三藏支娄迦谶译（第一译）。《小品般若波罗蜜经》十卷（或七卷，或八卷、一帙），姚秦三藏鸠摩罗什译（第七译）。《大明度无极经》四卷（亦直云《大明度经》，或六卷），吴月支优婆塞支谦译（第三译）。右四经，与《大般若》第四会同本异译（其西晋三藏竺法护译《新道行经》，但有其名而无其本。诸藏纵有，即与《小品》文同，但题目异耳，故不重出。前后八译，五存三缺）。

《胜天工般若波罗蜜经》七卷，陈优禅尼国王子月婆首那译（第一译）。右一经，与《大般若》第六会同本异译。上二经十一卷同帙。

《文殊师利所说摩诃般若波罗蜜经》二卷（或一卷、二十一纸），梁扶南三藏曼陀罗仙译（第一译）。右一经，亦名《文殊般若波罗蜜经》，初文无"十重光"，后文有"一行三昧"，文言文殊师利童真者是。又编入《宝积》，在第四十六会，为与后经名同，恐有差错，故复出之。《文殊师利所说般若波罗蜜经》一卷（二十纸），梁扶南三藏僧伽婆罗译（拾遗编入，第三译[②]）。右一经，初文有"十重光"，后文无"一行三昧"，文言文殊师利法王子者是。初叹菩萨德及列菩萨名，此本稍广。又此二经，亦互有广略。右二经，与《大般若》第七会《曼殊室利分》同本异译。

《濡首菩萨无上清净分卫经》二卷（一名《决了诸法如幻化三昧经》），宋沙门翔公于南海郡译（第二译）。右一经，与《大般若》第八会《那伽室利分》同本

① 第二译：鸠摩罗什所译《般若波罗蜜经》当为第三译。第二译为前之"西晋三藏无罗叉共竺叔兰"所译《放光般若波罗蜜经》。

② 第三译：当为第二译，前之"总录"有载。

异译，新旧相比，旧经稍广（前后三译，二存一缺）。

《金刚般若波罗蜜经》一卷（舍卫国），姚秦三藏鸠摩罗什译（第一译）。《金刚般若波罗蜜经》一卷（婆伽婆[①]），元魏天竺三藏菩提留支译（第二译）。《金刚般若波罗蜜经》一卷（祇树林），陈天竺三藏真谛译（第三译）。《能断金刚般若波罗蜜多经》一卷（室罗筏[②]），大唐三藏玄奘译，出《内典录》（第四译）。《能断金刚般若波罗蜜多经》一卷（名称城），大唐天后代三藏义净译（新编入录，第五译）。右五经，同本异译。其第四本《能断般若》，贞观二十二年沙门玄奘从驾于玉华宫弘法台译。后至显庆五年，于玉华寺翻《大般若》，即当第九《能断金刚分》，全本编入，更不重翻。准诸经例，合入大部者，即同别生，此录之中，不合重载。为与沙门义净译者名同，恐有差错，故复出之（三师造论，同释此经）。

《实相般若波罗蜜经》一卷，大唐天后代天竺三藏菩提流志译（出《大周录》，第二译）。右一经，与《大般若》第十会《般若理趣分》同本异译。而西域梵文有广略二本，故实相理趣，文意乃同，况大小异。

《仁王护国般若波罗蜜经》二卷（或云一卷），姚秦三藏鸠摩罗什译（第二译，三译二缺）。《摩诃般若波罗蜜大明咒经》一卷，姚秦三藏鸠摩罗什译（出经题，第一译，拾遗编入）。《般若波罗蜜多心经》一卷，大唐三藏玄奘译（出《内典录》，第二译）。右二经，同本异译（前后三译，二存一缺，其《般若心经》，旧录为单本，新勘为重译，《仁王般若》等三经，大义虽通大部全本，[③]大部中无，是支派摄，非从彼出）。上十三经[④]十五卷同帙。

宝积部（但诸会重本，并次第编之，总八十二部。此以诸部合成，故存本数，上录一百六十九卷，一十七帙）。

《大宝积经》一百二十卷（一十二帙），大唐南天竺三藏菩提流志等译（新编

---

① 婆伽婆：亦名婆伽梵，是佛之果号，有自在、炽盛、端严、名称、吉祥、尊贵等六个义项，因为没有完全相等的字义，翻译佛经时，为避免以偏概全，故采取音译。菩提留支译《金刚般若波罗蜜经》经首为“如是我闻，一时婆伽婆在舍婆提城祇树给孤独园”，故云。

② 室罗筏：即北憍萨罗国之都城，一般意译为舍卫，故“室罗筏城”即舍卫城。

③ 大义虽通大部全本：《大正藏》本校勘记校“大义”之“大”作“文”，《仁王般若》等经典皆是《般若经》，不当说“大义虽通”，当是“文义”。又校“大部”为“大都”，似无义，“大部”指《般若经》之大部，后所谓“大部中无”即指此。

④ 十三经：自“《文殊师利所说摩诃般若波罗蜜经》二卷”到“《般若波罗蜜多心经》一卷”，共计十二部经典，故当为“十二经”。

入录）。右此经，新旧重单合译，共四十九会，合（古沓反[①]）成一部（新旧共二十会单本，新旧共二十九会重译。于中二十六会，大唐三藏菩提流志新译；二十三会，古译及唐旧译，菩提流志勘梵本同，编入会次，具列如左）。

第一《三律仪会》三卷，大唐三藏菩提流志新译（第二译）。右新译重本，与旧《大方广三戒经》同本异译，从第一卷至第三卷。

第二《无边庄严会》四卷，大唐三藏菩提流志新译。右新译单本，从第四卷至第七卷。

第三《密迹金刚力士会》七卷，西晋三藏竺法护译（勘同编入）。右旧译单本，从第八卷至第十四〔卷〕。

第四《净居天子会》二卷，西晋三藏竺法护译（出《法上录》，勘同编入）。右旧译单本，本名《菩萨说梦经》，新改名《净居天子会》，当第十五及十六卷（细详文句，与竺法护经稍不相类，长房等录皆云失译，《法上录》中云竺护出，今者且依《法上录》定）。

第五《无量寿如来会》二卷，大唐三藏菩提流志新译（第十一译）。右新译重本，与旧《无量清净平等觉大阿弥陀无量寿经》等同本异译，当第十七、十八卷。

第六《不动如来会》二卷，大唐三藏菩提流志新译（第三译）。右新译重本，与旧《阿閦佛国经》等同本异译，当第十九卷及二十卷。

第七《被甲庄严会》五卷，大唐三藏菩提流志新译。右新译单本，从第二十一卷至第二十五〔卷〕。

第八《法界体性无分别会》二卷，梁三藏曼陀罗仙译（第二译，勘同编入）。右旧译重本，与姚秦童寿[②]所译《法界体性经》同本异译，当第二十六、二十七卷（秦译本缺）。

第九《大乘十法会》一卷，元魏三藏佛陀扇多译（第二译，勘同编入）。右旧译重本，与梁众铠[③]所译《大乘十法经》同本异译（初云“婆伽婆”者是也），当第二十八卷（经本题为“僧伽婆罗译”者，误也）。

第十《文殊师利普门会》一卷，大唐三藏菩提流志新译（第三译）。右新译重本，与旧《普门品经》等同本异译，当第二十九卷。

第十一《出现光明会》五卷，大唐三藏菩提流志新译。右新译单本，从第

① 古沓反：“合”本为常用词，但是智升夹注反切，既云“古沓反”，说明与其常用音“胡合反”、“侯閤切”有别，此处当读作“各”。则前云“共四十九会，合成一部”，应该理解为“各成一部”，计四十九部，加上后之“《大方广三戒经》”等三十三部，刚好符合宝积部“总八十二部”之数。

② 童寿：即译经大家鸠摩罗什名之意译。

③ 众铠：即前所云僧伽婆罗，扶南国人，律学大师，意译名为僧养、众铠。

三十卷至第三十四〔卷〕。

第十二《菩萨藏会》二十卷，大唐三藏玄奘译（出《内典录》，勘同编入）。右唐旧译单本，从第三十五卷至第五十四（其《菩萨藏会》，准《大周录》，入重译中，云与三卷《菩萨藏经》同本异译者，误之甚也。名目虽同，多少全异，检寻文义，更复差殊。其三卷《菩萨藏经》亦编入此中，即《富楼那会》是。今改旧辙，以为单译）。

第十三《佛为阿难说处胎会》一卷，大唐三藏菩提流志新译（第二译）。右新译重本，与旧《胞胎经》同本异译，当第五十五卷。

第十四《佛说入胎藏会》二卷，大唐三藏义净译（勘同编入）。右唐旧译单本，当第五十六卷及五十七〔卷〕（此《入胎藏会》，本名《佛为难陀说出家入胎经》，在《根本说一切有部毗奈耶杂事》第十一、十二卷，三藏义净析出别行本，菩提流志勘梵本同，编入会次，既不重译，故为单本。又与《杂宝藏经·难陀为佛逼出家缘[①]》，初虽少同，后乃全异，不合以为重译。此会及前会，据其文理，合入声闻藏内。今为编入《宝积》，通在“菩萨藏”收）。

第十五《文殊师利授记会》三卷，大唐天后代于阗三藏实叉难陀译（第三译，勘同编入）。右唐旧译重本，与旧《文殊师利佛土严净经》同本异译，从第五十八卷至第六十〔卷〕。

第十六《菩萨见实会》十六卷，高齐三藏那连提耶舍译（勘同编入）。右旧译单本，从第六十一卷至第七十六〔卷〕。

第十七《富楼那会》三卷，姚秦三藏鸠摩罗什译（第二译，勘同编入）。右旧译重本，本名《菩萨藏经》，亦名《大悲心经》，与西晋竺法护所译《菩萨藏经》同本异译，从第七十七卷至第七十九〔卷〕（晋译本缺）。

第十八《护国菩萨会》二卷，隋三藏阇那崛多译（出《内典录》，勘同编入）。右旧译单本，当第八十卷及八十一〔卷〕。

第十九《郁伽长者会》一卷，曹魏三藏康僧铠译（第三译，勘同编入）。右旧译重本，与《法镜经》及《郁迦罗越问菩萨行经》等同本异译，当第八十二卷（经本题为“康僧顗”者，误也）。

第二十《无尽伏藏会》二卷，大唐三藏菩提流志新译。右新译单本，当第八十三卷及第八十四〔卷〕。

第二十一《授幻师跋陀罗记会》一卷，大唐三藏菩提流志新译（第二译）。右新译重本，与旧《幻士[②]仁贤经》同本异译，当第八十五卷。

---

① 难陀为佛逼出家缘：今《杂宝藏经》卷八载为“佛弟难陀为佛所逼出家得道缘”。

② 幻士：“幻师”之异译，指擅长幻术之人。《楞伽经》曰：“如工幻师，依草木瓦石作种种幻，起一切众生若干形色。”

第二十二《大神变会》二卷，大唐三藏菩提流志新译。右新译单本，当第八十六卷及第八十七〔卷〕。

第二十三《摩诃迦叶会》二卷，元魏优禅尼国王子月婆首那译（勘同编入）。右旧译单本，当第八十八卷及第八十九〔卷〕。

第二十四《优波离会》一卷，大唐三藏菩提流志新译（第二译）。右新译重本，与旧《决定毗尼经》同本异译，当第九十卷。

第二十五《发胜志乐会》二卷，大唐三藏菩提流志新译（第三译）。右新译重本，与旧《发觉净心经》同本异译，当第九十一卷及第九十二〔卷〕。

第二十六《善臂菩萨会》二卷，姚秦三藏鸠摩罗什译（出《法上录》，勘同编入）。右旧译单本，当第九十三卷及第九十四〔卷〕（此《善臂会》，《大周录》云与《持人菩萨经》及《持世经》《善肩品经》等同本异译者，非也。寻其文理，与《持人经》等义旨悬殊，其《善肩经》从《善臂经》钞出，与《法华经·普门品》同类，既有斯异，故为单译）。

第二十七《善顺菩萨会》一卷，大唐三藏菩提流志新译。右新译单本，当第九十五卷。

第二十八《勤授长者会》一卷，大唐三藏菩提流志新译。右新译单本，当第九十六卷。

第二十九《优陀延王会》一卷，大唐三藏菩提流志新译（第二译）。右新译重本，与旧《优填王经》同本异译，当第九十七卷（新旧二经，互有广略）。

第三十《妙慧童女会》兼后一卷，大唐三藏菩提流志新译（第四译）。右新译重本，与旧两译《须摩提经》及流志先译《妙慧童女经》同本异译，当第九十八卷，从初至半（其先译《妙慧经》，本在东都，寻之未获）。

第三十一《恒河上优婆夷会》（与前同卷），大唐三藏菩提流志新译。右新译单本，当第九十八卷，从半至末。

第三十二《无畏德菩萨会》一卷，元魏三藏佛陀扇多译（第五译，勘同编入）。右旧译重本，与《阿阇世王女阿术达菩萨经》等同本异译，当第九十九卷。

第三十三《无垢施菩萨应辩会》一卷，西晋居士聂道真译（第二译，勘同编入）。右旧译重本，与《离垢施女经》及《得无垢女经》同本异译，当第一百卷（经本题为竺法护译者，误也。其《离垢施女经》是竺法护译，如后所显）。

第三十四《功德宝华敷菩萨会》兼后一卷，大唐三藏菩提流志新译。右新译单本，当第一百一卷，从初至半。

第三十五《善德天子会》（与前同卷），大唐三藏菩提流志新译（第三译）。右新译重本，与流志先译《文殊师利所说不思议佛境界经》同本异译，当第一百一卷，从半至末。

第三十六《善住意天子会》四卷，隋三藏达摩笈多译（出《内典录》，第七译，勘同编入）。右旧译重本，与《如幻三昧经》及《圣善住意经》等同本异译，从第一百二卷至第一百五〔卷〕。

第三十七《阿阇世王子会》（兼后三卷），大唐三藏菩提流志新译（第三译）。右新译重本，与旧《太子刷护》、《太子和休[①]》二经同本异译，当第一百六卷，从初至半。

第三十八《大乘方便会》（兼前三卷），东晋天竺居士竺难提译（第三译，勘同编入）。右旧译重本，与《慧上菩萨问大善权经》等同本异译，从第一百六卷半至一百八卷尽（经本题云西晋者，误）。

第三十九《贤护长者会》二卷，隋三藏阇那崛多译（第一译，勘同编入）。右旧译重本，本名《移识经》，新改名《贤护长者会》（本《移识经》，无证信序[②]，今《宝积》中者新加之），与《显识经》同本异译，当第一百九卷及一百一十〔卷〕。

第四十《净信童女会》（兼后三会同卷），大唐三藏菩提流志新译。右新译单本，当第一百一十一卷初。

第四十一《弥勒菩萨问八法会》，元魏三藏菩提留支译（第三译，勘同编入）。右旧译重本，本名《弥勒菩萨所问经》，与《大乘方等要慧经》同本异译，当第一百一十一卷中（此《八法会》有《释论》五卷，其《要慧经》，文少略耳）。

第四十二《弥勒菩萨所问会》（兼前三会同卷），大唐三藏菩提流志新译（第三译）。右新译重本，与旧《弥勒菩萨所问本愿经》等同本异译，当第一百一十一卷末（经本题为西晋竺法护译者，错也。其旧《本愿经》是竺法护译，如后所显）。

第四十三《普明菩萨会》一卷，失译（今附“秦录”，勘同编入，第三译）。右旧译重本，是旧单卷《大宝积经》，新改名《普明菩萨会》，与《摩诃衍宝严》《佛遗日摩尼宝》二经同本异译，当第一百一十二卷（此旧《宝积经》有《释论》四卷）。

第四十四《宝梁聚会》二卷，北凉沙门释道龚译（勘同编入）。右旧译单本，当第一百一十三卷及一百一十四〔卷〕。

第四十五《无尽慧菩萨会》（兼后二卷），大唐三藏菩提流志新译。右新译单本，当第一百一十五卷初。

第四十六《文殊说般若会》（兼前二卷），梁三藏曼陀罗仙译（第一译，勘同编入）。

---

① 和休：“刷护”之异译，“和休”为阿阇世王太子。

② 证信序：佛经一般分三部分：序分、正宗分、流通分。序分里的第一段说明“闻、信、时、主、处、众”等六事之内容为“证信序”。佛经结集时，凡佛所说言教，由阿难重述，经过诸大弟子的共同印证，循此程序纪录流传，故佛教经典最初六事部分名为“证信序”，或名“六种成就”。

右旧译重本，与《大般若·曼殊室利分》及众铠所译《文殊般若》同本异译，从第一百一十五卷中至一百一十六卷末（经本题为“僧伽婆罗译”者，误也）。

第四十七《宝髻菩萨会》二卷，西晋三藏竺法护译（别品，第二译，勘同编入）。右旧译重本，亦名《菩萨净行经》，与《大集·宝髻品》及康僧会所出《菩萨净行经》同本异译，当第一百一十七卷及一百一十八〔卷〕（此《宝髻会》有《释论》一卷）。

第四十八《胜鬘夫人会》一卷，大唐三藏菩提流志新译（第三译）。右新译重本，与旧《胜鬘师子吼一乘大方便经》等同本异译，当第一百一十九卷。

第四十九《广博仙人会》一卷，大唐三藏菩提流志新译（第二译）。右新译重本，与旧《毗耶娑问经》同本异译，当第一百二十卷（其新译本，比于旧经，后文不足，向少一纸。或有将旧经续入者，欲使意珠圆满故也）。

《大方广三戒经》三卷，北凉天竺三藏昙无谶译（出《法上录》，第一译）。右一经，与《宝积》第一《三律仪会》同本异译。《无量清净平等觉经》二卷（亦直云《无量清净经》，第二译），后汉月支三藏支娄迦谶译。《阿弥陀经》二卷（内题云《阿弥陀三耶三佛萨楼佛檀过度人道经》），吴月支优婆塞支谦字恭明译（第三译）。《无量寿经》二卷，曹魏天竺三藏康僧铠译（第四译）。右三经，与《宝积》第五《无量寿会》同本异译（此第五会，新旧十一译，七译缺本，天亲菩萨依经义造论一卷）。上四经九卷同帙。

《阿閦佛国经》二卷（一名《阿閦佛刹诸菩萨学成品经》），后汉月支三藏支娄迦谶译（第一译，三译一缺）。右一经，与《宝积》第六《不动如来会》同本异译。

《大乘十法经》一卷（初云“佛住王舍城”），梁扶南三藏僧伽婆罗译（拾遗编入，第一译）。右一经，与《宝积》第九《大乘十法会》同本异译。

《普门品经》一卷（亦云《普门经》），西晋三藏竺法护译（第一译）。右一经，与《宝积》第十《文殊师利普门会》同本异译（《周录》将为《法华》支派者，误之甚也。新旧三译，一译缺本）。

《胞胎经》一卷（一名《胞胎受身经》），西晋三藏竺法护译（第一译）。右一经，与《宝积》第十三《佛为阿难说处胎会》同本异译（此《胞胎经》，准旧录中，编为小乘单本，今以类相从，附之于此）。

《文殊师利佛土严净经》二卷（或直云《严净佛土经》，亦直云《佛土严净经》），西晋三藏竺法护译（第一译，三译一缺），右一经，与《宝积》第十五《文殊授记会》同本异译。

《法镜经》二卷（或一卷），后汉安息优婆塞安玄共沙门严佛调译（第一译）。上六经九卷同帙。《郁迦罗越问菩萨行经》一卷（或云《郁伽长者经》，或二卷），西晋三藏竺法护译（第四译，六译三缺）。右二经，与《宝积》第十九《郁伽长者会》同本异译。

《幻士仁贤经》一卷（或云《仁贤幻士经》），西晋三藏竺法护译（第一译）。右一经，与《宝积》第二十一《授幻师记会》同本异译。

《决定毗尼经》一卷（一名《破坏一切心识》），群录皆云炖煌译，竟不显人名年代（今附“东晋录”，第一译）。右一经，与《宝积》第二十四《优波离会》同本异译。

《发觉净心经》二卷，隋天竺三藏阇那崛多等译（第一译）。右一经，与《宝积》第二十五《发胜志乐会》同本异译。

《优填王经》一卷，西晋沙门释法炬译（拾遗编入，第一译）。右一经，与《宝积》第二十九《优陀延王会》同本异译。

《须摩提经》一卷（亦直云《须摩经》），西晋三藏竺法护译（第一译）。《须摩提菩萨经》一卷，姚秦三藏鸠摩罗什译（拾遗编入，第二译，新旧四译，一缺）。右二经，与《宝积》第三十《妙慧童女会》同本异译。

《阿阇贳王[1]女阿术达菩萨经》一卷（亦云《阿阇贳女经》，亦直云《阿述达经》），西晋三藏竺法护译（第二译，五译二缺）。右一经，与《宝积》第三十二《无畏德会》同本异译。

《离垢施女经》一卷，西晋三藏竺法护译（第一译）。上九经十卷同帙。《得无垢女经》一卷（或云《无垢女经》，一名《论义辩才法门》），元魏婆罗门瞿昙般若流支译（第三译）。右二经，与《宝积》第三十三《无垢施会》同本异译。

《文殊师利所说不思议佛境界经》二卷，大唐天后代天竺三藏菩提流志译（出《大周录》，第一译）。右一经，与《宝积》第三十五《善德天子会》同本异译。

《如幻三昧经》二卷（或三卷，或四卷），西晋三藏竺法护译（第二译）。《圣善住意天子所问经》三卷（或四卷），元魏婆罗门瞿昙般若流支译（第五译，七译四缺）。右二经，与《宝积》第三十六《善住意会》同本异译。

《太子刷护经》一卷，西晋三藏竺法护译（出《法上录》，第一译）。《太子和休经》一卷（或作“私休”），《僧祐录》云安公录中失译经（今附“西晋录”，第三译）。右二经，与《宝积》第三十七《阿阇贳王子会》同本异译。上六经十卷同帙。

《慧上菩萨问大善权经》二卷（或一卷），西晋三藏竺法护译（第二译，五译三缺）。右一经，与《宝积》第三十八《大乘方便会》同本异译。

《大乘显识经》二卷，大唐中天竺三藏地婆诃罗译（出《大周录》，第二译）。

---

① 阿阇贳王：即阿阇世王，古印度摩揭陀国国王，频毗娑罗王之子，与释迦牟尼同时代。

右一经，与《宝积》第三十九《贤护长者会》同本异译。

《大乘方等要慧经》一卷，后汉安息三藏安世高译（第一译）。右一经，与《宝积》第四十一《弥勒问八法会》同本异译。

《弥勒菩萨所问本愿经》一卷，西晋三藏竺法护译（第一译，三译一缺）。右一经，与《宝积》第四十二《弥勒所问会》同本异译。

《佛遗日摩尼宝经》一卷（亦名古品曰《遗日说般若经》[①]），后汉月支三藏支娄迦谶译（第一译）。《摩诃衍宝严经》一卷（一名《大迦叶品》），晋代译，失三藏名（旧在“后汉录”，今且依旧，第二译）。右二经，与《宝积》第四十三《普明菩萨会》同本异译。

《胜鬘师子吼一乘大方便方广经》一卷（亦直云《胜鬘经》），宋天竺三藏求那跋陀罗译（第二译，三译一缺）。右一经，与《宝积》第四十八《胜鬘夫人会》同本异译。

《毗耶娑问经》二卷，元魏婆罗门瞿昙般若流支译（出“序记”，第一译）。右一经，与《宝积》第四十九《广博仙人会》同本异译（其“序记”云：魏兴和四年，岁次壬戌，月建在申，朔次乙丑，婆罗门客[②]瞿昙流支、沙门昙林[③]尚书令仪同高公第译，建初辛巳甲午毕功，凡有一万四千四百五十七字。诸录皆云勒那摩提译，或云菩提留支译者，二总误也。今依“序记”为正，此《毗耶娑经》，旧录为小乘单本，今勘为大乘重译）。上八经，十一卷同帙。

大集部（但是《大集》流类，皆编于此），总二十四部一百四十二卷、一十四帙。

《大方等大集经》三十卷，北凉天竺三藏昙无谶于姑臧译（第三译，三译二缺）。谨按：梁沙门僧祐“大集记”云：“有十二段说，共成一经。第一《璎珞品》、第二《陀罗尼自在王品》、第三《宝女品》、第四《不眴品》、第五《海慧品》、第六《无言品》、七《不可说品》、八《虚空藏品》、九《宝幢分》、十《虚空目分》、十一《宝髻品》、十二《无尽意品》。”今检经本，与祐记不同。第一《陀

---

① 古品曰《遗日说般若经》：按照《开元释教录》体例，“亦名”之后一般径为经名，《古今译经图纪》卷一载“《古品遗日说般若经》”，即以之为经名。然《出三藏记集》作“方等部古品曰《遗日说般若经》一卷（今缺）”，经名似当为《遗日说般若经》，“古品”为方等部之部分，故“古品曰”不当放在书名号中。又“佛遗日”，意为方广。

② 婆罗门客：藏经中甚少此说，《大正藏》本校勘记作“婆罗门名”，可从。前之小传则径云“婆罗门瞿昙般若流支”，而且本经之译者，大字亦云“元魏婆罗门瞿昙般若流支译”，故不烦加一“客”字。

③ 沙门昙林：后当脱一“于”字。下文《奋迅王问经》条有“沙门昙林、瞿昙流支于尚书令仪同高公第译”可证。

罗尼自在王菩萨品》（亦有经本分为《璎珞品》者，不然。此是一段，不合分二，后《大哀经》即是此品）、第二《宝女品》、第三《不眴菩萨品》、第四《海慧菩萨品》、第五《虚空藏菩萨品》、第六《无言菩萨品》、第七《不可说菩萨品》、第八《宝幢分》、第九《虚空目分》、第十《宝髻菩萨品》、第十一《日密分》（寻检群录，此《大集经》卷无定准，或云二十九，或云三十，或三十一，或三十二，或四十卷。今时《大集》，多分三十，其《日密分》，文不具足，合少一卷。其三十一卷者，文应备具，今寻求未获）。然僧祐记中无《日密分》，有《无尽意品》者，不然。今以《无尽意经》虽是《大集》别分，非无谶译，又非次第，不合入中。其《虚空藏品》，祐在《不可说》后，未详所以。今从《陀罗尼自在王品》至《日密分》，总十一分，其《日藏经》与《日密分》同本异译，亦是第十一分（《日密》《日藏》，初俱云说《虚空目》“安那般那甘露门”已，次说此经。又《日密分》，既于《虚空目》后说，准义不合隔《宝髻品》，今经本中有此品隔，未详所以。又《日密》《日藏》虽是同本，其《日密分》，文极撮略，后文复缺，可少卷余）。《月藏经》是第十二分（或有经本题云《大乘大集经·月藏分第十二》，经初又云“化诸龙众”，说《日藏经》已，次说此经），《十轮经》是第十三分（初云说《月藏经》已，次说此经。此《十轮》后第十四分，本在西方，未流于此），《须弥藏经》是第十五分（经初题云《大乘大集经·须弥藏分》第十五），第十六分合是《虚空朵经》①（初云授功德天记别法已，次说此经，然《须弥藏经》因功德天问如来方说，故知此经，合居其次）。

其《日藏经》初在迦兰陀竹园②说，次升须弥顶，后因龙请往佉罗帝耶山③，《月藏》等四经并在佉罗帝耶山说，次第如是。其《念佛三昧》《贤护》《譬喻王》《无尽意经》等，虽是《大集》别分，既不知次第，难可编记。然隋朝僧就④合《大集经》，乃将《明度五十校计经》题为《十方菩萨品》，编《月藏》后，及《无尽意经》，成五十八卷者，非也。既无凭准，故不依彼（其合《大集经》，亦有六十卷成者，三十一、二两卷重有《宝髻品》，足成六十。其《宝髻品》在《日密》前，二十六、七卷是，此复重编，未详何意？又《日密》《日藏》，梵本不殊，重重编载，误之甚矣）。

---

① 《虚空朵经》：无此经名，当为《虚空孕经》。

② 迦兰陀竹园：位于中印度摩揭陀国王舍城北方之迦兰陀村，为迦兰陀长者所有，盛产竹，名为迦兰陀竹园。后频婆娑罗王为供养佛陀及僧众，建有竹林精舍，或称竹园精舍。

③ 佉罗帝耶山：《慧琳音义》卷十八将“佉罗帝耶山”与“佉陀罗山”视为同一山，谓“佉罗帝耶山”为七金山之一、十宝山之一，接近须弥，高四万逾缮那，光味仙人居此。但《大乘大集地藏十轮经》卷一、《大方广十轮经》卷一等皆说“佉罗帝耶山”为牟尼仙之住处。

④ 僧就：隋代法师，前云“沙门僧就合四家《大集》，为六十卷”，《长房录》云“招提寺沙门僧就开皇六年合《大集经》成六十卷”。《大正藏》本校“就”为“祐”，误。

若欲合者，前《大集》中除《日密分》，有二十七卷，以《日藏分》替处续次（《日密》《日藏》梵本虽同，《日密分》中文略缺少，故以《日藏》替之）。次《月藏》，次《地藏十轮》（唐译十卷成者），次《须弥藏》，次《虚空孕》，后之四经，虽不知说次，以意合之，亦将无失。《虚空孕》后，次《念佛三昧》（以宋朝译六卷者充，其隋译十卷者，后缺二品），次《贤护》，次《譬喻王》，末《无尽意》，总成八十卷，亦将契矣（其《无尽意经》初首题云《大集经》中《无尽意菩萨说不可尽义品》第三十二，品即分也，是第三十二分。然僧祐《记》中在《宝髻品》后，及僧就所合《大集》编之于末者，是非明矣。又有《善住意天子所问经》，详其文义，合是《大集》别分，今已编入《大宝积》中，不可双载，故此缺也）。

《大方等大集日藏经》十卷（或十五卷，一帙，第十一分），隋天竺三藏那连提耶舍译（与《日密》同，当第四译）。右一经，与前《大集经》末《日密分》同本异译（《日密》文略，此中稍广）。

《大集月藏经》十卷（或十五卷，一帙，第十二分），高齐天竺三藏那连提耶舍译（单本）。

《大乘大集地藏十轮经》十卷（第十三分，一帙），大唐三藏玄奘译（出《内典录》，第二译）。《大方广十轮经》八卷，失译（今附“北凉录”，第一译）。右二经，同本异译（其旧《十轮经》，《大周录》云昙无谶译，出《长房录》。检长房“入藏录”中乃云失译，《周录》误也）。

《大集须弥藏经》二卷（第十五分），高齐天竺三藏那连提耶舍共法智译（单本）。上二经，十卷同帙。

《虚空藏菩萨经》一卷（或无“菩萨”字），姚秦罽宾三藏佛陀耶舍（归罽宾译，寄来秦国，第一译）。《虚空藏菩萨神咒经》一卷，宋罽宾三藏昙摩蜜多译（第三译）。《虚空孕菩萨经》二卷（合是第十六分），隋天竺三藏阇那崛多等译（第四译）。右三经，同本异译（前后四译，一译缺本）。

《观虚空藏菩萨经》一卷（亦名《虚空藏观经》，或无“观”字），宋罽宾三藏昙摩蜜多译（单本）。

《菩萨念佛三昧经》六卷（或无“菩萨”字），宋天竺沙门功德直共玄畅译（第一译）。上五经，十一卷同帙。《大方等大集菩萨念佛三昧经》十卷（一帙），隋天竺三藏达摩笈多译（出《内典录》，第二译）。右二经，同本异译（其隋译本比于前经，后缺一品，文不足矣）。

《般舟三昧经》三卷（或加“大”字，或二卷），后汉月支三藏支娄迦谶译（第一译）。《拔陂菩萨经》一卷（一名“拔波”），《僧祐录》云安公古典经（是《般舟经》初四品异译，第五出，今附“汉录”）。《大方等大集贤护经》五卷（亦直云《贤护经》，或六卷），隋天竺三藏阇那崛多等译（第七译）。右三经，同本异译（前后七译，四译本缺）。上三经，九卷同帙。

《阿差末经》七卷（晋曰《无尽意》，或四卷，或五卷），西晋三藏竺法护译（第三译）。《无尽意菩萨经》六卷（亦云《阿差末经》，出《大集经》），宋凉州沙门智严共宝云译（第四译）。右二经，同本异译（前后五译，三译缺本）。上二经，十三卷同帙。

《大集譬喻王经》二卷（《大集》别品），隋天竺三藏阇那崛多等译（拾遗编入，单本）。《大哀经》八卷（或云《如来大哀经》，或六卷，或七卷），西晋三藏竺法护译。右一经，是《大集经》初《陀罗尼自在王菩萨品》异译（出第一卷初至第五卷半）。上二经，十卷同帙。

《宝女所问经》三卷（亦云《宝女问慧经》，或四卷），西晋三藏竺法护译。右一经，是《大集经·宝女品》异译（出第五卷半后至第七卷半前）。

《无言童子经》二卷（或云《无言菩萨经》，或一卷），西晋三藏竺法护译。右一经，是《大集经·无言品》异译（出第十七卷半至十八卷过半）。

《自在王菩萨经》二卷，姚秦三藏鸠摩罗什于逍遥园译（第一译）。《奋迅王问经》二卷，元魏婆罗门瞿昙般若流支等译（出“序记”，第二译）。右二经，同本异译（其《奋迅王经·序记》云：“魏兴和四年，岁次壬戌，月建在申，朔次乙丑，甲午之日，启夹创笔，沙门昙林、瞿昙流支于尚书令仪同高公第译，凡有一万八千三百四十一字。”诸录皆云菩提留支译者，误也。今依“序记”为正。又上二经，《内典录》云抄《大集经·陀罗尼自在王菩萨品》异译者，不然。寻其文理，悬绝不同，但可为《大集》别分耳。或可此之二经非《大集》分，但以上代群录皆云异译抄《陀罗尼自在王品》，勘检虽则不同，且记于《大集》之末）。上四经，九卷同帙。

《宝星陀罗尼经》十卷（或八卷，一帙），大唐天竺三藏波罗颇蜜多罗[①]译（出《内典录》，单本）。右一经，《内典录》云是《大集经》别分（谨检前《大集经》中《宝幢分》佛于欲色二界中间大宝坊中重说此《宝星陀罗尼经》，故《宝幢分》初云佛在欲色二界中间大宝坊中告大众言：“我昔初得菩提，已住王舍城迦兰陀竹林。尔时城中有二智人，一名优波提舍，二名拘律陀”等，次第至末，文意并同此经，可为重说，不可为重译也。又旧录中有《宝髻菩萨所问经》，是《宝髻品》异译，今编入《宝积》，在第四十七会。既入彼中，此不重载。又有《虚空藏经》八卷，检无异本，即是《虚空藏品》抄出别行。又有《虚空藏问持经得几福经》，云是《虚空藏品》别文抄出。既是别生，除之不录。又《内典录》及《大周录》中更有《大集经》八卷，寻其文句，即是合部《大集经》第六帙也。初之两卷名《十方菩萨品》，此品乃是《明度五十校

---

① 波罗颇蜜多罗：当为“波罗颇迦罗蜜多罗”，省称“波颇”，本书卷八有小传。

计经》，不知何故编入此中。后之六卷，乃是《无尽意经》，既是繁重，亦除不录）。

华严部（《华严》本部及眷属经，皆纂于此），总二十六部一百八十七卷一十八帙。

《大方广佛华严经》六十卷（或五十卷，六帙），东晋天竺三藏佛陀跋陀罗等译（大本初译）。右此经，总七处八会，合三十四品，会列如左：第一寂灭道场会（合二品三卷）、第二普光法堂会（合六品四卷）、第三忉利天宫会（合六品三卷）、第四夜摩天宫会（合四品二卷）、第五兜率天宫会（合三品十卷）、第六他化天宫会（合十一品十三卷，新经开为二会）、第七普光法堂重会（一品六卷）、第八给孤独园会（一品一十四卷）。

《大方广佛华严经》八十卷（八帙），大唐天后代于阗三藏实叉难陀等译（新编入录，大本再译）。右二经，同本异译。其新译经总七处九会，合三十九品，会列如左：第一会菩提场中说（合六品十一卷）、第二会普光明殿说（合六品四卷）、第三会忉利天宫说（合六品三卷）、第四会夜摩天宫说（合四品三卷）、第五会兜率天宫说（合三品十二卷）、第六会他化自在天宫说（一品六卷）、第七（重会）普光明殿说（合十一品十三卷）、第八（重会）普光明殿说（一品七卷）、第九会给孤独园说（一品二十一卷）。

《信力入印法门经》五卷，元魏天竺三藏昙摩流支译（单本）。

《度诸佛境界智光严经》一卷（失译，今附"秦录"，第译①）。右一经，《大周录》云元魏三藏菩提留支译（出《长房录》，今按长房等录留支所译，无此经名，今为失译，附于"秦录"。又云与《如来庄严智慧光明入一切佛境界经》及《度一切诸佛境界智严经》同本异译者，误也。今寻文理，义旨全殊，名虽似同，所诠乃异。求其旨趣，乃与《佛华严入如来德智不思议境界经》等同本异译，故移编此）。《佛华严入如来德智不思议境界经》二卷，隋天竺三藏阇那崛多等译（出《内典录》，第三译）。《大方广入如来智德不思议经》一卷，大唐天后代于阗三藏实叉难陀译（新编入录，第四译）。右三经，同本异译（新旧四译，一译本缺）。

《大方广佛华严经不思议佛境界分》一卷（或二卷，十三纸②），大唐天后代于阗三藏提云般若译（出《大周录》，第一译）。《大方广如来不思议境界经》一卷，大唐天后代于阗三藏实叉难陀译（新编入录，第二译）。右二经，同本异译。

《大乘金刚髻珠菩萨修行分》一卷（亦名《金刚鬘菩萨加行品》），大唐天后代

① 第译：根据上下文，当为"第一译"。《贞元录》卷二十一云"失译，今附'秦录'，第一译"，可证。

② 十三纸：《大正藏》本校勘记以为衍文，按《开元释教录》"别录"体例，一般不言书写用纸多少，可从。

天竺三藏菩提流志译（出《大周录》，单本）。

《大方广佛华严经修慈分》一卷，大唐天后代于阗三藏提云般若译（新编入录，单本）。上八经，十三卷同帙。

《大方广普贤菩萨所说经》一卷，大唐天后代于阗三藏实叉难陀译（新编入录，单本）。

《庄严菩提心经》一卷，姚秦三藏鸠摩罗什译（第四译）。《大方广菩萨十地经》一卷，元魏西域三藏吉迦夜共昙曜译（第五译）。右二经，同本异译（前后五译，三译缺本。此《菩萨十地经》，《大周录》云是《华严·十住品》异译者，谬也。寻阅文句，义旨悬殊，但可为《华严》眷属耳）。

右《信力入印法门》等十一经，并与《华严》分有相似，是眷属摄，而非正部，以其三种世间严事劣故[①]。

《兜沙经》一卷，后汉月支三藏支娄迦谶译。右一经，是《华严经·如来名号品》异译（旧经在第五卷，新经在第十二，比于大本，此经稍略）。

《菩萨本业经》一卷（亦直云《本业经》，亦名《净行品经》），吴月支优婆塞支谦译。《诸菩萨求佛本业经》一卷（或无“诸”字），西晋清信士聂道真译。右二经，是《华严·净行品》异译（旧经在第六卷，新经在第十四。其支谦译者，兼《十住品》，略无偈。《大周·入藏录》中更有《菩萨本业经》一卷，亦是异译。《净行品》，寻本不获，故缺之耳）。

《菩萨十住行道品》一卷（亦直云《菩萨十住》），西晋三藏竺法护译（出法上经录[②]，拾遗编入）。《菩萨十住经》一卷，东晋西域三藏祇多蜜译。右二经，是《华严·菩萨十住品》异译（旧经在第九卷，新经在第十六卷，略无偈）。

《渐备一切智德经》五卷（或十卷），西晋三藏竺法护译。上九经，十三卷同帙。

《十住经》四卷（或五卷），姚秦三藏鸠摩罗什共佛陀耶舍译。右二经，是《华严·十地品》异译（旧经从第二十五卷至第二十九，新经从第三十四卷至第三十九，天亲菩萨造《十地释论》一十二卷）。

《等目菩萨所问三昧经》二卷（一名《普贤菩萨定意》，或三卷），西晋三藏竺

---

① 三种世间严事劣故：唐代澄观所述《大方广佛华严经随疏演义钞》卷十五云：“夫圣人设教，必有其渐。将欲命乎微言，先说三种世间严事。为九会之都序，起大法之原由，故受之以世主妙严品。”“严事”本指师事，但此处为“庄严”之义，如《大方广佛华严经》卷一云：“于诸门侧悉建幢幡，一一严事，各各流光遍周法界。”故“三种世间严事劣故”，大意谓这些经典于三种世间庄严之翻译有不足。

② 法上经录：北齐法上撰经录为《法上录》，《大正藏》本校勘记以“上”为衍文，则为《法经录》，隋代所撰。检法经《众经目录》卷一云：“《菩萨十住行道品经》一卷，是十住品。”《开元释教录》此处脱一“经”字。

法护译。右一经，是新《华严·十定品》异译（从第四十卷至第四十三，旧《华严经》无《十定品》，此《等目所问经》，《周录》为单本，今勘为重译）。

《显无边佛土功德经》一卷，大唐三藏玄奘译（出《内典录》）。右一经，是《华严·寿量品》异译（旧经在第三十一卷，新经在第四十五）。

《如来兴显经》四卷（一名《兴显如幻经》），西晋三藏竺法护译。右一经，是旧《华严·宝王如来性起品》及《十忍品》异译（从第三十五卷半至第三十七卷尽，其《十忍品》在第三十卷，此略无偈，不知何故，前后差异），新经名《如来出现品》（从第五十卷至第五十二，其《十忍品》在第四十四。《旧录》中又有《如来性起微密藏经》二卷，即是旧经《性起品》抄出别行，其文不异，但取第二会初缘起标于经首，加证信序，既非别翻，故不重载）。上四经，十一卷同帙。

《度世品经》六卷（或五卷），西晋三藏竺法护译。右一经，是《华严·离世间品》异译（旧经从〔第〕三十八卷至第四十四，新经从第五十三卷至第五十九）。

《罗摩伽经》三卷，乞伏秦沙门释圣坚译，出《内典录》。右一经，是《华严·入法界品》异译（此《罗摩伽经》，比于本品，文缺不足，于其中间，译出少分。旧经从第五十一卷无上胜长者[1]至第五十三卷初妙德救护众生夜天[2]所，其文即尽，新经从第六十七卷半至第七十卷初）。

《大方广佛华严经续入法界品》一卷（或无"续"字），大唐中天竺三藏地婆诃罗译（出《大周录》）。右一经，续旧《华严经·入法界品》（或有经本续入大部之中，在第五十七卷）。上三经，十卷同帙（从《兜沙》下一十三经，并是大部之中别品异译）。

涅槃部（及支派经，并纂于此），总六部五十八卷，六帙。

《大般涅槃经》四十卷（或三十六卷，四帙），北凉天竺三藏昙无谶于姑臧译（第五单重合译。其《涅槃经》，宋文帝代元嘉年中达于建业时，有豫州沙门范慧严、清河沙门崔慧观、陈郡处士谢灵运等以谶前经品数疏简，乃依旧《泥洹经》加之品目。文有过质，颇亦改治，结为三十六卷，行于江左。比于前经，时有小异，有《论》一卷，略释大经。又《论》一卷，释"本有今无"一偈）。

《大般涅槃经后译荼毗分》二卷（亦云《阇维[3]分》，亦云《后分》），大唐南海

---

① 无上胜长者：善财童子五十三参之第二十三参，善财至可乐城，参诣无上胜长者，无上胜为其解说"至一切处修菩萨行清净法门"。

② 妙德救护众生夜天：善财童子五十三参之第三十四参，善财于会中参诣普救众生妙德夜神，夜神为其解说"普现一切世间调伏众生解脱法门"。"天"，亦可译作神。《大正藏》本校勘记以为"夜"后脱"摩"字，则为"夜摩天"，不可从。

③ 阇维：梵语，亦译为荼毗、荼毘等，指人死后火化。

波凌国沙门若那跋陀罗共唐国沙门会宁于彼国共译[①]（出《大周录》，单本）。右一经，是前《大般涅槃经》之余《憍陈如品》之末，兼说灭度已后焚烧等事（义净三藏《求法传》云：益府成都沙门会宁麟德年中往游天竺，到南海诃凌国。遂与彼国三藏沙门若那跋陀罗，唐云智贤，于《阿笈摩经》抄出如来涅槃焚烧之事，非《大乘涅槃经》也。遗使寄来，方之天竺[②]。今寻此经，与《长阿含》初分《游行经》少分相似而不全同，经中复言法身常存、常乐我净、佛菩萨境界，非二乘所知，与《大涅槃》义理相涉。经初复题《陈如品》，末文势相接，且编于此，后诸博识，详而定之）。

《大般泥洹经》六卷（或十卷），东晋平阳沙门释法显共觉贤译（第四译）。右一经，是《大般涅槃经》之前分《尽大众问品》同本异译（兼《荼毗分》，前后七译，四译缺本）。上二经，八卷同帙。

《方等般泥洹经》二卷（亦名《大般泥洹经》，或三卷），西晋三藏竺法护译（第一译）。《四童子三昧经》三卷（或直名《四童子经》），隋天竺三藏阇那崛多等译（第二译）。右二经，同本异译（按群录中又有《哀泣经》二卷，或三卷，云与《方等泥洹》同本异译，亦不述其翻译所由。寻其文句，即是《方等泥洹》，更无有异。其《方等泥洹》初品名为《哀泣》，但取此品题目以作经名，比于《方等泥洹》。仍缺三品，余并无别。既是繁重，删之不录也）。

《大悲经》五卷，高齐天竺三藏那连提耶舍共法智译（单本）。上三经，十卷同帙（《方等泥洹》等三经，《涅槃》支派）。

五大部外诸重译经，二百七十三部五百五十八卷[③]，五十一帙。

《方广大庄严经》十二卷（一名《神通游戏》），大唐中天竺三藏地婆诃罗译（出《大周录》，第四译）。《普曜经》八卷（一名《方等本起》），西晋三藏竺法护译（第二译，四译二缺）。右二经，同本异译（其《大庄严经》，《周录》编为单译，或有以《普曜经》在小乘藏者，二俱误也）。上二经，二十卷二帙。

《法华三昧经》一卷（《法华》支派），宋凉州沙门释智严译（单本）。《无

---

① 共译：前文已有“波凌国沙门若那跋陀罗共唐国沙门会宁”之表述，若再云“共译”，则属重复之词，故“共”当为衍文。

② 本段并非全引，《大唐西域求法高僧传》卷上云：“爰以麟德年中仗锡南海，泛舶至诃陵洲，停住三载。遂共诃陵国多闻僧若那跋陀罗于《阿笈摩经》内译出如来涅槃焚身之事，斯与大乘《涅槃》颇不相涉，……会宁既译得《阿笈摩》本，遂令小僧运期奉表赍经还至交府，驰驿京兆，奏上阙庭，冀使未闻，流布东夏。”“遗使寄来”，当为“遣使寄来”。

③ 五大部外诸重译经，二百七十三部五百五十八卷：自下之《方广大庄严经》至第十一卷为，总部卷为六十九部二百七十三卷。故“五大部外诸重译经”之范围尚不止此，第十二卷之“大乘经重单合译下”之重译经二百四部，适符“五大部外诸重译经，二百七十三部五百五十八卷”之数。

量义经》一卷（《法华》前说），萧齐天竺沙门昙摩伽陀耶舍译（第二译，两译一缺）、《萨昙分陀利经》一卷（是异出《法华·宝塔》《天授》二品各少分），《僧祐录》云安公录中失译经（今附"西晋录"，拾遗编入）。《妙法莲华经》八卷（二十八品，或七卷），姚秦三藏鸠摩罗什译（第五译）。上四经，十一卷同帙（此《妙法莲华经》第五卷初《提婆达多品》，萧齐武帝时外国三藏达摩菩提共杨都僧正沙门法献于瓦官寺译，其经梵本是法献于于阗将来。其第八卷初《普门品》中重诵偈，周武帝时北天竺三藏阇那崛多于益州龙渊寺译，秦本并缺，后续编入。又第八卷中《药王菩萨》等咒六首，大唐三藏玄奘重译，在音义中，此不别出）。

《正法华经》十卷（或云《方等正法华》，或七卷，一帙），西晋三藏竺法护译（第三译）。《妙法莲华经》七卷（二十七品，或八卷），隋天竺三藏崛多、笈多二法师添品（出"经前序"及《内典录》）。右三经，同本异译（其《添品·序》略云："《正法》护翻，《妙法》什译。"检验二本，文皆有缺。"护所缺者，《普门品》偈也；什所缺者，《药草喻品》之半，《富楼那》及《法师》等二品之初，《提婆达多品》《普门品偈》也。什移《嘱累》在《药王》之前，二本《陀罗尼》并置《普门》之后。其间异同，言不能极。窃见《提婆达多品》及《普门品》偈，先贤续出，补缺流行。余景仰遗风，宪章成范。大隋仁寿元年辛酉之岁，因普曜寺沙门上行所请，遂共崛多、笈多二法师，于大兴善寺重勘天竺多罗叶本[①]，《富楼那》及《法师》等二品之初，斯本[②]犹缺，《药草喻品》，更益其半，《提婆达多》，通入《〔宝〕塔品》，《陀罗尼》次《神力》之后，《嘱累》还结其终。字句差殊，颇亦改正，傥有披寻，幸勿疑惑。"兼此《添品》，总成六译，三在三缺）。

《维摩诘所说经》三卷（一名《不可思议解脱》，或直云《维摩诘经》），姚秦三藏鸠摩罗什译（第六译）。上二经，十卷同帙。《维摩诘经》二卷（或三卷），吴月支优婆塞支谦译（第二译）。《说无垢称经》六卷，大唐三藏玄奘译（出《内典录》，第七译）。右三经，同本异译（前后七译，四译缺本）。

《大方等顶王经》一卷（一名《维摩诘子问经》，亦名《善思童子经》），西晋三藏竺法护译（第一译）。《大乘顶王经》一卷（亦名《维摩儿经》），梁优禅尼国王子月婆首那译（第三译）。上四经，十卷同帙。《善思童子经》二卷，隋天竺三藏阇那崛多等译（第四译）。右三经，同本异译（其《善思童子经》，《周录》在单本中，误也。前后四译，第二本缺）。

《大悲分陀利经》八卷（亦云《大乘悲》[③]），失译（今附"秦录"，第二译）。上二经，

---

① 多罗叶本：即通常所云贝叶经本。

② 斯本：《添品妙法莲华经·序》作"勘本"，当从。

③ 《大乘悲》：全称当为《大乘悲分陀利经》，"《大乘悲》"为简称。

十卷同帙。《悲华经》十卷（一帙），北凉天竺三藏昙无谶于姑臧译（第四译）。右二经，同本异译（前后四译，两译缺本）。

《金光明最胜王经》十卷（一帙），大唐大后代三藏义净译（新编入录，第五译）。《金光明经》八卷（二十四品），隋大兴善寺沙门宝贵合出，当第四本。右二经，同本异译（其序略云：“而《金光明》见有三本：初在凉世，有昙无谶译为四卷，止十八品；其次周世，阇那崛多译为五卷，成二十品；后逮梁世，真谛三藏于建康译《三身分别》《业障灭》《陀罗尼最净地》《依空满愿》等四品，足前出没，为二十三品。”“宝贵每叹此经秘奥，后分如何，竟无《嘱累》。旧虽三译，本疑未周，长想梵文，愿言逢遇。大隋驭寓[①]，新经即来，帝敕所司相续翻译。至开皇十七年，法席小间，因劝请北天竺揵达国三藏法师，此云志德，重寻后本，果有《嘱累品》。复得《银主陀罗尼品》，在京大兴善寺即为翻译，并前先出，合二十四品，写为八卷。学士成都费长房笔受，通梵沙门日严寺释彦琮校谏[②]。”撰录者曰：此合部经，文义备足。其无谶四卷、真谛七卷、崛多五卷，并皆有缺，故此三经，无繁[③]重载。谨按：长房等录，周武帝代天竺三藏那舍崛多译出一本，名《金光明经更广寿量大辩陀罗尼经》，五卷成部。今详此名，乃非全译，但于无谶四卷经中续演二品。其《寿量品》，更续其文，《大辩品》中，更广咒法，余品之中，亦有续者，故云《更广寿量大辩陀罗尼经》。故六卷“合经序”云：“《寿量》《大辩》，又补其缺。”以此证知，但是续缺，非是别翻。又“经序”云阇那崛多译为五卷，房等诸录乃云耶舍崛多者，此二三藏，乃是同师，当时共翻，互载皆得。其合部经有六卷本，与此八卷明同异者。其六卷经，一品颠倒，比校新经，八卷者是。又二经《嘱累》，文意全别。六卷《嘱累》乃与《法华·嘱累》大咒相似，未详所以。今勘八卷之者，亦与新经扶同[④]，二本少殊，不可双载，故存八卷，为正编之入藏。后寻览者，幸无惑焉。兼此合经，总成五译，两本在藏，三本入“删繁录”）。

《伅真陀罗所问经》二卷（或三卷），后汉月支三藏支娄迦谶译（第一译）。上二经，十卷同帙。《大树紧那罗王所问经》四卷（亦名《说不可思议品》），姚秦三藏鸠摩罗什译（第二译）。右二经，同本异译。

《佛升忉利天为母说法经》二卷（亦名《佛升忉利天品经》，或三卷），西晋三藏竺法护译（第一译）。《道神足无极变化经》四卷（一名《合道神足经》，或二卷，或三卷），西晋安息三藏安法钦译（第二译）。右二经，同本异译（前后三译，第三

---

① 驭寓：通作“御宇”，统治天下义。

② 校谏：佛经翻译术语中似无此目。《合部金光明经·序》云“通梵沙门日严寺释彦琮校练”，“校练”，犹考核。另其所引序，“在京大兴善寺”前脱“故知法典源散，派别条分，承注末流，理难全具。赖三藏法师慧性冲明，学业优远，内外经论，多所博通”数行。

③ 无繁：当作“无烦”，不需烦劳义。

④ 扶同：符合；相匹配。

本缺）。上三经，十卷同帙。

《宝雨经》十卷（一帙），大唐天后代南印度三藏达摩流支等译（出《大周录》，第三译）。《宝云经》七卷，梁扶南三藏曼陀罗仙共僧伽婆罗译（第一译）。右二经，同本异译（新旧三译，第二本缺）。

《阿惟越致遮经》三卷（或无“遮”字，或四卷），西晋三藏竺法护译（第一译）。上二经，十卷同帙。《不退转法轮经》四卷，《僧祐录》云安公“凉土异经”（在“北凉录”，第二译）。《广博严净不退转轮经》四卷（或六卷），宋凉州沙门智严共宝云译（第三译）。右三经，同本异译（其《阿惟越致遮经》，《周录》在单本中，误也）。

《不必定入定入印经》一卷，元魏婆罗门瞿昙般若流支译（出“序记”，第一译。右经初“序记”云：“魏兴和四年，岁次降娄，月建在戊，朔次甲子，壬午之日，瞿昙流支、沙门昙林于尚书令仪同高公第译，九千一百九十三字。”诸录皆云菩提留支译者，误也，今依“序记”为正）。《入定不定印经》一卷，大唐天后代三藏义净译（新编入录，第二译）。右二经，同本异译（其旧译经，《周录》为单本，新勘为重译）。上四经，十卷同帙。

《等集众德三昧经》三卷（或二卷），西晋三藏竺法护译（第一译）。《集一切福德三昧经》三卷，姚秦三藏鸠摩罗什译（出《真寂寺录》，第三译）。右二经，同本异译（前后三译，一译本缺）。

《持心梵天经》四卷（一名《庄严佛法经》，又名《等御诸法经》），西晋三藏竺法护译（或六卷十七品，第一译）。上三经，十卷同帙（按姚秦释僧睿《思益·序》云：“恭明前译，颇丽其辞，迷其旨[①]。”今按群录，吴时月支国优婆塞支谦，字恭明，翻译众经，而无《思益》同本之者，其《持心经》与《思益》同，乃是西晋竺法护译。睿云“恭明先译”，失之者误）。《思益梵天所问经》四卷（或直云《思益经》，祐云《思益义经》），姚秦三藏鸠摩罗什译（第二译）。《胜思惟梵天所问经》六卷，元魏天竺三藏菩提留支译（第二译[②]）。右三经，同本异译（其《胜思惟经》有《释论》四卷）。上二经，十卷同帙。

《持人菩萨经》四卷（有加“所问”二字，或三卷），西晋三藏竺法护译（第一译）。《持世经》四卷（一名《法印经》，或三卷），姚秦三藏鸠摩罗什译（第三译）。右二经，同本异译（前后三译，第二本缺）。

《济诸方等学经》一卷（或无“学”字），西晋三藏竺法护译（第一译）。《大乘方广总持经》一卷（或无“乘”字），隋天竺三藏毗尼多流支[③]译（第二译）。右

① 迷其旨：《中华大藏经》本作“仍迷其旨”，僧睿《思益经·序》有“仍”字，此脱。

② 第二译：前云鸠摩罗什译《思益梵天所问经》四卷为第二译，此则当为第三译。

③ 毗尼多流支：意译为灭喜，南天竺人，出身婆罗门，曾周游印度，越南佛教灭喜禅派之创始人。后至广州制旨寺从事译经，译有《象头精舍经》和《报业差别经》等。

二经，同本异译（《周录》为单本，新勘为重译）。上四经，十卷同帙。

《文殊师利现宝藏经》三卷（或直云《宝藏经》，或二卷，第一译），西晋三藏竺法护译。《大方广宝箧经》三卷（或二卷），宋天竺三藏求那跋陀罗译（第四译）。右二经，同本异译（前后四译，两译缺本）。

《大乘同性经》二卷（亦名《一切佛行入智毗卢遮那藏说经》，或四卷），周宇文氏天竺三藏阇那耶舍等译（第一译）。《证契大乘经》二卷（亦名《入一切佛境智陪卢遮那藏》），大唐中天竺三藏地婆诃罗译（出《大周录》，第二译）。右二经，同本异译。上四经，十卷同帙。

《深密解脱经》五卷，元魏天竺三藏菩提留支译（今本初译[1]）。《解深密经》五卷，大唐三藏玄奘译（出《内典录》，今本再译）。上二经，十卷同帙。《解节经》一卷，陈天竺三藏真谛译。右一经，是《解深密经》初五品异译（出第一卷）。《相续解脱地波罗蜜了义经》一卷（亦名《解脱了义》，亦云《相续解脱经》），宋天竺三藏求那跋陀罗译。右一经，是《解深密经》后二品异译，出四、五二卷。右四经，同本异译（二是全本，二是初译[2]）。

《缘生初胜分法本经》二卷，隋天竺三藏达摩笈多译（出《内典录》，第一译）。《分别缘起初胜法门经》二卷，大唐三藏玄奘译（出《内典录》，第二译）。右二经，同本异译。

《楞伽阿跋多罗宝经》四卷，宋天竺三藏求那跋陀罗译（第二译）。上五经，十卷同帙。《入楞伽经》十卷（一帙），元魏天竺三藏菩提留支译（或三译[3]）。《大乘入楞伽经》七卷，大唐天后代于阗三藏实叉难陀译（新编入录，第四译）。右三经，同本异译（新旧四译，一译缺本）。

《菩萨行方便境界神通变化经》三卷，宋天竺三藏求那跋陀罗译（第一译）。上二经，十卷同帙。《大萨遮尼乾子所说经》十卷（或七卷，或八卷，一帙），元魏天竺三藏菩提留支译（第一译）。右二经，同本异译。

《大方等大云经》六卷（亦名《大方等无相经》，或四卷，或五卷），北凉天竺三藏昙无谶译（第二译，两译一缺）。

---

① 今本初译：“总录”卷六以为“全本初译”。既云“元魏天竺三藏菩提留支译”，则不当称“今本”。下条《解深密经》五卷所云“今本再译”，检卷七作“全本第二译”，且下文云“二是全本”，故“今本”当为“全本”。

② 二是全本，二是初译：“初译”不当有两个版本。前明言“右四经，同本异译”，既云“二是全本”，《大正藏》本校勘记校“初”作“抄”，即“二是抄译”，“抄译”与“全本”相对应。

③ 或三译：前之“总录”云“延昌二年译，是第三出”，故为“第三译”，“或”字，当为“第”字。

《大云轮请雨经》[1]一卷（内题云“《大云经·请雨品第六十四》”），周宇文氏天竺三藏阇那耶舍等译（第一译）。《大云轮请雨经》二卷，隋天竺三藏那连提耶舍译（第二译）。《大方等大云请雨经》一卷（内题云“《大方等大云经·请雨品第六十四》”），隋天竺三藏阇那崛多等译（出《内典录》，第三译）。右三经，同本异译。上四经，十卷同帙。

《诸法无行经》二卷（或一卷），姚秦三藏鸠摩罗什译（第一译）。《诸法本无经》三卷，隋天竺三藏阇那崛多等译。右二经，同本异译（前后三译，一译缺本）。

《无极宝三昧经》一卷（或直云《无极宝经》），西晋三藏竺法护译（第一译）。《宝如来三昧经》二卷（一名《无极宝三昧经》，或一卷），东晋西域三藏祇多密译（第二译）。右二经，同本异译。

《慧印三昧经》一卷（一名《宝田慧印三昧经》），吴月支优婆塞支谦译（第一译）。《如来智印经》一卷（一名《诸佛法身》），《僧祐录》中失译经（今附“宋录”，第二译）。右二经，同本异译。上六经，十卷同帙。

《大灌顶经》十二卷（一帙，或无“大”字，录云九卷，未详），东晋西域三藏帛尸梨密多罗译（单重合译）。右卷别各是一经，具列如左：第一卷《灌顶三归五戒带佩护身咒经》、第二卷《灌顶七万二千神王护比丘咒经》、第三卷《灌顶十二万神王护比丘尼咒经》、第四卷《灌顶百结神王护身咒经》、第五卷《灌顶宫宅神王守镇左右咒经》、第六卷《灌顶冢墓因缘四方神咒经》、第七卷《灌顶伏魔封印大神咒经》、第八卷《灌顶摩尼禀[2]大神咒经》、第九卷《灌顶召五方龙摄疫毒神咒经》、第十卷《灌顶梵天神策经》、第十一卷《灌顶随愿往生十方净土经》（或云《普广品第十一》，即《别行随愿往生经》是）、第十二卷《灌顶拔除过罪生死得度经》（即是旧《药师经》“佛游维耶离[3]”者，此为第一译）。

《药师如来本愿经》一卷，隋天竺三藏达摩笈多译（出《内典录》，第二译）。《药师琉璃光如来本愿功德经》一卷，大唐三藏玄奘译（出《内典录》，第三译）。《药师琉璃光七佛本愿功德经》二卷，大唐三藏义净于大内佛光殿译（新编入录，第四译）。右三经，同本异译（与前《灌顶》第十二卷《拔除过罪生死得度经》同本。其

① 《大云轮请雨经》：卷七“总录”阇那耶舍所译为《大云请雨经》，则“轮”字当涉下经“《大云轮请雨经》二卷”而衍。

② 摩尼禀：《大正藏》本“摩尼”后有一空口，《中华大藏经》本此空口作“罗”字。然“摩尼罗禀”意义不明，今本《灌顶经》卷七作“摩尼罗亶”，《开元释教录》“总录”以及“入藏录”皆收“《摩尼罗亶经》一卷”，故“禀”字，当为“亶”字。

③ 维耶离：又译作毘耶离、毘舍离，亦云鞞奢隶夜。《一切经音义》卷二十八云：“正言吠舍厘。在恒河南中天竺界，七百贤圣于中结集处也。”印度古国，佛祖曾经于此夏安居。

三藏义净所译二卷者，更加六佛本愿及咒，余文大同奘法师译者。其旧《药师经》，群录皆云宋时鹿野寺沙门慧简所译。寻检其文，即是《灌顶》第十二卷析出别行，更无异本。其《随愿往生经》，群录或云吴时支谦，或云西晋竺护译，其见流行者，即是《大灌顶经》第十一卷《普广品》，更无别本。此之二经，既在大部之中，其别生流行者，删之不录）。

《阿阇世王经》二卷（后汉月支三藏支娄迦谶译，第一译）。《普超三昧经》三卷（或上加“文殊师利”字，或四卷），西晋三藏竺法护译（第二译）。《放钵经》一卷（是《普超经·举钵品》异译，出第一卷），《僧祐录》云安公录中失译经（安公云出方等部，今附“西晋录”）。右三经，同本异译（前后六译，三译缺本）。上六经，十卷同帙。

《开元释教录》卷第十一（“别录”之一[①]）

《大般若波罗蜜多经》（六百卷，六十帙。唐三藏玄奘于玉华宫寺译，出《翻经图》），右此经，梵本都有二十万颂，总四处十六会。唐言译之，成六百卷，重单合译，具列如左：

第一会王舍城鹫峰山说（四百卷），右新译单本，梵文一十三万二千六百颂，唐译成四百卷七十九品，从第一卷至四百卷。

第二重会王舍城鹫峰山说（七十八卷，第四译），右新译重本，梵文二万五千颂，唐译成七十八卷八十五品，与旧《大品》《放光》《光赞般若》同本异译，从四百一卷至四百七十八。比于旧经，缺《无常啼》等品，余意大同。

第三重会王舍城鹫峰山说（五十九卷），右新译单本，梵文一万八千颂，译成五十九卷三十一品，从四百七十九卷至五百三十七卷。

第四重会王舍城鹫峰山说（一十八卷，第八译），右新译重本，梵文八千颂，译成一十八卷二十九品。与旧《道行》《小品》《明度》《长安品》等同本异译，从五百三十八卷至五百五十五。比于旧经，亦缺《常啼》等品，余意不殊。

第五重会王舍城鹫峰山说（十卷），右新译单本，梵文四千颂，译成十卷二十四品。从五百五十六卷至五百六十五卷。

第六重会王舍城鹫峰山说（八卷，第二译），右新译重本，梵文二千五百颂，译成八卷一十七品。与旧《胜天王般若》同本异译，从五百六十六卷至〔五〕百七十三卷。

第七会室罗筏城给孤独园说曼殊室利分（二卷，第三译），右新译重本，梵文八百颂，译成二卷，无品。与旧两译《文殊般若》同本异译，当第五百七十四至五百七十五卷。

第八重会室罗筏城给孤独园说那伽室利分（一卷，第三译），右新译重本，

---

① “别录”之一：《大正藏》本校勘记云“以下依明本载之，以宋元二本对校”。

梵文四百颂，译成一卷，无品。与旧《软首菩萨分卫经》等同本异译，当第五百七十六卷。

第九重会室罗筏城给孤独园说能断金刚分（一卷，第四译），右新译重本，梵文三百颂，译成一卷，无品。与新旧四译《金刚般若》同本异译，当第五百七十七卷。

第十会他化自在天王宫说般若理趣分（一卷，第一译），右新译重本，梵文三百颂，译成一卷，无品。与后译《实相般若》同本异译，当第五百七十八卷。

第十一重会室罗筏城给孤独园说布施波罗蜜多分（五卷），右新译单本，梵文二千颂，译五卷，无品。从五百七十九卷至五百八十三卷。

第十二重会室罗筏城给孤独园说净戒波罗蜜多分（五卷），右新译单本，梵文二千颂，译成五卷，无品。从五百八十四卷至五百八十八卷。

第十三重会室罗筏城给孤独园说安忍波罗蜜多分（一卷），右新译单本，梵文四百颂，译成一卷，无品，当第五百八十九卷。

十四重会[①]室罗筏城给孤独园说精进波罗蜜多分（一卷），右新译单本，梵文四百颂，译成一卷，无品，当第五百九十卷。

第十五重会王舍城鹫峰山说静虑波罗蜜多分（二卷），右新译单本，梵文八百颂，译成二卷，无品。当第五百九十一至九十二卷。

第十六会王舍城竹林园中白鹭池侧说般若波罗蜜多分（八卷），右新译单本，梵文二千五百颂，译成八卷，无品，从五百九十三卷至第六百卷。

---

① 十四重会："十"前脱"第"字，当补。

《开元释教录》卷第十二（“别录”之二）

“有译有本录”中“菩萨三藏录”之二（大乘经重单合译下）

《月灯三昧经》十一卷（或十卷，一帙），高齐天竺三藏那连提耶舍译（全本后出，单重合译）。《月灯三昧经》一卷（一名《文殊师利菩萨十事行经》），宋沙门释先公译（第二别译）。右一经，出前《大月灯经》第七卷异译（第一别译单卷者，本缺）。

《无所希望经》一卷（一名《象步经》），西晋三藏竺法护译（第二译）。《象腋经》一卷，宋罽宾三藏昙摩蜜多译（第四译）。右二经，同本异译（前后四译，两译本缺）。

《大净法门经》一卷，西晋三藏竺法护译（第一译）。《大庄严法门经》二卷，隋天竺三藏那连提耶舍译（第三译）。右二经，同本异译（前后三译，一译缺本）。

《如来庄严智慧光明入一切佛境界经》二卷，元魏天竺三藏昙摩流支译（第一译）。《度一切诸佛境界智严经》一卷，梁扶南三藏僧伽婆罗等译（第二译）。右二经，同本异译。

《后出阿弥陀佛偈经》一卷（与后经异本，或无“经”字），后汉失译（第二译，两译一缺）。

《观无量寿佛经》一卷（亦云《无量寿观经》，与前后经异本），宋西域三藏畺良耶舍译（第一译，二译一缺）。

《阿弥陀经》一卷（亦名《无量寿经》），姚秦三藏鸠摩罗什译（第一译，第二本缺）。《称赞净土佛摄受经》一卷（亦直云《称赞净土经》），大唐三藏玄奘译（出《内典录》，第二译）。右二经，同本异译（其求那跋陀罗所译小《无量寿经》，寻本不获。诸藏纵有，即与《弥弥陀》[①]文同不异）。上十一经十三卷同帙。

---

① 《弥弥陀》：无此经名，根据上下文，当为《阿弥陀》。

《观弥勒菩萨上生兜率天经》一卷（亦云《弥勒上生经》），宋居士沮渠京声译（单本）。右《上生经》，虽是单译，随成佛经，次第编此。

《弥勒成佛经》一卷（与后经异本），姚秦三藏鸠摩罗什译（第二译，两译一缺）。

《弥勒来时经》一卷（失译，出《法上录》，今附"东晋录"，第三译）。《弥勒下生经》一卷（一名《弥勒受决经》，初云《大智舍利弗》），姚秦三藏鸠摩罗什译（第四译。谨依长房、《内典》二录，普云[①]《弥勒下生经》。初云《大智舍利弗》者，其经先是长安沙门释道标译，萧齐江州沙门道政删改。今详此说，或谓不然。其释道标乃是什公门下诠义之僧，元非翻译之主。纵使是标译出文义，有何不周？降至齐朝，政重删改，年月悬远，叙述参差。彼云道政所删，难为准约[②]。经中子注乃曰"秦言"，故是秦翻，无繁惑矣。什录先载，是其出焉）。《弥勒下生成佛经》一卷，大唐天后代三藏义净译（第六译[③]）。右三经，同本异译（前后六译，三译一缺[④]）。

《诸法勇王经》一卷，宋罽贤[⑤]三藏昙摩蜜多译（第二译）。《一切法高王经》一卷（一名《一切法义王经》），元魏婆罗门瞿昙般若流支译（出"序记"，第三译。右经初"序记"云："魏兴和四年，岁次壬戌，季夏六月，朔次乙未，二十三日丁巳创译，婆罗门客瞿昙流支、沙门昙林在窦太尉定昌寺译，八千四百四十九字。"诸录皆云菩提留支译者，误也。今依"序记"为正。其《一切法高王经》，《周录》为单本者，误也）。右二经，同本异译（前后三译，一译本缺）。

《第一义法胜经》一卷，元魏婆罗门瞿昙般若流支译（出"序记"，第一译。右经初"序记"云："魏兴和四年，岁次壬戌，九月一日甲子，翟昙流支、沙门昙林于尚书令仪同高公第译，五千五百七十六字。"诸录皆云菩提留支译者，误也。今依"序记"为正）。《大威灯光仙人问疑经》一卷，隋天竺三藏阇那崛多等译（第二译）。右二经，同本异译。

《顺权方便经》二卷（一名《转女身菩萨经》，或一卷），西晋三藏竺法护译（第二译）。《乐璎珞庄严方便品经》一卷（亦云《转女身菩萨问答经》），姚秦罽宾三藏昙摩耶舍译（出"经后记"，第三译）。右二经，同本异译（其《乐璎珞庄严经》，检寻群录，或云姚秦罗什所翻，亦云宋朝法海所译。今准"经后记"云："比丘慧法于罽宾秦寺请

---

① 普云：前云"依长房、《内典》二录"，当为《长房录》《大唐内典录》"皆云"、"并云"之意，《中华大藏经》本作"并云"，可从。

② 准约：不成词。《大正藏》本校勘记校"约"为"的"，当为"准的"，标准；准则义。

③ 第六译：《大正藏》本校勘记以为后脱"新编入录"四字，可补。

④ 三译一缺：既云"前后六译"，则"三译一缺"，明显前后矛盾，《中华大藏经》本作"三译本缺"，可从。

⑤ 罽贤：昙摩蜜多三藏为罽宾人，故"贤"当作"宾"。

毗婆沙昙摩耶施译胡为秦。”其“罽宾秦寺”，未详其处。耶施译出，故应无谬。群录咸云昙摩耶舍善毗婆沙，时人共号为“毗婆沙”，故《僧祐录》云舍利弗毗昙毗婆沙译者，即其人也。“舍”之与“施”，声相近耳。今什录中除附耶舍之录，前后四译，两译缺本）。上十一部经，十二卷同帙。

《六度集经》八卷（亦名《六度无极经》，或九卷），吴天竺三藏康僧会译（重单合译）。

《太子须大拏经》一卷（或云“须达拏”），乞伏秦沙门释圣坚译（《周录》为单[①]，今为重译）。右一经，出《六度经》第二卷“施度”中异译。

《菩萨睒子经》一卷（亦云《孝子睒经》），《僧祐录》云《安公录》中失译经（今附“西晋录”，第二译）。《睒子经》一卷，乞伏秦沙门释圣坚译（第四译）。右二经同本，出《六度经》第二卷“施度”中异译。

《太子慕魄经》一卷，后汉安息三藏安世高译（第一译）。《太子沐魄经》一卷（或作“慕魄”），西晋三藏竺法护译（第三译，拾遗编入）。右二经同本，出《六度经》第四卷“戒度”中异译。

《九色鹿经》一卷，吴月支优婆塞支谦译（出《法上录》）。右一经，出《六度经》第六卷“精进度”中异译。上七经，十四卷同帙（其《九色鹿经》，《周录》为单本，误也）。

《无字宝箧经》一卷，元魏天竺三藏菩提留支译（第一译）。《大乘离文字普光明藏经》一卷，大唐中天竺三藏地婆诃罗于西太原寺译（出《大周录》，第三译）。《大乘遍照光明藏无字法门经》一卷，大唐中天竺三藏地婆诃罗重译（拾遗编入，第四译）。右三经同本异译（《大周录》云与《大方广宝箧经》同本异译者，误也。前后四译，一译缺本）。

《老女人经》一卷（亦名《老母经》，或云《老女经》），吴月支优婆塞支谦译（拾遗编入，第一译）。《老母经》一卷，《僧祐录》中失译经（今附“宋录”，第二译）。《老母女六英经》一卷（亦云《老母经》），宋天竺三藏求那跋陀罗译（第三译）。右三经同本异译。

《月光童子经》一卷（一名《月明童子经》，或名《申日经》），西晋三藏竺法护译（第一译）。《申日儿本经》一卷（录作“兜本”，误也，或无“日”〔字〕），宋天竺三藏求那跋陀罗译（第二译，拾遗编入）。《德护长者经》二卷（一名《尸利崛多长者经》），隋天竺三藏那连提耶舍译（第四译，四译一缺）。右三经同本异译（上之三经虽是同本，

① 为单：语义不完整。《开元释教录》体例一般言“单本”或“单译”，《大正藏》本校勘记作“单译”，可从。

而广略全异，互有增减。又支谦译中有《申日经》一卷，云与《月光童子经》同本异译。今检寻文句，二经不殊。父名申日，子号月光，约父子名，以分二轴，两本既同，故不双出。其《申日经》或在小乘藏中，云出《阿含》，其《增一阿含》中虽有尸利崛多长者缘起，无月光童子事，编在彼中，亦将误也）。

《文殊师利问菩提经》一卷（一名《菩提无行经》，亦直名《菩提经》），姚秦三藏鸠摩罗什译（第一译）。《伽耶山顶经》一卷（亦云《伽耶顶经》），元魏天竺三藏菩提留支译（第二译）。《象头精舍经》一卷，隋天竺沙门毗尼多流支译（第三译）。《大乘伽耶山顶经》一卷，大唐天后代天竺三藏菩提流志译（出《大周录》，第四译）。右四经，同本异译（其沙门靖迈《翻经图》中别载《菩提经》一卷，《大周录》中又有《菩提无行经》一卷，此之二经，并是什公所译《文殊问菩提经》之异名，无繁重载）。

《长者子制经》一卷（一名《制经》），后汉安息三藏安世高译（第一译）。《菩萨逝经》一卷（或云《誓童子经》，或直云《逝经》），西晋沙门白法祖译（第三译）。《逝童子经》一卷，西晋沙门支法度译（第四译，五译二缺）。右三经，同本异译（又《大周录》中别载《制经》一卷，即安高译者异名，不合重载）。

《犊子经》一卷，吴月支优婆塞支谦译（出《法上录》，第一译）。《乳光佛经》一卷（亦云《乳光经》），西晋三藏竺法护译（第二译）。右二经，同本异译（广略稍异，前后四译，两译缺本）。

《无垢贤女经》一卷（或名《胎藏经》），西晋三藏竺法护译（出《聂道真录》，第二译。右一经云与《胎藏经》同本，俱云竺法护译。今勘二本，文句全同，但名有异，今存一本）。《腹中女听经》一卷（一名《不庄校女经》），北凉天竺三藏昙无谶译（第三译）。《转女身经》一卷，宋罽宾三藏昙摩蜜多译（第四译）。右三经，同本异译（前二经稍略，总五译二缺）。上二十一经，二十二卷同帙。

《无上依经》二卷，梁天竺三藏真谛译（全本，第二译，出"经后记"。右此《无上依经》，谨按长房等录并云："陈永定二年丁丑，真谛三藏于南康郡净土寺出。"其"经后记"乃云："梁绍泰三年太岁丁丑九月八日，三藏真谛于平固县南康内史刘文陀请令译出。"今寻诸家年历，差互不同。长房年历，但至承圣五年丙子，梁国即绝。甄鸾及王道珪《年纪》，至绍泰二年丙子改为太平元年，太平二年丁丑改为永定元年。陈霸先立号为陈国，又有《年纪》，不知何人所撰，彼云承圣三年甲戌，改为大定元年，逮于后梁，凡经八载，方改年号。然四家年历，并无绍泰三年。四本既并不同，未详孰为正说，或可梁绍泰三年[1]丁丑，即是陈初永定元年也。

---

① 绍泰三年："绍泰"为梁朝敬帝的年号，自 555 年十月到 556 年八月，不及三年。梁敬帝 556 年改元太平，557 年当太平二年，其年陈灭梁，亦当陈永定元年，故《大正藏》本校勘记以为"太平二年"，可从。

历中但纪后号，不载前名，今者且依“经记”，为梁代译也）。

《未曾有经》一卷，后汉失译（《旧录》在小乘单本中，误也，第一译）。《甚希有经》一卷，大唐三藏玄奘译（出《内典录》，第三译）。右二经，同本异译（是前《无上依经》初品，出第一卷）。

《决定总经》一卷（或云《决定总持经》，亦云《决总持经》），西晋三藏竺法护译（第一译）。《谤佛经》一卷，元魏天竺三藏菩提留支译（第二译）。右二经，同本异译。

《宝积三昧文殊问法身经》一卷，后汉安息三藏安世高译（第一译）。《入法界体性经》一卷，隋天竺三藏阇那崛多等译（拾遗编入，第二译）。右二经，同本异译。

《如来师子吼经》一卷，元魏天竺三藏佛陀扇多译（第一译）。《大方广师子吼经》一卷，大唐中天竺三藏地婆诃罗译（出《大周录》，第二译）。右二经，同本异译。

《大乘百福相经》一卷，大唐中天竺三藏地婆诃罗译（出《大周录》，第一译）。《大乘百福庄严相经》一卷，大唐中天竺三藏地婆诃罗再译（拾遗编入，第二译）。右二经，同本异译。

《大乘四法经》一卷，大唐中天竺三藏地婆诃罗于东太原寺译（出《大周录》，第一译）。《菩萨修行四法经》一卷，大唐中天竺三藏地婆诃罗于弘福寺译（拾遗编入，第二译）。右二经，同本异译。

《希有希有校量功德经》一卷（或直云《希有校量功德经》），隋天竺三藏阇那崛多等译（第一译）。《最无比经》一卷，大唐三藏玄奘译（出《内典录》，第二译）。右二经，同本异译（广略少异）。

《前世三转经》一卷，西晋沙门释法炬译（第一译）。《银色女经》一卷，元魏天竺三藏佛陀扇多译（第二译）。右二经，同本异译。

《阿阇世王受决经》一卷，西晋沙门释法炬译（第一译）。《采莲违王上佛授决号妙华经》一卷（亦直云《采莲违王经》），东晋西域沙门竺昙无兰译（拾遗编入，第二译）。右二经，同本异译（从《无上依经》下一十九经，《大周录》中在单本内，今勘为重译）。

《正恭敬经》一卷（或名《正法恭敬经》），元魏天竺三藏佛陀扇多译（第一译）。《善敬经》一卷（亦名《善恭敬经》，一名《善恭敬师经》），隋天竺三藏阇那崛多等译（第二译）。右二经，同本异译（广略少异）。

《称赞大乘功德经》一卷，大唐三藏玄奘译（出《内典录》，第一译）。《说妙法决定业障经》一卷，大唐至相寺沙门释智严译（新编入录，第二译）。右二经，同本异译（其《称赞大乘经》，旧为单本，今为重译）。上二十三经二十四卷同帙。

《谏王经》一卷（亦云《大小谏王经》），宋居士沮渠京声译（第一译）。《如来示教胜军王经》一卷（亦直云《胜军王经》），大唐三藏玄奘译（出《内典录》，第二译）。《佛为胜光天子说王法经》一卷（亦直云《胜光天子经》），大唐三藏义净译（新编入录，第三译）。右三经，同本异译（其《谏王经》，同在小乘录[①]，《胜军王经》在大乘录，并云单本者，误也）。

《大方等修多罗王经》一卷，元魏天竺三藏菩提留支译（第一译）。《转有经》一卷，元魏天竺三藏佛陀扇多译（第二译）。右二经，同本异译。

《文殊师利巡行经》一卷，元魏天竺三藏菩提留支译（第一译）。《文殊尸利行经》一卷，隋天竺三藏阇那崛多等译（第二译）。右二经，同本异译。

《贝多树下思惟十二因缘经》一卷，吴月支优婆塞支谦译（第三译）。《缘起圣道经》一卷，大唐三藏玄奘译（出《内典录》，第六译）。右二经，同本异译（前后六译，四译缺本。其《缘起圣道经》，《周录》在单本中，误也。又有《闻城十二因缘经》一卷，即与《贝多树下思惟十二因缘经》文同不异，但名别耳，今存一本）。

《稻芉经》一卷，失译，今附“东晋录”。《了本生死经》一卷，吴月支优婆塞支谦译（谦自注解，三译一缺）。右二经，同本异译（莫辨先后）。

《自誓三昧经》一卷（题下注云《独证品》第四，出《比丘净行》中），后汉安息三藏安世高译（拾遗编入，第一译）。《如来独证自誓三昧经》一卷，西晋三藏竺法护译（第二译）。右二经，同本异译（前后三译，一译缺本）。

《灌洗佛形像经》一卷（亦云《四月八日灌经》，亦直云《灌经》），西晋沙门释法炬译（拾遗编入，第一译）。《摩诃刹头经》一卷（亦名《灌佛形像经》），乞伏秦沙门释圣坚译（第二译）。右二经，同本异译。

《造立形像福报经》一卷，失译，今附“东晋录”。《作佛形像经》一卷（亦云《优填王作佛形像经》），失译（今在“汉录”，《周录》在小乘单本中，及云西晋沙门法炬译者，误也）。右二经，同本异译（莫辨先后）。

《龙施女经》一卷（或无“女”字），吴月支优婆塞支谦译（第一译）。《龙施菩萨本起经》一卷（或云《龙施女经》，亦云《龙施本经》），西晋三藏竺法护译（第二译）。右二经，同本异译（广略少异）。

《八吉祥神咒经》一卷（或无“神”字），吴月支优婆塞支谦译（第一译）。《八阳神咒经》一卷（亦直云《八阳经》，新勘为重译），西晋三藏竺法护译（第二译）。《八

---

① 同在小乘录：此单言《谏王经》，云“同在”，则殊无义，《大正藏》本校勘记“同”作“周”，谓《大周录》将《谏王经》归诸小乘经典，检《大周录》，其卷七“小乘单译经目”录有“《谏王经》”。

吉祥经》一卷，梁扶南三藏僧伽婆罗译（第四译）。《八佛名号经》一卷，隋天竺三藏阇那崛多等译（第五译）。右四经，同本异译（缘起大同，佛名稍异，前后五译，一译缺本）。

《盂兰盆经》一卷（亦云《盂兰经》），西晋三藏竺法护译。《报恩奉盆经》一卷，失译，今附“东晋录”。右二经，同本异译（莫辩先后，广略稍异）。

《浴像功德经》一卷，大唐天竺三藏宝思惟译（新编入录，第一译）。《浴像功德经》一卷，大唐三藏义净译（新编入录，第二译）。右二经，同本异译（后本稍广）。

《校量数珠功德经》一卷，大唐天竺三藏宝思惟译（新编入录，第一译）。《数珠功德经》一卷（内云“曼殊室利咒藏中校量数珠功德法”），大唐三藏义净译（新编入录，第二译）。右二经，同本异译。上二十九经，二十九卷同帙。

《不空罥索神变真言经》三十卷三帙，大唐南天竺三藏菩提流志译（新编入录，当第四译）。

《不空罥索咒经》一卷，隋天竺三藏阇那崛多等译（第一译）。《不空罥索神咒心经》一卷，大唐三藏玄奘译（出《内典录》，第二译）。右二经，同本异译（是前大经《序品》，三藏流志先译一卷，名《不空罥索咒心经》，寻本未获）。

《不空罥索陀罗尼自在王咒经》三卷（亦云《不空罥索心咒王经》），大唐天后代天竺三藏宝思惟译（新编入录，第一译）。《不空罥索陀罗尼经》一卷（一名《普门》[①]），大唐天后代北天竺婆罗门李无谄译（新编入录，第二译）。右二经，同本异译（此是梵本经抄，非是全部，与前三经同名异本）。

《千眼千臂观世音菩萨陀罗尼神咒经》二卷（或一卷），大唐总持寺沙门释智通译（拾遗编入，第一译）。《千手千眼观世音菩萨姥陀罗尼身经》一卷（或云“千臂千眼”），大唐南天竺三藏菩提流志译（新编入录，第二译）。右二经，同本异译（其初译本贝叶交错，文少失次）。

《千手千眼观世音菩萨广大圆满无碍大悲心陀罗尼经》一卷，大唐西天竺沙门伽梵达摩译（拾遗编[②]，单本）。右此《心经》，虽是单本，随前《身经》，编之于此。

《观世音菩萨秘密藏神咒经》一卷，大唐天后代于阗三藏实叉难陀译（新编入录，第一译）。《观世音菩萨如意摩尼陀罗尼经》一卷，大唐天竺三藏宝思惟译（新编入录，第二译）。上九经，十二卷同帙。《观自在菩萨如意心陀罗尼咒经》

---

① 一名《普门》：《不空罥索陀罗尼经》之亦名。校注者检索《不空罥索陀罗尼经》以及大藏经，为何以“普门”名经，并无具体解释，待考。

② 拾遗编：根据文例，后脱一“入”字。

一卷，大唐三藏义净译（新编入录，第三译）。《如意轮陀罗尼经》一卷，大唐天竺三藏菩提流志译（新编入录，第四译）。右四经，同本异译（上四本经，虽有广略，据其梵本，并译未尽。义净出者，共法[①]最略）。

《文殊师利根本一字陀罗尼经》一卷（亦名《一字咒王经》），大唐天后代天竺三藏宝思惟译（新编入录，第一译）。《曼殊室利菩萨咒藏中一字咒王经》一卷，大唐天后代三藏义净译（新编入录，第二译）。右二经，同本异译。

《十二佛名神咒经》一卷，隋天竺三藏阇那崛多等译（第一译）。《称赞如来功德神咒经》一卷，大唐三藏义净译（新编入录，第二译）。右二经，同本异译（其《五千五百佛名经》第一卷初十二佛号，与前十二佛名同而不别。又《十二佛名经》，旧录为单本，新勘为重译）。

《孔雀王咒经》一卷（亦名《大金色孔雀王经》，并结界场，法具[②]），姚秦三藏鸠摩罗什译（第四译）。《大金色孔雀王咒经》一卷，失译（今附"秦录"，拾遗编入，第五译）。《佛说大金色孔雀王咒经》一卷，失译（亦附"秦录"，拾遗编入，第六译）。《孔雀王咒经》二卷，梁扶南三藏僧伽婆罗译（第七译）。《大孔雀咒王经》三卷，大唐三藏义净于东都内道场译（新编入录，第八译）。右五经，同本异译（新旧八译，五存三缺，前六文略，后二稍广）。上十一经，十四卷同帙。

《陀罗尼集经》十二卷，大唐中天竺三藏阿地瞿多译（出《大周录》，单重合译），右出《金刚大道场经·大明咒藏》之少分也，撮要而译（此集之中《大般若咒经》等，有别行者，录不具显。人多生疑，恐非正典。今为除疑，故别条示，列之如后）：第一卷佛部卷上（《大神力陀罗尼释迦佛顶三昧陀罗尼品》）、第二卷佛部卷下（初画一切佛顶像法；次有二十六印并咒、诸佛咒印法；第三《阿弥陀佛大思惟经》序分、咒印法，并说持诵得往生事及数珠法；第四《大金轮陀罗尼》[③]；第五《拔折啰功能法相品》）、第三卷[④]（《摩诃般若波罗蜜多心经》，佛在舍卫国说大般若理趣中咒及般若心咒，皆在此中。于中第十二印并咒，名"般若无尽藏"，注云是一印咒，筏梨耶思蝇伽法师译。卷末复有《大轮金刚陀罗尼》，若诵此咒，即当入坛，及得用印，不成盗法）、第四卷观世音卷上（《十一面观世音神咒经》）、第五

---

① 共法：《贞元录》作"其法"，当从。"共"、"其"二字形近，抄刻易致误。

② 结界场，法具：《开元释教录》卷四云："在逍遥园出，并结界场，法悉备具，房云见《别录》。""结界场"，本指僧伽在结夏安居时限定僧侣活动的范围，后又指佛教仪轨中施咒后具有一定法力效力的范围。"法具"，当为"法悉备具"之略言。

③ 《大金轮陀罗尼》：检《陀罗尼集经》卷二作"《大轮金刚陀罗尼》"。

④ 第三卷：卷下并无具体名目，下"第十二卷"亦是，《贞元录》同。

卷观世音卷中[①]（初有二印及咒、《千啭观世音菩萨咒》；次有六印及咒、观世音杂咒印；第三十二臂观世音菩萨一印并咒；第四不空罥索观世音四印并咒；第五画观世音像法；第六《观世音毗俱知菩萨三昧法印咒品》也）、第六卷观世音等诸菩萨卷下（初《阿耶揭唎婆观世音菩萨法印咒》，唐云“马头”；第二《诸大菩萨法会印咒品》，大势至菩萨、文殊师利菩萨、弥勒菩萨、地藏菩萨、普贤菩萨、虚空藏菩萨等并有印咒法）、第七卷金刚部卷上（初《金刚藏大威神力三昧法印咒品》；第二《金刚藏眷属法印咒品》、诸眷属金刚说咒并印）、第八卷金刚部卷中（初《金刚阿蜜哩多军荼利菩萨自在神力咒印品》；第二《拔折罗吒呵娑印咒法》，唐云“大笑金刚”）、第九卷金刚部卷下（初《金刚乌枢沙摩法印咒品》，唐云“不净洁金刚”，即火头金刚是；第二《天青面金刚咒法》[②]）、第十卷诸天卷上（初《摩利支天经》；第二《功德天法》，中天竺国菩提寺僧阿难律木叉师、迦叶师等于法行寺翻，流行于唐国）、第十一卷诸天卷下（《诸天等献佛助成三昧法印咒品》，大梵摩天、帝释、摩醯首罗、四天王、日天、月天、星宿天、地天、火天、阎罗天、一切龙王咒印并祈雨法，那罗延天、乾闼婆、紧那罗、摩呍啰伽、孔雀王、师子王、伽噜荼、大辩天、神王、焰摩檀陀、水天、风天、阿修罗王、遮文荼天法、一切毗那夜迦法、一切药叉法、一切罗刹法。右大梵摩天等，皆献咒印）、第十二卷（《诸佛大陀罗尼都会道场印咒品》，是灌顶普集会坛法）。

《十一面观世音神咒经》一卷（周宇文氏天竺三藏耶舍崛多等译，第一译）。《十一面神咒心经》一卷，大唐三藏玄奘译（出《内典录》，第二译）。右二经，与前《陀罗尼集经》第四卷《十一面神咒经》同本异译（而《集经》[③]中，印法稍广）。

《摩利支天经》一卷（或加“小”字），失译（今附“梁录”，拾遗编入）。右一经，是《集经》第十卷初《摩利支天经》少分异译。

《咒五首经》一卷，大唐三藏玄奘译（出《翻经图》，单重合译），“咒五首”者（《能灭诸罪千啭陀罗尼咒》一、《六字陀罗尼咒》二、《七俱胝佛所说神咒》三、《随一切如来意神咒》四、《观自在菩萨随心咒》五。其《千啭咒》，亦有别写，以为一经，既在此中，故不别出。《大周录》中分为五经者，非也）。

《千啭陀罗尼观世音菩萨咒经》一卷，大唐总持寺沙门释智通译（拾遗编入，第二译）。右《千啭咒》二首，与上《集经》第五卷初《千啭观世音咒》及《杂

---

① 第五卷观世音卷中：智升所录仅五部分，然校注者检《陀罗尼集经》卷五，计有十五部分，而且顺序与此大别，如“第三十二臂观世音菩萨一印并咒”，原书作“十二臂观世音菩萨身印呪第九”；“第五画观世音像法”，原书在第十四；“第六《观世音毗俱知菩萨三昧法印咒品》”，原书在第十五，智升当并未仔细核查原书。

② 《天青面金刚咒法》：原书作“大青面金刚呪法大呪第一”。“大青面金刚”，即药叉神。

③ 《集经》：即前《陀罗尼集经》之全称《佛说陀罗尼集经》，为密教经典，共十二卷，唐阿地瞿多译。本经主要内容为各种密教仪轨的辑录。

咒》中《千啭陀罗尼》同本异译。

《六字神咒经》一卷（或云《六字咒法》），大唐天后代天竺三藏菩提流志译（新编入录，第四译）。右一经，与上《集经》第六卷中《文殊师利菩萨咒法》及《咒五首经·六字陀罗尼》，并《杂咒》中《六字陀罗尼咒》同本异译。

《七俱胝佛大心准提陀罗尼经》一卷，大唐中天竺三藏地婆诃罗译（出《大周录》，第一译）。《七俱胝佛母准泥大明陀罗尼经》一卷，大唐南天竺三藏金刚智译（新编入录，第二译）。右二经，同本异译（比于旧经，新者稍广。然据梵文，译仍未尽。《咒五首》中及《杂咒》内，惟独译咒，更无余法）。上九经二十卷二帙（上帙七卷，下帙十三）。

《观自在菩萨随心咒经》一卷（亦云《多唎心经》），大唐总持寺沙门释智通译（新编入录）。右此《观自在随心咒》前《咒五首经》及《杂咒经》中《观世音初随心咒》，并《集经》第五，并先译出，故编于此。《种种杂咒经》一卷（或无“经”字），周宇文氏天竺三藏阇那崛多译（拾遗编入，单重合译）。

《杂咒》总二十三首（《法华经》内咒六首、《旋塔灭罪陀罗尼》一、《礼拜灭罪命终诸佛来迎咒》一、《供养三宝咒》一、《观世音忏悔咒》一、《金刚咒蛇咒》一、《生禅安隐咒》[1]一、《咒肿咒》一、《金刚咒治恶鬼病》一、《千啭陀罗尼》一、《观世音随心咒》四首、《七俱胝佛神咒》一、《随一切如来意神咒》一，与《咒五首》中者同本、《六字陀罗尼咒》一、《归依三宝咒》一）。

《佛顶尊胜陀罗尼经》一卷，大唐朝散郎杜行顗奉制译（出《大周录》，第一译）。《佛顶最胜陀罗尼经》一卷，大唐中天竺三藏地婆诃罗译（拾遗编入，第二译）。《佛顶尊胜陀罗尼经》一卷，大唐罽宾沙门佛陀波利译（出《大周录》，第三译）。《最胜佛顶陀罗尼净除业障经》一卷，大唐中天竺三藏地婆诃罗于东都再译（拾遗编入，第四译）。《佛顶尊胜陀罗尼经》一卷（或加“咒”字），大唐三藏义净译（新编入录，第五译）。右五经，同本异译。

《无量门微密持经》一卷（一名《成道降魔得一切智经》），吴月支优婆塞支谦译（第一译）。《出生无量门持经》一卷（或云《新微密持经》），东晋天竺三藏佛陀跋陀罗译（第五译）。《阿难陀目佉尼呵离陀经》一卷（或云《出无量门持经》），宋天竺三藏求那跋陀罗译（拾遗编入，第六译）。《无量门破魔陀罗尼经》一卷（或直云《破魔陀罗尼经》），宋西域沙门功德直共玄畅译（第七译）。《阿难陀目佉尼诃离陀邻尼经》一卷，元魏天竺三藏佛陀扇多译（第八译）。《舍利弗陀罗尼经》一卷，梁扶南三藏僧伽婆罗译（第九译）。《一向出生菩萨经》一卷，隋天竺三

---

[1] 《生禅安隐咒》：“生禅”，殊无义，当为《坐禅安隐咒》，今本《种种杂咒经》卷一有录《坐禅安隐呪》，故“生”字，当为“坐”字。

藏阇那崛多等译（第十译）。《出生无边门陀罗尼经》一卷，大唐至相寺沙门释智严译（新编入录，第十一译）。右八经，同本异译（长房等录中，觉贤经数，更有《新微密持经》[①]一卷，即是《出生无量门持经》是。功德贤经数，复有《出无量门持经》[②]一卷，即是《阿难陀目佉尼诃离陀经》是。既是重载，故不别存。新旧十一译，三译缺本）。

《胜幢臂印陀罗尼经》一卷，大唐三藏玄奘译（出《内典录》，第一译）。《妙臂印幢陀罗尼经》一卷，大唐天后代于阗三藏实叉难陀译（新编入录，第二译）。右二经，同本异译（其《胜幢臂印经》，旧录为单本，新勘为重译）。上十七经，十七卷同帙。

《无崖际持法门经》一卷（一名《无际经》），乞伏秦沙门释圣坚译（第一译）。《尊胜菩萨所问一切诸法入无量门陀罗尼经》一卷，高齐居士万天懿译（第三译）。右二经，同本异译（前后三译，一译缺本）。

《金刚上味陀罗尼经》一卷，元魏天竺三藏佛陀扇多译（第一译）。《金刚场陀罗尼经》一卷，隋天竺三藏阇那崛多等译（第二译）。右二经，同本异译。

《师子奋迅菩萨所问经》一卷，失译（今附“东晋录”）。《华聚陀罗尼咒经》一卷，失译（今附“东晋录”）。《华积陀罗尼神咒经》一卷，吴月支优婆塞支谦译（《周录》在单本中，误也）。右三经，同本异译（莫辨先后[③]）。

《六字咒王经》一卷，失译（今附“东晋录”，第一译）。《六字神咒王经》一卷，失译（拾遗编入，今附“梁录”，第二译）。右二经，同本异译。

《虚空藏菩萨问佛经》一卷（亦云《虚空藏菩萨问七佛陀罗尼咒经》），失译（今附“梁录”，第一译，拾遗编入）。《如来方便善巧咒经》一卷，隋天竺三藏阇那崛多等译（第二译）。右二经，同本异译（其《如来方便经》，旧录为单本，新勘为重译）。

《持句神咒经》一卷（亦云《陀罗尼句》），吴月支优婆塞支谦译（拾遗编入，第一译）。《陀邻尼钵经》一卷（亦云《陀邻钵咒》），东晋西域沙门竺昙无兰译（拾遗编入，第三译）。《东方最胜灯王如来经》一卷，隋天竺三藏阇那崛多等译（出《内典录》，第四译）。右三经，同本异译（前二本略，后经稍广。前后四译，三存一缺。其《最胜灯王经》，旧录为单本，新勘为重译）。

《善法方便陀罗尼咒经》一卷，失译（今附“东晋录”）。《金刚秘密善门陀罗尼经》一卷，失译（今附“东晋录”）。《护命法门神咒经》一卷，大唐天后代

---

① 《新微密持经》：《历代三宝纪》卷七云：“《新微密持经》一卷。隆安二年，第二出，与吴世支谦所译大同小异，见竺道祖《晋世杂录》。”

② 《出无量门持经》：《历代三宝纪》卷十云功德贤译“《出无量持门经》一卷”，“无量门”为固定结构，不当作“无量持门”。

③ 莫辨先后：《大正藏》本校勘记以为后脱“其《华积经》，《周录》在单本中，误也”十二字。

天竺三藏菩提流志译（出《大周录》，第三译）。右三经，同本异译（前之二经，莫辩先后。其《护命法门经》，《周录》在单本中，误也）。

《无垢净光大陀罗尼经》一卷，大唐天后代西域沙门弥陀山等译（新编入录，第二译。又于阗三藏实叉难陀初译，名《离垢净光陀罗尼经》，寻本未获，故缺之耳）。《请观世音菩萨消伏毒害陀罗尼咒经》一卷（亦直云《请观世音经》），东晋外国居士竺难提译（第二译，两译一缺）。上十九经，十九卷同帙。

《内藏百宝经》一卷（亦云《内藏百品经》），后汉月支三藏支娄迦谶译（第一译，两译一缺）。

《温室洗浴众僧经》一卷（亦直云《温室经》），后汉安息三藏安世高译（拾遗编入，第一译，前后两译，一本缺）。

《须赖经》一卷，前凉月支优婆塞支施仑译（出"经后记"，第三译，前后四译，三本缺）。

《私诃昧经》一卷（一名《菩萨道树经》，亦名《道树三昧经》），吴月支优婆塞支谦译（第一译，两译一缺）。

《菩萨生地经》一卷（一名《差摩竭经》），吴月支优婆塞支谦译（《周》为单本，误。第一译，前后两译，一本缺）。

《四不可得经》一卷，西晋三藏竺法护译（第二译，两译一缺）。

《梵女首意经》一卷（一名《首意女经》），西晋三藏竺法护译（第一译，两译一缺）。

《成具光明定意经》一卷（或云《成具光明三昧》，或直云《成具光明经》），后汉西域三藏支曜译（第二译，两译一缺）。

《宝网经》一卷（亦云《宝网童子经》），西晋三藏竺法护译（第一译，两译一缺）。

《菩萨行五十缘身经》一卷，西晋三藏竺法护译（第一译，两译一缺）。

《菩萨修行经》一卷（亦名《威施长者问观身行经》），西晋河内沙门帛法祖[1]译（第一译，两译一缺[2]）。

《诸德福田经》一卷（或云《诸福田经》，或直云《福田经》），西晋沙门法立、法炬共译（第一译，两译一缺）。

《大方等如来藏经》一卷，东晋天竺三藏佛陀跋陀罗译（第三译，三译二缺）。

---

① 帛法祖：即帛远，亦作白远，"法祖"为其字。本姓万氏，河内（指今河南黄河以北地区）人，西晋高僧及译经家。

② 第一译，两译一缺：《菩萨修行经》第一译当为吴月支优婆塞支谦译所译，帛法祖则为第二译。"总录"云本经"已曾三译，一存二缺，备显录中"，故《大正藏》本校作"三译二缺"，可从。

《佛语经》一卷，元魏天竺三藏菩提留支译（第一译，两译一缺）。

《金色王经》一卷，元魏婆罗门瞿昙般若流支译（第二译，两译一缺）。

《演道俗业经》一卷，乞伏秦沙门释圣坚译（第二译，两译一缺）。

《百佛名经》一卷，隋天竺三藏那连提耶舍译（第二译，两译一缺）。上十七经，十七卷同帙。

《称扬诸佛功德经》三卷（一名《集诸佛华》，或四卷），元魏西域三藏吉迦夜共昙曜译（第三译，三译二缺）。

《须真天子经》三卷（亦云《问四事经》，或二卷），西晋沙门竺法护译（第一译，两译一缺）。

《摩诃摩耶经》一卷（亦直云《摩耶经》，或二卷），萧齐沙门释昙景译（第二译，两译一缺）。

《除恐灾患经》一卷，乞伏秦沙门释圣坚译（第二译，两译一缺）。

《孛经》一卷（或云《孛经钞》），吴月支优婆塞支谦译（拾遗编入，第二译，前后三译，两本缺）。

《观世音菩萨受记经》一卷（一名《观世音受决经》），宋黄龙沙门释昙无竭译（第三译，三译二缺）。上六经，十卷同帙。

《海龙王经》四卷（或三卷），西晋三藏竺法护译（第一译，两译一缺）。

《首楞严三昧经》三卷（亦直云《首楞严经》，或二卷），姚秦三藏鸠摩罗什译（第九译，九译八缺）。

《观普贤菩萨行法经》一卷（云出《深功德经》中，亦云《普贤观经》），宋罽宾三藏昙摩蜜多译（第三译，三译二缺）。

《观药王药上二菩萨经》一卷，宋西域三藏畺良耶舍译（第一译，两译一缺）。

《不思议光菩萨所问经》一卷（亦云“所说”），姚秦三藏鸠摩罗什译（第二译，两译一缺）。上五经，十卷同帙。

《十住断结经》十卷（或云《十地断结经》，或十一卷，或十四），姚秦凉州沙门竺佛念译（第二译，两译一缺）。

《诸佛要集经》二卷（亦直云《要集经》），西晋三藏竺法护译（第一译，两译一缺）。

《未曾有因缘经》二卷（亦直云《未曾有经》），萧齐沙门释昙景译（第二译，两译一缺）。上三经，十四卷二帙。

《菩萨璎珞经》十二卷（或十四卷、或十六卷），姚秦凉州沙门竺佛念译（第二译，两译一缺）。

《超日明三昧经》二卷（或无“三昧”字，或三卷），西晋清信士聂承远译（第二译，两译一缺）。上二经，十四卷二帙。

《贤劫经》十三卷（亦名《飀陀劫三昧经》，或七，或十一卷），西晋三藏竺法护译（第一译，两译一缺。从《无垢净光陀罗尼经》下三十六经，虽云重译，但一本存，余皆遗失，寻求不获）。

大乘经单译（一百三十一部二百九十三卷，二十四帙）

《大法炬陀罗尼经》二十卷（二帙），隋天竺三藏阇那崛多等译。

《大威德陀罗尼经》二十卷（二帙），隋天竺三藏阇那崛多等译。

《佛名经》十二卷（或十三卷），元魏天竺三藏菩提留支译。

《三劫三千佛名经》三卷（《过去庄严劫千佛名经》卷上，《现在贤劫千佛名经》卷中，《未来星宿劫千佛名经》卷下，失译。拾遗编入，今附"梁录"）。上二经，十五卷二帙（其《三劫佛名》出长房"入藏录"中，今合成一部。其中《贤劫佛名》，出《贤劫经》中，合为重译。今以上、下《佛名》，是其单本，以类相从，编之于此）。

《五千五百佛名经》八卷，隋天竺三藏阇那崛多等译。

《不思议功德诸佛所护念经》二卷（云出众经，或四卷），曹魏代译，失三藏名（拾遗编入）。上二经，十卷同帙（其《不思议功德经》，《大周录》云与《不思议光菩萨所问经》等同本者，误也）。

《华手经》十三卷（一名《摄诸善根经》，或十，或十一，或十二，一帙），姚秦三藏鸠摩罗什译。

《大方等陀罗尼经》四卷（一名《方等檀持陀罗尼经》），北凉沙门法众于高昌郡译（出《宝唱录》）。

《僧伽吒经》四卷，元魏藏禅尼国[1]王子月婆首那译。

《力庄严三昧经》三卷，隋天竺三藏那连提耶舍译。

《大方广圆觉修多罗了义经》一卷，大唐罽宾沙门佛陀多罗译（拾遗编入）。上四经，十二卷同帙。

《观佛三昧海经》十卷（或八卷，一帙，或无"海"字），东晋天竺三藏佛陀跋陀罗译（右此《观佛三昧经》，《大周录》云宋永初年求那跋陀罗译，出《内典录》者。谨按，《内典录》云是东晋觉贤所译，非宋代功德贤，《周录》误也。又云与后秦罗什所译单卷《观佛三昧经》同本，编为重译。今以什公译者，久缺其本，卷数全殊，不可悬配。今依诸旧录，编单本内）。

---

① 藏禅尼国：根据上下文，当为"优禅尼国"，《开元释教录略出》卷第一亦作"优禅尼国"，《中华大藏经》本校同。

《大方便佛报恩经》十卷[①]，失译，在“后汉录”。

《菩萨本行经》三卷，失译（今附“东晋录”，拾遗编入）。上二经，十卷同帙（按《大周录》中，其七卷《报恩经》云与汉代支谶所译单卷《大方便报恩经》同本，其三卷《菩萨本行经》云与西晋聂道真所译单卷《菩萨本行经》同本。今以单卷《报恩》及《本行》二经，先是缺本，卷数全殊，不可悬配。令依诸旧录[②]，编单本内）。

《法集经》六卷（或七卷，或八卷），元魏天竺三藏菩提留支译。

《观察诸法行经》四卷，隋天竺三藏阇那崛多等译。上二经，十卷同帙。

《菩萨处胎经》五卷（亦直云《胎经》，或八卷），姚秦凉州沙门竺佛念译。

《弘道广显三昧经》四卷（或无“三昧”字，亦名《阿耨达龙王经》，亦名《入金刚问定意经》，凡十二品），西晋三藏竺法护译（右一经，仁寿、《大周》等录皆云与《阿耨达龙王经》同本异译。二经俱云竺法护出，编为重译。按《僧祐录》，竺护所出，但有《阿耨达经》二卷，下注云一名《弘道广显三昧经》。《长房录》中，竺护所译有《弘道广显三昧经》二卷，下注云亦名《阿耨达请佛经》。《唐内典录》，护公所译，双载二经。又长房、《内典》二录“西晋失译”复有《阿耨达龙王经》二卷。今对勘二经，文并无异，但以立名多种，致使群录差殊。或有双载二经，或有互题名目。时无悟者，流滥日深。今一废一存，庶无谬失，但留一本，编入单中）。

《施灯功德经》一卷（一名《然灯经》），高齐天竺三藏那连提耶舍译。上三经，十卷同帙。

《央崛魔罗经》四卷，宋天竺三藏求那跋陀罗译（右此《央崛魔罗经》，《大周录》云与竺法护译《指髻》等七经同本异译者，误也。不可以名目似同，悬即配为重译[③]。谨按《隋录》，其《指髻经》出《增一阿含》中。《鸯崛》《悔过》等六经，从前大经抄出。既非同本异译，依旧编在单本）。

《无所有菩萨经》四卷，隋天竺三藏阇那崛多等译（出《内典录》）。

《明度五十校计经》二卷（或无“明度”字，或无“五十”字），后汉安息三藏安世高译。上三经，十卷同帙。

《中阴经》二卷，姚秦凉州沙门竺佛念译。

《大法鼓经》二卷，宋天竺三藏求那跋陀罗译。

《文殊师利问经》二卷（亦直云《文殊问经》），梁扶南三藏僧伽婆罗译。

---

① 十卷：前之“总录”与后之“入藏录”皆云七卷，似当从。

② 令依诸旧录：当为“今依诸旧录”，“令”、“今”二字形近。

③ 悬即配为重译：前云“卷数全殊，不可悬配”，“悬”有凭空设想；揣测义，“悬配”则为凭空匹配之意。“悬即配为重译”，疑“即”字为衍文。

《月上女经》二卷[1]，隋天竺三藏阇那崛多等译。

《大方广如来秘密藏经》二卷（失译，今附“秦录”）。上五经，十卷同帙（其《大方广如来秘密藏经》，《大周录》云与《大方等如来藏经》同本异译。今寻文理，义旨悬殊，故为单本）。

《大乘密严经》三卷，大唐中天竺三藏地婆诃罗译（出《大周录》）。

《占察善恶业报经》二卷（亦名《大乘实义经》，云出《六根聚经》），外国沙门菩提登译（莫知年代，出《大周录》，今附“隋录”）。

《莲华面经》二卷，隋天竺三藏那连提耶舍译。

《文殊师利问菩萨署经》一卷（一名《问署经》），后汉月支三藏支娄迦谶译（拾遗编入）。

《大乘造像功德经》二卷（或一卷），大唐天后代于阗三藏提云般若译（出《大周录》）。上五经，十卷同帙（其《大乘造像功德经》，《大周录》云与《造立形像福报经》同本异译者，误也。文意既殊，故为单译）。

《广大宝楼阁善住秘密陀罗尼经》三卷，大唐南天竺三藏菩提流志译（新编入录）。

《一字佛顶轮王经》五卷（亦云《五佛顶经》，或四卷），大唐南天竺三藏菩提流志译（新编入录）。

《大陀罗尼末法中一字心咒经》一卷，大唐北天竺三藏宝思惟译（新编入录）。上三经，九卷同帙。

《大佛顶如来密因修证了义诸菩萨万行首楞严经》十卷（一帙），大唐循州沙门怀迪共梵僧于广州译（新编入录）。

《大毗卢遮那成佛神变加持经》七卷，大唐中天竺三藏输波迦罗共沙门一行译（新编入录）。

《苏婆呼童子经》三卷（或云《苏婆呼律》，或二卷），大唐中天竺三藏输波迦罗译（新编入录）。上二经，十卷同帙。

《苏悉地羯罗经》三卷，大唐中天竺三藏输波迦罗译（新编入录）。

《牟梨曼陀罗咒经》一卷（或无“经”字，失译。拾遗编入，今附“梁录”）。

《金刚顶瑜伽中略出念诵法》四卷（亦云“经”），大唐南天竺三藏金刚智译（新编入录）。上三经，八卷同帙。

《七佛所说神咒经》四卷（或无“所说”字），晋代译，失三藏名（今附“东晋录”。右此《七佛神咒经》，《大周录》中编为重译，云与吴代外国优婆塞支谦所译单卷《七佛神咒经》

---

① 二卷：《大正藏》本校勘记以为后脱“维摩诘之女”五字小注。

同本。今以此单卷经久缺其本，卷数复殊，不可悬配。今依旧录，编单本内）。

《大吉义神咒经》二卷（或四卷），元魏昭玄统沙门释昙曜译（出《法上录》）。

《文殊师利宝藏陀罗尼经》一卷，大唐南天竺三藏菩提流志译（新编入录）。

《金刚光焰陀罗尼经》一卷，大唐南天竺三藏菩提流志译（新编入录）。

《阿吒婆拘鬼神大将上佛陀罗尼经》一卷，失译（拾遗编入，今附“梁录”）。

《阿弥陀鼓音声王陀罗尼经》一卷，失译（拾遗编入，今附“梁录”）。

《大普贤陀罗尼经》一卷，失译（拾遗编入，今附“梁录”）。

《大七宝陀罗尼经》一卷，失译（拾遗编入，今附“梁录”）。

《六字大陀罗尼咒经》一卷，失译（拾遗编入，今附“梁录”）。

《安宅神咒经》一卷，后汉失译。

《摩尼罗亶经》一卷，东晋西域沙门竺昙无兰译（拾遗编入）。

《玄师颰陀所说神咒经》一卷（录云“幻师”，无“所说”字），东晋西域沙门竺昙无兰译（拾遗编入）。

《护诸童子陀罗尼咒经》一卷，元魏天竺三藏菩提留支译。

《诸佛心陀罗尼经》一卷，大唐三藏玄奘译（出《内典录》）。

《拔济苦难陀罗尼经》一卷，大唐三藏玄奘译（出《内典录》）。

《八名普密陀罗尼经》一卷，大唐三藏玄奘译（出《内典录》）。

《持世陀罗尼经》一卷，大唐三藏玄奘译（出《内典录》）。

《六门陀罗尼经》一卷，大唐三藏玄奘译（出《内典录》）。

《清净观世音普贤陀罗尼经》一卷，大唐总持寺沙门释智通译（出《大周录》）。上十九经，二十三卷同帙。

《智炬陀罗尼经》一卷，大唐天后代于阗三藏提云般若译（出《大周录》）。

《诸佛集会陀罗尼经》一卷，大唐天后代于阗三藏提云般若译（出《大周录》）。

《随求即得大自在陀罗尼神咒经》一卷，大唐天后代北天竺三藏宝思惟译，亦云“所得”（出《大周录》）。

《百千印陀罗尼经》一卷，大唐天后代于阗三藏实叉难陀译（新编入录）。

《救面燃饿鬼陀罗尼神咒经》一卷（亦云《施饿鬼食咒经》，后兼有施水咒），大唐天后代于阗三藏实叉难陀译（新编入录）。

《庄严王陀罗尼咒经》一卷，大唐天后代三藏义净译（新编入录）。

《香王菩萨陀罗尼咒经》一卷，大唐三藏义净译（新编入录）。

《一切功德庄严王经》一卷，大唐三藏义净译（新编入录）。

《拔除罪障咒王经》一卷，大唐三藏义净译（新编入录）。

《善夜经》一卷，大唐天后代三藏义净译（新编入录）。

《虚空藏菩萨能满诸愿最胜心陀罗尼求闻持法》一卷（出《成就一切义品》），大唐中天竺三藏输波迦罗译（新编入录）。

《金刚顶经曼殊室利菩萨五字心陀罗尼品》一卷，大唐南天竺三藏金刚智译（新编入录）。

《观自在如意轮菩萨瑜伽法要》一卷，大唐南天竺三藏金刚智译（新编入录。右《虚空藏》等三经及前四卷《瑜伽》，并出《金刚顶经》，彼经梵本有十万颂，此之四经，略要抄译，非全部也）。

《佛地经》一卷，大唐三藏玄奘译（出《内典录》，有《论》七卷释[1]）。

《佛垂般涅槃略说教诫经》一卷（亦云"佛临般"，亦名《遗教经》），姚秦三藏鸠摩罗什译（有《释论》一卷。右此《遗教经》，旧录所载，多在小乘律中，或编小乘经内。今以真谛法师译《遗教论》，彼中解释，多约大乘，小宗不显，故移编此）。

《出生菩提心经》一卷，隋天竺三藏阇那崛多等译。

《佛印三昧经》一卷，后汉安息三藏安世高译（拾遗编入）。

《文殊师利般涅槃经》一卷，西晋居士聂道真译（拾遗编入）。

《异出菩萨本起经》一卷（或无"起"字），西晋居士聂道真译（拾遗编入）。

《千佛因缘经》一卷，姚秦三藏鸠摩罗什译（出《法上录》）。

《贤首经》一卷（一名《贤首夫人经》），乞伏秦沙门释圣坚译。

《月明菩萨经》一卷（或云"月明童子"，或云"月童子[2]"），吴月支优婆塞支谦译（右此《月明菩萨经》，《大周录》中编为重译，云与《月光童子经》等同本者，误也。文意全异，改为单译）。

《心明经》一卷（一名《心明女梵志妇饭汁施经》），西晋三藏竺法护译。

《灭十方冥经》一卷（或云《十方灭冥经》），西晋三藏竺法护译。

《鹿母经》一卷，西晋三藏竺法护译（又群录中更有《鹿子经》一卷，云是吴代外国优婆塞支谦所译，即与前《鹿母经》文句全同，但立名殊，故不双出）。

《魔逆经》一卷，西晋三藏竺法护译。

上二十六经，二十六卷同帙。

《德光太子经》一卷（一名《赖吒和罗所问光德太子经》），西晋三藏竺法护译（右《德光太子经》，《大周录》中编为重译，云与《须赖经》等同本异译者，误也。文意既异，故为单本）。

《大意经》一卷，宋天竺三藏求那跋陀罗译。

《坚固女经》一卷（一名《牢固女经》），隋天竺三藏那连提耶舍译。

---

① 有《论》七卷释：即《佛地经论》七卷，亲光菩萨等造。

② 月童子：当为"月光童子"。本书卷十二"别录"支谦译经录有《月光童子经》。

《商主天子所问经》一卷（或无“所问”字），隋天竺三藏阇那崛多等译。

《诸法最上王经》一卷，隋天竺三藏阇那崛多等译。

《师子庄严王菩萨请问经》一卷（一名《八曼荼罗经》），大唐天竺三藏那提译，出《大周录》）。

《离垢慧菩萨所问礼佛法经》一卷，大唐天竺三藏那提译（出《大周录》，拾遗编入）。

《受持七佛名号所生功德经》一卷，大唐三藏玄奘译（出《内典录》）。

《佛临涅槃记法住经》一卷（或加“般”字），大唐三藏玄奘译（出《翻经图》）。

《寂照神变三摩地经》一卷，大唐三藏玄奘译（出《翻经图》）。

《差摩婆帝受记经》一卷，元魏天竺三藏菩提留支译。

《不增不减经》一卷（或云二卷者，误也），元魏天竺三藏菩提留支译。

《造塔功德经》一卷，大唐中天竺三藏地婆诃罗译（出《大周录》，拾遗编入）。

《右绕佛塔功德经》一卷（亦云《绕塔功德经》），大唐天后代于阗三藏实叉难陀译（新编入录）。

《大乘四法经》一卷，大唐天后代于阗三藏实叉难陀译（新编入录）。

《有德女所问大乘经》一卷[①]，大唐天后代天竺三藏菩提流志译（出《大周录》）。

《大乘流转诸有经》一卷，大唐天后代三藏义净译（新编入录）。

《妙色王因缘经》一卷，大唐天后代三藏义净译（新编入录）。

《佛为海龙王说法印经》一卷，大唐三藏义净译（新编入录）。

《师子素驮娑王断肉经》一卷，大唐至相寺沙门释智严译（新编入录）。

《般泥洹后灌腊经》一卷（一名《四辈灌腊经》，亦直云《灌腊经》），西天[②]三藏竺法护译（右此《灌腊经》，《大周》等录皆为重译，云与《盂兰盆经》等同本异译者，误也。今寻文异，故为单本）。

《八部佛名经》一卷（亦云《八佛经》），元魏婆罗门瞿昙般若流支译。

上二十二经，二十二卷同帙（其《八部佛名经》，《大周录》云与《八吉祥咒经》等同本异译者，误也。“八”数虽同，说处全异，所为复别，故为单本）。

《菩萨内习六波罗蜜经》一卷（或云《内六波罗蜜经》，安公出方等部），后汉临淮沙门严佛调译（拾遗编入）。

---

① 《有德女所问大乘经》一卷：下脱“第三译，与《梵女守意经》同本，新勘出”十四字。

② 西天：《开元释教录》有“西天竺”之说法，他处并无“西天”代表印度之表述，且法护“本姓支氏，世居炖煌郡”，《大正藏》本校勘记作“西晋”，可从。

《菩萨投身饿虎起塔因缘经》一卷（《僧祐录》云《以身施饿虎经》），北凉高昌沙门释法盛译（出“经后记”）。

《金刚三昧本性清净不坏不灭经》一卷（新为共译，附“三秦录“，亦名《金刚清净经》）。

《师子月佛本生经》一卷，新为失译（附“三秦录”，右《金刚清净经》，群录并云吴代外国优婆塞支谦译，后汉失译，复有其名。《师子月佛经》，群录并云西晋三藏竺法护译，今详二经文句，并非谦、护所翻，似是秦、凉已来什公等译。今为“失源”，附于“秦录”）。

《长者法志妻经》一卷，失译（安公“凉土异经录”中有名，今亦附“凉录”）。

《萨罗国经》一卷（或云《萨罗国王经》），失译（今附“东晋录”）。右二经，《法上录》中并云姚秦三藏鸠摩罗什译。今详二经文句，并非什公所翻，似是晋、魏代译，其《法志妻经》，安公“凉土异经录”中先有其名，今亦附“凉录”。《萨罗国经》附于“晋录”。

《十吉祥经》一卷，失译，今附“秦录”。

《长者女庵提遮师子吼了义经》一卷，失译（今附“梁录”，拾遗编入）。

《一切智光明仙人慈心因缘不食肉经》一卷（失译，今附“秦录”）。

《金刚三昧经》二卷（或一卷），北凉失译（拾遗编入）。

《法灭尽经》一卷，《僧祐录》中失译经（今附“宋录”）。

《甚深大回向经》一卷，《僧祐录》中失录经[①]（今附“宋录”）。

《天王太子辟罗经》一卷（或无“天王”字，亦云“譬罗”），《僧祐录》云安公缺中异经[②]（今附“秦录”，拾遗编入）。

《优婆夷净行法门经》二卷（亦直云《净行经》，或无“经”字），《僧祐录》云安公“凉土异经”（今附“凉录”）。

《八大人觉经》一卷，后汉安息三藏安世高译（出《宝唱录》）。

《三品弟子经》一卷（亦云《弟子学有三辈经》），吴月支优婆塞支谦译。

《四辈经》一卷（或云《四辈弟子经》，亦云《四辈学经》），西晋三藏竺法护译（出《法上录》）。

《当来变经》一卷（或云《当来变识经》），西晋三藏竺法护译。

---

① 失录经：经录中并无此目，结合上文，当为“失译经”。

② 安公缺中异经：“缺中异经”费解。今《天王太子辟罗经》题记载：“《僧祐录》云‘关中异经，今附“秦录”。’”然考《出三藏记集》不同版本，不见此语，疑“缺”字为“关”字，二字繁体近似。

《过去佛分卫经》一卷（或云“过世[①]”），西晋三藏竺法护译。

《十二头陀经》一卷（一名《沙门头陀经》），宋天竺三藏求那跋陀罗译。

《树提伽经》一卷，宋天竺三藏求那跋陀罗译。

《长寿王经》一卷，《僧祐录》云安公失译经（今附“西晋录”）。右此《长寿王经》，《大周录》等云出《阿含》。谨按，四《阿含》内并无此经。虽《增一》第十六中有长寿王缘起，文意全异。此乃大乘，故编于此。

《法常住经》一卷，《僧祐录》云安公失译经（今附“西晋录”）。

上二十三经，二十五卷同帙（从《优婆夷净行经》下十经，旧录之中，皆编小乘部内。今检寻文理，多涉大乘，编在小中，恐乘至理[②]，故移于此）。

菩萨调伏藏，二十六部五十四卷，五帙。

夫戒者，防患之总名也。菩萨净戒，唯禁于心，声闻律仪，则防身语，故有托缘兴过，聚徒诃结。菩萨大人，都无此事。佛直为说，令使遵行。既无犯制之由，故缺诃结之事。诸大乘经，明学处[③]者，摭之于此，为“菩萨调伏藏”云。

《菩萨地持经》十卷（或名《地持论》，或八卷，一帙），北凉天竺三藏昙无谶于姑臧译（右一经，初有《归敬颂》，出《瑜伽论·本地分》中。菩萨地，昔高齐昭玄统沙门法上答高句丽问云：“地持是阿僧佉比丘从弥勒受得。阿僧佉者，即无著菩萨是也。”又按，梁沙门僧祐《地持记》云：“《菩萨地持经》八卷，有二十七品，分为三段：第一段十八品，第二段四品，第三段五品。文中不出，有异名，而今此本，或题云《菩萨戒经》，或题云《菩萨地经》。”[④]今检寻经未[⑤]，亦有多名。文云名为“菩萨地”，名为“菩萨藏摩得勒伽”，名“摩诃衍摄”，名“不坏显示”，名“无障碍清净智根本”。祐云“不出异名[⑥]”者，不然。又检群录，昙无谶所译，别存《菩萨戒经》，或云《菩萨地经》者，误也）。

《菩萨善戒经》九卷（一云“菩萨地”，或十卷），宋罽宾三藏求那跋摩等译（右

---

① 过世：即过去世。《出三藏记集》卷二云“《旧录》云《过世佛分卫经》”，《大正藏》卷三存竺法护所译《佛说过去世佛分卫经》，两通。

② 恐乘至理：殊无义，“乘”，当为“乖”。

③ 学处：指所学之处。一般指戒律，即比丘、比丘尼学习戒律时，所遵循之戒条，如五戒、八戒、十戒等，称为学处。

④ 此段文字系节引。僧祐《菩萨善戒菩萨地持二经记第四》云：“《菩萨地持经》八卷，有二十七品，亦分三段：第一段十八品，第二段四品，第三段五品。是晋安帝世昙摩谶于西凉州译出。经首礼敬三宝，无‘如是我闻’，似撰集佛语。文中不出，有异名，而今此本，或题云《菩萨戒经》，或题云《菩萨地经》。”

⑤ 检寻经未：通检《开元释教录》语例，疑当为“检寻经本”。《菩萨地持经》十卷皆具后之名目。

⑥ 不出异名：《出三藏记集》为“不出，有异名”，故脱一“有”字。

一经，群录皆云与《地持经》同本异译。今详文理，非不差殊。其《善戒经》前有《序品》，后有奉行[①]，《地持经》并无。其《地持戒品》中有《受菩萨戒文》及《菩萨戒本》，《善戒经》即无。自余之外，文意大同。《地持》复出《瑜伽》，诸录或编入论，既有差殊，未敢为定。又按，梁沙门僧祐《菩萨善戒经记》云："此名《善戒》，名《菩萨地》，名《菩萨毗尼摩戒》，名《如来藏》，名《一切善法根本》，名《安乐国》，名《诸波罗蜜聚》，凡有七名。第一卷先出优波离问受戒法，第二卷始方有'如是我闻'，次第别品[②]，乃有三十。而复有别本，题为《菩萨地经》。"今按，寻经本与祐记不同，经初即有"如是我闻"，而无优波离问受戒法。但有九卷，其优波离问受戒法，即后单卷《菩萨善戒经》是。若将此为初卷，即与祐记符同。然此《地经》本离之已久，乍合成十，或恐生疑。此《善戒经》亦同《地持》，作其三段：第一段名"菩萨地"，有三十品；第二段名"如法住"，有四品；第三段名"毕竟地"，有六品。祐云"次第列品"者，或恐寻之未审也）。

《净业障经》一卷（失译，今附"秦录"，单本）。

上二经，十卷同帙（其《净业障经》，《法上录》云竺法护译，详其文句，与护公译经文势全异，故为失译）。

《优婆塞戒经》七卷（是在家菩萨戒，或五，或六，或十卷），北凉天竺三藏昙无谶于姑臧译，单本。

《梵网经》二卷，姚秦三藏鸠摩罗什译（第二译，前本缺）。

《受十善戒经》一卷，后汉失译（拾遗编入，单本）。

上三经，十卷同帙。

《菩萨璎珞本业经》二卷（或无"菩萨"字，新编为律），姚秦凉州沙门竺佛念译（第一译，三译二缺）。

《佛藏经》四卷（一名《选择诸法经》，或二卷，或三卷），姚秦三藏鸠摩罗什译，单本。

《菩萨戒本》一卷（出《地持戒品》中慈氏菩萨说），北凉天竺三藏昙无谶于姑臧译（拾遗编入，第二译）。《菩萨戒本》一卷（出《瑜伽论·本地分》中菩萨地弥勒菩萨说），大唐三藏玄奘译（出《内典录》，第三译）。右二经，同本异译（前后三译，一译缺本）。

《菩萨戒羯磨文》一卷（出《瑜伽论·本地分》中菩萨地弥勒菩萨说），大唐三藏玄奘译（出《内典录》，单本）。

《菩萨善戒经》一卷（优波离问菩萨受戒法），宋罽宾三藏求那跋摩译（出《宝

---

① 前有《序品》，后有奉行：检《菩萨善戒经》，其"前有《序品》"，当指《序品·菩萨地序品第一》等；"后有奉行"，当指卷尾之《优波离问菩萨受戒法》。

② 别品：考后文所引以及《出三藏记集》原文，皆作"列品"，或涉后文"复有别本"而误。

唱录》，单本）。上六经，十经同帙[1]。

《菩萨内戒经》一卷，宋罽宾三藏求那跋摩译（出《法上录》，单本）。

《优婆塞五戒威仪经》一卷，宋罽宾三藏求那跋摩译（出《宝唱录》，单本。右此《优婆塞五戒威仪经》，群录编在小乘律中者，误也。初是《菩萨戒本》，后是《受菩萨戒文》及舍忏等法，既非小宗，故移编此）。

《文殊师利净律经》一卷（或直云《净律经》），西晋三藏竺法护译（第一译）。《清净毗尼方广经》一卷，姚秦三藏鸠摩罗什译（出《法上录》，第三译）。《寂调音所问经》一卷（一名《如来所说清净调伏经》），宋沙门释法海译（第四译）。右三经，同本异译（前后四译，一译缺本）。

《大乘三聚忏悔经》一卷，隋天竺三藏阇那崛多等译（出《内典录》，单本）。

《菩萨五法忏悔文》一卷（或云《菩萨五法忏悔经》），失译（今附“梁录”，单本）。

《菩萨藏经》一卷，梁扶南三藏僧伽婆罗译，单本。

《三曼陀飏陀罗菩萨经》一卷，西晋清信士聂道真译，单本。

《菩萨受斋经》一卷，西晋清信士聂道真译（第二译，三译二缺）。

《文殊悔过经》一卷（一名《文殊五体悔过经》），西晋三藏竺法护译（第一译，两译一缺）。

《舍利弗悔过经》一卷（亦直云《悔过经》），后汉安息三藏安世高译（第一译，三译二缺）。

《法律三昧经》一卷（亦直云《法律经》），吴月支优婆塞支谦译（第二译，两译一缺）。

《十善业道经》一卷，大唐天后代于阗三藏实叉难陀译（新编入录，单本）。

上十四经，十四卷同帙（谨按，旧录大乘律中有《宝梁经》《迦叶经》，今为编入《宝积》会中，故不重出。其《大方广三戒经》与《宝积·三律仪会》同本，《决定毗尼经》与《宝积·优波离会》同本，今并编入宝积部中，故此不载）。

菩萨对法藏，九十七部五百一十八卷，五十帙。

菩萨阿毗达磨有其二类，一者解释契经，二者诠法体相。旧录所载，和杂编之。今所集者，分为二例：释契经者，列之于前；诠法性者，编之于后[2]，庶无糅杂，览者易知。大乘释经论，二十一部一百五十五卷，一十五帙。

① 十经同帙：既云“上六经”，不当云“十经”。从《菩萨璎珞本业经》至《菩萨善戒经》，适为六部十卷，故当为“十卷同帙”。

② 释契经者，列之于前；诠法性者，编之于后：智升对论藏再行分类，有其目录分类学价值。

《大智度论》一百卷（或一百一十，或七十卷，十帙），姚秦三藏鸠摩罗什译，单本。右龙树菩萨造，释《摩诃般若波罗蜜经》（什法师云："若具足翻，应有千卷。秦人识弱，故略之，十分存一。"）。

《十地经论》十二卷（或十五卷，一帙），元魏天竺三藏菩提留支等译，单本。右天亲菩萨造，释《十地经》，即《华严·十地品》是（"论序"云："菩提留支、勒那摩提在洛阳殿内二人同译，佛陀扇多传语，帝亲笔受。"《长房录》中，留支、摩提二录俱载者不然。今合为一本，在"留支录"）。

《弥勒菩萨所问经论》五卷（或六卷，或七卷，或十卷），元魏天竺三藏菩提留支译单本。右释《弥勒所问经》，即《宝积经》第四十一会是。

《大乘宝积经论》四卷，元魏天竺三藏菩提留支译（第一译，两译一缺）。右释旧单卷《大宝积经》，即《宝积》第四十三会是。

《宝髻菩萨四法经论》一卷（天亲菩萨造），元魏天竺三藏毗目智仙等译（出"序记"，单本）。右释《大集经·宝髻品》，今入《宝积》，在第四十七会（论"序记"云："魏兴和三年，岁次辛酉，九月朔旦，庚子之日，乌苌国人刹利王种三藏法师毗目智仙、中天竺国婆罗门人瞿昙流支、护法大士骠骑大将军开府仪同三司御史中尉勃海高仲密、爱法之人沙门昙林，道俗相假于邺城内在金华寺译，四千九百九十七字。"诸录皆云菩提留支译者，误也。今依"序记"为正）。

上三论，十卷同帙。

《佛地经论》七卷（亲光等菩萨造，释《佛地经》），大唐三藏玄奘译（出《内典录》，单本）。

《金刚般若论》二卷（无著菩萨造），隋天竺三藏达摩笈多译（出《内典录》，单本）。

《能断金刚般若波罗蜜多经论颂》一卷（无著菩萨造），大唐三藏义净译（新编入录）。

上三论，十卷同帙。

《金刚般若波罗蜜经论》三卷（天亲菩萨造），元魏天竺三藏菩提留支译（第一译）。《能断金刚般若波罗蜜多经论释》三卷（无著菩萨颂，世亲菩萨释），大唐三藏义净译（新编入〔录〕，第二译）。右二论及颂，同本异译。

《金刚般若波罗蜜经破取着不坏假名论》二卷（功德施菩萨造，亦云《功德施论》），大唐中天竺三藏地婆诃罗译，单本（出《大周录》，上四论及颂，造者虽异，并释《金刚般若经》。又有《金刚仙论》十卷，寻阅文理，乃是元魏三藏菩提留支所撰，释天亲论，既非梵本翻传，所以此中不载）。

《文殊师利菩萨问菩提经论》二卷（一名《伽耶山顶经论》，婆薮槃豆菩萨造），元魏天竺三藏菩提留支译，单本（第一译）。

《妙法莲华经论》一卷（婆薮槃豆菩萨造），元魏中天竺三藏勒那摩提共僧朗等译（第一译）。上五论，十一卷同帙。《法华经论》二卷（初有《归敬颂》者，或一卷），元魏北天竺三藏菩提留支共昙林等译（拾遗编入，第二译）。右二论，同本异译（其三藏义净新译《法华论》五卷，寻本未获）。

《胜思惟梵天所问经论》四卷（释《胜思惟经》，或三卷），元魏天竺三藏菩提留支译，单本。

《涅槃论》一卷（婆薮槃豆菩萨造，略释《涅槃经》），沙门达磨菩提译，不知年代（《内典录》中附元魏代[①]，第一译，后本缺）。

《涅槃经本有今无偈论》一卷（释《涅槃》一颂），梁天竺三藏真谛译，单本。

《遗教经论》一卷（释《遗教经》），陈天竺三藏真谛译（拾遗编入，单本）。

《无量寿经论》一卷（婆薮槃豆菩萨造），元魏天竺三藏菩提留支译（单本）。

《三具足经论》一卷（天亲菩萨造，有释论，无经本），元魏天竺三藏毗目智仙等译（出“序记”，单本。右论初记云：“三藏法师毗目智仙、婆罗门人瞿昙流支、爰敬法人沙门昙林于邺城内在金华寺，魏兴和三年，岁次辛酉，月建在戌，朔次庚午十三日，译千百十言[②]。骠骑大将军开府仪同三司御史中尉渤海高仲密启请供养守护流通。”诸录皆云菩提留支译者，误也。今依“序记”为正）。

《转法轮经论》一卷（天亲菩萨造，有释论，无经本），元魏天竺三藏毗目智仙等译（出“序记”，单本。右论初记云：“魏骠骑大将军开府仪同三司御史中尉渤海高仲密善求义方，选真简伪，故请法师毗目智仙并其弟子瞿昙流支于邺城内在金华寺，兴和三年，岁次大梁，建酉之月，朔次庚子十一日，译三千九百四十二言，沙门昙林对译录记。”诸录皆云菩提留支译者，误也。今依“序记”为正）。

上八论，十二卷同帙。

大乘集义论，七十六部三百六十三卷，三十五帙。

《瑜伽师地论》一百卷（弥勒菩萨说，十帙），大唐三藏玄奘译（出《内典录》，单重合译。右此《瑜伽论》，梁代三藏真谛译者名《十七地论》，只得五卷，缘碍遂辍。北凉三藏昙无谶译《地持论》，但成十卷，乃是《本地分》中《菩萨地》。此《瑜伽论》当第三译，前之二本，部帙不终，大唐译者，方具备矣）。

《显扬圣教论》二十卷（无著菩萨造，二帙），大唐三藏玄奘译（出《内典录》，

---

① 附元魏代：《大唐内典录》卷四作“右检唐前录云达摩菩提译，不显帝代，疑故附此。”

② 译千百十言：概略之言，前所云“在金华寺译四千九百九十七字”是具体而微。

单本）。

《瑜伽师地论释》一卷（最胜子等菩萨造），大唐三藏玄奘译（出《翻经图》，单本）。

《显扬圣教论颂》一卷（无著菩萨造），大唐三藏玄奘译（出《内典录》，单本）。

《王法正理论》一卷（弥勒菩萨造），大唐三藏玄奘译（出《内典录》，单本）。

《大乘阿毗达磨集论》七卷（无著菩萨造），大唐三藏玄奘译（出《内典录》，单本）。

上四论，十卷同帙。

《大乘阿毗达磨杂集论》十六卷（安慧菩萨糅释上《集论》），大唐三藏玄奘译（出《内典录》，单本）。

《中论》四卷（龙树菩萨本，梵志青目释），姚秦三藏鸠摩罗什译（单本，或八卷）。

上二论，二十卷二帙。

《般若灯论释》十五卷（龙树菩萨本，分别明菩萨释），大唐天竺三藏波罗颇蜜多罗译（出《内典录》，单本）。右与《中论》本同释异。

《十二门论》一卷（龙树菩萨造），姚秦三藏鸠摩罗什译，单本。

《十八空论》一卷，陈天竺三藏真谛译（出《翻经图》）。

《百论》二卷（提婆菩萨造，婆薮开士释），姚秦三藏鸠摩罗什译（单本）。

《广百论本》一卷（圣天菩萨造），大唐三藏玄奘译（出《内典录》，单本）。

上五论，二十卷二帙。

《大乘广百论释论》十卷（圣天本护法释，一帙），大唐三藏玄奘译（出《内典录》，单本）。

《十住毗婆沙论》十四卷（龙树菩萨造，或十二，或十五），姚秦三藏鸠摩罗什译，单本。

《菩提资粮论》六卷（圣者龙树本，比丘自在释），隋天竺三藏达摩笈多译（出《内典录》，单本）。

上二论，二十卷二帙。

《大乘庄严经论》十三卷（无著菩萨造，或十五卷，一帙），大唐天竺三藏波罗颇蜜多罗译（出《内典录》，单本）。

《大庄严论经》[1]十五卷（马鸣菩萨造，或十卷），姚秦三藏鸠摩罗什译（单本）。

---

① 《大庄严论经》：此部分皆为“大乘集义论”，似不当以“经”为名，然通行本有作《大庄严论经》者。“总录”作《大庄严经论》，小字夹注云“或无‘经’字”，则又名《大庄严论》。

《顺中论》二卷（无著菩萨造[①]），元魏婆罗门瞿昙般若流支译（出“序记”，单本。右《顺中论·序记》云：“魏尚书令仪同高公延国上宾瞿昙流支在第供养，正通佛法，对释昙林，出斯义论。武定元年，岁次癸亥八月十日，挥辞丙寅，凡有一万三千七百二十七字。”诸录皆云菩提留支译者，误也。今依“序记”为正）。

《摄大乘论》三卷（无著菩萨造），陈天竺三藏真谛译（第二译）。

上三论，二十卷二帙。

《摄大乘论》二卷（无著菩萨造），元魏天竺三藏佛陀扇多译（第一译）。

《摄大乘本论》三卷（无著菩萨造），大唐三藏玄奘译（出《内典录》，第三译）。右三本论，同本异译。

《摄大乘释论》[②]十五卷（世亲菩萨释，或十二卷），陈天竺三藏真谛译（第一译）。

上三论，二十卷二帙（右按仁寿、《大周》等录复有《摄论》一本，十二卷成部，亦云真谛所译，勘与此同，今者但存一本）。

《摄大乘论释论》十卷（世亲菩萨释，一帙），隋天竺三藏达摩笈多译（出《内典录》，第二译）。

《摄大乘论释》十卷（世亲菩萨释，一帙），大唐三藏玄奘译（出《内典录》，第三译）。右三释论，同本异译。

《摄大乘论释》十卷（无性菩萨释，一帙），大唐三藏玄奘译（出《内典录》，单本）。右与前三论，本同释异。

《佛性论》四卷（天亲菩萨造），陈天竺三藏真谛译，单本。

《决定藏论》三卷，梁天竺三藏真谛译，单本（右此《决定藏论》，《大周录》中乃云失译，而不指言何代翻出。今详此论文势，乃是真谛所翻。论中子注乃曰“梁言”，前代录家遗之不上，今为真谛所译，编于“梁代录”中）。

《辩中边论颂》一卷（弥勒菩萨造），大唐三藏玄奘译（出《内典录》，单本）。

《中边分别论》二卷（婆薮槃豆造，或三卷），陈天竺三藏真谛译（第一译）。

上四论，十卷同帙。

《辩中边论》三卷（世亲菩萨造），大唐三藏玄奘译（出《内典录》，第三译）。右二释论，同本异译。

《究竟一乘宝性论》四卷（或三卷，或五卷），元魏天竺三藏勒那摩提译（第二译，两译一缺）。

《业成就论》一卷（天亲菩萨造），元魏天竺三藏毗目智仙等译（出“序记”，

---

① 无著菩萨造：《大正藏》本《顺中论》载录为“龙胜菩萨造，无著菩萨释”，龙胜菩萨即龙树菩萨。

② 《摄大乘释论》：“总录”云《摄大乘论释》，见“总录”真谛译经，当从。

第一译。右论“序记”云：“魏兴和三年，岁次大梁，七月辛未朔二十五日，骠骑大将军开府仪同三司御史中尉渤海高仲密敬请三藏法师乌苌国人、中天竺国婆罗门人瞿昙流支、释昙林等在邺城内金华寺译，四千八百七十二字。”序中三藏虽不列名，准制[1]，即是毗目智仙。群录直云瞿昙流支译者，误也。今依“序记”为正）。

《大乘成业论》一卷（世亲菩萨造），大唐三藏玄奘译（出《内典录》，第二译）。右二论，同本异译。

《因明正理门论本》一卷（大域龙菩萨造），大唐三藏玄奘译（出《内典录》，第一译）。

上五论，十卷同帙。

《因明正理门论》一卷（大域龙菩萨造），大唐三藏义净译（新编入录，第二译）。右二论，同本异译（旧《理门论》，《周录》为单本，新勘为重译）。

《因明入正理论》一卷（商羯罗主菩萨造），大唐三藏玄奘译（出《内典录》，单本）。

《显识论》一卷（内题云《显识品》，从《无相论》出），天竺三藏真谛译（出论题，单本，附“陈代录”）。

《转识论》一卷（即出前《显识论》），天竺三藏真谛译（出论题，单本，附“陈代录”）。

《唯识论》一卷（一名《破色心》，初云“唯识无境界”），元魏婆罗门瞿昙般若流支译（第一译）。

《唯识论》一卷（初云“修道不共他”，上二论，并天亲造），陈天竺三藏真谛译（第二译）。

《唯识二十论》一卷（世亲菩萨造），大唐三藏玄奘译（出《翻经图》，第三译）。右三论，同本异译（《周录》不言同本，新勘为重译）。

《成唯识宝生论》五卷（一名《二十唯识顺释论》，护法菩萨造），大唐三藏义净译（新编入录，单本）。

《唯识三十论》一卷（世亲菩萨造），大唐三藏玄奘译（出《内典录》，单本，拾遗编入）。

上九论，十三卷同帙。

《成唯识论》十卷（护法等菩萨造，释上《三十论》，一帙），大唐三藏玄奘译（出《内典录》，单本）。

《大丈夫论》二卷（提婆罗菩萨造），北凉沙门释道泰译（出《翻经图》，单本）。

---

① 准制：《大正藏》本校勘记作“准例”，即依照文例、体例之义。毗目智仙为乌苌国之三藏法师，前云“高仲密敬请三藏法师乌苌国人”，虽不具名，依文例，《业成就论》之译者当为毗目智仙。

《入大乘论》二卷（坚意菩萨造），北凉沙门释道泰译（出《内典录》，单本）。

《大乘掌珍论》二卷（清辩菩萨造），大唐三藏玄奘译（出《内典录》，单本）。

《大乘五蕴论》一卷（世亲菩萨造），大唐三藏玄奘译（出《内典录》，第二译，初译本缺）。

《大乘广五蕴论》一卷（安慧菩萨造，与前论异本），大唐中天竺三藏地婆诃罗译（出《大周录》，单本）。

《宝行王正论》一卷，陈天竺三藏真谛译（单本）。

《大乘起信论》一卷（马鸣菩萨造），梁天竺三藏真谛译（第一译）。

上七论，十卷同帙。

《大乘起信论》二卷（马鸣菩萨造），大唐天后代于阗三藏实叉难陀译（新编入录）。右二论，同本异译（旧《起信论》，《周录》为单本，新勘为重译）。

《发菩提心论》二卷（或云《发菩提心经》），姚秦三藏鸠摩罗什译（单本。右此《发菩提心论》，《大周录》中经、论二录俱有其名。今以菩萨所造，编于论录，但存一本。或云天亲菩萨所造，亦云弥勒菩萨所说，未详孰是[①]）。

《三无性论》二卷（出《无相论》，或一卷），陈天竺三藏真谛译（单本）。

《方便心论》一卷（凡四品，或二卷），元魏西域沙门吉迦夜共昙曜译（第二译，两译一缺）。

《如实论》一卷（题云《如实论·反质难品》），梁天竺三藏真谛译（单本）。

《无相思尘论》一卷（或直云《思尘论》），陈天竺三藏真谛译（出《翻经图》，第一译）。

《观所缘论》一卷（陈那菩萨造），大唐三藏玄奘译（出《内典录》，第二译）。右二论，同本异译（《周录》不言同本，新勘为重译）。

《观所缘论释》一卷（护法菩萨造），大唐三藏义净译（新编入录，单本）。

上八论，十一卷同帙。

《回诤论》一卷（龙树菩萨造），元魏天竺三藏毗目智仙等译（出“序记”，单本。右“论序”云：“魏兴和三年，岁次大梁，建辰之月，朔次癸酉，辛卯之日，乌长国人刹利王种三藏法师毗目智仙共天竺国婆罗门人瞿昙流支在邺城内金华寺译，凡有一万一千九十八字。沙门昙林之笔〔受〕，骠骑大将军开府仪同三司御史中尉勃海高仲密启请供养。”群录直云瞿昙流支译者，误也。今依“序记”为正）。

《缘生论》一卷（圣者郁楞伽造），隋天竺三藏达摩笈多译（出《内典录》，单本）。

《十二因缘论》一卷（净意菩萨造），元魏天竺三藏菩提留支译（单本）。

---

① 未详孰是：《大周录》卷六以为“天亲菩萨造”，智升云“弥勒菩萨所说”，其本不存，无从考辨。

《一输卢迦论》一卷（龙树菩萨造），元魏婆罗门瞿昙般若流支译（单本）。

《大乘百法明门论》一卷（世亲菩萨造），大唐三藏玄奘译（出《内典录》，单本）。

《百字论》一卷（提婆菩萨造），元魏天竺三藏菩提留支译（单本）。

《解卷论》一卷，陈天竺三藏真谛译（出《翻经图》，第一译）。

《掌中论》一卷（陈那菩萨造），大唐天后代三藏义净译（新编入录，第二译）。右二论，同本异译（其《解卷论》，《周录》为单本，新勘为重译）。

《取因假设论》一卷（陈那菩萨造），大唐天后代三藏义净译（新编入录，单本）。

《观总相论颂》一卷（陈那菩萨造），大唐三藏义净译（新编入录，单本）。

《止观门论颂》一卷（世亲菩萨造），大唐三藏义净译（新编入录，单本）。

《手杖论》一卷（尊者释迦称造），大唐三藏义净译（新编入录，单本）。

《六门教授习定论》一卷（无著菩萨本，世亲菩萨释），大唐天后代三藏义净译（新编入录，单本）。

《大乘法界无差别论》一卷（坚慧菩萨造），大唐天后代于阗三藏提云般若译（出《大周录》，单本）。

《破外道小乘四宗论》一卷（提婆菩萨造），元魏天竺三藏菩提留支译（单本）。

《破外道小乘涅槃论》一卷（提婆菩萨造），元魏天竺三藏菩提留支译（单本）。

上十六论，十六卷同帙。

都计大乘经律论，见流行者，总六百八十六部二千七百四十五卷，二百五十八帙。

《开元释教录》卷第十三（“别录”之三）

“有译有本录”中“声闻三藏录第二”

声闻藏者，小乘所诠之教也。能说教主，则示生示灭，应物随缘。所诠之教，则九部、四《含》、《毗昙》戒律。善男善女，禀之而脱屣尘劳；缘觉声闻，奉之而升乎彼岸。盖真乘之小驾，乃菩提之化城。诱进初心，莫斯为胜。始乎仙苑，讫彼金河。所诠半字之文[1]，是谓声闻之藏。洎乎百川同会，三车共适，齐登妙觉，俱证泥洹。岂有小大之异名？信为我尊之渐诱者也。始自汉明丁卯之岁，终我开元庚午之年，小乘三藏，见流行者，总三百三十部一千七百六十二卷，一百六十五帙，结为声闻法藏。科条别显，具如后列：“声闻契经藏”二百四十部六百一十八卷，四十八帙；“声闻调伏藏”五十四部四百四十六卷，四十五帙；“声闻对法藏”三十六部六百九十八卷，七十二帙。

小乘经重单合译，一百五十三部三百九十四卷，三十一帙。

《四阿笈摩经》，小乘契经之本，故标初首，后列余经。

《长阿含经》二十二卷（二帙），姚秦罽宾三藏佛陀耶舍共竺佛念译（单重合译）。右此部经，凡有四分，总三十经别（僧肇序云《长含》四分四诵，合三十经以为一部）。

《中阿含经》六十卷（或五十八卷，六帙），东晋罽宾三藏瞿昙僧伽提婆译（第二译，两译一缺）。右此部经，凡有五诵，都十八品，总二百二十二经别（僧肇《长含·序》云《中含》四分五诵）。

《增一阿含经》五十一卷（或五十卷，或四十二，或三十三，五帙），东晋罽宾三藏瞿昙僧伽提婆译（第二译，两译一缺）。右此部经，凡有五十品，总四百七十二经别（僧肇《长含·序》云《增一阿含》四分八诵）。

---

① 半字之文：“半字”比喻小乘经教，参见前“学穷满字”条注。

《杂阿含经》五十卷（五帙），宋天竺三藏求那跋陀罗译（单重合译）。右此部经，说事既杂，故无品次诵等差别（僧肇《长含·序》云《杂含》四分十诵）。

《别译杂阿含经》二十卷（二帙），失译（经中子注有“秦言”字，虽不的知译人姓名，必是三秦代译，今附“秦录”）。右此部经，与前经文虽先后不次，子细寻究，不出前经，此但撮要，故为别部（《佛般泥洹》下诸经，并是四《含》中别经异译）。

《佛般泥洹经》二卷（或直云《泥洹经》），西晋河内沙门白法祖译。《大般涅槃经》三卷（或二卷），东晋平阳沙门释法显译（今为法显译，如“总录”中述）。《般泥洹经》二卷（或无“般”字），新为失译，附“东晋录”。右三经，出《长阿含经》第二至第四卷，与初分《游行经》同本异译（其《般泥洹经》，群录皆云宋代求那跋陀罗译者，非也。寻其文句，多是古译，与功德贤所翻，全不相类。诸藏之中，但有上卷，无其下卷。今为“失源”，编在“晋录”。或有经本，其《佛般泥洹经》上卷与《般泥洹经》上卷文句全同者，本错也）。

《人本欲生经》一卷，后汉安息三藏安世高译。右出《长阿含经》第十卷，与第二分《大方便经》同本异译（此《人本欲生经》，上代群录皆编在大乘经中者，误也）。

《尸迦罗越六向拜经》一卷（或云《尸迦罗越六户礼经》[①]），后汉安息三藏安世高译。右出《长阿含经》第十一卷，与第二分《善生经》同本异译（比于本经，此稍略耳。《中阿含》三十三卷中亦有此经》）。

《梵志阿颰经》一卷（一加“佛开解”字，一名《阿颰摩纳经》），吴月支优婆塞支谦译。右出《长阿含经》第十三卷，与第三分《阿摩昼经》同本异译。

《梵网六十二见经》一卷（一名《梵〔网〕经》），吴月支优婆塞支谦译。右出《长阿含经》第十四卷，与第三分《梵动经》同本异译。

《寂志果经》一卷，东晋西域沙门竺昙无兰译。右出《长阿含经》第十七卷，与第三分《沙门果经》同本异译。

上八经，十二卷同帙。

《起世经》十卷（一帙），隋天竺三藏阇那崛多等译（出经题上，第五译）。《起世因本经》十卷（恐滥前本，题下别云《起世因本经》，一帙），隋天竺三藏达摩笈多译（出《内典录》，第六译，拾遗编入。谨按，《大唐内典录》及靖迈《经图》并云笈多三藏大业年中于东都上林园翻经馆译《起世经》十卷。今大检寻诸藏，乃有两本，大意虽同，文句稍异，至于品目，时有差殊。前经初云“婆伽婆在舍婆提城”，后经乃云“婆伽婆在舍啰婆悉帝城”。若据梵言，后经为正。今谓崛多、笈多各翻一本，又前经初首题云崛多、笈多二师同出，今以前为崛

① 《尸迦罗越六户礼经》：当为《尸迦罗越六方礼经》。前经题名为《尸迦罗越六向拜经》，“向”与“方”近义，与“户”相隔悬远，且“总录”与“入藏录”皆云“六方”。

多所译，后是笈多再翻。二经文既有殊，今故双存二部。故《缘生经》亦云“婆伽婆在舍啰婆悉帝城”，故知同是笈多译也。恐二本相滥，题下别云《起世因本》焉）。《楼炭经》六卷（或云《大楼炭经》，或五卷，或八卷），西晋沙门释法立共法炬译（第二译）。右三经，出《长阿含经》第十八至二十二卷，与第四分《记世经》[①]同本异译。

《长阿含十报法经》二卷（一名《多增道章经》，或直云《十报经》），后汉安息三藏安世高译。右出《长阿含经》第九卷，与第二分《十上经》同本异译（广略少异）。

《中本起经》二卷（或云《太子中本起经》，经初题云出《长阿含》），后汉西域沙门昙果共康孟详译。

上三经，十卷同帙（其《中本起经》题云出《长阿含》，检寻《长含》大本，无此一经，或恐梵文译之未尽。既云出彼，且编于末。《大周录》云与《过去现在因果》《修行本起》《瑞应本起经》等同本异译者，误也。又此《中本起经》，群录咸云后汉代译，其经本中有翻梵语处，乃曰“晋言”[②]，未详何以）。

从《佛般泥洹》下一十三经，并出《长阿含》中别经异译。

《七知经》一卷（或云《七智经》），吴月支优婆塞支谦译。右出《中阿含经》第一卷，与初《善法经》同本异译。

《咸水喻经》一卷（或云《咸水譬喻》，今附“西晋录”），《僧祐录》云安公失译经（今附“西晋录”）。右出《中阿含经》第一卷，与《水喻经》同本异译。

《一切流摄守因经》一卷，后汉安息三藏安世高译。右出《中阿含经》第二卷，与《漏尽经》同本异译。

《四谛经》一卷，后汉安息三藏安世高译。右出《中阿含经》第七卷，与《分别圣谛经》同本异译。

《恒水经》一卷（亦云《恒河喻经》），西晋沙门释法炬译。右出《中阿含经》第九卷，与《瞻波经》同本异译。

《本相倚致经》一卷（亦云《大相倚致》[③]），后汉安息三藏安世高译。《缘本致经》一卷，失译，今附“东晋录”。右二经，同本异译，出《中阿含经》第十卷，与《本际经》同本。

---

① 《记世经》:《大正藏》本校勘记校“记”作“起”，误,《长阿含》第四分当为《世记经》，见前“《记世经》”条注。

② 乃曰“晋言”：既云“晋言”，当为晋代译经。校注者细检《中本起经》，云“晋言”，凡有两处：卷一“有长者名阿具利，有一子，字曰蚍（蚍，晋言宝称）”，卷二“舍卫长者，名曰须达（晋言善温）”，皆为夹注，或涉晋人补注，不当径判为晋译。

③ 《大相倚致》：《大唐内典录》以为出自《吴录》，今存藏经无此经本。

《顶生王故事经》一卷（或直云《顶生王经》），西晋沙门释法炬译。《文陀竭王经》一卷，北凉天竺三藏昙无谶译（拾遗编入）。右二经，同本异译，出《中阿含经》第十一卷，与《四洲经》同本。

《阎罗王五天使者经》一卷（一名《铁城泥犁经》），宋沙门释慧简译。《铁城泥犁经》一卷，东晋西域沙门竺昙无兰译（拾遗编入）。右二经，同本异译，出《中阿含经》第十二卷，与《天使经》同本（此于[①]本经，此稍略耳）。

《古来世时经》一卷，失译，今附"东晋录"。右出《中阿含经》第十三卷，与《说本经》同本异译（比于本经，此文稍略）。

《阿那律八念经》一卷（一名《禅行敛意经》，或直云《八念经》），后汉西域三藏支曜译。右出《中阿含经》第十八卷，与《八念经》同本异译。

《离睡经》一卷，西晋三藏竺法护译（拾遗编入）。右出《中阿含经》第二十卷，与《长老上尊睡眠经》同本异译。

《是法非法经》一卷，后汉安息三藏安世高译。右出《中阿含经》第二十一卷，与《真人经》同本异译。

《求欲经》一卷，西晋沙门释法炬译。右出《中阿含经》第二十二卷，与《秽经》同本异译。

《受岁经》一卷，西晋三藏竺法护译（拾遗编入）。右出《中阿含经》第二十三卷初，与《比丘请经》同本异译。

《梵志计水净经》一卷（失译，今附"东晋录"，拾遗编入）。右出《中阿含经》第二十三卷，与《水净梵志经》同本异译。

《苦阴经》一卷，失译（在"后汉录"，拾遗编入）。右出《中阿含经》第二十五卷，与前《苦阴经》同本异译[②]。

《释摩男本经》一卷（一名《五阴因事经》），吴月支优婆塞支谦译。《苦阴因事经》一卷，西晋沙门释法炬译（拾遗编入）。右二经，同本异译，出《中阿含经》第二十五卷，与后《苦阴经》同本。

《乐想经》一卷，西晋三藏竺法护译（拾遗编入）。右出《中阿含经》第二十六卷，与《想经》同本异译。

《漏分布经》一卷，后汉安息三藏安世高译。右出《中阿含经》第二十七卷，

---

① 此于：《中华大藏经》本作"比于"，"比"字涉后文"此稍略耳"之"此"而误，且下条"《古来世时经》一卷"亦作"比于本经"，故当为"比于"。

② 右出《中阿含经》第二十五卷，与前《苦阴经》同本异译：《中阿含经》第二十五卷，即《因品·苦阴经》，非为"前《苦阴经》"，故"前"字当为衍文。后之第二条有"《苦阴因事经》"，其云"与后《苦阴经》同本"，则"后"字，亦当为衍文。

与《达梵行经》同本异译。

《阿耨风经》一卷（晋言“依次”），东晋西域沙门竺昙无兰译（拾遗编入）。右出《中阿含经》第二十七卷，与《阿奴波经》同本异译。

《诸法本经》一卷，吴月支优婆塞支谦译。右出《中阿含经》第二十八卷初，与《诸法本经》同本异译。

《瞿昙弥记果经》一卷，宋沙门释慧兰[①]译。右出《中阿含经》第二十八卷，与《瞿昙弥经》同本异译。

《瞻婆比丘经》一卷（或云“瞻波”），西晋沙门释法炬译（拾遗编入）。右出《中阿含经》第三十九卷，与《瞻波经》同本异译。

《伏淫经》一卷，西晋沙门释法炬译（拾遗编入）。右出《中阿含经》第三十卷，与《行欲经》同本异译。

《魔娆乱经》一卷（一名《弊魔试目连经》，一名《魔王入目连兰腹经》），失译，在“后汉录”。《弊魔试目连经》一卷（一名《魔娆乱经》），吴月支优婆塞支谦译（拾遗编入）。右二经，同本异译，出《中阿含经》第三十卷，与《降魔经》同本。

上三十经，三十卷同帙。

《赖吒和罗经》一卷（一名《罗汉赖吒和罗经》），吴月支优婆塞支谦译。右出《中阿含经》第三十一卷，与《赖吒惒罗经》同本异译。

《善生子经》一卷，西晋沙门支法度译（拾遗编入）。右出《中阿含经》第三十三卷，与《善生经》同本异译。

《数经》一卷，西晋沙门释法炬译（拾遗编入）。右出《中阿含经》第三十五卷，与《算数目犍连经》同本异译。

《梵志頞罗延问种尊经》一卷，东晋西域沙门竺昙无兰译（拾遗编入）。右出《中阿含经》第三十七卷，与《阿摄和经》同本异译。

《三归五戒慈心厌离功德经》一卷，失译，今附“东晋录”（拾遗编入）。《须达经》一卷（一名《须达长者经》），萧齐天竺三藏求那毗地译。右二经，同本异译，出《中阿含经》第三十九卷，与《须达哆经》同本（其《慈心厌德经》文句稍略，或有题云出《增一阿含》〔第〕十二者，非也）。

《佛为黄竹园老婆罗门说学经》一卷，《僧祐录》中失译经（今附“宋录”，

---

① 慧兰：当为“慧简”，见前“总录”。

拾遗编入）。右出《中阿含经》第四十卷[①]，与《黄芦园经》同本异译。

《梵摩喻经》一卷，吴月支优婆塞支谦译。右出《中阿含经》第四十卷，与《梵摩经》同本异译（比于本经，此稍略耳）。

《尊上经》一卷，西晋三藏竺法护译（拾遗编入）。右出《中阿含经》第四十三卷，与《释中禅室尊经》同本异译。

《鹦鹉经》一卷（亦名《兜调经》），宋天竺三藏求那跋陀罗译。《兜调经》一卷，《僧祐录》云安公失译经（今附“西晋录”，拾遗编入）。右二经，同本异译，出《中阿含经》第四十四卷，与《鹦鹉经》同本。

《意经》一卷，西晋三藏竺法护译（拾遗编入）。右出《中阿含经》第四十五卷，与《心经》同本异译。

《应法经》一卷，西晋三藏竺法护译（拾遗编入）。右出《中阿含经》第四十五卷，与后《受法经》同本异译。

《泥犁经》一卷（或云《中阿含泥犁经》），东晋西域沙门竺昙无兰译。右出《中阿含经》第五十三卷，与《痴慧地经》同本异译。

《优波夷堕舍迦经》一卷，《僧祐录》中失译经（今附“宋录”）。《斋经》一卷（一名《持斋经》），吴月支优婆塞支谦译（拾遗编入）。右二经，同本异译，出《中阿含经》第五十五卷，与《持斋经》同本。

《鞞摩肃经》一卷，宋天竺三藏求那跋陀罗译（拾遗编入）。右出《中阿含经》第五十七卷，与《鞞摩那修经》同本异译。

《婆罗门子命终爱念不离经》一卷，后汉安息三藏安世高译（拾遗编入）。右出《中阿含经》第六十卷，与《爱生经》同本异译。

《十支居士八城人经》一卷（亦直云《十支经》），后汉安息三藏安世高译。右出《中阿含经》第六十卷，与《八城经》同本异译。

《邪见经》一卷，《僧祐录》中失译经（拾遗编入，今附“宋录”）。右出《中阿含经》第六十卷，与《见经》同本异译。

《箭喻经》一卷，失译（拾遗编入，今附“东晋录”）。右出《中阿含经》第六十卷，与《箭喻经》同本异译。

《普法义经》一卷（一名《具法行经》，一名《普义经》），后汉安息三藏安世高译（第一译）。《广义法门经》一卷，陈天竺三藏真谛译（第三译，三译一缺）。右二经，

---

① 出《中阿含经》第四十卷：法经、彦琮和静泰之《众经目录》等皆作“《佛为黄竹园老婆罗门说学经》一卷，出三十卷”，检《中阿含经》卷四十为《梵志品·黄芦园经第六》，当即《佛为黄竹园老婆罗门说学经》之异译。

同本异译（其《广义法门经》初首题云是《中含经》一品别译。今检《中阿含》大本，无此一经，或恐梵文译之未尽。既云出彼，且编于末。其《大周·入藏录》中编为大乘单本者，误也。又《普法义经》作“舍利日”，《具法行经》作“舍利弗”，但此一字别，余文并无异）。

右《七知经》下五十三经，并出《中阿含》中别经异译。

《戒德香经》一卷（或云《戒德经》），东晋西域沙门竺昙无兰译。右出《增一阿含经》第十三卷《地主品》异译。

《四人出现世间经》一卷，宋天竺三藏求那跋陀罗译（拾遗编入）。右出《增一阿含经》第十八卷《四意断品》异译。

《波斯匿王太后崩尘土坌身经》一卷，西晋沙门释法炬译。右出《增一阿含经》第十八卷《四意断品》异译。

《须摩提女经》一卷，吴月支优婆塞支谦译（拾遗编入）。右出《增一阿含经》第二十二卷《须陀品》异译（比于本经，此稍文略）。

《婆罗门避死经》一卷，后汉安息三藏安世高译（拾遗编入）。右出《增一阿含经》第二十三卷《增上品》异译。

《食施获五福报经》一卷（一名《施色力经》，一名《福德经》），失译（今附“东晋录”）。右出《增一阿含经》第二十四卷《善聚品》异译。

《频毗娑罗王诣佛供养经》一卷（亦云“颇婆”），西晋沙门释法炬译。右出《增一阿含经》第二十六卷《等见品》异译（比于本经，此稍文略。诸录编在大乘藏中，误也）。

《长者子六过出家经》一卷，宋沙门释慧简译。右出《增一阿含经》二十七卷《聚品》异译（本经稍广）。

《鸯崛摩经》一卷（或有作“魔”字，一名《指髻经》），西晋三藏竺法护译（拾遗编入）。

上三十二经，三十二卷同帙。

《鸯崛髻经》一卷，西晋沙门释法炬译。右二经，同本异译。出《增一阿含经》第三十一卷《力品》（此文稍广）。《力士移山经》一卷（或直云《移山经》），西晋三藏竺法护译。《四未曾有法经》一卷（亦云《四未有经》，或无“法”字），西晋三藏竺法护译。右二经，出《增一阿含经》第三十六卷《八难品》异译（本是一经，别译分二，本经稍广，此出不尽）。

《舍利弗摩〔诃〕目犍连游四衢经》一卷，后汉外国三藏康孟详译。右出《增一阿含经》第四十一卷《马王品》异译（《周录》编在大乘重译中者，误也）。

《七佛父母姓字经》一卷（一名《七佛姓字经》），曹魏失译。右出《增一阿含经》第四十五卷《不善品》异译。

《放牛经》一卷（亦云《牧牛经》），姚秦三藏鸠摩罗什译。右出《增一阿含经》第四十六卷《放牛品》异译（此文稍广）。

《缘起经》一卷（亦云《十二缘起经》），大唐三藏玄奘译（出《翻经图》）。右出《增一阿含经》第四十六卷《放牛品》异译（比于本经，此文稍略。《周录》编为大乘单本者，误也）。

《十一想思念如来经》一卷（或云“十一思惟”），宋天竺三藏求那跋陀罗译（拾遗编入）。右出《增一阿含经》第四十八卷《礼三宝品》初异译（此《十一想》，连有二经，初十一事，文意勘同；后十一事，寻之未见）。

《四泥犁经》一卷（或云“四大泥犁”），东晋西域沙门竺昙无兰译（拾遗编入）。右出《增一阿含经》第四十八卷《礼三宝品》异译（本经稍广）。

《阿那邠邸化七子经》一卷，后汉安息三藏安世高译。右出《增一阿含经》第四十九卷《非常品》异译（本经唯有四子，余意大同）。

《大爱道般泥洹经》一卷，西晋河内沙门白法祖译。《佛母般泥洹经》一卷，宋沙门释慧简译（拾遗编入）。右二经，同本异译，出《增一阿含经》第五十卷《大爱道般涅槃品》。

《国王不犁先尼十梦经》一卷，东晋西域沙门竺昙无兰译。《舍卫国王梦见十事经》一卷，《僧祐录》云安公失译经（今附“西晋录”，拾遗编入）。右二经，同本异译，出《增一阿含经》第五十一卷《大爱道般涅槃品》。

《阿难同学经》一卷，后汉安息三藏安世高译（右《阿难同学经》经首题云“出《增一阿含》”，检其大本[①]，无此一经。既云出彼，且编其末）。

从《戒德香经》下二十四经，并《增一阿含》中别经异译。

《五蕴皆空经》一卷，大唐三藏义净译（新编入录）。右出《杂阿含经》第二卷异译（此《五蕴皆空经》，《根本说一切有部毗奈耶杂事》第三十九卷中虽有此经，然不例别生，所以存而不废。此乃律引契经，非是契经从律而生也）。

《七处三观经》一卷（或二卷），后汉安息三藏安世高译。右出《杂阿含经》中异译（此经首末有三十经，初是《七处三观》，后名《积骨》，以初标名故也。其初《七处三观经》，出第二卷，后《积骨经》，出第三十四卷，余者散在诸文，不次第一处）。

《圣法印经》一卷（亦直云《圣印经》，亦云《慧印经》），西晋三藏竺法护译。右出《杂阿含经》第三卷异译。

《杂阿含经》一卷，失译（在“魏吴录”）。右出《杂阿含经》中异译（此经首末有二十七经。初之三经，出第四卷中，而先后不次，《七处三观经》居其卷末，文句大同前经，

---

① 大本：《大正藏》本校勘记作“本末”，两通。

此中稍广。其《积骨经》，亦在其中，未详何以二经相涉，余者散在广文。自古群录皆云失译，寻阅文句，与《七处三观》辞理稍同，似是安高所出，未见实录，且依旧为“失译”）。

《五阴譬喻经》一卷（一名《水沫所漂经》，亦云《五阴喻经》），后汉安息三藏安世高译。《水沫所漂经》一卷（一名《河中大聚沫经》，一名《聚沫譬经》），东晋西域沙门竺昙无兰译（拾遗编入）。右二经同本，出《杂阿含经》第十卷异译。

《不自守意经》一卷（或无“意”字），吴月支优婆塞支谦译。右出《杂阿含经》〔第〕十一卷异译。

《满愿子经》一卷，晋代失译（今附“东晋录”，拾遗编入）。右出《杂阿含经》第十三卷异译。

《转法轮经》一卷（或云《法轮转经》），后汉安息三藏安世高译。《三转法轮经》一卷，大唐三藏义净译（新编入录）。右二经同本，出《杂阿含经》第十五卷异译（此《三转法轮经》，《根本说一切有部毗奈耶杂事》第十九卷中离有此经[1]，然不例别生，所以存而不废。此乃律引契经，亦非契经从律而生也。其《转法轮经》，与其本经后同前异，未详所以）。

《八正道经》一卷，后汉安息三藏安世高译。右出《杂阿含经》第二十八卷异译。

《难提释经》一卷，西晋沙门释法炬译。右出《杂阿含经》第三十卷异译（大本有二经，此中合为一，其文稍广。旧录在单本中，今编于此）。

《马有三相经》一卷（亦云《善马有三相》），后汉西域三藏支曜译。《马有八态譬人经》一卷（亦直云《马有八态》），后汉西域三藏支曜译。右二经，并出《杂阿含经》第三十三卷异译。

《相应相可经》一卷，西晋沙门释法炬译（拾遗编入）。右出前单卷《杂阿含经》中异译。

《治禅病秘要经》一卷（或云“法”，无“经”字，或二卷），宋居士沮渠京声译（右一经，初首题云“尊者舍利弗所问”，出《杂阿含经》阿练若杂事中，今寻《杂含》大本，无此等文。或恐梵经译之未尽，既云出彼，且编于末。然寻文理，与大乘经微有相涉，旧录编在集传中，恐将乖僻也）。

上三十一经，三十一卷同帙。

从《五蕴皆空经》下一十六经，并出《杂阿含》中别经异译。

《摩邓女经》一卷（一名《阿难为蛊道女惑经》），后汉安息三藏安世高译（第一译）。《摩邓女解形中六事经》一卷，失译（今附“东晋录”，第五译）。《摩登

---

① 离有此经：当为“虽有此经”，前之《五蕴皆空经》条下云“虽有此经，然不例别生”可证。《贞元录》卷二十三亦作“虽”字。

伽经》三卷（或二卷），吴天竺沙门竺律炎共支谦译（出《法上录》，第三译）。《舍头谏经》一卷（一名《太子二十八宿经》，一名《虎耳经》），西晋三藏竺法护译，第四译。右四经，同本异译（前之二经，但是后经一品，前后五译，一译缺本）。

《鬼问目连经》一卷，后汉安息三藏安世高译（第一译）。《杂藏经》一卷（与前后经文理稍别），东晋平阳沙门释法显译（第二译）。《饿鬼报应经》一卷（一名《目连说地狱饿鬼因缘经》），失译（今附"东晋录"，第三译）。右三经，同本异译（前后四译，一译缺本）。

《阿难问事佛吉凶经》一卷（或名《阿难问事经》，亦云《事佛吉凶经》），后汉安息三藏安世高译（第一译）。《慢法经》一卷，西晋沙门释法炬译（第二译，拾遗编入）。《阿难分别经》一卷（或直云《分别经》），乞伏秦沙门释圣坚译（第三译）。右三经，同本异译（其《慢法经》，新为重译，前后四译，一译缺本）。

《五母子经》一卷，吴月支优婆塞支谦译（第一译）。《沙弥罗经》一卷，《僧祐录》云安公关中异经，在"三秦录"（第二译）。右二经，同本异译（其《沙弥罗经》，《大周录》云昙无谶译，出《长房录》。今检《房录》中无，《周录》误也）。

《玉耶女经》一卷（或云《玉耶经》），《僧祐录》云安公失译经（今附"西晋录"，初出，拾遗编入）。《玉耶经》一卷（一名《长者诣佛说子妇无敬经》），东晋西域沙门竺昙无兰译（第二译）。《阿速达经》一卷，宋天竺三藏求那跋陀罗译（第三译）。右三经，同本异译。

《修行本起经》二卷（一名《宿行本起》），后汉西域沙门竺大力共康孟详译（第三译）。上十六经，十九卷同帙。《太子瑞应本起经》二卷（亦名《本起瑞应》，亦直云《瑞应本起》）吴月支优婆塞支谦译（第四译）。《过去现在因果经》四卷，宋天竺三藏求那跋陀罗译（第六译）。右三经，同本异译（前之二经，文略不备，前后六译，三译缺本）。

《法海经》一卷，西晋沙门释法炬译（拾遗编入，第二译）。《海八德经》一卷，姚秦三藏鸠摩罗什译（出《法上录》，第三译，拾遗编入）。右二经，同本异译（前后三译，一译缺本）。

《四十二章经》一卷，后汉天竺沙门迦叶摩腾共竺法兰译（第一译，两译一缺）。

《奈女耆域因缘经》一卷（或无"因缘"字，或直云《奈女经》），后汉安息三藏安世高译（第一译，两译一缺）。

《罪业应报教化地狱经》一卷（或云《地狱报应经》），后汉安息三藏安世高译（第一译，两译一缺）。

《龙王兄弟经》一卷（一名《难龙王经》，一名《降龙王经》），吴月支优婆塞支谦译（第一译，两译一缺）。

《长者音悦经》一卷（或云《长者音悦不兰迦叶经》），吴月支优婆塞支谦译（第一译，两译一缺）。

上九经，十三卷同帙（其《长者音悦经》，《周录》之中，编在大乘藏内。今寻文理，移之于此）。

《禅秘要经》三卷（或云《禅秘要法》，或四卷），姚秦三藏鸠摩罗什译（第二译，三译二缺。右此《禅秘要经》，古旧群录之中皆编集传之内。今检此经，首末三分，极以分明，上下经文，多明禅观，于中观、佛观等明忏灭重罪事，然与大乘微有相涉，既非制撰，故多于此[①]。又群录中更有《禅秘要经》五卷，云是宋代三藏昙摩蜜多所译，文甚交错，不可流行，如“删繁录”中广述）。

《七女经》一卷（一名《七女本经》），吴月支优婆塞支谦译（第一译，三译二缺）。

《八师经》一卷，吴月支优婆塞支谦译（第一译，两译一缺）。

《越难经》一卷（一名《曰难长者经》，一名《难经》），西晋清信士聂承远译（第一译，三译二缺）。

《所欲致患经》一卷，西晋三藏竺法护译（第一译，两译一缺）。

《阿阇世王问五逆经》一卷，西晋沙门释法炬译（拾遗编入，第二译，两译一缺）。

《五苦章句经》一卷（一名《五道章句经》），东晋西域沙门〔竺〕昙无兰译（第一译，两译一缺）。

《坚意经》一卷（一名《坚心正意经》，一名《坚心经》），后汉安息三藏安世高译（第一译，两译一缺）。

《净饭王涅槃经》一卷，宋居士沮渠京声译（第二译，两译一缺）。

《进学经》一卷（或云《劝进学道》），宋居士沮渠京声译（拾遗编入，第二译，三译二缺）。

《得道梯隥锡杖经》一卷（亦直云《锡杖经》），失译（今附“东晋录”。右此《锡杖经》，《大周录》云出《杂譬喻经》，今大本既无，难为定准，且编于此）。

《贫穷老公经》一卷（一名《贫老经》），宋沙门释慧简译（第二译，两译一缺）。

《三摩竭经》一卷（一名《恕和檀王经》，一名《难国王经》），吴天竺沙门竺律炎译（第一译，两译一缺。右此《三摩竭经》，《大周录》云出《增一阿含》，检彼中无，且编于此）。

《蓱沙王五愿经》一卷（一名《弗沙迦王经》），吴月支优婆塞支谦译（第一译，三译二缺。右此《蓱〔沙〕王五愿经》，《大周》等录皆云出《中阿含》，检彼文无，且编于此）。

《琉璃王经》一卷，西晋三藏竺法护译（第二译，两译一缺。右此《琉璃王经》，《大周》等录云出《增一阿含》，其《增一》二十六中，虽有琉璃王缘起，文意全异，故编于此）。

---

① 故多于此：不明文义，《贞元录》作“故移于此”，《大正藏》本校勘记亦作“移”，当从。

上十五经，十七卷同帙。

《生经》五卷（有五十五经，或四卷），西晋三藏竺法护译（第一译，两译一缺）。

《义足经》二卷（有一十六经），吴月支优婆塞支谦译（第一译，两译一缺）。

上二经，七卷同帙（合从《四十二章经》下二十二经，虽是重译，今见流行，但有一本，余并零落，寻求不获）。

小乘经单译八十七部二百二十四卷，一十七帙。

《正法念处经》七十卷（七帙），元魏婆罗门瞿昙般若流支译（右此《正法念经》，《大周录》中编为重译，云与《善时鹅王经》同本异译者，误也。其《善时鹅王经》，从此经抄出，彼是别生，此为单本）。

《佛本行集经》六十卷（六帙），隋天竺三藏阇那崛多等译（右此《佛本行经》，《大周录》中编为大乘重译，云与七卷《本行经》同本异译者，误也。彼是偈赞，与此悬殊。诸录或在大乘经中，或编集传之内，恐将乖僻，今移编此）。

《本事经》七卷，大唐三藏玄奘译（出《内典录》）。

《兴起行经》二卷（亦名《严诫宿缘经》，题云出《杂藏》），后汉外国三藏康孟祥[①]译（右此《兴起行经》，《大周录》中编为重译，云与《木枪刺脚因缘经》同本异译者，误也。比寻经本，总有十缘，其《木枪刺脚经》即十缘之一缘也，钞出别行，如《观世音经》等类。既非再翻，故为单本）。

《业报差别经》一卷，隋洋川郡守瞿昙法智译。

上三经，十卷同帙（其《业报差别经》，《大周录》云与《罪福报应经》同本异译者，非也。寻其文句，义旨悬殊，差异不同，故为单本）。

《大安般守意经》二卷（亦直云《大安般经》，安公云《小安般》，或一卷），后汉安息三藏安世高译（右《大周》等录更有《大安般经》一卷，亦云安世高译。勘其文句，即是《安般守意经》上卷，文既全同，故不重载）。

《阴持入经》二卷（或作“除”字，误也。或一卷），后汉安息三藏安世高译。

《处处经》一卷，后汉安息三藏安世高译。

《骂意经》一卷，后汉安息三藏安世高译（拾遗编入）。

《分别善恶所起经》一卷，后汉安息三藏安世高译（拾遗编入）。

《出家缘经》一卷（一名《出家因缘经》），后汉安息三藏安世高译。

《阿鋡正行经》一卷（一名《正意经》），后汉安息三藏安世高译。

《十八泥犁经》一卷（或云《十八地狱经》），后汉安息三藏安世高译。

---

① 康孟祥：当为“康孟详”，后径改。

《法受尘经》一卷，后汉安息三藏安世高译。

《禅行法想经》一卷，后汉安息三藏安世高译。

《长者子懊恼三处经》一卷（一名《长者夭恼经》，亦云《三处恼经》），后汉安息三藏安世高译。

《揵陀国王经》一卷（或无“国”字），后汉安息三藏安世高译。

《须摩提长者经》一卷，吴月支优婆塞支谦译。

《阿难四事经》一卷，吴月支优婆塞支谦译。

《未生怨经》一卷，吴月支优婆塞支谦译。

《四愿经》一卷，吴月支优婆塞支谦译。

《黑氏梵志经》一卷，吴月支优婆塞支谦译（拾遗编入）。

《猘狗经》一卷（祐云与“獭狗”同），吴月支优婆塞支谦译（拾遗编入）。

《分别经》一卷（旧云与《阿难分别经》等同本者，非也），西晋三藏竺法护译（拾遗编入）。

《八关斋经》一卷，宋居士沮渠京声译（拾遗编入）。

《阿鸠留经》一卷，《僧祐录》云安公古经（今附“汉录”，拾遗编入）。

《孝子经》一卷（亦云《孝子报恩经》），《僧祐录》云安公失译经（今附“西晋录”，拾遗编入）。

上二十二经，二十四卷同帙。

《五百弟子自说本起经》一卷（或无“自说”字，亦云“本末”），西晋三藏竺法护译。

《大迦叶本经》一卷（或无“大”字），西晋三藏竺法护译。

《四自侵经》一卷，西晋三藏竺法护译。

《罗云忍辱经》一卷（或直云《忍辱经》），西晋沙门释法炬译。

《佛为年少比丘说正事经》一卷，西晋沙门释法炬译。

《沙曷比丘功德经》一卷，西晋沙门释法炬译。

《时非时经》一卷（或直云《时经》），外国法师若罗严译（莫知帝代，出“经后记”。右此《时非时经》，群录皆云西晋沙门法炬所译。经后题云外国法师若罗严手执胡本，口自宣译，凉州道人釬瑱[①]城中写记。今依“经记”为正，既莫知于帝代，且附“西晋录”中）。

《自爱经》一卷（或云“自爱不自爱”），东晋西域沙门竺昙无兰译。

《中心经》一卷（亦云《中心正行经》），东晋西域沙门竺昙无兰译（拾遗编入）。

《见正经》一卷（一名《生死变识经》），东晋西域沙门竺昙无兰译。

---

① 釬瑱：即于阗，卷二“总录”有载。

《大鱼事经》一卷，东晋西域沙门竺昙无兰译。

《阿难七梦经》一卷（或直云《七梦经》），东晋西域沙门竺昙无兰译。

《呵雕阿那含[①]经》一卷（一名“荷雕”，或作“苛”字），东晋西域沙门竺昙无兰译。

《灯指因缘经》一卷，姚秦三藏鸠摩罗什译。

《妇人遇辜经》一卷（一名《妇遇对经》），乞伏秦沙门释圣坚译。

《四天王经》一卷，宋凉州沙门释智严共宝云译。

《摩诃迦叶度贫母经》一卷，宋天竺三藏求那跋陀罗译。

《十二品生死经》一卷，宋天竺三藏求那跋陀罗译。

《罪福报应经》一卷（一名《轮转五道罪福报应经》），宋天竺三藏求那跋陀罗译（右《大周录》中更有《轮转五道罪福报应经》一卷。今检寻文句，与此不殊，但立名题，广略有异，文既无别，但存一本耳）。

《五无返复经》一卷（一名《五返覆大义经》），宋居士沮渠京声译。

《佛大僧大经》一卷，宋居士沮渠京声译。

《耶祇经》一卷，宋居士沮渠京声译。

《末罗王经》一卷，宋居士沮渠京声译。

《摩达国王经》一卷，宋居士沮渠京声译。

《旃陀越国王经》一卷（或无“国王”字），宋居士沮渠京声译。

《五恐怖世经》一卷（或无“世”字），宋居士沮渠京声译。

《弟子死复生经》一卷（或云《死亡更生经》），宋居士沮渠京声译（拾遗编入）。

《懈怠耕者经》一卷（或云“耕儿”），宋沙门释慧简译。

《辩意长者子经》一卷（或云《长者辩意经》，或加“所问”字），元魏沙门释法场译。

《无垢优婆夷问经》一卷，元魏婆罗门瞿昙般若流支译。

上三十经，三十卷同帙。

《贤者五福经》一卷，西晋河内沙门白法祖译。《天请问经》一卷，大唐三藏玄奘译（出《内典录》。右《贤者五福》《天请问》二经，《大周》等录皆编大乘经中，今寻文理，颇涉小宗，故移编此）。

《僧护经》一卷（或有“因缘”字），失译（今附“东晋录”）。

《护净经》一卷，失译（今附“东晋录”）。

《木槵子经》一卷（或作“患”字，又作“檈”），失译（今附“东晋录”）。

《无上处经》一卷，失译（今附“东晋录”）。

---

① 呵雕阿那含：印度长者名，曾带领五百优婆塞听舍利弗说法，后复至佛所听法，得大欢喜并奉行佛所说四事、八事等。

《卢志长者因缘经》一卷，失译（今附“东晋录”）。

《五王经》一卷，失译（今附“东晋录”）。

《出家功德经》一卷，失译（今附“三秦录”，拾遗编入。右《出家功德经》有三本流行，余二虽有广略，并从《贤愚》抄出，云佛在王舍城迦兰陀竹园中说，今并载别生录中。此本佛在毗舍离国为梨车子鞞罗羡那说，其中复云“鞞罗羡那，秦言勇军”，虽不知译人姓名，必是秦朝译也）。

《栴檀树经》一卷，《僧祐录》云安公古典经（《法上录》云罗什译者，非也，今附“汉录”）。

《頞多和多耆经》一卷，《僧祐录》云安公失译经（今附“西晋录”）。

《普达王经》一卷，《僧祐录》云安公失译经（今附“西晋录”）。

《佛灭度后棺敛葬送经》一卷（一名《比丘师经》，亦名《师比丘经》），《僧祐录》云安公失译经（今附“西晋录”）。

《鬼子母经》一卷，《僧祐录》云安公失译经（今附“西晋录”，拾遗编入）。

《梵摩难国王经》一卷，《僧祐录》云安公失译（今附“西晋录”，拾遗编入）。

《父母恩难报经》一卷（亦云“勤报[①]”），后汉安息三藏安世高译（拾遗编入）。

《孙多耶致经》一卷（或上加“梵志”字），吴月支优婆塞支谦译。[②]

《新岁经》一卷，东晋西域沙门竺昙无兰译（右《父母恩难报》等三经，《大周》等录皆云出《中阿含经》，检其《中含》大本，无此等经。其《增一阿含》第二十四中，虽有受岁缘起，文意全异，故编于此）。

《群牛譬经》一卷，西晋沙门释法炬译（右《群牛譬经》，《大周录》云出《增一阿含》，检彼中无，故编于此）。

《九横经》一卷，后汉安息三藏安世高译。

《禅行三十七经》一卷（或加“品”字），后汉安息三藏安世高译。

《比丘避女恶名欲自杀经》一卷，西晋沙门释法炬译。

《比丘听施经》一卷（一名《听施[③]比丘经》），东晋西域沙门竺昙无兰译。

《身观经》一卷，西晋三藏竺法护译（拾遗编入。右《九横》等四经，《大周录》云出《杂阿含》，是异译本。其《身观经》云是别生，检文并无，故编于此）。

《无常经》一卷（亦名《三启经》），大唐天后代三藏义净译（新编入录）。

---

① 勤报：当为“难报”，见前之“勤报”条注。

② 支谦译：《中华大藏经》本此后录“《略教诫经》一卷”“《疗痔病经》一卷”两条，随后即是“声闻调伏藏”，顺序大乱，且有脱落，明显不符前所云“小乘经单译八十七部二百二十四卷”之部卷，故此处径用《大正藏》本次序。

③ 听施：为比丘名，其经云：“有一比丘字听施，来到讲堂。”

《八无暇有暇经》一卷，大唐天后代三藏义净译（新编入录）。

《长爪梵志请问经》一卷，大唐天后代三藏义净译（新编入录）。

《譬喻经》一卷，大唐三藏义净译（新编入录）。

《略教诫经》一卷，大唐三藏义净译（新编入录。右此《略教诫经》有云出《根本说一切有部毗奈耶杂事》第十九卷者，误也。彼中虽有“略教”，文意与此悬殊。既非别生，故编于此）。

《疗痔病经》一卷（亦云“痔瘘”），大唐三藏义净译（新编入录。右此《疗痔病经》，《根本说一切有部尼陀那》第二卷中亦有此咒，或有编为重译。今谓不然，彼云告诸苾刍，“此《痔病经》，我于余处已曾宣说”，而所为复别处亦不同，此是重说，非重译也）。

上三十经，三十卷同帙。

声闻调伏藏五十四部四百四十六卷，四十五帙。

调伏藏者，经云：“胜故、秘故，佛独制故。如契经中，诸弟子说法，或诸天说法，律则不尔，一切佛说。”[①] 自古群录，皆将《摩得勒伽》《善见论》等编为“正毗奈耶藏”。今者寻思，恐将非当。此等并是分部已后诸圣贤等依宗赞述，非佛金口所宣，又非千圣结集。今之撰录，分为二例，初明五部正调伏藏，次明诸论奈耶眷属。庶根条不杂，本末区分，幸诸达人，重垂刊正。

《摩诃僧祇律》四十卷（或云三十卷，四帙），东晋天竺三藏佛陀跋陀罗共法显译（单本）。右一经，是根本调伏藏，即大众部毗奈耶也。佛圆寂后，尊者迦叶集千应真于王舍城竹林石室之所结也。

《十诵律》六十一卷，六帙（前五十八卷，姚秦三藏弗若多罗等共罗什译；后《毗尼序》三卷，东晋三藏卑摩罗叉续译）。右一经，即说一切有部毗奈耶藏，佛圆寂后三百年，初从上座部之所出也（此《十诵律》中《毗尼序》三卷，或有经本，编在第九诵后第十诵前，从第五十五卷至五十七卷者，错也。今检古本，皆在其末，今者依古为正）。

《根本说一切有部毗奈耶》五十卷，五帙，大唐天后代三藏义净译（新编入录）。《根本说一切有部苾刍尼毗奈耶》二十卷，二帙，大唐三藏义净译（新编入录）。《根本说一切有部毗奈耶杂事》四十卷，四帙，大唐三藏义净译（新编入录）。《根本说一切有部尼陀那目得迦》译[②] 十卷（或八卷），一帙，大唐天后代三藏义净译（新编入录）。右四经，与《十诵律》俱是说一切有部，然其文理与《十诵律》非无有异，未详所以。

---

① 此段引文出《萨婆多毗尼毗婆沙》，系节引其意，并非全引。

② 译：检“总录”、“入藏录”所载，皆无，当为衍文。

《五分律》三十卷（亦云《弥沙塞律》，或三十四卷），三帙，宋罽宾三藏佛陀什共竺道生等译（单本）。右一经，即化地部毗奈耶藏，佛圆寂后三百年中，从说一切有部之所出也。

《四分律》六十卷（或四十五，或七十卷，六帙），姚秦罽宾三藏佛陀耶舍共竺佛念等译（单本）。右一经，即法密部[①]毗奈耶藏，佛圆寂后三百年中，从化地部之所出也（其饮光部但有戒本，律藏未翻）。

《僧祇比丘戒本》一卷（亦云《摩诃僧祇戒本》），东晋天竺三藏佛陀跋陀罗译（第二译，两译一缺）。

《僧祇比丘尼戒本》一卷（亦云《摩诃僧祇戒本》[②]），东晋平阳沙门法显共觉贤译（单本）。

《十诵比丘戒本》一卷（亦云《十诵波罗提木叉戒》），姚秦三藏鸠摩罗什译（第三译，三译二缺）。

《十诵比丘尼戒本》一卷（亦云《十诵比丘尼波罗提木叉戒本》），宋长干寺沙门释法颖集出。

《根本说一切有部戒经》一卷，大唐三藏义净译（新编入录）。

《根本说一切有部苾刍尼戒经》一卷，大唐三藏义净译（新编入录）。

《五分比丘戒本》一卷（亦云《弥沙塞戒本》），宋罽宾三藏佛陀什等译（单本）。

上七经，七卷同帙。

《五分比丘尼戒本》一卷（亦云《弥沙塞尼戒》），梁沙门释明徽于建初寺集（出《宝唱录》，拾遗编入）。

《四分比丘戒本》一卷（亦云《四分戒本》），大唐西太原寺沙门怀素依律集出（新编入录）。

《四分比丘尼戒本》一卷（亦云《四分尼戒本》），大唐西太原寺沙门怀素依律集出（新编入录）。

《四分僧戒本》一卷（或云《昙无德戒本》，或无“僧”字），姚秦罽宾三藏佛陀耶舍译（单本）。右此《戒本》，初无《稽首颂》，有《入堂》等偈者是（其四分

---

① 法密部：梵文 Dharmaguptaka 之意译，即法藏部，又称昙无德部、法护部，是早期部派佛教的部派之一。后之化地部、饮光部，亦为部派佛教之部派。化地、饮光、法密部，都从说一切有部生。

② 《摩诃僧祇戒本》：上条“《僧祇比丘戒本》”之又名即此，本条为《僧祇比丘尼戒本》，比丘之于比丘尼，实有差殊，不当同名。《中华大藏经》本以为“僧祇”后脱一“尼”字，可从。《大正藏》本校勘记以为“摩诃”当作“比丘尼波罗提木叉”，则名为《比丘尼波罗提木叉僧祇戒本》，检大藏经目，并无此名，而多作《摩诃僧祇比丘尼戒本》。

僧尼戒乃有数本流行，而皆不依正文，妄生增减。今留姚秦耶舍译本及太原祖师[①]依文纂者，余皆简弃，不载录中）。

《解脱戒本》一卷（出迦叶毗部），元魏婆罗门瞿昙般若流支译（单本）。

《沙弥十戒法并威仪》一卷（亦云《沙弥威仪戒本》），失译（今附“东晋录”）。

《沙弥威仪》一卷（或有“经”字，与前《威仪》大同小异），宋罽宾三藏求那跋摩译。

《沙弥尼离戒文》一卷，失译（今附“东晋录”）。

《沙弥尼戒经》一卷，失译（在“后汉录”，拾遗编入）。

《舍利弗问经》一卷，失译（今附“东晋录”，单本）。

上十经，十卷同帙。

《根本说一切有部百一羯磨》[②]十卷，一帙，大唐天后代三藏义净译（新编入录）。

《大沙门百一羯磨法》一卷（出《十诵律》），《僧祐录》中失译经（今附“宋录”）。

《十诵羯磨比丘要用》一卷（出《十诵律》，或二卷），宋沙门释僧璩于杨都中兴寺依律撰出。

《优波离问佛经》一卷（或云《优波离律》），失译（在“后汉录”，单本）。

《五分羯磨》一卷（题云《弥沙塞羯磨本》），大唐大开业寺沙门释爱同集（新编入录）。

《四分杂羯磨》一卷（题云《昙无德律部杂羯磨》，以结戒场为首），曹魏天竺三藏康僧铠译（拾遗编入）。

《昙无德羯磨》一卷（以结大界为首，或二卷），曹魏安息沙门昙谛译。

《四分比丘尼羯磨法》一卷（祐云《昙无德羯磨》，或云《杂羯磨》），宋罽宾三藏求那跋摩译。

上七经，七卷同帙。

《四分律删补随机羯磨》一卷，大唐崇义寺沙门释道宣集（新编入录）。

《四分僧羯磨》三卷（题云《羯磨》，卷上出《四分律》），大唐西太原寺沙门释怀素依律集出（新编入录）。

《四分尼羯磨》三卷（题云《尼羯磨》，卷上出《四分律》），大唐西太原寺沙门释怀素依律集出（新编入录）。

---

① 太原祖师：即指“怀素”律师，为长安太原寺东塔律宗开山祖师。

② 《根本说一切有部百一羯磨》：《大正藏》本“百一羯磨”为双行小字，误。检“总录”“入藏录”，唐僧义净所译之目有《根本说一切有部百一羯磨》。

上三经，七卷同帙（上六本《羯磨》，并出《四分》，然文有广略、先后异耳）。

《大爱道比丘尼经》二卷（亦云《大爱道受诫[①]经》，或直云《大爱道经》），失译（《僧祐录》云安公凉土异经，今附“北凉录”，单本）。

《迦叶禁戒经》一卷（一名《摩诃比丘经》，亦名《真伪沙门经》），宋居士沮渠京声译（第二译，两译一译[②]。又群录中更有《真伪沙门经》一卷，云是宋代沙门慧简所译，与《迦叶禁戒经》同本。检寻文句，与《禁戒经》首末全同，既无异文，故不双出）。

《犯戒报应轻重经》一卷（出《目连问毗尼经》，或云《目连问经》），后汉安息三藏安世高译（拾遗编入，单本）。

《戒销灾经》一卷（或名《戒伏销灾经》），吴月支优婆塞支谦译（单本）。

《优婆塞五戒相经》一卷（一名《优婆塞五戒略论》），宋罽宾三藏求那跋摩译（第一译，两译一缺）。

右已上经律，正调伏藏，已下论等，为顺前宗，故名眷属。其《戒心》《羯磨》，但依文纂，要无增减，故列之于前。其《律摄》等，据其本文，屡有增减，辄编于后。

《根本说一切有部毗奈耶颂》五卷（尊者毗舍佉造），大唐三藏义净译（新编入录，单本）。

《根本说一切有部毗奈耶杂事摄颂》一卷，大唐三藏义净译（新编入录，单本）。

《根本说一切有部毗奈耶尼陀那目得迦摄颂》一卷，大唐三藏义净译（新编入录，单本）。

《五百问事经》一卷，失译（今附“东晋录”，拾遗编入）。

上九经，十四卷同帙。

《根本萨婆多部律摄》二十卷（尊者胜友集，或十四卷，二帙），大唐天后代三藏义净译（新编入录，单本）。

《毗尼摩得勒伽》十卷，一帙，宋天竺三藏僧伽跋摩译（单本）。

《鼻奈耶律》十卷（一帙，一名《戒因缘经》），姚秦凉州沙门竺佛念于苻秦代译（单本）。

《善见律毗婆沙》十八卷（或云《毗婆沙律》，亦直云《善见律》），萧齐外国沙门僧伽跋陀罗译（单本）。

《佛阿毗昙经》二卷（亦云《佛阿毗昙论》），陈天竺三藏真谛译（单本）。

上二经，二十卷二帙（其《佛阿毗昙论》，群录并云九卷，未详所以，今只有二卷。

---

① 受诫：当为“受戒”。

② 两译一译：殊无义，《中华大藏经》本作“两译一缺”，可从。

旧录编在大乘论中，今者寻其文理，多说度人受戒等事，与此相应，故移编此）。

《毗尼母经》八卷（亦云《毗尼母论》），失译（今附“秦录”，单本）。

《大比丘三千威仪经》二卷（亦云《大僧威仪经》，或四卷），后汉安息三藏安世高译（单本）。

上二经，十卷同帙（其《毗尼母经》，《大周录》云东晋太安年苻兰译，出《法上录》。谨按帝王代录，于东晋代无太安年，其太安年，乃在西晋惠帝代。其《法上录》，寻之未获，年代既错，未可依凭。又检文中有翻梵语处皆曰“秦言”，故是秦时译也。今为失译[①]，编于“秦录”。其《三千威仪经》，僧祐“失译录”中分为两部，部各二卷。房等诸录并云两本合之，成其四卷。今只有二，余二莫存）。

《萨婆多毗尼毗婆沙》九卷，失译（今附“秦录”，单本）。

《律二十二明了论》一卷（亦直云《明了论》），陈天竺三藏真谛译（单本）。

上二经，十卷同帙（其《明了论》，出正量部《波罗提木叉论》中，其大论未译，凡有六千颂。彼部法师阿那含人，厥名觉护[②]，依律“毗婆沙”及是等[③]造，于中与律相应者，略成一卷，谓《明了论》。此论解释律藏中二十二条真实要义，能除正法人迷暗心，通达律义，故称“明了”。隋沙门法经录及长房“入藏录”中并分为两部：《律》二十二卷，编在“律”中，《明了论》一卷，载于“论”录。又《律二十二》乃是《明了论》半题，彼存“二十二卷”，误之甚也！误之甚也！）。

声闻对法藏三十六部六百九十八卷，七十二帙。

此对法藏，诸部不同，流布此方，比诸为众[④]。今者据其有部根本，《身论》为初，《足论》居次，《毗婆沙》等支派编末，余部既众，难以科条，以俟将来，此无先后。

《阿毗昙八揵度论》三十卷（迦旃延子造，或二十卷，三帙），苻秦罽宾三藏僧伽提婆共竺佛念译（第一译）。《阿毗达磨发智论》二十卷（迦多衍尼子造），二帙，大唐三藏玄奘译（出《内典录》，第二译）。右上二论同本异译，即是说一切有部对法藏之根本。佛圆寂后三百年中，论师迦多衍尼子之所造也。后代传人，本

① 失译：《中华大藏经》本作“夫原”，疑当为“失源”，《大正藏》本亦校“译”为“源”。然考“总录”，智升将《毗尼母经》归之于失译经，故不烦改。

② 觉护：《大正藏》所收《律二十二明了论》署名“弗陀多罗多法师造”，“觉护”当为意译。

③ 是等：《中华大藏经》本校为“足等”，《大正藏》本则校为“五足等”。“足等”、“五足等”意义不明，而“是等”有“这一类”之义，即前云之“律‘毗婆沙’”等。

④ 比诸为众：费解，《开元释教录略出》作“比言为众”。“比”有排比；类聚义，“比言为众”则意谓排比言辞众多。

有广略。此《发智论》，文义具足，传习之者，号为《身论》。以余六论，各辩一支，有异于“身”，故名为“足”，次编于后，诸部继焉。

一《阿毗达磨法蕴足论》十二卷（尊者大采菽氏造，一帙），大唐三藏玄奘译（出《内典录》，单本）。

二《阿毗达磨集异门足论》二十卷（尊者舍利子说，二帙），大唐三藏玄奘译（出《内典录》，单本）。

三《施设足论》，有一万八千颂，尊者大迦多衍那造（迦多，此云“剪剃”。衍，此云“种”。那，是“男”声，婆罗门中一姓），其论未译（上三《足论》，并佛在世时造）。

四《阿毗达磨识身足论》十六〔卷〕，大唐三藏玄奘译（出《内典录》，单本）。右一论，佛圆寂后一百年中，尊者提婆设磨（唐云“天寂”）阿罗汉造。

五《阿毗达磨品类足论》十八卷，大唐三藏玄奘译（出《内典录》，第二译）。右一论，佛圆寂后三百年中，尊者筏苏蜜多罗（唐云“世友”）造。《众事分阿毗昙论》十二卷，宋天竺三藏求那跋陀罗共菩提耶舍译（第一译）。右二论，同本异译。上二论，三十卷三帙。

六《阿毗达磨界身足论》三卷，大唐三藏玄奘译（出《翻经图》，单本），右一论，佛圆寂后三百年中，尊者世友造，与上《识身足论》共十九卷，二帙。

《阿毗昙毗婆沙论》六十卷，六帙（或八十四卷，或一百九卷），北凉天竺沙门浮陀跋摩共道泰等译（第一译）。右此论创译，百卷成部，沙门道挺制序，属魏并凉，失四十卷，今唯六十卷在。但毕第三揵度，下五揵度，时缺其本。新译之者，八蕴并足。其八十四卷本及一百九卷者，后人分此六十卷成，非是元来不缺。又按，凉僧祐《法苑》[①]云：“天监十一年二月，敕僧伽婆罗更出婆沙余五揵度。”虽有此说，本仍未睹也。《阿毗达磨大毗婆沙论》二百卷，二十帙，大唐三藏玄奘译（出《内典录》，第二译）。右上二论，同本异译，即释上《发智论》。佛圆寂后四百年中，五百大阿罗汉等于迦湿弥罗国造。

《阿毗达磨俱舍释论》二十二卷（婆薮槃豆造），陈天竺三藏真谛译（第一译）。

《阿毗达磨俱舍论本颂》一卷（尊者世亲造，或二卷），大唐三藏玄奘译（出《内典录》，第二译，真谛译者缺本）。上二论，二十三卷三帙。《阿毗达磨俱舍论》三十卷（尊者世亲造，三帙），大唐三藏玄奘译（出《内典录》，第二译）。右二论及颂，同本异译。

《阿毗达磨顺正理论》八十卷（尊者众贤造，八帙），大唐三藏玄奘译（出《内

① 凉僧祐《法苑》：“僧祐”即《出三藏记集》之撰者，非凉僧，“凉”当为“梁”。《法苑》，当为《法苑集》，《新唐书・艺文志》载录有十五卷。

典录》，单本）。《阿毗达磨显宗论》四十卷（尊者众贤造，四帙），大唐三藏玄奘译（出《内典录》，单本）。右二部论，与《俱舍论》颂同释异，并众贤造（众贤尊者先述《正理》，文广难寻，后造《显宗》，略而易晓，所以重释）。

《阿毗昙心论》四卷（尊者法胜造，或无“论”字），东晋罽宾三藏瞿昙僧伽提婆译（单本）。《法胜阿毗昙心论经》六卷（大德优波扇多造，或七卷），高齐天竺三藏那连提耶舍共法智译（单本）。上二论，十卷同帙。《杂阿毗昙心论》十一卷（亦云《杂阿毗昙毗婆沙》，尊者法救造，或十四卷），宋天竺三藏僧伽跋摩等译（第四译，四译三缺）。右上三论，俱名《阿毗昙心》，然其所释，广略有异（《杂阿毗昙心论》第一卷初注云诸师释《法胜阿毗昙心》义广略不同，法胜所释，最为略也。优波扇多有八千偈释，又有一师万二千偈释，此二论，名为广也，和修槃头[①]以六千偈释。又《论》初颂云：“敬礼尊法胜，所说我顶受，我达摩多罗，说彼未曾说。”故上三《论》，初四卷者是法胜本论，次六卷者是优波扇多释。故彼《论》末云：“大德优波扇多为利益弟子故，造此《阿毗昙心论》。”故知此即释法胜《论》，非法胜造。而《论》外题有“法胜”字者，或恐不然。《论》卷中题，无此二字，群录皆云《法胜阿毗昙》，或云别译。《法胜阿毗昙》后《杂心论》，是法救造，比前二论，文义稍广）。

《阿毗昙甘露味论》二卷（或云《甘露味阿毗昙》，尊者瞿沙造），曹魏代译，失三藏名（单本）。

《随相论》一卷（或云《求那摩谛随相论》，德慧法师造，或二卷），陈天竺三藏真谛译（单本）。

上三论，十四卷二帙。

《尊婆须蜜菩萨所集论》十卷（尊者婆须蜜造，或十四卷，或十二卷），苻秦罽宾三藏僧伽跋澄等译（单本）。

《三法度论》二卷（或无“论”字，或云“经”，或三卷，或云一卷），东晋罽宾三藏瞿昙僧伽提婆译（第二译，两译一缺。右此《三法度论》，有本有释。本有三章九真度[②]，释亦有九品，庐山远法师“序”云：本是尊者山贤造，释是天竺大乘居士僧伽先撰[③]。“经

---

① 和修槃头：即婆薮槃豆，又译作婆修槃陀、筏苏槃豆、筏苏畔徒、婆薮槃头等，俗称世亲菩萨，古印度罗阅城人，姓毗舍。旧译为“天亲”，为无著菩萨之弟。

② 三章九真度：本论以三分法为主，分三品，每品三真度，“真度”即犍度，共九真度。《大正藏》本校“章”为“童”，殊无义。

③ 本是尊者山贤造，释是天竺大乘居士僧伽先撰：庐山远法师《三法度序》原文云：“有应真大人，厥号山贤，恬思闲宇，智周变通。感达识之先觉，愍后蒙之未悟，故撰此《三法》，因而名云。自《德品》暨于《所依》，凡三章九真度，斯其所作也。其后有大乘居士，字僧伽先，以为山贤所集，虽辞旨高简，然其文犹隐，故仍前人章句，为之训传。”

后记”云：“大乘比丘释僧伽先撰。”二说少殊，未详孰正）。

《入阿毗达磨论》二卷（塞建地罗阿罗汉造），大唐三藏玄奘译（出《内典录》，单本）。

上三论，十四卷二帙。

《成实论》二十卷（阿梨跋摩造，凡二百二品，或二十四卷，二帙），姚秦三藏鸠摩罗什译（单本）。

《立世阿毗昙论》十卷（或无“论”字，一帙，或云十五卷），陈天竺三藏真谛译（单本）。

《解脱道论》十二卷（或十三卷），一帙，梁扶南三藏僧伽婆罗译（单本）。

《舍利弗阿毗昙论》二十二卷（或二十卷，或三十卷），姚秦罽宾三藏昙摩耶舍共昙摩崛多译（单本）。

《五事毗婆沙论》二卷（亦云《阿毗达摩五事论》，尊者法救造），大唐三藏玄奘译（出《翻经图》，单本）。

上二论，二十四卷三帙（《大周录》中别载《阿毗达磨五事论》者，误也）。

《鞞婆沙论》十四卷（亦云《鞞婆沙阿毗昙论》，阿罗汉尸陀槃尼撰），苻秦罽宾三藏僧伽跋澄译（单本）。

《三弥底部论》三卷（或无“部”字，或云四卷），失译（“三弥底”者，此云“正量”，即正量部中论也。今附“秦录”，单本）。

上二论，十七卷二帙。

《分别功德论》四卷（或云《分别功德经》，或三卷，或五卷），失译（在“后汉录”，单本。右此一《论》，释《增一阿含》经义，从初《序品》至《弟子品》过半，释王比丘即止[①]。《法上录》云竺法护译者，不然。此中牒经解释文句，并同本经，似与《增一阿含》同一人译。而余录并云“失源”，且依此定。《僧祐录》云迦叶、阿难撰者，此亦不然。如《论》第一卷中引外国师及萨婆多说，故知非是二尊所撰）。

《四谛论》四卷（婆薮摩跋[②]造），陈天竺三藏真谛译（单本）。

《辟支佛因缘论》二卷，失译（今附“秦录”，单本）。

《十八部论》一卷，新为失译（附“秦录”，第一译。右《十八部论》，检寻群录，并云梁代三藏真谛所译。今详真谛三藏已译《十八部论》，不合更译《部异执论》。其《十八部论》初首引《文殊问经·分别部品》，后次云罗什法师集，后方是论。若是罗什所翻，秦时未有《文

---

① 释王比丘即止：《大正藏》本《分别功德论》为五卷，且云“但分卷有异，文无增减”。所谓“释王比丘即止”，《分别功德论》最后为“知释王比丘豪族第一也”，也就是到“释王比丘”即终了。

② 婆薮摩跋：当为“婆薮跋摩”。

殊问经》，不合引之置于初也。或可准“别录”中《文殊问经》编为失译，秦时引证，此亦无疑。若是真谛再译，《论》中子注不合有“秦言”之字。详其文理，多是秦时罗什译出。诸录脱漏，致有疑焉。其真谛《十八部疏》，即《部异执疏》是。虽有斯理，未敢指南，后诸博闻，请求实录）。《部执异论》一卷（亦名《部异执论》），陈天竺三藏真谛译（第二译）。《异部宗轮论》一卷（世友菩萨造），大唐三藏玄奘译（出《翻经图》，第三译）。右三论，同本异译。

上六论，十三卷同帙。

“有译有本录”中“圣贤传记录第三”（一百八部五百四十一卷，五十七帙）

传记录者，佛圆寂后圣贤弟子之所撰集，虽非三藏正典，然亦助扬玄化。于此之中，总为五类：一赞扬佛德；二明法真理；三述僧行轨；四摧邪护法；五外宗异执。赞佛德者，《所行赞传》[①]《释迦谱》等也。明法理者，《修行道地经》《经律异相》等也。述僧行者，龙树、马鸣、法显、玄奘等传也。摧邪护法者，《辩正》《弘明》《破邪》《辩惑论》等也。外宗异计[②]者，《数》《胜》二论是也。以类科分，莫过此五，五中所辩，通大小乘。又于此中，更开二例，梵本翻译者居先，此土传扬者于后。庶东西不杂，览者除疑焉。

梵本翻译集传，六十八部一百七十三卷，一十五帙。

《佛所行赞经传》五卷（马鸣菩萨撰，亦云《佛本行经》），北凉天竺三藏昙无谶译（单本）。

《佛本行经》七卷（一名《佛本行赞传》），宋凉州沙门释宝云译（单本）。右《大周录》编在大乘重译经中，云与六十卷《佛本行集经》同本异译者，误也。

上二集，十二卷同帙。

《撰集百缘经》十卷，一帙，吴月支优婆塞支谦译（出《内典录》，单本，拾遗编入）。

《出曜经》二十卷（或云《出曜论》，或十九卷），姚秦凉州沙门竺佛念于苻秦代译（单本）。

《贤愚经》十三卷（或十五，或十六，或十七），元魏凉州沙门慧觉等在高昌

---

① 《所行赞传》：通称《佛所行赞》，又称《佛本行经》《佛所行赞经传》《佛本行赞经》等，古印度马鸣著，叙述释迦牟尼一生事迹，是印度文学之佳作。有北凉昙无谶（五卷）以及宋释宝云（七卷）译本。

② 外宗异计：前“传记录”第五部分云“外宗异执”，“异执”指所执持之见解有悖于正理，故疑“计”或为“执”。

郡译（出《翻经图》，单本。谨按，梁沙门僧祐《贤愚·序》[①]云：河西慧觉等八僧游方问道，到于阗大寺，遇五年大会，八人分听，各记所闻。还至高昌，乃集为一部，即上《贤愚经》是。上代群录皆编经藏，今以共集所闻，则非庆喜本诵，与余集等亦复何殊？编入正经，理将未当，故今移附“集传录”中。其《出曜》《百缘》二经，亦是别集，还非本诵，亦附此焉）。

上二集，三十三卷四帙（上三帙，各八〔卷〕；第四帙，九卷）。

《道地经》一卷（或加“大”字，是《修行经》抄，元外国略本），后汉安息三藏安世高译（拾遗编入，第二译）。右一经，是后《修行道地经》之少分异译（准安法师“序”云：“沙门众护撰述经要，以为一部二十七章。世高析护所集者七章，以为汉文。”今以章名与数，二种皆同，故知即是安高所出。此经七章，总十八纸，群录皆云二卷者，误也）。《修行道地经》六卷（或直云《修行经》，或七卷），西晋三藏竺法护译（第三译，三译一缺）。右二经，同本异译。佛圆寂后七百年中，西域沙门众护所撰（众护者，是此方言，天竺梵音名僧伽罗刹），旧录编入经者，理不然也。与后《僧伽罗刹集经》撰人不殊，何得一载正经？一编集内？例既如此，故附此中。

《僧伽罗刹所集经》三卷（僧伽罗刹撰，或五卷），苻秦罽宾三藏僧伽跋澄等译（第一译，两译一缺）。

上三集，十卷同帙。

《百喻经》四卷（僧伽斯那撰，或五卷），萧齐天竺三藏求那毗陀译（单本）。

《菩萨本缘经》三卷（僧伽斯那撰，或四卷，或三卷），吴月支优婆塞支谦译（单本）。

《大乘修行菩萨行门诸经要集》三卷，大唐至相寺沙门释智严译（新编入录，单本）。

上三集，十卷同帙。

《付法藏因缘传》六卷（或无“因缘”字，或四卷，或三卷[②]），元魏西域三藏吉迦夜共昙曜译（第三译，三译二缺）。

《坐禅三昧经》三卷（一名《菩萨禅法经》，或云《禅经》，或二卷），姚秦三藏鸠摩罗什译（第一译，两译一缺）。又群录中复有《阿兰若习禅法经》二卷，云与《坐禅三昧经》同本异译，亦云罗什法师所出。寻阅文句，首末全同，但为殊名，分成两部，既非别译，未可双行。

---

① 僧祐《贤愚·序》：当为僧祐《贤愚·经记》，出《出三藏记集》卷九。下文所引，并非原文，乃略出。

② 或三卷：前“总录”、后“入藏录”、《中华大藏经》本以及《大唐内典录》卷四皆以为“或二卷”，而此“别录”以为“或三卷”，当误。

《佛医经》一卷（亦云《佛医王经》），吴天竺沙门竺律炎共支越译（拾遗编入，单本）。

《惟日杂难经》一卷，吴月支优婆塞支谦译（拾遗编入，单本）。

《佛般泥洹摩诃迦叶赴佛经》一卷（亦云《迦叶赴佛般涅槃经》），东晋西域沙门竺昙无兰译（单本）。

《菩萨呵色欲法》一卷（亦云“经”，第一译，二译一缺），姚秦三藏鸠摩罗什译。

《四品学法经》一卷（或无“经”字），宋天竺三藏求那跋陀罗译（单本）。

《佛入涅槃密迹金刚力士哀恋经》一卷，失译（今附“秦录”，单本）。

《迦旃延说法没尽偈经》一卷，《僧祐录》云安公失译（今附“西秦录”，单本）。

《佛治身经》一卷（或云《治意经》一[①]），《僧祐录》云安公失译经（今附“西晋录”，单本，拾遗编入）。

《治意经》一卷（或云《佛治身经》[②]），《僧祐录》云安公失译经（今附“西晋录”，单本，拾遗编入）。

上十一集，十八卷同帙。

《杂宝藏经》八卷（或云十三卷），元魏西域三藏吉迦夜共昙曜译（单本）。

《那先比丘经》二卷（或直云《那先经》，三卷），失译（在“东晋录”，第一本，两译一缺）。

上二集，十卷同帙。

《五门禅经要用法》一卷（大禅师佛陀蜜多撰），宋罽宾三藏昙摩蜜多译（拾遗编入，第二译，两译一缺）。

《达摩多罗禅经》二卷（一名《不净观禅经修行方便》），东晋天竺三藏佛陀跋陀罗译（单本），右达摩多罗及佛大先所造（先，罽宾人也，彼国禅匠佛陀跋陀罗之师智严往游西域，亦于先所学禅）。

从《坐禅三昧》下一十四经，《周录》之中编在经内，今以并非佛说，移之于此。其《杂宝藏经》虽集佛语，兼杂余缘，非全佛说，故编集内。

《禅法要解》二卷（一名《禅要经》），姚秦三藏鸠摩罗什译（第一译，两译一缺）。

《禅要呵欲经》一卷（题云《禅要经呵欲品》），后汉失译（拾遗编入，单本）。

《内身观章句经》一卷，后汉失译（拾遗编入，单本）。

---

① 《治意经》一:《治意经》当为“《治身经》”。“一”，疑为衍文。《开元释教录略出》作“《治身经》一卷”，以为当脱“卷”字。本书体例，夹注经典之亦名，若卷数相同，一般不予赘述。

② 《佛治身经》：当为“《佛治意经》”。本条与上条前后误置，《治身经》《治意经》本有区别，见前“总录”。

《法观经》一卷，西晋三藏竺法护译（拾遗编入，单本）。

《思惟要略法》一卷（或加“经”字），姚秦三藏鸠摩罗什译（拾遗编入，第二译，两译一缺）。

《十二游经》一卷（东晋西域沙门迦留陀伽译，拾遗编入，第二译，三译二缺）。

《旧杂譬喻经》二卷（亦云《杂譬喻集经》），吴天竺三藏康僧会译（拾遗编入，单本）。

《杂譬喻经》一卷，后汉月支三藏支娄迦谶译（拾遗编入，单本）。

上十集，十三卷同帙。

《杂譬喻经》二卷（一名《菩萨度人经》），失译（在“后汉录”，单本，拾遗编入）。

《杂譬喻经》二卷（比丘道略集），姚秦三藏鸠摩罗什译（拾遗编入，单本）。

《阿育王譬喻经》一卷，失译（今附“东晋录”，单本，拾遗编入）。

《阿育王经》十卷（或加“大”字），梁扶南三藏僧伽婆罗译（拾遗编入，第二译）。

上四集，十五卷同帙。

《阿育王传》七卷（亦云《大阿育王经》，或五卷），西晋安息三藏安法钦译（第一译）。右二传，同本异译。佛圆寂后一百年余，育王出世，方有此传。《大周录》中编在大乘经中者，误也（长房等录复云僧伽婆罗更出《育王传》五卷者，误也。前经即传，不合重载）。

《阿育王息坏目因缘经》一卷（一名《王子法益怀目[①]因缘经》），苻秦天竺三藏昙摩难提于姚秦代译（拾遗编入，第二译，二译一缺）。

《四阿含暮抄解》二卷（阿罗汉婆素跋陀撰），苻秦西域沙门鸠摩罗什佛提[②]等译（拾遗编入，单本）。

上三集，十卷同帙。

《法句经》二卷（亦云《法句集》，尊者法救撰），吴天竺沙门维祇难等译（第二译[③]，两译一缺）。《阿毗昙毗婆沙论》第一云：“如《法句经》，世尊于处处方邑，为众生故，种种演说。尊者达摩多罗（此云“法救”）于佛灭后，种种说中，无常义者，立《无常品》，乃至梵志义者，立《梵志品》。”故知此经是法救撰。《周·入藏录》编在大乘经中及集传内，前后重载，误之甚也。

《法句譬喻经》四卷（一名《法句本末经》，或五卷，或六卷），西晋沙门释法立共法炬译（第二译，两译一缺）。右与前《法句经》明同异者，前经但纂偈句，不

---

① 怀目：当为“坏目”。

② 鸠摩罗什佛提：《四阿含暮抄解》为鸠摩罗佛提所译，“什”字为衍文。

③ 第二译：卷一“总录”云“初出”，《法句经》第二译为支谦所译。

兼长行。今此后经兼说偈之由起，有某因缘，世尊方说，比前偈文，此略不备，又前后偈文，互有增减。《周录》编在大乘经中者，误也。

《迦叶结经》一卷，后汉安息三藏安世高译（拾遗编入，第一译，三译二缺）。

《撰集三藏及杂藏传》一卷，失译（今附“东晋录”，单本，遗遗编入[①]）。

《三慧经》一卷，《僧祐录》云安公“凉土异经”（今附“北凉录”，拾遗编入，单本）。

《阿毗昙五法行经》一卷（亦云《阿毗昙苦慧经》，或无“行”字），后汉安息三藏安世高译（拾遗编入，单本）。

《阿含口解十二因缘经》一卷（亦直云《阿含口解经》，或名《断十二因缘经》），后汉安息优婆塞安玄共严佛调译（单本）。

《小道地经》一卷，后汉西域三藏支曜译（拾遗编入，单本）。

《文殊师利发愿经》一卷（或加“偈”字），东晋天竺三藏佛陀跋陀罗译（拾遗编入，单本）。

《六菩萨名》一卷（房“入藏录”云《六菩萨名》，亦当诵持），后汉失译（拾遗编入，单本）。

《一百五十赞佛颂》一卷（尊者摩咥利制吒造），大唐三藏义净译（新编入录，单本）。

《赞观世音菩萨颂》一卷，大唐天后代佛授记寺沙门释慧智译（出《大周录》，单本，拾遗编入）。

上十二集，十六卷同帙。

《无明罗刹集》一卷（亦云《无明罗刹经》，或二卷），失译（拾遗编入，单本，今附“秦录”）。

《马鸣菩萨传》一卷，姚秦三藏鸠摩罗什译（拾遗编入，单本）。

《龙树菩萨传》一卷，姚秦三藏鸠摩罗什译（拾遗编入，单本）。

《提婆菩萨传》一卷，姚秦三藏鸠摩罗什译（拾遗编入，单本）。

《婆薮槃豆法师传》一卷（此曰“天亲”），陈天竺三藏真谛译（拾遗编入，第二译，两译一缺）。

《龙树菩萨为禅陀迦王说法要偈》一卷，宋罽宾三藏求那跋摩译（出《唐旧录》，第一译）。《劝发诸王要偈》一卷（龙树菩萨撰），宋天竺三藏僧伽跋摩译（拾遗编入，第二译）。《龙树菩萨劝诫王颂》一卷，大唐天后代三藏义净译（新编入录，第三译）。右三集，同本异译（前二本偈，诸经藏中连为一卷，今分二轴）。

---

① 遗遗编入：准前后语例，当为“拾遗编入”。

《宾头卢突罗阇为优陀延王说法经》一卷，宋天竺三藏求那跋陀罗译（单本），又有《宾头卢为王说法经》一卷，文与此同，故不双出[①]。

《请宾头卢法》一卷（或加“经”字），宋沙门释慧简译（第二译，两译一缺）。

《分别业报略》一卷（大勇菩萨撰，或加“集”字），宋天竺三藏僧伽跋摩译（拾遗编入，单本）。

《迦丁比丘说当来变经》一卷，《僧祐录》中失译经（今附“宋录”，单本，拾遗编入）。

《大阿罗汉难提蜜多罗所说法〔住〕记》一卷，大唐三藏玄奘译（出《内典录》，单本）。

《金七十论》三卷（亦名《僧佉论》，或二卷），陈天竺三藏真谛译（单本）。右一论，外道迦毗罗仙人造，明二十五谛，所谓《数论》经中云《迦毗罗论》是也（长房、《内典》二录，真谛译中有《金七十论》三卷，复有《僧佉论》三卷，二目俱存者，误也）。

《胜宗十句义论》一卷，大唐三藏玄奘译（出《翻经图》，单本）。右一论，胜者慧月造，明十句义（鸺鹠仙人本所造论，但六句义，慧月加四，足成十句，本末通论，故名《胜宗十句论》也），经中云《卫世师论》是也（其《数》《胜》二论，非是佛法，诸外道宗此二为上，欲令博学之者委悉异道之宗，故译之耳）。

上十五集，十七卷同帙。

此方撰述集传，四十部三百六十八卷，四十二帙。

《释迦谱》十卷（别有五卷本，与此广略异），萧齐建初寺沙门释僧祐撰（出《长房录》，新编入藏）。

《释迦氏略谱》一卷（或无“略”字），大唐西明寺沙门释道宣撰（出《内典录》，新编入藏）。

《释迦方志》二卷，大唐西明寺沙门释道宣撰（出《内典录》，新编入藏）。

上三集，十三卷二帙（上帙七，下帙六）。

《经律异相》五十卷，五帙，梁天监十五年敕沙门宝唱等操[②]（出《长房录》，新编入藏）。

《陀罗尼杂集》十卷，一帙（未详撰者，今附“梁录”。右一咒集，《大周录》中为大乘单本，复云失译者不然。寻检其文，乃是此方抄集，而非梵本别翻。所以知者，如《七佛神

① 故不双出：《大正藏》本校勘记作“故不复出”，义同两通。

② 操：《开元释教录略出》《贞元录》等作“撰”，《中华大藏经》本亦作“撰”，当从。

咒经》及《陀邻尼钵经》等并是入朝[①]所翻。《护诸童子陀罗尼经》，元魏菩提留支所译，又《陀邻尼钵经》共《最胜灯王经》，二是同本，如此等经，并皆集入，故非梵本所传，必是此方撰集。未知的是何人所撰，故此述也）。

《诸经要集》二十卷，大唐西明寺沙门释玄恽撰（新编入藏）。

上一集，二十卷分为三帙（上下各七，中帙六卷）。

《出三藏记集》十五卷，梁建初寺沙门释僧祐撰（出《长房录》，新编入藏）。

《众经目录》七卷，隋开皇十四年敕翻经沙门法经等撰（出《长房录》，新编入藏）。

上二集，二十二卷二[②]（上帙十卷，下帙十二）。

《开皇三宝录》十五卷（内题云《历代三宝记》[③]），隋开皇十七年翻经学士成都费长房撰（出《内典录》，新编入藏）。

《众经目录》五卷，隋仁寿二年敕翻经沙门及学士等撰（出《内典录》，新编入藏）。

上二集，二十卷二帙。

《大唐内典录》十卷（一帙），大唐西明寺沙门释道宣撰（出《内典录》，新编入藏）。

《续大唐内典录》一卷，大唐西崇福寺沙门释智升撰（新编入藏）。

《古今译经图纪》四卷，大唐翻经沙门释靖迈撰（新编入藏）。

《续古今译经图纪》一卷，大唐西崇福寺沙门释智升撰（新编入藏）。

《大周刊定众经目录》十五卷，大唐天后敕佛授记寺沙门明佺等撰（新编入藏）。

上四集，二十一卷二帙（上帙十一，下帙十卷）。

《开元释教录》二十卷，二帙，大唐西崇福寺沙门释智升撰（新编入藏）。

《一切经音义》二十五卷，大唐翻经沙门释玄应撰（新编入藏，出《内典录》）。

《新释华严音义》[④]二卷，大唐净法寺沙门释慧苑撰（新编入藏）。

上二集，二十七卷四帙（第一帙六卷，下三帙各七）。

---

① 入朝：殊无义。考《七佛神咒经》及《陀邻尼钵经》，“总录”皆云晋代译，《中华大藏经》本校“入”作“晋”，可从。

② 二十二卷二：不成句。后之夹注分“上帙”、“下帙”，按照《开元释教录》的体例，“二”字后当脱一“帙”字。

③《历代三宝记》：通行本皆作《历代三宝纪》，今检《大正藏》本之内题，仍是《历代三宝纪》。“记”、“纪”二字音同，疑有混用。

④《新释华严音义》：“新释”，当为“新译”。此文献名全称为《新译大方广佛华严经音义》，简称《新译华严音义》。

《大唐西域记》十二卷，大唐三藏玄奘撰（出《内典录》，新编入藏）。

《集古今佛道论衡》四卷（或三卷），大唐西明寺沙门释道宣撰（出《内典录》，新编入藏）。

《续集古今佛道论衡》一卷，大唐西崇福寺沙门释智升撰（新编入藏）。

上三集，十七卷二帙（上帙八，下帙九）。

《东夏三宝感通录》三卷，大唐西明寺沙门释道宣撰（出《内典录》，新编入藏）。

《集沙门不拜俗议》六卷，大唐弘福寺沙门释彦悰撰（出《内典录》，新编入藏）。

上二集，九卷同帙。

《大唐慈恩寺三藏法师传》十卷，一帙，大唐西太原寺沙门释慧立等撰（新编入藏）。

《大唐西域求法高僧传》二卷，大唐三藏义净撰（新编入藏）。

《法显传》一卷（亦云《历游天竺记传》），东晋沙门释法显自记游天竺事（出《长房录》，新编入藏）。

《高僧传》十四卷（一卷是《目录》），梁会稽嘉祥寺沙门释慧皎撰（出《长房录》，新编入录[①]）。

上三集，十七卷二帙（上帙九，下帙八）。

《续高僧传》三十卷，大唐西明寺沙门释道宣撰（出《内典录》新编入藏）。

上一集，三十卷，分为四帙（第一、第二各八，第三、第四各七）。

《辩正论》八卷，一帙，大唐终南山龙田寺释氏[②]撰（出《内典录》，新编入藏）。

《破邪论》二卷（或一卷），大唐终南山龙田寺释氏撰（出《内典录》，新编入藏）。

《甄正论》三卷，大唐天后代佛授记寺沙门释玄嶷撰（新编入藏）。

《十门辩惑论》二卷（或三卷），大唐大兴善寺沙门释复礼撰（新编入藏）。

《弘明集》十四卷，梁建初寺沙门释僧祐撰（出《长房录》，新编入藏）。

上四集，二十一卷二帙（上帙十一，下帙十卷）。

《广弘明集》三十卷，大唐西明寺沙门释道宣撰（出《内典录》，新编入藏）。

上一集，三十卷，分为四帙（第一帙十，第二帙七，第三帙七，第四帙六）。

《集诸经礼忏仪》二卷，大唐西崇福寺沙门释智升撰（新编入藏）。

《大唐南海寄归内法传》四卷，大唐三藏义净撰（新编入藏）。

《比丘尼传》四卷，梁庄严寺沙门释宝唱撰（新编入藏）。

---

① 新编入录：前后皆云“新编入藏”，或为抄刻致误。

② 释氏：本条《辩正论》和下条《破邪论》，作者皆为释法琳，因为法琳拥护太子李建成，后被朝廷贬斥而死，智升初不具名，或避时弊。

《别说罪要行法》一卷（或无“别”字），大唐三藏义净撰（新编入藏）。

《受用三水要法》一卷（或云《要行法》），大唐三藏义净撰（新编入藏）。

《护命放生轨仪》一卷（或云《轨仪法》），大唐三藏义净撰（新编入藏）。

上六集，十三卷同帙。

从《释迦谱》下四十部，合三百六十八卷，并是此方贤德撰集。然于大法，裨助光扬，季代维持，寔为纲要，故编此录，缮布流行。若写藏经，随情取舍。诸余传记，虽涉释宗，非护法者，此中不录。都计小乘经律论及贤圣集传，见流行者，总四百三十八部，合二千三百三卷，二百二十二帙。

《汉法本内传》五卷（未详撰者）。

《沙门法琳传》三卷，沙门彦悰撰。

右二部传，明敕禁断，不许流行，故不编载[①]。

---

① 故不编载：指二部“禁书”，在“总录”、“入藏录”中皆不予收录。因是护法之集传，故于“别录”略言，并非自乱其例。

《开元释教录》卷第十四（“别录”之四）

“别录”中“有译无本录第二”之一

有译无本者，谓三藏教文及圣贤集传名存本缺之类也。自圣教东移，殆乎千祀，质文亟改，钟鼎屡迁。重以周武陵夷[1]，缁徒丧灭，致使法灯藏耀，慧日韬光，三藏要文，多从散缺。或东都近译，未达西京；或创出本稀，寻求匪获。讵闻精奥，空阅名题，引领既劳，抚膺奚及。今者讨求诸录，备载遗亡，冀望名贤，共垂询访。

合大小乘经律论及圣贤集传缺本者，总一千一百四十八部，一千九百八十卷。大乘经缺本四百八部，八百一卷；大乘律缺本二十二部，二十五卷；大乘论缺本二十部，四十八卷；小乘经缺本六百五部，八百一十五卷；小乘律缺本三十七部，四十二卷；小乘论缺本九部，六十五卷；贤圣集传缺本四十七部，一百八十四卷。

大乘经重译缺本二百部，四百八十四卷。

《吴品经》五卷（即是《小品般若》），吴天竺三藏康僧会译（第三译）。

《新道行经》十卷（亦名《小品》，或七卷，《祐录》名“更出《小品》”），西晋三藏竺法护译（第四译。又按长房等录，竺法护译中更有《小品经》七卷者，不然。护公既有《新道行经》，不合别出《小品》。又《道行》脚注亦名《小品》。又《义善寺录》中有《大智度无极经》四卷，亦云护公所出，既与《道行》同本，更亦不合别翻。既并繁重，故不存也）。

《大智度经》四卷，东晋西域三藏祇多蜜译（第五译）。

右三经，与《大般若》第四会同本，前后八译，五本在藏，三本缺（长房等录罗什经数复有《放光般若》二十卷者，不然。什公既译《大品》，不合重出，《放光》有者，

---

[1] 周武陵夷：指北周武帝废佛之事。建德三年（574）五月，在经过多次辩论之后，周武帝下令“初断佛、道二教，经象悉毁，罢沙门、道士，并令还民”，由此全面废止佛教。

误也）。

《濡首菩萨无上清净分卫经》二卷（一名《决了诸法如幻三昧经》，或一卷），后汉临淮沙门严佛调译（第一译）。

右一经，与《大般若》第八会同本，前后三译，两本在藏，一本缺。

《仁王般若经》一卷（或二卷，三十一纸），西晋三藏竺法护译（第一译）。

《仁王般若经》一卷，梁天竺三藏真谛译（第三译）。

右前后三译，一本在藏，二本缺。

《般若波罗蜜多那经》一卷，大唐天后代天竺三藏菩提流志译（新编入录，第三译）。

右与《大明咒经》等同本，前后三译，两本在藏，一本缺。

《道行经》一卷（安公云是《般若》抄，外国高明者所撰，安为之制序），后汉天竺沙门竺佛朔译。

右一经，虽名《道行》，卷部全小，不可与前《道行》等以为同本，且别记之。

《摩诃般若波罗蜜咒经》一卷（或无“摩诃”字），吴月支优婆塞支谦译。

《摩诃般若随心经》一卷，大唐天后代于阗三藏实叉难陀译（新编入录）。

从《吴品经》下十部二十七卷，般若部中缺本。

《无量寿经》二卷，后汉安息三藏安世高译（第一译）。

《无量清净平等觉经》二卷，曹魏西域三藏帛延译（第五译），又长房等录，帛延译中更有《平等觉经》一卷，即是前经，无繁重载。

《无量寿经》二卷（亦云《无量清净平等觉经》），西晋三藏竺法护译（第六译）。

《无量寿至真等正觉经》一卷（一名《乐佛土乐经》，一名《极乐佛土经》），东晋外国沙门竺法力译（第七译）。

《新无量寿经》二卷，东晋天竺三藏佛陀跋陀罗译（亦云宋永初二年出，第八译）。

《新无量寿经》二卷，宋凉州沙门释宝云译（第九译）。

《新无量寿经》二卷，宋罽宾三藏昙摩蜜多译（出《真寂寺录》，第十译）。

右七经，与《大宝积》第五《无量寿会》同本，此经前后经十一译，四本在藏，七本缺。

《阿閦佛刹诸菩萨学成品经》三卷，东晋沙门支道根译（第三译）。

右一经，与第六《不动如来会》同本，前后三译，二存一缺。

《法界体性无分别经》二卷，姚秦三藏鸠摩罗什译（出《法上录》，第一译）。

右一经，与第八《法界体性会》同本，前后两译，一存一缺。

《普门品经》一卷，东晋西域三藏祇多蜜译（第二译）。

右一经，与第十《文殊普门会》同本，前后三译，两存一缺。

《严净佛土经》二卷（亦云《净土经》），西晋河内沙门白法祖译（第二译）。

右一经，与第十五《文殊授记会》同本，前后三译，二存一缺。

《菩萨藏经》三卷，西晋三藏竺法护译（第一译）。

右一经，与第十七《富楼那会》同本，前后两译，一存一缺。

《法镜经》二卷（或一卷），吴月支优婆塞支谦译（第二译），又长房等录，支谦所译更有《郁伽长者经》二卷，即《法镜经》是，不繁重载。

《郁伽罗越问菩萨经》[①]一卷，西晋河内沙门白法祖译（第五译）。

《郁伽长者所问经》一卷，宋罽宾三藏昙摩蜜多译（第六译）。

右三经，与第十九《郁伽长者会》同本，前后六译，三存三缺。

《妙慧童女所问经》一卷，大唐天后代天竺三藏菩提流志译（新编入录，第三译）。

右一经，与第三十《妙慧童女会》同本，前后四译，三存一缺。

《阿阇世王女阿术达菩萨经》一卷，吴月支优婆塞支谦译（第一译）。

《阿术达经》一卷，东晋西域三藏祇多蜜译（第三译）。

《阿述达菩萨经》一卷，宋天竺三藏竺法眷译（第四译）。

右三经，与第三十二《无畏德菩萨会》同本，前后五译，二存三缺（又长房等录，竺法护更有《阿阇世王女无忧施经》一卷，此乃梵晋音异，不合重上。“阿术达”是梵言，“无忧施”是晋语，二经双载，录家误也）。

《如幻三昧经》二卷（或一卷），后汉安息三藏安世高译（第一译）。

《如幻三昧经》二卷，东晋西域三藏祇多蜜译（第三译）。

《如幻三昧经》二卷，前凉月支优婆塞支施仑译（出《首楞严·后记》，第四译，新编入）。

《圣善住意天子所问经》四卷，隋天竺三藏阇那崛多译（第六译）。

右四经，与第三十六《善住意天子会》同本，前后七译，三存四缺。

《慧上菩萨问大善权经》二卷（或无“菩萨”字，或一卷），后汉临淮沙门严佛调译（第一译）。

《大善权经》二卷，姚秦三藏鸠摩罗什译（第四译）。

《慧上菩萨问大善权经》二卷（一名《慧上菩萨经》，一直名《大善权经》，一名《大乘方便经》），北凉西域三藏僧伽陀译（第五译）。

右三经，与第三十八《大乘方便会》同本，前后五译，二存三缺。

《弥勒所问本愿经》一卷，东晋西域三藏祇多蜜译（第二译）。

---

① 《郁伽罗越问菩萨经》：当为《郁伽迦罗越问菩萨经》，“郁伽”后脱一“迦”字。

右一经，与第四十二《弥勒所问会》同本，前后三译，二存一缺。

《菩萨净行经》二卷（亦云《净律经》），吴天竺三藏康僧会译（别品，初译）。

右一经，与第四十七《宝髻菩萨会》同本，此是《大集·宝髻品》。除其本经，前后两译，一存一缺。

《胜鬘经》一卷（亦云《胜鬘师子吼一乘大方便经》），北凉天竺三藏昙无谶译（第一译）。

右一经，与第四十八《胜鬘夫人会》同本，前后三译，二存一缺。

《宝积经》三卷，周宇文氏三藏禅师阇那耶舍译。

右一经，虽云《宝积》，既无本可校，不知与何会同本，且记于末。

从《无量寿经》下三十部五十四卷，宝积部中缺本。

《大方等大集经》二十七卷，后汉月支三藏支娄迦谶译（第一译）。

《大方等大集经》三十卷（或有“新”字，或二十四卷），姚秦三藏鸠摩罗什译（第二译）。

右二经同本，前后三译，一本在藏，两本缺。

《虚空藏菩萨经》一卷，宋天竺三藏求那跋陀罗译（第三译）。

右一经，前后四译，三存一缺。

《般舟三昧经》二卷（或加“大”字，或一卷），后汉天竺三藏竺佛朔译（第二译）。

《般舟三昧经》一卷（是后十品重翻。祐有一卷，无三卷者），后汉月支三藏支娄迦谶译（出《静泰录》，第三译）。

《般舟三昧念佛章经》一卷（是《行品》别翻），后汉代失译（第四译）。

《般舟三昧经》二卷（《安公录》云更出《般舟三昧经》），西晋三藏竺法护译（第六译）。

右四经同本，前后七译，三存四缺（四是全本，三是抄译）。

《阿差末菩萨经》四卷，吴天竺沙门维祇难译（第一译）。

《阿差末菩萨经》四卷，吴月支优婆塞支谦译（第二译）。

《无尽意经》十卷，宋天竺三藏竺法眷译（第五译）。

右三经同本，前后五译，二本在藏，三本缺（又长房等录，竺法护译中更有《无尽意经》四卷，据其法护已出《阿差末经》，不合再出《无尽意》。其《阿差末经》题云“晋曰无尽意”，录中脚注云“或四卷”，此是梵晋名异，理实一经，录存二本，误之甚也）。

《小阿差末经》二卷，吴月支优婆塞支谦译。

右一经，既加“小”字，与前诸经应非同本。

《方等主虚空藏经》八卷（亦云《虚空藏所问》，或五卷），乞伏秦沙门释圣坚译。

右一经，是《大集·虚空藏品》异译，藏中纵有，乃是别生。《虚空藏品》，无谶所翻，非异译者（或即是经是无谶译，非圣坚出）。

《定意天子所问经》五卷（出《大集》，今疑与《善住意经》同本），周宇文氏三藏禅师阇那耶舍译。

从《大集经》下一十三部九十七卷，大集部中缺本。

《入如来智不思议经》三卷，周宇文氏三藏禅师阇那耶舍译（出《翻经图》，第二译）。

右一经，前后四译，三存一缺。

《菩萨十地经》一卷（亦云《大方广经》，亦直云《十地经》），西晋三藏竺法护译（第一译）。

《大方广菩萨十地经》一卷，西晋清信士聂道真译（第二译）。

《十地经》一卷，东晋西域三藏祇多蜜译（第三译）。

右三经同本，前后五译，二存三缺。

《大方广不生不灭经》一卷，大唐天后代于阗三藏实叉难陀译（新编入录，单本）。

《大方广如来难思议境界经》一卷，大唐天后代于阗三藏实叉难陀译（新编入录，单本）。

《佛藏方等经》一卷（亦名《问明显经》[①]），宋沙门释道严译。右一经，隋代沙门法经录云是《华严经·明难品》异译，今缺此经（旧经在第六卷，新经在第十三）。

《菩萨本业经》一卷（是《华严·净行品》，亦直云《本业经》），东晋天竺三藏佛陀跋陀罗译（第三译）。

右兼本品，前后五译，四本在藏，一本缺（其旧《华严经》既是觉贤所译，不合别出。此《本业经》，以《大周录·入藏》中有，未见其本，且此述之。又《长房录》中支谦再出《净行品经》者，误也。其《净行经》脚注云：一名《菩萨本业经》）。

《菩萨十法住经》二卷（是《十住品》），西晋清信士聂道真译（第三译）。

右兼本品，前后五译，四本在藏，一本缺（长房等录更有《菩萨十住经》一卷，云是东晋佛陀跋陀罗译。详其觉贤既译大本，不合别出此经，《房录》误也）。

《十住经》十二卷（是《十地品》，西晋清信士聂道真译（第二译）。

右兼本品，前后五译，四本在藏，一本缺。

《罗摩伽经》三卷（是《入法界品》少分），曹魏西域三藏安法贤译（第一译）。

---

① 《问明显经》：法经《众经目录》卷一云“《佛藏大方等经》一卷，一名《问明显经》，是《明难品》”。

《罗摩伽经》一卷（是《入法界品》少分），北凉天竺三藏昙无谶译（第四译）。

右兼本品，前后五译，三本在藏，二本缺。

从《入如来智不思议经》下一十二部二十七卷，华严部中缺本。

《梵般泥洹经》二卷（《旧录》云“胡般”，今改为“梵”字，或一卷），后汉月支三藏支娄迦谶译（第一译）。

《大般涅槃经》二卷，曹魏外国三藏安法贤略前品为二卷（第二译）。

《大般泥洹经》二卷，吴优婆塞支谦译《序品》《哀叹品》，为二卷（第三译）。

《般泥洹经》二十卷，北凉雍州沙门智猛于凉州译（第六译）。

右兼《涅槃》大本及新译后分，前后七译，三本在藏，四本缺（又《大周录》中指《竺道祖录》云：“东晋义熙十三年，佛陀跋陀罗于道场寺译《大般泥洹经》一卷，或云十卷。”是大本前分十卷，尽《大众问品》[①]。今寻诸录及传记等，其法显译《大般泥洹》，亦是义熙十三年于道场寺译。其法显所出诸经并与觉贤共译，诸录题注，多相参涉，时处既同，必非再出。今合为一，更不别存）。

从《梵般泥洹经》下四部二十六卷，涅槃部中缺本。

《蜀普曜经》八卷，失译（似是蜀土所出，在“魏吴录”，第一译）。

《普曜经》八卷（或六卷，或五卷），宋沙门智严共宝云译（第三译）。

右二经，与《方广庄严经》同本，前后四译，二存二缺。

《无量义经》一卷，宋天竺三藏求那跋陀罗译（第一译）。

右一经，前后两译，一存一缺。

《法华三昧经》六卷（一本加“正”字），吴外国三藏支强良接译（出《翻经图》，第一译）。

《萨芸芬陀利经》六卷，西晋三藏竺法护太始年译（第二译，谨按长房等录，其《正法华》是竺法护太康七年译，见《聂道真录》，复云太始元年译《萨芸芬陀利经》六卷，出《竺道祖录》，同是一经，不合再出。名目既殊，本复存没，未详所以。或可“萨芸芬陀利[②]”是梵语，“正法华”是晋名，梵晋俱存，录家误也）。

《方等法华经》五卷，东晋沙门支道根译（第四译）。

右三经同本，兼及《添品》，前后六译，三存三缺。

《佛以三车唤经》一卷，吴月支优婆塞支谦译。

---

① 尽《大众问品》：“尽”当为“止于”之义。《历代三宝纪》《大唐内典录》等作“是大本前分十卷《大众问品》”，并无“尽”字。《大众问品》即《一切大众所问品》，为《涅槃经》第五品。

② 萨芸芬陀利：即《妙法莲华经》Saddharma Pundarika Sū tra 之名，音译为“萨达摩奔荼利迦素怛揽”，与“萨芸芬陀利”音近。

右一经，出《法华经》中异译，应是《譬喻品》。

《古维摩诘经》二卷，后汉临淮沙门严佛调译（第一译）。

《异毗摩罗诘经》三卷（祐云《异维摩诘》，或作“思”字，或二卷），西晋西域优婆塞竺叔兰译（第三译）。

《维摩诘所说法门经》一卷（或云《维摩诘经》），西晋三藏竺法护译（第四译，谨按《僧祐录》中更有《删维摩诘经》一卷，亦云竺法护译，下注云：“祐意谓先出《维摩》繁重，护删出逸偈也。”今意与前无异，故不别存。又《周录》中更有《毗摩罗诘经》二卷，亦云吴黄武年支谦译，出《长房录》。检《长房录》无此经名，《周录》误也）。

《维摩诘经》四卷，东晋西域三藏祇多蜜译（第五译）。

右四经同本，前后七译，三存四缺（其西晋沙门支敏度合一支、两竺三本共为五卷者，以非别翻，又缺其本，故不存之）。

《大方等顶王经》一卷，姚秦三藏鸠摩罗什译（第二译）。

右一经，前后四译，三存一缺。

《闲居经》十卷，西晋三藏竺法护译（第一译）。

《悲华经》十卷，北凉沙门释道龚译（第三译）。

右二经同本，前后四译，二存二缺。

《佛升忉利天为母说法经》一卷，宋罽宾三藏昙摩蜜多译（第三译）。

右一经，前后三译，二存一缺。

《大乘宝云经》八卷，陈扶南国沙门须菩提译（第二译）。

右一经，前后三译，二存一缺。

《等集三昧经》一卷，西晋河内沙门帛法祖译（第二译）。

右一经，前后三译，二存一缺。

《持人菩萨经》三卷，姚秦凉州沙门竺佛念译（第二译）。

右一经，前后三译，二存一缺。

《文殊师利现宝藏经》二卷（亦云“示现宝藏”，或三卷），西晋安息三藏安法钦译（第二译）。

《文殊师利现宝藏经》二卷，西晋沙门支法度译（第三译）。

右二经同本，前后四译，二存二缺。

《楞伽经》四卷，北凉天竺三藏昙无谶译（第一译）。

右一经，前后四译，三存一缺。

《大方等无相经》五卷（一名《大方等大云经》，亦云《大云经》，或四经[1]），姚

---

① 或四经：上下语意不协，《中华大藏经》本“经”作“卷”，当从。

秦凉州沙门竺佛念译（第一译）。

右一经，前后两译，一存一缺。

《诸法无行经》一卷，宋天竺三藏求那跋陀罗译（第二译）。

右一经，前后三译，二存一缺。

《阿阇世王经》二卷，西晋安息三藏安法钦译（第三译）。

《更出阿阇世王经》二卷，西晋三藏竺法护重译（第四译）。右竺法护太康七年译《普超经》，此后再翻，故题更出（若准《安录》，但有更出《阿阇世王经》，无《普超三昧》。对彼支谶先译，故云更出。《祐录》之中，二本俱载）。

《阿阇世经》二卷，姚秦三藏鸠摩罗什译（第五译）。

右三经同本，兼《放钵经》，前后六译，三存三缺。

《月灯三昧经》一卷（出《大月灯经》第七），后汉安息三藏安世高译（第一别译）。

右兼大本，前后三译，二存一缺。

《象腋经》一卷，后汉月支三藏支娄迦谶译（出《法上录》，第一译）。

《无所悕望经》一卷，东晋西域三藏祇多蜜译（第三译）。

右二经同本，前后四译，二存二缺。

《上金光首经》一卷，前凉月支优婆塞支施仑译（出《首楞严·后记》，第二译，新编入）。

右一经，与《大净法门经》等同本，前后三译，二存一缺。

《阿弥陀佛偈》一卷，失译（在"后汉录"，第一译）。

右与后出《阿弥陀偈》同本，前后两译，一存一缺。

《观无量寿佛经》一卷，宋罽宾三藏昙摩蜜多译（出《宝唱录》，第二译）。

右一经，前后两译，一存一缺。

《小无量寿经》一卷（一名《阿弥陀经》，或无"小"字），宋天竺三藏求那跋陀罗译（第三译）。

右与《阿弥陀经》等同本，前后三译，二存一缺（《大周·入藏录》中有《小无量寿经》，其文乃与《阿弥陀》不异，故为缺本）。

《弥勒成佛经》一卷（一名《弥勒当来下生经》，十七纸），西晋三藏竺法护译（第一译）。

右一经，前后两译，一存一缺。

《弥勒当来生经》一卷（《僧祐录》云《安公录》中"失译经"，今附"西晋录"，第一译）。

《弥勒作佛时事经》一卷（《祐录》无"事"字），失译（出《宝唱录》，乃纸[1]。今附"东

① 乃纸：根据语例当为"××纸"，《中华大藏经》本"乃"作"八"，可从。

晋录”，第二译）。

《弥勒下生经》一卷，梁天竺三藏真谛译（第五译）。

右三经同本，前后六译，三存三缺。

《诸法勇王经》一卷，后汉月支三藏支娄迦谶译（出《法上录》，第一译）。

右一经，前后三译，二存一缺。

《权方便经》一卷，吴天竺三藏康僧会译（第一译）。

《乐璎珞庄严方便经》一卷（一名《大乘璎珞庄严经》，亦名《转女身菩萨经》），宋沙门法海译（第四译）。

右二经同本，前后四译，二存二缺（长房等录中，竺法护译《顺权方便经》二卷，又译《随权女经》二卷。其《顺权方便经》下又注云“亦名《顺权女经》”。今以“随权”、“顺权”，二义相似故，《僧祐录》云《随权女经》，《别录》所载，《安录》中无[①]，故知即是《顺权经》是[②]。多是诸家造录，名差误耳。《随权女经》，今删不立）。

《睒本起经》一卷（一名《睒经》，出《六度经》），姚秦三藏鸠摩罗什译（第三译）。

右兼《六度》本经，前后四译，三存一缺。

《无字宝箧经》一卷，元魏天竺三藏佛陀扇多译（第二译）。

右一经，前后四译，三存一缺。

《失利越经》一卷，《僧祐录》云《安公录》中“失译经”（今附“西晋录”，第二译）。右一经，与《月光章子经》[③]等同本，前后四译，三存一缺。

《长者子誓经》一卷，曹魏失译（第二译）。

《菩萨誓经》一卷，宋居士沮渠京声译（第五译）。

右二经同本，前后五译，三存二缺。

《犊牛经》一卷（一云《犊子经》），东晋西域沙门竺昙无兰译（第三译）。

《浮光经》一卷（或作“乳光”），东晋西域三藏祇多蜜译（第四译）。

右二经同本，前后四译，二存二缺。

《不庄校女经》一卷，吴月支优婆塞支谦译（第一译）。

《腹中女听经》一卷，萧齐沙门释法化诵出（第五译）。

右二经同本，前后五译，三存二缺。

《十二因缘经》一卷（亦云《闻城十二因缘》），后汉安息三藏安世高译（第一译）。

---

① 《别录》所载，《安录》中无：《出三藏记集》卷二云：“《随权女经》二卷，出《别录》，《安录》无。”智升系转引《僧祐录》。

② 故知即是《顺权经》是：前一“是”字无义，《大正藏》本校勘记以为前“是”字当衍，可从。

③ 《月光章子经》：无此经名，当为《月光童子经》，“总录”有载。

《闻城十二因缘经》一卷，后汉西域三藏支曜译（第二译）。

《十二因缘经》一卷（亦云《贝多树下思惟十二因缘》），西晋三藏竺法护译（第四译）。

《十二因缘经》一卷，萧齐天竺三藏求那毗地译（第五译）。

右四经同本，前后六译，二存四缺（其《闻城经》，藏中虽有其文，即与《贝多树下经》同。又有《十二因缘经》一卷，乃出《增一阿含》第四十六卷。故此二经不写入藏，别求异本）。

《异了本生死经》一卷（《僧祐缘》[①]云《安公录》中"失译经"，今附"西晋录"）。

右一经，前后三译，二存一缺。

《如来独证自誓三昧经》一卷，东晋西域三藏祇多蜜译（第三译）。

右一经，前后三译，二存一缺。

《八吉祥经》一卷，宋天竺三藏求那跋陀罗译（第三译）。

右一经，前后五译，四存一缺。

《不空罥索咒心经》一卷，大唐天后代天竺三藏菩提流志译（出《大周录》，第三译）。

右一经，新旧广略，总经四译，三存一缺。

《大孔雀王神咒经》一卷，东晋西域三藏帛尸梨蜜多罗译（第一译）。

《孔雀王杂神咒经》一卷，东晋西域三藏帛尸梨蜜多罗译（第二译）。

《孔雀王咒经》一卷，东晋西域沙门竺昙无兰译（第三译）。

右三经同本，前后八译，五存三缺（前六本略，后二本广。其尸梨蜜[②]再出《杂神咒经》应是异本，既未睹其经，难为楷定）。

《无端底持经》一卷（《旧录》云"总持"），魏吴失译（第二译）。

《阿难目佉经》一卷，西晋安息三藏安法钦译（第三译）。

《无量破魔陀罗尼经》一卷，西晋河内沙门白法祖译（第四译）。

右三经同本，前后十一译，八存三缺。

《无崖际持法门经》一卷，宋天竺三藏求那跋陀罗译（第二译）。

右一经，前后三译，二存一缺。

《陀罗尼章句经》一卷（祐无"章"字），东晋失译（第三译）。

右一经，与《持句神咒经》等同本，前后四译，三存一缺。

《离垢净光陀罗尼经》一卷，大唐天后代于阗三藏实叉难陀译（第一译，新

---

① 《僧祐缘》：《中华大藏经》本"缘"作"录"，即《僧祐录》，当从。

② 尸梨蜜：即前之"帛尸梨蜜多罗"。"帛"为其姓，亦有经典称"帛尸梨蜜"，又译为吉友，西域龟兹人，魏晋时期著名高僧、佛经翻译家。此处为省称。

编入录）。

右一经，前后两译，一存一缺。

《请观世音经》一卷，姚秦三藏鸠摩罗什译（第一译）。

右一经，前后两译，一存一缺。

《内藏经》一卷（或云《内藏百品经》，或云《内藏百宝经》），后汉安息三藏安世高译（第二译）。

右一经，前后两译，一存一缺。

《温室洗浴众僧经》一卷（或云《温室经》），西晋三藏竺法护译（第二译）。

右一经，前后两译，一存一缺。

《叉须赖经》一卷（或无“叉”字），曹魏西域三藏白延译（第一译）。

《须赖经》一卷（或名《须赖菩萨经》），吴月支优婆塞支谦译（第二译）。

《贫子须赖经》一卷，宋天竺三藏求那跋陀罗译（第四译）。

右三经同本，前后四译，一存三缺。

《道树三昧经》二卷（《安录》云一卷，即应《私呵昧经》是），失译（出《支敏度录》，今附“东晋录”，第二译）。

右一经，与《私呵昧经》同本，前后两译，一存一缺（又长房等录，吴代康僧会注《道树经》一卷，今以僧会注者即是支谦所翻，此之注经，不可为翻译之数）。

《菩萨所生地经》一卷（一名《摩竭立问》[①]），乞伏秦沙门释圣坚译（第二译）。

右一经，前后两译，一存一缺（《大周·入藏录》有，今寻求未获）。

《四不可得经》一卷（或无“可”字），后汉安息三藏安世高译（第一译）。

右一经，前后两译，一存一缺。

《梵女首意经》一卷，宋沙门释勇公译（第二译）。

右一经，前后两译，一存一缺。

《光明三昧经》一卷，后汉月支三藏支娄迦谶译（出《僧祐录》，第一译）。

右一经，与《成具光明定意经》同本，前后两译，一存一缺。

《宝网经》一卷，姚秦三藏鸠摩罗什译（第三译）。

右一经，前后两译，一存一缺。

《菩萨缘身五十事经》一卷，西晋清信士聂道真译（第二译）。

右一经，前后两译，一存一缺。

《菩萨修行经》一卷，吴月支优婆塞支谦译（第一译）。

---

① 《摩竭立问》：其他所有经录和《开元释教录》“总录”皆云“《摩竭所问经》”，故“立”字，当为“所”字。

《菩萨修行经》一卷（一名《长者威施所问菩萨修行经》，一名《长者修行经》），曹魏西域三藏白延译（第二译）。

右二经同本，前后三译，一存二缺。

《福田经》一卷（一云《诸德福田经》），西晋沙门释法炬译（第二译）。

右一经，前后两译，一存一缺。

《大方等如来藏经》一卷（一名《佛藏方等经》），西晋沙门法立共法炬译（第一译）。

《大方等如来藏经》一卷，西晋河内沙门帛法祖译（第二译）。

右二经同本，前后三译，一存二缺。

《佛语经》一卷，周宇文氏天竺三藏阇那崛多译（第二译）。

右一经，前后两译，一存一缺。

《金色王经》一卷，元魏天竺三藏昙摩流支译（第一译）。

右一经，前后两译，一存一缺。

《演道俗业经》一卷（一云无“业”字），吴月支优婆塞支谦译（第一译）。

右一经，前后两译，一存一缺。

《百佛名经》一卷，西晋三藏竺法护译（第一译）。

右一经，前后两译，一存一缺。

《称扬诸佛功德经》三卷（一名《集华》），姚秦三藏鸠摩罗什译（第一译）。

《现在佛名经》三卷（一名《华敷现在佛名》），宋天竺三藏求那跋陀罗译（第二译）。

右二经同本，前后三译，一存二缺（藏中一本，合是元魏代译，中有“晋言”之字，未详所以）。

《须真天子经》一卷，北凉天竺三藏昙无谶译（第二译）。

右一经，前后两译，一存一缺。

《大摩耶经》一卷（或无“大”字，或二卷），后汉西域三藏支曜译（第一译）。

右一经，前后两译，一存一缺。

《除灾患经》一卷，曹魏西域三藏帛延译（第一译）。

右一经，前后两译，一存一缺。

《孛本经》三卷[1]，后汉月支三藏支娄迦谶译（第一译）。

《孛经》一卷，乞伏秦沙门释圣坚译（第三译）。

右二经同本，前后三译，一存二缺。

---

① 三卷：《开元释教录》卷一“总录”以及《出三藏记集》卷二皆云“二卷”，可从。

《光世音大势至受决经》一卷（亦云《观世音受记》），西晋三藏竺法护译（第一译）。

《观世音授记经》一卷，西晋清信士聂道真译（第二译）。

右二经同本，前后三译，一存二缺。

《海龙王经》四卷（或加“新”字），北凉天竺三藏昙无谶译（第二译）。

右一经，前后两译，一存一缺。

《首楞严经》二卷（或三卷），后汉月支三藏支娄迦谶译（第一译）。

《方等首楞严经》二卷，吴月支优婆塞支谦译（第二译）。

《蜀首楞严经》二卷（似蜀土出），曹魏失译（第三译）。

《后出首楞严经》二卷，曹魏失译（第四译）。

《首楞严经》二卷，曹魏西域三藏白延译（第五译）。

《勇伏定经》二卷（安公云更出《首楞严经》），西晋三藏竺法护译（第六译。又僧祐、长房等录，竺法护更有《首楞严经》二卷。今以《首楞严》与《勇伏定》，梵晋名异，二经不殊，故《勇伏定经·后记》云：“元康元年四月九日，炖煌菩萨支法护手执胡经[①]，口出《首楞严三昧经》，优婆塞聂承远笔受。”以此证知《首楞严经》与《勇伏定》不合分二。《贤劫经》亦然。《首楞严经》，今废不立，“经后记”言支法护者，据其本姓耳）。

《首楞严经》二卷，西晋西域优婆塞竺叔兰译（第七译）。

《首楞严经》二卷，前凉月支优婆塞支施仑译（出《首楞严·后记》，第八译，新编入录）。

右八经同本，前后九译，第九本存，前八并缺（又检祐、房等录，西晋惠帝代沙门支敏度合两支、两竺四本经共为一部八卷者，既非梵本别翻，不合入传译正数，故不别存也）。

《普贤观经》一卷（一名《观普贤菩萨经》），东晋西域三藏祇多蜜译（第一译）。

《观普贤菩萨经》一卷，姚秦三藏鸠摩罗什译（第二译）。

右二经同本，前后三译，一存二缺。

《药王药上菩萨观经》一卷，后汉安息三藏安世高译（第一译）。

右一经，前后两译，一存一缺。

《无思议光孩童菩萨经》一卷（亦名《无思议孩童经》，亦名《无思议儿经》[②]，《旧录》直云《孩童经》），西晋三藏竺法护译（第一译）。

---

① 手执胡经：《大正藏》本校勘记校“胡”为“梵”，两通。

② 《无思议儿经》：今本《不思议光菩萨所说经》云世尊在舍卫大城乞食途中遇到一个被遗弃的婴儿，狐狼狗等皆不能逼恼，故世尊认为此婴儿“是福德人久种善根”，给他起名为“不思议光”，因之说法。“总录”作《无思议光经》，且此条目经名作“《无思议光孩童菩萨经》”，故“儿”字，当为“光”字。

右一经，前后两译，一存一缺。

《十地断结经》八卷（或云“十住”，或四卷），后汉天竺三藏竺法兰于白马寺译（第一译）。

右一经，前后两译，一存一缺（又长房等录，竺佛念复译《十地断结经》十卷者，误也。即《十住断结经》是。“地”之与“住”，其义大同。《僧祐录》中但有一本，今依《祐录》为正）。

《诸佛要集经》二卷，西晋清信士聂道真译（第二译）。

右一经，前后两译，一存一缺。

《未曾有因缘经》二卷，姚秦三藏鸠摩罗什译（出《法上录》，第一译）。

右一经，前后两译，一存一缺。

《璎珞经》十二卷（一名《现前报》，或十四卷），东晋西域三藏祇多蜜译（第一译）。

右一经，前后两译，一存一缺。

《超日明三昧经》二卷（或直云《超日明经》，或三卷），西晋三藏竺法护译（第一译）。

右一经，前后两译，一存一缺。

《贤劫经》七卷（亦名《贤劫定意》，亦名《贤劫三昧》。《祐录》云《新贤劫经》），姚秦三藏鸠摩罗什译（第二译）。

右一经，前后两译，一存一缺（又长房等录，竺法护经中更有《飏陀劫三昧经》七卷，今详此名，录家误也。“飏陀”与“贤”，梵晋异耳，故《贤劫经》初云《飏陀劫三昧经》，晋曰《贤劫定意》。《祐录》之中但有一本，存为二经，误之甚也，今合为一也）。

《贤劫千佛名经》一卷，后汉失译（房云“唯有佛名，与昙无兰所出《四谛经》千佛名异”）。

右一《佛名》，出《贤劫经》中异译，缺本。

《净度三昧经》一卷，宋沙门释智严译（第一译）。

《净度三昧经》二卷，宋沙门释宝云译（第二译）。

《净度三昧经》三卷，宋天竺三藏求那跋陀罗译（第三译）。

《净度三昧经》一卷，元魏昭玄统释昙曜译（第四译）。

右四经，同本异译，并缺（《大周·入藏录》中有《净度三昧经》三卷，寻其文词疏浅，义理差违，事涉人谋，难为圣典。故编“疑录”，别访真经）。

《思意经》一卷（亦云《益意经》），后汉临淮沙门严佛调译（第一译）。

《益意经》三卷，东晋三藏康道和译（第二译）。

右二经，同本异译，并缺（长房等录并云萧齐僧法尼译《益意经》二卷者，多是录家相传误也。其南齐末年，太学博士江泌女小而出家，名为僧法，闭目诵出二十一部，凡三十五卷，于中有《益意经》二卷。长房以为熏习有由，编在正录，诸录以非梵本传译，置在伪中。存此一经，恐将乖也。其名或云僧法尼，或云尼僧法，此之“尼”字，或上或下，故使然也。祐是齐人，录中不载，故知余录并误。《周·入藏》中有《益意经》两卷，寻其文义，亦涉人疑[①]。下卷初有一纸半许文，与前卷末文句全同，其益意菩萨两重受记，名字国土，各异不同，诸经之中皆无此类。故编疑品，更访真经）。

《照明三昧经》一卷，西晋三藏竺法护译（第一译）。

《照明三昧经》一卷，东晋西域三藏祇多蜜译（第二译）。

右二经，同本异译，并缺。

《惟明二十偈经》一卷（或无“经”字），吴月支优婆塞支谦译（第一译）。

《惟明二十偈经》一卷（或无“经”字），西晋三藏竺法护译（第二译）。

右二经，同本异译，并缺。

《空净天感应三昧经》一卷（亦云《空净三昧经》），后汉安息三藏安世高译（第一译）。

《空净三昧经》一卷（亦云《空净天感应三昧经》），宋沙门释勇公译（第二译）。

右二经，同本异译，并缺。

《法灭尽经》一卷（亦云《空寂菩萨所问》，亦云《法没尽》），吴月支优婆塞支谦译（第一译）。

《法没尽经》一卷（或云《空寂菩萨所问》，或云《法灭尽》），西晋三藏竺法护译（第二译）。

右二经，同本异译，并缺。

从《蜀普曜经》下一百三十一部二百五十三卷，除五大部外，诸重译经缺本。

大乘经单译缺本[②]二百八部，三百一十七卷。

《大方便报恩经》一卷，后汉月支三藏支娄迦谶译。《卒逢贼结衣带咒经》一卷，后汉安息三藏安世高译。《咒贼经》一卷（一云《除辟贼害咒》，《祐录》更有一本《咒贼经》），后汉安息三藏安世高译。《十四意经》一卷（一名《菩萨十四意经》），后汉安息三藏安世高译。

《七佛神咒经》一卷（云与《结缕》者异本[③]，或无“经”字，《祐录》更有一本，名与此同），

① 亦涉人疑：《大正藏》本校勘记校“疑”作“谋”，义异两通。

② 大乘经单译缺本：这部分以朝代和译家为序，故分段大致以此为准进行合理分隔。

③ 云与《结缕》者异本：后有“《十二因缘结缕神咒》一卷”，疑即是。下文语例有所谓“云与《佛顶尊胜经》同本”者，故“结缕”当为经名之简称。

吴月支优婆塞支谦译。《摩诃精进经》一卷（一名《大精进经》），吴月支优婆塞支谦译。《十二门大方等经》一卷，吴月支优婆塞支谦译。《佛从上所行三十偈经》一卷（或无“经”字），吴月支优婆塞支谦译。《菩萨二百五十法经》一卷（替大僧戒示孙皓者，或二卷），吴西域三藏康僧会译。

《诸神咒经》三卷，西晋三藏竺法护译。《文殊师利菩萨经》一卷，西晋三藏竺法护译。《小郁伽经》一卷（与《大郁伽经》不同，或作“迦”字），西晋三藏竺法护译。《诸方佛名功德经》一卷（祐无“功德”字），西晋三藏竺法护译。《十方佛名经》一卷（祐无“经”字），西晋三藏竺法护译。《慈仁问八十种好经》一卷（或直云《八十种好经》），西晋三藏竺法护译。《三十二相因缘经》一卷（或云《菩萨三十二相经》），西晋三藏竺法护译。《严净定经》一卷（一名《序世经》），西晋三藏竺法护译。《宝施女经》一卷（一名《须摩提法律三昧经》），西晋三藏竺法护译。《金益长者子经》一卷，西晋三藏竺法护译。《离垢盖经》一卷，西晋三藏竺法护译。《慧明经》一卷，西晋三藏竺法护译。《众祐经》一卷，西晋三藏竺法护译。《三转日明经》一卷，西晋三藏竺法护译。《十等藏经》一卷，西晋三藏竺法护译。《决道俗经》一卷，西晋三藏竺法护译。《殖众德本经》一卷，西晋三藏竺法护译。《小法没尽经》一卷，西晋三藏竺法护译。《猛施经》一卷（一名《猛施道地经》），西晋三藏竺法护译。《目连上净居天经》一卷（一云出《佛本行集》，一本无“天”字），西晋三藏竺法护译。

《惟逮菩萨经》一卷，西晋河内沙门帛法祖译。《檀持陀罗尼经》一卷，西晋河内沙门帛法祖译。《如来兴显经》一卷，西晋河内沙门帛法祖译。《善权经》一卷，西晋河内沙门帛法祖译。《海龙王经》一卷，西晋河内沙门帛法祖译。《持心梵志经》一卷，西晋河内沙门帛法祖译。

《诸经菩萨名经》二卷，西晋沙门释法炬译。《正意经》一卷（《房录》注云第二出，未详初本何者是），西晋沙门释法炬译。《明帝释施经》一卷，西晋沙门释法炬译。

《寂音菩萨愿经》一卷，西晋清信士聂道真译。《菩萨求五明法经》[①]一卷（祐无“经”字，或云“五眼文”），西晋清信士聂道真译。《菩萨道行六法经》一卷，西晋清信士聂道真译。《菩萨初地经》一卷，西晋清信士聂道真译。《菩萨十道地经》一卷，西晋清信士聂道真译。《文殊师利与离意女论》一卷（议极似《维摩经》，一卷），西晋清信士聂道真译。《菩萨杂行法》一卷，西晋清信士聂道真译。

① 《菩萨求五明法经》：当为《菩萨求五眼法经》，下文《五眼文经》条夹注亦云“今疑是聂道真所出《菩萨求五眼法》异名”可证。

《菩萨所行四法》一卷，西晋清信士聂道真译。《菩萨宿命经》一卷，西晋清信士聂道真译。

《七佛所结麻油述咒经》一卷（祐“失译录”重载两本，一云异本），东晋西域沙门竺昙无兰译。《大神母结誓咒经》一卷，东晋西域沙门竺昙无兰译。《伊洹法愿神咒经》一卷，东晋西域沙门竺昙无兰译。《解日厄神咒经》一卷，东晋西域沙门竺昙无兰译。《六神名神咒经》一卷，东晋西域沙门竺昙无兰译。《檀持罗麻油述神咒经》一卷，东晋西域沙门竺昙无兰译。《麻油述咒经》一卷，东晋西域沙门竺昙无兰译。《麻尼罗亶神咒案摩经》① 一卷，东晋西域沙门竺昙无兰译。《医王惟楼延神咒经》一卷（一名《阿难所问毉王惟楼延神咒经》），东晋西域沙门竺昙无兰译。《龙王咒水浴经》一卷，东晋西域沙门竺昙无兰译。《十八龙王神咒经》一卷，东晋西域沙门竺昙无兰译。《请雨咒经》一卷，东晋西域沙门竺昙无兰译。《止雨咒经》一卷，东晋西域沙门竺昙无兰译。《嘅水经》一卷，东晋西域沙门竺昙无兰译。《幻师阿夷邹神咒经》一卷（《大周·入藏录》有，今缺），东晋西域沙门竺昙无兰译。《咒水经》一卷，东晋西域沙门竺昙无兰译。《药咒经》一卷，东晋西域沙门竺昙无兰译。《咒毒经》一卷，东晋西域沙门竺昙无兰译。《咒时气病经》一卷，东晋西域沙门竺昙无兰译。《咒小儿经》一卷，东晋西域沙门竺昙无兰译。《咒齿经》一卷（更有一本，名与此同，云异出本。一云“虫齿”，二云“龋齿”），东晋西域沙门竺昙无兰译。《咒牙痛经》一卷（更有一本，名与此同，云异出本，或作“齿痛”），东晋西域沙门竺昙无兰译。《咒眼痛经》一卷，东晋西域沙门竺昙无兰译。《五眼文经》一卷（今疑是聂道真所出《菩萨求五眼法》异名），东晋西域沙门竺昙无兰译。

《净六波罗蜜经》一卷，东晋天竺三藏佛陀跋陀罗译。《禅经》四卷，东晋西域三藏祇多蜜译。《法没尽经》一卷，东晋西域三藏祇多蜜译。

《菩萨普处经》一卷，姚秦凉州沙门竺佛念译。《善信摩诃神咒经》二卷，姚秦三藏鸠摩罗什译。《持地经》一卷，姚秦三藏鸠摩罗什译。《观佛三昧经》一卷，姚秦三藏鸠摩罗什译。《差摩经》一卷（今疑与《差摩婆帝受记经》同本），姚秦罽宾三藏昙摩耶舍于晋代译 ②。

《功德宝光菩萨经》一卷，北凉天竺三藏昙无谶译。

---

① 《麻尼罗亶神咒案摩经》：“总录”云“《摩尼罗亶经》一卷，亦云《摩尼罗亶神咒经》”有本，而云“《摩尼罗亶神咒按摩经》一卷”缺本。“麻尼”之与“摩尼”，当为译音有别。然“案摩”，通行本作“按摩”。

② 姚秦罽宾三藏昙摩耶舍于晋代译：既云“姚秦”，又云“于晋代译”，实并无矛盾，前之“总录”云昙摩耶舍“东晋隆安年达广州，在白沙寺为清信女张普明译。此应入‘晋录’，随人附‘秦’”。

《无忧王经》一卷，宋天竺三藏求那跋陀罗译。《本行六波罗蜜经》一卷，宋天竺三藏求那跋陀罗译。《中阴经》一卷，宋居士沮渠京声译。《观世音观经》一卷，宋居士沮渠京声译。《海意经》七卷，宋天竺三藏竺法眷译。《如来恩智不思议经》五卷，宋天竺三藏竺法眷译。《宝顶经》五卷，宋天竺三藏竺法眷译。《三密底耶经》一卷（宋名《贤人用律经》），宋天竺三藏竺法眷译。《观世音忏悔除罪咒经》一卷，萧齐西域三藏达摩摩提译。

《菩萨四法经》一卷，元魏婆罗门瞿昙般若流支译。《宝意猫儿经》一卷，元魏婆罗门瞿昙般若流支译。《佛顶咒经并功能》一卷，周宇文氏天竺三藏阇那耶舍等译（右一经，《大周录》中编为重译，云与《佛顶尊胜经》同本。今以佛顶部中咒法极广，未睹其经，不可悬配，故为单本）。《金色仙人问经》二卷，周宇文氏天竺三藏阇那崛多译。

《诸佛护念经》十卷，隋天竺三藏阇那崛多等译。

《清净观世音普贤陀罗尼经》一卷，大唐总持寺沙门智通译（《大周·入藏》中有，今缺。西京纵有，非是本经）。《阿吒那智经》一卷（此一经名，出《续高僧传》，大唐天竺三藏那提龙朔年慈恩寺译（《周录》中遗，今新编入）。《大乘四法经》一卷，大唐永隆元年三藏地婆诃罗译（《大周·入藏》中有，今缺）。《文殊师利所说不思议佛境界经》二卷（或一卷），大唐天后代三藏菩提流志译（《大周·入藏》中有，今缺。西京纵有，非是本经）。《妙德婆罗门女问佛转何法轮经》一卷（今疑《有德女所问大乘经》即是，新编入录），大唐天后代天竺三藏菩提流志译（新编入录）。《智猛长者问经》一卷，大唐天后代天竺三藏菩提流志译（新编入录）。《佛入毗耶离除一切鬼病经》一卷，大唐天后代天竺三藏菩提流志译（新编入录）。《那耶经》一卷，大唐天后代天竺三藏菩提流志译（新编入录）。《大陀罗尼经》一卷，大唐天后代天竺三藏菩提流志译（新编入录）。《文殊师利咒法藏经》一卷（今疑是重译），大唐天后代天竺三藏菩提流志译（新编入录）。《一字咒王经》一卷（今疑与前《咒法藏经》共是一经），大唐天后代天竺三藏菩提流志译（新编入录）。《无迦略曳菩萨造广大摩尼秘密善住经》一卷，大唐天后代天竺三藏菩提流志译（新编入录）。《菩萨出生四法经》一卷（今有一本外题“出生四法”，内是“修行四法”），大唐天后代于阗三藏实叉难陀译（新编入录）。

《梵本经》四卷（似长安中出，旧云“胡本”），后汉失译。《泥洹后千岁变记经》[①] 四卷（一名《千岁变经》，《祐录》云一卷），后汉失译。《诸经佛名》二卷（今

① 《泥洹后千岁变记经》：《大唐内典录》《古今译经图纪》等作“《泥洹后千岁中变记经》”，《开元释教录》或脱一“中”字。

疑《不思议功德经》是），后汉失译。《三千佛名经》一卷，后汉失译。《称扬百七十佛名经》一卷（亦直名《百七十佛名》，今疑出《称扬功德经》），后汉失译。《南方佛名经》一卷（旧云一名《治城寺经》者，误也），后汉失译。《灭罪得福佛名经》一卷，后汉失译。《观世音所说行法经》一卷（是《咒经》），后汉失译。《萨陀波仑菩萨求深般若图像经》一卷，后汉失译。《受持佛名不堕恶道经》一卷，后汉失译。《五龙咒毒经》一卷，后汉失译。《取血气神咒》一卷（《旧录》云《血咒》），后汉失译。《咒贼咒法》一卷（异本），后汉失译。《七佛安宅神咒经》一卷，后汉失译。

《阿惟越致转经》十八卷，魏吴失译。《摩诃乘经》十四卷（或云《摩诃衍》），魏吴失译。《摩诃衍优波提舍经》五卷，魏吴失译。《三昧王经》五卷，魏吴失译。《梵王请问经》五卷，魏吴失译。《佛从兜率降中阴经》四卷，魏吴失译。《四天王经》四卷（房云疑一部四本），魏吴失译。《魔王请问经》四卷，魏吴失译。《释提桓因所问经》三卷，魏吴失译。《大梵天王请转法轮经》三卷，魏吴失译。《法华光瑞菩萨现寿经》三卷（今疑抄《正法华》），魏吴失译。《普贤菩萨答难二千经》三卷，[1]魏吴失译。《梵天王请佛千首经》二卷（又《大梵天王经》二卷似此），魏吴失译。《菩萨常行经》一卷，魏吴失译。《荧火六度经》一卷（《旧录》有《明度经》一卷，一云亦名《荧火明度经》），魏吴失译。《内禅波罗蜜经》一卷，魏吴失译。《六波罗蜜经》一卷，魏吴失译。《大总持神咒经》一卷（或无“神”字），魏吴失译。

《方等陀罗尼经》一卷，西晋失译。《宝严经》一卷，西晋失译。《五福德经》一卷（亦直云《五福经》），西晋失译。《内藏大方等经》一卷（今疑是《佛藏大方等经》），《僧祐录》云安公失译经（附“西晋录”）。《小阿阇世经》一卷，《僧祐录》云安公失译经（附“西晋录”）。《小须赖经》一卷，《僧祐录》云安公失译经（附“西晋录”）。《目佉经》一卷（安公云出方等部，今疑是《阿难目佉经》），《僧祐录》云安公失译经（附“西晋录”）。《菩萨道地经》一卷（安公云出方等部），《僧祐录》云安公古典经（今附“汉录”）。

《菩萨本行经》一卷，《僧祐录》云安公关中异经（今附“秦录”）。《大珍宝积惟日经》一卷，《僧祐录》云安公关中异经（今附“秦录”）。《堕迦罗问菩萨经》一卷，《僧祐录》云安公关中异经（今附“秦录”）。

《菩萨等行经》一卷（《僧祐录》云安公凉土异经，今附“凉录”）。《四无畏经》一卷（《僧祐录》云安公凉土异经，今附“凉录”）。《权变经》一卷（《旧录》云《文殊

---

① 三卷：《大正藏》本校勘记以为后脱夹注“今疑抄《度世品》”六字，可补。

师利权变三昧经》，或直云《权变三昧经》），《僧祐录》云安公凉土异经（今附“凉录”）。《十沤惒经》一卷，《僧祐录》云安公凉土异经（今附“凉录”）。《七言禅利经》一卷（《旧录》云《沤惒七言禅利经》），《僧祐录》云安公凉土异经（今附“凉录”）。《菩萨十沤惒经》一卷（今疑与前《十沤惒》同），《僧祐录》云安公凉土异经（今附“凉录”）。《大忍辱经》一卷，北凉失译。《金轮王经》一卷，北凉失译。《贤劫五百佛名》一卷，北凉失译。

《十方佛名经》一卷（一本作“千方”，疑错）、《华严净经》一卷、《三十七品经》一卷（祐载两本，并云异出，今且存一）、《七佛各说偈》一卷、《乳王如来经》一卷（或云《乳王经》，今疑与《乳光佛经》同本）、《现在十方佛名经》一卷、《过去诸佛名》一卷、《千五百佛名》一卷、《五百七百佛名经》一卷（或云“五百七十”）、《观世音成佛经》一卷、《文殊因缘经》一卷、《文殊本愿经》一卷、《文殊观经》一卷、《弥勒须河经》一卷、《导师问佛经》一卷、《飏陀菩萨百二千难经》一卷、《持身菩萨经》一卷（或云《持身经》）、《贤首菩萨二百问经》一卷、《金刚女菩萨经》一卷、《善意菩萨经》一卷、《菩萨从兜率天降中阴经》一卷、《菩萨行喜经》一卷、《菩萨净本业经》一卷、《菩萨初业经》一卷、《菩萨四事经》一卷、《菩萨十六愿经》一卷、《菩萨五十德行经》一卷、《菩萨教法经》一卷、《菩萨正行经》一卷、《菩萨出入诸则经》一卷、《菩萨母姓字经》一卷、《菩萨家姓经》一卷、《菩萨比丘经》一卷、《菩萨经》一卷（今疑本上脱字）、《菩萨作六牙象本事经》一卷、《菩萨师子王经》一卷、《浴像功德经》一卷（与新译者梵本[①]，未详同别）、《浴僧功德经》一卷、《陀邻尼目佉经》一卷（今疑即是《阿难陀目佉尼经》）、《礼敬诸塔经》一卷、《般若波罗蜜偈经》一卷、《佛清净偈经》一卷、《太子出国二十偈》一卷、《佛十力偈》一卷、《十方佛神咒》一卷、《四天王神咒》一卷、《十二因缘结缕神咒》一卷、《摩诃神咒》一卷、《移山神咒》一卷、《降魔神咒》一卷、《威德陀罗神咒》一卷（本作“成”字，疑错也）、《和摩结神咒》一卷。

《十方佛名》下五十二经，并是梁《僧祐录》中新集失译经（今附“宋录”）。从《梵本经》下失译诸经，群录之中但题名目，久亏其本，无可披寻，大小二乘，实难诠定。且粗分判，尚多参涉。幸诸明士，详而定之。

大乘律缺本二十二部，二十五卷。

① 与新译者梵本：语意不完整，前“总录”作“与新译者梵本同”，多一“同”字，可据补。因属失译经，新旧译本之同异，无从考辨。

《梵网经》二卷（或三卷），后汉西域三藏康孟详译（第一译）。

右前后两译，一本在藏，一本缺。

《菩萨璎珞本业经》一卷，宋沙门释智严译（第二译）。

《璎珞本业经》二卷（一名《菩萨璎珞经》），宋沙门释道严译（第三译）。

右前后三译，一本在藏，二本缺。

《菩萨戒本》一卷，姚秦三藏鸠摩罗什译（第一译）。

右前后三译，二存一缺。

《文殊师利净律经》一卷，西晋清信士聂道真译（第二译）。

右前后四译，三存一缺。

《菩萨斋法经》一卷（或无“经”字，一名《贤首菩萨斋法经》，一名《正斋》，一名《持斋》），西晋三藏竺法护译（第一译）。

《菩萨正斋经》一卷，东晋西域三藏祇多蜜译（第三译）。

右与《菩萨受斋经》同本，前后三译，一存二缺。

《文殊悔过经》一卷（亦名《文殊忏悔经》），姚秦三藏鸠摩罗什译（第二译）。

右前后两译，一存一缺。

《舍利弗悔过经》一卷（亦直云《悔过经》），西晋三藏竺法护译（第二译）。

《舍利弗悔过经》一卷，姚秦三藏鸠摩罗什译（出《法上录》，第三译）。

右前后三译，一存二缺。

《法律三昧经》一卷，后汉安息三藏安世高译（出《法上录》，第一译）。

右前后两译，一存一缺。

《佛悔过经》一卷，西晋三藏竺法护译（单本）。

《菩萨戒独受坛文》一卷，西晋清信士聂道真译（单本）。

《菩萨忏悔法》一卷（《房录》云异出本），西晋清信士聂道真译（单本）。

《离欲优婆塞优婆夷戒文》一卷（亦云《具行二十二戒文》），东晋西域沙门竺昙无兰译（单本）。

《菩萨戒坛文》一卷（亦云《优婆塞戒坛文》），北凉天竺三藏昙无谶译（单本）。

《善信二十二戒》一卷（亦云《离欲优婆塞优婆夷具行二十二戒文》，亦名《三归优婆塞戒》），宋罽宾三藏求那跋摩译（单本）。

《菩萨受戒法经》一卷（《祐录》无“经”字，房云异出本），后汉失译。

《受菩萨戒次第十法》一卷，后汉失译。

《菩萨忏悔法》一卷，后汉失译。

《初发意菩萨常昼夜六时行五事》一卷，后汉失译。

《阿惟越致菩萨戒经》一卷（《旧录》无“菩萨”字），魏吴失译。

大乘论缺本二十部，四十八卷。

《宝积经论》四卷，元魏天竺三藏勒那摩提译（第二译）。

右前后两译，一存一缺（《周·入藏》中有，今寻本未获）。

《金刚般若论》一卷（莫知造者，单重未悉），陈天竺三藏真谛译。

《法华论》五卷（莫知造者，单重未悉），大唐三藏义净译（新编入录，访本未获）。

《大般涅槃经论》一卷，陈天竺三藏真谛译（第二译）。

右前后两译，一存一缺（已上四部释经论）。

《十七地论》五卷，梁天竺三藏真谛译（重本）。

右与《瑜伽论》同本异译，既缺其本，《十七地》中，未知与何地相应。

《中论》一卷（未知造者，单重未悉），梁天竺三藏真谛译。

《宝性论》四卷（或五卷），元魏天竺三藏菩提留支译（第一译）。

右前后两译，一存一缺（《大周·入藏录》有，今寻本未获）。

《大乘五阴论》一卷（婆薮盘豆菩萨造），失译（出陈朝《大乘寺藏录》，第一译，新附“梁录”）。

右《陈录》云陈太建四年五月沙门慧布北将来。前后两译，一存一缺。

《方便心论》一卷，东晋天竺三藏佛陀跋陀罗译（第一译）。

右前后两译，一存一缺。

《三世分别论》一卷，梁天竺三藏真谛译（单本）。

《反质论》一卷（今疑即藏中《如实论》是，故彼题云《如实论·反质难品》），陈天竺三藏真谛译（单本）。

《堕负论》一卷，陈天竺三藏真谛译（单本）。

《成就三乘论》一卷，陈天竺三藏真谛译（单本）。

《正说道理论》一卷，陈天竺三藏真谛译（单本）。

《意业论》一卷，陈天竺三藏真谛译（单本）。

《大空论》三卷，陈天竺三藏真谛译（单本）。

《五明论合》一卷（一声论、二医方论、三工巧论、四咒术论、五符印论），周宇文氏天竺沙门攘那跋陀罗译（单本）。

《十住论》十卷（龙树菩萨造），姚秦三藏鸠摩罗什译（单本）。

右《长房录》云什公弘始年译，未讫，卷末似《六度集》，见《二秦录》（陈朝《大乘寺藏录》云一名《十住毗婆沙》，今疑即是藏中《十住毗婆沙》也）。

《释般若六字三句论》一卷，大唐天后代南天竺三藏菩提流志译（新编入录，单本）。

《集量论》四卷，大唐三藏义净译（新编入录，单本。又《法上录》云梁太清二年真谛三藏译《摄大乘论》二十卷者，此应误也。多是“十二”，传写者错。今按长房等录，谛译《摄论》在于陈代，《梁录》既无，故不存也）。

都计大乘经律论缺本者，总四百五十部，八百七十四卷。

《开元释教录》卷第十五（“别录”之五）

“别录”中“有译无本录”之二

小乘经重译缺本一百二十五部，二百六十五卷。

《中阿鋡经》五十九卷，苻秦天竺三藏昙摩难提译（第一译）。

右一经，前后两译，一本在藏，一本缺。

《增一阿鋡经》五十卷（房云四十卷，祐云三十三卷，或为二十四卷），苻秦天竺三藏昙摩难提译（第一译）。

右一经，前后两译，一本在藏，一本缺。

《鸠摩迦叶经》一卷（一名《童迦叶解难经》），《僧祐录》中失译经（《法经录》云出《中〔阿〕含》第十六卷异译本）。

《僮迦叶[1]解难经》一卷（亦名《童迦叶经》，祐云出《长阿含》），乞伏秦沙门圣坚译（房云与罗什《迦叶》同本，什无《迦叶经》）。

右二经，同本异译，出《长阿含》第七卷，与《蔽宿经》同本，其本并缺。

《大六向拜经》一卷（一名《尸迦罗越六向拜经》，亦直云《六向拜经》），西晋三藏竺法护译。

右兼《长阿含》第十一中《善生经》，前后三译，二存一缺。

《佛开解梵志阿颰经》一卷，东晋沙门释法勇译。

右兼《长阿含》第十三中《阿摩昼经》，前后三译，二存一缺。

《六十二见经》一卷（亦云《梵网六十二见经》），西晋三藏竺法护译。

右兼《长阿含》第十四中《梵动经》，前后三译，二存一缺。

《楼炭经》六卷（或五卷或八卷），西晋三藏竺法护译（第一译）。

---

① 僮迦叶：即上之夹注“童迦叶”、“鸠摩迦叶”。“鸠摩迦叶”为音译，“童迦叶”梵汉合译，“鸠摩”即“童”义，“童”、“僮”音同可通。

《楼炭经》八卷，西晋沙门释法炬译（第三译）。

右兼《长阿含》第四分中《世记经》，前后六译，四存二缺。

《道意发行经》二卷（《房录》云出《长含》，或一卷），后汉安息三藏安世高译。

《大十二门经》一卷（或二卷，安公注解，《房录》云出《长含》），后汉安息三藏安世高译。

《小十二门经》一卷（《房录》云出《长含》，安公注解），后汉安息三藏安世高译。

《七法经》一卷（《旧录》云《阿毗昙七法行经》，或直云《七法行经》，房云出《长含经》），后汉安息三藏安世高译。

《多增道章经》一卷（《旧录》无“道”字，异出《十报法》，房云出《长含》），后汉安息三藏安世高译。

《义决律经》一卷（或无“经”字，亦云《义决律法行经》，房云出《长含》），后汉安息三藏安世高译。

《弥勒经》一卷（安公云出《长含》），《僧祐录》云安公失译经（附“西晋录”）。

《鸠摩迦叶经》下一十四部二十八卷，并是《长含》部分缺本。

《四谛经》一卷，后汉西域三藏康孟详译。

右兼《中含》第七卷中《分别圣谛经》，前后四译，二存二缺。

《魔王入目揵兰腹经》一卷（亦名《弊魔试目连经》，《旧录》云《魔王入目连腹中经》），《僧祐录》云安公古典经，今附“汉录”。

右兼《中含》第三十卷中《降魔经》，前后五译，三存二缺。

《赖吒和罗经》一卷，后汉西域三藏支曜译。

右兼《中含》第三十一中《赖吒惒罗经》，前后四译，二存二缺。

《威革长者六向拜经》一卷（或作“威华”），东晋西域三藏祇多蜜译（第二译）。

《威革长者六向拜经》一卷，东晋天竺居士竺难提译（第三译）。

《善生子经》一卷（亦云异出《六向拜经》），宋沙门释慧简译（第四译）。

右兼《中阿含》第三十三中《善生经》，前后六译，二存四缺。

《堕蓝经》一卷（安公云出《中阿含》），《祐录》云安公失译经（附“西晋录”）。

《七事经》一卷（安公云出《中阿含》），《祐录》云安公失译经（附“西晋录”）。

《赖吒謣罗经》一卷（安公云出《中阿含》），《祐录》云安公失译经（附“西晋录”）。

右一经，疑与第三十一中《赖吒惒罗经》同本。

《欢豫经》一卷（《法经录》云“劝豫[1]”，云出《中含》第十二），《祐录》云安公失译经（附“西晋录”）。

---

① 劝豫：“劝豫”不成词，当作“欢豫”，见前“《欢豫经》”条注。

《佛有五百比丘经》一卷（安公云出《中阿含》），《祐录》云安公古典经（今附“汉录”）。

《凡人有三事愚痴不足经》一卷（安公云出《中阿含》），《祐录》云安公古典经（今附“汉录”）。

《佛诫诸比丘言我以天眼视天下人生死好丑尊者卑者经》一卷（安公云出《中阿含》），《祐录》云安公古典经（今附“汉录”）。

《普法义经》一卷（亦云《普义经》），西晋三藏竺法护译（第二译，三译一缺）。

《四谛经》下一十四部一十四卷，并是《中含》部分缺本。

《波斯匿王丧母经》一卷（或云《波斯匿王经》，祐云《波耶匿王经》），宋居士沮渠京声译。

右兼《增一》本经，前后四译，二存二缺，出第十八卷。

《频婆娑罗王问佛供养经》一卷，元魏优禅尼国王子月婆首那译。

右兼《增一》本经，前后四译，二存二缺，出第二十六卷。

《指鬘经》一卷（或作《指髻经》），东晋西域三藏祇多蜜译。

右兼《增一》本经，前后五译，三存二缺，出第三十一卷。

《舍利弗目连游诸国经》一卷（亦云“游诸四衢”），西晋三藏竺法护译。

右兼《增一》本经，前后四译，二存二缺，出第四十一卷。

《佛母般泥洹经》一卷（一名《大爱道般泥洹经》），宋居士沮渠京声译。

右兼《增一》本经，前后五译，三存二缺，出第五十卷。

《杂四十四篇经》二卷（安公云出《增一阿含》，或云一卷），后汉安息三藏安世高译。

右或云《杂经四十四篇》，既不显别名，未详出何卷中。

《百六十品经》一卷（《旧录》云《增一阿含百六十章经》），后汉安息三藏安世高译。

《波斯匿王丧母经》下七部八卷，并是《增一阿含》部分缺本。

《转法轮经》一卷[①]（十纸），后汉安息三藏安世高译。

右一经，群录并云出《杂阿含》，诸藏中者，非是本经，并是转法轮论，其经缺本。

《异处七处三观经》一卷（或云“异处”字[②]，出《杂阿含》），宋天竺三藏求那跋陀罗译。

---

① 《转法轮经》一卷：《中华大藏经》本整条脱文凡四十七字。

② 或云“异处”字：不成句，《中华大藏经》本“云”字作“无”字。无“异处”字，则经名为《七处三观经》，可从。

《佛涅槃后诸比丘经》一卷（出《杂阿含》），宋沙门释慧简译。

《自见自知为能尽结经》一卷，《僧祐录》云安公古典经（今附“汉录”）。

《有四求经》一卷，《僧祐录》云安公古典经（今附“汉录”）。

《佛本行经》一卷，《僧祐录》云安公古典经（今附“汉录”）。

《河中大聚沫经》一卷（或云《水沫所漂经》，或云《聚沫譬经》），《僧祐录》云安公古典经（今附“汉录”）。

《便贤者坑经》一卷（“坑”字，或作“旃”），《僧祐录》云安公古典经（今附“汉录”）。

《所非汝所经》一卷，《僧祐录》云安公古典经（今附“汉录”）。

《两比丘得割经》一卷，《僧祐录》云安公古典经（今附“汉录”）。

《道德舍利日经》一卷，《僧祐录》云安公古典经（今附“汉录”）。

《舍利日在王舍国经》一卷，《僧祐录》云安公古典经（今附“汉录”）。

《独居思惟自念止经》一卷，《僧祐录》云安公古典经（今附“汉录”）。

《问所明种经》一卷，《僧祐录》云安公古典经（今附“汉录”）。

《欲从本相有经》一卷（或云《欲从本经》），《僧祐录》云安公古典经（今附“汉录”）。

《独坐思惟意中生念经》一卷，《僧祐录》云安公古典经（今附“汉录”）。

《佛说如是有诸比丘经》一卷，《僧祐录》云安公古典经（今附“汉录”）。

《比丘所求色经》一卷，《僧祐录》云安公古典经（今附“汉录”）。

《道有比丘经》一卷，《僧祐录》云安公古典经（今附“汉录”）。

《色为非常念经》一卷，《僧祐录》云安公古典经（今附“汉录”。安公本录从《自见自知》下有二十二经，云“是《阿含》一卷”，于中五经已备，余录不复重载。安公云“是《阿含》一卷”者，四种《阿含》之中，而不的指何部，今且附此《杂含》之录）。

《色比丘念本起经》一卷，《僧祐录》云安公古典经（今附“汉录”）。

《善恶意经》一卷，《僧祐录》云安公古典经（今附“汉录”）。

《比丘一法相经》一卷，《僧祐录》云安公古典经（今附“汉录”）。

《有二力本经》一卷，《僧祐录》云安公古典经（今附“汉录”）。

《有三力经》一卷，《僧祐录》云安公古典经（今附“汉录”）。

《有四力经》一卷，《僧祐录》云安公古典经（今附“汉录”）。

《人有五力经》一卷，《僧祐录》云安公古典经（今附“汉录”）。

《不闻者类相聚经》一卷（《旧录》云《类相聚经》），《僧祐录》云安公古典经（今附“汉录”）。

《天上释为故世在人中经》一卷（或作“无上释”，错也），《僧祐录》云安公古典经（今附“汉录”）。

《爪头土经》一卷，《僧祐录》云安公古典经（今附“汉录”）。

《身为无有反复经》一卷，《僧祐录》云安公古典经（今附“汉录”）。

《师子畜生王经》一卷，《僧祐录》云安公古典经（今附“汉录”）。

《阿须伦子婆罗门经》一卷，《僧祐录》云安公古典经（今附“汉录”）。

《婆罗门子名不侵经》一卷，《僧祐录》云安公古典经（今附“汉录”）。

《生闻婆罗门经》一卷（《旧录》云《生闻梵志经》），《僧祐录》云安公古典经（今附“汉录”）。

《有篨竭经》一卷，《僧祐录》云安公古典经（今附“汉录”）。

《署杜乘[①]婆罗门经》一卷，《僧祐录》云安公古典经（今附“汉录”）。

《佛在拘萨国经》一卷，《僧祐录》云安公古典经（今附“汉录”）。

《佛在优堕国经》一卷（经作“优随”），《僧祐录》云安公古典经（今附“汉录”）。

《是时自梵守经》一卷，《僧祐录》云安公古典经（今附“汉录”）。

《有三方便经》一卷（《旧录》云《三方便经》，《法经录》云出《七处三观》），《僧祐录》云安公古典经（今附“汉录”）。

《婆罗门不信重经》一卷，《僧祐录》云安公古典经（今附“汉录”）。

《佛告舍日经》[②]一卷，《僧祐录》云安公古典经（今附“汉录”）。

《四意止经》一卷（《旧录》云《四意止本行经》，《法经录》云出《中阿含》），《僧祐录》云安公古典经（今附“汉录”）。

《说人自说人骨不知腐经》一卷，《僧祐录》云安公古典经（今附“汉录”）。

《色比丘念本起经》下二十五经，安公云并出《杂阿含》。

《杂阿含三十章经》一卷（《法经录》云出《杂阿含》异本），《僧祐录》云安公古典经（今附“汉录”）。

《异处三观经》下四十五部四十五卷，并是《杂阿含》部分缺本。

《舍头谏经》一卷（亦云《舍头谏太子明二十八宿经》，亦云《太子明星二十八宿经》，亦云《虎耳经》），后汉安息三藏安世高译（第一译）。

右前后五译，四存一缺（藏中《摩邓女经》是世高译，今复有《舍头谏经》，其《摩邓女》与《舍头谏》既是同本，不合双出。今二本俱载，未详所以。或可此经即是藏中《舍头谏经》，法护译者，录家错上）。

---

① 署杜乘：当为婆罗门之名。《大正藏》本校勘记作“署社乘”，然“总录”以及《大周录》卷九、《贞元录》卷二皆作“暑杜乘”，《出三藏记集》卷三作“署杜乘”。“暑”、“署”二字音同可通，“杜”字，不当为“社”字。

② 《佛告含日经》：《出三藏记集》卷三作“《佛告舍日经》一卷”，“总录”亦作“舍日”，可从。

《杂藏经》一卷，宋天竺三藏求那跋陀罗译（第四译）。

右前后四译，三存一缺。

《弟子慢为耆域述经》一卷（亦云《弟子为耆域述慢或羽弟子戏诞经》[①]），宋居士沮渠京声译（第四译）。

右与《阿难问事佛经》等同本，前后四译，三存一缺。

《小本起经》二卷（近加“小”字，或云《修行本起》，或云《宿行本起》），后汉西域三藏支曜译（第一译）。

《太子本起瑞应经》二卷（亦云《瑞应本起》），后汉外国三藏康孟详译（第三译）。

《过去因果经》四卷，东晋天竺三藏佛陀跋陀罗译（第五译）。

右前后六译，三存三缺。

《法海藏经》一卷（或云《法海经》），后汉天竺三藏竺法兰译（第一译）。

右前后三译，二存一缺。

《四十二章经》一卷（《房录》云与摩腾译者少异），吴月支优婆塞支谦译（第二译）。

右前后两译，一存一缺。

《柰女耆域经》一卷（或云《奈女经》），西晋三藏竺法护译（第二译）。

右前后两译，一存一缺。

《罪业报应经》一卷，东晋西域沙门竺昙无兰译（第二译）。

右前后两译，一存一缺。

《目连降龙王经》一卷（或无“王”字，或云《降龙经》，或云《降龙王经》），宋天竺三藏求那跋陀罗译（第一译[②]）。

右前后两译，一存一缺。

《长者音悦经》一卷，宋居士沮渠京声译（第二译）。

右前后两译，一存一缺。

《禅秘要经》四卷（或无“经”字），吴月支优婆塞支谦译（第一译）。

《禅秘要经》五卷（一名《禅法要》，或三卷，或无“经”字），宋罽宾三藏昙摩蜜多译（第三译）。

---

① 《弟子为耆域述慢或羽弟子戏诞经》：“慢或”，不可解。“总录”作《弟子为耆域述慢戒羽弟子戏诞经》，当为“慢戒”。前“《弟子为耆域述慢戒羽弟子戏诞经》”条注以为当断为“《弟子为耆域述慢》，或云《弟子戏诞经》”，可参。

② 第一译：支谦所译《龙王兄弟经》为第一译，“总录”云求那跋陀罗之《目连降龙王经》为第二译，《中华大藏经》本亦作第二译，当从。

右前后三译，一存二缺（今有《禅秘要经》五卷，文极交错，不可流行，如“删繁录”中具述）。

《七女本经》一卷，西晋三藏竺法护译（第二译）。

《七女本经》一卷（亦名《女本心明经》，亦名《七女经》），乞伏秦沙门释圣坚译（第三译）。

右前后三译，一存二缺。

《八师经》一卷，东晋西域沙门竺昙无兰译（第二译）。

右前后两译，一存一缺。

《曰难经》一卷（一名《越难经》），东晋沙门释嵩公译（第二译）。

《曰难经》一卷（一名《越难经》），宋天竺三藏求那跋陀罗译（第三译）。

右前后三译，一存二缺。

《所欲致患经》一卷，东晋西域三藏祇多蜜译（第二译）。

右前后两译，一存一缺。

《阿阇世王问五逆经》一卷（一名《阿阇世王经》），后汉月支三藏支娄迦谶译（第一译），右前后两译，一存一缺。

《五苦章句经》一卷，宋居士沮渠京声译（第二译）。

右前后两译，一存一缺。

《坚意经》一卷（亦云《坚心经》），吴月支优婆塞支谦译（第二译）。

右前后两译，一存一缺。

《净饭王般泥洹经》一卷，西晋沙门释法炬译（第一译）。

右前后两译，一存一缺。

《劝进学道经》一卷（一本无“劝”字），吴月支优婆塞支谦译（第一译）。

《劝进学道经》一卷（亦名《劝进经》），宋沙门释勇公译（第三译）。

右前后三译，一存二缺。

《贫穷老公经》一卷，西晋沙门释法炬译（出《法上录》，第一译）。

右前后两译，一存一缺。

《分恕檀王经》一卷，宋居士沮渠京声译（第二译）。

右与《三摩竭经》同本，前后两译，一存一缺。

《蓱沙王五愿经》一卷（一名《弗沙迦王经》），东晋西域沙门竺昙无兰译（第二译）。

《蓱沙王五愿经》一卷（亦名《弗沙王经》），东晋沙门释嵩公译（第三译）。

右前后三译，一存二缺。

《琉璃王经》一卷，后汉安息三藏安世高译（第一译）。

右前后两译，一存一缺。

《生经》五卷，宋凉州沙门释智严译（第二译）。

右前后两译，一存一缺。

《义足经》二卷，东晋西域沙门竺昙无兰译（第二译）。

右前后两译，一存一缺。

《五门禅要用法经》一卷，后汉安息三藏安世高译（第一译）。

《五门禅经要用法》一卷，宋罽宾三藏昙摩蜜多译（第二译）。

右二经，同本异译，二本俱缺[①]。

《五盖疑结失行经》一卷，西晋三藏竺法护译（第一译）。

《五盖疑结失行经》一卷，东晋西域三藏祇多蜜译（第二译）。

右二经，同本异译，二本俱缺。

《太子梦经》一卷，后汉安息三藏安世高译（第一译）。

《佛为菩萨五梦经》一卷（一名《佛五梦经》，一名《太子五梦经》，一名《仙人五梦经》），西晋三藏竺法护译（第二译）。

右二经，同本异译，二本俱缺。

《十善十恶经》一卷，西晋沙门支法度译（第一译）。

《十善十恶经》一卷（安公云出《阿毗昙》），东晋西域沙门竺昙无兰译（第二译）。

右二经，同本异译，二本俱缺。

《禅经》一卷，后汉月支三藏支娄迦谶译（第一译）。

《禅经》一卷，后汉安息三藏安世高译（第二译）。

右二经，同本异译，二本俱缺。

《恒水经》一卷（《宝唱录》云《恒水诫经》，亦云《恒水不说戒经》），后汉安息三藏安世高译（出《法上录》，第一译）。

《恒水戒经》一卷（或云《恒水经》），吴月支优婆塞支谦译（第二译）。

右二经，同本异译，其本并缺。

从《舍头谏经》下四十三部六十一卷，除四《阿含》外，诸重译经缺本。

小乘经单译缺本四百八十部，五百五十卷。

《佛本行经》五卷，后汉天竺三藏竺法兰译。《佛本生经》一卷，后汉天竺三藏竺法兰译。《分别善恶所起经》一卷，后汉安息三藏安世高译。《悔过法经》一卷，后汉安息三藏安世高译。《五法经》一卷，后汉安息三藏安世高译。

---

① 二本俱缺：《中华大藏经》本脱此二经。

《五行经》一卷，后汉安息三藏安世高译。《小般泥洹经》一卷（《祐录》云或名《泥洹后诸比丘经》，或云《泥洹后变记经》，或云《泥洹后比丘世变经》，或云《佛般泥洹后比丘世变经》），后汉安息三藏安世高译。《正齐经》一卷，后汉安息三藏安世高译。《分明罪福经》一卷，后汉安息三藏安世高译。《难提迦罗越经》一卷，后汉安息三藏安世高译。《禅定方便次第法经》一卷，后汉安息三藏安世高译。《禅法经》一卷（《祐录》无“经”字），后汉安息三藏安世高译。《当来变灭经》一卷，后汉安息三藏安世高译。《堕落优婆塞经》一卷（或无“优婆塞”），后汉西域三藏支曜译。《问地狱事经》一卷，后汉外国沙门康巨译。《报福经》一卷（或云《福报经》），后汉外国三藏康孟详译。

《梵志经》一卷，吴天竺沙门竺律炎译。《七漏经》一卷（安公古典中有，亦名《七漏钞》，云出《阿含》），吴月支优婆塞支谦译。《悔过法经》一卷（一名《叙十方礼拜悔过文》，或无“法”字），吴月支优婆塞支谦译。《贤者德经》一卷，吴月支优婆塞支谦译。《梵志结净经》一卷，吴月支优婆塞支谦译。《阿质国王经》一卷（《祐录》无“国”字），吴月支优婆塞支谦译。《惟娄王师子湩譬喻经》一卷（一本无“譬喻”字），吴月支优婆塞支谦译。《蓝达王经》一卷（亦云《目连因缘功德》，亦云《目连功德》），吴月支优婆塞支谦译。《百喻经》一卷，吴月支优婆塞支谦译。《五阴事经》一卷，吴月支优婆塞支谦译。《魔化作比丘经》一卷，吴月支优婆塞支谦译。《优多罗母经》一卷（或无“母”字），吴月支优婆塞支谦译。《人民求愿经》一卷，吴月支优婆塞支谦译。《坐禅经》一卷，吴西域三藏康僧会译。

《摩目揵连本经》一卷（一本有“诃”字，无“揵”字），西晋三藏竺法护译。《五福施经》一卷，西晋三藏竺法护译。《观行不移四事经》一卷，西晋三藏竺法护译。《四妇喻经》一卷，西晋三藏竺法护译。《庐夷亘经》一卷，西晋三藏竺法护译。《廅罗王经》一卷，西晋三藏竺法护译。《檀若经》一卷，西晋三藏竺法护译。《龙施经》一卷（今疑是《龙施菩萨本起经》），西晋三藏竺法护译。《给孤独明德经》一卷（亦云《给孤独氏经》），西晋三藏竺法护译。《龙王兄弟陀达诫王经》一卷，西晋三藏竺法护译。《劝化王经》一卷，西晋三藏竺法护译。《雁王经》一卷，西晋三藏竺法护译。《雁王五百雁俱经》一卷，西晋三藏竺法护译。《解无常经》一卷，西晋三藏竺法护译。《城喻经》一卷，西晋三藏竺法护译。《降龙经》一卷，西晋三藏竺法护译。《邪法经》一卷，西晋三藏竺法护译。《犯罪经》一卷，西晋三藏竺法护译。《苦应经》一卷，西晋三藏竺法护译。《三品修行经》一卷（一名《三品悔过经》），西晋三藏竺法护译。《夫那罗经》一卷，西晋三藏竺法护译。《贾客经》二卷，西晋三藏竺法护译。《沙门果证经》一卷（今疑与《寂志果经》同本），西晋三藏竺法护译。《贫女为国王夫人经》一卷，西晋三藏竺法护译。《诫王经》一卷，西晋三藏竺法护译。《诫具经》一卷，西晋三藏竺法护译。《诫罗云经》一卷，西晋三藏竺法护译。《危脆经》一卷，西晋沙门释法炬译。《大蛇譬喻经》一卷（亦名《大蛇经》），西晋沙门释法炬译。《罗汉迦留陀夷经》一卷（或无“罗汉”字），西晋沙门释法炬译。《爪甲擎土譬经》一卷（一名《爪甲取土经》），西晋沙门释法炬译。《衰利经》一卷，西晋沙门释法炬译。《众生未然三界经》一卷，西晋沙门释法炬译。《求欲说法经》一卷，西晋沙门释法炬译。《罗旬喻经》[①]一卷（今疑是别生中《罗弥寿经》异名），西晋沙门释法炬译。

《治禅法经》一卷，东晋西域沙门竺昙无兰译。《梵天策数经》一卷（一名《诸天事经》），东晋西域沙门竺昙无兰译。《诸天地经》一卷，东晋西域沙门竺昙无兰译。《分卫经》一卷，东晋西域三藏祇多密译。

《检诸罪福经》十卷，姚秦三藏鸠摩罗什译。《十二因缘观经》一卷，姚秦三藏鸠摩罗什译。

《善德优婆塞经》一卷，宋凉洲[②]沙门释智严译。《阿那含经》二卷，宋凉州沙门释智严译。《释六十二见经》四卷（《祐录》云一卷），宋天竺三藏求那跋陀罗译。《请般特比丘经》一卷（或作“般持”，亦云“般时”），宋天竺三藏求那跋陀罗译。《十二头陀经》一卷，宋天竺三藏求那跋陀罗译。《阿那律七念章经》一卷，宋天竺三藏求那跋陀罗译。《十报法三统略经》一卷，宋天竺三藏求那跋陀罗译。《弟子事佛吉凶经》一卷（祐云《弟子问事佛吉凶经》），宋居士沮渠京声译。《生死变识经》一卷（今疑是藏中《见正经》异名），宋居士沮渠京声译。《譬喻经》一卷，宋沙门释慧简译。《五百本生经》一卷，萧齐西域三藏摩诃乘译。

《顶生王因缘经》一卷（《旧录》云《顶生王经》），后汉失译。《长者贤首经》一卷，后汉失译。《梵志丧女经》一〔卷〕，后汉失译。《獴狗啮王经》一卷（《旧录》云《獴狗经》），后汉失译。《勤苦泥黎经》一卷，后汉失译。《地狱经》一卷，后汉失译。《十一因缘章经》一卷（《旧录》云《十一因缘〔经〕》，或作“十二”），后汉失译。《沙门为十二头陀经》一卷，后汉失译。

《五十五法诫经》一卷（或云《五十五法行》），《僧祐录》云安公古典经（今附“汉

① 《罗旬喻经》：仁寿《众经目录》卷三云：“《罗弥寿经》一卷（一名《罗旬喻》，一名《罗贫寿》，一名《耶弥寿》）。”

② 凉洲：当为“凉州”，“洲”字，当作“州”。

录”）。《一切义要经》一卷，《僧祐录》云安公古典经（今附“汉录”）。《说善恶道经》一卷，《僧祐录》云安公古典经（今附“汉录”）。《爱欲声经》一卷（一本云《爱欲一声经》），《僧祐录》云安公古典经（今附“汉录”）。《摩诃遮曷从经》一卷，《僧祐录》云安公古典经（今附“汉录”）。《天王下作猪经》一卷，《僧祐录》云安公古典经（今附“汉录”）。《始造浴佛时经》一卷，《僧祐录》云安公古典经（今附“汉录”）。《十二贤者经》一卷（《旧录》云《十二贤经》），《僧祐录》云安公古典经（今附“汉录”）。《佛并父弟调达经》一卷（安公云上十经，出《阿毗昙》，今移一本入重译经），《僧祐录》云安公古典经（今附“汉录”）。《忧堕罗迦叶经》一卷，《僧祐录》云安公古典经（今附“汉录”）。《四部本文经》一卷（安公云上二经，出《长阿含》，一本云出《阿毗昙》），《僧祐录》云安公古典经（今附“汉录”）。《让德经》一卷，《僧祐录》云安公古典经（今附“汉录”）。《有贤者法经》一卷，《僧祐录》云安公古典经（今附“汉录”）。《摩诃厥弥难问经》一卷（或云《大厥弥经》），《僧祐录》云安公古典经（今附“汉录”）。《大本藏经》一卷，《僧祐录》云安公古典经（今附“汉录”）。《说阿难持诫经》[①]一卷，《僧祐录》云安公古典经（今附“汉录”）。《阿难问何因缘持戒见世间贫亦现道贫经》一卷，《僧祐录》云安公古典经（今附“汉录”）。《给孤独四姓家问应受施经》一卷，《僧祐录》云安公古典经（今附“汉录”）。《晓所净不解经者经》一卷（今疑上“经”字错[②]），《僧祐录》云安公古典经（今附“汉录”）。《奇异道家难问住处经》一卷，《僧祐录》云安公古典经（今附“汉录”）。《奇异道家难问法本经》一卷，《僧祐录》云安公古典经（今附“汉录”）。《贤者手力经》一卷，《僧祐录》云安公古典经（今附“汉录”）。《八法行经》一卷，《僧祐录》云安公古典经（今附“汉录”）。《忧多罗经》一卷（或作“夏”字[③]），《僧祐录》云安公古典经（今附“汉录”）。《旃檀调佛经》一卷，《僧祐录》云安公古典经（今附“汉录”）。《恶人经》一卷，《僧祐录》云安公古典经（今附“汉录”）。《难提和难经》一卷（或云《难提和罗经》），《僧祐录》云安公古典经（今附“汉录”）。《四姓长者难经》一卷（《旧录》云《四姓长者经》），《僧祐录》云安公古典经（今附“汉录”）。《折佛经》一卷，《僧祐录》

① 《说阿难持诫经》：“持诫”，殊无义，当为《说阿难持戒经》，且下条为“《阿难问何因缘持戒见世间贫亦现道贫经》”可证。

② 今疑上“经”字错：《出三藏记集》卷三、《历代三宝纪》卷十四即云：“《晓所净不解经者经》一卷。”“不解经者”，应指不能理解经典之人，或无误。然法经和彦琮之《众经目录》皆作“《晓所净不解者经》”。

③ 或作“夏”字：则经名当为《夏多罗经》，诸经录中无此经名。《出三藏记集》卷三作《忧多罗经》，《贞元录》卷二十五夹注云“或作‘优’字”。“忧”之繁体“憂”与“夏”形近易致讹。

云安公古典经（今附“汉录”）。

《杂数经》二十卷，魏吴失译。《那先譬喻经》四卷，魏吴失译。《太子试艺本起经》二卷，魏吴失译。《深断连经》二卷，魏吴失译。《摩诃目揵连与佛捔能[①]经》一卷，魏吴失译。《阿难得道经》一卷，魏吴失译。《阿难般泥洹经》一卷，魏吴失译。《阿那律念复生经》一卷，魏吴失译。《沙门分卫见怪异经》一卷，魏吴失译。《弟子本行经》一卷（《高僧传》云白法祖译），魏吴失译。《为寿尽天子说法经》一卷（《旧录》云《命尽天子经》），魏吴失译。《魔试佛经》一卷，魏吴失译。《阿须伦问八事经》一卷（《旧录》云《阿须伦所问八事经》），魏吴失译。《摩竭王经》一卷（《旧录》云《摩竭国王经》），魏吴失译。《萨波达王经》一卷，魏吴失译。《年少王经》一卷，魏吴失译。《是光太子经》一卷，魏吴失译。《长者难提经》一卷，魏吴失译。《女利行经》一卷，魏吴失译。《四妇因缘经》一卷，魏吴失译。《须多罗经》一卷（《旧录》云《须多罗入胎经》），魏吴失译。《堕迦经》一卷（晋言“坚强”，合在“晋录”），魏吴失译。《槃达龙王经》一卷，魏吴失译。《牛米自供养经》一卷（《旧录》无“养”字），魏吴失译。《行牧食牛经》一卷（或作“放”字[②]），魏吴失译。《堕释迦牧牛经》一卷（或作“随”字[③]），魏吴失译。《法严经》一卷（疑即是《等入法严经》），魏吴失译。《壁四经》一卷，魏吴失译。《止寺中经》一卷，魏吴失译。《安般行道经》一卷，魏吴失译。《解慧微妙经》一卷，魏吴失译。《失道得道经》一卷，魏吴失译。《心情心识经》一卷（云有注），魏吴失译。《检意向正经》一卷，魏吴失译。《道得果证经》一卷，魏吴失译。《父子因缘经》一卷，魏吴失译。《小观世楼炭经》一卷，魏吴失译。《大四谛经》一卷，魏吴失译。《五方便经》一卷，魏吴失译。《五惟越罗名解说经》一卷，魏吴失译。《五阴经》一卷，魏吴失译。《中五浊世经》一卷，魏吴失译。《大七车经》一卷，魏吴失译。《八正邪经》一卷（祐云《八正八邪〔经〕》），魏吴失译。《八总持经》一卷，魏吴失译。《八辈经》一卷，魏吴失译。《大十二因缘经》一卷，魏吴失译。《十八难经》一卷，魏吴失译。《五十二章经》一卷（别有《孝明四十二章经》），魏吴失译。《百八爱经》一卷（似抄《五盖疑结经》），魏吴失译。《小安般舟三昧经》一卷，魏吴失译。《禅数经》一卷，魏吴失译。《群生偈经》一卷，魏吴失译。

《十二死经》一卷（今疑是《十二品生死经》），《僧祐录》云安公失译经（附“西

① 捔能：“捔”，古同“角”，竞力；争斗之义。“捔能”即斗本事。

② 或作“放”字：《出三藏记集》卷四作“《行放食牛经》，《旧录》所载”。《行放食牛经》已佚。

③ 或作“随”字：《古今译经图纪》卷一和《贞元录》卷二十五即作“《随释迦牧牛经》”。

晋录”）。《七妇经》一卷，《僧祐录》云安公失译经（附“西晋录”）。《阿难邠坻四时施经》一卷（《旧录》云《阿难邠祁[1]四时布施经》），《僧祐录》云安公失译经（附“西晋录”）。《七车经》一卷（今疑是《中阿含》中《七重譬喻经》[2]），《僧祐录》云安公失译经（附“西晋录”）。《海有八事经》一卷，《僧祐录》云安公失译经（附“西晋录”）。《难等各第一经》一卷（《旧录》云《阿难迦叶各说第一经》[3]），《僧祐录》云安公失译（附“西晋录”）。《惟留经》一卷（《旧录》云《惟留王经》），《僧祐录》云安公失译经（附“西晋录”）。《理家难经》一卷，《僧祐录》云安公失译经（附“西晋录”）。《迦留多王经》一卷，《僧祐录》云安公失译经（附“西晋录”）。《梵志阇孙经》一卷（《古录》云《梵志阇逊经》），《僧祐录》云安公失译经（附“西晋录”）。《波达王经》一卷，《僧祐录》云安公失译经（附“西晋录”）。《悲心悒悒经》一卷，《僧祐录》云安公失译经（附“西晋录”）。《趣度世道经》一卷，《僧祐录》云安公失译经（附“西晋录”）。《长者威势经》一卷，《僧祐录》云安公失译经（附“西晋录”）。《痴注经》一卷，《僧祐录》云安公失译经（附“西晋录”）。《调达经》一卷，《僧祐录》云安公失译经（附“西晋录”）。《和达经》一卷，《僧祐录》云安公失译经（附“西晋录”）。《钵呿沙经》一卷，《僧祐录》云安公失译经（附“西晋录”）。《分八舍利经》一卷（或作“分身”），《僧祐录》云安公失译经（附“西晋录”）。

《萨和萨王经》一卷，三秦失译。《阿多三昧经》一卷（或作“阿陀”），三秦失译。《陀贤王经》一卷，三秦失译。《飏陀悔过经》一卷，三秦失译。《方等决经》一卷，三秦失译。《比丘二事经》一卷（《祐录》云“三事”），三秦失译。

《阿难为蛊道咒经》一卷（《旧录》云《阿难为蛊道所咒经》，今疑是藏中《摩邓女经》），《僧祐录》云安公关中异经（今附“秦录”）。《王舍城灵鹫山经》一卷（《旧录》云《王舍城灵鹫山要直经》），《僧祐录》云安公关中异经（今附“秦录”）。《思道经》一卷，《僧祐录》云安公关中异经（今附“秦录”）。《佛在竹园经》一卷，《僧祐录》云安公关中异经（今附“秦录”）。《法为人经》一卷，《僧祐录》云安公关中异经（今附“秦录”）。《道意经》一卷，《僧祐录》云安公关中异经（今附“秦录”）。《阿夷比丘经》一卷，《僧祐录》云安公关中异经（今附“秦录”）。《八德经》一卷（今疑是《海八德经》），《僧祐录》云安公关中异经（今附“秦录”）。《善德经》一卷，

---

① 阿难邠祁：或译作阿难邠祇、阿难邠坻。“祁”中古为群声脂韵，“祇”为群声支韵，“坻”、“祇”声部相同，故三字音近可通。

② 《七重譬喻经》：《中阿含经》中有《七车譬喻经》，故“重”当为“车”。

③ 《阿难迦叶各说第一经》：《出三藏记集》卷三云“《旧录》云《阿难迦叶舍利弗说各第一经》”，则智升脱“舍利弗”三字。经目所云“难等各”即“阿难、迦叶、舍利弗等各自”之意。

《僧祐录》云安公关中异经（今附“秦录”）。《摩诃揵陀惟卫罗尽信比丘等度经》一卷（《旧录》云《尽信比丘经》），《僧祐录》云安公关中异经（今附“秦录”）。

《瓶沙王经》一卷，《僧祐录》云安公关中异经[①]（今附“凉录”）。《有无经》一卷，《僧祐录》云安公凉土异经（今附“凉录”）。《五百偈经》一卷，《僧祐录》云安公凉土异经（今附“凉录”）。《须耶越国贫人经》一卷（《旧录》云《须邪越国贫人赁剔头经》），《僧祐录》云安公凉土异经（今附“凉录”）。《浮木经》一卷，《僧祐录》云安公凉土异经（今附“凉录”）。《坏喻经》一卷，《僧祐录》云安公凉土异经（今附“凉录”）。《妖怪经》一卷，《僧祐录》云安公凉土异经（今附“凉录”）。《阿般计泥洹经》一卷（一本作《陶射计泥洹经》），《僧祐录》云安公凉土异经（今附“凉录”）。《四非常经》一卷，《僧祐录》云安公凉土异经（今附“凉录”）。《五失盖经》一卷，《僧祐录》云安公凉土异经（今附“凉录”）。《要真经》一卷，《僧祐录》云安公凉土异经（今附“凉录”）。《本无经》一卷，《僧祐录》云安公凉土异经（今附“凉录”）。《劝德经》一卷，《僧祐录》云安公凉土异经（今附“凉录”）。《十五德经》一卷，《僧祐录》云安公凉土异经（今附“凉录”）。《父母因缘经》一卷（今疑与《父子因缘》同），《僧祐录》云安公凉土异经（今附“凉录”）。《慧行经》一卷，《僧祐录》云安公凉土异经（今附“凉录”）。《未生王经》一卷（今疑是《未生怨经》），《僧祐录》云安公凉土异经（今附“凉录”）。《内外无为经》一卷，《僧祐录》云安公凉土异经（今附“凉录”）。《道净经》一卷，《僧祐录》云安公凉土异经（今附“凉录”）。《七事本末经》一卷（《旧录》云《七事行本经》），《僧祐录》云安公凉土异经（今附“凉录”）。《百宝三昧经》一卷，《僧祐录》云安公凉土异经（今附“凉录”）。《三乘经》一卷，《僧祐录》云安公凉土异经（今附“凉录”）。《耆域术经》一卷（《旧录》云《耆域四术经》），《僧祐录》云安公凉土异经（今附“凉录”）。《五盖离疑经》一卷（今疑是《五盖疑结失行经》），《僧祐录》云安公凉土异经（今附“凉录”）。《太子智止经》一卷，《僧祐录》云安公凉土异经（今附“凉录”）。《道德章〔经〕》一卷，《僧祐录》云安公凉土异经（今附“凉录”）。《苦相经》一卷，《僧祐录》云安公凉土异经（今附“凉录”）。《须佛得度经》一卷，《僧祐录》云安公凉土异经（今附“凉录”）。《由经》一卷，《僧祐录》云安公凉土异经（今附“凉录”）。《分然洹国[②]迦罗越经》一卷，《僧祐录》云安公凉土异经（今附“凉录”）。《五阴事经》一卷，《僧祐录》云安公凉土异经（今附“凉录”）。《义决

---

① 关中异经：后云“今附‘凉录’”，考《瓶沙王经》，《出三藏记集》卷三载于“新集安公凉土异经录”，故“关中”当为“凉土”，涉前文“安公关中异经”而误。

② 分然洹国：不详所在，待考。

法事经》一卷,《僧祐录》云安公凉土异经（今附"凉录"）。《十思惟经》一卷,《僧祐录》云安公凉土异经（今附"凉录"）。《分别六情经》一卷,《僧祐录》云安公凉土异经（今附"凉录"）。《三失盖经》一卷,《僧祐录》云安公凉土异经（今附"凉录"）。《佛宝三昧经》一卷,《僧祐录》云安公凉土异经（今附"凉录"）。《法志女经》一卷,《僧祐录》云安公凉土异经（今附"凉录"）。

《出要经》二十卷、《行道经》七卷、《长阿含经》三卷（祐云疑是残缺《长阿含经》）、《弘道经》二卷、《四天王经》一卷（祐云后有咒，似人所附）、《诸天阿须伦斗经》一卷、《金色女经》一卷（《杂譬喻》中有，祐云异出本）、《治禅鬼魅不安经》一卷、《瞻波国[①]佛说戒经》一卷、《佛在[②]誓枝山说法经》一卷、《佛三毒事经》一卷、《佛七事经》一卷、《佛开和伏经》[③]一卷、《佛意行经》一卷、《因佛生三心经》一卷、《佛聚经》一卷、《七佛本缘经》一卷、《释迦文楮钵经》一卷、《佛袈裟缘》[④]一卷、《佛大衣经》一卷、《迦叶解经》一卷、《迦叶因缘经》一卷、《舍利弗问暑经》[⑤]一卷、《迦叶独证自誓经》一卷、《舍利弗叹度女人经》一卷、《舍利弗生西方经》一卷、《舍利弗目连泥洹经》一卷（今疑是《生经》中《舍利弗般泥洹经》）、《目连所问经》一卷、《目连因缘经》一卷、《阿难见变经》一卷、《难陀经》一卷、《阿那含七念经》一卷、《罗汉菩子经》一卷、《宾头卢取钵经》一卷、《爱行比丘经》一卷、《爱身比丘经》一卷、《旃比丘经》一卷、《善星比丘经》一卷、《六群比丘经》一卷、《自在王比丘经》一卷、《罗耶达比丘经》一卷、《比丘和须蜜经》一卷、《玄戒未来比丘经》一卷（今疑"玄"字错）、《比丘法相经》一卷、《释种子经》一卷、《尊者婆蹉律经》一卷、《罽宾二沙弥经》一卷、《沙弥持戒经》一卷、《海洲优婆塞会经》一卷、《贤者杂事经》一卷、《弟子修学经》一卷、《弟子行泽中遇贼劫经》一卷、《弟子精进经》一卷、《迦提罗越问五戒经》一卷、《那罗延天王经》一卷、《毗沙门天王经》一卷、《四大天王经》一卷、《诸天寿经》一卷、《魔现成佛经》一卷、《魔王诫（疑是"试"字）经》一卷、《净饭王经》一卷、《佛葬阅头檀王经》一卷、《阿育王作小儿时经》一

---

① 瞻波国：梵文、巴利文 Campā，又译作瞻婆、瞻卜、詹波、占波、栴波等，意译为无胜，位于中印度吠舍离国南方之古国。据季羡林《大唐西域记校注》卷十所载，其都城位于恒河南岸之巴迦尔普尔附近，王邦维则以为其地在越南横山以南的中部和南部部分地区，可备为一说。

② 佛在:《大正藏》本校勘记作"佛诣"，然《出三藏记集》卷四和《大周录》卷十二皆作"佛在"。

③《佛开和伏经》：唯《开元释教录》卷五作"《佛问和伏经》"，其他经录皆作"《佛开和伏经》"。

④《佛袈裟缘》：当为"《佛袈裟经》"，"总录"以及《出三藏记集》卷四有载。

⑤《舍利弗问暑经》："总录"以及《出三藏记集》卷四皆载"《舍利弗问署经》"，且下文有《文殊问署经》《四署经》《五署经》等，故"暑"当为"署"。

卷（今疑出《育王传》）、《小阿育王经》一卷、《优填王照逝心女经》一卷（今疑是大乘藏中《优填王经》）、《迦夷王头布施经》一卷、《果尊王经》一卷、《佛居士经》一卷、《降恐王经》一卷（今疑“恐”字错[①]）、《摩罗王经》一卷、《摩登王经》一卷、《舍夷国经》一卷、《罗提坻王经》一卷（或作《国王罗提堁经》）、《摩诃惟越王经》一卷、《流沙王经》一卷、《十四王经》一卷、《王以竹施经》一卷、《劝王持五戒经》一卷、《太子旃舍罗差经》一卷、《长者盛德经》一卷、《长者法心经》一卷、《长者仁贤经》一卷、《长者洹罗越经》一卷、《佛问淳陀长者受乐净行经》一卷、《婆罗门问事经》一卷、《婆罗门等争说经》一卷、《六师诣波斯匿王经》一卷、《尼揵斋经》一卷、《明星梵志经》一卷、《兜率梵志经》一卷、《梵志拔陀经》一卷、《梵志计火净经》一卷、《梵志问疑经》一卷、《梵志意经》一卷、《梵志好母经》一卷、《梵志淫女经》一卷、《梵志六师经》一卷、《天后贤女经》一卷、《德女问经》一卷、《贫女少施获弘报经》一卷、《弥家女经》一卷、《二人作沙门弟断兄舌经》一卷、《气嘘杀旃陀罗经》一卷、《眼能视杀人经》一卷、《孤独三兄弟经》一卷、《阿剑他经》一卷、《不兰伽经》一卷、《小申日经》一卷、《波罗奈婢四姓经》一卷（或作“妇”字）、《大姓家主叩书不经》一卷、《提谓经》一卷、《强罗经》一卷、《金转龙王经》一卷、《苏曷龙王经》一卷、《三龙王经》一卷、《虎王经》一卷、《蝎王经》一卷、《毒龙蛇施经》一卷、《放牛法经》一卷（今疑是藏中《放牛经》）、《养牛经》一卷、《阎罗王经》一卷（今疑是藏中《阎罗王五天使者经》）、《饿鬼经》一卷、《铁杵泥犁经》一卷、《缘经》一卷、《药经》一卷、《苦慧经》一卷、《慧达经》一卷、《法足经》一卷、《身数经》一卷、《选福经》一卷、《布施经》一卷、《助善经》一卷、《古来经》一卷（今疑是藏中《古来世时经》）、《孝顺经》一卷、《缘本经》一卷（今疑是藏中《缘本致经》）、《度世经》一卷、《法藏经》一卷、《明住经》一卷、《善憩经》一卷、《植质经》一卷、《名相经》一卷、《怪异经》一卷、《灭怪经》一卷、《本钵经》一卷、《案钵经》一卷、《诸法经》一卷、《与脱经》一卷、《伏愿经》一卷、《宝见经》一卷、《真提经》一卷、《明义经》一卷、《见在经》一卷、《释论经》一卷（祐云疑是《大智度论抄》之一卷）、《杂事经》一卷、《旨解经》一卷（祐云疑即《义旨杂解》）、《释学经》一卷、《度道俗经》一卷、《诸福德经》一卷、《说人身经》一卷、《施色力经》一卷、《色入施经》一卷、《戒法律经》一卷、《未生火经》一卷、《未生灾经》一卷、《念佛品经》一卷、《须弥山经》一卷、《成败品经》一卷（经目或云《成败品》第四，似是《楼炭经》之一品。今检《楼炭》，无此品）、《世间珍宝经》一卷（《旧录》云

① 今疑“恐”字错：包括上之“今疑‘玄’字错”，皆无文献依据。

《世间所望珍宝经》)、《现道神足经》一卷、《成行无想经》一卷、《悔过除罪经》一卷、《深自侥幸经》一卷、《布施持戒经》一卷、《生西方斋经》一卷、《造浴室法经》一卷、《有疑往解经》一卷、《长阿含方法经》一卷、《令人孝有德经》一卷、《人于出家者经》一卷、《心应深贪慕经》一卷、《地水火风空经》一卷、《求欲者除意经》一卷、《持戒教人不杀生经》一卷、《七月十五日腊法经》一卷、《功高憍慢有二辈经》一卷、《欢喜布施有五事经》一卷(本作"欢"字[1]，误)、《三梦经》一卷、《三悔处经》一卷、《三乘无当经》一卷、《四署经》一卷、《四等意经》一卷、《四政断经》一卷、《四厚经》一卷、《五署经》一卷、《五谷世经》一卷、《五乱经》一卷、《五邪经》一卷、《六禅经》一卷、《六度六十行经》一卷、《六辈阿惟越致经》一卷、《七众经》一卷、《七流经》一卷、《七使经》一卷、《七辈人横死经》一卷、《七岁作善经》一卷、《八方万物无常经》一卷、《八双经》一卷、《九结经》一卷、《九恼经》一卷、《九道观身经》一卷、《十部僧经》一卷、《十二意经》一卷、《十二阿练若高行经》一卷、《十二部经名》一卷、《三十二僧那经》一卷、《三十四意经》一卷、《五十德相经》一卷、《六十品经》一卷、《六十二疑经》一卷、《七十二观经》一卷、《百法经》一卷、《惟日三昧经》一卷、《月电三昧经》一卷、《无言三昧经》一卷、《阿和三昧经》一卷、《禅行法经》一卷(今疑是藏中《禅行法想经》)、《须弥山譬经》一卷、《日月譬经》一卷、《海水譬经》一卷、《约草喻经》一卷、《功德天譬经》一卷、《贤劫譬经》一卷、《金刚譬经》一卷、《宝藏譬经》一卷、《明珠譬经》一卷、《聚木譬经》一卷、《四大譬经》一卷。

《出要经》下二百三十七经，并是梁《僧祐录》中"新集失译经"(今附"宋录")。从《顶生王因缘经》下，诸失译经，群录之中，但题名目，久亏其本，无可披寻。大小二乘，实难诠定，且粗分判，尚多参涉。幸诸明士，详而正之。

小乘律缺本，三十七部，四十二卷。

《僧祇戒本》一卷，曹魏天竺沙门昙柯迦罗译(第一译)。

右前后两译，一本在藏，一本缺。

《十诵比丘戒本》一卷(或云《十诵大比丘戒》)，苻秦西域沙门昙摩持共竺佛念译(第一译)。《十诵比丘戒本》一卷，东晋西域沙门竺昙无兰合出(第二译，右《长房录》云太元六年昙无兰合僧纯、昙摩持、竺僧舒三家本以为一卷，见《宝唱录》。谨按，

[1] 本作"欢"字：与经名"欢喜"文字重复。"总录"云"或作'劝'字，错"，且视《大正藏》本之刀法，亦为"劝"字，故"欢"当作"劝"字。

群录僧纯于拘夷国得《十诵尼戒》梵本，将来令昙摩持等译出，唯此[①]僧纯与昙摩持同是一本。其竺僧舒，群录无名，不知合本从何而得，未详所以）。右兼合本，前后三译，一存二缺。

《比丘尼戒》一卷（或云《比丘尼戒经》，出《十诵律》），西晋三藏竺法护译（第一译）。《比丘尼大戒》一卷（亦云《十诵比丘尼戒》），苻秦西域沙门昙摩持共佛念等译（第二译）。《十诵比丘尼戒所出本末》一卷，姚秦凉州沙门竺佛念译（第三译。右《长房录》云僧纯于拘夷国得梵本，佛念为译文繁，后竺法汰删改正之，见《宝唱录》。今疑佛念译者与昙摩持同是尼戒，所出何异，而别存之）。前后三译，其本并缺。

《弥沙塞羯磨》一卷（出《弥沙塞律》），宋罽宾三藏佛陀什等译（单本）。

《弥沙塞律抄》一卷[②]，师子国沙门僧伽跋弥译（不知年代，出《宝唱录》，单本，附“宋〔录〕”）。

《迦叶禁戒经》一卷（一名《摩诃比丘经》，一名《真伪沙门经》），东晋沙门释退公译（第一译）。右前后两译，一存一缺。

《优婆塞五戒经》一卷（一名《五相经》），宋居士沮渠京声译（第二译）。右前后两译，一存一缺。

《杂问律事》二卷，东晋西域沙门昙摩译（第一译）。《杂问律事》二卷，东晋罽宾沙门卑摩罗叉译（第二译）。右二《杂事》，同本异译，其本并缺（《静泰录》云后秦昙摩蜱译《十诵律译杂事问》[③]二卷，《宝唱录》云后秦罽宾沙门昙摩耶舍译《十诵律杂事》一卷。此之二说，多是录家人名差误，或即是。前“第一译”者，长房、《内典》二录并云东晋所翻，非秦代译，依此二录为正。《房录》又云昙摩译者，明佛法僧物，互相交涉，分齐差殊甚，要须善防护。今藏中有《五百问事经》一卷，有三十三纸，亦明佛法僧物不得参涉事，然名目不同，莫知所以。余录云出《十诵律》者，即《五百问经》中明三十九夜受日[④]等事，即与《十诵》符同。但以名目有殊，未为克定，后诸博见，详而正之）。

《教授比丘尼法》一卷，东晋罽宾三藏瞿昙僧伽提婆译（单本）。

《教授比丘尼二岁檀文[⑤]》一卷（或无“尼”字），苻秦西域沙门昙摩持共竺

---

① 唯此：甚为突兀，《大正藏》本校勘记校“唯”作“准”，“准”有依照义，则“准此”后当逗。

② 一卷：后脱夹注“亦名《提阿波檀那眷属鼻腻经》”十二字，《贞元录》卷八亦载，可补。

③ 《十诵律译杂事问》：此经名，经录中唯此一见，且“译杂事”费解。《中华大藏经》本作《十诵律释杂事问》，《历代三宝纪》卷十四、《大周录》卷十亦同，故“译”当为“释”。

④ 三十九夜受日：《中华大藏经》本校“日”作“力”，误。《五百问事经》已佚，考《十诵律·受三十九夜羯磨文》云：“须一夜，即用《十诵》受一夜法，乃至七夜亦如是，或须三十九夜，亦用《十诵》羯磨受法。若须七日、十五日、一月日，即用四分律文受日法。”

⑤ 檀文：佛教中无此术语，当为“坛文”，结戒坛时之仪轨文字，“总录”有载。“坛”、“檀”二字，繁体形近。

佛念译（单本）。

《二百六十戒三部合异》二卷（序加“大比丘”字），东晋西域沙门竺昙无兰撰（右“合戒序”云：“晋太元六年辛巳六月二十五日，比丘竺昙无兰在谢镇西寺合此三戒，到七月十八日讫，故记之。”又长房、《内典》二录及靖迈《经图》之中，并云汉明帝时沙门竺法兰译《二百六十戒合异》二卷。今详此说，理定不然。当佛法初兴，戒律未备，戒之合异，从何而来？今愚见所裁[①]只是竺昙无兰所合之者，二人名姓俱同，录家误上。“昙无”即法，还是法兰。故《高僧传》法兰所译，但标余部，无此戒名。今此录中，废之不立。其昙无所合，非是正翻，此录之中，亦不合载。但以二说差误，故存而记之）。

《他毗利律》一卷（齐言《宿德律》），萧齐西域三藏摩诃乘译（单本）。

《僧涩多律》一卷（陈言《总摄》），陈天竺三藏真谛译（单本）。

《遗教法律经》三卷（或云《遗教法律三昧》，亦云《遗教三昧》，或二卷），西晋沙门释法炬译（单本）。

《六斋八戒经》一卷，宋天竺三藏求那跋陀罗译（单本）。

《贤者律仪经》一卷（亦云“威仪”），宋居士沮渠京声译（单本）。

《僧名数事行》一卷，后汉失译。《比丘诸禁律》一卷，后汉失译。《摩诃僧祇律比丘要集》一卷（一名《摩诃僧祇部比丘随用要集法》），后汉失译。《沙弥十戒经》一卷（《旧录》云《沙弥戒》），后汉失译。《比丘尼十戒经》一卷，后汉失译。《贤者五戒经》一卷，后汉失译。《优婆塞威仪经》一卷，后汉失译。

《大戒经》一卷，魏吴失译。《衣服制经》一卷，魏吴失译。《沙弥离威仪〔经〕》一卷，魏吴失译。《道本五戒经》一卷，魏吴失译。《威仪经》一卷（《法经录》中无“经”字），魏吴失译。

《应行律》一卷，《僧祐录》云安公失译经（附“西晋录”）。

《五部威仪所服经》一卷（或云《五部僧服经》，《高僧传》云白法祖译），《僧祐录》中失译经（今附“宋录”）。《结界文经》一卷，《僧祐录》中失译经（今附“宋录”）。《沙弥离戒》一卷，《僧祐录》中失译经（今附“宋录”）。《五戒报应经》一卷，《僧祐录》中失译经（今附“宋录”）。

小乘论缺本，九部六十五卷。

《俱舍论偈》一卷，陈天竺三藏真谛译（第二译）。

右前后两译，一存一缺。

《俱舍论本》十六卷，陈天竺三藏真谛译。

---

① 愚见所裁：根据上下文义，当为“愚见所载”。“裁”、“载”二字形近致讹。

右据《俱舍本论》，即前偈是，今复言《论本》一十六卷，未详所以。

《阿毗昙心》十六卷（或十三卷），苻秦罽宾三藏僧伽提婆译（第一译）。《杂阿毗昙心》十二卷，东晋沙门法显共觉贤译（第二译）。《杂阿毗昙心》十三卷（根本十卷，续成十三卷，或十四卷），宋外国沙门伊叶波罗等译（第三译。右《长房录》云宋文帝代外国沙门伊叶波罗译至《择品》，缘碍未竟，遂辍。后求那跋摩续译，都计成十三卷，见《高僧传》。《房录》之中伊叶波罗及求那跋摩各存其本，唐《内典录》及《翻经图》同此。今以求那跋摩但续前缺，更不再翻，前后俱存，理为未当。今合为一本，其第四译，见流行者。《长房录》云宋文帝代天竺沙门僧伽跋摩元嘉十年届自建善业律藏[1]，明《杂心》。道场慧观以跋摩妙解《杂心》，讽诵通利，先三藏等虽复译出，未及缮写，更请重翻，宝云传语，观自笔受，一周乃讫。故知见行之者，是其后本也）。

前后四译，一存三缺。

《三法度论》二卷（或云《三法度》，无“论”字），苻秦天竺三藏昙摩难提译（第一译）。

右前后两译，一存一缺。

《犊子道人问论》一卷，元魏婆罗门瞿昙般若流支译（单本）。

《须跋陀罗因缘论》二卷，周宇文氏天竺三藏耶舍崛多等译（单本）。

《六足阿毗昙》一卷，《僧祐录》中失译论（今附“宋录”）。

圣贤集传缺本，四十七部一百八十四卷。

《修行道地经》七卷（或云《顺道行经》，或六卷），后汉安息三藏安世高译（第一译）。

右前后三译，二存一缺。

《僧伽罗刹集》二卷，苻秦天竺三藏昙摩难提译（第二译）。

右前后两译，一存一缺。

《付法藏经》六卷，宋凉州沙门释宝云译（第一译）。

《付法藏传》四卷，元魏昭玄统释昙曜译（第二译）。

右前后三译，一存二缺。

《阿兰若习禅经》二卷，宋天竺三藏求那跋陀罗译（第二译）。

右与《坐禅三昧经》同本，前后两译，一存一缺。

《菩萨呵欲经》一卷，宋天竺三藏求那跋陀罗译（第二译）。

---

① 届自建善业律藏：《大唐内典录》卷四作“届自建业善律藏”，故当标点为“届自建业，善律藏”。“业”、“善”二字疑倒。

右前后两译，一存一缺。

《那先经》一卷，宋天竺三藏求那跋陀罗译（第二译）。

右前后两译，一存一缺。

《五门禅要用法经》一卷，后汉安息三藏安世高译（第一译）。

右前后两译，一存一缺。

《修行方便经》二卷（亦云《修行方便禅经》），吴月支优婆塞支谦译（单本）。

右此《修行方便经》，详其名目，与《达摩多罗禅经》合是同本。而彼《禅经》亦名《修行方便经》，是东晋代觉贤所译，佛大先造。先，罽宾人也，觉贤之师。贤与支谦相去一百四十余年，恐佛大先彼时未出，配为同本，或将未当，故为单译。

《禅法要解》二卷，北凉安阳侯沮渠京声译（第二译）。

右前后两译，一存一缺。

《思惟要略经》一卷（或直云《思惟经》），后汉安息三藏安世高译（第一译）。

右前后两译，一存一缺。

《十二游经》一卷，西晋西域沙门强梁娄至译（第一译）。

《十二游经》一卷，宋天竺三藏求那跋陀罗译（第三译）。

右前后三译，一存二缺。

《阿育王太子坏目因缘经》一卷（或无"经"字），后汉月支三藏支娄迦谶译（第一译）。

《王子法益坏目因缘经》一卷（或云《阿育王息坏目因缘经》），姚秦凉州沙门竺佛念译（第三译）。

右前后三译，一存二缺（姚秦建初六年辛卯，佛念共难提出《坏目因缘经》，二人共出，合是一本，二处俱存，或恐误也）。

《法句经》二卷（或云《法句集》），吴月支优婆塞支谦译（第二译）。

右前后两译，一存一缺。

《法句经》四卷，后汉安息三藏安世高译（第一译）。

右与《法句喻经》同本，前后两译，一存一缺。

《迦叶结集传经》一卷（或无"传"字，亦云《迦叶结经》，或云《结集戒经》），西晋三藏竺法护译（第二译）。

《迦叶结集戒经》一卷，东晋沙门释嵩公译（第三译）。

右前后三译，一存二缺。

《婆薮盘豆传》一卷，后秦三藏鸠摩罗什译（出《翻经图》，第一译）。

右前后两译，一存一缺。

《请宾头卢法》一卷，后汉安息三藏安世高译（出《内典录》，第一译）。

右前后两译，一存一缺。

《阿毗昙九十八结经》一卷，后汉安息三藏安世高译（单本）。

《耆阇崛山解》一卷，西晋三藏竺法护译（单本）。

《佛游天竺记》一卷，东晋沙门释法显译（单本，出《僧祐录》）。

《经律分异记》一卷（或云“戒律”），宋罽宾三藏求那跋摩译（单本）。

《请圣僧浴文》一卷，宋天竺三藏僧伽跋摩译（单本）。

《第一义五相略集》一卷，宋天竺三藏求那跋陀罗译（单本）。

《杂譬喻三百五十首经》二十五卷（《祐录》云《譬喻三百首经》），西晋三藏竺法护译（单本）。

《翻外国语》七卷（一名《俱舍论因录事[①]》，一名《杂事》），陈天竺三藏真谛译（单本）。

《修禅定法》一卷，陈天竺三藏真谛译（单本）。

《一百五十赞》一卷[②]，大唐三藏义净译（新编入录，单本）。

《庾伽三磨斯经》一卷（译言《修行略》，一名《达磨多罗禅法》，或云达磨多罗菩萨撰《禅经要集》），后汉失译。《梵音偈本》一卷（旧云“胡音”），后汉失译。《赞七佛偈》一卷，后汉失译。《怛和尼百句》一卷，后汉失译。《五言咏颂本起》一卷（一百四十二首），后汉失译。《道行品诸经梵音解》一卷（旧云“胡音”），后汉失译。《法句譬喻经》一卷（《祐录》云凡十七事，或无“喻”字），后汉失译。

《杂譬喻经》八十卷，魏吴失译。

《道地经中要语章》一卷（或云《小道地经》），《僧祐录》云安公古典经（今附“汉录”）。《数练意章》一卷（《旧录》云《数练经》），《僧祐录》云，安公古典经（今附“汉录”），安公云上二经出《生经》，祐按，今《生经》无此章名。

《悉昙慕》二卷，《僧祐录》云安公失译经（附“西晋录”）。《吉法验》一卷，《僧祐录》云安公失译经（附“西晋录”）。《口传劫起尽》一卷，《僧祐录》云安公失译经（附“西晋录”）。《打揵抵法》[③]一卷，《僧祐录》云安公失译经（附“西晋录”）。《杂譬喻经》六卷（或云《诸杂譬喻》），《僧祐录》中失译经（今附“安

---

① 因录事：殊费解，《中华大藏经》本作“因缘事”，“总录”亦作“一名《俱舍论因缘事》”，可从。

② 《一百五十赞》一卷：《中华大藏经》本脱此条二十字。

③ 《打揵抵法》：“总录”卷二作《打揵秖法》，“秖”、“抵”古音同，“揵秖”本为音译，两通。“揵秖”，见前注释。

录”[1]）。《譬喻经》一卷（祐云异出，更有一本，今且存一），《僧祐录》中失译经（今附“安录”）。

《杂譬喻经》一卷（凡十一事），《僧祐录》中失译经（今附“宋录”）。

都计小乘经律论及圣贤集传缺本者，总六百九十八部一千一百六卷。

① 今附“安录”：考其体例，所谓“今附”，皆为代录，不当为具体经录。《中华大藏经》本作“今附‘宋录’”，且前为“汉录”、“西晋录”，后为“宋录”，则不当附“安录”。下条“《譬喻经》一卷”条夹注“今附‘安录’”，亦同此。

《开元释教录》卷第十六（“别录”之六）

“别录”中“支派别行经[1]第三”（六百八十二部八百一十二卷）

支派经者，谓大部之中抄出别行，《大般若第二会》之类是也。夫法门浩广，罕究津涯，典籍纷纶，靡穷边际。故有随宜化诱，应物施缘，多于大部之中，随时略用。披寻者莫知所出，玩习者将义不终。今统集多端，会归当部，仍删夷旧录，增减有无，具载名题，备详差互。庶使将来学者，览派知源，或恐未周，用希来哲。

“大乘别生经”二百九部，三百二十八卷。

《大般若第二会经》七十八卷（时俗题云《新译大品放光般若》，新编上）、《大般若第四会经》一十八卷（时俗题云《新译道行小品般若》，新编上）、《最胜天王般若经》八卷（亦云《新译胜天王般若》，是《大般若》第六会，新编上）、《曼殊般若经》二卷（亦云《新译文殊般若》，是《大般若》第七会，新编上）、《理趣般若经》一卷（是《大般若》第十会，新编上）。

《第二会》下五经，并出《大般若》。

《大智度无极经》四卷（非藏中者）、《智度无极譬经》三卷（或云《无极譬经》，或四卷，或加“大”字）、《总摄无尽义经》二卷、《般若波罗蜜神咒经》一卷。

《大智度无极》下四经，《隋众经录》云并出《大品》。

《摩诃般若波罗蜜道行经》二卷（亦直云《道行经》，新编上），右一经，长房等录并云西晋惠帝代优婆塞卫士度略出，从《旧道行》中删改，亦是《小品》及《放光》等要别名[2]耳（撰录者曰：既从大经略出，即类别生，编正经中，恐将乖误，故

---

① 支派别行经：“总录”云“支派别行录”，两通。

② 等要别名：无义。《历代三宝纪》卷六、《大唐内典录》卷二亦同。《贞元录》卷二十六作“等异别名”，可从，“要”、“异”形近刻误。

附斯录）。

《大般若第二会经》下一十部一百一十九卷，般若部中别生经。

《密迹金刚力士经》二卷（出《密迹力士会》下文，《内典》等录编入正经中者，误也，新编上）、《菩萨见实三昧经》二卷（出《菩萨见实会》，抄《六界差别品》中重文，新编上）、《具善根经》一卷（出《富楼那会》下卷，即旧三卷《菩萨藏经抄》）、《善肩品经》一卷（出《善臂菩萨会》）、《抄宝积经》一卷（出《普明菩萨会》，即旧单卷《宝积经抄》）。

《密迹》下五经，并出《大宝积经》。

《菩萨奉施诣塔作愿经》一卷（或作“诸塔[①]”，抄上卷）、《往古性和佛国愿行法典经》一卷（或作“生和”，《祐录》云抄上卷，新编上）、《师子步雷音菩萨问文殊师利发心经》一卷（抄上卷）、《师子步雷音菩萨问文殊师利成佛时事经》一卷（抄下卷）、《菩萨三法经》一卷、《弃恶长者问菩萨法经》一卷。

《菩萨奉施》下六经，出《文殊佛土严净经》。

《三十五佛名经》一卷（出《决定毗尼经》）、《菩萨布施忏悔法》一卷（亦出《决定毗尼经》）。

《密迹力士经》下一十三部一十五卷，宝积部中别生经。

《佛入三昧以一毛放大光明经》一卷（抄第一卷）、《菩萨璎珞庄严经》一卷（《僧祐录》云《菩萨庄严璎珞经》，抄第一卷）、《自在王菩萨问如来警戒经》一卷（或云《菩萨戒身自在经》，抄第一卷，新编上）、《佛謦欬彻十方经》一卷（抄第二卷）、《八光经》一卷（抄第二卷）、《不与婆罗门等诤讼经》一卷（抄第三卷）、《调伏众生业经》一卷（抄第三卷）、《大慈无减经》一卷（抄第三卷）、《诸天问如来境界不可思议经》一卷（或作“警”字[②]，抄第四卷）、《舍利弗问宝女经》一卷（出《宝女品》）、《舍利弗叹宝女说不思议经》一卷（出《宝女品》，亦云《叹宝女经》）、《菩萨导示行经》一卷（出《宝女品》）、《宝女问三十二相经》一卷（或云《明三十二相》，一云《问慧经》，一云《三十二事经》，一云《宝女问经》，出《宝女品》）、《宝施女经》一卷（出《宝女品》，或云《宝女施》）、《宝女问慧经》一卷（抄别译四卷《宝女经》，亦云抄《宝女品》）、《见水世界经》一卷（抄第八卷）、《穿菩提心经》[③]一卷（抄第九卷《海慧品》，三纸）、《功

① 诸塔：隋法经等《众经目录》作“《菩萨奉施诣塔作愿念经》一卷”，“诣塔”指礼拜佛塔，为佛教专门仪轨，较“诸塔”为胜。

② 或作“警”字：智升并不云何字“或作‘警’字”，且无提出文献依据。《诸天问如来境界不可思议经》中之“如来境界”为常用语，不当为“如来警界”。

③《穿菩提心经》：此经名颇为费解。藏经中有《出生菩提心经》《庄严菩提心经》《发菩提心经》等，《大方等大集经》卷九《海慧菩萨品》云“菩萨摩诃萨初发无上菩提心时，闻众生行亦复如是”，“七千天人发阿耨多罗三藐三菩提心”等内容，疑为《发菩提心经》。

德宝光菩萨问护持》一卷经[①]（《祐录》云抄，《陈录》云抄《大集》第九，新编上）、《菩萨初发心时经》一卷（抄第九卷，或作“持”字）、《佛脐化出菩萨经》一卷（抄《无言品》）、《无言菩萨流通法经》一卷（抄《无言品》）、《无言菩萨经》一卷（抄《无言品》）、《魔业经》一卷（抄第十一卷）、《过去无边光净佛土经》一卷（抄第十一卷）、《菩萨本愿经》一卷（抄第十一卷，出《海慧品》）、《佛问四童子经》一卷（抄第十二卷）、《菩萨出要行无碍法门经》一卷（抄第十二卷《虚空藏品》）、《虚空藏菩萨问持经得几福经》一卷（抄第十六卷《虚空藏品》，新编上）、《过魔法界经》一卷（抄第十六卷《虚空藏品》，新编上）、《虚空藏所问经》八卷（亦云《方等〔主〕虚空藏经》，或五卷，或六卷，是《大集经·虚空藏品》一品，新编上）、《太白魔王坚信经》一卷（出《宝幢分》，抄第十七卷）、《佛弟子化魔子诵偈经》一卷（出第二十卷《宝幢分》）、《魔女闻佛说法得男身经》一卷（出《宝幢分》）、《开化魔经》一卷（出《宝幢分》）、《魔王入苦宅经》一卷（出《宝幢分》，抄第十九卷）、《宝幢咒经》一卷（出《宝幢分》）、《魔王变身经》一卷（出第二十二卷，是《宝幢分》中《授记》一品，四纸，新编上）、《光味仙人睹佛身经》一卷（出《宝幢分》）、《光味菩萨造七宝梯经》一卷（出《宝幢分》）、《梵王变身经》一卷（出《宝幢分》）、《波斯匿王蒙佛神力到宝坊经》一卷（抄第二十三卷）、《明星天子问慈经》一卷（抄第二十三卷）、《调伏王子道心经》一卷（抄第二十六卷）、《功德庄严王八万四千岁请佛经》一卷、《法心咒经》一卷、《十八不共品经》一卷（云抄异译《宝女品》）、《申越长者悔过供佛经》一卷（亦云《由起长者悔过经》，申越、由起，未详何正[②]）、《偈经》一卷（《僧祐录》云抄《大集经》，新编上）。

已上四十八经，并出《大集》。

《菩萨如意神通经》一卷（出《自在王经》上卷，旧云出《大集》，非也）、《四自在神通经》一卷（出《自在王经》上卷）、《菩萨戒自在经》一卷（出《自在王经》上卷）。

《佛入三昧经》下五十一部五十八卷，大集部中别生经。

《大方广如来性起微密藏经》二卷（是旧《华严经·如来性起》全一品，新编上）、《华严经十种生法经》一卷、《佛名经》一卷、《菩萨名经》一卷、《净行品经》一卷、《抄华严经》一卷、《菩萨十地经》一卷。

已上七经，并出旧《华严经》。

《昙昧摩提菩萨说经》一卷（《法经录》云出《菩萨十住行道品》）、《金刚藏问

---

① 《功德宝光菩萨问护持》一卷经：《出三藏记集》卷四、《历代三宝纪》卷十三等皆作“《功德宝光菩萨问护持经》一卷”，故“一卷”与“经”字为倒文。

② 申越、由起，未详何正：当为“申越”，考证见前“申越、申起”条注。

菩萨行经》一卷（出《渐备一切智德经》）、《渐备经》一卷（出《渐备一切智德经》）。

《大方广如来性起经》下一十部一十一卷，华严部中别生经。

《名字功德品经》一卷（出《大般涅槃经》）、《还国品经》一卷（出《普曜经》，亦云抄《中本起经》上卷）、《提婆达多品经》一卷（出《妙法莲花经》第五卷）、《药王菩萨经》一卷（《陈录》云抄《妙法华经》第七卷，新编上）、《观世音经》一卷（是《妙法华经·普门品》，出第八卷）、《光世音经》一卷（出《正法华经》）、《陀罗尼法门六种动经》一卷（抄第一卷，或无"种"字）、《弥勒菩萨本愿待时成佛经》一卷（抄第一卷）、《宝日光明菩萨问莲华国相貌经》一卷（亦云《宝日光明菩萨经》[①]）、《梵志向佛说梦经》一卷（抄第二卷）、《宝海梵志请如来经》一卷（抄第一卷）、《寂意菩萨问五浊经》一卷（抄第二卷，或云"寂音"）、《梵志劝转轮王发菩提心经》一卷（抄第二卷）、《转轮圣王发心求净土经》一卷（抄第二卷）、《树提摩纳发菩提心誓愿经》一卷（抄第五卷）、《宝海梵志成就大悲经》一卷（抄第七卷）、《佛变时会身经》一卷（抄第十卷）、《当来选择诸恶世界经》一卷（抄第十卷）、《一音演正法经》一卷（抄第十卷，或云"显正法"）、《五百王子作净土愿经》一卷、《过去行檀波罗蜜经》一卷、《观世音求十方佛各为受记经》一卷、《东方善华世界佛座震动经》一卷、《文殊师利授记[②]经》一卷、《大悲比丘本愿经》一卷、《过去香莲华佛世界经》一卷。

《陀罗尼法门经》下二十部二十卷，并出《悲华经》。

《宝云经》一卷（出《宝云经》，抄《禅行》）、《不退转法轮经》一卷（出《阿惟越致遮经》第一）、《等御诸法经》一卷（出《持心梵天经》第一）、《楞伽阿跋多罗经》一卷（《僧祐录》云《楞伽阿跋多罗宝一切佛语断肉章经》一卷，或云《楞伽抄经》）。右一经，出《入楞伽经·断肉品》（勘文出四卷《楞伽》第四卷）。

《人弘法经》一卷、《善得婆罗门求舍利经》一卷、《善得婆罗门问提婆达经》一卷、《大云密藏菩萨问大海三昧经》一卷、《大云密藏菩萨请雨经》一卷、《四百三昧名经》一卷。

《人弘法经》下六部六卷，并出《大方等大云经》。

《三归五戒带佩护身咒经》一卷、《三归五戒神王名经》一卷（亦云《三归五戒三十六善神王名经》，陈朝大乘寺等录云抄《灌顶经》，新编上）、《龙王结愿五龙神咒经》一卷、《五龙咒经》一卷、《大将军神咒经》一卷、《随愿往生经》一卷（亦云《灌顶随愿往生十方净土经》，亦云《普广菩萨经》，新编上）、《药师琉璃光经》一卷（亦云《灌

① 《宝日光明菩萨经》：《大正藏》本校勘记以为下脱"抄第一卷"四字。

② 授记：《大正藏》本校勘记以为"所说"，两通。

顶拔除过罪生死得度经》，新编上）。

《三归五戒带佩》下七部七卷，并出《大灌顶经》。

《无吾我经》一卷、《三幼童经》一卷（或作“幻童”，非也）、《往古造行经》一卷、《举钵经》一卷、《心本净经》一卷、《溥首童真经》一卷（或作“普首”）。

《无吾我经》下六部六卷，并出《普超三昧经》。

《布施度无极经》一卷（出第一卷）、《菩萨为鱼王经》一卷（出第一卷）、《乾夷王经》一卷（出第一卷）、《仙叹经》一卷（出第一卷）、《波耶王经》一卷（出第二卷）、《一切施王所行檀波罗蜜经》一卷（亦云《萨和檀王经》，出第二卷。右此《一切施王经》，群录并云罗什所译。“别生录”中名《萨和檀王经》，“后汉失译”亦有此经。经云“萨和檀”者，一切施也。将彼经勘，文同不异，故编于此）、《和默王经》一卷（出第三卷）、《维蓝经》一卷（《旧录》云《随蓝本经[①]》，出第三卷）、《戒度无极经》一卷（出第四卷）、《象王经》一卷（《旧录》云出《生经》中，误也，或第四卷）、《太子法施经》一卷（或云“法惠”，出第四卷）、《太子暮魄经》一卷（或云“沐魄”，出第四卷），在藏中者是别译本。《弥兰经》一卷（或云“弥连”，亦云“弥莲”，出第四卷）、《普明王经》一卷（出第四卷）、《忍度无极经》一卷（出第五卷）、《羼提和经》一卷（出第五卷）、《摩天罗王经》一卷（或云“国王”，出第五卷）、《槃达龙王经》一卷（出第五卷）、《雀王经》一卷（出第五卷）、《释家毕罪经》一卷（出第五卷）、《菩萨为鹿王经》一卷（亦云《佛昔为鹿王经》，出第六卷，新编上）、《九色鹿经》一卷（出第六卷），在藏中者是别译本。《马王经》一卷（安公云出《六度集》第六卷，新编上）、《菩萨作龟本事经》一卷（出第六卷）、《菩萨身为鸽王经》一卷（出第六卷）、《蜜蜂王经》一卷（出第六卷）、《佛以三事笑经》一卷（出第六卷）、《小儿闻法即解经》一卷（出第六卷）、《杀身济贾人经》一卷（出第六卷）、《以金贡太山赎罪经》一卷（出第六卷）、《调达教人为恶经》一卷（出第六卷）、《杀龙济一国经》一卷（出第六卷）、《弥勒为女身经》一卷（出第六卷）、《禅度无极经》一卷（出第七卷）、《尸呵遍王经》一卷（出第八卷。又《旧录》中有《车匿本末经》一卷，亦云出第八卷。今检其文，即是《尸呵遍王经》，更无有异。《尸呵遍王经》约初缘立名，《车匿本末经》据后文立称，既是一缘，不可分二，今存一名耳）、《遮罗国王经》一卷（或无“国”字，出第八卷）、《菩萨以明离鬼妻经》一卷（出第八卷）、《儒童经》一卷（出第八卷）、《摩调王经》一卷（事同《中阿含·大天经》，出第八卷，或无“王”字）、

---

① 《随蓝本经》：《出三藏记集》卷四云“《堕蓝本经》一卷，或云《堕蓝本》文，‘别录’云是异出《维蓝》”。《中华大藏经》本、《静泰录》等作《堕蓝本经》，而《法经录》、《彦琮录》则作《随蓝本经》。考《六度集经》卷三云“昔有梵志，名曰维蓝，荣尊位高”，则“维蓝”当为人名音译，“随蓝”与之音近。“堕”则形近致讹。

《阿难念弥经》一卷（或云《阿难念经》，出第八卷）、《镜面王经》一卷（与《义足经》中《镜面王经》大同，出第八卷，新编上）、《察微王经》一卷（出第八卷）、《梵皇经》一卷（或云《梵皇王经》，亦云《梵魔皇经》，出第八卷）、《明度无极经》一卷（《陈录》云抄《六度经》，合出第八卷，新编上）。

右《施度无极经》下四十四部四十四卷，并出《六度集经》。《旧录》中有《中心正行经》一卷，亦云出《六度经》，文中检无，故缺之耳（其《和默王经》《象王经》《菩萨为鹿王经》《马王经》《镜面王经》，此之五经，虽载群录，名与此同，并新编上）。

《能灭诸罪千啭陀罗尼经》一卷（此是奘法师所译咒五首中一首之咒，既类别生，故载斯录，新编上）、《宝鬘品抄经》一卷（出《宝网经》）、《称扬诸佛功德经》一卷（《僧祐录》云抄三卷《称扬功德经》，或与后经二文无别，新编上）、《宝海如来等十方百七十佛名经》一卷（《陈录》云抄《称扬功德经》，亦云《礼佛功德经》，新编上）、《德内丰严王佛名经》一卷（《祐录》云抄，今检《称扬功德经》上卷有此佛名，即出彼经上卷也，新编上）、《过去五十三佛名经》一卷（亦云《五十三佛名经》，出《观药王药上经》）、《定意三昧经》一卷（出《十住断结经》第四）、《贤劫千佛名经》一卷（出《贤劫经》。《僧祐录》云东晋沙门竺昙无兰抄出《千佛名》，初序云《贤劫经》说二千一百诸度无极，以枸楼孙佛[①]为首。此经有别译本，以拘那提佛为首者是）、《观佛相好经》一卷（出《观佛三昧海经》，新编上）、《央崛魔罗母因缘经》一卷（抄第一卷，新编上）、《无量乐佛土经》一卷（抄第三卷，或云"国土"）、《有称十方佛名得多福经》一卷（《祐录》云抄，《陈录》云抄《央崛经》第三卷，新编上）、《佛降央崛魔罗人民欢喜经》一卷（抄第四卷）、《帝释施央崛魔罗法服经》一卷、《央崛魔罗归化经》一卷（或云"妇死"[②]，应误）、《央崛魔罗悔过法经》一卷（或无"法"字）、《波斯匿王欲伐央崛魔罗经》一卷（《祐录》云抄，新编上）。

《央崛魔罗母》下八部八卷，并出《央崛魔罗经》。

《七佛八菩萨所说神咒经》一卷（《陈录》云抄《七佛经》，新编上）、《三十七品经》一卷（安公云出律经，新编上。《僧祐录》云东晋沙门竺昙无兰太元二十一年六月谢镇西寺撰，兰序自记，而不标所出）、《大光明菩萨百四十八愿经》一卷（《祐录》云抄，新编上）、《菩萨六法行经》一卷（《祐录》云抄，新编上）、《菩萨诸苦行经》一卷（《祐录》云抄，或无"诸"字，四纸余少许，新编上）、《菩萨诃睡眠经》一卷（《祐录》云抄，新编上）、《菩萨诃家过经》一卷（《祐录》云抄，新编上）、《阿难见水光瑞经》一卷（《祐录》云抄，新编上）、《弃恶长者问菩萨法经》一卷（《祐录》云抄，新编上）、《陀罗尼偈

---

① 枸楼孙佛：当为"拘楼孙佛"。

② 或云"妇死"：《大周录》卷五作"一名《央崛摩妇死经》"。

经》一卷（《祐录》云抄，新编上）、《六净经》一卷（安公云出律经，失译中载，八纸半，新编上）、《菩萨等入法严经》一卷（或无“菩萨”字，《安录》失译中载，五纸，新编上）、《菩萨本愿行品经》一卷（《祐录》云抄，新编上）、《同号佛名经》一卷（三纸，新编上）、《散侍法经》一卷（或作“持”字[1]，二纸，新编上）。《三十七品》等十经，《祐录》云抄而不指所出，于中《菩萨诸苦行经》，检见其本，是抄不疑，亦未知出何经律。其《六净》等四经，今并见其本，还是抄经。又隋《仁寿众经录》中，大乘别生抄经总有一百一十七部一百三十七卷，亦不指陈所出。今检诸代录中，多已载讫。彼以《护诸童子经》《陀邻钵经》等为别生抄者，理不然也。既无的据，难可依凭，略述如前，余删不载。

大乘律别生，七部七卷。

《菩萨地持戒经》一卷（《法经录》云出《菩萨地持》）、《菩萨戒要义经》一卷（《僧祐录》云抄《菩萨戒》，即《地持》是，《法经录》同）、《菩萨善戒受戒经》一卷（《法经录》云出《善戒经》）、《净除业障经》一卷（《僧祐录》云抄《净业障经》，《法经录》同）、《优婆塞戒本》一卷（《法经录》云出《优婆塞戒经》）、《劝德经》一卷（《法经录》云出《舍利弗悔过经》）、《在家菩萨戒》一卷（新编上），右一戒，《法经录》中编为失译。今亲见其本，虽未知出处，是抄不疑，乃取“五分戒序”置之于初，后方是戒，此是人集，非翻译出也。《法经录》中更有十经，云众律抄，既不陈所出，故不存之。诸代录中或有载者，此中故缺。

大乘论别生，七部一十一卷。

《大乘优波提舍论》五卷（《真寂寺录》云是众论抄，《法经录》同）、《摩诃衍精进度中罪报品经》一卷（《陈录》云抄《智度论》第十七，新编上）、《菩萨悔过法经》一卷（出龙树《十住论》，或无“经”字，新编上）、《菩萨五法行经》一卷（《祐录》云抄，《陈录》云抄《十住论》，新编上）、《初发意菩萨行易行法经》一卷（《僧祐录》云出《十住论·易行品》，新编上）、《十住毗婆沙经》一卷（《僧祐录》云抄《十住论》，新编上）、《易行品诸佛名经》一卷（《法经录》云出《十住毗婆沙》，或即与前《易行法》同）。《法经录》中更有十经，云众论抄，既不陈所出，故不存之。诸代录中或有载者，此中故缺。

小乘别生经，二百八十三部二百八十三卷。

《大迦叶遇尼乾子经》一卷（《陈录》云抄第四卷）、《三劫经》一卷（《陈录》云抄第五卷）、《韦提希子月夜问夫人经》一卷（或作“天人”，《祐录》云抄，《陈录》

---

[1] 或作“持”字：彦琮、法经之《众经目录》卷五以及《大周录》卷十二皆作“《散持法经》”，然其经已佚，待考。

云抄《长含》第七，新编上）、《三因缘经》一卷（《陈录》云抄第二十卷）、《天地成败经》一卷（《陈录》云抄《记世经》，《祐录》云是抄众经）。

《大迦叶》下五经，并出《长阿含经》。

《阿难惑经》一卷（出《人本欲生经》）、《人从所来经》一卷（《长房录》云出《人本欲生经》，亦云"人所从来"，新编上）、《阎浮利经》一卷（僧祐"失译录"中载，今检是《楼炭经》初品，新编上）、《三小劫经》一卷（是《楼炭经·三小劫品》，出第五卷，《陈录》云抄《长含》第二十二卷，新编上）、《变化本起经》一卷（出《中本起经》，亦云即《中本起》上卷）、《第一四门经》一卷（抄《十二门经》，三乘通教，明定，新编上）、《第二四门经》一卷（抄《十二门经》，与前同，新编上）、《第三四门经》一卷（即是《甘露道律经》，祐云检杂目录，或有不称"第三四门"，而直云《甘露道律经》者，新编上）、《甘露正意经》一卷（亦云《佛入甘露调正意经明定》[①]，祐云《佛入甘露调意经》）。

《第一四门》下四经，并出《十二大门经》（祐云从《第一四门》至《甘露调意》，凡四品，并是《大十二门经》一部，后人分品写出，遂成四经）。

《大迦叶遇尼乾子经》等一十四部一十四卷，并是《长阿含》部分别生经。

《福行经》一卷（出第二卷）、《婆拘罗答异学问经》一卷（《真寂寺录》云《尊者薄拘罗经》，一直名《薄拘罗经》，出第八卷）、《佛问阿须伦大海有减经》一卷（一名《海有八事经》，出第八卷）、《佛为呵利旷野鬼说法经》一卷（《祐录》云"诃利"，出第九卷）、《麼夷比丘经》一卷（一名《摩夷经》，出第十卷）、《恶道经》一卷（一名《恶意经》，亦云出第四十九，出第十五卷）、《四意止经》一卷（一名《四意止本行经》，出第二十四卷）、《息恚经》一卷（或云《自恚经》[②]，出第二十七卷）、《贫穷经》一卷（出第二十九卷）、《柔软经》一卷（出第二十九卷）、《优婆塞五法经》一卷（出第三十卷）、《受持经》一卷（出第三十卷，亦云出《杂阿含》第三十五）、《福经》一卷（出第三十四卷）、《商人求财经》一卷（出第三十四卷）、《名称经》一卷（出第三十六卷）、《何苦经》一卷（出第三十六卷）、《婆罗门行经》一卷（出第三十九卷）、《阿兰那经》一卷（出第四十卷）、《浮弥经》一卷（出第四十卷，《祐录》云抄《增一》）、《瞿昙弥经》一卷（出第四十七卷）、《中阿含本文经》一卷（出第六十卷）、《七车譬喻经》一卷、《长者梨师达多兄弟二人往佛所经》一卷（亦云《长者兄弟诣佛经》，亦云抄《杂阿含》第三十）、

① 亦云《佛入甘露调正意经明定》：此异名，唯智升单举，惜无佐证。且《开元释教录》卷一仅云"《甘露正意经》，亦云《佛入甘露调意经》"，不及此名。

② 或云《自恚经》：后云"出第二十七卷"，考《中阿含经》卷二十七《自观心经》："若比丘观时，则知我多行无增伺、无瞋恚心、无睡眠缠、无调贡高、无疑惑、无身诤、无秽污心，有信、有进、有念、有定，多行无恶慧者。"即此一段文字与瞋恚相关，根据文意，"无瞋恚心"当为"息恚"。"或云《自恚经》"，尚缺文献支撑。

《柰女经》一卷（《祐录》云抄《中阿含》，新编上）。

《福行经》下二十四部二十四卷，并出《中阿含经》（准隋开皇、仁寿二《众经录》中，更有《七知经》《离睡经》《受岁经》《梵志计水净经》《苦阴经》《苦阴因事经》《乐想经》《阿耨风经》《伏淫经》《黄竹园经》《尊上经》《意经》《应法经》《鞞摩肃经》《邪见经》《箭喻经》，上十六经，亦云出《中阿含》。今与本经文勘，乃是异译，非是别生，已编入正录讫。其《父母恩难报经》亦云别生，今勘文不同，且编见录）。

《飞鸟喻经》一卷（抄第十五卷）、《三十三天园观经》一卷（抄第十五卷）、《五战斗人经》一卷（抄第十八卷）、《波斯匿王何欲最乐经》一卷（抄第十九卷）、《舍卫城人丧子狂经》一卷（一名《梵志丧女经》，抄第二十卷）、《大枯树经》一卷（一名《枯树经》，无“大”字，一名《积木烧然[①]经》，抄第二十二卷，亦云出《中阿含》第一卷）、《鹰鹞猎经》一卷（抄第二十三卷）、《毗罗斯那居士五欲娱乐经》一卷（抄第二十四卷）、《长者诣佛说子妇不恭经》[②]一卷（《祐录》云抄《阿含》，《陈录》云抄《增一》三十四，新编上）、《比丘成就五法入地狱经》一卷（《祐录》云抄《阿含》，《陈录》云抄《增一》三十八，新编上）、《波斯匿王诣佛有五威仪经》一卷（抄第四十一卷）、《调达入地狱经》一卷（或云《调达入地狱事经》，祐云抄《中阿含》）、《扫地经》一卷、《世间强益[③]布施经》一卷、《罗阅城人民请佛经》一卷、《梵天诣婆罗门讲堂经》一卷、《郁伽居士见佛闻法醒悟经》一卷（亦云《修伽陀居士佛为说法得性悟经》[④]）、《水喻经》一卷、《七宝经》一卷、《鵄鸟事经》一卷、《学人意乱经》一卷（一名《母子作僧尼意乱经》，亦名“乱意”）、《六衰事经》一卷（《祐录》失译中有，今见其本，云出《增一》，四纸半，新编上）、《弥勒下生经》一卷（出第四十四卷，佛在舍卫国因阿难请说，七纸，新编上）、《增一阿含经》一卷（出第二十一卷，三纸，新编上）、《行七行现报经》一卷（出第三十四卷，一纸，新编上）、《十二因缘经》一卷（出第四十六卷，旧在大乘藏中，误也。三纸，新编上）。

《飞鸟喻经》下二十六部二十六卷，并出《增一阿含经》（准隋开皇、仁寿二《众经录》中，更有三经，谓《四人出现世间经》《婆罗门避死经》《四泥犁经》，亦云出《增一阿含》。今检是异译本，非别生者，已编入正录讫，故此除之。其《增一阿含》《行七行现报》二经，旧云出《增一》中，言是异译，编入见录。今检是别生经，非异译者。其《十二因缘经》及《弥勒

---

① 烧然：即“烧燃”，“然”为“燃”之古字。

② 《长者诣佛说子妇不恭经》：又有作《长者诣佛说子妇不恭敬经》者。“总录”东晋昙无兰译有“《玉耶经》一卷（一名《长者诣佛说子妇无敬经》”，与此经名接近。

③ 强益：殊无义，其他经录皆作“强盗”，当从。

④ 《修伽陀居士佛为说法得性悟经》：《大周录》卷八、《贞元录》卷二皆作“《修伽陀居士佛为说法得醒悟经》”，疑“性”当为“醒”。

下生经》《六衰事经》，亦出《增一》，故附斯录）。

《佛为婆罗门说四法经》一卷（出第二卷）、《佛迹见千辐轮相经》一卷（出第四卷）、《普施经》一卷（出第四卷）、《佛为事火婆罗门说悟道经》一卷（出第四卷）、《佛为婆罗门说耕田经》一卷（或无“田”字，出第四卷）、《佛为老婆罗门说偈经》一卷（出第四卷）、《佛为憍慢婆罗门说偈经》一卷（出第四卷）、《差摩比丘喻重病经》一卷（出第五卷）、《佛为比丘说烧头喻经》一卷（出第七卷）、《优陀夷坐树下寂静调伏经》一卷（出第九卷）、《色无常经》一卷（出第十卷）、《诸漏尽经》一卷（或云《诸尽经》，出第十卷）、《恒河譬经》一卷（《祐录》云抄，出第十卷，新编上）、《佛为比丘说大力经》一卷（出第十一卷）、《佛为频头婆罗门说像类经》一卷（出第十一卷）、《四大色身生厌离经》一卷（出第十二卷）、《佛为阿支罗迦叶说自他作苦经》一卷（《祐录》云抄，《陈录》云抄《杂含》，出第十三卷，新编上）、《异信异欲经》一卷（出第十四卷）、《佛为比丘说三法经》一卷（出第十四卷）、《叶喻多少经》一卷（出第十四卷）、《四食经》一卷（出陈朝大乘寺等录，出第十五卷，新编上）、《医王经》一卷（出第十五卷）、《佛为比丘说极深险处经》一卷（出第十六卷）、《佛为诸比丘说莫思惟世间思惟经》一卷（或无下“思惟”字，出第十六卷）、《佛为比丘说大热地狱经》一卷（出第十六卷）、《舍利弗等比丘得身作证经》一卷（出第十八卷）、《释提桓因诣目连放光经》一卷（出第十九卷）、《目连见大身众生燃铁缠身经》一卷（出第十九卷）、《目连见众生身毛如箭经》一卷（出第十九卷）、《见一众生举体粪秽涂身经》一卷（亦名《众生身秽经》，出第十九卷）、《阿那律思惟目连神力经》一卷（出第十九卷）、《众生顶有铁磨盛火炽然经》一卷（出第十九卷）、《三行经》一卷（出第二十一卷）、《眼色相系经》一卷（出第二十一卷）、《无畏离车白阿难经》一卷（出第二十一卷）、《质多罗长者请比丘经》一卷（出第二十一卷）、《外道诱质多长者经》一卷（出第二十一卷，新编上）、《世尊系念经》一卷（出第二十二卷）、《商人脱贼难经》一卷（出第二十二卷）、《长者命终生兜率天经》一卷（出第二十二卷）、《如来神力经》一卷（出第二十三卷）、《大力士出家得道经》一卷（亦云《力士跋陀经》，出第二十三卷）、《阿育王获果报经》一卷（出第二十三卷）、《阿育王于佛所生大敬信经》一卷（出第二十三卷）、《二童子见佛说偈供养经》一卷（出第二十三卷）、《罗婆鸟为鹰所捉经》一卷（此言“半雉[1]”，出第二十四卷）、《世间言美色经》一卷（出第二十四卷）、《纯陀沙弥经》一卷（或云“沙门”，或作“淳”字，出第二十四卷）、《雪山无猕猴经》一卷（或作“猿猴”，出第二十四卷）、《商人子作佛事经》一卷（出第

① 半雉：“罗婆鸟”之意译。《历代三宝纪》卷七云：“罗婆，晋云半雉。”“雉”为短尾鸟，其云“半雉”，则“罗婆鸟”与“雉”有一半形似。

二十五卷）、《婆罗门通达经论经》一卷（出第二十五卷）、《比丘于色厌离经》一卷（出第二十六卷）、《舍诸世务经》一卷（出第二十六卷）、《婴儿譬经》一卷（亦云《婴儿喻》，出第二十六卷）、《外道出家经》一卷（出第二十七卷）、《转轮圣王七宝现世间经》一卷（出第二十七卷）、《无母子经》一卷（出第二十八卷）、《婆罗门服白经》一卷（出第二十八卷）、《向邪达法经》[①]一卷（出第二十八卷）、《精勤四念处经》一卷（出第二十九卷）、《田夫喻经》一卷（出第二十九卷）、《不净观经》一卷（出第二十九卷）、《信人者生五种过患经》一卷（出第三十卷）、《婆罗门虚伪经》一卷（出第三十卷）、《转轮圣王七宝具足经》一卷（《祐录》云抄，《陈录》云抄《杂含》，出第三十卷，新编上）、《三种良马经》一卷（出第三十二卷）、《佛将比丘优婆塞乞人游行遇外道说法经》一卷（出第三十二卷）、《外道进问佛生欢喜天因缘经》一卷（出第三十二卷）、《佛为调马聚落主说法经》一卷（出第三十二卷）、《外道问佛斗战生天因缘经》一卷（出第三十二卷）、《少多制戒经》一卷（出第三十三卷）、《四种良马经》一卷（出第三十三卷）、《释种问优婆塞经》一卷（出第三十三卷）、《无始本际经》一卷（出第三十四卷）、《一切行不恒安住经》一卷（或无“住”字，出第三十四卷）、《婆罗门问世尊将来有几佛经》一卷（出第三十四卷）、《悉鞞梨天子诣佛说偈经》一卷（出第三十六卷）、《长寿童子病见世尊经》一卷（出第三十七卷）、《婆罗门问佛布施得福经》一卷（出第三十七卷）、《十法成就恶业入地狱经》一卷（出第三十七卷）、《蛇行法经》一卷（出第三十七卷）、《罗汉遇瓶沙王经》一卷（《祐录》云抄《阿含》，《陈录》云抄《杂含》，出第三十八卷，新编上）、《佛见牧牛者示道经》一卷（出第三十八卷）、《比丘浴遇天子放光经》一卷（出第三十八卷）、《魔作不净色欲娆乱经》一卷（出第三十九卷）、《尊者瞿低迦[②]独一思惟经》一卷（出第三十九卷）、《人民疾疫受三归经》一卷（出第三十九卷）、《仙人说阿修罗王归化经》一卷（出第三十九卷）、《魔化年少诣佛说偈经》一卷（出第三十九卷）、《寿命促经》一卷（出第三十九卷）、《天于阿修罗欲战斗经》[③]一卷（出第四十卷）、《天帝释受戒经》一卷（出第四十卷）、《比丘问佛释提桓因因缘经》一卷（出第四十卷）、《四天王案行世间经》一卷（出第四十卷）、《帝释礼三

---

① 《向邪达法经》：此经名仅此一见，“总录”云《向邪违法经》，其他经录皆谓《向邪违法经》，故“达”字，当为“违”字。

② 尊者瞿低迦：《杂阿含经》云：“一时佛住王舍城毗婆罗山七叶树林石室中，时有尊者瞿低迦住王舍城仙人山侧黑石室中，独一思惟，不放逸行，修自饶益。时受意解脱身作证，数数退转，一、二、三、四、五、六反退，还复得。时受意解脱身作证，寻复退转。”最后其再行思惟，不令第七退转而证成解脱身。

③ 《天于阿修罗欲战斗经》：“总录”为“《天于阿修罗欲斗战经》”，“战斗”之于“斗战”，义近两通。见前“《天于修罗欲斗战经》”条注。

宝供养经》一卷（或无“供养”字，出第四十卷）、《四种人经》一卷（出第四十一卷）、《豆遮婆罗门论议出家经》一卷（出第四十二卷）、《佛化火与婆罗门出家经》一卷（或作“大与”[①]，出第四十二卷）、《二老男女见佛出家得道经》一卷（出第四十二卷）、《河中草龟经》一卷（出第四十三卷）、《四蛇经》一卷（一名《四虺喻经》，或云《四虺经》，出第四十三卷）、《恒水流树经》一卷（一名《浮木譬喻经》，或作“流澍[②]”，出第四十三卷）、《灰河经》一卷（一名《尘灰河譬喻经》，出第四十三卷）、《四吒婆罗门出家得道经》一卷（出第四十四卷）、《佛见梵天顶经》一卷（出第四十四卷）、《帝释慈心战胜经》一卷（出第四十六卷）、《波斯匿王祖母命终经》一卷（出第四十六卷）、《铸金喻经》一卷（出第四十七卷）、《离车不放逸经》一卷（出第四十七卷）、《木杵喻经》一卷（出第四十七卷）、《金师精舍尊者病经》一卷（出第四十七卷）、《过去鸣鼓人经》一卷（出第四十七卷）、《过去弹琴人经》一卷（出第四十八卷）、《天神禁宝经》一卷（出第五十卷）、《羊群喻经》一卷（或云《群羊喻》）、《处中行道经》一卷、《阿育王供养道场树经》一卷、《长者命终生无热天经》一卷、《不坏净经》一卷、《劝行有证经》一卷、《婆罗门解知恶众术经》[③]一卷（《陈录》云出《增一》二十二）、《波斯匿王女命过诣佛经》一卷（《陈录》云出《增一》三十四）、《国王成就五法久存于世经》一卷（《陈录》云前译，出《增一》三十八）、《三时过经》一卷（《陈录》云抄《出曜》第十二）、《戒相应法经》一卷（或云《戒相应经》，出第三十卷，新编上）、《比丘问佛多优婆塞命终经》一卷（出第二十卷，新编上）、《独富长者经》一卷（亦云《独付长者财物无付经》，亦云《长者命终无子付嘱经》，出第四十六卷，亦云出《增一》第十二）、《佛为年少婆罗门说知善不善经》一卷（出第四卷，新编上）、《佛为那拘罗长者说根熟经》一卷（或无“罗”、“根熟”三字，出第五卷，新编上）、《佛为外道须深说离欲经》一卷（出第十四卷，新编上）、《阿育王施半阿摩勒果经》一卷（出第二十五卷）、《禅思满足经》一卷（出第二十九卷，新编上）。

《佛为婆罗门说四法经》下一百三十二经，并出《杂阿含经》（准隋开皇、仁寿二本《众经录》中，更有八经，谓《七处三观经》《满愿子经》《水沫所漂经》《马有八态经》《相应相可经》，此之五经，勘文乃是异译，非是别生。又有《数经》《十一相思念如来经》《身观经》，其《数经》出《中阿含》，是异译本；《十一相经》出《增一》中，亦是异译；其《身观经》，

---

① 或作“大与”：《杂阿含经》卷四十二云：“一时，佛住王舍城迦兰陀竹园，世尊晨朝着衣持钵，入王舍城乞食，次第行乞至火与婆罗门舍。”则“大与”当作“火与”，智升夹注，与《杂阿含经》有违。

② 流澍：当为“流树”，见前“流树”条注。

③ 《婆罗门解知恶众术经》：此经名唯此一见。《出三藏记集》卷四以及《开元释教录》卷一“总录”等皆作“《婆罗门解知众术经》”，《大正藏》底本此处衍一“恶”字。

文中检无。上之八经，并编见录，故此除之。其《戒相应法》下三经，《大周录》中编单本内，今检并出《杂阿含》中。其《年少婆罗门》下五经，《周录》之中编缺本内，今检得其本，勘与《杂阿含》同。于中《独富长者经》《半阿摩勒果经》，隋《众经录》别生经中已载，今并相从，编之于此）。

《三方便经》一卷、《积骨经》一卷、《地狱赞经》一卷（经后有《地狱赞》，〔非〕此经出，勘本不同，未详所以）。《三方便》下三经，并出《七处三观经》。

《禅秘要经》一卷（僧祐等录并云抄《禅要秘密治病经》，即是《治禅病秘要法》中出，新编上）。

《佛为婆罗门说四法经》下一百三十六部一百三十六卷，并是《杂阿含》部分别生经。

《那赖经》一卷（出第一卷）、《分卫比丘经》一卷（亦云《比丘分卫经》，出第一卷）、《和难经》一卷（出第一卷）、《邪业自活经》一卷（出第一卷）、《是我所经》一卷（出第一卷）、《野鸡经》一卷（出第一卷）、《前世诤女经》一卷（出第一卷）、《堕珠海水中经》一卷（出第一卷）、《旃阇摩暴志谤佛经》一卷（出第一卷）、《鳖猕猴经》一卷（出第一卷）、《五仙人经》一卷（出第一卷）、《舅甥经》一卷（出第一卷）、《闲居经》一卷（出第二卷）、《舍利弗般泥洹经》一卷（出第二卷）、《子命过经》一卷（出第二卷）、《比丘各言志经》一卷（出第二卷）、《迦旃延无常经》一卷（出第二卷）、《和利长者问事经》一卷（出第二卷）、《佛心总持经》一卷（或云《总持经》，出第二卷）、《护诸比丘咒经》一卷（出第二卷，新编上）、《吉祥咒经》一卷（出第二卷）、《和难释经》一卷（出第三卷）、《国王五人经》一卷（一名《五福德子经》，出第三卷）、《蛊狐乌经》一卷（或作“鸟”字[①]，出第三卷）、《比丘疾病经》一卷（出第三卷）、《审裸形子经》一卷（一名《佛覆裸形子经》，出第三卷）、《腹使经》一卷（出第三卷）、《弟子命过经》一卷（出第三卷）、《水牛王经》一卷（出第四卷）、《兔王经》一卷（出第四卷）、《无惧经》一卷（出第四卷，新编上）、《五百幼童经》一卷（亦云“五百童子”，出第四卷）、《毒草喻经》一卷（出第四卷）、《鳖喻经》一卷（出第四卷，新编上）、《菩萨曾为鳖王经》一卷（祐云失译，出第四卷，新编上）、《毒喻经》一卷（《旧录》《杂譬喻》中亦有，今彼中除，出第四卷）、《诲子经》一卷（出第四卷，新编上）、《负为牛者经》一卷（亦云“负债为牛”，出第四卷）、《光华梵志经》一卷（出第四卷）、《毒悔喻经》一卷（出第四卷）、《马喻经》一卷（出第四卷，新编上）、《比丘尼现

① 或作“鸟”字：《生经》云：“佛告诸比丘：‘欲知尔时蛊狐者，调达是；乌者，拘迦利是；仙人者，则菩萨是。’”故作“《蛊狐乌经》”是。另《大唐内典录》卷三云：“《蛊狐鸟经》（或作《乌出生经》）。”不知何据？

变经》一卷（出第四卷）、《梵志经》一卷（出第五卷）、《驴驼经》一卷（出第五卷）、《君臣经》一卷（出第五卷）、《拘萨罗国乌王经》一卷（或无“罗”字，出第五卷）、《蜜具经》一卷（出第五卷）、《杂赞经》一卷（出第五卷）、《孔雀经》一卷（出第五卷）、《仙人拨劫经》一卷（《僧祐录》云《仙人拨劫喻经》，出第五卷）、《清信士阿夷扇持父子经》一卷（或无“父子”字，出第五卷）、《夫妇经》一卷（出第五卷）、《萨和达王经》一卷（出第五卷，新编上）、《首达经》一卷（亦云《惟先首达经》，出第五卷，新编上）。

《那赖经》下五十四部五十四卷，并出《生经》（此《生经》上下总有五十五经，其第五十五名《譬喻经》，于中离出《萨和达》及《首达》二经，合五十六。此五十六中，除《总持经》《孤独经》，除二经外，有五十四经，上“别生录”。又隋《众经录》别生经中，更有四经，谓《命过神经》《象王经》《猘狗经》《八阳神咒经》，并云出《生经》中。今检《生经》之内，总无此经。检本既无，除之不上。此五十四经中，有《护诸比丘咒经》《无惧经》《鳖喻经》《菩萨曾为鳖王经》《诲子经》《马喻经》《萨和达经》《首达经》，上之八经，新编此录。于中《无惧》《鳖喻》《诲子》《马喻》《首达》等五经，《众经录》云出《杂譬喻》。《护诸比丘咒》《萨和达》二经，《众经录》云是大小乘抄，未知所出。今以并与《生经》之中经名目同，编之于此。《菩萨曾为鳖王经》，祐云失译者，误也，既与此同，故编斯录）。

《梵志观无常得解脱经》一卷（与《桀贪王》同是一经，约缘分二，出上卷）、《桀贪王经》一卷（出上卷）、《须陀利经》一卷（祐云失译，出上卷，新编上）、《摩竭梵志经》一卷（祐云出《义足》，出上卷，新编上）、《梵志疑争得解脱经》一卷（与《镜面王》同是一经，约缘分二，出上卷）、《镜面王经》一卷（《六度集》中亦有此经，与此大同，出上卷）、《老少俱死经》一卷（祐云失译，出上卷，新编上）、《弥勒难经》一卷（祐云失译，出上卷，新编上）、《勇辞梵志经》一卷（出上卷）、《淫人曳踵行经》一卷（房云失译，《六度集》中亦有，与此大同，出上卷，新编上）、《猛观梵志经》一卷（出下卷）、《法观梵志经》一卷（出下卷）、《兜勒梵志经》一卷（出下卷）、《莲华色比丘尼经》一卷（祐云失译，出下卷，新编上）。

《桀贪王经》下一十四部，一十四卷，并出《义足经》（其《摩竭梵志经》，《僧祐录》云出《义足经》。其《须陀利经》《老少俱死经》《弥勒难经》《莲花色比丘尼经》，此之四经，祐云失译。其《淫人曳踵行经》，房云失译。今勘并与此同，故编斯录。检其《义足》上下，总有一十六经。今除《优填王经》《异学揄飞经》《父子共会经》《维楼勒诛释经》，除此四外，余十四经，离为十四，具载斯录）。

《善时鹅王经》一卷（出《正法念处经》）、《木枪刺脚因缘经》一卷（出《兴起行经》）、《譬喻六人经》一卷（亦云《六人喻经》，出《骂意经》）、《阿阇世王问嗔恨从何生经》一卷（《祐录》云抄，新编上）、《不与婆罗门等争讼经》一卷（《祐录》云抄，新编上）、《摩诃比丘经》一卷（《祐录》云抄，新编上）、《外道仙尼说度经》

一卷（《祐录》云抄，新编上）、《度梵志经》一卷（《祐录》云抄，新编上）、《祭亡人不得食经》一卷（《祐录》云抄，新编上）、《三毒经》一卷（《祐录》云抄，新编上）、《四食经》一卷（《祐录》云抄，新编上）、《调达喻经》一卷（《祐录》云抄，新编上）、《二十八天经》一卷（《祐录》失译中载，八纸半，新编上）、《首至问佛十四事经》一卷（亦云“十四意”，亦云“十四章”，两纸半，新编上）、《数息事〔经〕》一卷（祐云“新说数息事[①]”，两纸，新编上）。

《阿阇世王》等九经，《祐录》云抄，而不指所出。其《二十八天》等三经，检见其本，并是抄经，而未的知出何经律。又隋《仁寿众经录》中小乘别生抄经，总二百一十三部二百二十七卷，亦不指陈所出。今检诸代录，多已载讫。彼录以《受十善戒经》《迦丁比丘经》等为别生抄者，理不然也。既无的据，难可依凭，略述如前，余删不载。

小乘律别生四十二部，四十九卷。

《摩竭鱼因缘经》一卷（出第九卷，新编上）、《尊者邬陀夷引导诸人礼佛〔僧〕经》一卷（出第十一卷，新编上）、《还本国度父王经》一卷（出第十七卷末第十八卷初，新编上）、《水生太子经》一卷（出第十九卷，新编上）、《施物法非法经》一卷（出第二十四卷，新编上）、《教诫罗怙罗[②]经》一卷（出第二十五卷，新编上）、《五趣生死轮转经》一卷（出第三十四卷，新编上）、《善来苾刍因缘经》一卷（出第四十二卷，新编上）、《七有事无事福业经》一卷（出第四十六卷，新编上）。

《摩竭鱼》下九经，并出《根本说一切有部毗奈耶》中。

《火生长者受报经》二卷（出第二、第三卷，新编上）、《尊者善和好声经》一卷（出第四卷，新编上）、《五种水罗经》一卷（出第五卷，新编上）、《胜鬘夫人本缘经》一卷（出第七卷，新编上）、《胜光王信佛经》一卷（出第八卷，新编上）、《诛释种受报经》一卷（出第八卷、第九卷，新编上）、《大世主苾刍尼入涅槃经》一卷（出第十卷，新编上）、《佛为难陀说出家入胎经》二卷（编入《宝积》第十四会，出第十一、十二卷，新编上）、《敬法舍身经》一卷（出第十四卷初，新编上）、《度二邪见童子得果经》一卷（出第十四卷，新编上）、《清净威仪经》一卷（或作“洗净”，出第十六卷，新编上）、《大目连受报经》一卷（出第十八卷，新编上）、《初诞生现大瑞应经》一

---

① 新说数息事：《大正藏》本校勘记以为“新”字为衍文。检《出三藏记集》中并无“新说数息事”之语，其卷四录有《说数息事经》一卷。

② 罗怙罗：即罗睺罗，又译作罗侯罗、罗护罗等，意译为覆障、障月，是释迦牟尼佛的独子，佛十大弟子中密行第一。

卷（出第二十卷，新编上）、《度迦多演那经》一卷（出第二十一卷，新编上）、《豎罗钵龙王业报因缘经》一卷（出第二十卷，新编上）、《安乐夫人因缘经》一卷（出第二十一卷，新编上）、《增养因缘经》三卷（出第二十二、二十三、二十四卷，新编上）、《妙光因缘经》一卷（出第二十五卷，新编上）、《降伏外道现大神通经》一卷（出第二十六卷，新编上）、《大药善巧方便经》二卷（出第二十七、二十八卷，新编上）、《佛从天下赡部洲经》一卷（出第二十九卷，新编上）、《度瘦瞿答弥经》一卷（出第三十卷，新编上）、《呵利底母因缘经》一卷（出第三十卷，新编上）、《法与尼在家得果经》一卷（出第三十二卷，新编上）、《树生婆罗门憍慢经》一卷（出第三十四卷末第三十五卷初，新编上）、《弟子事师经》一卷（出第三十五卷，新编上）、《七种不退转经》一卷（出第三十五卷，新编上）、《佛为长者说放逸经》一卷（出第三十六卷，新编上）、《地动因缘经》一卷（出第三十六卷，新编上）、《四种黑白法印经》一卷（出第三十七卷，新编上）、《佛将入涅槃度善贤经》二卷（出第三十七卷半后三十八卷半前，新编上）、《佛般涅槃行雨大臣告王经》一卷（出第三十八卷，新编上）、《八大国王分舍利经》一卷（出第三十八卷末第三十九卷初，新编上）。

《火生长者经》下三十三经，并出《根本说一切有部毗柰耶杂事》中（又有《给孤长者请画寺因缘》一卷，出《杂事》第十七及《毗奈耶颂》第五卷）。从《摩竭鱼因缘经》下四十二部四十九卷，并是《说一切有部律》中缘起，三藏义净钞出流行，既是别生，故编斯录。

圣贤集别生，一百三十四部一百三十四卷。

《罗弥寿经》一卷（一名《罗旬喻》，一名《那弥寿》，一名《罗贫寿》[①]）、《栴檀涂塔经》一卷。

右上二经，出《撰集百缘经》。

《无常经》一卷（非新译者，出第一卷）、《阿难见伎乐啼哭无常经》一卷（出第一卷）、《比丘求证人经》一卷（出第一卷）、《群牛千头经》一卷（出第一卷）、《窃为沙门经》一卷（出第一卷）、《瓦师逃走经》一卷（出第一卷）、《七老婆罗门请为弟子经》一卷（出第一卷）、《瞎鳖经》一卷（出第一卷）、《阿梵和利比丘无常经》一卷（出第二卷）、《集修行士经》一卷（或云“修士行”，出第二卷）、《比丘问佛何故舍世学道经》一卷（出第二卷）、《梵志问世间减损经》一卷（出第二卷）、《梵

---

① 一名《罗贫寿》：《出三藏记集》卷三云“《罗贫寿经》一卷，《旧录》云《罗弥寿》，或云《那弥寿经》”。《大正藏》本校勘记以“罗旬喻”为“罗句喻”，误。“罗旬喻”即“罗贫寿”，比丘名。

志避死经》一卷（出第二卷）、《佛看比丘病不受长者请经》一卷（出第二卷）、《童子善射术经》一卷（出第二卷）、《孤母丧一子经》一卷（出第二卷）、《三鱼失水经》一卷（出第三卷）、《悭贪长者经》一卷（出第三卷）、《斫毒树复生经》一卷（亦云“更生”，出第三卷）、《女人欲炽荒迷经》一卷（出第三卷）、《猎师舍家学道经》一卷（出第三卷）、《坐禅比丘命过生天经》一卷（出第三卷）、《贫子得财发狂经》一卷（出第三卷）、《放逸经》一卷（出第四卷）、《甘露道经》一卷（出第四卷）、《多闻经》一卷（出第四卷）、《求离牢狱经》一卷（出第四卷）、《深浅学比丘经》一卷（出第五卷）、《降千梵志经》一卷（出第五卷）、《暴象经》一卷（出第五卷）、《拘提比丘经》一卷（出第五卷）、《良时难遇经》一卷（出第五卷）、《梵志子死稻败经》一卷（出第六卷）、《欢喜过差天经》一卷（出第六卷）、《昔有二人相爱敬经》一卷（出第六卷）、《佛往慰迦叶病经》一卷（出第六卷）、《护口意经》一卷（出第七卷）、《波利比丘谤梵行经》一卷（出第七卷）、《慈仁不杀经》一卷（出第七卷）、《摩耶祇女人谤佛生身入地狱经》一卷（出第七卷）、《佛命阿难诣最胜长者经》一卷（出第八卷）、《最胜长者受咒愿经》一卷（或直云《受咒愿经》，出第八卷）、《北方世利经》一卷（出第八卷）、《佛神力救长者子经》一卷（出第八卷）、《流离王攻释子经》一卷（出第八卷）、《信能渡河经》一卷（出第八卷）、《有众生三世作恶经》一卷（出第八卷）、《昔为鹿王经》一卷（出第九卷）、《梵志诫火恩经》一卷（或作“试”[①]，出第十卷）、《二侨士经》一卷（出第十卷）、《聪明比丘经》一卷（出第十卷）、《寤意经》一卷（出第十卷）、《长寿王经》一卷（出第十卷）、《说法难值经》一卷（出第十一卷）、《调达问佛颜色经》一卷（出第十一卷）、《无害梵志执志经》一卷（出第十二卷）、《国王厌世典经》一卷（出第十二卷）、《佛度旃陀罗儿出家经》一卷（或无“出家”字，出第十三卷）、《出曜华经》一卷（出第十三卷）、《承事胜己经》一卷（出第十四卷）、《梵志问佛师经》一卷（出第十四卷）、《善呗比丘经》一卷（出第十四卷）、《六师结誓经》一卷（出第十四卷）、《无病第一利经》一卷（出第十五卷）、《法施胜经》一卷（出第十五卷）、《水上泡经》一卷（出第十六卷）、《流离王生身入地狱经》一卷（或无“生身”字，出第十六卷）、《目连弟布施望即报经》一卷（出第十六卷）、《调达生身入地狱经》一卷（出第十六卷）、《童子问佛乞食事经》一卷（出第十六卷）、《多倒见众生经》一卷（或无“多”字，出第十六卷）、《乞儿发恶心经》一卷（出

---

① 或作“试”：《出三藏记集》卷四即作“《梵志试火恩经》”。考《出曜经》卷十，有“身出炽焰，如大火聚”、“犹木生火，还自焚烧”等火喻，并无“试火”事。

第十八卷）、《长者夜输得非常观经》一卷（亦直云《非帝观经》[①]，出第十九卷）、《八岁沙弥降伏外道经》一卷（《旧录》云《八岁沙弥折外异学经》）、《钟磬贫乏经》一卷。

《无常经》下七十五部七十五卷，并出《出曜经》中。其《有众生三世作恶经》，《周录》云是异本，编在藏录者，误也。

《优波斯那优婆夷经》一卷（《陈录》云抄《贤愚经》，出第三卷，新编上）、《出家功德经》一卷（抄《出家功德品》，初无福增因缘，出第七卷，二纸，新编上）、《出家功德度福增因缘经》一卷（抄《出家功德品》，初兼福增因缘少分，颠倒安置，加证信序并度人仪[②]，五纸，新编上）、《叔离比丘尼本缘经》一卷（《陈录》云抄《贤愚经》，出第七卷，新编上）、《沙弥守戒自杀经》一卷（出第七卷）、《二鹦鹉闻四谛经》一卷（出第十二卷）、《鸟闻比丘法生天经》一卷（出第十二卷）、《五百雁闻佛法生天经》一卷（出第十三卷）、《坚誓师子经》一卷（出第十三卷）。

《优波斯那经》下九部九卷，并出《贤愚经》。

《人受身入阴经》一卷（出第一卷）、《人身八十种虫经》一卷（出第一卷）、《人身四百四病经》一卷（出第一卷）、《五阴成败经》一卷（出第一卷）、《除恐怖品经》一卷（出第一卷）、《修行慈经》一卷（出第一卷）、《修行劝意经》一卷（《祐录》云抄《中阿含》，出第二卷）、《忍辱经》一卷（《陈录》云抄《修行道地》，出第三卷）、《晓食经》一卷（抄《晓了食品》，出第三卷）、《地狱罪人众苦经》一卷（或云“众苦事”，出第三卷）、《地狱众生相害经》一卷（出第三卷）、《欢悦品经》一卷（或作“劝悦[③]”，出第四卷）、《人病医不能治经》一卷（或云“不能白治[④]”）。

《人受身入阴经》下一十三经，并出《修行道地经》。

《阿练若习禅法经》一卷（即是抄《菩萨禅法》第一卷，其《菩萨禅法》，即《坐禅三昧经》是，新编上）、《禅经偈》一卷（祐云抄《禅经》中偈，即是《禅法要解抄》，新编

---

① 《非帝观经》：当无此经名，卷一“总录”谓“亦直云《得非常观经》”，当为《非常观经》，“常”、“帝”二字形近。

② 度人仪：早期佛教文献并无此种仪轨。道教之八种科仪轨范，有诵经仪、讲经仪、法次仪、法服仪、常朝仪、中斋仪、中会仪、度人仪等，或与此相近。

③ 劝悦：今《修行地道经》卷四《劝悦品》云：“修行设羸弱，常侥遇法利。吾得归世尊，正法及众僧。方便欢喜心，以劝羸弱意。常专思遵奉，是谓为修行。”尽管其品名“《劝悦品》”，然文本内容又云“方便欢喜心，以劝羸弱意”，则或有异名。

④ 不能白治：语意不协。《中华大藏经》本、彦琮、静泰之《众经目录》皆作“《人病医不能自治经》”，可从。

上）、《形疾三品风经》一卷（祐云抄《思惟略要经》[①]）、《诸法实相观经》一卷（亦抄《思惟略要法》，新编上）、《阿恕伽王本缘经》一卷（出《阿育王传》第二卷，新编上）、《莲华女经》一卷（是《法句喻经》别抄，出第二卷）、《初受道经》一卷、《卖智慧经》一卷、《福子经》一卷、《国王痴夫人经》一卷、《八岁沙弥开解国王经》一卷、《化譬经》一卷（一名《化喻经》）、《猕猴与婢共戏致变经》一卷、《居士没故为妇鼻中虫经》一卷、《度脱狗子经》一卷（或无“脱”字）、《俱夷怀罗云本经》一卷、《须河譬喻经》一卷（或无“譬”字，《陈录》云抄《杂含》第十）、《流离王入地狱经》一卷（《出曜》中亦有，未详所以）、《福报经》一卷（《法经录》中重上）、《教子经》一卷（祐云一名《须达教子经》，《旧录》云《须达训子经》）、《迦叶诘阿难经》一卷（亦名《迦叶责阿难双度罗汉喻经》，隋《众经录》存为二经者，误）、《人诈名为道经》一卷、《贫女人听经为毒蛇所啮命终生天经》一卷、《明宿愿果报经》一卷、《听四因譬喻经》一卷、《王后为蜣螂经》一卷、《金色女经》一卷（安公云出《阿毗昙》）、《赤嘴乌喻经》一卷、《神通应化经》一卷（一名《罗汉比丘答问》）、《阿难多桓罗云母经》一卷（一名《罗云母经》）、《种田经》一卷、《觉福经》一卷（或云《学福经》一卷）、《四饭圣法章》一卷、《八部僧行名经》一卷、《阿难邠祁四时布施经》一卷。

《初受道》下二十九经，并出《杂譬喻经》（准隋《仁寿众经录》中有三十九经，今以《骂意经》一卷，检诸代录，云安高译，今编入藏，此中故缺。其《六人喻经》，云出《骂意》，前已编上，故此除之。其《得道掷撜[②]经》，亦云出《杂譬喻》，今以大本既无，且编入藏。其《无惧经》《鳖喻经》《毒喻经》《诲子经》《马喻经》《首达经》，已上六经，并出《生经》之中，旧云出《杂譬喻》者，误也。今编彼录，此亦除之。其《迦叶责阿难双度罗汉喻经》，即《迦叶诘阿难经》异名，不合双出。除此十经之外，有二十九经，如前所列，既云出《杂譬喻》，未知止的出何者[③]。双卷《譬喻》二本，检并无此等经，应出八十卷者，或可出护公所译《杂譬喻三百五十首经》，其经并在缺本录内）。

① 《思惟略要经》：下条云“亦抄《思惟略要法》”，所谓《思惟略要法》，亦即《思惟略要经》，鸠摩罗什译，或云《思惟要略法经》，同经异名。《大正藏》本校勘记校“经”为“法”，且云下脱“新编上”三字。

② 掷撜：《大正藏》底本通作“梯橙”，当为“梯隥”，见前“梯橙”条注。

③ 未知止的出何者：《大正藏》本校勘记以为“止”为衍文，似可从。《贞元录》“何者”后有一“其”字，当下属。

《开元释教录》卷第十七（“别录”之七）

“别录”中“删略繁重录第四”（一百四十七部四百八卷）

删繁录者，谓同本异名，或广中略出，以为繁剩，今并删除。但以年岁久淹，共传讹替[①]，徒盈卷帙，有费功劳。今者详校异同，甄明得失，具为条目，有可观焉。

新括出别生经，六十七部一百八十五卷。

《虚空藏所问经》八卷（亦云《方等王虚空藏经》[②]，或直云《虚空藏经》，或五卷）。右一经，是《大集经》中《虚空藏菩萨品》别抄流行，《大周录》云乞伏秦代沙门圣坚译者，谬也，彼圣坚译者缺本。

《虚空藏菩萨问持经得几福经》一卷。右一经，亦是《大集·虚空藏品》中别文抄出，诸录皆云姚秦三藏鸠摩罗什译者，谬也。

《一切施王所行檀波罗蜜经》一卷。右一经，出《六度集经·施度无极》中，诸录皆云姚秦三藏鸠摩罗什译者，谬也。

《大方广如来性起微密藏经》二卷。右一经，即是旧《华严经·宝王如来性起品》别出流行，初加证信序，及取第二会初缘起置之于首。长房等录并云西晋失译者，谬也。

《随愿往生经》一卷（亦名《灌顶随愿往生十方净土经》，亦云《普广菩萨经》）。右一经，是《大灌顶经》第十一卷《普广品》，或有经本在第十二。长房等录皆云吴代优婆塞支谦译，或云西晋三藏竺法护译者，二俱谬也。

---

① 讹替：指差误。“替”有废替；废弃义。

② 《方等王虚空藏经》：《出三藏记集》卷二、《历代三宝纪》卷九录同。然《开元释教录》“总录”以及《大唐内典录》卷三、《大周录》卷二等云《方等主虚空藏经》，“王”之与“主”，意义相近，两通。

《药师琉璃光经》一卷（亦名《灌顶拔除过罪生死得度经》）。右一经，是《大灌顶经》第十二卷，或有经本在第十一。长房等录皆云宋代鹿野寺沙门慧蕳[1]译者，谬也。

《大般若第二会经》七十八卷（时俗题云《新译大品放光般若》）、《大般若第四会经》一十八卷（时俗题云《新译道行小品般若》）。右二经，时俗共传云是三藏义净所译，别改题目抄写流行。检寻净公经目，不曾别译此经，及勘其文，乃与《大般若》无异，恐不知委，故此述之。

《最胜天王般若经》八卷（亦云《新译胜天王般若》）。右一经，即《大般若》第六会，与旧《胜天王般若》同本异译。

《曼殊般若经》二卷（亦云《新译文殊般若》）。右一经，即《大般若》第七会《曼殊室利分》，与旧《文殊般若》同本异译。

《理趣般若经》一卷。右一经，即《大般若》第十会《般若理趣分》。

《密迹金刚力士经》二卷。右一经，《内典录》云失译者，非也。今寻其本，乃出五卷《密迹力士经》中，从第四卷初第四纸五言偈后第五行第五字下生起，至第五卷末，文句全同。

《增一阿含经》一卷（三纸）。右一经，出《增一阿含经》第二十一卷，抄出二经[2]。初明四梵福，次明四食，后明四辩。《长房录》云西晋沙门法炬译者，谬也。

《行七行现报经》一卷（一纸）。右一经，出《增一阿含经》第三十四卷。

《十二因缘经》一卷（三纸）。右一经，出《增一阿含经》第四十六卷，《周录》编在大乘藏中，云与《贝多树下思惟十二因缘经》同本异译者，谬也。

《戒相应法经》一卷。右一经，出《杂阿含经》第三十卷。《长房录》云东晋西域沙门竺昙无兰译者，谬也。

《比丘问佛多优婆塞命终经》一卷。右一经，亦出《杂阿舍经》[3]第三十卷。《长房录》云西晋沙门法炬译者，谬也。

《独富长者经》一卷。右一经，出《杂阿含经》第四十六卷。《长房录》云后汉三藏安世高译者，谬也。

《有众生三世作恶经》一卷。右一经，出《出曜经》第八卷。《长房录》

① 慧蕳：此云“长房等录皆云宋代鹿野寺沙门慧蕳”，考《长房录》，并无慧蕳其人。《出三藏记集》《续高僧传》皆作“慧简”，“蕳”、“简”形近易致讹。又有作“惠简”者，后文径改作“慧简”。慧简为南朝刘宋译经僧，通晓三藏，本书卷一即有其所译“《盐王五使者经》《譬喻经》”等。

② 二经：当为“三经”，即后云“初明四梵福，次明四食，后明四辩”者是。

③《杂阿舍经》：无此经名，当为《杂阿含经》，且前后条皆云“出《杂阿含经》”。

云西晋沙门法炬译者，谬也。

《出家功德经》一卷。右一经，出《贤愚经·出家功德品》初。《长房录》云吴代优婆塞支谦译者，谬也。

《佛为年少婆罗门说知善不善经》一卷（出《杂阿含经》第四卷。《长房录》云后汉三藏安世高译者，谬）、《佛为那拘罗长者说根熟经》一卷（出《杂阿含经》第五卷。《长房录》云后汉三藏安世高译者，谬也）、《佛为外道须深说离欲经》一卷（出《杂阿含经》第十四卷。《长房录》云吴代优婆塞支谦译者，谬也）、《阿育王施半阿摩勒果经》一卷（出《杂阿含经》第二十五卷）、《禅思满足经》一卷（出《杂阿含经》第二十九卷，据《长房录》，前后两译者，并谬也）。

右上五经，《周录》之中编在缺本经内。今检得其本，并出《杂阿含》中，既是别生，除之不录。

《摩竭鱼因缘经》一卷（出第九卷）、《尊者邬陀夷引导诸人礼佛僧经》一卷（出第十一卷）、《还本国度父王经》一卷（出第十七卷末第十八卷初）、《水生太子经》一卷（出第十九卷）、《施物法非法经》一卷（出第二十四卷）、《教诫罗怙罗经》一卷（出第二十五卷）、《五趣生死轮转经》一卷（出第三十四卷）、《善来苾刍因缘经》一卷（出第四十二卷）、《七有事无事福业经》一卷（出第四十六卷）。

《摩竭鱼因缘》下九经，并出《根本说一切有部毗柰耶》中。

《火生长者受报经》一卷（出第二、第三卷）、《尊者善和好声经》一卷（出第四卷）、《五种水罗经》一卷（出第五卷）、《胜鬘夫人本缘经》一卷（出第七卷）、《胜光王信佛经》一卷（出第八卷）、《诛释种受报经》二卷（出第八、第九卷）、《大世主苾刍尼入涅槃经》一卷（出第十卷）、《佛为难拕[1]说出家入胎经》二卷（编入《宝积》第十四会，出第十一、十二卷）、《敬法舍身经》一卷（出第十四卷初）、《度二邪见童子得果经》一卷（出第十四卷）、《清净威仪经》一卷（或云"洗净威仪"，出第十六卷）、《大目连受报经》一卷（出第十八卷）、《初诞生现大瑞应经》一卷（出第二十卷）、《度迦多演那经》一卷（出第二十卷）、《瞖罗钵龙王业报因缘经》一卷（出第二十一卷。此《瞖罗钵龙王经》与《度迦多演那经》明同异者，但前经初文，别剩四纸，缘起下文，并同无别，何繁重钞，分为二经）、《安乐夫人因缘经》一卷（出第二十一卷）、《增养因缘经》三卷（出第二十二、二十三、二十四卷）、《妙光因缘经》一卷（出第二十五卷）、《降伏外道现大神通经》一卷（出第二十六卷）、《大药善巧方便经》二卷（出第二十七、二十八卷）、《佛从天下赡部洲经》一卷（出第二十九卷）、《度瘦瞿答弥经》一卷（出

---

① 难拕：《中华大藏经》本作"难陀"，梵文 Nanda，或译为难努、难屠、难提等，皆为音译，佛祖之异母弟。

第三十卷）、《诃利底母因缘经》一卷（出第三十一卷）、《法与尼在家得果经》一卷（出第三十卷）、《树生婆罗门憍慢经》一卷（出第三十四卷末第三十五卷初）、《弟子事师经》一卷（出第三十五卷）、《七种不退转经》一卷（出第三十五卷）、《佛为长者说放逸经》一卷（出第三十六卷）、《地动因缘经》一卷（出第三十六卷）、《四种黑白法印经》一卷（出第三十七卷）、《佛将入涅槃度善贤经》二卷（出第三十七卷半后三十八卷半前）、《佛般涅槃行雨大臣告王经》一卷（出第三十八卷）、《八大国王分舍利经》一卷（出第三十八卷末第三十九卷初。此上二经，文相错涉，其《大臣告王经》比于后经，前文剩两纸余。其《分舍利经》比于前经，后文可剩三纸余，并无异钞，为二经，繁而未当）。

《火生长者》下三十三经，并出《根本说一切有部毗奈耶杂事》中[①]。从《摩竭鱼因缘经》下四十二经四十九卷，并是《说一切有部律》中缘起，三藏义净钞出流行。既类别生，故并删削。于中《施物法非法经》《弟子事师经》，比于广文，虽少增减，义既不异于本，岂繁别为部卷？类诸别生，亦并删也。

新括出名异文同经，二十部五十二卷。

《菩萨境界奋迅法门经》十卷，元魏三藏菩提留支译（出《宝唱录》）。右一经，即《萨遮尼乾子经》之异名，《周录》别载，复云缺本者，误也。

《新道行经》七卷（或十卷），西晋三藏竺法护译（出长房等录）。右一经，检诸藏本，并与《小品般若》文句全同者，其本错也。护公所译《新道行经》，时无其本（承闻东都有护译本，寻之未获）。

《大方等大集经》八卷。右一经，唐《内典录》及《大周录》二录俱载。今检其文，即是合部《大集经》第六帙也。初之二卷，名《十方菩萨品》，即是《明度五十校计经》，后之六卷，乃是《无尽意经》。其《明度五十校计经》，不知何故，编入《大集》。以有差殊，今存别部之者。此既重载，今故删除。

《阿耨达龙王经》二卷。右一经，与《弘道广显三昧经》文句全同，但名别异，今存一本。

《合道神足经》三卷。右一经，与《道神足无极变化经》文同名异。

《哀泣经》三卷（或二卷，六品）。右一经，与《方等般泥洹经》文同名异，其《方等泥洹》初品名为《哀泣》，乃取此品名目以作经题，比于《方等泥洹》，后缺三品，文不足矣。

---

① 出《根本说一切有部毗奈耶杂事》中：《中华大藏经》此后有夹注“又有《给孤长者请画寺因缘》一卷，出《杂事》第十七及《毗奈耶颂》第五卷”二十七字，《大正藏》本校勘记亦有出校。又，自“《火生长者》下三十三经”至“三藏义净钞出流行”，卷十七“小乘律别生”已有载述。

《宝田慧印三昧经》一卷。右一经，与《慧印三昧经》文句全同，名广略异。《长房录》云《慧印三昧经》亦名《宝田慧印三昧经》，《周·入藏录》二本俱载，一单一重，误之甚也。

《鹿子经》一卷。右一经，与《鹿母经》文同名异，据其文义，合从“母”立名。《长房录》云《鹿子经》吴代优婆塞支谦译者，谬也。

《小无量寿经》一卷。右一经，与《阿弥陀经》文同名异，其宋代三藏求那跋陀罗所译《小无量寿经》，时无其本。

《胎藏经》一卷（出《长房录》）。右一经，与《无垢贤女经》文同名异。

《闻城十二因缘经》一卷。右一经，与《贝多树下思惟十二因缘经》文同名异，此《闻城经》合有异本，寻之未获。

《大安般经》一卷（或二卷，《内典录》云二卷，《长房录》云一卷）。右一经，与《大安般守意经》文句全同，名广略异，群录之中存其二本者，误之甚也。

《申日经》一卷。右一经，与大乘藏中《月光童子经》文同名异。父名申日，子号月光，约此不同，立经名别。《长房录》云《申日经》吴代优婆塞支谦译者，谬也。

《轮转五道罪福报应经》一卷。右一经，与《罪福报应经》文句全同，名广略异。

《梅陀越经》一卷。右一经，与《梅陀越国王经》文句全同，名广略异，《周·入藏》中《梅陀越经》编在单本，《梅陀越国王经》在于重译，二处载者，误之甚也。

《真伪沙门经》一卷（《长房录》云一名《摩诃比丘经》，亦名《迦叶禁戒经》）。右一经，即《迦叶禁戒经》之异名，文句全同，或云宋代鹿野寺沙门慧简译者，谬也。

《转法轮经》一卷。右一经，检无其本。诸经藏内皆以《转法轮论》替之者，误也（近于东都寻得正本，编入藏讫）。

《宾头卢为王说法经》一卷。右一卷[①]与《宾头卢突罗阇为优陀延王说法经》文句全同，名广略异。

《阿兰若习禅法经》二卷。右一经，与《坐禅三昧经》文同名异。

《禅秘要经》五卷。右一经，云是宋代三藏昙摩蜜多译，云与姚秦三藏鸠摩罗什所译《禅秘要法》同本异出。今检寻上下，文极交错，非是本经。初之一卷，乃是《治禅病秘要法》，文仍不尽，至半而止。第二卷已去，即是罗什所译《禅秘要法》。从第一卷过半生起至第三卷末，文亦不尽，欠十余纸，均为四卷，通前成五。其昙摩蜜多译者，时缺其本。

---

① 右一卷：《中华大藏经》本作“右一经”，据上下文例，当为“右一经”。

新括出重上录经八部，三十卷。

《菩萨地持经》十卷（或八卷，亦名《菩萨戒经》，又名《菩萨地经》）。右一经，亦名《菩萨地持论》。今此录中编之为律，存其经名，除其论录。《周录》中云《菩萨地持经》缺本者，误也。又《周录》中，此一本经，既有多名，前后差互，凡六处重上，错之甚也（大乘经中一处上，大乘律中二处上，大乘论中一处上，缺本录中二处上）。余经重载，其数非一，恐繁纸墨，故略述之。

《无畏德女经》一卷（今编入《宝积》）、《第一义法胜经》一卷、《弥勒菩萨所问本愿经》一卷。右三经，《大周·入藏录》中单本重译，二处俱载者，误也。今除单本，编重译中。

《发菩提心经》二卷（亦名《发菩提心论》）。右一经，《周·入藏录》大乘经中及大乘论二处俱载者，误也。今以菩萨所造，除其经名，存于论录。

《谏王经》一卷（亦名《大小谏王经》）。右一经，《周》“入藏”、“缺本”二录俱载者，误也。

《法句经》二卷（亦云《法句集》）。右一经，《周·入藏录》“大乘重译”及“集传”内二处俱载者，误也。寻文并同，不可分二，虽曾再译，一本缺无。今经中除，编于集内。

《摄大乘释论》十二卷。右一论，隋开皇、仁寿中①《众经录》及《唐内典》、《大周录》等皆存二本，云与十五卷《摄论》同本异出，俱是陈朝三藏真谛所译者，误也。今勘文句，首末全同，卷虽多少有殊，不可分为二部。但存十五卷本，十二成者②除之。

新括出合入大部经五十二部，一百四十一卷。

《金光明经》四卷（一十八品），北凉三藏昙无谶译。《金光明经》七卷（二十二品，或六卷），陈三藏真谛全译（四品合成七卷）。《金光明经更广寿量》（《大辩陀罗尼经》五卷，续四卷本），周宇文氏三藏耶舍崛多续《寿量》《大辩》二品，右隋兴善寺沙门宝贵取前三本及阇那崛多所译《银主》《嘱累》二品，总二十四品，合成八卷。前之三本，并合入中，一无增减，其八卷成者，留之入藏。上之三本，既重故略。

---

① 开皇、仁寿中：“中”，《大正藏》本校勘记作“年”，《中华大藏经》本作“二”。所云“开皇、仁寿中《众经录》”，开皇《众经录》指法经所撰《众经目录》七卷，仁寿《众经录》则指彦琮所撰《众经目录》五卷，故校作“年”和“二”，皆不致歧义。

② 十二成者：根据上下文意，疑当为“十二卷者”，或“十二成卷者”。

《密迹金刚力士经》七卷，西晋三藏竺法护译，在第三会（或四卷，或五卷，或八卷）。

《菩萨梦经》二卷，西晋三藏竺法护译，在第四会（新改名《净居天子会》）。

《法界体性无分别经》二卷，梁三藏曼陀罗仙译，在第八会。

《十法经》一卷，元魏三藏佛陀扇多译，在第九会（加名[①]《大乘十法会》）。

《大菩萨藏经》二十卷，大唐三藏玄奘译，在第十二会。

《佛为难陀说出家入胎经》二卷（出《说一切有部律》），大唐三藏义净译，在第十四会（改名《入胎藏会》）。

《文殊师利授记经》三卷，大唐三藏实叉难陀译，在第十五会。

《菩萨见实三昧经》十六卷，高齐三藏那连提耶舍译，在第十六会（或十四卷，或十卷）。

《菩萨藏经》三卷（一名《富楼那问经》），姚秦鸠摩罗什译，在第十七会（亦名《大悲心经》，改名《富楼那会》，或二卷）。

《护国菩萨经》二卷，隋三藏阇那崛多译，在第十八会。

《郁伽长者所问经》一卷，曹魏三藏康僧铠译，在第十九会（或二卷）。

《迦叶经》二卷，元魏外国王子月婆首那译，在第二十三会。

《善臂菩萨所问经》二卷，姚秦三藏鸠摩罗什译，在第二十六会（或一卷）。

《无畏德女经》一卷，元魏三藏佛陀扇多译，在第三十二会。

《无垢施菩萨分别应辩经》一卷，西晋清信士聂道真译，在第三十三会（或二卷）。

《大方等善住意天子问经》四卷，隋三藏达摩笈多译，在第三十六会。

《大乘方便经》三卷，东晋外国居士竺难提译，在第三十八会。

《移识经》二卷，隋三藏阇那崛多译，在第三十九会（改名《贤护长者会》）。

《弥勒菩萨所问经》一卷，元魏三藏菩提留支译，在第四十一会（改名《弥勒问八法会》）。

《大宝积经》一卷，失译，在第四十三会（改名《普明菩萨会》）。

《宝梁经》二卷，北凉沙门道龚译，在第四十四会。

《文殊般若波罗蜜经》一卷，梁三藏曼陀罗仙译，或二卷，在第四十六会（般若部中重出一本，此在次[②]，不可偏除，故存其目）。

---

① 加名：殊无义，《大正藏》本校勘记校作“改名”，本条前有所谓“新改名《净居天子会》”，后有“改名《入胎藏会》”等，可从。

② 此在次：《大正藏》本校勘记以为“此”后脱一“以”字。“此以在次”，增一“以”字，表示原因。

《宝髻菩萨所问经》二卷（亦名《菩萨净行经》），西晋竺法护译，在第四十七会。

右《密迹力士经》下合二十三部，共八十一卷，并是《大宝积经》诸会旧译，三藏菩提流志勘梵本同，更不重翻，直编会次，既合入大部，别者删之。

《三律仪经》三卷（与旧《大方广三戒经》同本），在第一会。

《无边庄严经》四卷，在第二会。

《无量寿如来经》二卷（与旧《大阿弥陀经》等同本），在第五会。

《不动如来经》二卷（与旧《阿閦佛国经》同本），在第六会。

《被甲庄严经》五卷，在第七会。

《文殊师利普门经》一卷（与旧《普门品经》同本），在第十会。

《出现光明经》五卷，在第十一会。

《佛为阿难说处胎经》一卷（与旧《胞胎经》同本），在第十三会。

《无尽伏藏经》二卷，在第二十会。

《授幻师跋陀罗记经》一卷（与旧《幻士仁贤经》同本），在第二十一会。

《大神变经》二卷，在第二十二会。

《优波离问经》一卷（与旧《决定毗尼经》同本），在第二十四会。

《发胜志乐经》二卷（与旧《发觉净心经》同本），在第二十五会。

《善顺菩萨经》一卷，在第二十七会。

《勤授长者经》一卷，在第二十八会。

《优陀延王经》一卷（与旧《优填王经》同本），在第二十九会。

《妙慧童女经》一卷（与旧《须摩提经》同本），在第三十会。

《恒河上优婆夷经》一卷，在第三十一会。

《功德宝花敷菩萨经》一卷，在第三十四会。

《善德天子经》一卷（与旧《文殊不思议境界经》同本），在第三十五会。

《阿阇世王太子经》一卷（与旧《太子刷护经》等同本），在第三十七会。

《净信童女经》一卷，在第四十会。

《弥勒菩萨所问经》一卷（与旧《弥勒所问本愿经》同本），在第四十二会。

《无尽慧菩萨经》一卷，在第四十五会。

《胜鬘夫人经》一卷（与旧《胜鬘经》同本），在第四十八会。

《广博仙人问经》一卷（与旧《毗耶娑问经》同本），在第四十九会。

右《三律仪经》下合二十六部，共四十四卷，大唐先天二年南印度三藏沙门菩提流志（唐云“觉爱”）于西崇福寺译。并是《宝积》诸会，编在大部之中，亦有钞写别部流行，恐不知根源，故具条示（若新旧相合，共成一百二十卷；若各别分之，则成一百二十五卷矣）。

“别录”中“补缺拾遗录第五”（三百六部一千一百一十一卷）

补拾录者，谓旧录缺题、新翻未载之类，今并详而具之也。所冀法轮无玷，慧日增晖，永烛幽途，恒沾沃润者矣。

《文殊师利问菩萨署经》一卷，后汉三藏支娄迦谶译。

《自誓三昧经》一卷，后汉三藏安世高译。

《温室洗浴众僧经》一卷，后汉三藏安世高译。

《佛印三昧经》一卷，后汉三藏安世高译。

《菩萨内习六波罗蜜经》一卷，后汉沙门严佛调译。

《老女人经》一卷，吴优婆塞支谦译。

《持句神咒经》一卷，吴优婆塞支谦译。

《孛经》一卷，吴优婆塞支谦译。

《菩萨十住行道品》一卷，西晋三藏竺法护译。

《太子沐魄经》一卷，西晋三藏竺法护译。

《优填王经》一卷，西晋沙门释法炬译。

《灌洗佛形像经》一卷，西晋沙门释法炬译。

《文殊师利般涅槃经》一卷，西晋居士聂道真译。

《异出菩萨本起经》一卷，西晋居士聂道真译。

《采莲违王上佛授决号妙华经》一卷，东晋沙门竺昙无兰译。

《陀邻尼钵经》一卷，东晋沙门竺昙无兰译。

《摩尼罗亶经》一卷，东晋沙门竺昙无兰译。

《玄师飏陀所说神咒经》一卷，东晋沙门竺昙无兰译。

《摩诃般若波罗蜜大明咒经》一卷，姚秦三藏鸠摩罗什译。

《须摩提菩萨经》一卷，姚秦三藏鸠摩罗什译。

《申日儿本经》一卷，宋三藏求那跋陀罗译。

《阿难陀目佉尼呵离陀经》一卷，宋三藏求那跋陀罗译。

《弥勒菩萨所问经》一卷（今编入《宝积》），元魏三藏菩提留支译。

《文殊师利所说般若波罗蜜经》一卷，梁三藏僧伽婆罗译。

《大乘十法经》一卷，梁三藏僧伽婆罗译。

《种种杂咒经》一卷，周三藏阇那崛多译。

《大集譬喻王经》二卷，隋三藏阇那崛多译。

《入法界体性经》一卷，隋三藏阇那崛多译。

《离垢慧菩萨所问礼佛法经》一卷，大唐三藏那提译。

《大乘遍照光明藏无字法门经》一卷，大唐三藏地婆诃罗译。

《大乘百福庄严相经》一卷，大唐三藏地婆诃罗译。

《菩萨修行四法经》一卷，大唐三藏地婆诃罗译。

《佛顶最胜陀罗尼经》一卷，大唐三藏地婆诃罗译。

《最胜佛顶陀罗尼净除业障经》一卷，大唐三藏地婆诃罗译。

《造塔功德经》一卷，大唐三藏地婆诃罗译。

《千手千眼观世音菩萨广大圆满无碍大悲心陀罗尼经》一卷，天竺沙门伽梵达摩译。

《千手千臂观世音菩萨陀罗尼神咒经》二卷（或一卷），大唐沙门释智通译。

《千啭陀罗尼观世音菩萨咒经》一卷，大唐沙门释智通译。

《观自在菩萨随心咒经》一卷，大唐沙门释智通译。

《大方广圆觉修多罗了义经》一卷，大唐罽宾沙门佛陀多罗译。

《不空罥索陀罗尼自在王咒经》三卷，大唐三藏宝思惟长寿二年译。

《萨昙分陀利经》一卷，失译。

《不思议功德诸佛所护念经》二卷，失译。

《菩萨本行经》三卷，失译。

《大金色孔雀王咒经》一卷，失译。

《佛说大金色孔雀王咒经》一卷，失译。

《天王太子辟罗经》一卷，失译。

《金刚三昧经》二卷，失译。

《摩利支天经》一卷，失译。

《六字神咒王经》一卷，失译。

《虚空藏菩萨问佛经》一卷（或云《问七佛陀罗尼经》），失译。

《三劫三千佛名经》三卷，失译。

《牟梨曼陀罗咒经》一卷，失译。

《阿弥陀鼓音声王陀罗尼经》一卷，失译。

《阿吒婆拘鬼神大将上佛陀罗尼经》一卷，失译。

《大普贤陀罗尼经》一卷，失译。

《大七宝陀罗尼经》一卷，失译。

《六字大陀罗尼经》一卷，失译。

《长者女庵提遮师子吼了义经》一卷，失译。

已上大乘经五十九部，拾遗编入。

《菩萨戒本》一卷，北凉三藏昙无谶译。

《受十善戒经》一卷，失译。

已上大乘律二部，拾遗编入。

《法华经论》二卷（或一卷），元魏三藏菩提留支译。

《遗教经论》一卷，陈三藏真谛译。

《唯识三十论》一卷，大唐三藏玄奘译。

已上大乘论三部，拾遗编入。

《婆罗门子命终爱念不离经》一卷，后汉三藏安世高译。

《婆罗门避死经》一卷，后汉三藏安世高译。

《骂意经》一卷，后汉三藏安世高译。

《分别善恶所起经》一卷，后汉三藏安世高译。

《父母恩难报经》一卷，后汉三藏安世高译。

《弊魔试目连经》一卷，吴优婆塞支谦译。

《斋经》一卷，吴优婆塞支谦译。

《须摩提女经》一卷，吴优婆塞支谦译。

《黑氏梵志经》一卷，吴优婆塞支谦译。

《猘狗经》一卷，吴优婆塞支谦译。

《离睡经》一卷，西晋三藏竺法护译。

《受岁经》一卷，西晋三藏竺法护译。

《乐想经》一卷，西晋三藏竺法护译。

《尊上经》一卷，西晋三藏竺法护译。

《意经》一卷，西晋三藏法竺护译。

《应法经》一卷，西晋三藏竺法护译。

《鸯崛摩经》一卷，西晋三藏竺法护译。

《分别经》一卷，西晋三藏竺法护译。

《身观经》一卷，西晋三藏竺法护译。

《苦阴因事经》一卷，西晋沙门释法炬译。

《瞻波比丘经》一卷，西晋沙门释法炬译。

《伏淫经》一卷，西晋沙门释法炬译。

《数经》一卷，西晋沙门释法炬译。

《相应相可经》一卷，西晋沙门释法炬译。

《慢法经》一卷，西晋沙门释法炬译。

《法海经》一卷，西晋沙门释法炬译。

《阿阇世王问五逆经》一卷，西晋沙门释法炬译。
《善生子经》一卷，西晋沙门支法度译。
《铁城泥犁经》一卷，东晋沙门竺昙无兰译。
《阿耨风经》一卷，东晋沙门竺昙无兰译。
《梵志頞罗延问种尊经》一卷，东晋沙门竺昙无兰译。
《四泥犁经》一卷，东晋沙门竺昙无兰译。
《水沫所漂经》一卷，东晋沙门竺昙无兰译。
《中心经》一卷，东晋沙门竺昙无兰译。
《海八德经》一卷，姚秦三藏鸠摩罗什译。
《文陀竭王经》一卷，北凉三藏昙无谶译。
《鞞摩肃经》一卷，宋三藏求那跋陀罗译。
《四人出现世间经》一卷，宋三藏求那跋陀罗译。
《十一想思念如来经》一卷，宋三藏求那跋陀罗译。
《进学经》一卷，宋居士沮渠京声译。
《八关斋经》一卷，宋居士沮渠京声译。
《弟子死复生经》一卷，宋居士沮渠京声译。
《佛母般泥洹经》一卷，宋沙门释慧简译。
《起世因本经》十卷，隋三藏达摩笈多译。
《苦阴经》一卷，失译。
《阿鸠留经》一卷，失译。
《兜调经》一卷，失译。
《舍卫国王梦见十事经》一卷，失译。
《玉耶女经》一卷，失译。
《孝子经》一卷，失译。
《鬼子母经》一卷，失译。
《梵摩难国王经》一卷，失译。
《梵志计水净经》一卷，失译。
《三归五戒慈心厌离功德经》一卷，失译。
《箭喻经》一卷，失译。
《满愿子经》一卷，失译。
《出家功德经》一卷，失译。
《佛为黄竹园老婆罗门说学经》一卷，失译。
《邪见经》一卷，失译。

已上小乘经五十九部，拾遗编入。
《五分比丘尼戒本》一卷，梁沙门释明徽集出。
《四分杂羯磨》一卷（以结戒场为首），东魏[①]三藏康僧铠译。
《犯戒报应轻重经》一卷，后汉三藏安世高译。
《沙弥尼戒经》一卷，失译。
《五百问事经》一卷，失译。
已上小乘律五部，拾遗编入。
小乘论无遗。
《道地经》一卷，后汉三藏安世高译。
《迦叶结经》一卷，后汉三藏安世高译。
《阿毗昙五法行经》一卷，后汉三藏安世高译。
《小道地经》一卷，后汉三藏支曜译。
《杂譬喻经》一卷，后汉三藏支楼迦谶[②]译。
《旧杂譬喻经》二卷，吴三藏康僧会译。
《佛医经》一卷，吴沙门竺律炎译。
《撰集百缘经》十卷，吴优婆塞支谦译。
《惟日杂难经》一卷，吴优婆塞支谦译。
《法观经》一卷，西晋三藏竺法护译。
《十二游经》一卷，东晋沙门迦留伽陀译。
《文殊师利发愿经》一卷，东晋三藏佛陀跋陀罗译。
《五门禅经要用法》一卷，宋三藏昙摩蜜多译。
《劝发诸王要偈》一卷，宋三藏僧伽跋摩译。
《分别业报略》一卷（或加“集”字），宋三藏僧伽跋摩译。
《阿育王经》十卷，梁三藏僧伽婆罗译。
《阿育王息坏目因缘经》一卷，苻秦三藏昙摩难提译。
《四阿含暮抄解》二卷，苻秦三藏鸠摩罗佛提译。
《思惟略要法》一卷，姚秦三藏鸠摩罗什译。
《杂譬喻经》一卷，姚秦三藏鸠摩罗什译。
《马鸣菩萨传》一卷，姚秦三藏鸠摩罗什译。
《龙树菩萨传》一卷，姚秦三藏鸠摩罗什译。

---

① 东魏：沙门康僧铠，并非东魏时期人，而是曹魏时期。故“东”字，当为“曹”字。
② 支楼迦谶：通译作“支娄迦谶”。

《提婆菩萨传》一卷，姚秦三藏鸠摩罗什译。

《婆薮槃豆法师传》一卷，梁三藏真谛译。

《赞观世音菩萨颂》一卷，大唐沙门释慧智译。

《禅要呵欲经》一卷，失译。

《内身观章句经》一卷，失译。

《杂譬喻经》二卷，失译。

《六菩萨名》一卷，失译。

《佛治身经》一卷，失译。

《治意经》一卷，失译。

《阿育王譬喻经》一卷，失译。

《撰集三藏及杂藏传》一卷，失译。

《无明罗刹集》一卷，失译。

《三慧经》一卷，失译。

《迦丁比丘说当来变经》一卷，失译。

已上贤圣集传三十六部，拾遗编入。

右《文殊问署经》下一百六十四部合二百五卷，并是旧译经律论。经[①]《大周》“广录”有目，“入藏”之内并无，“缺本录”中，有载不载。或有《周录》遗漏，诸录有者，今并拾遗，编入藏录。

《大方广佛花严经》[②]八十卷，大唐三藏实叉难陀译。

《文殊师利授记经》三卷（今编入《宝积》），大唐三藏实叉难陀译。

《大方广入如来智德不思议经》一卷，大唐三藏实叉难陀译。

《大方广如来不思议境界经》一卷，大唐三藏实叉难陀译。

《大方广普贤菩萨所说经》一卷，大唐三藏实叉难陀译。

《大乘入楞伽经》一卷，大唐三藏实叉难陀译。

《观世音菩萨秘密藏神咒经》一卷，大唐三藏实叉难陀译。

《妙臂印幢陀罗尼经》一卷，大唐三藏实叉难陀译。

《百千印陀罗尼经》一卷，大唐三藏实叉难陀译。

《救面燃饿鬼陀罗尼神咒经》一卷，大唐三藏实叉难陀译。

《右绕佛塔功德经》一卷，大唐三藏实叉难陀译。

---

① 经：似无义，《中华大藏经》本以为衍文，疑涉前文“经律论”而衍，可从。

② 《大方广佛花严经》：古籍中“花”、“华”二字多通用，如“莲花”作“莲华”，“法华”作“法花”等，后不烦出校。

《大乘四法经》一卷，大唐三藏实叉难陀译。
《不空罥索陀罗尼经》一卷，大唐婆罗门李无谄译。
《无垢净光大陀罗尼经》一卷，大唐三藏弥陀山等译。
《文殊师利根本一字陀罗尼经》一卷，大唐三藏宝思惟译。
《六字神咒经》一卷，大唐三藏菩提流志译。
《金光明最胜王经》十卷，大唐三藏义净译。
《能断金刚般若波罗蜜经》[1]一卷，大唐三藏义净译。
《入定不定印经》一卷，大唐三藏义净译。
《弥勒下生成佛经》一卷，大唐三藏义净译。
《曼殊室利一字咒王经》一卷，大唐三藏义净译。
《庄严王陀罗尼经》一卷，大唐三藏义净译。
《善夜经》一卷，大唐三藏义净译。
《大乘流转诸有经》一卷，大唐三藏义净译。
《妙色王因缘经》一卷，大唐三藏义净译（已上并于天后代译）。
《浴像功德经》一卷，大唐三藏宝思惟译。
《校量数珠功德经》一卷，大唐三藏宝思惟译。
《观世音菩萨如意摩尼陀罗尼经》一卷，大唐三藏宝思惟译。
《大陀罗尼末法中一字心咒经》一卷，大唐三藏宝思惟译。
《药师琉璃光七佛本愿功德经》二卷，大唐三藏义净译。
《佛为胜光天子说王法经》一卷，大唐三藏义净译。
《浴像功德经》一卷，大唐三藏义净译。
《数珠功德经》一卷，大唐三藏义净译。
《观自在菩萨如意心陀罗尼咒经》一卷，大唐三藏义净译。
《称赞如来功德神咒经》一卷，大唐三藏义净译。
《大孔雀咒王经》三卷，大唐三藏义净译。
《佛顶尊胜陀罗尼经》一卷，大唐三藏义净译。
《香王菩萨陀罗尼咒经》一卷，大唐三藏义净译。
《一切功德庄严王经》一卷，大唐三藏义净译。
《拔除罪障咒王经》一卷，大唐三藏义净译。
《佛为海龙王说法印经》一卷，大唐三藏义净译。

---

① 《能断金刚般若波罗蜜经》："波罗蜜"后脱一"多"字，经名当为《能断金刚般若波罗蜜多经》，前义净译经目录有载。

《大宝积经》一百二十卷，大唐三藏菩提流志集译[①]。

《不空罥索神变真言经》三十卷，大唐三藏菩提流志译。

《十手十眼观世音菩萨姥陀罗尼身经》一卷，大唐三藏菩提流志译。

《如意轮陀罗尼经》一卷，大唐三藏菩提流志译。

《广大宝楼阁善住秘密陀罗尼经》三卷，大唐三藏菩提流志译。

《一字佛顶轮王经》五卷，大唐三藏菩提流志译。

《文殊师利宝藏陀罗尼经》一卷，大唐三藏菩提流志译。

《金刚光焰陀罗尼经》[②]一卷，大唐三藏菩提流志译。

《大毗卢遮那成佛神变加持经》七卷，大唐三藏输波迦罗译。

《苏婆呼童子经》三卷，大唐三藏输波迦罗译。

《苏悉地羯罗经》三卷，大唐三藏输波迦罗译。

《虚空藏菩萨能满诸愿最胜心陀罗尼求闻持法》一卷，大唐三藏输波迦罗译。

《七俱胝佛母准泥大明陀罗尼经》一卷，大唐三藏金刚智译。

《金刚顶瑜伽中略出念诵法》四卷，大唐三藏金刚智译。

《金刚顶经曼殊室利菩萨五字心陀罗尼品》一卷，大唐三藏金刚智译。

《观自在如意轮菩萨瑜伽法要》一卷，大唐三藏金刚智译。

《大佛顶如来密因修证了义诸菩萨万行首楞严经》十卷，大唐沙门怀迪于广州译。

《说妙法决定业障经》一卷，大唐沙门释智严译。

《出生无边门陀罗尼经》一卷，大唐沙门释智严译。

《师子素驮娑王断肉经》一卷，大唐沙门释智严译。

已上大乘经六十一部，新译，补缺编入。

《十善业道经》一卷，大唐三藏实叉难陀译。

已上大乘律一部，新译，补缺编入。

《大乘起信论》二卷，大唐三藏实叉难陀译。

《掌中论》一卷，大唐三藏义净译。

《取因假设论》一卷，大唐三藏义净译。

---

① 集译：《大宝积经》是菩提流志综合多种译本兼自译而成，故称“菩提流志集译”。《大正藏》本校勘记校“集译”作“等译”，亦通。今《大正藏》本《大宝积经》题下云“大唐三藏法师菩提流志奉诏译”。

② 《金刚光焰陀罗尼经》：全称当为《金刚光焰止风雨陀罗尼经》，本书经名脱“止风雨”三字。前文云此经菩提流志“景龙四年于西崇福寺译，弟子般若丘多助宣梵本”。

《六门教授习定论》一卷，大唐三藏义净译（《十善经》下，天后代译）。
《能断金刚般若波罗蜜多经论颂》一卷，大唐三藏义净译。
《能断金刚般若波罗蜜多经论释》三卷，大唐三藏义净译。
《因明正理门论》一卷，大唐三藏义净译。
《成唯识宝生论》五卷，大唐三藏义净译。
《观所缘论释》一卷，大唐三藏义净译。
《观总相论颂》一卷，大唐三藏义净译。
《止观门论颂》一卷，大唐三藏义净译。
《手杖论》一卷，大唐三藏义净译。
已上大乘论十二部，新译，补缺编入。
《无常经》一卷，大唐三藏义净译。
《八无暇有暇经》一卷，大唐三藏义净译。
《长爪梵志请问经》一卷，大唐三藏义净译（《无常》等三经，天后代译）。
《五蕴皆空经》一卷，大唐三藏义净译。
《三转法轮经》一卷，大唐三藏义净译。
《譬喻经》一卷，大唐三藏义净译。
《疗痔病经》一卷（亦云“痔瘘”），大唐三藏义净译。
《略教诫经》一卷，大唐三藏义净译。
已上小乘经八部，新译，补缺编入。
《根本说一切有部毗柰耶》五十卷，大唐三藏义净译（天后代译）。
《根本说一切有部苾刍尼毗柰耶》二十卷，大唐三藏义净译。
《根本说一切有部毗柰耶杂事》四十卷，大唐三藏义净译。
《根本说一切有部尼陀那目得迦》十卷（或八卷），大唐三藏义净译（天后代译）。
《根本说一切有部戒经》一卷，大唐三藏义净译。
《根本说一切有部苾刍尼戒经》一卷，大唐三藏义净译。
《根本说一切有部百一羯磨》十卷，大唐三藏义净译（天后代译）。
《根本萨婆多部律摄》二十卷（或十四卷），大唐三藏义净译（天后代译）。
《根本说一切有部毗柰耶颂》五卷，大唐三藏义净译。
《根本说一切有部毗柰耶杂事摄颂》一卷，大唐三藏义净译。
《根本说一切有部毗柰耶尼陀那目得迦摄颂》一卷，大唐三藏义净译。
已上小乘律十一部，新译，补缺编入。
《一百五十赞佛颂》一卷，大唐三藏义净译。
《龙树菩萨劝诫王颂》一卷，大唐三藏义净译。

《大乘修行菩萨行门诸经要集》三卷，大唐沙门释智严译。

已上贤圣集传三部，新译，补缺编入。

右《花严经》下九十六部，合五百二十八卷，并是《大周刊定录》[1]后新译，所以前录未载，今并补缺，编入藏录（小乘论录后无新译）。

《四分比丘戒本》一卷，大唐沙门怀素依律集。

《四分比丘尼戒本》一卷，大唐沙门怀素依律集。

《四分僧羯磨》三卷，大唐沙门怀素依律撰。

《四分尼羯磨》三卷，大唐沙门怀素依律撰。

《四分律删补随机羯磨》一卷，大唐沙门释道宣撰。

《五分羯磨》一卷（亦云《弥沙塞羯磨》），大唐沙门释爱同撰。

右《四分戒本》下并小乘律，合六部十卷，然并撰述有据，时代盛行，故补先缺，编之见录。

《释迦谱》十卷，萧齐沙门释僧祐撰。

《释迦氏略谱》一卷（或无“略”字），大唐沙门释道宣撰。

《释迦方志》二卷，大唐沙门释道宣撰。

《经律异相》五十卷，梁敕沙门宝唱等撰。

《陀罗尼杂集》十卷，未详撰者，《旧录》亦载。

《诸经要集》二十卷，大唐沙门释玄恽撰。

《出三藏记集》十五卷，梁沙门释僧祐撰。

《众经目录》七卷，隋敕沙门法经等撰。

《开皇三宝录》十五卷（内题云《历代三宝纪》），隋翻经学士费长房撰。

《众经目录》五卷，隋敕翻经沙门学士等撰[2]。

《大唐内典录》十卷，大唐沙门释道宣撰。

《续大唐内典录》一卷，大唐沙门释智升撰。

《古今译经图纪》四卷，大唐沙门释靖迈撰。

《续古今译经图纪》一卷，大唐沙门释智升撰。

《大周刊定众经目录》十五卷，大唐天后敕沙门俭等[3]撰。

《开元释教录》二十卷，大唐沙门释智升撰。

---

① 《大周刊定录》：即明佺所撰《大周刊定众经目录》，十五卷。

② 隋敕翻经沙门学士等撰：《众经目录》成于众手，但主持之“翻经沙门”，为彦琮，当具名。《众经目录》卷一曰：“降勅所司请兴善寺大德与翻经沙门及学士等，披检法藏，详定经录，随类区辩，总为五分。”

③ 俭等：“俭”当为“佺”，即沙门明佺，参“《大周刊定录》”条注。

《一切经音义》二十五卷，大唐沙门释玄应撰。

《新译花严音义》[①]二卷，大唐沙门释慧苑撰。

《大唐西域记》十二卷，大唐三藏玄奘撰。

《集古今佛道论衡》四卷（或三卷），大唐沙门释道宣撰。

《续集古今佛道论衡》一卷，大唐沙门释智升撰。

《东夏三宝感通录》三卷，大唐沙门释道宣撰。

《集沙门不拜俗议》六卷，大唐沙门释彦悰撰。

《大唐慈恩寺三藏法师传》十卷，大唐沙门慧立等撰。

《大唐西域求法高僧传》二卷，大唐三藏义净撰。

《法显传》一卷（亦云《历游天竺记传》），东晋沙门法显自述。

《高僧传》十四卷（一卷是目录），梁沙门释慧皎撰。

《续高僧传》三十卷，大唐沙门释道宣撰。

《辩正论》八卷，大唐龙田寺释氏[②]撰。

《破邪论》二卷（或一卷），大唐龙田寺释氏撰。

《甄正论》三卷，大唐沙门释玄嶷撰。

《十门辩惑论》二卷（或三卷），大唐沙门释复礼撰。

《弘明集》十四卷，梁沙门释僧祐撰。

《广弘明集》三十卷，大唐沙门释道宣撰。

《集诸经礼忏仪》二卷，大唐沙门释智升撰。

《大唐南海寄归内法传》四卷，大唐三藏义净撰。

《比丘尼传》四卷，梁沙门释宝唱撰。

《别说罪要行法》一卷，大唐三藏义净译。

《受用三水要法》一卷，大唐三藏义净译。

《护命放生轨仪》一卷，大唐三藏义净撰。

右《释迦谱》下，合四十部三百六十八卷，并是此方所撰传记，然于大法裨助光扬，故补先缺，编之见录。

---

① 《新译花严音义》：《大正藏》本校勘记作《新译大方广佛华严经音义》，当为全称，《新译花严音义》则为简称。

② 大唐龙田寺释氏：即高僧法琳，下条作者亦同。法琳因参与佛道论衡，为佛教伸张，以免沙汰僧尼，而遭流放益州。其所撰著，时为禁书，故此隐其名讳。

《开元释教录》卷第十八（“别录”之八）

“别录”中“疑惑再详录第六”（一十四部一十九卷）

疑惑录者，自梵经东阐，年将七百，教有兴废，时复迁移，先后翻传，卷将万计，部帙既广，寻阅难周。定录之人，随闻便上，而不细寻宗旨，理或疑焉。今恐真伪交参，是非相涉，故为“别录”，以示将来。庶明达高人，重为详定。

《毗罗三昧经》二卷、《决定罪福经》一卷、《慧定普遍国土神通菩萨经》一卷（余亲见其本，全非圣言）、《救护身命济人病苦厄经》一卷（与《救疾经》文势相似，一真一伪，将为未可）、《最妙胜定经》一卷（与《最妙初教经》文势相似，一真一伪，亦将未可）、《观世音三昧经》一卷、《清净法行经》一卷（记说孔、老、颜回事）、《五百梵志经》一卷（亦名《五百婆罗门问有无经》，经云人身从五谷生）。

右《毗罗三昧经》下八部九卷，《古》《旧》录中，皆编伪妄，《大周刊定》附入正经。寻阅宗徒[①]，理多乖舛，论量义句，颇涉凡情。且附疑科，难从正录。或云贬量圣教，罪有所归，佛有诚言，此非责难。经云：“于我所说，若生疑者，尚不应受，况如是等。”准斯道理，须简是非，仍俟诸贤，共详真伪（上之八经，《旧录》编伪。今此伪录之次，亦存而不削。《旧录》伪经，《周录》刊为正者，更有数部，余未见本，故此不论）。

《法社经》二卷（内题云《业报轮转偿债引导地狱慈善庄严法社经》）。右一经，《大周录》云西晋三藏竺法护译。谨按，长房等录竺法护所译有《法社经》一卷，

---

① 寻阅宗徒：“寻阅”，探寻考察义。“宗徒”，即信徒。“《毗罗三昧经》下八部九卷”皆界定为疑经，“寻阅宗徒”当与下文“理多乖舛，论量义句，颇涉凡情”相关，智升亦多云“寻阅文句”、“寻阅理义”等，此处颇为费解，待考。

脚下注云“世注伪疑[①]”，此应多是旧伪录中小《法社经》。前经初题复云“皇卤三藏[②]翻胡经出”，然寻此文意，状涉人情，题注参差，难为楷准。且编疑录，待更详之。

《净度三昧经》三卷（萧子良抄撰中有《净度三昧经》三卷，疑此经是）、《益意经》二卷（僧法尼诵中有《益意经》二卷，疑此经是）。右二部五卷，《大周录》中编之入藏。寻阅文句，亦涉人情，事须重详，且编疑录。

《优娄频经》一卷（僧法尼诵中有名，疑此经是）。右一经，长房、《内典》二录直云梁天监十五年木道贤献上，更不辩委曲。既无其本，真伪难定，且附疑录。

《净土盂兰盆经》一卷（五纸）。右一经，新旧之录皆未曾载，时俗传行，将为正典。细寻文句，亦涉人情，事须审详，且附疑录。

《三厨经》一卷。右一经，新旧诸录并未曾载，然寻文理，亦涉人谋。依而行之，获验非一，复须详审，且附疑科。

“别录”中“伪妄乱真录第七”（三百九十二部一千五十五卷）

伪经者，邪见所造，以乱真经者也。自大师韬影，向二千年，魔教竞兴，正法衰损。自有顽愚之辈，恶见迷心，伪造诸经，诳惑流俗，邪言乱正，可不哀哉！今恐真伪相参，是非一概，譬夫昆山宝玉，与瓦石而同流；赡部真金，共铅铁而齐价。今为件别，真伪可分，庶泾渭殊流，无贻后患。

《佛名经》十六卷（本经虽真，以有伪杂，编之于此，或十二卷[③]）。右一经，时俗号为《马头罗刹佛名》，似是近代所集，乃取留支所译十二卷者错综而成。于中取诸经名目，取后辟支佛名及菩萨名、诸经阿罗汉名，以为三宝次第，总有三十二件。礼三宝后，皆有忏悔，忏悔之下，仍引《马头罗刹》伪经置之于后，乃以凡俗鄙语杂于圣言。经言“抄前着后，抄后着前，前后着中，中着前后”，此正当也。寻其所集之者，全是庸愚。只如第四卷中云“南无法显传经”，在法宝中列此传，乃是东晋平阳沙门法显往游天竺，自记行迹，元非是经，置法宝中，误谬之甚。又如第九卷云“南无富楼那”、“南无弥多罗尼子”，此是一人之名，分为二唱；次云“南无阿难罗睺罗”，此乃二人之名，合之为一。

---

① 世注伪疑：本书卷二“别生抄经”录作“世注为疑”，《中华大藏经》本作“为疑”，《大正藏》本校勘记亦校作“为疑”，两通。

② 皇卤三藏：“皇卤”，当为人名，然具体情况不详。

③ 或十二卷：《中华大藏经》本作“或三十二卷”，则脱一“三”字，下文云此经“为三宝次第，总有三十二件”，则分卷有异。

如斯谬妄，其数寔繁，不能广陈，略指如右。群愚仿习，邪党共传，若不指明，恐秽真教，故述之也。

《要行舍身经》一卷（三纸余，后有《舍身愿文》，共有五纸）。右一经，不知何人所造，邪党盛行，经初题云三藏法师玄奘译。按法师所译，无有此经，伪谬之情，昭然可见。且述四件，用晓愚心：

一、伪经初云王舍城灵鹫山者，灵鹫山名，古译经有，奘法师译，皆曰鹫峰，今言灵鹫，一伪彰也；

一、伪经初又云灵鹫山尸陀林侧者，按诸传记，其鹫峰山在摩伽陀国山城之内宫城东北十四五里，岂有都城之内而安弃尸之处？事既不然，二伪彰也；

一、伪经中又云佛说过去燃灯佛时初愿舍身者，燃灯如来是释迦牟尼佛第二无数劫满授记之师，岂有得记当成，方能死舍？事与理乖，三伪彰也；

一、伪经中又云若有人杀害有情、遍索诃界[①]、四重五逆、谤方等经及盗常住现前僧物，如是等罪，合堕地狱，若能舍身，罪必消灭者。谤经造逆，合堕阿鼻，死舍得除，便无重报（如外道妄计，殑伽河浴[②]，罪垢消除，轻命自沉，生天受福也[③]。言死舍除罪，与彼妄计何殊）。愚夫造恶，用此除愆；智者审思，勿被欺诳。永沦恶趣，无解脱期，事与理乖，四伪彰也（讹殊极多，不能备记）。

《瑜伽法镜经》二卷（或一卷，兼有伪序）。右一经，即旧伪录中《像法决疑经》前文增加二品，共成一经。初云《佛临涅槃为阿难说法住灭品》，此品乃取奘法师所译《佛临涅槃记法住经》，改换增减，置之于首，次是《地藏菩萨赞叹法身观行品》，后是《常施菩萨所问品》，此品即是旧经，据其文势次第，不相联贯。景龙元年三阶僧师利伪造，序中妄云三藏菩提流志、三藏宝思惟等于崇福寺同译。师利云有梵夹，流志曾不见闻，以旧编入伪中，再造望黐疑录。伪上加伪，讹舛尤多，目阅可知，不劳广叙（撰录者曰：余曾以此事亲问流志三藏，三藏口云：“吾边元无梵夹，不曾翻译此经。”三藏弟子般若丘多识量明敏，具委其事，恐时代绵远，谬滥真诠，故此指明，以诫于后。其僧师利因少斗讼，圣躬亲虑，特令还俗。岂非上天不祐，降罚斯人。又临终之时，腹大如瓮，恶征遄及[④]，可不惧欤）。

---

① 遍索诃界：“索诃界”即娑婆世界，也就是世人所在之大千世界。《续一切经音义》卷九云：“索诃界，上苏各反，次音呵，梵语旧云‘娑婆’，此翻为‘堪忍界’也。”

② 殑伽河浴：“殑伽河”，即恒河，又译作恒伽河、强伽河、弶伽河等。印度宗教多以为恒河水能够消除罪恶，以之浴身，则可以得到净化解脱。

③ 也：《大正藏》本校勘记作“此”，则“此”字当下属，“此言死舍除罪，与彼妄计何殊”，“此”与下文“与彼妄计何殊”之“彼”相对成文，亦通。

④ 恶征遄及：坏的症状快速到来。

《弥勒下生遣观世音大势至劝化众生舍恶作善寿乐经》一卷（亦直云《寿乐经》，十纸）、《光憨菩萨问如来出世当用何时普告经》一卷（八纸）、《随身本官弥勒成佛经》一卷（《贤树菩萨问佛品》）、《金刚密要论经》一卷（亦名《方明王缘起经》，或无“论”字，兼说弥勒下生事，十四纸）。

右上四经，并是妖徒伪造。其中说弥勒如来即欲下生等事（谨按，正经从释迦灭后，人间经五十七俱胝[①]六十百千岁，赡部洲人寿增八万，弥勒如来方始出世，岂可寿年减百，而有弥勒下生耶），以斯妖妄，诱惑凡愚，浅识之流，多从信受，因斯坠没，可谓伤哉！故此甄明，特希详鉴耳。

《佛升忉利天后阿难为诸四部众说礼佛持斋仪式经》一卷（亦云《佛升忉利天持斋仪式经》[②]）、《弥勒摩尼佛说开悟佛性经》一卷（经后题云《人身因缘开悟佛性经》，或直云《开悟佛性经》，九纸）、《净行优婆塞戒经》一卷（或云《净行优婆塞戒经·感应品第十三》，改《遗教经》，作六纸）、《甲申年洪灾大水经》一卷（与彼《佛钵记》中甲申年水事不同，二纸）、《虾蟆经青呱[③]品》一卷（半纸许）、《自省经》一卷（二纸）、《父母恩重经》一卷（经引丁兰、董黯、郭巨[④]等，故知人造，三纸）、《如来正教秘要藏经》一卷（十纸）、《毗尼藏经》一卷（八纸）、《顶盖经》一卷（内题云《佛说深妙法义论说深义生死道》，七纸）、《禅门经》[⑤]一卷（五纸）。

《嫉妒新妇经》一卷（亦云《妒妇经》）。右一经，近代人造，忘其人名，缘妻嫉妒，伪造此经以诳之，于中说嫉妒之人受报极重。

《央崛摩罗经》二卷（亦直云《央崛经》，与真经名同，中有《央崛摩罗经》二卷，疑此经是，萧子良抄撰）、《重楼戒经》一卷、《清净居士子度人经》一卷（亦云《清净士经》）、《摩登耆经》一卷、《譬喻经》一卷（宋慧简译中有《譬喻经》一卷，时闻无本，与此名同，真伪相滥，故两存之）、《目连问经》一卷（与真经名同，语意全异）、《小法

---

① 俱胝：是古印度的数量词，或译作拘致、俱致等，相当于中土数词“千万”或“亿”，有时泛指不确切的庞大数字。按照《俱舍论》卷十二云：“如彼经言，有一无余，数始为一，十一为十，十十为百，十百为千，十千为万，十万为洛叉，十洛叉为度洛叉，十度洛叉为俱胝，十俱胝为末陀，十末陀为阿庾多，十阿庾多为大阿庾多，十大阿庾多为那庾多。”则“俱胝”仅指千万。

② 《佛升忉利天持斋仪式经》：按前后文例，其后当有卷数及纸数之表述，《大正藏》本校勘记以为后脱“一卷七纸”四字，可补。

③ 青呱：《大正藏》本校勘记作“青蛙”。

④ 丁兰、董黯、郭巨：“丁兰”，汉人，早丧父母，刻木像奉养。“董黯”，董仲舒六世孙，幼年丧父，家境贫寒而事母至孝。“郭巨”，东汉人，以埋儿孝亲知名。

⑤ 《禅门经》：《大正藏》本校勘记以为前脱“《天地八阳经》一卷，卷末题云《八阳神咒经》，与正经中八阳神咒义理全异，此说阴阳吉凶禳灾除祸法，八纸”四十一字，可补。

灭尽经》一卷（与真经中《法灭尽经》文意全异）、《鸣钟经》一卷、《持戒法经》一卷、《金錍决口经》一卷、《地狱经》一卷（汉代失译有《地狱经》一卷，疑即此是，且两存之）、《优钵祇王经》一卷、《阿难请福报论》一卷、《阿难请问毗尼论》一卷（或即《阿难请问戒律论》是）、《沙门论》[①]一卷、《独乞辟支迦论》一卷、《毗尼请问论》一卷、《地狱传》一卷。

《央崛经》下一十八部一十九卷[②]，并义理乖背，伪妄昭然，章疏共引，靡知虚伪。故载斯录，传示后贤，傥悟非真，希同革弊。又伪经之类，其数寔繁，更待寻求，续编此例。

从《佛名经》下三十七部五十四卷，承前诸录，皆未曾载。今《开元新录》，搜集编上。

《定行三昧经》一卷（一名《摩诃目揵连所问经》，或云《佛遣[③]定行经》）、《真谛比丘慧明经》一卷（或云《慧明比丘经》，或云《清净真谛经》）、《尼吒国王经》一卷（或云《尼吒黄罗国王经》，或云《黄罗王经》）、《胸有万字经》一卷（或云《胸现万字经》）、《萨和菩萨经》一卷（《旧录》云《国王萨和菩萨经》、或云《萨和萨经》，《法经录》云一名《国一切度经》[④]）、《善信女经》一卷（或云《善信经》）、《护身主妙经》一卷（一名《度世护世经》，有云“十二妙”者，误）、《度护经》一卷（或云《度护法经》，《法经录》云《度法护经》）、《毗罗三昧经》二卷、《善王皇帝经》二卷（或云《善王皇帝功德尊经》，或为一卷）、《惟务三昧经》一卷（或作“惟无三昧”）、《阿罗呵公经》一卷（或云《相国阿罗诃公经》）、《慧定普遍神通菩萨经》一卷（《旧录》云《慧定普遍国土神通菩萨经》）、《阴马藏经》一卷（或云《阴马藏光明经》，《法经录》云一名《身土王所问治国经》）、《大阿育王经》一卷（云“佛在波柰”者）、《四事解脱经》一卷（或云《四事解脱度人经》）、《大阿那律经》一卷（非是八念者）、《贫女人经》一卷（名难陀者，《旧录》云《贫女难陀经》。谨按，《贤愚经》第十一卷有贫女难陀缘起，若与彼同，即非是伪）、《铸金像经》一卷、《四身经》一卷、《普慧三昧经》一卷、《阿秋那经》一卷（《旧录》云《阿秋那三昧经》）、《两部独证经》一卷、《法本斋经》一卷（云“西凉州来”）、《觅历所传大比丘尼戒》一卷（《周录》云异《比丘尼戒本》，尸梨蜜弟子觅历所传）。

右《定行三昧经》下二十五部二十八卷，苻秦沙门弥天释道安录中“伪疑经”

---

① 《沙门论》：《大正藏》本校勘记以为前脱“《决正二部毗尼论》一卷，或即《毗尼决正论》是”十七字，可补。

② 一十八部一十九卷：《大正藏》本校勘记校“八”为“九”，校“一十九”为“合二十”。既补出“《决正二部毗尼论》一卷”，当为“一十九部合二十卷”。

③ 佛遣：当作“佛遗”，或讹为《佛道定行经》，下文有载。

④ 《国一切度经》：《大正藏》本校勘记以为“国”字为衍文，则当为《一切度经》。

（安公伪录，本有二十六经，今以《宝如来三昧经》翻译有源，以曾两译，编之正录，故此除之）。安公云外国僧法，学皆跪而口受，同师所受，若十、二十转，以授后学，若有一字异者，共相推剗，得便摈之，僧法无纵也。经至晋土，其年未远，而喜事者以沙糅金，斌斌如也[①]，而无括正，何以别真伪乎！农者禾草俱存，后稷为之叹息；金匮玉石同缄，卞和为之怀耻。安敢豫学次？见泾渭淆杂，龙蛇并进，岂不耻之？今列意谓非佛经者如右，以示将来学士，共知鄙倍[②]焉。

《比丘应供法行经》一卷（亦云《如来初度五比丘即说应供行经》），《僧祐录》云此经前题云罗什出，祐按经卷旧无译名，兼罗什所出，又无此经，故入疑录。

《居士请僧福田经》一卷（祐云此经前题云昙无谶出，按谶所出无此经，故入疑录）。

《灌顶度星招魂断绝复连经》一卷（《法经录》云此经更有一小本，尽是人作）。

《无为道经》二卷（长房等录云无谶译，复云世注为疑，隋《法经录》及《仁寿录》[③]并云"大乘妙经[④]"）。右一经，余亲见其本，似是汉魏之代此方撰集，非梵本翻。《周录》之中编之入正，今以名滥真经，依祐编之伪录。

《决定罪福经》一卷（《法经录》云一名《慧法经》，《仁寿录》云二卷）、《情离有罪经》一卷（题云《情离有罪经品下》）、《烧香咒愿经》一卷（一云《咒愿经》）、《安墓咒经》一卷（《法经录》云《安墓神咒经》，《长房录》云萧齐道备撰）、《观月光菩萨记》一卷（或有"经"字）、《佛钵记》一卷（或云《佛钵》，记甲申年大水及月光菩萨事）、《弥勒下教经》一卷（或在《钵记》后）、《九十六种道经》一卷（《法经录》云《九十五种道经》，《仁寿录》云二卷，具题云《除去九十五种邪道杂类神咒经》）。

右一十二部经记，《僧祐录》云："或义理乖背，或文偈浅鄙，故入疑录。庶耘芜穢[⑤]，以显法宝。"（《祐录》又有《灌顶药师经》一卷，云宋代慧简依经抄撰，今以此经本出《灌顶》，新旧已经四译，所以伪录除之）。

《提谓波利经》二卷（宋武时北国比丘昙靖撰，旧别有《提谓经》一卷，与此真伪全异）、《宝车经》一卷（或云《妙好宝车经》，北国淮州沙门昙辩撰，青州比丘道侍[⑥]改治）。

---

① 斌斌如也："斌斌"，文质相备貌。此段全袭《出三藏记集》卷五之文字，略有出入。

② 鄙倍：《中华大藏经》本作"鄙陪"，不烦改。"倍"通"背"，违背；背理之义，"鄙倍"指浅陋背理。《论语·泰伯》云："出辞气，斯远鄙倍矣。"

③ 《仁寿录》：又称《众经目录》《彦琮录》《琮录》，五卷，现存，隋仁寿二年（602）大兴善寺翻经沙门彦琮奉命撰。其以《法经录》为基础补充而成，分单本、重翻、贤圣集传、别生、疑伪、缺本等六目，分类简明。梁启超氏以为其"踵旧作，列总目，无甚价值"。

④ 大乘妙经：《中华大藏经》本与《大正藏》本校勘记皆作"大乘抄经"，故"妙"字当为"抄"字。

⑤ 芜穢："穢"，稻麦等有芒的谷物。"芜穢"少见，或当为"芜秽"，指荒芜，田地不整治而杂草丛生。

⑥ 道侍：《大正藏》本校勘记作"道持"，《出三藏记集》卷五、《贞元录》卷二十八等皆作"道侍"，故不烦改。

右《比丘应供经》下一十四部一十六卷，梁《僧祐录》中伪经。《祐录》略云：“祐校阅群经，广集同异，约以经律，颇见所疑。夫真经体趣，融然深远，假托之文，辞意浅杂，玉石[①]朱紫，无所逃形也。今区别所疑，注之于录，并近世妄撰，亦标于末。并依倚杂经，而自制名题，进不闻远适西域[②]，退不见承译西宾。‘我闻’兴于户牖，印可出于胸怀，诳误后学，良足寒心。既躬所见闻，宁敢默已。呜呼来叶，慎而察焉！”（《祐录》又有《菩提福藏法化三昧经》一卷，《众经要览法偈二十一首》一卷，并云沙门道欢所撰。准长房等录，道欢更有伪经，故从于后，一处编上）。

《九伤经》一卷（房云见《别录》）、《菩提福藏法化三昧经》一卷（房云武帝世出，见《三藏记》及《宝唱录》）、《七佛各说偈经》一卷（房云见《吴录》）、《深自知身偈经》一卷（房云见《吴录》，祐云失译）、《众经要揽[③]法偈二十一首》一卷（梁天监三年撰，见《三藏记》及《长房录》）。

右五部五卷，《长房录》云萧齐沙门释道备撰，备后改名道欢，虽见众录，然并注入疑经。今依旧编（《长房录》中道备更有《安墓咒经》一卷。《祐录》虽不题造人，以显伪录，此不重载）。

《净土经》七卷（萧齐永元元年出，时年九岁[④]）、《宝顶经》一卷（永元元年出，时年九岁）、《正顶经》一卷（永元元年出，时年九岁）、《法华经》一卷（永元元年出，时年九岁）、《胜鬘经》一卷（永元元年出，时年九岁）、《药草经》一卷（永元二年出，时年十岁）、《太子经》一卷（永元二年出，时年十岁）、《伽耶波经》一卷（永元二年出，时年十岁）、《波罗奈经》一卷（中兴元年出，时年十二）、《优娄频经》一卷（中兴元年出，时年十二）、《益意经》二卷（梁天监元年出，时年十三，智远承旨）、《般若得经》二卷（天监元年出，时年十三，智远承旨）、《华严璎珞经》一卷（天监元年出，时年十三，智远承旨）、《出乘师子吼经》一卷（天监三年出，时年十五）、《输陀卫经》一卷（天监四年台内华光殿出，时年十六）、《阿那含经》二卷（天监四年出，时年十六）、《妙音师子吼经》三卷（天监四年出，时年十六）、《优昙经》一卷、《妙庄严经》四卷、《维摩经》一卷、《序七世经》一卷。

---

① 玉石：《中华大藏经》本作“瓦玉”，义近两通。

② 西域：西方之域，特指佛法传承和隆兴之地。《出三藏记集》卷五作“外域”，智升或涉下文“西宾”而改。

③ 要揽：与“要览”同，上段夹注有“《众经要览法偈二十一首》一卷”。《出三藏记集》卷五作“要揽”，《大唐内典录》卷四作“要览”，两通。

④ 时年九岁：指齐末太学博士江泌之女，即尼僧法之年，后皆同。《大正藏》本经名卷数后文字皆为单行大字，与前体例相违，此从《中华大藏经》本，以小字括出。

右二十一种经，凡三十五卷，如前所列，并得[①]三十四卷。梁《僧祐录》云："齐末太学博士江泌处女尼子所出。初，尼子年在龆龀，有时闭目静坐，诵出此经。或说上天，或称神授，发言通利，如有宿习。令人写出，俄而还止，经历旬朔，续复如前。京都道俗，咸传其异。今上敕见，面问所以，其依事奉答，不异常人。然笃信正法，少修梵行，父母欲嫁之，誓而弗许。后遂出家，名僧法，住青园寺。祐既收集正典，检括异闻，事接耳目，就求省视。其家秘隐，不以见示。唯得《妙音师子吼经》三卷，以备疑经之录。此尼天监年三月亡[②]，有好事者得其文疏，前后所出，定[③]二十余卷。厥舅孙质以为真经，行疏劝化，收合[④]传写。既染毫牍，必存于世。昔汉建安末，济阴丁氏之妻忽如中疾，便能胡语，又求纸笔，自为胡书。复有西域胡人见其此书，云是经莂。推寻往古，不无此事。但义非金口，又无师译，取舍兼怀，附之疑例（长房以为熏习有由，置之正目。《仁寿录》及《内典》等录以非梵本翻传，编于伪录。今依《仁寿》等定，亦编伪中）。"

《高王观世音经》一卷（亦云《小观世音经》，半纸余）。右一经，昔元魏天平年中，定州募士孙敬德在防造观世音像[⑤]，年满将还，在家礼事，后为贼所引，不堪考楚，遂妄承罪。明日将刑，其夜礼忏流泪，忽如梦睡，见一沙门教诵《救生观世音经》，经有诸佛名，令诵千遍，得免苦难。敬德惊觉，如梦所缘，了无参错，遂诵一百遍。有司执缚向市，且行且诵，临刑满千。刀下斫之，折为三段，皮肉不伤，易刀又斫，凡经三换，刀折如初。监司问之，具陈本末，以状闻承相高欢，乃为表请免死。因此广行于世，所谓《高王观世音经》也。敬德还，设斋迎像，乃见项上有三刀痕。见《齐书》及《辩正论》《内典录》等（撰录者曰：此经《周录》之内编之入藏，今则不然。此虽冥授，不因传译，与前僧法所诵何殊？何得彼入伪中，此编正录？例既如此，故附此中）。

《萨婆若陀眷属庄严经》一卷（二十余纸）。右一经，《僧祐录》云："梁天监九年，郢州投陀道人妙光，戒岁七腊，矫以胜相，诸尼妪人，佥称圣道。彼州僧正议欲驱摈，遂潜下都，住普弘寺，造作此经。又写在屏风，红纱映覆，

---

① 并得：《中华大藏经》本作"算得"，亦通。

② 天监年：《出三藏记集》卷五作"此尼以天监四年三月亡"，《全梁文》卷七十一亦作"天监四年"，当从。

③ 定：审定。《出三藏记集》卷五校作"经"，则云"前后所出经二十余卷"，不当断句。

④ 收合：收集；聚集。《出三藏记集》卷五作"收拾"，两通。

⑤ 募士孙敬德在防造观世音像：《续高僧传》卷二十九作"募士孙敬德于防所造观音像"，《开元释教录》"防"后或脱一"所"字。"募士"，义为招募之士，或以为募兵制度中士兵等次之一种。

香花供养，云集四部，嚫供烟塞。事源显发，敕付建康辩核款状[①]，云抄略诸经，多有私意妄造，借书人路琰属辞润色。狱牒[②]‘妙光巧诈，事应斩刑；路琰同谋，十岁谪戍。’即以其年四月二十一日，敕僧正慧超，令唤京师能讲大法师、宿德如僧祐、昙准等二十人，共至建康前辩妙光事。超即奉旨，与昙准、僧祐、法宠、慧令、慧集、智藏、僧旻、法云等二十人于县辩问。妙光伏罪，事事如牒，众僧详议，依律摈治，天恩免死，恐于偏地复为惑乱，长系东治[③]。即收拾此经，得二十余本及屏风，于县烧除。然犹有零散，恐乱后生，故复略说。”（萨婆若陀长者，是妙光父名。妙光弟名金刚德体，弟子名师子。撰录者曰：余录之中，略述由委，今具明者，欲使委悉根源，共同鉴勖。）

《阿那含经》二卷（余亲见一本，一卷成部，亦是人造）。右按长房等代录及失译录，俱有此经。僧法尼诵中复有《阿那含经》二卷。既并无本诠定，真伪难分，且各存其目。

《像法决疑经》一卷、《清净法行经》一卷、《龙种尊国变化经》一卷（与安公伪录中《四事解脱经》大同）、《观世音十大愿经》一卷（《仁寿录》云一名《大悲观世音经》，具题云《大悲观世音弘猛慧海十大愿品第七百》）、《观世音三昧经》一卷、《大乘莲华马头罗刹经》一卷（亦云《宝达菩萨问报应沙门经》）、《空净三昧经》一卷（一名《空静天感应三昧经》，谨按代录，已经两译，恐滥窃真名，故两存其目）、《初波罗耀经》二卷、《大法尊王经》三十一卷、《十方佛决狐疑经》一卷、《八方根原八十六佛名经》一卷（亦云“根本”）、《普贤菩萨说此证明经》一卷、《弥勒成佛本起经》一十七卷（《仁寿录》云“七十卷”）、《弥勒下生观世音施珠宝经》一卷、《弥勒成佛伏魔经》一卷（一云《救度众生经》）、《妙法莲华度量天地经》一卷（亦云《妙法莲华经·度量天地品第二十九》）、《观世音咏托生经》一卷、《灭七部庄严成佛经》一卷。

《空寂菩萨所问经》一卷（一名《法灭尽经》，亦云《法没尽经》，《法经录》云此经伪妄炳然，固非竺护所译）。右《空寂所问经》，谨按群录，已经两译，恐滥窃真名，故两存其目。又有《法灭尽经》一卷，即此异名，不复重载（其《法灭尽经》，大小二乘伪录皆载者，误也）。

《照明菩萨经》一卷（一加“头陀”字）、《照明菩萨方便譬喻治病经》一卷、

---

① 款状：指供状；罪证，法律词汇。《出三藏记集》卷五作“疑状”，亦通。

② 狱牒：案件的判决文书。

③ 东治：不可解，《出三藏记集》卷五作“东冶”，当从。“东冶”为官署名。南朝宋设“东冶”、“南冶”，皆置“令”、“丞”各一人，掌工徒鼓铸之事，隶属少府，齐因之。

《首罗比丘见月光童子经》一卷、《阿难现变经》一卷、《般若玄记经》一卷、《幽深玄记经》一卷、《玄记经》二卷（《周录》云一卷）、《大契经》四卷（《周录》云一名《弥勒下生结大善契经》，或三卷）、《发菩提心经》一卷（今有两卷者，是其真经，此虽名同，卷多少异）、《菩萨求五眼经》一卷（聂道真所译有此经名，此中复载，应伪窃真名，所以真伪俱有）、《般泥洹后诸比丘经》一卷（按《僧祐录》，即《小般泥洹》异名）、《小般泥洹经》一卷（一名《大法灭尽经》）。右按安世高译处有《小般泥洹经》，此既名同，复无本可定，且二处俱载。

《五浊恶世经》一卷（又有《大五浊经》，应即此是）、《妙法莲华天地变异经》一卷、《华严十恶经》一卷、《观世楼炭经》一卷、《小楼炭经》一卷、《须弥四域经》一卷、《正化内外经》一卷（一名《老子化胡经》，传录云晋时祭酒王浮作）、《魔化比丘经》一卷（支谦录内有此经名，恐伪窃真名，且两存其目）、《善信神咒经》一卷（罗什录内有《善信摩诃神咒经》二卷，名目相滥，真伪未分，且两存其目）、《五浊经》一卷（又有《小五浊经》，应此经是）、《华鲜经中说罪福经》一卷（亦直云《华鲜经》）、《五龙悔过经》一卷（一名《五龙悔过护法经》，一名《空慧悔过经》）、《戒具三昧道门经》一卷、《最妙胜定经》一卷、《天竺沙门经》一卷。

《救护身命济人病苦厄经》一卷（亦直云《救护身命经》，亦云《护身经》），右此经更有一本，题云《大佛顶陀罗尼经》。初云婆罗门三藏流支译，加咒一首，余文大同（撰录者曰：经题流支，未详何者。若其流支再译，经语与旧全殊。今乃咒异余同，未能令人除惑。推寻无据，不可妄编，故依旧录，列之于此）。

《大那罗经》一卷、《慧明正行经》一卷、《天皇梵摩经》一卷、《安墓经》一卷、《安冢经》一卷、《安宅经》一卷（正录中《安宅神咒经》与此异）、《天公经》一卷、《度生死海神船经》一卷、《救蚁沙弥经》一卷（谨按，《杂宝藏经》第四卷有沙弥救蚁事，如与彼同，即非是伪。此既未睹，且复存之）、《北方礼佛咒经》一卷、《敬福经》一卷（具题云《如来在金棺嘱累清净庄严敬福经》）、《阿罗诃条国王经》一卷、《五百梵志经》一卷（一名《亦有亦无经》）、《修行方便经》一卷、《偈令经》一卷、《度世不死经》一卷、《斋法清净经》一卷、《无为法道经》一卷、《咒媚经》一卷、《正斋经》一卷（安世高译中有《正斋经》，竺法护录中亦有，恐滥窃真名，故亦存其目）、《尸陀林经》一卷、《招魂魄经》一卷（亦云《招魂经》，《周录》云《招魄经》）、《法社经》一卷（《法录》[1]云"披寻古录，更应别有法社制度，但未见此经，无假具显"[2]），

① 《法录》：根据前后文，当为"《法经录》"。

② 无假具显：检《法经录》卷四，实作"无假具显"，然颇无义。《大正藏》本校勘记"假"作"暇"，当作"暇"。

右此单卷《法社经》，曾见三本，说处虽同，文辞全异。寻其义理，并是人造（一本三纸，名为《法社罪福报应经》；一本两纸；一本一纸余少许）。

《太子赞经》一卷、《比丘法藏见地狱变经》一卷、《人民求愿经》一卷、《阎罗王东太山经》一卷、《七宝经》一卷、《字论经》一卷、《救护众生恶疾经》一卷（亦云《救疾经》）、《五果譬喻经》一卷、《狐儿孤女经》[①]一卷、《庶人王并庶民受五戒正信除邪经》一卷、《遗教法律三昧经》二卷，右按长房等代录及失译录俱有此经，既并无本，诠定寔难，且各存其目（撰录者曰：此经余虽不睹全本，见所引者，多是人造）。

《二百五十戒经》一卷（《法经录》云诸录并云有六七种，异先所出，故入疑）、《毗跋律》一卷（《法经录》云此律乃南齐永明年沙门法度于扬州作，以滥律名，及录注译，故附伪），右按梁《僧祐录》、隋《费长房录》、唐《道宣录》等并云齐武帝时沙门释法度出，而不言译，未详“出”字，其意云何？为是集出？为是伪出？其本复缺，诠定寔难，且依《法经录》中，载之伪录。

《异威仪》一卷（《法经录》云宋元嘉世昙摩耶舍弟子法度造，违反正律，诳耀僧尼，扬州于今尚有行者，故指明耳）、《五凡夫论》一卷。

右《阿那含经》下八十六部一百四十一卷，隋开皇十四年敕沙门法经等所撰。《众经录》内“伪疑经录”云：“并名号乖真，或首掠金言[②]，而末申谣谶，或初论世术，后托法词，或引阴阳吉凶，或明神鬼祸福，诸如此比，伪妄灼然。今宜秘寖，以救世患（然《法经录》中以《随愿往生经》《药师经》《梵天神策经》《仁王经》《宝如来三昧经》《占察经》《梵网经》《五苦章句经》《安宅神咒经》《遗教论》等并编疑伪者，不然。其《随愿往生》等三经，出《大灌顶》《仁王》等七经，并翻译有源，编为疑伪，将为未可。今编正录，此中不载）。”

《金刚藏经》三十卷（《周录》或云三十一卷）、《随叶佛说须菩提经》二卷（一名《须菩提经》）、《般若得道经》一卷（《法经录》云《般若得经》，或可《般若得经》即是僧法尼所诵者）、《造天地经》一卷、《蒺藜园经》一卷、《危脆经》一卷（竺昙无兰译中有此经名，既未见本，实难诠定，且两存之）、《堕落优婆塞经》一卷（后汉支曜译中有名，既无本定，且各存之）、《银蹄金角犊子经》一卷（或云《孝顺子应变破恶业修行经》）、《后母经》一卷、《应行律》一卷（或云《应律行》，或有“经”字）、《大空般

① 《狐儿孤女经》：“狐儿”，不当对应“孤女”，《中华大藏经》作《孤儿孤女经》，法经《众经目录》亦作《孤儿孤女经》，故“狐”字，当为“孤”字。

② 首掠金言：法经《众经目录》卷四作“首掠金言”，“掠”有掠美之义，谦词。《大正藏》本校勘记作“首标金言”，指篇首载录佛之教言，于义为胜。

若论》一卷。

右《金刚藏经》下一十一部四十一卷，隋仁寿二年敕请兴善寺大德与翻经沙门及学士等共定《众经录》内“伪疑经”（撰录者曰：此“伪录”中复有《大光明菩萨百四十八愿经》，《僧祐录》内注云抄经，今“别生录”载，“伪录”除之）。

《诸佛下生大法王经》六十卷（宣律师云“余于汾部，亲见此文”）、《方广灭罪成佛经》三卷（亦云《大通方广忏悔灭罪庄严成佛经》，亦直云《大通方广经》）、《法句经》二卷（下卷宝明菩萨[①]，时闻多有一卷流行，与集传中《法句经》名同文异，此是人造）、《罪福决疑经》一卷、《五辛经》一卷（《周录》云《大乘般若五辛经》）、《初教经》一卷（亦云《最妙初教经》，与《最妙胜定经》文势相似）、《罪报经》一卷（与正经《罪报》轻重全异）、《日轮供养经》一卷、《乳光经》一卷（其文全异于正经，云不得服乳，服之获罪）、《福田报应经》一卷、《宝印经》一卷、《究竟大悲经》四卷（或三卷，亦云八卷）、《独觉论》一卷、《毗尼决正论》一卷、《优波离论》一卷（或云《优波离经》）、《普决论》一卷（或云《唯识普决论》）、《阿难请问戒律论》一卷、《迦叶问论》一卷（或云《迦叶问毗尼论》）、《大威仪请问论》一卷（或云《大威仪请问经》）、《宝鬘论》一卷、《沙弥论》一卷（或云《沙弥论经》）、《文殊请问论》一卷。

右《大法王经》下二十二部八十七卷，大唐麟德元年京师西明寺沙门道宣所撰《内典录》中伪经。宣云：“诸伪经论，人间经藏往往有之。其本尚多，待见更录。”（撰录者曰：《内典》中复有《金棺嘱累经》一卷，即是《法经录》中《敬福经》是，故不重载。又有《占察经》《遗教论》，并翻传有据，文义可观，编之为录，将为未可，已编正录，为中不载[②]。）

《诸佛下生经》二十卷、《善恶因果经》一卷、《内三十七品经》一卷（或无“内”字）、《戒正信邪经》一卷、《达空道士分别善恶度苦经》一卷、《老子教人服药修常住经》一卷、《佛道定行经》一卷（今疑是《佛遗定行经》）、《决定要慧经》一卷、《须弥像图山经》一卷（今疑与《法经录》中《须弥四域经》文同名异）、《满子经》卷下一卷、《法王经》一卷（具题云《蹬刀梯解脱道甘露药流渌泉如来智心造服者除烦恼法王经》，一名《涅槃般若波罗蜜经》）、《决疑经》一卷、《不死经》一卷、《大辩邪正法门经》一卷、《佛性海藏经》二卷（具题云《佛性海藏智慧解脱破心相经》）、《心王菩萨说头陀经》一卷、《新像法决疑经》一卷、《护身经》一卷（今疑是《救护身命经》）、《胜

① 宝明菩萨：《大正藏》本校勘记校作“实明菩萨”，佛经中无此菩萨名，检《法句经》经文，当为“宝明菩萨”。“宝”、“实”二字之繁体形近。

② 为中不载：不成句，《中华大藏经》本“为”作“伪”。既然前言“已编正录”，故“为”当为“伪”，即不再编入“伪录”之意，“正录”、“伪录”相对。前文多有“此中不载”，义亦近。

德长者所问菩萨观行经》一卷、《内天兄弟五人得天品经》一卷、《反流尽源经》一卷、《师子鸠摩罗所问经》一卷、《大方广不谤佛经》一卷、《本事经》一卷、《无量门净除三障陀罗尼经》一卷、《三昧经童子菩萨四重问品》一卷、《天地图像经》一卷、《大乘无尽藏经》一卷、《梵天王经》二卷、《侧土经》一卷（或云“恻土”，亦云“敕土”）、《弥勒下山经》①一卷、《圣水经》一卷、《弥勒下生救度苦厄经》一卷、《菩萨决定经》一卷、《新观世音经》一卷、《延寿经》一卷（或云《延年益寿经》）、《阎罗王经》一卷、《续命经》一卷、《益算经》一卷（亦云《七佛神符经》，亦云《盗算神符经》②，大周为录③分为三经者，误也）、《四赞偈及七佛名字礼忏经》一卷、《阎罗王说免地狱经》一卷、《花光经》一卷、《三涂累劫不竟经》一卷、《慈教经》一卷、《去恶除病经》一卷、《慈力王经》一卷、《宝登王太子经》一卷、《勇意菩萨将僧忍见弥勒并示地狱经》一卷、《天宫经》一卷、《折刀经》一卷（或作“析”字）、《五戒本行经》一卷、《修善行经》一卷、《大通菩萨普利广度经》一卷、《佛悲海中勇出一如无二行经》④一卷、《流炭经》一卷、《如来成道经》一卷、《阿弥陀佛觉诸大众观身经》一卷、《十往生阿弥陀佛国经》一卷（撰录者曰：此上二经，余亲见本，但前广后略，余并无异。）、《律藏经》一卷、《日藏观世音经》一卷（一纸半）、《救度大劫烧三灾起经》一卷、《一乘不假羊鹿经》一卷、《闻善生信回恶经》一卷、《弥勒下生甄别罪福经》一卷、《大萨若经》一卷、《摩诃萨埵经》一卷、《秘要经》一卷、《五无经》一卷、《清净精进无上真谛大比丘慧法经》一卷、《佛初置塔经》一卷（今疑是《法经录》中《天公经》异名）、《太子成道经》一卷、《恒伽达缘经》一卷、《宝图经（卷下）》一卷⑤、《譬喻折罗汉经》一卷、《降弃魔菩萨经》一卷、《蜜多三昧经》一卷、《发问罪福应报经》一卷、《五戒经》一卷、《现报当受经》一卷、《观音无畏论》一卷（隋日有人伪造，释《高王观世音经》）。

右《诸佛下生经》下八十部一百一卷，大唐天后天册万岁元年，敕东都佛授记寺沙门明佺等刊定《众经录》中伪经。《周录》云：“古来相传，皆云伪谬。观其文言冗杂，义理浇浮，虽偷佛说之名，终露人谋之状。迷坠群品，罔不由斯，

---

① 《弥勒下山经》：唯此处以及《贞元录》两载。《出三藏记集》等众多经录皆云“《弥勒下生经》”。

② 《盗算神符经》：“盗算”，殊无义。《中华大藏经》本作《益算神符经》，可从。

③ 大周为录：当为“《大周·伪录》”，即《大周录》之“伪录”。《中华大藏经》本“伪”字所刻“亻”旁极小，附于左上角，易讹误。

④ 《佛悲海中勇出一如无二行经》：“勇出”，无义。《贞元录》卷二十八作“《佛悲海中涌出一如无二行经》一卷”，当为“涌出”。

⑤ 《宝图经（卷下）》一卷：《大周录》卷十五径谓“《宝图经》卷下”。

故具疏条列之如上。”（撰录者曰：此八十经，自古伪录皆未曾载。《周录》独编，虽云“古来相传，皆云伪谬”，而不别显出何录中，且依《周录》，件之如上。）

《三阶佛法》四卷（《内典录》云《三阶别集》四卷者，即此是）、《十大段明义》三卷（《长房录》云《三阶别集》三卷者，即此是）、《根机普药法》二卷（《大周录》中除此之外，更有《三阶集录》二卷者，误）、《三十六种对面不识错法》一卷（明一切三十六种对面不识错）。右《三阶法》，都有四部，初是四卷《三阶》，次是三卷《三阶》，三是两卷《三阶》，后是一卷《三阶》，后之三本，入集录数。

《大乘验人通行法》一卷、《对根浅深发菩提心法》一卷（上加“明诸经中”四字）、《对根浅深同异法》一卷（同前加四字）、《末法众生于佛法内废兴所由法》一卷（上加“明诸经中对根浅深”八字）、《学求善知识发菩提心法》一卷（《明世间五浊恶世界末法恶时十恶众生福德下行于此四种具足人中谓当三乘器人依诸大乘经论，学求善知识学发菩提心》一卷[①]）、《广明法界众生根机法》一卷（《广明法界众生根机上下起行浅深法》）、《略明法界众生根机法》一卷（《略明法界众生根机上下起行浅深法》）、《世间出世间两阶人发菩提心法》一卷（《明诸大乘修多罗内世间出世间两阶人发菩提心同异法》）、《世间十种恶具足人回心入道法》一卷（《明十种恶具足人内最恶人回心入道者断恶修善法》也[②]）、《行行同异法》一卷（《明世间出世间人行行同异法》）、《当根器所行法》一卷（《明佛灭度第二五百年以后一切最大颠倒最大邪见最大恶众生当根器所行法》）、《明善人恶人多少法》一卷（《明佛灭度一千五百年以后善人恶人多》[③]）、《就佛法内明一切佛法一切六师外道法》二卷（《就一切佛法内明一切佛法六师外道法同异》）、《明大乘无尽藏法》一卷、《明诸经中发愿法》一卷、《略发愿法》一卷、《明人情行法》[④]一卷、《大众制法》一卷、《敬三宝法》一卷（《明诸经中对根起行浅深敬三宝法》）、《对根起行法》一卷（《明一切众生对根上下起行法》，于内有五段）、《头陀乞食法》一卷（依诸经论，略抄《头陀乞食法》）、《明乞食八门法》一卷、《诸经要集》二卷、《十轮依义立名》二卷（《大方广十轮经》，学《依义立名》）、《十轮略抄》一卷（《大方广十轮经》，入集录，略抄出）、《大集月藏分依义立名》一卷（《大

① 一卷：根据后文夹注“其广题目，具如脚注”，则“一卷”前之文字，为《学求善知识发菩提心法》之“广题目”，即更详细之伪经题名。

② 也：前为广题目，则“也”字当删。

③ 《明佛灭度一千五百年以后善人恶人多》：《大正藏》本校勘记以为后脱“少法”二字，依照前题之经名《明善人恶人多少法》，当补，则全名当为《明佛灭度一千五百年以后善人恶人多少法》。

④ 《明人情行法》：《大正藏》本校勘记以为“行”后脱一“行”字，待考。

集月藏分经明像法中要行法》，人[①]集录，略抄《依义立名》）、《大集月藏分抄》一卷（《大集月藏分经明像法中要行法》，入集录，略抄出）、《月灯经要略》一卷、《迦叶佛藏抄》一卷（《明一切出家人内最恶出家人断恶修善法》，如《迦叶佛藏经》说）、《广七阶佛名》一卷（《观药王药上菩萨经佛名》一卷）、《略七阶佛名》一卷（已上《三阶法》等，于中多题“入集录”字，其广题目，具如脚注）。

右《三阶法》及杂集录，总三十五部四十四卷，隋真寂寺沙门信行撰（《长房录》云总三十五卷，《内典录》云都四十卷，《大周·伪录》但载二十二部二十九卷，并收不尽。其《三阶兴教碑》云四十余卷，而不别列部卷篇目，今细搜括，具件如上）。

信行所撰，虽引经文，皆党其偏见，妄生穿凿，既乖反圣旨，复冒真宗。开皇二十年有敕禁断，不听传行。而其徒既众，蔓莛弥广，同习相党，朋援繁多（即以信行为教主，别行异法，似同天授，立邪三宝）。隋文虽断流行，不能杜其根本。我唐天后证圣之元，有制令定伪经及杂符录，遣送祠部，集内[②]前件，教门既违背佛意，别称异端，即是伪杂符录之限。又准天后圣历二年敕，其有学三阶者，唯得乞食，长斋绝谷，持戒坐禅，此外辄行，皆是违法。逮我开元神武皇帝圣德光被，普洽黎元，圣日丽天，无幽不烛。知彼反真构妄，出制断之。开元十三年乙丑岁六月三日，敕诸寺三阶院，并令除去隔障，使与大院相通，众僧错居，不得别住，所行集录，悉禁断除毁。若纲维纵其行化诱人而不纠者，勒还俗。幸承明旨，使革往非，不敢妄编在于正录，并从刊削，以示将来（其广、略《七阶》，但依经集出，虽无异义，即是信行集录之数。明制除废，不敢辄存，故载斯录）。

《佛法有六义第一应知经》一卷（祐无“经”字，《房录》中有）、《六通无碍六根净业义门经》一卷（祐无“经”字，《房录》中有）。

右二部二卷，梁《僧祐录》云：“齐武帝时比丘释法愿抄集经义所出。”虽弘经义，异于伪造。然既立名号，则别成部卷。惧后代疑乱，故明注于录（《长房录》云世皆共引[③]，用为疑经，故复载传，后叶识源，幸同鉴最[④]）。

《佛所制名数经》五卷。右一部五卷，梁《僧祐录》云：“齐武帝时比丘释王宗所撰，抄集众经，有似数林。但题称佛制，惧乱名实，故注于录。”（《长房录》云首题经名，编预于录，既非正经，世所疑惑）。

---

① 人：上行作“入集录”，《中华大藏经》本亦作“入”，当从。下文亦同，径改。

② 集内：收集献纳义，“内”通“纳”。《大周录》卷十五作“进内”，《大正藏》本校勘记亦作“进内”，亦通。

③ 世皆共引：《历代三宝纪》卷十一“引”作“列”，可从。

④ 鉴最：殊无义，《中华大藏经》本作“鉴勖”，《历代三宝纪》卷十一亦作“鉴勖”，明察勉励义，可从。

《戒果庄严经》一卷（或无“经”字，有八章颂）。右一部一卷，隋翻经学士费长房《录》云：“萧齐武帝代永明五年，常侍庾颉采经意撰。”（撰录者曰：采意为颂，不同伪造，既别立经名，恐滥于圣典。隋《仁寿录》及《大周录》编在伪中。今亦同彼，编于伪录。）

《抄华严经》一十四卷（《长房录》云十三卷）、《抄方等大集经》一十二卷、《抄菩萨地经》一十二卷（《长房录》云抄《地持》）、《抄法句譬经》三十八卷（《长房录》云抄《百喻》）、《抄阿差末经》四卷（《仁寿录》云十四卷）、《抄净度三昧经》四卷（《仁寿录》云三卷）、《抄摩诃摩耶经》三卷、《抄胎经》三卷、《抄央崛摩罗经》二卷、《抄报恩经》二卷、《抄头陀〔经〕》二卷（抄律中事，《长房录》云《抄律头陀事经》）、《抄义足经》二卷、《抄法华药王品》一卷、《抄维摩所说佛国品》一卷、《抄维摩方便品》一卷、《抄维摩问疾品》一卷（《内典录》中《佛国》《方便》《问疾》三品，共二卷）、《抄安般守意经》一卷、《抄菩萨本业经》一卷、《抄菩萨本业愿行品》一卷、《抄四谛经要数》一卷、《抄法律三昧经》一卷、《抄照明三昧不思议事经》一卷、《抄诸佛要集经》一卷、《抄大乘方等要慧经》一卷、《抄普贤观忏悔法》一卷、《抄乐璎珞庄严方便经》一卷、《抄未曾有因缘经》一卷、《抄阿毗昙五法行经》一卷、《抄诸法无行经》一卷、《抄无为道经》一卷、《抄分别经》一卷、《抄德光太子经》一卷、《抄魔化比丘经》一卷、《抄优婆塞受戒品》一卷、《抄优婆塞受戒法》一卷、《抄贫女为国王夫人经》一卷。①

梁《僧祐录》云：“从《华严经》至《贫女为国王夫人经》，凡三十六部，并齐竟陵文宣王所抄。”凡“抄”字在题上者，皆文宣所抄也。

《抄妙法莲华经》五十九卷、《抄阿毗昙毗婆沙》五十九卷、《抄维摩经》二十六卷、《抄菩萨决定要行经》十卷（亦云《净行优婆塞经》，《法经录》云《菩萨决定经》）、《抄成实论》九卷（《长房录》云八卷），右《成实论》，梁《僧祐录》云：“永明七年，文宣王请定林上寺释僧柔、小庄严寺释慧次等于普弘寺共抄出。”《抄胜鬘经》七卷。

《法华经》下六部，《长房录》云是文宣抄出。

《抄为法舍身经》六卷（《仁寿录》云三卷），已上一经，《内典录》云是文宣所抄。

右《华严经》下四十三部二百九十八卷，勘校群录，并是南齐司徒竟陵文

---

① 《抄贫女为国王夫人经》一卷：《大正藏》本校勘记以为后脱“《抄照明三昧不思议事经》一卷”十二字。然下文所述“梁《僧祐录》云‘从《华严经》至《贫女为国王夫人经》，凡三十六部’”，当无《抄照明三昧不思议事经》，或后人所补。

宣王萧子良所抄（《长房录》云：“王爱好博寻，躬自缉撰。俭忘拟历，不谓传行。后怠学人相踵抄读，世人参杂，惑乱正文，故举本纲，庶知由委。但上题‘抄’字者，悉是其流，类例细寻，始末自别。”[①]《内典录》云：“既异本经，题‘抄’显别，令后寻者，知有所因。然风味弥通[②]，义理惬附，接蒙俗之繁博，考性欲之殊途，有道存焉，义非疑妄。而僧祐、长房等诸录并注疑经，莫不恐涉浇浮，余波失本”故也）。

《净度三昧抄》一卷、《律经杂抄》一卷、《本起抄经》一卷、《睒抄经》一卷（祐云《旧录》所载）、《五百梵律经抄》一卷（祐云《旧录》所载）、《大海深崄抄经》一卷（祐云上六经，并是旧抄）、《法苑经》一百八十九卷（祐云此一经，近代抄集，撮撰群经，以类相从，虽立号《法苑经》，入抄数）。

右从《佛法六义》下五十四部五百一卷，并名滥真经，文句增减，或杂糅异义，别立名题。若从正收，恐玉石斯滥；若一例为伪，而推本有凭。进退二途，实难诠定。且依旧录，编之“伪”末。后学寻览，幸详得失耳。

---

① 本段引文，系节引，且有多处文字之错讹，《历代三宝纪》卷十一云：“爱好博寻，躬自缉撰。备忘拟历，不谓传行。后代学人相踵抄读，世人参杂，惑乱正文，故举本纲，庶知由委。其外犹有二十余经，并是单卷，文繁不复备录。但上题‘抄’字者，悉是其流，类例细寻，始末自别。”则“俭”当作“备”，“怠”当作“代”，删略“其外犹有二十余经，并是单卷，文繁不复备录”等字。

② 弥通：《大唐内典录》卷十本作“弘通”，可从。

《开元释教录》卷第十九（“入藏录”上）[①]

合大小乘经律论及圣贤集传见入藏者，总一千七十六部，合五千四十八卷，成四百八十帙。

大乘入藏录[②]上（大乘经律论，总六百三十八部，二千七百四十五卷，二百五十八帙，此直列经名及标纸数，余如广录）。

大乘经，五百一十五部，二千一百七十三卷，二百三帙。

大乘律，二十六部，五十四卷，五帙。

大乘论，九十七部，五百一十八卷，五十帙。

大乘经重单合译，三百八十四部，一千八百八十卷，一百七十九帙。

《大般若波罗蜜多经》六百卷（十六会说，六十帙），一万五百八十一纸。

《放光般若波罗蜜经》三十卷（亦云《放光摩诃般若经》，三帙，或二帙，亦云《摩诃般若放光》），四百六十六纸。

《摩诃般若波罗蜜经》四十卷（亦名《大品般若经》，《僧祐录》云《新大品》，或二十四卷，或二十七卷、三十卷），六百二十三纸。

---

① 《开元释教录》之“入藏录”有多个不同的版本，《大正藏》收录了两个版本，云“宋元明三本与丽本异同甚繁，故别载之”，其以丽本为底本，作为第十九、二十两卷，又以“明本载之，以宋元二本对校”予以重出第十九、二十两卷，初出与重出区别甚大，校不胜校，故本书仅校注《大正藏》之丽本两卷“入藏录”，同时以《中华大藏经》本及其校勘记予以对勘。重出之明本“入藏录”，则不烦校注。另，方广锠撰《中国写本大藏经》，有“《开元录·入藏录》复原拟目”一章，本校注援据之，以助校勘。又，《开元释教录》“入藏录”中不同版本，《大正藏》本与《中华大藏经》本所收“正录”本和“重出”本体例稍有不同，“正录”不收译者，“重出”本录有译者，而且文字大小之单行大字或双行小字，包括用纸等或有差殊。本校注参以《中华大藏经》本之“正本”（以《金藏》广胜寺本为底本）和“别本”（以《清藏》本为底本），同时根据《大正藏》本“正录”之前后体例，径改，不烦出校。

② 大乘入藏录：《中华大藏经》本作“大乘入藏目录”，后文多处《大正藏》径云“录”，《中华大藏经》本则曰“目录”，因不涉及意义理解，故不再出校。

《光赞般若波罗蜜经》十五卷（亦云《光赞摩诃般若经》，或十卷），二百二十一纸。《摩诃般若波罗蜜钞经》五卷（或无“钞”字，亦名《长安品经》，一名《须菩提品经》，或七卷），九十纸。上二经，二十卷二帙。

《道行般若波罗蜜经》十卷（一帙，题云《摩诃般若波罗蜜道行经》，或八卷，亦云《般若道行品经》），一百七十纸。

《小品般若波罗蜜经》十卷（题云《摩诃般若波罗蜜经》，无“小品”字，一帙），一百五十纸。

《大明度无极经》四卷（亦直名《大明度经》，或六卷），九十四纸。《胜天王般若波罗蜜经》七卷，一百二十五纸。上二经，十一卷同帙。

《文殊师利所说摩诃般若波罗蜜经》二卷（亦直云《文殊般若波罗蜜经》，或一卷），二十一纸。《文殊师利所说般若波罗蜜经》一卷，二十纸。《濡首菩萨无上清净分卫经》二卷（一名《决了诸法如幻化三昧经》），二十八纸。《金刚般若波罗蜜经》[①]一卷（舍卫国，第一译），一十二纸。《金刚般若波罗蜜经》一卷（婆伽婆，第二译），一十四纸。《金刚般若波罗蜜经》一卷（祇树林，第三译），一十四纸。《能断金刚般若波罗蜜多经》一卷（室罗筏，第四译），一十九纸。《能断金刚般若波罗蜜多经》一卷（名称城战胜林，第五译），一十二纸。《实相般若波罗蜜经》一卷，八纸。《仁王护国般若波罗蜜经》二卷（亦云《仁王般若经》，或一卷），二十八纸。《摩诃般若波罗蜜大明咒经》一卷（亦云《摩诃大明咒经》），一纸。《般若波罗蜜多心经》一卷（亦云《般若心经》），一纸。上十二经，十五卷同帙。

《大宝积经》一百二十卷（四十九会说，合成一部十二帙），一千九百九十一纸。

《大方广三戒经》三卷，四十六纸。《无量清净平等觉经》二卷（亦直云《无量清净经》，或四卷），六十一纸。《阿弥陀经》二卷（上卷题云《佛说诸佛阿弥陀三耶三佛萨楼佛檀过度人道经》，亦名《无量寿经》），五十五纸。《无量寿经》二卷，三十九纸。上四经，九卷同帙。

《阿閦佛国经》二卷（一名《阿閦佛刹诸菩萨学成品经》），四十纸。《大乘十法经》一卷（佛住王舍城者），二十纸。《普门品经》一卷（亦云《普门经》），二十二纸。《胞胎经》一卷（一名《胞胎受身经》），一十五纸。《文殊师利佛土严净经》二卷（或直云《严净佛土经》，亦经[②]直云《佛土严净经》），二十五纸。《法镜经》二卷（或一卷），

---

① 《金刚般若波罗蜜经》：《金刚经》凡经鸠摩罗什、菩提流支、真谛、玄奘、义净、笈多等六译，现存《高丽藏·入藏录》收前五种译本，《资福藏》《碛砂藏》《普宁藏》《嘉兴藏》等藏经收笈多译本，而无义净译本。方广锠考证《开元录·入藏录》中当无笈多译本。

② 亦经：《中华大藏经》本无此“经”字，或为衍文。

二十五纸。上六经，九卷同帙。

《郁迦罗越问菩萨行经》一卷（或云《郁迦长者问居家菩萨行经》），二十五纸。《幻士仁贤经》一卷（或云《仁贤幻士经》），一十八纸。《决定毗尼经》一卷（一名《破坏一切心识》），一十七纸。《发觉净心经》二卷，二十八纸。《优填王经》一卷，五纸。《须摩提经》一卷（有加"菩萨"字，亦云《须摩经》），八纸。《须摩提菩萨经》一卷，九纸。《阿阇贳王女阿术达菩萨经》一卷（亦名《阿阇贳女经》，亦直名《阿述达经》[①]），一十九纸。《离垢施女经》一卷，二十三纸。上九经，十卷同帙。

《得无垢女经》一卷（一名《论议辩才法门》，或云《无垢女经》），二十五纸。《文殊师利所说不思议佛境界经》二卷（或一卷，有一本乃是伪经《佛性海藏》，题为"文殊所说"，应审观也[②]），二十四纸。《如幻三昧经》二卷[③]（或三卷，或四卷），五十七纸。《圣善住意天子所问经》三卷（或四卷，五十七纸）。《太子刷护经》一卷，五纸。《大子和休经》一卷（或云"私休"），四纸。上六经，十卷同帙。

《慧上菩萨问大善权经》二卷（或一卷，或直云《大善权经》，或云《方便所度无极经》[④]，或云《慧上菩萨经》，或云《善权方便经》），三十二纸。《大乘显识经》二卷，二十五纸。《大乘方等要慧经》一卷，一纸。《弥勒菩萨所问本愿经》一卷（或无"所问"字，亦云《弥勒本愿经》，一名《弥勒难经》），八纸。《佛遗日摩尼宝经》一卷（一名《古品遗日说般若经》，一名《大宝积经》，一名《摩诃衍宝严经》），一十六纸。《摩诃衍宝严经》一卷（一名《大迦叶品》），二十纸。《胜鬘师子吼一乘大方便方广经》一卷（亦直名《胜鬘经》，或二卷），十九纸。《毗耶娑问经》二卷，三十四纸。上八经，十一卷同帙。

《大方等大集经》三十卷（三帙，或二十九卷，或三十一卷，或三十二卷，或四十卷），六百二十一纸。

《大方等大集日藏经》十卷（一帙，题云《大乘大方等日藏分》，或十二卷，或十五卷），二百六纸。

《大集月藏经》十卷（一帙，题云《大集经·月藏分》第十二，或十二卷，或十五卷），二百一十九纸。

《大乘大集地藏十轮经》十卷（一帙），一百六十五纸。

---

① 亦名《阿阇贳女经》，亦直名《阿述达经》：《中华大藏经》本脱此夹注十四字。

② 《佛性海藏》，题为"文殊所说"，应审观也：《中华大藏经》本脱此十四字。"审观"即审慎看待之意。

③ 二卷：《资福藏》《碛砂藏》《普宁藏》《嘉兴藏》等藏经之"入藏录"皆作四卷，夹注亦有"四卷"之说，《可洪音义》作三卷，或版本有别，致分卷差殊。

④ 《方便所度无极经》：检前文法护所译经目，当为《方便所度无极经》，"无"，当为"无"。

《大方广十轮经》八卷，一百九纸。《大集须弥藏经》[①]三卷（内题云《大乘大集经须弥藏分第十五》，或二卷），三十八纸。上二经，十一卷同帙。

《虚空藏菩萨经》一卷（一名《虚空藏经》），二十七纸。《虚空藏菩萨神咒经》一卷，一十七纸。《虚空孕菩萨经》二卷，三十一纸。《观虚空藏菩萨经》一卷（亦名《虚空藏观经》，或无“观”字），三纸。《菩萨念佛三昧经》六卷（或无“菩萨”字，或五卷），九十八纸。上五经，十一卷同帙。

《大方等大集菩萨念佛三昧经》十卷（题云《大方等大集经菩萨念佛三昧分》，一帙），一百三十四纸。

《般舟三昧经》三卷（一名《十方现在佛悉在前立定经》，或云《大般舟三昧经》，或二卷），五十纸。《拔陂菩萨经》一卷（亦云“拔波”，《安录》云《颰披陀菩萨经》），一十四纸。《大方等大集贤护经》五卷（或六卷，题云《大方等大集经贤护分》，亦云《贤护菩萨经》，亦直云《贤护经》），八十二纸。上三经，九卷同帙。

《阿差末经》七卷（晋曰“无尽意”，或四卷，或五卷，或云《阿差末菩萨经》），九十二纸。《无尽意菩萨经》六卷（初题云《大集经中无尽意所说不可尽义品第二十二》，亦云《阿差末经》，或直云《无尽意经》），八十九纸。上二经，十三卷同帙。

《大集譬喻王经》二卷（或无“大集”字），三十四纸。《大哀经》八卷（或云《如来大哀经》，或六卷，或七卷），一百一十七纸。上二经，十卷同帙。

《宝女所问经》三卷（或直云《宝女经》，亦云《宝女问慧经》，亦云《宝女三昧经》，或四卷），六十四纸。《无言童子经》二卷（或云《无言菩萨经》，或一卷），四十一纸。《自在王菩萨经》二卷（或无“菩萨”字），三十四纸。《夺迅王问经》[②]二卷，四十一纸。上四经，九卷同帙。

《宝星陀罗尼经》十卷（或八卷，一帙），一百三十三纸。

《大方广佛华严经》六十卷（八会说，旧译，六帙，或五十卷），一千七十九纸。

《大方广佛花严经》八十卷（九会说，新译，八帙），一千三百二十九纸。

《信力入印法门经》五卷，九十五纸。《度诸佛境界智光严经》一卷（或二卷），一十七纸。《佛花严入如来德智不思议境界经》二卷，二十二纸。《大方广入如来智德不思议经》一卷，一十四纸。《大方广佛华严经不思议佛境界分》一卷（或二卷），一十二纸。《大方广如来不思议境界经》一卷，一十一纸。《大

---

① 《大集须弥藏经》：《中华大藏经》本作“《大乘须弥藏经》”，后文有“内题云《大乘大集经须弥藏分》第十五”，则二名皆可。

② 《夺迅王问经》：当为“《奋迅王问经》”，“夺”字之繁体为“奪”，与“奋”之繁体“奮”形近易致讹。藏经中别有“奋迅菩萨”、“奋迅法门”等可证。

乘金刚髻珠菩萨修行分》一卷（亦名《金刚鬘菩萨加行品》），一十八纸。《大方广佛花严经修慈分》一卷，七纸。上八经，十三卷同帙。

《大方广普贤所说经》一卷（别有一本，向三十纸[①]，非是本经，应须拣择），五纸。《庄严菩提心经》一卷，七纸。《大方广菩萨十地经》一卷，七纸。《兜沙经》一卷，五纸。《菩萨本业经》一卷（亦直名《本业经》，亦名《净行品经》），一十二纸。《诸菩萨求佛本业经》一卷（或无“诸”字），一十一纸。《菩萨十住行道品》一卷（亦直云《菩萨十住》），八纸。《菩萨十住经》一卷，五纸。《渐备一切智德经》五卷（或十卷，一名《十住》，又名《大慧光三昧》），一百五纸。上九经，十三卷同帙。

《十住经》四卷（或五卷），九十七纸。《等目菩萨所问三昧经》二卷（或三卷，一名《普贤菩萨定意》，或直云《等目菩萨经》），五十二纸。《显无边佛土功德经》一卷，二纸。《如来兴显经》四卷（一名《兴显如幻经》），六十六纸。上四经，十一卷同帙。

《度世品经》六卷（或五卷，或无“品”字），一百二十纸。《罗摩伽经》三卷（或四卷），七十二纸。《大方广佛花严经续入法界品》一卷（或无“续”字），八纸。上三经，十卷同帙。

《大般涅槃经》四十卷（或三十六卷，四帙），七百三十纸。

《大般涅槃经后译荼毗分》二卷（亦云《阇维分》，亦云《后分》），三十九纸。《大般泥洹经》六卷（记云《方等大般泥洹经》，或七卷），一百四十一纸。上二经，八卷同帙。

《方等般泥洹经》二卷（亦名《大般泥洹经》，或三卷，四十五纸）。《四童子三昧经》三卷（或无“三昧”字），四十四纸。《大悲经》五卷，八十七纸。上三经，十卷同帙。

《方广大庄严经》十二卷（一名《神通游戏》，或云“大方广”），二百一十四纸。《普曜经》八卷（一名《方等本起》），一百四十三纸。上二经，二十卷两帙。

《法花三昧经》一卷，一十一纸。《无量义经》一卷，一十七纸。《萨昙分陀利经》一卷（《旧录》云《萨芸芬陀利经》，亦直云《分陀利经》），三纸。《妙法莲花经》八卷（或七卷，二十八品。《僧祐录》云《新法花经》），一百五十二纸。上四经，十一卷同帙。

《正法花经》十卷（或云《方等正法花》，或七卷，一帙），一百九十纸。

《添品妙法莲花经》七卷（二十七品，《宝塔》《天授》连为一品，或八卷），一百五十八纸。《维摩诘所说经》三卷（一名《不可思议解脱》，或直云《维摩诘经》。《僧祐录》云《新维摩诘经》），六十一纸。上二经，十卷同帙。

---

① 向三十纸：接近三十纸。“向”，有接近；临近义。

《维摩诘经》二卷（维摩诘说不思议法门之称，一名《佛法普入道门三昧经》，或三卷），五十五纸。《说无垢称经》六卷，九十七纸。《大方等顶王经》一卷（一名《维摩诘子问经》，亦名《善思童子经》，亦直云《顶王经》），二十纸。《大乘顶王经》一卷（亦云《维摩咒经》），一十六纸。上四经，十卷同帙。

《善思童子经》二卷，二十一纸。《大悲分陀利经》八卷（亦云《大乘悲分陀利经》），一百六十八纸。上二经，十卷同帙。

《悲华经》十卷（一帙），一百九十九纸。

《金光明最胜王经》十卷（一帙），一百四十九纸。

《合部金光明经》八卷（二十四品），一百二十纸。《伅真陀罗所问经》二卷（初云《伅真陀罗所问宝如来三昧经》，或云《伅真陀罗尼王经》，或三卷），五十八纸。上二经，十卷同帙。

《大树紧那罗王所问经》四卷（亦名《说不可思议品》，或云《大树紧那罗经》），六十七纸。《佛升忉利天为母说法经》二卷（亦云《佛升忉利天品经》，或三卷），三十七纸。《道神足无极变化经》四卷（一名《合道神足经》，或二卷，或五卷[①]），四十九纸。上三经，十卷同帙。

《宝雨经》十卷（一帙），一百四十一纸。

《宝云经》七卷，一百二纸。《阿惟越致遮经》三卷（或无“遮”字，或四卷），六十六纸。上二经，十卷同帙。

《不退转法轮经》四卷（一名《不退转经》），七十三纸。《广博严净不退转法轮经》四卷（或六卷，或直云《广博严净经》，亦直云《不退转法轮经》），七十八纸。《不必定入印经》一卷（或《不必定入定入印经》），二十一纸。《入定不定印经》一卷，一十六纸。上四经，十卷同帙。

《等集众德三昧经》三卷（或二卷，或无“三昧”字，或直云《等集经》），五十纸。《集一切福德三昧经》三卷，五十纸。《持心梵天经》四卷（亦云《持心梵天所问经》，一名《庄严佛法经》，又名《等御诸法经》，凡十七品，或六卷），九十一纸。上三经，十卷同帙。

《思益梵天所问经》四卷（或直云《思益经》，《僧祐录》云《思益义经》），八十三纸。《胜思惟梵天所问经》六卷，一百一纸。上二经，十卷同帙。

《持人菩萨经》四卷（初云《持人菩萨所问阴种诸入以了道慧经》，或三卷），五十四纸。《持世经》四卷（一名《法印经》，或三卷），七十八纸。《济诸方等学经》

---

① 或五卷：《开元释教录》卷二“总录”载为“或三卷”，《历代三宝纪》卷六、《大唐内典录》卷二等亦作“三卷”，当从。

一卷（《天竺萨和鞞曰僧迦》[①]，或无“学”字），一十五纸。《大乘方广总持经》一卷（或无“乘”字），一十四纸。上四经，十卷同帙。

《文殊师利现宝藏经》三卷（或二卷，或无“现”字，或直云《宝藏经》），四十二纸。《大方广宝箧经》三卷（或二卷），四十三纸。《大乘同性经》二卷（亦名《一切佛行入智毗卢遮那藏说经》，一名《佛十地经》，或四卷），三十八纸。《证契大乘经》二卷（亦名《入一切佛境智陪卢遮那藏》），三十二纸。上四经，十卷同帙。

《深密解脱经》五卷，七十一纸。《解深密经》五卷，七十五纸。上二经，十卷同帙。

《解节经》一卷，一十纸。《相续解脱地波罗蜜了义经》一卷（或二卷，亦名《解脱了义经》，亦直云《相续解脱经》），一十八纸。《缘生初胜分法本经》二卷（亦直云《缘生经》），二十三纸。《分别缘起初胜法门经》二卷（亦直云《分别缘起经》），二十三纸。《楞伽阿跋多罗宝经》四卷，九十二纸。上五经，十卷同帙。

《入楞伽经》十卷（一帙），一百七十四纸。

《大乘入楞伽经》七卷，一百三十七纸。《菩萨行方便境界神通变化经》三卷，四十七纸。上二经，十卷同帙。

《大萨遮尼乾子所说经》十卷（一帙，或加“授记”字，无“所说”字，或七卷，或八卷，一名《菩萨境界奋迅法门经》），一百三十九纸。

《大方等大云经》六卷（一名《大方等无相大云经》，一名《大云无相经》，一名《大云蜜藏经》[②]，或四卷，或五卷），九十纸。《大云请雨经》一卷（内题云《大云经·请雨品第六十四》），二十三纸。《大云轮请雨经》二卷，二十七纸。《大方等大云请雨经》一卷（内题云《大方等大云经·请雨品第六十四》），二十纸。上四经，十卷同帙。

《诸法无行经》二卷（或一卷），三十一纸。《诸法本无经》三卷，三十九纸。《无极宝三昧经》一卷（或无“三昧”字），三十纸。《宝如来三昧经》二卷（一名《无极宝三昧经》，或一卷），三十八纸。《慧印三昧经》一卷（一名《宝田慧印三昧经》，亦直云《慧印经》），二十纸。《如来智印经》一卷（一名《诸佛法身》），一十九纸。上六经，十一卷同帙。

《大灌顶经》十二卷（一帙，或无“大”字，录云九卷[③]，未详），一百一十八纸。

---

① 《天竺萨和鞞曰僧迦》：有脱文，当为“《天竺萨和鞞曰僧迦与海虎王》”，见前卷二“《天竺萨和鞞日僧迦》”条注。

② 《大云蜜藏经》：“蜜藏”，佛经经名并无此说，《开元释教录》“总录”、《历代三宝纪》卷九皆作“《大云密藏经》”，当是。

③ 录云九卷：所谓“录云”，为泛指。考法经《众经目录》以及彦琮《众经目录》卷一皆载《大灌顶经》为九卷。

《药师如来本愿经》一卷（隋笈多译），一十二纸。《药师琉璃光如来本愿功德经》一卷，一十一纸。《药师琉璃光七佛本愿功德经》二卷，三十一纸。《阿阇世王经》二卷，五十五纸。《普超三昧经》三卷（或四卷，或上加“文殊师利”字，亦直云《普超经》。一名《阿阇世王品》，《安公录》云更出《阿阇世王经》），六十八纸。《放钵经》一卷，七纸。上六经，十卷同帙。

《月灯三昧经》十一卷（或十卷，一帙），一百九十八纸。

《月灯三昧经》一卷（一名《文殊师利菩萨行十事行经》[①]，一名《逮慧三昧经》），一十纸。《无所希望经》一卷（一名《象步经》），二十纸。《象腋经》一卷，一十六纸。《大净法门经》一卷（题云《大净法门品上金光首女所问溥首童真所开化经》），二十四纸。《大庄严法门经》二卷（亦名《文殊师利神通力经》，亦名《胜金色光明德女经》），二十六纸。《如来庄严智慧光明入一切佛境界经》二卷（亦云《如来入一切佛境界经》），三十四纸。《度一切诸佛境界智严经》一卷，一十二纸。《后出阿弥陀佛偈经》一卷（或无“经”字），一纸。《观无量寿佛经》一卷（亦云《无量寿观经》），一十六纸。《阿弥陀经》一卷（亦名《无量寿经》），五纸。《称赞净土佛摄受经》一卷（亦直云《称赞净土经》），一十纸。上十一经，十三卷同帙。

《观弥勒菩萨上生兜率天经》一卷（亦云《弥勒上生经》），八纸。《弥勒成佛经》一卷，一十七纸。《弥勒来时经》一卷，三纸。《弥勒下生经》一卷（一名《弥勒授决经》，亦云《弥勒成佛经》，亦云《当下成佛》，亦云《下生成佛》，初云“大智舍利弗”），七纸。《弥勒下生成佛经》一卷（义净三藏新译），五纸。《诸法勇王经》一卷，一十八纸。《一切法高王经》一卷（一名《一切法义王经》），二十纸。《第一义法胜经》一卷，一十四纸。《大威灯光仙人问疑经》一卷，一十五纸。《顺权方便经》二卷（一名《转女身菩萨经》，亦云《惟权方便经》，或云《顺权女经》，亦云《随权女经》，或一卷），二十八纸。《乐璎珞庄严方便品经》一卷（亦云《转女身菩萨问答经》），二十六纸。上十一经，十二卷同帙。

《六度集经》八卷（亦名《六度无极经》，亦云《度无极集》，亦云《杂无极经》，或九卷），一百四十七纸。《太子须大拏经》一卷（或云“须达拏”），一十六纸。《菩萨睒子经》一卷（亦云《孝子睒经》，亦直云《睒经》），七纸。《睒子经》一卷（一名《孝子睒经》，一名《菩萨睒经》，一名《佛说睒经》，一名《睒本经》，一名《孝子隐经》，）六纸。《太子慕魄经》一卷，六纸。《太子沐魄经》一卷（或作“慕魄”），三纸。《九色鹿经》一卷，三纸。上七经，十四卷同帙。

---

① 《文殊师利菩萨行十事行经》：通作《文殊师利菩萨十事行经》，《开元释教录》卷二“总括群经录上之二”即载，此处似衍前之“行”字。

《无字宝箧经》一卷，六纸。《大乘离文字普光明藏经》一卷，五纸。《大乘遍照光明藏无字法门经》一卷（亦直云《大乘遍照光明藏经》），六纸。《老女人经》一卷（亦云《老母经》，或云《老女经》），二纸。《老母经》一卷，二纸。《申日经》一卷[①]，五纸。《老母女六英经》一卷[②]（亦云《老母经》），一纸。《月光童子经》一卷（一名《月明童子经》，或名《申日经》），九纸。《申日儿本经》一卷（亦云《申儿本经》，录作"兜本"，误也），三纸。《德护长者经》二卷（一名《尸利崛多长者经》），二十八纸。《文殊师利问菩提经》一卷（一名《伽耶山顶经》，一名《菩提无行经》，亦直云《菩提经》），七纸。《伽耶山顶经》一卷（亦云《伽耶顶经》），一十纸。《象头精舍经》一卷，九纸。《大乘伽耶山顶经》一卷，九纸。《长者子制经》一卷（亦直名《制经》），四纸。《菩萨逝经》一卷（亦云《誓童子经》，或直名《逝经》），四纸。《逝童子经》一卷（亦名《长者制经》，亦直云《制经》，亦名《菩萨逝经》，亦直云《逝经》），三纸。《犊子经》一卷，二纸。《乳光佛经》一卷（亦云《乳光经》），六纸。《无垢贤女经》一卷（或名《胎藏经》），三纸。《腹中女听经》一卷（一名《不庄校女经》），三纸。《转女身经》一卷，一十九纸。上二十二经，二十三卷同帙。

《无上依经》二卷，三十一纸。《未曾有经》一卷，三纸。《甚希有经》一卷，五纸。《决定总经》一卷（或云《决定总持经》，亦云《决总持经》），八纸。《谤佛经》一卷，七纸。《宝积三昧文殊问法身经》一卷（一名《遗日宝积三昧文殊师利菩萨问法身经》），六纸。《入法界体性经》一卷（或云《入法界经》），十纸。《如来师子吼经》一卷，六纸。《大方广师子吼经》一卷，五纸。《大乘百福相经》一卷，七纸。《大乘[③]百福庄严相经》一卷，九纸。《大乘四法经》一卷（与单本中实叉难陀译者，二名虽同，多少全异），一纸。《菩萨修行四法经》一卷，一纸。《希有希有校量功德经》一卷（或直云《希有校量功德经》），六纸。《最无比经》一卷，十二纸。《前世三转经》一卷，六纸。《银色女经》一卷，七纸。《阿阇世王受决经》一卷，四纸。《采莲违王上佛授决号妙华经》一卷（亦直云《采莲违王经》），二纸。《正恭敬经》一卷（一名《威德陀罗尼中说经》，或名《正法恭敬经》），五纸。《善敬经》一卷（亦名《善恭敬经》，一名《善恭敬师经》），七纸。《称赞大乘功德经》一卷，五纸。《说妙法决定业障经》一卷，三纸。上二十三经，二十四卷同帙。

---

① 《申日经》一卷：《高丽藏》《资福藏》《碛砂藏》《普宁藏》《嘉兴藏》等藏经均录"《申日经》一卷五纸"，然《高丽藏》《碛砂藏》之"总录"以及《可洪音义》皆不载录。方广锠疑该经为后人纂入，当删除。

② 《老母女六英经》一卷：自此条至"《决定总经》"条，《中华大藏经》本脱文。

③ 大乘：《开元释教录》"总录"及"别录"皆作"大乘"，然《中华大藏经》本"入藏录"作"一乘"，或误。

《谏王经》一卷（亦云《大小谏王经》），四纸。《如来示教胜军王经》一卷（亦直云《胜军王经》），十纸。《佛为胜光天子说王法经》一卷（亦直云《胜光天子经》），七纸。《大方等修多罗王经》一卷（或无“王”字），二纸。《转有经》一卷，二纸。《文殊师利巡行经》一卷，五纸。《文殊尸利行经》一卷，八纸。《贝多树下思惟十二因缘经》一卷（亦云《闻城十二因缘经》），四纸。《缘起圣道经》一卷，八纸。《稻芉经》一卷，七纸。《了本生死经》一卷，五纸。《自誓三昧经》一卷（题下注云《独证品第四》，出《比丘净行》中），八纸。《如来独证自誓三昧经》一卷（亦云《独证自誓三昧经》，亦云《如来自誓三昧经》），七纸。《灌洗佛形像经》一卷（亦云《四月八日灌经》，亦直云《灌经》），二纸。《摩诃刹头经》一卷（亦名《灌佛形像经》），三纸。《造立形像福报经》一卷，三纸。《作佛形像经》一卷（亦云《优填王作佛像经》，一名《作像因缘经》），四纸。《龙施女经》一卷（或无“女”字），二纸。《龙施菩萨本起经》一卷（或云《龙施女经》，或云《龙施本经》），四纸。《八吉祥神咒经》一卷（或无“神”字），三纸。《八阳神咒经》一卷（亦云《八阳经》，别有一本亦云《八阳神咒》，可半纸许，初有七佛名号者，非也），四纸。《八吉祥经》一卷（亦云《八方八世界八佛名号经》），二纸。《八佛名号经》一卷，四纸。《盂兰盆经》一卷（亦云《盂兰经》），二纸。《报恩奉盆经》一卷，一纸。《佛说浴像功德经》一卷（三藏宝思惟译），三纸。《浴像功德经》一卷（三藏义净译），四纸。《校量数珠功德经》一卷，二纸。《数珠功德经》一卷（内云《曼殊室利咒藏中校量数珠功德法》），二纸。上二十九经，二十九卷同帙。

《不空罥索神变真言经》三十卷（三帙），五百二十六纸。

《不空罥索咒经》一卷（亦云《不空罥索观世音心咒经》），一十一纸。《不空罥索神咒心经》一卷，一十三纸。《不空罥索陀罗尼自在王咒经》三卷（亦名《不空罥索心咒王经》），三十四纸。《不空罥索陀罗尼经》一卷（一名《普门》），三十七纸。《千眼千臂观世音菩萨陀罗尼神咒经》二卷（或一卷），一十九纸。《千手千眼观世音菩萨姥陀罗尼身经》一卷（或云“千臂千眼”），二十二纸。《千手千眼观世音菩萨广大圆满无碍大悲心陀罗尼经》一卷，一十九纸。《观世音菩萨秘密藏神咒经》一卷，八纸。《观世音菩萨如意摩尼陀罗尼经》一卷，七纸。上九经，十二卷同帙。

《观自在菩萨如意心陀罗尼咒经》一卷，四纸。《如意轮陀罗尼经》一卷（此经出《大莲花金刚三昧耶加持秘密无障碍经》），二十四纸。《文殊师利根本一字陀罗尼经》一卷（题云《大方广菩萨藏中文殊师利根本一字陀罗尼法》，亦名《一字咒王经》），三纸。《曼殊室利菩萨咒藏中一字咒王经》一卷，三纸。《十二佛名神咒经》一卷（题云《十二佛名神咒校量功德除障灭罪经》），六纸。《称赞如来功德神咒经》

一卷，三纸。《孔雀王咒经》一卷（亦名《大金色孔雀王经》，并结界场，法具），八纸。《大金色孔雀王咒经》一卷，五纸。《佛说大金色孔雀王咒经》一卷，八纸。《孔雀王咒经》二卷（亦云《孔雀王陀罗尼经》），四十二纸。《大孔雀咒王经》三卷，六十纸。上十一经，十四卷同帙。

《陀罗尼集经》十二卷，三百四十三纸。《十一面观世音神咒经》一卷，一十纸。《十一面神咒心经》一卷，一十纸。《摩利支天经》一卷（或上加“小”字），二纸。《咒五首经》一卷（或无“经”字），二纸。《千啭陀罗尼观世音菩萨咒经》一卷（或无“经”字），三纸。《六字神咒经》一卷（或云《六字咒法》），六纸。《七俱胝佛大心准提陀罗尼经》一卷（亦直云《七俱胝佛母心经》），五纸。《七俱胝佛母准泥大明陀罗尼经》一卷，一十六纸。上九经，二十卷二帙（上帙七卷，下帙十三卷）。

《观自在菩萨随心咒经》一卷（亦名《多唎心经》），十九纸。《种种杂咒经》一卷（或无“经”字），六纸。《佛顶尊胜陀罗尼经》一卷（杜行顗奉制译），七纸。《佛顶最胜陀罗尼经》一卷（日照三藏译），八纸。《佛顶尊胜陀罗尼经》一卷（佛陀波利译），七纸。《最胜佛顶陀罗尼净除业障经》一卷（日照三藏再译），十三纸。《佛顶尊胜陀罗尼经》一卷（义净三藏译，或加“咒”字），八纸。《无量门微密持经》一卷（一名《成道降魔得一切智经》），六纸。《出生无量门持经》一卷（或云《新微密持经》），七纸。《阿难陀目佉尼呵离陀经》一卷（或云《出无量门持经》），一十纸。《无量门破魔陀罗尼经》一卷（或直云《破魔陀罗尼经》），一十一纸。《阿难陀目佉尼诃离陀邻尼经》一卷，一十纸。《舍利弗陀罗尼经》一卷，八纸。《一向出生菩萨经》一卷，一十二纸。《出生无边门陀罗尼经》一卷，一十四纸。《胜幢臂印陀罗尼经》一卷，二纸。《妙臂印幢陀罗尼经》一卷（别有一本，十六七纸，非是本经，不可流布），二纸。上十七经，十七卷同帙。

《无崖际持法门经》一卷（一名《无际经》），一十五纸。《尊胜菩萨所问一切法入无量门陀罗尼经》一卷（或直云《尊胜菩萨所问》，亦云《入无量门陀罗尼》），十七纸。《金刚上味陀罗尼经》一卷，一十五纸。《金刚场陀罗尼经》一卷，一十四纸。《师子奋迅菩萨所问经》一卷，二纸。《华聚陀罗尼咒经》一卷，三纸。《华积陀罗尼神咒经》一卷，三纸。《六字咒王经》一卷，五纸。《六字神咒王经》一卷，六纸。《虚空藏菩萨问佛经》一卷（亦云《虚空藏菩萨问七佛陀罗尼咒经》，亦云《七佛神咒经》），十二纸。《如来方便善巧咒经》一卷，十纸。《持句神咒经》一卷（亦云《陀罗尼句》），三纸。《陀邻尼钵经》一卷（亦云《陀邻钵咒》），三纸。《东方最胜灯王如来经》一卷（题云《东方最胜灯王如来遣二菩萨送咒奉释迦如来助护持世间经》），十三纸。《善法方便陀罗尼经》一卷，六纸。《金刚秘密善门陀罗尼经》一卷，五纸。《护命法门神咒经》一卷，一十一纸。《无垢净光大陀罗尼经》一卷，一十二纸。《请观世音菩萨消伏毒害陀罗尼咒经》一卷（亦直云《请观世音经》），十二纸。上十九经，十九卷同帙。

《内藏百宝经》一卷（亦云《内藏百品》），八纸。《温室洗浴众僧经》一卷（亦直云《温室经》），三纸。《须赖经》一卷，十八纸。《私诃昧经》一卷（或云《私诃末经》，一名《菩萨道树经》，亦名《道树三昧经》），十一纸。《菩萨生地经》一卷（一名《差摩竭经》），三纸。《四不可得经》一卷，五纸。《梵女首意经》一卷（一名《首意女经》），五纸。《成具光明定意经》一卷（或云《成具光明三昧经》，或直云《成具光明经》），二十二纸。《宝网经》一卷（亦云《宝网童子经》），二十三纸。《菩萨行五十缘身经》一卷（亦云《菩萨缘身五十事经》，亦云《五十缘身行经》），六纸。《菩萨修行经》一卷（亦云《威施长者问观身行经》，亦云《长者修行经》），七纸。《诸德福田经》一卷（或直云《福田经》，或云《诸福田经》），五纸。《大方等如来藏经》一卷（或直云《如来藏经》），九纸。《佛语经》一卷，四纸。《金色王经》一卷，九纸。《演道俗业经》一卷，九纸。《百佛名经》一卷，六纸。上十七经，十七卷同帙。

《称扬诸佛功德经》三卷（亦名《集诸佛花经》，一名《集花经》，一名《现在佛名经》，或四卷），五十七纸。《须真天子经》三卷（亦云《须真天子所问经》，亦云《问四事经》，或二卷），四十六纸。《摩诃摩耶经》一卷（一名《佛升忉利天为母说法经》，亦云《摩耶经》，或二卷），二十六纸。《除恐灾患经》一卷，一十七纸。《孛经》一卷（或云《孛经钞》），一十八纸。《观世音菩萨受记经》一卷（一名《观世音受决经》），一十三纸。上六经，十卷同帙。

《海龙王经》四卷（或三卷），七十三纸。《首楞严三昧经》三卷（或二卷，亦直云《首楞严经》，《僧祐录》云《新首楞严经》），五十二纸。《观普贤菩萨行法经》一卷（云出《深功德经》，或无“行法”字，亦云《普贤观经》），一十六纸。《观药王药上二菩萨经》一卷，一十九纸。《不思议光菩萨所问经》一卷（亦云《不思议光菩萨所说经》，亦云《无思光孩童菩萨经》），一十二纸。上五经，十卷同帙。

《十住断结经》十卷（《最胜问菩萨十住除垢断结经》，一名《十千日光三昧定》，亦云《十地断结经》，或十一卷，或十四卷[①]），二百五十四纸。《诸佛要集经》二卷（亦直云《要集经》，天竺曰《佛陀僧祇提》），四十三纸。《未曾有因缘经》二卷（或无“因缘”字，度罗睺罗沙弥序），四十纸。上三经，十四卷二帙。

《菩萨璎珞经》十二卷（一名《现在报》，或十四卷，或十六卷，或十三卷），三百

① 亦云《十地断结经》，或十一卷，或十四卷：《中华大藏经》本脱此十五字。

三十七纸。《超日明三昧经》二卷（或直云《超日明经》，或三卷），四十八纸。上二经，十四卷二帙。

《贤劫经》十三卷（题云《飏陀劫三昧》，晋曰《贤劫定意经》，《旧录》云《贤劫三昧经》，或十卷，或七卷，一帙），一百九十二纸。

大乘经单译，一百三十一部二百九十三卷，二十四帙。

《大法炬陀罗尼经》二十卷（二帙），二百九十八纸。

《大威德陀罗尼经》二十卷（二帙），二百六十八纸。

《佛名经》十二卷（或云十三卷，或分为二十卷），二百五十三纸。《三劫三千佛名经》三卷（庄严劫上，贤劫中，星宿劫下），五十九纸。上二经，十五卷二帙（上帙七卷，下帙八卷）。

《五千五百佛名经》八卷，一百三十一纸。《不思议功德诸佛所护念经》二卷（或直云《不思议功德经》，或四卷），三十七纸。上二经，十卷同帙。

《华手经》十三卷（一名《摄诸善根经》，亦名《摄诸福德经》，或十一卷，或十二卷，或十卷，一帙），二百二十九纸。

《大方等陀罗尼经》四卷（一名《方等檀特陀罗尼经》，或无“大”字），六十三纸。《僧伽吒经》四卷，五十一纸。《力庄严三昧经》三卷，三十八纸。《大方广圆觉修多罗了义经》一卷，二十七纸。上四经，十二卷同帙。

《观佛三昧海经》十卷（或云《观佛三昧经》，或八卷，一帙），一百五十六纸。

《大方便佛报恩经》七卷，一百二十六纸。《菩萨本行经》三卷，四十七纸。上二经，十卷同帙。

《法集经》六卷（或七卷，或八卷），一百二十七纸。《观察诸法行经》四卷，六十三纸。上二经，十卷同帙。

《菩萨处胎经》五卷（初云《菩萨从兜术天降神母胎说广普经》，亦直云《胎经》，或八卷，或四卷），一百十五纸。《弘道广显三昧经》四卷（一名《阿耨达龙王所问决诸狐疑清净品》，亦名《入金刚问定意经》，凡十二品，或二卷），五十五纸。《施灯功德经》一卷（一名《然灯经》），一十五纸。上三经，十卷同帙。

《央崛魔罗经》四卷，七十八纸。《无所有菩萨经》四卷，六十二纸。《明度五十校计经》二卷（或无“明度”字，或无“五十”字），四十纸。上三经，十卷同帙。

《中阴经》二卷，二十八纸。《大法鼓经》二卷，三十一纸。《文殊师利问经》二卷（亦直云《文殊问经》），五十一纸。《月上女经》二卷（维摩诘之女），二十九纸。《大方广如来秘密藏经》二卷，二十四纸。上五经，十卷同帙。

《大乘密严经》三卷，五十六纸。《占察善恶业报经》二卷（亦名《大乘实义经》，出《六根聚经》，亦直云《占察经》，亦名《地藏菩萨经》），二十八纸。《莲华面经》二卷，二十二纸。《文殊师利问菩萨署经》一卷（亦云《文殊问署经》），二十纸。《大乘造像功德经》二卷（或一卷），二十一纸。上五经，十卷同帙。

《广大宝楼阁善住秘密陀罗尼经》三卷，四十一纸。《一字佛顶轮王经》五卷（亦名《五佛顶经》，或四卷），一百二十一纸。《大陀罗尼末法中一字心咒经》一卷，一十四纸。上三经，九卷同帙。

《大佛顶如来密因修证了义诸菩萨万行首楞严经》十卷，一帙，一百四十三纸。

《大毗卢遮那成佛神变加持经》七卷（亦云《大毗卢遮那成佛经》），一百三十五纸。《苏婆呼童子经》三卷（亦云《苏婆呼请问经》，或云《苏婆呼律》，或云《苏磨呼》，或二卷），四十九纸。上二经，十卷同帙。

《苏悉地羯罗经》三卷，九十一纸。《牟梨曼陀罗咒经》一卷（或无“经”字），三十三纸。《金刚顶瑜伽中略出念诵法》四卷（亦云“经”），八十一纸。上三经，八卷同帙。

《七佛所说神咒经》四卷（初卷云《七佛十一菩萨说大陀罗尼神咒经》），七十三纸。《大吉义神咒经》二卷（或四卷），三十九纸。《文殊师利宝藏陀罗尼经》一卷，一十七纸。《金刚光焰止风雨陀罗尼经》一卷，二十一纸。《阿吒婆拘鬼神大将上佛陀罗尼经》一卷（亦直云《阿吒婆拘咒经》），五纸。《阿弥陀鼓音声王陀罗尼经》一卷，四纸。《大普贤陀罗尼经》一卷，三纸。《大七宝陀罗尼经》一卷，一纸。《六字大陀罗尼咒经》一卷，二纸。《安宅神咒经》一卷（亦云《安宅咒经》），四纸。《摩尼罗亶经》一卷（亦云《摩尼罗亶神咒经》），四纸。《玄师飏陀所说神咒经》一卷（录云“幻师”，无“所说”字，或作“跋”字，亦云“波陀”，《古录》云《幻士跋陀经》[①]），二纸。《护诸童子陀罗尼咒经》一卷（亦云《护诸童子请求男女陀罗尼经》），四纸。《诸佛心陀罗尼经》一卷，三纸。《拔济苦难陀罗尼经》一卷，二纸。《八名普密陀罗尼经》一卷，二纸。《持世陀罗尼经》一卷，四纸。《六门陀罗尼经》一卷，一纸。《清净观世音普贤陀罗尼经》一卷（此经有一错本，应须审之），五纸。上十九经，二十三卷同帙。

《智炬陀罗尼经》一卷，三纸。《诸佛集会陀罗尼经》一卷，四纸。《随求即得大自在陀罗尼神咒经》一卷（亦云“随求所得”），一十四纸。《百千印陀罗尼经》一卷，二纸。《救面燃饿鬼陀罗尼神咒经》一卷（亦云《施饿鬼食咒经》，后兼有“施水咒”），四纸。《庄严王陀罗尼咒经》一卷，四纸。《香王菩萨陀罗

---

① 亦云“波陀”，《古录》云《幻士跋陀经》：《中华大藏经》本脱此十二字。

尼咒经》一卷，二纸。《一切功德庄严王经》一卷，一十四纸。《拔除罪障咒王经》一卷，三纸。《善夜经》一卷，三纸。《虚空藏菩萨能满诸愿最胜心陀罗尼求闻持法》一卷（亦云《虚空藏菩萨求闻持法经》），四纸。《金刚顶经曼殊室利菩萨五字心陀罗尼品》一卷，一十一纸。《观自在如意轮菩萨瑜伽法要》一卷，九纸。《佛地经》一卷，一十三纸。《佛垂般涅槃略说教诫经》一卷（亦云“佛临般涅槃”，一名《遗教经》），六纸。《出生菩提心经》一卷，一十一纸。《佛印三昧经》一卷，三纸。《文殊师利般涅槃经》一卷，四纸。《异出菩萨本起经》一卷（或无“起”字[①]），一十一纸。《千佛因缘经》一卷，一十八纸。《贤首经》一卷（一名《贤首夫人经》），三纸。《月明菩萨经》一卷（或加“三昧”字，或云《月明童子经》，亦云《月明童男经》），三纸。《心明经》一卷（一名《心明女梵志妇饭汁施经》），三纸。《灭十方冥经》一卷（或云《十方灭冥经》），六纸。《鹿母经》一卷（别有《鹿子经》一卷，与此全同），三纸。《魔逆经》一卷，一十三纸。上二十六经，二十六卷同帙。

《德光太子经》一卷（一名《赖吒和罗所问光德太子经》），一十九纸。《大意经》一卷，五纸。《坚固女经》一卷（一名《牢固女经》），六纸。《商主天子所问经》一卷（或无“所问”字），一十七纸。《诸法最上王经》一卷，二十三纸。《师子庄严王菩萨请问经》一卷（一名《八曼荼罗经》），五纸。《离垢慧菩萨所问礼佛法经》一卷，八纸。《受持七佛名号所生功德经》一卷，四纸。《佛临涅槃记法住经》一卷（或加“般”字[②]），五纸。《寂照神变三摩地经》一卷，一十六纸。《差摩婆帝受记经》一卷，三纸。《不增不减经》一卷（或云二卷者，误），七纸。《造塔功德经》一卷，二纸。《右绕佛塔功德经》一卷（亦云《绕塔功德经》），三纸。《大乘四法经》一卷（与重译中日照出者名字虽同，经体全异），八纸。《有德女所问大乘经》一卷（时有一本可八九纸，文错不堪），四纸。《大乘流转诸有经》一卷，三纸。《妙色王因缘经》一卷，四纸。《佛为海龙王说法印经》一卷，一纸。《师子素驮娑王断肉经》一卷，四纸。《般泥洹后灌腊经》一卷（一名《般泥洹后四辈灌腊经》，亦直云《灌腊经》），二纸。《八部佛名经》一卷（亦云《八佛经》），三纸。上二十二经，二十二卷同帙。

《菩萨内习六波罗蜜经》一卷（或云《内六波罗蜜经》，安公云出方等部），三纸。《菩萨投身饿虎起塔因缘经》一卷（《僧祐录》云《以身施饿虎经》），十一纸。《金

---

① 或无“起”字：《中华大藏经》本脱此四字。

② 或加“般”字：《佛临涅槃记法住经》为玄奘所译，通行本不加“般”字。智升所论，不知何所从出，当另有所本。

刚三昧本性清净不坏不灭经》一卷（亦名《金刚清净经》），八纸。《师子月佛本生经》一卷，七纸。《长者法志妻经》一卷，三纸。《萨罗国经》一卷（或云《萨罗国王经》），四纸。《十吉祥经》一卷，二纸。《长者女庵提遮师子吼了义经》一卷，六纸。《一切智光明仙人慈心因缘不食肉经》一卷，五纸。《金刚三昧经》二卷（或一卷），二十七纸。《法灭尽经》一卷，三纸。《甚深大回向经》一卷，四纸。《天王太子辟罗经》一卷（亦云《太子譬罗经》，或无“天王”字），二纸。《优婆夷净行法门经》二卷（亦直云《净行经》，或无“经”字），三十二纸。《八大人觉经》一卷，一纸。《三品弟子经》一卷（亦云《弟子学有三辈经》），三纸。《四辈经》一卷（或云《四辈弟子经》，或云《四辈学经》），三纸。《当来变经》一卷（或云《当来变识经》），二纸。《过去佛分卫经》一卷（或云“过世”[①]），二纸。《十二头陀经》一卷（一名《沙门头陀经》），五纸。《树提伽经》一卷，三纸。《长寿王经》一卷，六纸。《法常住经》一卷，二纸。上二十三经，二十五卷同帙。

大乘律，二十六部五十四卷，五帙。

《菩萨地持经》十卷（或无“经”字，亦云“论”，亦名《菩萨戒经》，又名《菩萨经》，或八卷，一帙），一百八十六纸。

《菩萨善戒经》九卷（一名《菩萨地》，或十卷），一百八十纸。《净业障经》一卷，一十五纸。上二经，十卷同帙。

《优婆塞戒经》七卷（或五卷，或六卷，或十卷，是在家菩萨戒），一百三十一纸。《梵网经》二卷，三十六纸。《受十善戒经》一卷，一十六纸。上三经，十卷同帙。

《菩萨璎珞本业经》二卷（或直云《璎珞本业经》），三十九纸。《佛藏经》四卷（一名《选择诸法经》，或三卷，或二卷），七十纸。《菩萨戒本》一卷（昙无谶译），一十一纸。《菩萨戒本》一卷（三藏玄奘译），一十八纸。《菩萨戒羯磨文》一卷，六纸。《菩萨善戒经》一卷（忧波离[②]问菩萨受戒法），一十五纸。上六经，十卷同帙。

《菩萨内戒经》一卷，一十八纸。《优婆塞五戒威仪经》一卷，一十五纸。《文殊师利净律经》一卷（或真名[③]《净律经》），一十三纸。《清净毗尼方广经》一卷，

---

① 或云“过世”：《大正藏》第三卷收录有《佛说过去世佛分卫经》，故“过世”为“过去世”之省称，此处或脱一“去”字。

② 忧波离：前文“总录”与“别录”皆作“优波离”，虽仅为音译用字有别，然不当自乱其例，《中华大藏经》本“入藏录”亦作“优波离”。

③ 真名：不成词。根据文例，当为“直名”，径直命名之义。下文有“亦直名《悔过经》”、“亦直云《法律经》”等可证。

一十七纸。《寂调音所问经》一卷（一名《如来所说清净调伏经》），一十八纸。《大乘三聚忏悔经》一卷，十三纸。《菩萨五法忏悔文》一卷，二纸。《菩萨藏经》一卷，一十纸。《三曼陀飏陀罗菩萨经》一卷，七纸。《菩萨受斋经》一卷，三纸。《文殊悔过经》一卷（一名《文殊五体悔过经》），二十一纸。《舍利弗悔过经》一卷（亦直名《悔过经》），五纸。《法律三昧经》一卷（亦直云《法律经》），七纸。《十善业道经》一卷，六纸。上十四经，十四卷同帙。

大乘论，九十七部五百一十八卷，五十帙（二十一部一百五十五卷释经论，七十六部三百六十三卷集义论）。

《大智度论》一百卷（或云《大智度经论》，亦云《摩诃般若释论》，或一百一十卷，或七十卷，十帙），二千八十五纸。

《十地经论》十二卷（或一十五卷，一帙），二百四十六纸。

《弥勒菩萨所问经论》五卷（或六卷，或七卷，或十卷），一百二十八纸。《大乘宝积经论》四卷，八十四纸。《宝髻菩萨四法经论》一卷（题云《宝髻经四法优波提经》），一十二纸。上三论，十卷同帙。

《佛地经论》七卷，一百一十七纸。《金刚般若论》二卷（无著菩萨造），三十纸。《能断金刚般若波罗蜜多经论颂》一卷（亦云《能断金刚论颂》），四纸。上三论，十卷同帙。

《金刚般若波罗蜜经论》三卷（天亲菩萨造），四十八纸。《能断金刚般若波罗蜜多经论释》三卷（亦云《能断金刚论释》），三十三纸。《金刚般若波罗蜜经破取著不坏假名论》二卷（亦名《功德施论》），三十三纸。《文殊师利菩萨问菩提经论》二卷（一云《文殊问菩提经论》，一云《伽耶山顶论经》），三十纸。《妙法莲华经论》一卷（题云《妙法莲华经优波提舍》，二十五纸）。上五论，十一卷同帙。

《法华经论》二卷（初有归敬颂[①]者是，或一卷，题亦云《妙法莲华经优波提舍》），三十纸。《胜思惟梵天所问经论》四卷（或三卷），五十九纸。《涅槃论》一卷（或云《大般涅槃经论》），一十纸。《涅槃经本有今无偈论》一卷（亦直云《本有本无论》[②]），六纸。《遗教经论》一卷，二十六纸。《无量寿经论》一卷（题云《无量寿经优波提舍愿生偈》），七纸。《三具足经论》一卷（题云《三具足经优波提舍》），

① 归敬颂：印度论师造论，每部论之前皆有冠以“归敬颂”之传统，以示论主造论是传承并阐释佛陀的教法，对佛陀及与本论相关的祖师大德表示皈敬。

② 《本有本无论》：“本无”当误。论之全名为《涅槃经本有今无偈论》，其省称当作《本有今无论》，下文卷二十即作《本有今无论》。

一十八纸。《转法轮经论》一卷（题云《转法轮经优波提舍》），一十纸。上八论，十二卷同帙（已上释经论，已下集义论）。

《瑜伽师地论》一百卷（十帙），一千八百十七纸。

《显扬圣教论》二十卷（二帙），三百三十七纸。

《瑜伽师地论释》一卷（最胜子等诸菩萨造），十九纸。《显扬圣教论颂》一卷（无著造，凡十一品），一十三纸。《王法正理论》一卷，二十纸。《大乘阿毗达磨集论》七卷，一百三纸。上四论，十卷同帙。

《大乘阿毗达磨杂集论》十六卷，二百五十五纸。《中论》四卷（亦云《中观论》，或八卷），九十八纸。上二论，二十卷二帙。

《般若灯论释》十五卷，二百五十二纸。《十二门论》一卷，二十四纸。《十八空论》一卷，二十二纸。《百论》二卷，四十三纸。《广百论本》一卷，八纸。上五论，二十卷二帙。

《大乘广百论释论》十卷（一帙），一百九十七纸。

《十住毗婆沙论》十四卷（或无“论”字，或十二卷，或十五卷），二百七十六纸。《菩提资粮论》六卷，六十七纸。上二论，二十卷二帙。

《大乘庄严经论》十三卷（或十五卷，一帙），二百五纸。

《大庄严论经》十五卷（或无“经”字，或十卷），二百九纸。《顺中论》二卷（题云《顺中论义入大般若波罗蜜经初品法门》），三十二纸。《摄大乘论》三卷（真谛三藏译），五十九纸。上三论，二十卷二帙。

《摄大乘论》二卷（佛陀扇多译），四十四纸。《摄大乘论本》三卷（三藏玄奘译），六十一纸。《摄大乘论释》十五卷（天亲释，真谛译，或十二卷，亦云“释论”），三百二十七纸。上三论，二十卷二帙。

《摄大乘论释论》十卷（世亲释，笈多译，一帙），一百五十六纸。

《摄大乘论释》十卷（世亲释，玄奘译，一帙），一百七十六纸。

《摄大乘论释》十卷（无性释，玄奘译，一帙），二百十六纸。

《佛性论》四卷，八十三纸。《决定藏论》三卷，五十三纸。《辩中边论颂》一卷，五纸。《中边分别论》二卷（或三卷），三十八纸。上四论，十卷同帙。

《辩中边论》三卷，三十九纸。《究竟一乘宝性论》四卷（亦云《宝性分别一乘增上论》，或三卷，或二卷[①]），八十纸。《业成就论》一卷，一十二纸。《大乘成业论》一卷，一十七纸。《因明正理门论本》一卷（三藏玄奘译），一十五纸。上五论，十卷同帙。

《因明正理门论》一卷（三藏义净译），一十六纸。《因明入正理论》一卷，六纸。《显识论》一卷（题云《显识品》，从《无相论》出），一十九纸。《转识论》一卷，三纸。《唯识论》一卷（一名《破色心》，初云《唯识无境界》，或云《唯识无境界论》），一十九纸。《唯识论》一卷（初云《修道不共他》），一十纸。《唯识宝生论》五卷（一名《二十唯识顺释论》），六十五纸。《唯识三十论》一卷，二纸。《唯识二十论》一卷，十纸。上九论，十三卷同帙。

《成唯识论》十卷（一帙），一百七十五纸。

《大丈夫论》二卷，三十四纸。《入大乘论》二卷，四十一纸。《大乘掌珍论》二卷，三十三纸。《大乘五蕴论》一卷（世亲造，玄奘译），八纸。《大乘广五蕴论》一卷（与前论异本，或无“广”字，安慧造，日照译），一十三纸。《宝行王正论》一卷，一十九纸。《大乘起信论》一卷（真谛三藏译），二十五纸。上七论，十卷同帙。

《大乘起信论》二卷（实叉难陀译），二十四纸。《发菩提心论》二卷（或云《发菩提心经》，亦云“经论”），二十八纸。《三无性论》二卷（题云《三无性论品》，出《无相论》，或一卷），三十五纸。《方便心论》一卷（或二卷，凡四品），一十七纸。《如实论》一卷（题云《如实论反质难品》），二十三纸。《无相思尘论》一卷（或直云《思尘论》），三纸。《观所缘论》一卷，三纸。《观所缘论释》一卷，一十三纸。上八论，十一卷同帙。

《回诤论》一卷，二十五纸。《缘生论》一卷，一十一纸。《十二因缘论》一卷，四纸。《一输卢迦论》一卷（或云“一书”），三纸。《大乘百法明门论》一卷（题云《大乘百法明门论》，“本事分”中略录名数[②]），二纸。《百字论》一卷，八纸。《解拳论》[③]一卷，二纸。《掌中论》一卷，三纸。《取因假设论》一卷，九纸。《观总相论颂》一卷，一纸。《止观门论颂》一卷，四纸。《手杖论》一卷，七纸。《六门教授习定论》一卷，九纸。《大乘法界无差别论》一卷，六纸。

---

① 《宝性分别一乘增上论》，或三卷，或二卷：前“总录”云《宝性分别七乘增上论》，所谓“七乘”，指七大金刚论佛、法、僧、佛性、证悟、功德、佛行事业，将由浅入深而说，如具八种功德的究竟皈依处佛宝、具六种功德的究竟皈依处法宝等，故云“分别七乘”，与“究竟一乘”是分总关系，《中华大藏经》本亦作“七乘”。另“或二卷”，据“总录”，当为“或五卷”。

② “本事分”中略录名数：指《瑜伽师地论》中的“本事分”，《大乘百法明门论》略录其中一百种法。

③ 《解拳论》：“拳”本指“卷曲”之“卷”，二字音同义通，然前卷七作“《解卷论》”，真谛译。当从“总录”，以求前后经名统一。

《破外道小乘四宗论》一卷，六纸。《破外道小乘涅槃论》一卷，五纸。上十六论，十六卷同帙。

都计大乘经律论见入藏者，总六百三十八部，合二千七百四十五卷，二百五十八帙。与前广录部数不同者，前广录中以《大宝积经》诸部合成分为四十九部上录，此合为一部，故欠四十八部不同。

《开元释教录》卷第二十（“入藏录”下）

小乘入藏录下（小乘经律总三百三十部，一千七百六十二卷，一百六十五帙。贤圣集传附此卷末，此直列经名及标纸数，余如广录）。

小乘经，二百四十部六百一十八卷，四十八帙。

小乘律，五十四部四百四十六卷，四十五帙。

小乘论，三十六部六百九十八卷，七十二帙。

小乘经重单合译，一百五十三部三百九十四卷，三十一帙。

《长阿含经》二十二卷（二帙），四百三十一纸。

《中阿含经》六十卷（或五十八卷，六帙，九十九品[①]），一千一百四十六纸。

《增一阿含经》五十一卷（或五十卷，或四十二卷，或六十卷，或三十三卷，五帙），八百一十纸。

《杂阿含经》五十卷（五帙，凡四品），一千六十九纸。

《别译杂阿含经》二十卷（二帙），三百九纸。

《佛般泥洹经》二卷（或直云《泥洹经》），四十七纸。《大般涅槃经》三卷（或二卷，或云“涅槃”[②]），五十一纸。《般泥洹经》二卷（或直云《泥洹经》，亦云《大般泥洹经》，诸藏中一卷者，唯是上卷，欠下卷），四十四纸。《人本欲生经》一卷，一十五纸。《尸迦罗越六向拜经》一卷（或云《尸迦罗越六方礼经》），四纸。《梵

---

① 九十九品:《中阿含经》并无如此众多品目，通行本为五诵十八品，前“总录”亦作“十八品”,《中华大藏经》本作“凡十九品”，则前一“九”字当作“凡”，后一“九”字当作“八”，下文亦有作“凡四品”者。本卷涉及到大量数字,《大正藏》本与《中华大藏经》本出入不大，但是与《明藏》《清藏》本多有差殊。《开元释教录》之“入藏录”，后世因时因地抄撰有别，故本著除明显错误予以校改外，一般数字异文，则不予出校。具体分段，同帙则为一段。

② 或云“涅槃”：与本条《大般涅槃经》经名重复,《大正藏》与《中华大藏经》本文字皆同，然《清藏》本无此四字。

志阿飏经》一卷（一名《阿飏摩纳经》,《安公录》直云《阿拔经》,亦名《佛开解梵志阿飏经》），一十四纸。《梵网六十二见经》一卷（一名《梵网经》），二十一纸。《寂志果经》一卷，一十六纸。上八经，十二卷同帙。

《起世经》十卷（一帙），一百六十七纸。

《起世因本经》十卷（恐二本相滥，题下别云《起世因本经》，一帙，诸藏多是前本，此本稍稀），一百七十纸。

《楼炭经》六卷（或云《大楼炭经》，凡十三品，或八卷，或五卷），一百三纸。《长阿含十报法经》二卷（亦名《多增道章经》,或直云《十报经》），二十七纸。《中本起经》二卷（或云《太子中本起经》），四十七纸。上三经，十卷同帙。

《七知经》一卷（或云《七智经》），二纸。《咸水喻经》一卷（或云《咸水譬喻经》），二纸。《一切流摄守因经》一卷（或直云《流摄经》，或云《一切流摄经》，亦云《一切流摄守经》，亦云《流摄守因经》），五纸。《四谛经》一卷，九纸。《恒水经》一卷（亦云《恒河喻经》），四纸。《本相倚致经》一卷（亦云“大相倚致”，或作“猗”字），三纸。《缘本致经》一卷，三纸。《顶生王故事经》一卷（亦直云《顶生王经》），六纸。《文陀竭王经》一卷，四纸。《阎罗王五天使者经》一卷（一名《铁城泥犁经》），三纸。《铁城泥犁经》一卷，五纸。《古来世时经》一卷，五纸。《阿那律八念经》一卷（或云《八念经》，一名《禅行敛意》，《旧录》云《禅行检意》），四纸。《离睡经》一卷，三纸。《是法非法经》一卷，四纸。《求欲经》一卷，十纸。《受岁经》一卷，四纸。《梵志计水净经》一卷，二纸。《苦阴经》一卷，五纸。《释摩男本经》一卷（一名《五阴因事经》），四纸。《苦阴因事经》一卷，六纸。《乐想经》一卷，二纸。《漏分布经》一卷，七纸。《阿耨风经》一卷（晋言“衣次[1]”），六纸。《诸法本经》一卷，一纸。《瞿昙弥记果经》一卷，七纸。《瞻婆比丘经》一卷（或云“瞻波”），四纸。《伏淫经》一卷，三纸。《魔娆乱经》一卷（一名《魔王入目连兰腹经》，一名《弊魔试目连经》），八纸。《弊魔试目连经》一卷（一名《魔娆乱经》），五纸。上三十经，三十卷同帙。

《赖吒和罗经》一卷（一名《罗汉赖吒和罗经》），十一纸。《善生子经》一卷，七纸。《数经》一卷，四纸。《梵志頞罗延问尊重经》一卷（或云“頞波罗延”），七纸。《三归五戒慈心厌离功德经》一卷，一纸。《须达经》一卷（亦云《须达长者经》），四纸。《佛为黄竹园老婆罗门说学经》一卷，四纸。《梵摩喻经》一卷，九纸。《尊上经》一卷，四纸。《鹦鹉经》一卷（亦云《兜调经》，或作“兕”字者，误也），九纸。《兜调经》一卷，四纸。《意经》一卷，三纸。《应法经》一卷，

① 衣次：前之“总录”、“别录”皆作“依次”，《清藏》本亦作“依次”，当从。

四纸。《泥犁经》一卷（或云《中阿含泥犁经》），十二纸。《优婆夷堕舍迦经》一卷，三纸。《斋经》一卷（一名《持斋经》），四纸。《鞞摩肃经》一卷，四纸。《婆罗门子命终爱念不离经》一卷，四纸。《十支居士八城人经》一卷（亦直云《十支经》），三纸。《邪见经》一卷，二纸。《箭喻经》一卷，四纸。《普法义经》一卷（一名《具法行经》，亦名《普义经》），九纸。《广义法门经》一卷，九纸。《戒德香经》一卷（或云《戒德经》），二纸。《四人出现世间经》一卷，四纸。《波斯匿王太后崩尘土坌身经》一卷，三纸。《须摩提女经》一卷，六纸。《婆罗门避死经》一卷，一纸。《施食获五福报经》一卷（一名《施色力经》，一名《福德经》），二纸。《频毗娑罗王诣佛供养经》一卷（亦云"频婆"），五纸。《长者子六过出家经》一卷，三纸。《鸯崛摩经》一卷（或有作"魔"字，或云《指鬘经》，亦云《指髻经》），六纸。上三十二经，三十二卷同帙。

《鸯崛鬘经》一卷，六纸。《力士移山经》一卷（亦直云《移山经》），六纸。《四未曾有法经》一卷（亦云《四未曾有经》，或无"法"字），二纸。《舍利弗摩诃目揵连游四衢经》一卷，三纸。《七佛父母姓字经》一卷（或云《七佛姓字经》），四纸。《放牛经》一卷（亦云《牧牛经》），四纸。《缘起经》一卷（亦云《十二缘起经》），三纸。《十一想思念如来经》一卷（或云《十一思惟念如来经》），一纸。《四泥犁经》一卷（或云《四大泥犁经》），二纸。《阿那邠邸化七子经》一卷，四纸。《大爱道般泥洹经》一卷（或作"涅槃"），七纸。《佛母般泥洹经》一卷，四纸。《国王不犁先尼十梦经》一卷（或作"泥"），五纸。《舍卫国王梦见十事经》一卷（或直云《十梦经》，或云《舍卫国王十梦经》，或云《波斯匿王十梦经》），四纸。《阿难同学经》一卷，三纸。《五蕴皆空经》一卷，一纸。《七处三观经》一卷（或二卷），一十七纸。《圣法印经》一卷（亦直云《圣印经》，亦云《慧印经》），二纸。《杂阿含经》一卷，二十一纸。《五阴譬喻经》一卷（或无"譬"字，一名《水沫所漂经》），二纸。《水沫所漂经》一卷（一名《河中大聚沫经》，一名《聚沫譬经》），二纸。《不自守意经》一卷（或云《自守亦不自守经》，或云《不自守经》），一纸。《满愿子经》一卷，二纸。《花积陀罗尼杂须经》[①]（此经在藏，见缺，无处访本），二纸。《转法轮经》一卷（或云《法轮转经》，京中诸藏并是《转法轮论》，非是本经，应须简择），二纸。《三转法轮经》一卷，五纸。《八正道经》一卷，三纸。《难提释经》一卷，四纸。《马有八态譬人经》一卷（一名《马有八弊恶态经》，亦直云《马有八态经》），一纸。《马有三相经》一卷（亦云《善马有三相经》），一纸。《相应相可经》一卷，二纸。《治禅病秘要经》

① 《花积陀罗尼杂须经》：此经"总录"不载，仅《高丽藏》收，其他藏经"入藏录"皆不收，或智升之时，并未入藏。然经名数据符合后文所统计"三十一经"，经之数目，或后人擅改。

一卷（或云《治禅病秘要法》，无“经”字，或云《禅要秘密治病经》，或二卷），二十八纸。上三十一经，三十一卷同帙。

《摩邓女经》一卷（一名《阿难为蛊道女惑经》，亦云“摩邹女”），三纸。《摩邓女解形中六事经》一卷，三纸。《摩登伽经》三卷（或二卷），三十四纸。《舍头谏经》一卷（题云《舍头谏》，晋曰《太子二十八宿经》，一名《虎耳经》，一名《虎意经》），二十六纸。《鬼问目连经》一卷，四纸。《杂藏经》一卷，九纸。《饿鬼报应经》一卷（一名《目连说地狱饿鬼因缘经》），五纸。《阿难问事佛吉凶经》一卷（或云《阿难问事经》，亦云《事佛吉凶经》），五纸。《慢法经》一卷，二纸。《阿难分别经》一卷（亦云《阿难问事佛吉凶经》，或直名《分别经》），五纸。《五母子经》一卷，二纸。《沙弥罗经》一卷，二纸。《玉耶女经》一卷（或云《玉耶经》），三纸。《玉耶经》一卷（一名《长者诣佛说子妇无敬经》，或云《玉耶女经》），五纸。《阿遬达经》一卷，二纸。《修行本起经》二卷（一名《宿行本起经》），三十二纸。上十六经，十九卷同帙。

《太子瑞应本起经》二卷（亦云《太子本起瑞应经》，亦直云《瑞应本起经》），三十一纸。《过去现在因果经》四卷（或五卷），九十五纸。《法海经》一卷，三纸。《海八德经》一卷，三纸。《四十二章经》一卷，七纸。《奈女耆域因缘经》一卷（或云《柰女耆域经》，或直云《奈女经》，或云《柰女耆域国》者，误也），一十七纸。《罪业应报教化地狱经》一卷（或云《地狱报应经》），六纸。《龙王兄弟经》一卷（一名《难龙王经》，亦名《降龙王经》），二纸。《长者音悦经》一卷（或云《长者音悦不兰迦叶经》，亦直云《音悦经》），五纸。上九经，十三卷同帙。

《禅秘要经》三卷（或云《禅秘要法》，无“经”字，或四卷），八十四纸。《七女经》一卷（一名《七女本经》），六纸。《八师经》一卷，四纸。《越难经》一卷（一名《越难长者经》，一名《难经》），二纸。《所欲致患经》一卷，六纸。《阿阇世王问五逆经》一卷，五纸。《五苦章句经》一卷（一名《诸天五苦经》，一名《五道章句经》，一名《净除罪盖乐佛法经》），十三纸。《坚意经》一卷（一名《坚心正意经》，一名《坚心经》），二纸。《净饭王涅槃经》一卷（或加“般”字），六纸。《进学经》一卷（或云《劝进学道经》），一纸。《得道梯橙[①]锡杖经》一卷（题云《得道梯橙经·锡杖品第十二》，亦直云《锡杖经》），三纸。《贫穷老公经》一卷（一名《贫老经》），三纸。《三摩竭经》一卷（一名《须摩提女经》，一名《难国王经》，一名《恕和檀王经》），八纸。《蓱沙王五愿经》一卷（一名《弗沙迦王经》，或作“瓶”字），七纸。《琉璃王经》一卷（或作“流离”字），七纸。上十五经，十七卷同帙。

① 梯橙：当为“梯隥”，见前“梯橙”条注，下文夹注亦同。

《生经》五卷（或四卷），一百九纸。《义足经》二卷，四十纸。上二经，七卷同帙。

小乘经单译，八十七部二百二十四卷，一十七帙。

《正法念处经》七十卷（七帙），一千二百五纸。

《佛本行集经》六十卷（或名《皆集经》[①]，六帙），八百七十七纸。

《本事经》七卷，九十五纸。《兴起行经》二卷（亦名《严诫宿缘经》，一名《十缘经》，题云出杂藏），三十一纸。《业报差别经》一卷，一十五纸。上三经，十卷同帙。

《大安般守意经》二卷（亦直云《大安般经》，或无“大”字，安公云《小安般经》，或一卷），三十纸。《阴持入经》二卷（或云“除持入”，误也。或一卷，亦云“住阴持入”），三十二纸。《处处经》一卷，一十五纸。《骂意经》一卷，一十五纸。《分别善恶所起经》一卷，一十五纸。《出家缘经》一卷（一名《出家因缘经》），二纸。《阿鋡正行经》一卷（一名《正意经》），四纸。《十八泥犁经》一卷（或云《十八地狱经》），六纸。《法受尘经》一卷，一纸。《禅行法想经》一卷，一纸。《长者子懊恼三处经》一卷（一名《长者夭恼三处经》，亦云《三处恼经》），三纸。《揵陀国王经》一卷（或无“国”字），二纸。《须摩提长者经》一卷（一名《会诸佛前》，亦名《如来所说示现众生》），八纸。《阿难四事经》一卷，四纸。《未生怨经》一卷，四纸。《四愿经》一卷，三纸。《黑氏梵志经》一卷，三纸。《猘狗经》一卷（祐云与“乐狗”[②]同），二纸。《分别经》一卷，五纸。《八关斋经》一卷，二纸。《阿鸠留经》一卷，四纸。《孝子经》一卷（亦云《孝子报恩经》），二纸。上二十二经，二十四卷同帙。

《五百弟子自说本起经》一卷（或云《佛五百弟子自说本起经》，亦云《五百弟子自说本末经》，亦云《五百弟子本起经》），二十一纸。《大迦叶本经》一卷（或无“大”字），五纸。《四自侵经》一卷，五纸。《罗云忍辱经》一卷（或直云《忍辱经》），三纸。《佛为年少比丘说正事经》一卷，二纸。《沙曷比丘功德经》一卷，三纸。《时非时经》一卷（亦直云《时经》），二纸。《自爱经》一卷（或云《自爱不自爱经》），五纸。《中心经》一卷（亦云《中心正行经》，或《大忠心经》，亦云《小中心经》），五纸。《正

---

① 《皆集经》：经名颇显怪异，唯此处及《贞元录》卷三十云“或名《皆集》”有此一说。校注者遍检群录，不见《佛本行集经》之此异名。

② 乐狗：当为“猘狗”，《开元释教录》前之“总录”、“别录”以及《清藏》本皆为“猘狗”。

见经》一卷（一名《生死变识经》），八纸。《大鱼事经》一卷，二纸。《呵难[1]七梦经》一卷（亦云《七梦经》），二纸。《阿雕[2]阿那含经》一卷（一名“荷雕”，或作“苛”字），二纸。《灯指因缘经》一卷，九纸。《妇人遇辜经》一卷（一名《妇遇对经》），二纸。《四天王经》一卷，三纸。《摩诃迦叶度贫母经》一卷，四纸。《十二品生死经》一卷，一纸。《罪福报应经》一卷（一名《转轮五道罪福报应经》，亦云《轮转五道经》，亦云《五道轮经》），四纸。《五无返复经》一卷（一名《五反覆大义经》，或作“附”字），二纸。《佛大僧大经》一卷（二儿名），七纸。《邪祇经》一卷，二纸。《末罗王经》一卷，二纸。《摩达国王经》一卷（或无“国王”字），二纸。《旃陀越国王经》一卷（或无“国王”字），二纸。《五恐怖世经》一卷（或云《五恐怖经》），二纸。《弟子死复生经》一卷（或云《死亡更生经》），六纸。《懈怠耕者经》一卷（或云《懈怠耕儿经》），二纸。《辩意长者子经》一卷（或云《长者辩意经》，或加“所问”字），九纸。《无垢优婆夷问经》一卷，三纸。上三十经，三十卷同帙。

《贤者五福经》一卷，一纸。《天请问经》一卷，二纸。《僧护经》一卷（或云《僧护因缘经》，亦云《因缘僧护经》），二十纸。《护净经》一卷，二纸。《木槵子经》（或作“患”字，亦作“檈”），二纸。《无上处经》一卷，一纸。《卢志长者因缘经》一卷，十纸。《五王经》一卷，五纸。《出家功德经》一卷（非是《贤愚》中抄出者），五纸。《栴檀树经》一卷，三纸。《頞多和多耆经》一卷，二纸。《普达王经》一卷，四纸。《佛灭度后棺殓葬送经》一卷（一名《比丘师经》，亦名《师比丘经》），三纸。《鬼子母经》一卷，四纸。《梵摩难国王经》一卷，二纸。《父母恩难报经》一卷（亦云“勤报”），二纸。《孙多耶致经》一卷（或云《梵志孙多耶致经》），三纸。《新岁经》一卷，六纸。《群牛譬经》一卷，二纸。《九横经》一卷，二纸。《禅行三十七经》一卷（或云《禅行三十七品经》），三纸。《比丘避女恶名欲自杀经》一卷，一纸。《比丘听施经》一卷（一名《听施比丘经》），三纸。《身观经》一卷，二纸。《无常经》一卷（亦名《三启经》），三纸。《八无暇有暇经》一卷，七纸。《长爪梵志请问经》一卷，三纸。《譬喻经》一卷，二纸。《略教诫经》一卷，二纸。《疗痔病经》一卷（亦名《疗痔瘘经》），二纸。上三十经，三十卷同帙。

小乘律，五十四部四百四十六卷，四十五帙。

《摩诃僧祇律》四十卷（或云三十卷，四帙），九百九十七纸。

---

① 呵难：当为“阿难”，疑涉下条《呵雕阿那含经》之“呵”字而误刻。

② 阿雕：《开元释教录》前之“总录”、《中华大藏经》本皆作“呵雕”。

《十诵律》六十一卷（六帙），一千四百三十纸。

《根本说一切有部毗奈耶》五十卷（五帙），八百七十五纸。

《根本说一切有部苾刍尼毗奈耶》二十卷（二帙），三百五十九纸。

《根本说一切有部毗奈耶杂事》四十卷（四帙），六百四十四纸。

《根本说一切有部尼陀那目得迦》十卷（前五卷“尼陀那”，后五卷“目得迦”，或八卷，一帙），一百二十五纸。

《五分律》三十卷（亦云《弥沙塞律》，或三十四卷，三帙），五百九十七纸。

《四分律》六十卷（或四十五卷，或七十卷，或云四十卷，或云四十四卷，六帙），一千三百一十五纸。

《僧祇比丘戒本》一卷（亦云《摩诃僧祇戒本》），二十纸。《僧祇比丘尼戒本》一卷（亦云《比丘尼波罗提木叉僧祇戒本》），三十五纸。《十诵比丘戒本》一卷（亦云《十诵波罗提木叉戒本》），二十六纸。《十诵比丘尼戒本》一卷（亦云《十诵比丘尼波罗提木叉戒本》），二十六纸。《根本说一切有部戒经》一卷，二十八纸。《根本说一切有部苾刍尼戒经》一卷，二十八纸。《五分比丘戒本》一卷（亦云《弥沙塞戒本》），二十二纸。上七经，七卷同帙。

《五分比丘尼戒本》一卷（亦云《弥沙塞尼戒本》），二十九纸。《四分比丘戒本》一卷（沙门怀素依律集，题云《四分戒本》），二十四纸。《四分比丘尼戒本》一卷（沙门怀素依律集，题云《四分尼戒本》），三十纸。《四分僧戒本》一卷（或无“僧”字，或云《昙无德戒本》，姚秦佛陀耶舍译），二十三纸。《解脱戒本》一卷（出迦叶毗部），二十二纸。《沙弥十戒法并威仪》一卷（亦云《沙弥威仪戒本》），二十一纸。《沙弥威仪》一卷（或云《沙弥威仪经》），九纸。《沙弥尼离戒文》一卷，四纸。《沙弥尼戒经》一卷（或无“经”字），五纸。《舍利弗问经》一卷，十一纸。上十经，十卷同帙。

《根本说一切有部百一羯磨》十卷（一帙），一百四十六纸。

《大沙门百一羯磨法》一卷（出《十诵律》，或云《大沙门羯磨法》），二十二纸。《十诵羯磨比丘要用》一卷（出《十诵律》，或云《毗尼要羯磨法》，或二卷，《僧祐录》云一卷），二十四纸。《优波离问佛经》一卷（或云《优波离律》），二十三纸。《五分羯磨》一卷（题云《弥沙塞羯磨本》），三十一纸。《一分杂羯磨》[①]四卷（题云《昙无德律部杂羯磨》，以结界场为首），三十四纸。《昙无德羯磨》一卷（题云《羯磨》，一卷，出《昙无德律》，以结大戒为首），三十七纸。《四分比丘尼羯磨法》一卷（祐

① 《一分杂羯磨》：《中华大藏经》以及《清藏》本皆作“《四分杂羯磨》”，且《大正藏》本之“总录”和“别录”亦作“《四分杂羯磨》”，可从。

云《昙无德羯磨》，或云《杂羯磨》），一十五纸。上七经，七卷同帙。

《四分律删补随机羯磨》一卷（序题云《昙无德部四分律删补随机羯磨》），四十七纸。《四分僧羯磨》三卷（题云《羯磨》，卷上出《四分律》），八十纸。《四分尼羯磨》三卷（题云《尼羯磨》，卷上出《四分律》），七十纸。上三经，七卷同帙。

《大爱道比丘尼经》二卷（或云《大爱道受戒经》，或直云《大爱道经》），三十一纸。《迦叶禁戒经》一卷（一名《摩诃比丘经》，亦云《真为[1]沙门经》），三纸。《犯戒报应轻重经》一卷（出《目连问毗尼经》，亦云“罪报”，或云《目连问经》），二纸。《戒销灾经》一卷（或云《戒销伏灾经》），四纸。《优婆塞五戒相经》一卷（一名《优婆塞五戒略论》），一十四纸。《根本说一切有部毗奈耶颂》五卷（或三卷），七十一纸。《根本说一切有部毗奈耶杂事摄颂》一卷，六纸。《根本说一切有部毗奈耶尼陀那目得迦摄颂》一卷（尼陀那颂在先，目得迦颂在后），八纸。《五百问事经》一卷，三十三纸。上九经，十四卷同帙。

《根本萨婆多部律摄》二十卷（或十四卷，二帙），二百七十七纸。

《毗尼摩得勒伽》十卷（初卷云《萨婆多部毗尼摩得勒伽》，一帙），一百八十八纸。

《鼻奈耶律》十卷（一名《戒因缘经》，或名《戒果因缘经》，亦名《鼻奈耶经》，一帙），一百五十五纸。

《善见律毗婆沙》十八卷（或云《毗婆沙律》，亦直云《善见律》），三百五十八纸。《佛阿毗昙经》二卷（亦云《佛阿毗昙论》），四十五纸。上二经，二十卷二帙。

《毗尼母经》八卷（亦云《毗尼母论》），一百五十六纸。《大比丘三千威仪经》二卷（亦云《大僧威仪经》，或四卷），四十二纸。上二经，十卷同帙。

《萨婆多毗尼毗婆沙》九卷，一百八十七纸。《律二十二明了论》一卷（亦直云《明了论》），二十四纸。上二经，十卷同帙。

小乘论，三十六部六百九十八卷，七十二帙。

《阿毗昙八揵度论》三十卷（三帙，或无“论”字，或云《迦旃延阿毗昙》，或云《阿毗昙经八揵度》，或二十卷），四百六十二纸。

《阿毗达磨发智论》二十卷（二帙，迦多衍尼子造），三百五十八纸。

《阿毗达磨法蕴足论》十二卷（一帙，大目揵连造），一百八十九纸。

《阿毗达磨集异门足论》二十卷（二帙，舍利弗造），二百七十八纸。

《阿毗达磨识身足论》十六卷，二百六十五纸。《阿毗达磨界身足论》三卷，三十九纸。上二论，一十九卷二帙。

---

① 真为：当为“真伪”，《中华大藏经》本即作“伪”字。

《阿毗达磨品类足论》一十八卷，三百五十五纸。《众事分阿毗昙论》十二卷（或无“论”字），二百八纸。上二论，三十卷三帙。

《阿毗昙毗婆沙论》六十卷（或加“八揵度”字，或八十四卷，六帙），一千二百六十九纸。

《阿毗达磨大毗婆沙论》二百卷（或云《阿毗达磨发智大毗婆沙》，二十帙），三千一百六十九纸。

《阿毗达磨俱舍释论》二十二卷（或无“释”字），四百七十一纸。《阿毗达磨俱舍论本颂》一卷（或三卷），二十三纸。上二论，二十三卷三帙（上帙七卷，中、下各八卷）。

《阿毗达磨俱舍论》三十卷（三帙），四百六十五纸。

《阿毗达磨顺正理论》八十卷（八帙），一千三百九十四纸。

《阿毗达磨显宗论》四十卷（四帙），六百一十四纸。

《阿毗昙心论》四卷（或无“论”字），六十九纸。《法胜阿毗昙心论经》六卷（或无“经”字，或无“法胜”字，或七卷，或云《法胜阿毗昙论》，或加“别译”字），一百五纸。上二论，十卷同帙。

《杂阿毗昙心论》十一卷（或无“论”字，或云《杂阿毗昙经》，亦云《杂阿毗昙毗婆沙》，或十四卷），二百七十九纸。《阿毗昙甘露味论》二卷（或云《甘露味阿毗昙》，或无“论”字），四十六纸。《随相论》一卷（或云《求那摩谛随相论》），三十四纸。上三论，十四卷二帙。

《尊婆须蜜菩萨所集论》十卷（或十二卷，或十四卷，亦云《婆须蜜经》），二百六十二纸。《三法度论》二卷（或无“论”字，或云“经”，或一卷，或三卷），四十九纸。《入阿毗达磨论》二卷，二十八纸。上三论，十四卷二帙。

《成实论》二十卷（凡二百二品，或二十四卷，或二十七卷，或十四卷，或十六卷，二帙），三百九十八纸。

《立世阿毗昙论》十卷（一帙，或无“论”字，亦名《天地记》，或十五卷，题云《立世毗昙藏》），一百六十四纸。

《解脱道论》十二卷（或十三卷，一帙），一百九十七纸。

《舍利弗阿毗昙论》二十二卷（或无“论”字，或二十卷，或三十卷），六百四纸。《五事毗婆沙论》二卷（亦云《阿毗达磨五事论》），二十四纸。上二论，二十四卷三帙。

《鞞婆沙论》十四卷（亦云《鞞婆沙阿毗昙论》，亦云“广说”，或十五卷，或十九卷，或无“论”字），三百三十四纸。《三弥底部论》三卷（或无“部”字，或四卷），三十六纸。上二论，十七卷二帙（上帙八，下帙九）。

《分别功德论》四卷（或云《分别功德经》，或三卷，或五卷），七十一纸。《四谛论》四卷，七十五纸。《辟支佛因缘论》二卷，二十纸。《十八部论》一卷，八纸。《部执异论》一卷（亦名《部异执论》），九纸。《异部宗轮论》一卷，八纸。上六论，十三卷同帙。

贤圣集，一百八部五百四十一卷，五十七帙（六十八部一百七十三卷，梵本翻出；四十部三百六十八卷，此方撰）。

《佛所行赞经传》五卷（或云“经”，无“传”字；或云“传”，无“经”字，亦云《佛本行经》），九十纸。《佛本行经》七卷（一名《佛本行赞传》），一百一十三纸。上二集，十二卷同帙。

《撰集百缘经》十卷（一帙），一百五十纸。

《出曜经》二十卷（亦云《出曜论》，或十九卷），四百八十四纸。《贤愚经》十三卷（或云十五卷，或十六卷，或十七卷，亦云《贤愚因缘经》），二百八十三纸。上二集，三十三卷四帙（上三帙各八卷，第四帙九卷）。

《道地经》一卷（或云《大道地经》，是《修行经》抄，元外国略本），十八纸。《修行道地经》六卷（初卷题云《榆遮伽复弥经》，或直云《修行经》，或七卷），一百三十五纸。《僧伽罗刹所集经》三卷（或五卷），八十五纸。上三集，十卷同帙。

《百喻经》四卷（或五卷，或云十卷，未详，亦云《百句譬喻经》），四十六纸。《菩萨本缘经》三卷（亦云《菩萨本缘集经》，或二卷，或四卷），五十四纸。《大乘修行菩萨行门诸经要集》三卷，八十一纸。上三集，十卷同帙。

《付法藏因缘传》六卷（或无“因缘”字，亦云《付法藏经》，或二卷，或四卷），八十二纸。《坐禅三昧经》三卷（一名《菩萨禅法经》，或直云《禅经》，或云《阿兰若习禅法经》，或二卷），五十纸。《佛医经》一卷（亦云《佛医王经》），五纸。《惟日杂难经》一卷，一十五纸。《佛般泥洹摩诃迦叶赴佛经》一卷（亦云《迦叶赴佛般涅槃经》），二纸。《菩萨呵色欲法》一卷（亦云“经”），一纸。《四品学法》一卷（或有“经”字），二纸。《佛入涅槃密迹金刚力士哀恋经》一卷，六纸。《迦旃延说法没尽偈经》一卷（题云《佛使比丘迦旃延说法没尽偈百二十章》），五纸。《佛治身经》一卷（或云《治意经》），一纸。《治意经》一卷（或云《治身经》），一纸。上十一集，十八卷同帙。

《杂宝藏经》八卷（或十三卷），一百五十三纸。《那先比丘经》二卷（或云《那先经》，或三卷），三十一纸。上二集，十卷同帙。

《五门禅经要用法》一卷，二十三纸。《达摩多罗禅经》二卷（一名《庾伽遮罗浮迷》，译言《修行道地》，一名《不净观经》），五十一纸。《禅法要解》二卷（一名《禅要经》），三十四纸。《禅要呵欲经》一卷（题云《禅要经·呵欲品》），四纸。《内身观章句经》一卷（或无“句”字），二纸。《法观经》一卷，六纸。《思惟略要法》一卷（或云《思惟要略法经》，或直云《思惟经》），十纸。《十二游经》一卷，六纸。《旧杂譬喻经》二卷（亦云《杂譬喻集》），三十七纸。《杂譬喻经》一卷，九纸。上十集，十三卷同帙。

《杂譬喻经》二卷（一名《菩萨度人经》），二十五纸。《杂譬喻经》一卷，二十八纸。《阿育王譬喻经》一卷（题云《天尊说阿育王譬喻经》，古经呼佛以为天尊，即佛说也），七纸。《阿育王经》十卷，一百一十一纸。上四集，十四卷同帙。

《阿育王传》七卷（或加“大”字，或五卷，亦云《大阿育王经》），一百纸。《阿育王息坏目因缘经》一卷（序题云《阿育王太子法益坏目因缘经》，或云《阿育王太子坏目因缘》，无“经”字），二十六纸。《四阿含暮抄解》二卷（亦云《四阿含暮抄经》），三十六纸。上三集，十卷同帙。

《法句经》二卷（亦云《法句集》），三十四纸。《法句譬喻经》四卷（一名《法句本末经》，亦云《法句喻经》，或五卷，或六卷），九十五纸。《迦叶结经》一卷，八纸。《撰集三藏及杂藏传》一卷（亦云《撰三藏及杂藏经》），八纸。《三慧经》一卷，十二纸。《阿毗昙五法行经》一卷（亦云《阿毗昙苦慧经》，亦云《阿毗昙五法经》），十一纸。《阿含口解十二因缘经》一卷（亦云《断十二因缘经》，亦云《阿含口解经》），八纸。《小道地经》一卷，四纸。《文殊师利发愿经》一卷（或加“偈”字），二纸。《六菩萨名》一卷（房“入藏录”云《六菩萨名》亦当诵持），一纸。《一百五十赞佛颂》一卷，六纸。《赞观世音菩萨颂》一卷，四纸。上十二集，十六卷同帙。

《无明罗刹集》一卷（亦云《无明罗刹经》，或二卷），二十三纸。《马鸣菩萨传》一卷，三纸。《龙树菩萨传》一卷，三纸。《提婆菩萨传》一卷，四纸。《婆薮盘豆法师传》一卷（此曰“天亲”），十纸。《龙树菩萨为禅陀迦王说法要偈》一卷，九纸。《劝发诸王要偈》一卷，六纸。《龙树菩萨劝诫王颂》一卷，六纸。《宾头卢突罗阇为优陀延王说法经》一卷（亦云《宾头卢为王说法经》），八纸。《请宾头卢法》一卷（或云《请宾头卢法经》），二纸。《分别业报略》一卷（或云《大勇菩萨分别业报略》，或云《分别业报略集》），八纸。《迦丁比丘说当来变经》一卷（或直云《迦丁比丘经》），九纸。《大阿罗汉难提蜜多罗所说法住记》一卷，七纸。《金七十论》三卷（亦名《僧佉论》，或二卷），五十三纸。《胜宗十句义论》一卷，十一纸。上十五集，十七卷同帙（已上梵本翻译，已下此方撰集）。

《释迦谱》十卷（别有五卷本，与此广略异），二百三十八纸。《释迦氏略谱》一卷（或无“略”字），四十三纸。《释迦方志》二卷，八十四纸。上三集，十三卷二帙（上帙七〔卷〕，下帙六〔卷〕）。

《经律异相》五十卷（五帙），八百二十七纸。

《陀罗尼杂集》十卷（一帙），一百八十八纸。

《诸经要集》二十卷，五百八十二纸。上一集，二十卷，分为三帙（上、下各七〔卷〕，中帙六〔卷〕）。

《出三藏记集》十五卷，三百十四纸。《众经目录》七卷，六十三纸。上二集，二十二卷二帙（上帙十卷，下帙十三[①]）。

《开皇三宝录》十五卷（内题云《历代三宝纪》），三百八纸。《众经目录》五卷，八十四纸。上二集，二十卷二帙。

《大唐内典录》十卷（一帙），二百二十纸。

《续大唐内典录》一卷，二十五纸。《古今译经图纪》四卷，六十纸。《续古今译经图纪》一卷，十六纸。《大周刊定众经目录》十五卷，二百九十七纸。上四集，二十一卷二帙（上帙十一〔卷〕，下帙十卷）。

《开元释教录》二十卷（三帙），五百四十五纸。

《一切经音义》二十五卷，七百六十八纸。《新译大方广佛花严经音义》二卷，四十九纸。上二集，二十七卷四帙（第一帙六卷，下三帙各七卷）。

《大唐西域记》十二卷，二百三十四纸。《集古今佛道论衡》四卷（或三卷），九十九纸。《续集古今佛道论衡》一卷，三十纸。上三集，十七卷二帙（上帙八卷，下帙九卷）。

《东夏三宝感通录》三卷（亦云《集神州三宝感通录》），九十七纸。《集沙门不拜俗议》六卷，九十七纸。上二集，九卷同帙。

《大唐慈恩寺三藏法师传》十卷（一帙），一百七十纸。

《大唐西域求法高僧传》二卷，三十五纸。《法显传》一卷（亦云《历游天竺传》），二十九纸。《高僧传》十四卷（内一卷是目录），二百九十纸。上三集，十七卷二帙（上帙九〔卷〕，下帙八〔卷〕）。

《续高僧传》三十卷，七百三十纸。上一集，三十卷，分为四帙（第一、第二各八〔卷〕，第三、第四各七〔卷〕）。

《辩正论》八卷（一帙），一百七十一纸。

《破邪论》二卷（或一卷），四十五纸。《甄正论》三卷，三十六纸。《十门辩惑论》二卷（或三卷），二十七纸。《弘明集》十四卷，二百八十九纸。上四集，二十一卷二帙（上帙十一〔卷〕，下帙十卷）。

《广弘明集》三十卷，七百七十纸。上一集，三十卷，分为四帙（第一帙十〔卷〕、第二帙七〔卷〕、第三帙七〔卷〕、第四帙六〔卷〕）。

---

① 十三：本帙共二十二卷，上帙十卷，下帙当为十二卷。故“十三”当为“十二”。

《集诸经礼忏仪》二卷，五十纸。《大唐南海寄归内法传》四卷，八十七纸。《比丘尼传》四卷，四十二纸。《别说罪要行法》一卷（或无“别”字），四纸。《受用三水要法》一卷（或云“要行法”），四纸。《护命放生轨仪》一卷（或云“仪法”），二纸。上六集，十三卷同帙。

都计小乘经律论及贤圣传，见入藏者，总四百三十八部，合二千三百三卷，二百二十二帙。

《开元释教录》卷第二十（“入藏录”卷下[①]）

《密迹金刚力士经》七卷（或五卷）、《菩萨梦经》二卷（改名《净居天子会》）、《法界体性无分别经》二卷、《十法经》一卷（加名[②]《大乘十法会》）、《大菩萨藏经》二十卷、《佛为难陀说出家入胎经》二卷（改名《入胎藏会》）、《文殊师利授记经》三卷、《菩萨见实三昧经》十六卷（或十四卷）、《菩萨藏经》三卷（改名《富楼那会》）、《护国菩萨经》二卷、《郁伽长者所问经》一卷、《迦叶经》二卷（改名《摩诃迦叶会》）、《善臂菩萨所问经》二卷、《无畏德女经》一卷、《无垢施菩萨分别应辩经》一卷、《大方等善住意天子问经》四卷、《大乘方便经》三卷、《移识经》二卷（改名《贤护长者会》）、《弥勒菩萨所问经》一卷（改名《弥勒问八法会》）、《大宝积经》一卷（改名《普明菩萨会》）、《宝梁经》二卷、《宝髻菩萨所问经》二卷。

右《密迹力士经》下二十二部合八十卷，并编入《大宝积经》，藏中故无别本。

《金光明经》四卷（一十八品）、《金光明经》七卷（或六卷，二十二品）。

右二部一十一卷，与藏中八卷者文句不异，其八卷本品数备足，故留入藏。此二皆阙，故不存之（其八卷本有二十四品）。

《新道行经》七卷（或十卷，检诸藏本，皆与《小品》文同而题目异，故不别写。其《道行》正本，寻之未获）。

《大方等大集经》八卷（即是合《大集经》第六帙，今存别本。初两卷是《明度五十校计经》，下六卷是《无尽意》）、《阿耨达龙王经》二卷（与藏中《弘道广显三昧经》文句全同）、《合道神足经》三卷（与藏中《道神足无极变化经》文句全同。“三卷”，或二卷）、《哀泣经》三卷（或二卷，与藏中《方等般泥洹》文句全同）、《宝田慧印三昧经》一卷（与藏中《慧印三昧经》文句全同）、《鹿子经》一卷（与藏中《鹿母经》文句全同）、《小无量寿经》一卷（与藏中《阿弥陀经》文句全同）、《胎藏经》一卷（与藏中《无垢贤女经》

---

① “入藏录”卷下：前已有“‘入藏录’卷下”之目，此为同经异名、别生经以及疑伪经等，当为后续所补。

② 加名：根据上下文例，当为“改名”。

文句全同）、《闻城十二因缘经》一卷（与藏中《贝多树下思惟十二因缘经》文句全同）、《大安般经》一卷（与藏中《大安般守意经》上卷文句全同）、《申日经》一卷（与藏中《月光童子经》文句全同）、《轮转五道罪福报应经》一卷（与藏中《罪福报应经》文句全同）、《旃陀越经》一卷（与藏中《旃檀越国王经》文句全同）、《真伪沙门经》一卷（与藏中《迦叶禁戒经》文句全同）、《转法轮经》一卷（检诸藏本，并是《转法轮论》，其《转法轮经》，与此全同）、《宾头卢为王说法经》一卷（与藏中《宾头卢突罗阇为优陀延王说法经》文句全同）、《阿兰若习禅法经》二卷（与藏中《坐禅三昧经》文句全同）、《禅秘要经》五卷（检诸藏本，文极交错，非是本经，不堪流布，其经正本，寻之未获）。

右《新道行》等一十九部，共四十二卷，或是一经两名，或可时无正本，故存一经，重者不录。

《无畏德女经》一卷、《第一义法胜经》一卷、《弥勒菩萨所问本愿经》一卷、《发菩提心经》一卷（亦云“论”）、《法句经》二卷（亦云“集”）、《摄大乘释论》十二卷（或十五卷）。

右六部一十八卷，《周录·入藏》重载两本，今但存一。

《虚空藏所问经》八卷（或五卷，是《大集经·虚空藏品》全一品）、《虚空藏菩萨问持经得几福经》一卷（即抄前《虚空藏品》）、《一切施王所行檀波罗蜜经》一卷（抄《六度集》中“施度”中出）、《大方广如来性起微密藏经》二卷（是旧《花严经·宝王如来性起品》全一品）、《随愿往生经》一卷（是《灌顶经》第十一卷）、《旧药师经》一卷（佛游维耶离者，是《灌顶经》第十二卷）、《密迹金刚力士经》二卷（出五卷《密迹经》第四、第五卷）、《增一阿含经》一卷（出《增一阿含经》第二十一卷）、《行七行现报经》一卷（出《增一阿含经》第三十四卷）、《十二因缘经》一卷（出《增一阿含经》第四十六卷）、《戒相应法经》一卷（出《杂阿含经》第三十卷）、《比丘问佛多优婆塞命终经》一卷（亦出《杂阿含经》第三十卷）、《独富长者经》一卷（出《杂阿含经》第四十六卷）、《有众生三世作恶经》一卷（出《出曜经》第八卷）、《出家功德经》一卷（佛在迦兰陀竹林园者，抄《贤愚经·出家功德品》）。

从《虚空藏》下一十五部二十四卷，既从大经流出，即是别生。准众经录，别生之经，不须抄写，故“入藏录”除之不载。

《摩竭鱼因缘经》一卷、《尊者邬陀夷引导诸人礼佛僧经》一卷、《还本国度父王经》一卷、《水生太子经》一卷、《施物法非法经》一卷、《教诫罗怙罗经》一卷、《五趣生死轮转经》一卷、《善来苾刍因缘经》一卷、《七有事无事福业经》一卷（《摩羯鱼因缘》下九经并出《根本说一切有部毘柰耶》中）、《火生长者受报经》二卷、《尊者善和好声经》一卷、《五种水罗经》一卷、《胜鬘夫人本缘经》一卷、《胜光王信佛经》一卷、《诛释种受报经》二卷、《大世主苾刍尼入涅槃经》一卷、《敬法舍身经》一卷、《度二邪见童子得果经》一卷、《清净威仪经》一卷（或云“法净”）、《大目连受报经》一卷、《初诞生现大瑞应经》一卷、《度迦多演那经》一卷、《净鑒罗钵龙王业报因缘经》一卷、《安乐夫人因缘经》一卷、《增养因缘经》三卷、《妙光因缘经》一卷、《净大药善巧方便经》二卷、《降伏外道现大神通经》一卷、《净度瘦瞿答弥经》一卷、《佛从天下赡部洲经》一卷、《净法与尼在家得果经》一卷、《诃利底母因缘经》一卷、《弟子事师经》一卷、《树生婆罗门憍慢经》一卷、《佛为长者说放逸经》一卷、《七种不退转经》一卷、《四种黑白法印经》一卷、《地动因缘经》一卷、《佛般涅槃行雨大臣告王经》一卷、《佛将入涅槃度善贤经》、《八大国王分舍利经》一卷（《火生长者》下三十二经，并出《根本说一切有部毘奈耶杂事》中）。

从《摩竭鱼因缘经》下四十一部四十七卷，并是说一切有部律中缘起，三藏义净钞出流行。既类别生，亦不编载。

《幻师阿夷邹呪经》一卷、《宝性论》四卷、《宝积经论》四卷。

《幻师》下三部九卷，并是《周录·入藏》见经，今寻本未获，所以录中不载。其新译经未得本者，不能繁记。

《净度三昧经》三卷、《法社经》二卷、《毘罗三昧经》二卷、《决定罪福经》一卷、《益意经》二卷、《救护身命济人病苦厄经》一卷、《最妙胜定经》一卷、《观世音三昧经》一卷、《清净法行经》一卷、《高王观世音经》一卷（或云《折刀经》）。

《净度经》下十部一十五卷，并是古旧录中伪疑之经。《周录》虽编入正文，理并涉人谋，故此录中，除之不载。

已上都有一百一十八部二百四十七卷，多是诸录见入藏经。今以皆是繁重，或有寻求未获，故并不为定见之数，恐不知委，且略述之。若欲委知根由，并如“删繁录”中广述。

《开元释教录》卷第二十“入藏录”下

大唐不空三藏新译众经论及念诵仪轨法等目录[①]

总一百三卷，为八帙。经目一卷，三纸，入第八帙。

《虚空藏经》八卷，一百一十五纸。《仁王般若经》二卷，三十四纸。上二经，十卷同帙。

---

① 大唐不空三藏新译众经论及念诵仪轨法等目录：既云“不空三藏新译”，当为增补之内容。

《大乘密严经》三卷，五十四纸。《大宝陀罗尼经》三卷，四十五纸。《大孔雀明王经》三卷，五十纸。《出生无边门陀罗尼经》一卷，十纸。上四经，十卷同帙。

《菩提场庄严陀罗尼经》一卷，二十三纸，《菩提场一字顶轮王经》五卷，八十一纸。《一字奇特佛顶经》三卷，六十八纸。《大云请雨经》二卷，二十五纸。上四经，十一卷同帙。

《七俱知佛母经》一卷，十九纸。《阿唎多陀罗尼经》一卷，二十一纸。《救拔焰口饿鬼陀罗尼经》一卷，四纸。《昆沙门天王经》一卷，五纸。《除一切疾病陀罗尼经》一卷，二纸。《大方广曼殊室利经》一卷，十三纸。《大圣文殊佛刹经》三卷，五十二纸。《金刚顶大教王经》三卷，三十七纸。上八经，十二卷同帙。

《大随求陀罗尼经》二卷，三十纸。《十一面观世音菩萨经》三卷，二十四纸。《八大菩萨曼荼罗经》一卷，三纸。《金刚寿命念诵经》一卷，三纸。《观自在菩萨说陀罗尼经》一卷，五纸。《叶衣观自在菩萨经》一卷，八纸。《般若波罗蜜多理趣经》一卷，三纸。《一切如来全身宝箧经》一卷，五纸。《慈氏菩萨稻喻经》一卷，八纸。《金刚顶瑜伽念珠经》一卷，二纸。《净眼陀罗尼经》一卷，二纸。《雨宝陀罗尼经》一卷，四纸。《蘘麌梨童女经》一卷，二纸。《吉祥天女经》一卷，一纸。《大吉祥天女一百八名无垢经》一卷，九纸。《金刚顶恐怖最胜心明王经》一卷，二十一纸。上十六经，十九卷同帙。

《甘露军荼利念诵仪轨》一卷，十九纸。《金刚顶莲华部心念诵仪轨》一卷，二十六纸。《新译仁王般若念诵轨仪》一卷，二十纸。《无量寿如来观行仪轨》一卷，十二纸。《阿閦如来念诵仪》一卷，十纸。《金刚顶五秘密修行念诵仪》一卷，十二纸。《金刚顶瑜伽千手千眼观自在菩萨修行仪》一卷，二十七纸。《金刚王菩萨念诵仪》一卷，十二纸。《普贤金刚萨埵念诵仪》一卷，十二纸。《一字顶轮王念诵仪》一卷，十四纸。上十经，十卷同帙。

《如意轮念诵仪》一卷，八纸。《金刚顶瑜伽护摩仪》一卷，八纸。《金刚顶经瑜伽五字念诵仪》一卷，十二纸。《佛顶尊胜念诵仪》一卷，八纸。《金刚顶经多罗菩萨念诵仪》一卷，十纸。《金刚顶胜初瑜伽略出念诵仪》一卷，十纸。《观自在真言观行仪》一卷，五纸。《底哩三昧耶不动使者念诵仪》一卷，十四纸。《瑜伽莲华部念诵仪》一卷，七纸。《略述金刚顶瑜伽修证法门仪》一卷，十三纸。《金刚顶降三世大仪》一卷，四纸。《大孔雀明王坛仪》一卷，五纸。《大虚空藏菩萨念诵仪》一卷，六纸。《大乐金刚理趣》一卷，七纸。《大方广佛华严经入法界品四十二字观门》一卷，十纸。《文殊师利菩萨问字母》一卷，七纸。上十六经，十六卷同帙。

《文殊师利赞佛法身礼》一卷，三纸。《三十五佛名礼忏文》一卷，二纸。《最上乘教受戒忏悔文》一卷，二纸。《金刚顶道场礼忏文》一卷，四纸。《蘘麌梨成就法》一卷，一纸。《诃利帝母真言法》一卷，三纸。《瑜伽指归》一卷，十纸。《普贤菩萨行愿赞》一卷，五纸。《地藏菩萨请问法身赞》一卷，五纸。《大乐金刚理趣释》一卷，三十二纸。《陀罗尼门目》一卷，五纸。

新译论目录

《王法政理论》一卷，九纸。《大乘起信论》二卷，二十七纸。《大乘缘生论》一卷，十纸。上三十经[①]，三十一卷，二帙。

兴元元年[②]八月一日于正觉寺新写入藏，便作此目录。

已上并目一百四卷，用纸总一千二百一十纸。

---

① 上三十经：当自“《如意轮念诵仪》一卷”始，至“《大乘缘生论》一卷”迄，共计三十经，编为“二帙”。

② 兴元元年：“兴元”为唐德宗年号，“元年”当公元 784 年，距《开元释教录》之编定已历 54 年。既云“于正觉寺新写入藏”，则当为智升之后补成。

主要参考书目

一、经录类

《出三藏记集》,（梁）僧祐著，中华书局，1995 年版；
《历代三宝纪》,（隋）费长房编,《大正藏》本；
《众经目录》,（隋）法经编,《大正藏》本；
《众经目录》,（隋）彦琮编,《大正藏》本；
《众经目录》,（北齐）法上编,《大正藏》本；
《大唐内典录》,（唐）道宣编,《大正藏》本；
《大周刊定众经目录》,（武周）明佺编,《大正藏》本；
《古今译经图纪》,（唐）靖迈编,《大正藏》本；
《贞元新定释教目录》,（唐）圆照编,《大正藏》本；
《中华大藏经》（汉文部分），中华书局，1984—1996 年版；
《大正新修大藏经》(1—55 卷),日本大正一切经刊行会,1922—1934 年版;
《卍续藏经》，河北佛教协会影印本，2006 年版；
《宋藏遗珍》，北京三时学会，1936 年版；
《藏外佛教文献》（第 3 辑），方广锠主编，宗教文化出版社，1997 年版；

二、经典类

《长阿含经》,（后秦）佛陀耶舍译，宗教文化出版社，1999 年版；
《中阿含经》,（东晋）瞿昙僧伽提婆译，宗教文化出版社，2012 年版；
《增一阿含经》,（东晋）瞿昙僧伽提婆译，宗教文化出版社，1999 年版；
《杂阿含经》,（南朝宋）求那跋陀罗译，宗教文化出版社，1999 年版；

《大方等大集经》，（北凉）昙无谶译，上海古籍出版社，1997年版；
《佛本行集经》，（隋）阇那崛多译，宗教文化出版社，2009年版；
《大宝积经》，（唐）菩提流志等译，上海佛学书局，2004年版；
《大方广佛华严经》，（唐）实叉难陀译，上海古籍出版社，1991年版；
《妙法莲华经》，（姚秦）鸠摩罗什译，上海古籍出版社，1993年版；
《大般涅槃经》，（北凉）昙无谶译，上海古籍出版社，1991年版；
《摩诃僧祇律》，（东晋）佛陀跋陀罗共法显译，《大正藏》本；
《大智度论》，（姚秦）鸠摩罗什译，《大正藏》本；

三、僧传类

《高僧传》，（梁）慧皎著，中华书局，1992年版；
《续高僧传》，（唐）道宣著，中华书局，2014年版；
《宋高僧传》，（宋）赞宁著，中华书局，1997年版；
《景德传灯录》，（宋）道元著，成都古籍书店，2000年版；
《五灯会元》，（宋）普济著，中华书局，1984年版；
《〈法显传〉校注》，章巽校注，上海古籍出版社，1985年版；
《〈大唐西域记〉今译》，（唐）玄奘撰，季羡林译，陕西人民出版社，2008年版；
《大慈恩寺三藏法师传》，（唐）慧立、彦悰撰，中华书局，1983年版；
《〈南海寄归内法传〉校注》，（唐）义净著，王邦维注，中华书局，1995年版；
《〈大唐西域求法高僧传〉校注》，（唐）义净著，王邦维校注，中华书局，1988年版；

四、经录、藏经研究类

《新编汉文大藏经目录》，吕澂编，齐鲁书社，1980年版；
《敦煌佛教经录辑校》，方广锠著，江苏古籍出版社，1997年版；
《二十五种藏经目录对照考释》，蔡运辰编，台北新文丰出版公司，1983年版；
《二十二种大藏经通检》，童玮编，中华书局，1997年版；
《大藏经研究汇编》，张曼涛主编，台北大乘文化出版社，1977年版；
《中国写本大藏经研究》，方广锠著，上海古籍出版社，2006年版；

《八——十世纪佛教大藏经史》，方广锠著，中国社会科学出版社，1991年版；
《汉文佛教大藏经研究》，李富华、何梅著，宗教文化出版社，2003年版；
《北宋〈开宝大藏经〉雕印考释及目录还原》，童玮著，书目文献出版社，1991年版；
《佛教目录学述要》，张曼涛主编，台北大乘文化出版社，1981年版；
《佛典译述与著录考略》，张曼涛主编，北京图书馆出版社，2005年版；
《疑经研究》，(日)牧田谛亮著，京都大学人文科学研究所出版，1981年版；
《佛教经典总论》，(日)小野玄妙著，杨白衣译，台北新文丰出版公司，1983年版；
《道藏源流考》，陈国符著，中华书局，1963年版；
《敦煌佛教经录辑校》，方广锠辑校，江苏古籍出版社，1997年版；
《敦煌遗书总目索引新编》，施萍婷、邰惠莉等编，中华书局，2002年版；
《昭和法宝总目录》(1—3卷)，日本大正一切经刊行会，1934年版；
《房山石经题记汇编》，北京图书馆金石组，中国佛教图书文物馆石经组编，书目文献出版社，1987年版；
《英藏敦煌文献》(1—15卷)，《英藏敦煌文献》编委会编，四川人民出版社，1992—2009年版；
《法藏敦煌西域文献》(1—34卷)，上海古籍出版社，1992—2005年版；
《俄藏敦煌汉文写卷序录》，(俄)孟列夫等编，上海古籍出版社，1999年版；
《国家图书馆藏敦煌遗书》，北京图书馆出版社，2005—2012年版；

五、史籍类

《佛祖统纪》，(宋)志磐编，《大正藏》本；
《乐邦文类》，(宋)宗晓撰，《大正藏》本；
《佛祖历代通载》，(元)念常撰，《大正藏》本；
《释氏稽古略》，(元)觉岸撰，《大正藏》本；
《宗统编年》，(清)纪荫编，《卍续藏经》本；
《入唐求法巡礼行记》，(日)圆仁著，上海古籍出版社，1986年版；
《后汉书》，(南朝宋)范晔著，中华书局，1965年版；
《三国志》，(晋)陈寿著，中华书局，1975年版；
《晋书》，(唐)房玄龄等著，中华书局，1974年版；

《宋书》,（梁）沈约著，中华书局，1974 年版；
《南齐书》,（梁）萧子显著，中华书局，1972 年版；
《梁书》,（唐）姚思廉著，中华书局，1973 年版；
《魏书》,（北齐）魏收著，中华书局，1974 年版；
《南史》,（唐）李延寿著，中华书局，1975 年版；
《北史》,（唐）李延寿著，中华书局，1974 年版；
《隋书》,（唐）魏征等著，中华书局，1973 年版；
《旧唐书》,（五代）刘昫著，中华书局，1975 年版；
《新唐书》,（宋）宋祁、欧阳修等著，中华书局，1975 年版；
《宋史》,（元）脱脱等著，中华书局，1977 年版；
《唐会要》,（宋）王溥著，上海古籍出版社，1991 年版；
《唐大诏令集》,（宋）宋敏求编，商务印书馆，1959 年版；
《通典》,（唐）杜佑著，中华书局，1984 年版；
《大唐新语》,（唐）刘肃著，中华书局，1984 年版；
《元和郡县图志》,（唐）李吉甫著，中华书局，1983 年版；
《舆地纪胜》,（宋）王象之著，中华书局，1992 年版；
《太平寰宇记》,（宋）乐史著，中华书局，1985 年版；
《石刻史料新编》，台北新文丰出版公司，1976 年版；

六、类书类

《弘明集》,（梁）僧祐集，上海古籍出版社，2013 年版；
《广弘明集》,（唐）释道宣集,《大正藏》本；
《法苑珠林》,（唐）释道世编，中华书局，2003 年版；
《释氏六贴》,（五代）义楚撰，浙江古籍出版社，1970 年版；
《艺文类聚》,（唐）欧阳询编，上海古籍出版社，1965 年版；
《文苑英华》,（宋）李昉等编，中华书局，1966 年版；
《太平御览》,（宋）李昉等编，中华书局，1960 年版；
《册府元龟》,（宋）王钦若等编，中华书局，1960 年版；
《古今图书集成·经籍典》,（清）陈梦雷等编，电子版；

七、佛教研究类

《中国佛教研究史》，梁启超著，上海三联书店，1988 年版；
《汉魏两晋南北朝佛教史》，汤用彤著，中华书局，1983 年版；
《隋唐佛教史稿》，汤用彤著，中华书局，1982 年版；
《中国佛教史》（1—3 卷），任继愈著，中国社会科学出版社，1982、1985、1988 年版；
《中国佛教》（1—4），中国佛教协会编，知识出版社，1980 年版；
《佛教史》，杜继文主编，中国社会科学出版社，1991 年版；
《中国佛教通史》，赖永海主编，江苏人民出版社，2010 年版；
《汉魏两晋南北朝佛教》，郭鹏著，齐鲁书社，1986 年版；
《隋唐佛教》，郭鹏著，齐鲁书社，1980 年版；
《佛典泛论》，吕澂著，上海商务印书馆，1929 年版；
《中国佛学源流略讲》，吕澂著，中华书局，1979 年版；
《中国佛教史籍概论》，陈垣著，中华书局，1962 年版；
《佛学研究十八篇》，梁启超著，上海古籍出版社，2001 年版；
《周叔迦佛学论著集》，周叔迦著，中华书局，1991 年版；
《法苑谈丛》，周叔迦著，中国佛教协会，1985 年版；

八、其他

《全上古三代秦汉三国六朝文》，严可均编，中华书局，1965 年版；
《全唐文》，（清）董诰等编，中华书局影印本，1983 年版；
《全唐文补编》，陈尚君编，中华书局，2005 年版；
《郡斋读书志》，（宋）晁公武著，上海古籍出版社，1990 年版；
《直斋书录解题》，（宋）陈振孙著，上海古籍出版社，1987 年版；
《文献通考》，（元）马端临著，中华书局，2011 年版；
《四库全书总目》，（清）永瑢等编，中华书局，2013 年版；
《中国文献学》，张舜徽著，上海古籍出版社，2005 年版；
《中国古文献学史简编》，孙钦善著，高等教育出版社，2001 年版；
《校雠广义》，程千帆，徐有富著，齐鲁书社，1997 年版；
《中国目录学史》，姚名达著，上海书店影印本，1984 年版；

《中国目录学史论丛》，王重民著，中华书局，1984 年版；
《余嘉锡论学杂著》，余嘉锡著，中华书局，1963 年版；
《〈开元释教录〉的目录学研究》，艾萍著，湖北大学硕士论文，2006；
《中外史地考证》，岑仲勉著，中华书局，1962 年版；
《汉书西域传考释》，岑仲勉著，中华书局，1981 年版；
《佛游天竺记考释》，岑仲勉著，商务印书馆，1934 年版；
《唐代长安与西域文明》，向达著，湖南教育出版社，2010 年版；
《中西交通史》，向达著，岳麓书社，2012 年版；
《中西交通史料汇编》，张星烺编注、朱杰勤校订，中华书局，1979 年版；
《中国历史地图集》，谭其骧编，中国地图出版社，1982 年版；
《一切经音义》，（唐）玄应编，《大正藏》本；
《可洪音义》，（五代）可洪编，《大正藏》本；
《龙龛手镜》，（辽）释行均撰，中华书局，2006 年版；
《碑别字新编》，秦公编，文物出版社，1985 年版；
《佛学大辞典》，丁福保编，文物出版社，1984 年版；
《佛教大辞典》，任继愈编，江苏古籍出版社，2002 年版。

后　记

一部藏经，煌煌数千卷，抑或上万卷，经律论之言义精彩纷呈，炫人眼目。阅读佛教经典，如果没有名德之师的悉心指导，东一鳞，西一爪，信马由缰地漫读，很容易入宝山而空返。

当前的佛教信众规模越来越大，信众以及对佛教思想有兴趣的读者，于佛教读物的需求，早已超越一般常识性的《佛教概论》《佛法概述》等著述层面，而进入佛教经典泛读和具体文本细读的更高层次。面对浩如烟海的佛教文献，如果没有科学有效的研读方法，老死于户牖之下，也很难读出心得来。

清代学者王鸣盛说："凡读书最切要者，目录之学。目录明，方可读书；不明，终是乱读。"遵循精良的目录专书的指导去读书，有事半功倍的效果；否则，事倍功半。佛教文献的生成，相应亦有佛教经录的编撰。历代的佛教经录，有数十百部，其中最富盛名的经录，就是《开元释教录》。

然而迄今学界没有对《开元释教录》进行系统地整理、校注，于佛教经录的研究和利用而言，诚为憾事！本书在前贤时彦的工作基础上，拟为学界和一般读者提供一部校勘精审、注释简明的《开元释教录》校注本，以期有助于佛教经录研究的进一步深入，亦可以为大众阅读佛教文献提供一本方便查阅的工具书。

校书之难，除了文本文字讹脱衍倒的琐碎，还在于定其是非之难，不历其事，不知其苦辛。囿于校注者的才识学养，本校注难免有不尽如人意之处甚至错讹，我们期待有识者的批评和指正。

业师郭康松教授惠我良多，其间恩德，非言语所能尽述，在此谨志诚挚谢意！湖北大学的张琦老师，于我为同门师姐，本书的出版，她适时契机地提供了足够多的方便，皆是殊胜的因缘。出版编辑佛教经录类的校注文本，诚为辛苦枯燥之事，感谢崇文书局社长韩敏先生和责任编辑袁翔老师，本著若有些微社会功用亦属众位贤者之功德。其中点点滴滴，当深心铭记。

是以为记！

乙未初冬罗凌谨志于三峡大学身空斋